ཆུ་དམར་ལེབ་ཀྱི་ལོ་དེན་མེ་ལོང་།

曲麻莱年鉴

QU MA LAI NIAN JIAN

2019

曲麻莱县地方志编纂委员会 编

方志出版社
Publishing House of Local Records

图书在版编目（CIP）数据

曲麻莱年鉴. 2019 / 曲麻莱县地方志编纂委员会办公室编. —北京：方志出版社，2020. 12

ISBN 978-7-5144-4450-6

Ⅰ. ①曲… Ⅱ. ①曲… Ⅲ. ①曲麻莱县—2019—年鉴 Ⅳ. ①Z524. 44

中国版本图书馆CIP数据核字（2020）第252233号

曲麻莱年鉴（2019）

编　　者：曲麻莱县地方志编纂委员会办公室

责任编辑：王　俊

出 版 者：方志出版社

地址　北京市朝阳区潘家园东里9号（国家方志馆4层）

邮编　100021

网址　http://www.fzph.org

发　　行：方志出版社发行中心

电话（010）67110500

经　　销：各地新华书店

印　　刷：南京顺和印刷有限责任公司

开　　本：889×1194　1/16

印　　张：23.75

字　　数：642千字

版　　次：2020年12月第1版　2020年12月第1次印刷

印　　数：0001～2000册

ISBN 978-7-5144-4450-6　定价：198.00元

《曲麻莱年鉴(2019)》编纂委员会

《曲麻莱年鉴(2019)》编辑部

曲麻莱县地图

野牛沟
电影山
昆仑山脉
格尔木
尖山
东大滩
治多县
玉珠峰▲6178
昆仑山口
路北滩
不冻泉
四道沟
多秀盐场
不冻泉自然保护站
G109
沙长色绕
牙扎康赛
岗切曲冒纳
五道梁
五道梁自然保护站
直达峡木窝
曲麻塘
桑池吉
白日涌
直达日旧
多秀
S308
莱阳
扎日阿西日旧
曲麻河乡
宰敦
奴陇
旦才贡玛
勒池
昂拉
佟陇
通天河
斜地斜玛尕日
风火山口
冬布里山
勒玛塘
措池
桑恰
知苟乃翁
涌工拉
治多
智赛
扎河
直梗罗拉
才朴帐通
杂多
图例
县级行政中心
乡、镇级居民地
村庄
牧民居住地
单位及名称
玉珠峰▲6178 山峰、注记及高程
×昆仑山口 山隘及名称
省级界
地级界
县级界
乡级界
铁路
G109 国道及编码
S313 省道及编码
县道
河流、湖泊
比例尺1:1 550 000
注：编图资料截至2010年
审图号：青S(2021)006号

哈拉郭勒
都兰县
唐格乌拉山
乌兰乌拉
哦仁尕波日它拉
灭斯特
尕卡陇扎
格涌贡玛
雅日加陇
菌杂康筛
雅拉达泽
约古宗列
扎日加
阿拉克湖
尤可特郭勒
查哈西里
错龙日阿
龙拉加日岗
康浅
巴颜喀拉山
郭洋
麻多乡
黄河
玛涌
扎陵湖
卡日唐纳
巴颜
莫柔
拉哈涌
色列
5026
玛玛底桑
玛多县
伯格靠
昂日贡玛陇
各姿各雅山
陇玛浪着
格麻
北翁查叶
扎查窝玛
红旗
秋智乡
达钦陇巴
翁怠的玛
扎尼贡卡
布甫
加巧
登恩涌
曲麻莱县
(约改镇)
麻秀
扎浪陇
毕兵
S313
香瑞达
格青
长江
贡东考
岗当
代曲
曲柔扎莫
称多县
治多县
(加吉博洛镇)
巴干乡
团结
若亚那足
扎朵镇
清水河镇
G214
四川省
夏蒿
S308
岗察
岗加桐
尕朵乡
因巴
立新乡
莫松茸
玉树县
安冲乡
称多县
(称文镇)
S312

曲麻莱县地形地貌图

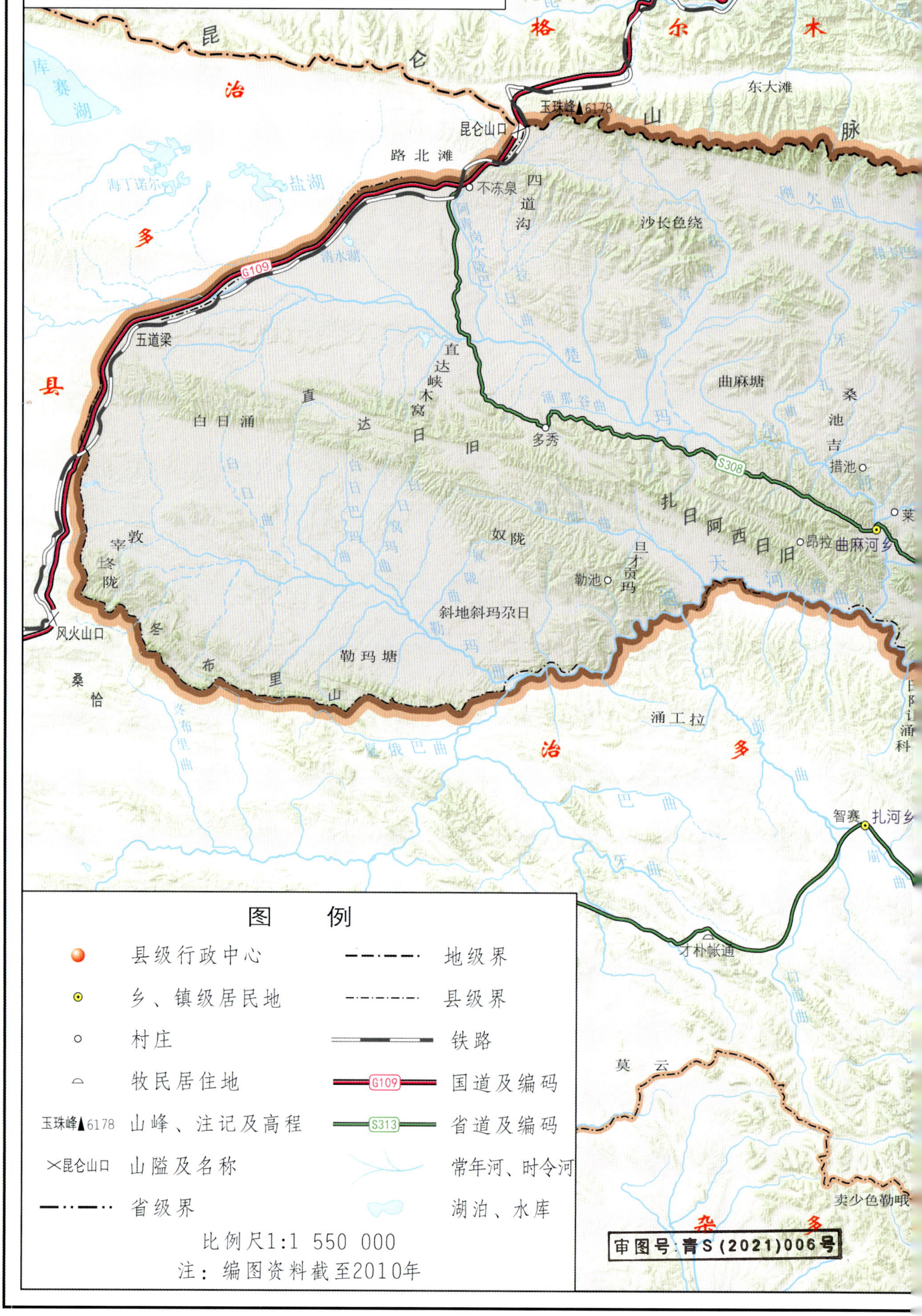

昆仑山脉
格尔木
治多县
库赛湖
海丁诺尔
盐湖
清水湖
路北滩
昆仑山口
玉珠峰▲6178
东大滩
不冻泉
四道沟
沙长色绕
G109
五道梁
直达峡木窝
白日涌
直达日旧
多秀
曲麻塘
桑池吉
措池
S308
扎日阿西日旧
昂拉
曲麻河乡
莱
辛敦
冬陇
奴陇
旦才贡玛
勒池
斜地斜玛尕日
风火山口
冬布里山
勒玛塘
桑恰
涌工拉
夏俄巴曲
智赛
扎河乡
才朴帐通
莫云
卖少色勒哦
杂多
图例
县级行政中心
乡、镇级居民地
村庄
牧民居住地
玉珠峰▲6178 山峰、注记及高程
×昆仑山口 山隘及名称
省级界
地级界
县级界
铁路
G109 国道及编码
S313 省道及编码
常年河、时令河
湖泊、水库
比例尺1:1 550 000
注：编图资料截至2010年
审图号：青S(2021)006号

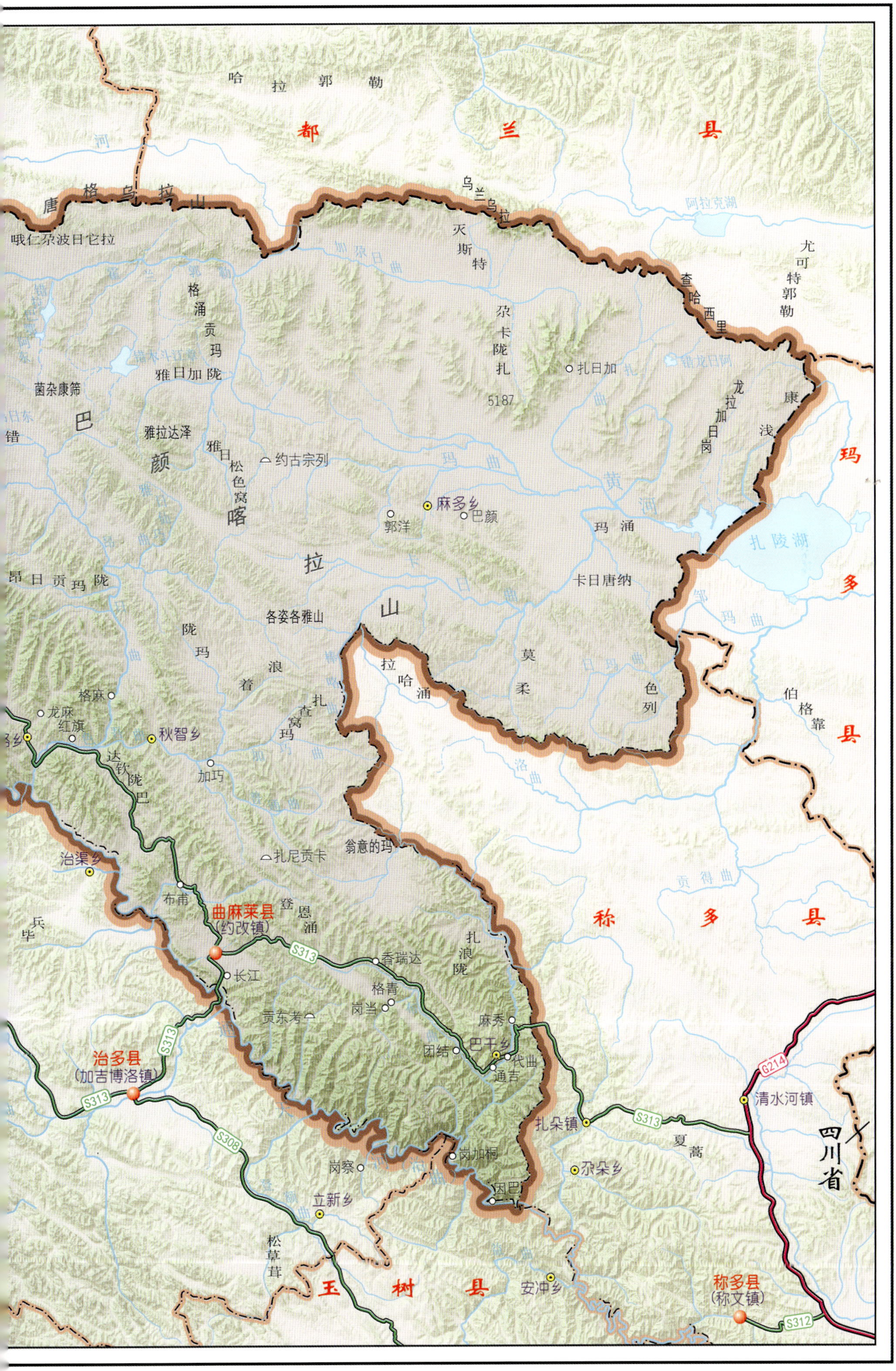

哈拉郭勒
都兰县
唐格乌拉山
哦仁尕波日它拉
乌兰乌拉
灭斯特
阿拉克湖
尤可特郭勒
查哈西里
格涌贡玛
尕卡陇扎
扎日加
菌杂康篩
雅日加陇
5187
龙拉加日岗
康浅
巴颜喀拉山
雅拉达泽
雅日松色窝
约古宗列
麻多乡
巴颜
郭洋
玛涌
扎陵湖
黄河
玛曲
玛多县
昂日贡玛陇
卡日唐纳
各姿各雅山
陇玛着浪
拉哈涌
莫柔
色列
伯格靠
格麻
龙麻
红旗
秋智乡
扎查窝玛
达钦陇巴
加巧
洛曲
治渠乡
扎尼贡卡
翁意的玛
贡得曲
布甫
曲麻莱县
(约改镇)
登恩涌
称多县
兵毕
长江
S313
香瑞达
扎浪陇
格青
岗当
贡东考
麻秀
治多县
(加吉博洛镇)
巴干乡
团结
代曲
通吉
G214
清水河镇
S313
扎朵镇
夏蒿
四川省
S308
岗加桐
岗察
尕朵乡
立新乡
因巴
松草茸
玉树县
安冲乡
称多县
(称文镇)
S312

曲麻莱县水系图

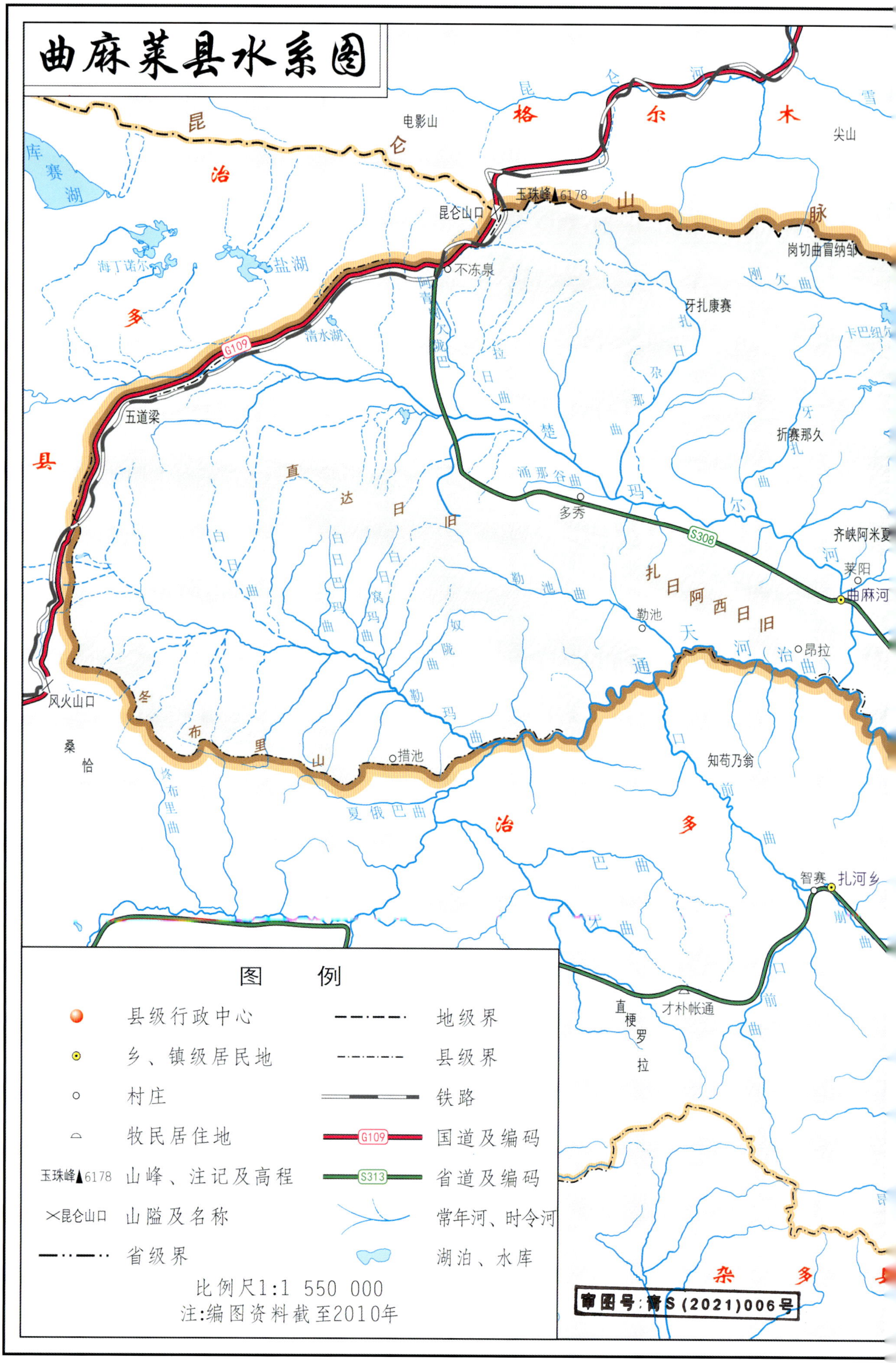

昆仑山脉
格尔木
治多县
杂多
电影山
尖山
库赛湖
海丁诺尔
盐湖
清水湖
昆仑山口
玉珠峰▲6178
不冻泉
岗切曲冒纳邹
牙扎康赛
卡巴纽尔
五道梁
折赛那久
多秀
齐峡阿米夏
莱阳
曲麻河
勒池
昂拉
风火山口
桑恰
措池
知苟乃翁
智赛
扎河乡
才朴帐通
直梗罗拉
冬布里山
直达日旧
扎日阿西日旧
通天河
楚玛尔河
夏俄巴曲
勒池曲
涌那谷曲
勒玛曲
G109
S308
图例
县级行政中心
乡、镇级居民地
村庄
牧民居住地
玉珠峰▲6178 山峰、注记及高程
昆仑山口 山隘及名称
省级界
地级界
县级界
铁路
G109 国道及编码
S313 省道及编码
常年河、时令河
湖泊、水库
比例尺1:1 550 000
注:编图资料截至2010年
审图号:青S(2021)006号

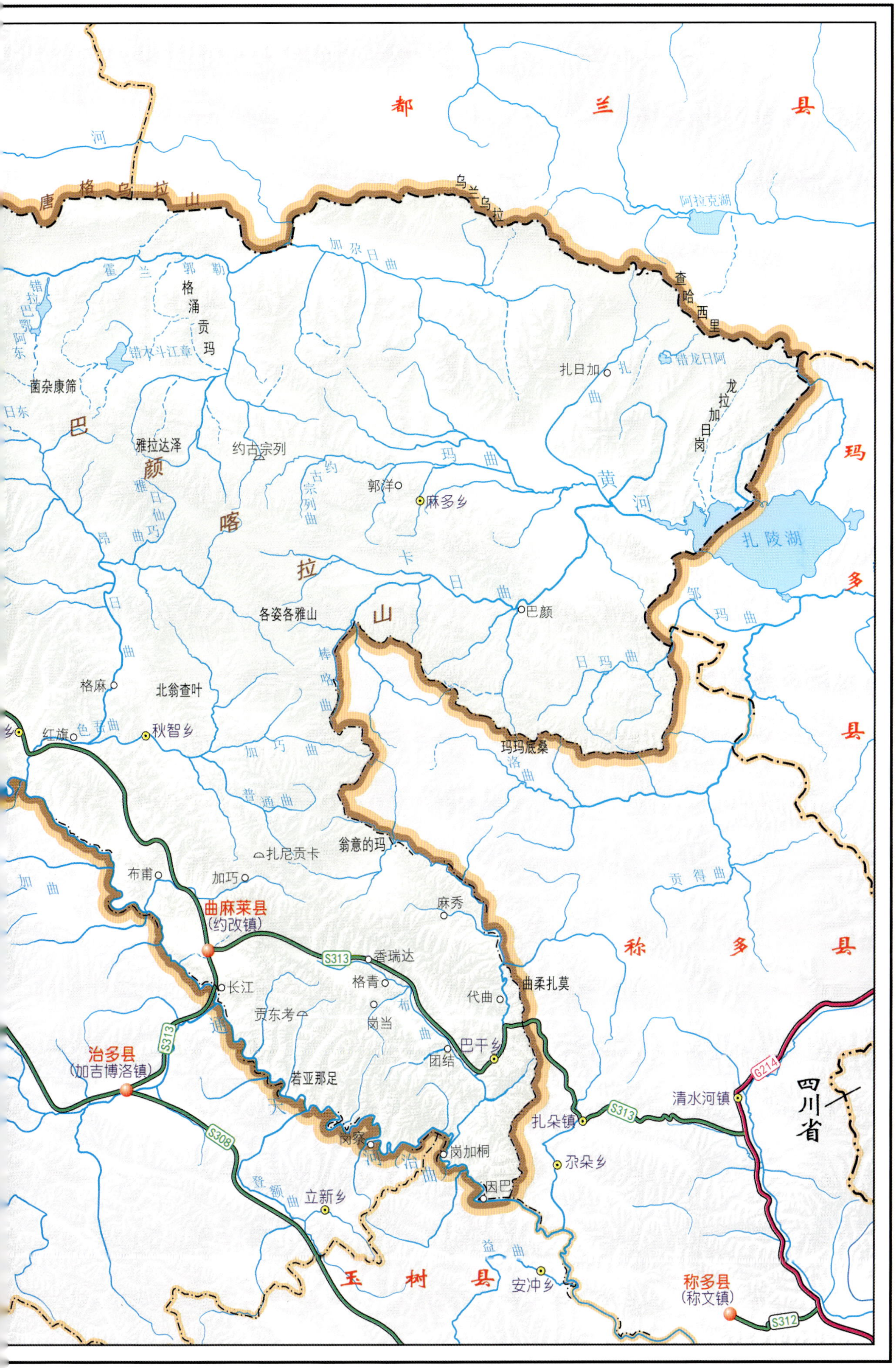

都 兰 县
唐古拉山
乌兰乌拉
阿拉克湖
加尕日曲
霍兰郭勒
错拉巴鄂阿东
格涌贡玛
错木斗江章
查哈西里
扎日加
错龙日阿
扎曲
龙拉加日岗
菌杂康筛
日东
巴颜喀拉山
雅拉达泽
约古宗列
玛曲
约古宗列曲
郭洋
麻多乡
黄河
雅日仙巧
昂曲
扎陵湖
卡日曲
巴颜
各姿各雅山
鄂玛曲
棒咯曲
日玛曲
格麻
北翁查叶
色吾曲
红旗
秋智乡
加巧曲
玛玛底桑
洛曲
普通曲
翁意的玛
扎尼贡卡
布甫
加巧
加曲
贡得曲
麻秀
曲麻莱县
(约改镇)
S313
香瑞达
称多县
曲柔扎莫
格青
长江
代曲
贡东考
岗当
布曲
通天河
巴干乡
团结
治多县
(加吉博洛镇)
S313
若亚那足
G214
清水河镇
四川省
扎朵镇
S313
S308
冈察
岗加桐
尕朵乡
治曲
登额曲
立新乡
因巴
益曲
玉树县
安冲乡
称多县
(称文镇)
S312
玛多县

3 月 29 日，州委常委、州纪委书记、州监察委员会主任井永杰赴曲麻莱县调研党风廉政建设和反腐败工作

4 月 13 日，州政协主席尕桑赴曲麻莱县走访慰问贫困户

5 月 20 日，州委常委、副州长何勃赴曲麻莱县调研指导畜牧业新型主体经营组织工作

6 月 25 日，省委常委、省纪委书记、监察委主任滕佳材赴曲麻莱县农牧民就业创业服务中心调研

8 月 9 日，副省长田锦尘赴曲麻莱调研生态环境保护和精准脱贫工作

8 月 15 日，省教育厅副厅长薛建华赴曲麻莱县督导控辍保学工作

8月16日，副省长张黎调研曲麻莱县文化产业和精准脱贫工作

8月20日　省食品药品监督管理局总监杨国瑜一行赴曲麻莱县调研食品药品安全工作

8月23日，州委副书记王华杰赴曲麻莱县麻多乡调研指导工作

8月27日，省委常委、组织部长王宇燕在州委书记吴德军，州委常委、组织部长桑文俊等陪同下深入曲麻莱县调研党的基层组织建设和脱贫攻坚工作

9 月 29 日，省委常委、政法委书记闫柏赴曲麻莱县调研基层社会治理工作

11 月 15 日，州委书记吴德军，州委副书记、州长才让太赴曲麻莱县调研民族教育工作

12 月 21 日，州委常委、宣传部部长、教工委书记江海梅赴县民族中学检查党建工作

12 月 25 日，三江源国家公园管理局局长李晓南赴曲麻河生态保护站看望慰问工作人员

1月5日，曲麻莱县第十五届人民代表大会第三次会议在县委会议中心召开

3月19日，中国共产党曲麻莱县第十五届委员会第三次全体（扩大）会议暨经济工作会议在县委会议中心召开

3月19日，中国共产党曲麻莱县第十五届纪律检查委员会第三次全体（扩大）会议在县委会议中心召开

3月20日，曲麻莱县2018年党的建设暨组织工作会议召开

4月9日，中国人民政治协商会议第十三届曲麻莱县委员会第三次会议开幕

4月10日，曲麻莱县第十五届人民代表大会第四次会议在县委会议中心开幕

4 月 24 日，曲麻莱 2018 年扶贫工作会议召开

7 月 9 日，曲麻莱县扫黑除恶专项斗争工作推进会召开

11 月 15 日，中国共产党曲麻莱县第十五届委员会第四次全体（扩大）会议在县委会议中心召开

12 月 17 日，中国人民政治协商会议第十三届曲麻莱县委员会第四次会议在县委会议中心召开

1月5日，曲麻莱县监察委员会正式挂牌成立。县委书记董晋林，县委常委、纪委书记、监察委员会主任陈如金参加揭牌仪式

1月7日，县委副书记、县长尼玛扎西一行赴约改镇慰问“建档立卡”贫困户

4 月 11 日，在曲麻莱县第十五届人民代表大会第四次会议上，县人大常委会主任欧周作工作报告

4 月 28 日，县委副书记、县长尼玛扎西赴县技能培训中心检查指导工作

5月28日，县委书记董晋林，县委常委、副县长赵长松赴县畜牧林业科技局督导精准扶贫领域作风问题整改工作

11月19日，县委副书记、县长尼玛扎西在副县长尼玛扎西、县政协副主席桂家军陪同下慰问“农转非”困难家庭群众

12月10日，县委书记、管理处党委书记董晋林在县委常委、副县长、国家公园长江源园区专职副书记、专职副主任韩建武陪同下慰问生态管护员

12月17日，在中国人民政治协商会议第十三届曲麻莱县委员会第四次会议上，杰松尼玛同志当选为政协曲麻莱县第十三届委员会主席

2月11日，县委书记董晋林一行赴青海红十字医院看望慰问病患，并就医疗扶贫工作进行交流和座谈

5月23日，北京市昌平区委副书记、区长王合生一行赴曲麻莱县开展对口帮扶工作

6月16日，省安全生产监督管理局局长陆宁安赴曲麻莱县秋智乡开展对口帮扶工作，看望慰问基层群众

11月3日　西部矿业集团有限公司党委副书记李威，党委副书记、工会主席李曙光一行深入曲麻莱县调研联点帮扶工作

高原新城约改镇

曲麻莱县城全景

县城办公新区

麻多乡小集镇

曲麻莱县南大门

曲麻莱县精准扶贫商业街

通天河特大桥

青藏铁路

芫根基地

饲草料种植

产业扶持项目分红大会

曲麻莱县畜产品

格尔木市昆仑民族文化村易地搬迁安置小区

曲麻莱县精准扶贫产业规划厅

县城移民区

挖掘机技能培训

唐卡制作培训

特种车辆培训

技能培训学员结业典礼

县民族中学

县民族中学校园

县人民医院住院医技综合楼

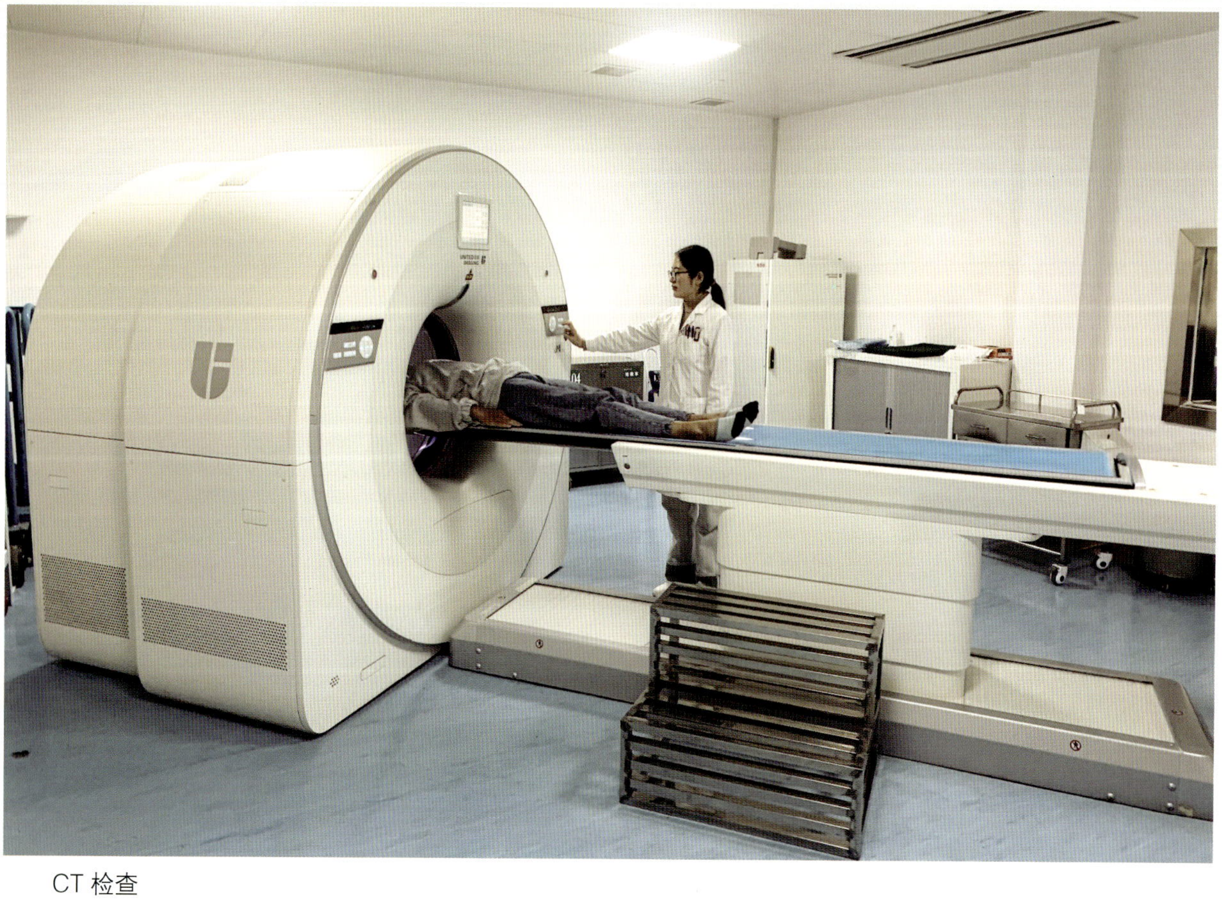

CT 检查

社会保障

民政服务

三江源国家公园
约古宗列保护区

藏羚羊

野牦牛

藏野驴

雪豹

西藏圆柏

昆仑山

夏日寺

夏俄巴神山

通天河

黄河源头

朶朵觉悟

序

《曲麻莱年鉴(2019)》今天终于付梓出版了。它的出版是全县各部门继续通力合作,县志办全体人员辛勤耕耘的硕果,标志着曲麻莱地方志工作又迈上了一个新台阶。《曲麻莱年鉴(2019)》客观全面地记载了2018年曲麻莱经济社会发展情况,突出地方特色,体现时代特征,是社会各界了解曲麻莱、认识曲麻莱的权威性资料刊物。

2018年是实施“十三五”规划的攻坚之年,是全面深化改革的关键一年,也是全面建成小康社会进入决胜阶段的关键之年。一年来,曲麻莱县紧紧围绕“保护生态、维护稳定、改革发展”三大任务,凝心聚力,攻坚克难,全县经济社会呈现出平稳较快发展的良好势头。国民经济持续较快发展。完成地区生产总值5.95亿元(按15年不变价计算);全社会固定资产投资完成4.37亿元;地方一般预算收入完成1209万元,一般预算支出90284万元;全体居民人均支配收入15997元,同比增长8.1%,其中:城镇居民可支配收入31542元,同比增长6.6%;农牧民人均纯收入8199元,同比增长10%。全社会消费品零售总额13033万元,同比增长9.8%。

存史为了资政。《曲麻莱县年鉴(2019)》作为全面反映2018年全县经济社会建设总情的大型信息资料工具书,发挥“资政、育人、存史”的重要功能,为曲麻莱今后的发展提供参考和较高价值的历史资料。各部门、各单位和各乡镇,要依此为镜,了解过去、检阅得失、吸取经验;指导现在、革故鼎新、开创未来,全面推动曲麻莱经济社会又好又快发展。

最后,谨向为《曲麻莱县年鉴(2019)》付出辛勤汗水的全体编纂人员和广大提供无私帮助的各界人士表示崇高的敬意和衷心的感谢。

中共曲麻莱县委副书记、县长　尼玛扎西

2021年2月16日

编纂说明

一、《曲麻莱年鉴(2019)》以马克思列宁主义、毛泽东思想、邓小平理论、“三个代表”重要思想、科学发展观、习近平新时代中国特色社会主义思想为指导,坚持辩证唯物主义和历史唯物主义的立场、观点和方法,系统记述2018年1月1日至12月31日曲麻莱县自然、政治、经济、生态、文化、社会的发展情况,旨在为社会各界人士了解曲麻莱和投资置业提供翔实、准确、权威的资料信息,为各级党委和政府决策提供依据,为全县政治、经济、文化、社会和生态文明建设服务。同时也为下一轮修志工作奠定资料基础。

二、《曲麻莱年鉴(2019)》主要记述2018年全县各项事业发展状况和最新成就。收录范围以县域为界,县委、人大、政府、政协机关,企事业单位,各乡镇,驻军部队,各群众团体,省驻县单位均在收录之列。

三、《曲麻莱年鉴(2019)》采取分类编辑方法,设类目、栏目、条目三个结构层次,个别内容根据需要设置子目。分类的标题所用字号、字体和版式设计均相区别。全刊设特载、专记、大事记、县情概览、文明曲麻莱建设、富裕曲麻莱建设、生态曲麻莱建设、平安曲麻莱建设、幸福曲麻莱建设、和谐曲麻莱建设、乡镇简况、曲麻莱集体·人物12个类目。

四、《曲麻莱年鉴(2019)》所采用原始资料均由各乡镇、各部门、各直属单位、群众团体以及驻县各单位提供,并经主要领导审阅。文中所用统计数字均经供稿单位审核,撰稿单位随文署名,文责自负。统计年报由县统计局提供,凡因统计口径、方法、时间不同造成与条目数据不一致时,均以县统计局资料为准。

目 录

特 载

专 记

大 事 记

县 情 概 览

文明曲麻莱建设

富裕曲麻莱建设

平安曲麻莱建设

和谐曲麻莱建设

曲麻莱集体·人物

附　录

组织机构与领导名录 …… 298

索　引

特　　载

Te Zai

在县委十五届三次全委会暨经济工作会议上的讲话

（2018年3月19日）

中共曲麻莱县委书记　董晋林

常委会2017年工作报告

2017年，在省委、省政府，州委、州政府的正确领导下，常委会全面贯彻党的十八届历次全会和习近平总书记系列重要讲话精神，认真学习宣传贯彻省第十三次党代会、党的十九大精神，深刻把握习近平总书记系列重要讲话特别是视察青海时的讲话精神，全面落实“四个扎扎实实”重大要求，围绕王国生书记在省委十二届十三次全会上提出的“四个转变”，奋力推进全县各项事业取得新的成绩。

一、认真学习宣传贯彻十九大和省第十三次党代会精神

常委会将迎接十九大、省第十三次党代会和学习宣传贯彻十九大、省第十三次党代会精神作为首要政治任务，进一步坚定“四个意识”，提高政治站位，精心安排部署，扎实推动落实，着力在学懂弄通做实上下功夫，不断推动新曲麻莱建设取得新成绩。

坚持先学一步、学深一层。及时组织班子成员认真收看聆听省第十三次党代会和党的十九大开幕直播。十九大和省第十三次党代会闭幕后，组织召开常委会和中心组学习研讨会，集中学习十九大和省第十三次党代会报告原文，坚持读原文、悟原理，并围绕学习谈体会、谋思路、抓落实，充分发挥示范引领作用。组织召开十九大和省第十三次党代会精神集中学习专题会议和全县干部大会，全县各级党组织迅速掀起学习十九大和省第十三次党代会的热潮。

扎实推进十九大和省第十三次党代会宣传贯彻工作。结合“第一书记”任职和“三包四联”活动，制定了宣讲方案，将县委常委联系到村（社区）开展集中宣讲活动。组建县乡村三级宣讲队和文艺演出队，编排了文艺作品，深入一线开展宣讲和演出活动，引导各族干部群众牢记党的恩情，增强民族自信心和自豪感，坚定不移听党话、跟党走。

二、扎实推进生态环境保护

常委会从讲政治的高度，扎实推进生态环境保护，坚决扛起生态保护责任，切实筑牢国家生态安全屏障。

（一）全力推进生态文明理念价值观教育。始终将保护生态作为立县之本，着重全县各族干部群众保护生态理念的培养，安排县委宣传部、县妇联、县委党校等单位，举办了生态文明理念价值观教育和培训，安排国家公园管理处成立曲麻莱县环保志愿者“绿色联盟”，积极动员生态管护员和广大牧民群众自觉参与到乡村道路沿线、历史遗留砂金过采区的义务复坑工作中，有效推进了生态恢复治理，增强了广大群众的环保意识，营造了爱护生态环境的良好风气。

（二）全力推进三江源国家公园建设。扎实推进三江源国家公园体制试点各项工作，积极开展自然资源资产确权登记和本底调查工作。配合完成并实施《三江源国家公园总体规划》及五个专项规划的编制工作。积极推进划转单位相关工作和手续移交工作，各项工作有序开展。全力保障国家公园县乡村三级管理机构正轨运转，协调县乡村三级管理机构上下联动，创新激发和调动牧民管护生态的自觉性、主动性，实现“被动管护”向“主动管护”的根本性转变。

（三）大力实施三江源保护二期工程和可可西里申遗工作。按照国家“三江源生态保护建设”和全省“三区”战略部署，扎实推进生态保护与建设工程。2017年度实施3项三江源保护与建设二期工程，积极实施黑土滩综合治理和封沙育草项目。不断创新生态保护机制体制，坚持标准不降、力度不减，统筹推进草场、湿地与河湖、荒漠等生态系

统保护建设。同时，积极配合省州责任部门，进一步强化各方对接，挂图作战，可可西里申遗工作圆满成功。

（四）加强城乡环境综合整治。以环保督查为契机，认真做好环保督查问题整改工作，全面停止三江源自然保护区内的一切矿产勘查开发项目活动，完成历史遗留砂金过采区和达哈煤矿环境恢复治理工作。认真做好白的沟生态恢复治理工作，认真施行"河长制"，积极开展"环保日"行动。强化生态环境监管，加强基层执法队伍、环境应急处置救援队伍建设，对各类环境违法违规行为实行"零容忍"，加大依法查处打击违法行为力度。

三、领导经济健康稳定发展

坚持稳中求进工作总基调，推动经济朝着更高质量、更有效率、更加公平、更可持续的方向发展。

（一）生态畜牧业稳步发展。一是畜牧业基础不断巩固。以畜牧业基础设施为重点，统筹实施基础设施工程项目，全县生态畜牧业基础设施不断完善。二是生态畜牧业合作组织不断壮大。着眼于畜牧业产业化、集约化、规模化发展，培育壮大牧业合作社和合作小组，增强了经营主体的"造血"功能。三是畜牧业科技含量不断提升。注重特色产业结构优化，加大种畜串换力度，为种畜提纯保质提供了源头保障；加快有机生态畜牧业建设步伐，启动第二批全县有机畜牧业项目，全县部分畜产品已通过国家有机产品权威认证。四是牲畜保障力度不断加大。紧盯牲畜因病、因天气死亡率高的实际，对标施策、主动作为，召开了全县重大动物疾病防控工作动员会，安排部署重大动物疾病防控工作；召开了全县牲畜保险工作会，推动全县牲畜参保工作，有效降低牲畜死亡给群众带来的损失。

（二）基础设施不断完善。2017年，共实施项目102个，累计投资11.29亿元，启动了一批促发展、惠民生、添后劲的重大工程项目。一是积极争取和实施道路配套设施及附属工程。实施并完成了格萨尔路、珠姆路、完小路、马场街部分道路建设和配套设施建设项目，公路网络体系得到进一步完善。二是大力加强特色产业项目建设。实施了麻多乡郭洋村乡村旅游富民工程和麻多乡扎加村乡村旅游富民工程建设项目。三是不断加强市政设施建设。完成了县游客到访中心建设任务和县公安看守所建设项目，实施了供热管网延伸工程、农牧民技能中心室外建设工程和武警中队营房建设项目，市政基础设施建设更加健全。

（三）文化旅游深度融合发展。坚持绿色协调可持续发展，大力推动文化旅游深度融合发展。一是文化旅游深度融合规划不断完善。继续完善和提升大型史诗格萨尔王"登基大典"优秀歌舞剧，打造曲麻莱县"格萨尔王"文化品牌。二是文化旅游深度融合节庆活动层出不穷。认真贯彻落实州委、州政府关于加大文化旅游品牌建设的相关要求，举办了世界公桑日嘎多觉悟徒步转山节，承办了2017中国青海玉树首届昆仑山祭拜大典暨勇者攀登极限挑战赛，举办了中国青海玉树首届黄河寻根溯源国际自驾车旅游文化节等重大节庆活动。三是文化旅游保障管理体系不断健全。着眼文化旅游的长远发展，强化文化旅游管理和服务队伍建设，成立了旅游市场秩序专项整治督查领导小组、旅游安全领导小组，制定了旅游市场检查工作规范，为营造诚信文明的文化旅游服务环境提供了保障。

（四）对口支援工作不断强化。充分利用北京市和国家有关部委对口支援平台，加快提升自我发展能力。一是积极推动区县对口帮扶工作，去年8月下旬，邀请昌平区党政代表团赴我县考察工作，9月份，组成14人的党政代表团回访昌平区和顺义区，就乡镇对口帮扶相关事宜展开沟通协商。二是积极协调国电集团设立生态国电专项帮扶基金，在麻多乡郭洋村建档立卡贫困户中每户增聘生态管护员1名。三是积极与省国家公园管理局沟通协调，为麻多乡扎加村争取到帮扶资金80万元，用于建设人畜饮水工程。四是积极协调省安监局，为秋智乡争取到450万元农村道路通畅项目和90万元畜牧业产业发展资金。五是积极调动帮扶单位和帮扶人员的作用，2017年共计筹集"第一书记"、党员干部及联点单位西部矿业集团帮扶资金221.9万元。

四、民生工作得到保障和改善

常委会坚持以人民为中心的发展思想，始终把群众冷暖放在心上，扎扎实实保障和改善民生。

（一）坚持做到精准扶贫精准脱贫。2017年，通过产业扶持、资产收益、技能培训及转移就业等措施退出4个贫困村和2个非贫困村，脱贫756户2280人。精心谋划全年脱贫攻坚工作，召开了常委专题会议、精准扶贫推进会议，专题研究部署脱贫攻坚工作，并成立了县脱贫攻坚问题整改专项检查工作领导小组，深入相关乡镇和单位进行专题督促检查。成功举办了全省三江源地区脱贫攻坚观摩推进会，为深度贫困地区脱贫攻坚奠定了坚实基础。

（二）民族教育事业全面发展。坚持把教育放在优先位置，县乡村三级学前教育公共服务体系加快构建，义务教育阶段生均公用经费补助标准持续提高。多次召开教育工作专题会议，研究突破制约教育瓶颈的具体方法举措，安排主管教育的县委常委同志，亲自抓教育体制机制改革和教育管理体制改革，重点突破控辍保学。委派县纪委、县委组织部等相关部门对教育系统存在的问题进行了2轮检查。采取“3332”举措，使义务教育均衡发展提升至新高度，教育管理改革迈出新步伐，教育行风建设展现新气象。

（三）医疗卫生工作稳步推进。坚定不移推进健康曲麻莱建设，全面加强公共卫生服务能力建设，努力实现全方位、全周期保障人民健康。积极协调外省和本省省级医院的技术帮教工作，辽宁省抚顺医院、青海省医院、青海省红十字医院与我县县医院开通了远程会诊工作。建立了卫生人员双向流动机制，为县医院购置了CT扫描机、全自动深化分析仪等设备，全面提升了全县各级医疗机构的管理运营能力和医技水平。

（四）就业创业渠道不断畅通。坚持实施就业优先战略和更加积极的就业政策，深入推进高校毕业生就业创业促进计划。继续实施牧民职业技能提升计划，强化职业教育和技能培训，突出未就业大中专毕业生，鼓励和支持青年创业，引导待业人员向各个领域有序流动。不断加大就业创业政策帮扶力度，充分发挥县农牧民技能培训中心作用，积极对未就业的城镇待业人员、高校毕业生做好求职登记工作。

（五）社会保障体系不断完善。大力实施城镇棚户区、危房改造等保障性安居工程，积极推进低保事业向正规化发展，在全州范围内率先开展了城镇低保大排查活动。建立健全了稳定增长的残疾人事业经费投入和基本生活兜底保障机制，对重大疾病和困难群众实施大病医疗救助。高度重视安全生产工作和食品药品安全监管，有效遏制了重特大事故发生，切实保障了人民群众生命财产安全。

五、扎扎实实加强社会治理

常委会以共建共治共享为目标，统筹推进民族团结进步事业、平安曲麻莱建设和深化改革各项工作。

（一）决战决胜十九大安保维稳攻坚战。认真贯彻落实中央和省州关于十九大期间维稳工作指示精神，提前研究谋划，安排开展了以“加强纪律作风建设”、“加强社会综合治理”、“加强基层组织建设”为主题的喜迎党的十九大胜利召开三个“百日攻坚”专项行动，为党的十九大胜利召开营造了良好的法治和基层社会环境。全面安排部署，认真落实责任，落实重点人员的源头化解疏导工作，确保了各类不稳定因素和矛盾及时得到化解。强化督查力度，推动各项安保措施落实到位，确保了十九大期间社会大局和谐稳定。

（二）持续推进平安曲麻莱建设。从推进治理体系和治理能力现代化的高度，加强和创新社会治理，努力建设更高水平的平安曲麻莱。深入推进治安防控体系建设，持续抓好情报信息搜集，强化矛盾纠纷排查化处机制，进一步提升了对社会治安的动态管控能力。抓好寺院管理，县委常委同志带头深入寺院开展维稳宣教工作，引导和聚集好宗教界正能量。抓好“五明佛学院”劝返人员安置工作，县委常委同志多次带队赴杂多县维稳安置点对我县劝返僧尼进行了慰问，实现返得回、安得住。持续开展“缉枪治爆”等专项行动，严格打击群众关注度高的违法犯罪，人民群众的安全感、满意度持续提升。

（三）不断深化法治曲麻莱建设。完善了党委领导法治建设工作机制和程序，做到依法治县与制度治党、依规治党统筹推进、一体建设。深入推进依法行政，建设法治政府。深入推进司法公正，不断提升司法公信力。深入推进法治社会建设，全县干部群众强化法律至上的意识，社会治理的法治化水平明显提升。

（四）推动民族团结进步创建活动向纵深发展。全力打造民族团结教育示范基地和教育示范点，评选出3个民族团结进步教育示范点，发挥好基地的教育引领作用。进一步加大宣传力度，积极开展民族团结创建“八进”活动，全面评估创建“八进”活动和联创联建活动成效，有效补齐工作短板，从制度规范、跟踪监督、考核评定等方面把各项创建活动落到实处。

（五）舆论宣传引导工作扎实推进。全面贯彻落实意识形态工作责任制，坚持线上线下舆论引导同步进行，营造了良好的舆论环境。推进社会主义核心价值观培育工作，广大干部群众对社会主义核心价值观的认同感不断增强，自觉投身到宣传践行的工作中。文明创建成效显著，全国文明村庄、省州级文明单位、玉树好人等先进集体和个人不断涌现。

（六）全面深化各领域改革。常委会把改革作为做好各项工作的主要思维方式和工作方式，以重要领域和关键环节的突破，带动各领域各方面改革向纵深发展。制定印发了《县委全面深化改革领导小组2017年改革工作要点和改革工作台账》，召开了县委全面深化改革领导小组专题会议，为改革工作提供了坚强的组织保障。顺利完成深化监察体制改革工作，使我县成为全省第一个成立县级监察委的县。深入推进行政审批制度改革工作，积极推进简政放权放管结合职能转变工作。深化教育综合改革工作，不断改善和创新教育系统管理体制机制，有效提升教育教学质量和水平。

六、坚持不懈抓好党的建设

常委会毫不动摇坚持和加强党的领导、推进党的建设新的伟大工程，以更大的决心、更大的勇气、更大的气力管党治党，推动全面从严治党向纵深发展。

（一）全面从严治党各项制度不断完善。认真贯彻落实全面从严治党、从严治吏的要求，坚持用制度管人、按制度办事。建立了党建联系点制度，指导帮扶基层党组织全面推进基层党建工作。建立了“一箱三卡”服务制度，在全县各级党组织设置了“有话给党说”信箱，制作发放了“便民利民连心卡”“政策明白卡”，制作了党务村务公开栏，保障群众的知情权和监督权。建立了基层党建“两月一考评”制度，有效增强了各级党组织和党务工作者的责任意识和执行力。

（二）党员干部培训教育更加全面。县委党校通过了省委组织部党建品牌验收，成为全省党建示范点。充分发挥县“三基”干部学院教育阵地作用，创新开展基层党员干部教育教学工作，制定了“3年、5年、10年”教育规划和“四级培训模式”，实现了全县干部、党员、预备党员教育全覆盖。全年，共举办各级干部培训班43期，培训干部3400人次。同时，结合“曲麻莱县村（社区）换届百日攻坚行动，对全县24个村（社区）、1000余名党员进行了全面轮训。

（三）村“两委”换届选举工作圆满完成。常委会把村（社区）“两委”换届当作一件大事来抓，旗帜鲜明地把党的领导贯穿全过程。安排工作组深入村、社区开展调研摸底排查和村级财务审计工作，组织开展慰问困难党员和卸任困难村干部活动，扎实开展谈心谈话活动，及时成立督查组，负责全县村（社区）“两委”换届选举工作的督查和宣传指导。县级“第一书记”在联点地区设立临时“指挥所”，科级“第一书记”深入联点村社具体指导换届选举工作，各乡镇领导班子成员深入各村社蹲点值守，确保了全县村“两委”班子换届选举圆满成功。

（四）党的建设全面发展。常委会注重基层建设，不断加大基层投资力度，基层基础不断巩固。在开展乡镇“温暖工程”的基础上，积极探索开展村（社）“八有”工程。不断完善村（社）、机关支部党员干部活动室，建立乡（镇）党员干部培训中心，实现乡镇、村社远程教育全覆盖。认真把脉信息化潮流趋势，将“互联网+”理念运用到牧区党建实践中，“互联网+党建”新模式逐步确立，并开通了8个平台，使全县基层党建工作整体水平有了质的提高。党建品牌逐渐发挥效益，指导开展的“党员+牧业合作社”“党小组+牧业合作社”“支部+牧业合作社”的抓党建、谋发展、促脱贫工作模式，有效提升了村集体经济，提升了村“两委”班子的话语权，其中“藏迪模式”“红旗模式”被列为全州、全省示范点。党建带群建工作有了大幅提升，实现全县所有村（社区）“四个之家”全覆盖。

（五）党风廉政建设和反腐败斗争持续推进。常委会狠抓“两个责任”落实，深入推进作风建设，切实践行执纪监督“四种形态”，严肃查处违法违纪案件，认真办理群众来信来访，特别是对党员干部存在的违纪和损害群众利益的案件，一经发现及时查处，绝不姑息迁就。2017年，全县纪检监察机关受理信访举报16件，线索处置13件，立案7件，结案5件，信访了结9件；处分违纪人员11人。

同志们，以上工作的推进和成绩的取得，是党中央和省州委坚强领导和亲切关怀的结果，是全县广大干部群众团结一致、扎实工作的结果。县委全委会成员和在座的同志们在各自岗位上心系大局、努力工作，对常委会的工作给予了真诚帮助和全力支持。我代表常委会向大家表示由衷的感谢和崇高的敬意。

在总结工作的同时，常委会也认真分析了面临的挑战和存在的不足。主要是：发展不平衡、不充分问题突出，经济运行存在不少矛盾和问题，建设现代化经济体系、实现高质量发展需要付出艰苦努力；全面推进各领域改革任务艰巨，改革举措落地需要付出艰苦努力；资源环境约束趋紧，生态环境保护需要付出艰苦努力；脱贫攻坚任务繁重，改善民生、增加人民福祉需要付出艰苦努力；反分裂斗争形势依然严峻，维护社会稳定需要付出艰苦努力；全面从严治党形势依然严峻复杂，抓班子带队伍强本领需要付出艰苦努力。同时，常委会工作也有一些不足，自身建设还需要持续加强。对此，我们将保持清醒，不断加以解决。

2018年工作安排

2018年，是贯彻党的十九大、省第十三次党代会精神的开局之年，是改革开放40周年，是决胜全面建成小康社会、实施“十三五”规划承上启下的关键一年。做好今年工作，总体要求是：全面贯彻党的十九大和十九届三中全会、中央经济工作会议、中央农村工作会议精神，落实省第十三次党代会和十三届三次全会、州委十三届四次全会部署，以习近平新时代中国特色社会主义思想为指导，牢牢把握稳中求进工作总基调，自觉坚持新发展理念，统筹推进“五位一体”总体布局和协调推进“四个全面”战略布局，推动落实“四个扎扎实实”重大要求，围绕“四个转变”和“两个越来越好”，全面贯彻落实县第十五次党代会各项重大决策部署，在新的起点上奋力开创富裕文明和谐美丽新曲麻莱建设新局面。

关于今年经济工作，尼玛扎西同志还要代表县委作安排部署，各乡镇各部门各单位要抓好贯彻落实。我重点就五个方面的工作，讲些意见。

一、推动经济跨越发展，努力建设富裕曲麻莱

（一）必须坚持和加强党对经济工作的领导。习近平总书记多次指出，经济发展进入新常态，党领导经济工作的观念、体制、方式方法也要与时俱进，强调要加强党领导经济工作的制度化建设、提高党领导经济工作的法治化水平、增强党领导经济工作的专业化能力。全县各级党委要把加强和改善党对经济工作的领导作为重大政治责任，切实提高驾驭经济发展全局的能力。要善于在错综复杂的形势中看清主流，定期研究国家宏观经济政策，定期分析本地区经济形势，牢牢把握对经济工作的主动权。要着眼提高领导经济工作的专业化能力，培养一批懂经济的领导干部。

（二）深入贯彻落实新发展理念。党的十八届五中全会坚持以人民为中心的发展理念，鲜明地提出了创新、协调、绿色、开放、共享的发展理念。王国生书记在省委十三届三次全会上要求，“现在仅仅停留在有了新发展理念还不行，关键看能否在工作和实践中坚决践行，对不适应的、不符合的坚决摒弃，对违背的坚决纠正，切实把新发展理念变成青海的普遍实践”。我们要把牢固树立新发展理念和增强“四个意识”的要求统一起来，成为曲麻莱各项事业发展的重要遵循，实现更高质量、更有效率、更加公平、更可持续的发展，使发展能够更好地满足人民日益增长的美好生活需要。

（三）全面落实经济稳中求进总基调。生态畜牧业方面，坚决走集约、合作、专业的路子，在去年探索成功“党组织+牧业合作社”的基础上，继续发展完善“互联网+牧业合作社”新模式，提升畜牧业科技含量。主动把握省委努力推动青南地区建设绿色生态产品供给地的发展方向，更加坚定“有机品牌特色”的发展理念和联合集约的发展方向，创造出更多、更亮的曲麻莱特色。基础设施建设方面，要紧紧抓住深度贫困地区脱贫攻坚、乡村振兴战略、区域协调发展战略、西部大开发的新政策和省里“项目生成年活动”等新的难得机遇，挖掘项目资源，找准项目定位，坚决摒弃“等靠要”的思维，主动进位，争取部分基础性重点项目列入州级、省级项目规划。文化旅游融合发展方面，省委十三届三次全会指出，“努力推动青南地区建设特色文化体验旅游目的地”，我们要紧紧抓住昆仑文化、嘎多觉悟山、黄河溯源活动、野生动物乐园等特有文化资源，积极融入省委省政府对全省区域协调发展的定位和创建生态旅游示范省的战略，借助州委州政府文化旅游融合宣传推介平台，助推生态旅游和绿色发展。城乡建设方面，按照省州委区域城乡协调发展布局，我们要更加注重完善功能、培育产业和优化服务，在提升城镇供电供

水供热和垃圾处理、污水处理等基本功能的基础上，进一步完善社会服务功能，积极构建以商贸、购物、服务等为内容的城镇生活服务体系。乡村振兴战略方面，认真贯彻中央农村工作会议精神，全面学习贯彻省里即将出台的乡村振兴战略实施意见，找准我县乡村与省州乡村振兴战略的结合点，摸准互联部。主动作为，积极争取，力争麻多乡郭洋村正式列为全州、全省首批乡村振兴战略示范村。

（四）全力打好脱贫攻坚战。现在距离实现整体脱贫目标还有不到两年时间，我们的任务依然十分艰巨。省州已经实施了深度贫困地区三年行动计划，我们必须按照相关要求，进一步明确目标任务，强化工作措施，动员各方面力量，整合各方面资源，认真组织实施好深度贫困地区脱贫攻坚行动。认真贯彻落实省委“扶贫领域作风建设年”的要求，统筹党委、政府和人大、政协、监委、督查、巡察等方面的职能，全过程加强对扶贫资金使用、扶贫项目招投标、扶贫工程质量等方面的监督，开展好扶贫领域腐败和作风问题专项治理，对弄虚作假、搞数字脱贫的要严肃处理。要强化思想脱贫，加强思想引导，促进扶贫与扶志、扶智相结合，坚决转变扶贫工作中“经济上投入多，思想上投入少”的现象，增强贫困群众脱贫的信心和决心，彻底打消贫困群众为了享受好处，不愿“摘帽子”的想法。

（五）深化改革，创建“开放曲麻莱”。要围绕贯彻新发展理念，建设现代化经济体系，实现高质量发展，以供给侧结构性改革为主线，深化投融资体制改革，推动经济发展质量变革、效率变革、动力变革，不断增强经济创新能力和竞争力。在去年对口支援帮扶工作成效显著的基础上，继续坚持开放合作、互利共赢的原则，主动进位、统筹谋划、积极对接，努力争取到一批产业合作、人才交流、技能扶持、劳务协作等领域的开放协作项目，加快提升自我发展能力。要坚持“走出去”，积极选派教育、医疗、卫生等方面专业技术人员和骨干力量赴外地参加培训学习，提高业务水平；主动融入州里提出的“异地办学千人计划”，有序推动异地办学，让学生享受优质教育；加大引导毕业大学生、牧民群众到条件好的地方就业创业，不断增加就业；加大特色畜产品推广力度，不断推动畜产品产业化发展。要坚持“引进来”，在教育医疗卫生等短板方面，通过合理设置优惠政策，吸引更多专业技术人员、教学能手等，有效补齐发展短板。

二、汇聚强大精神力量，努力建设文明曲麻莱

（一）打造曲麻莱精神家园。要以中国特色社会主义文化为引领，深入挖掘康巴民俗文化、民族团结历史文化、山水文化、村落文化等传统文化中的优秀成分，继续完善和提升大型史诗格萨尔王“登基大典”优秀歌舞剧，举办好十世班禅额尔德尼进藏红色旅游文化节等精品特色文化品牌，让传统优秀文化焕发出现代生机，不断厚植“四个自信”“五个认同”的文化基础。要大力开展社会主义核心价值观教育，践行与黄河、长江源头、昆仑山、美丽草原相融的“向善、担当、宽容，海拔越高、标准越高，气候越寒、纪律越严”的“曲麻莱精神”。要以“曲麻莱好人”评选活动为载体，在全县范围内选树好人、表彰好人、宣传好人，营造“学先进、比先进、做先进”的浓厚社会氛围。

（二）积极创建“文明曲麻莱”。文明是一个地区最美的代言词，是一个地区社会发育程度最直观的表现。全县各级党组织要做到文明执政，牢记全心全意为人民服务的宗旨，坚持权为民所用、利为民所谋，用好手中的权力，办好百姓的事情。要引导广大干部群众说文明话、办文明事、做文明人，县委宣传部牵头在全县范围内广泛开展“讲文明、树新风”主题活动，制定全县“文明礼仪宣传日”，在党政机关加强个人礼仪、公务礼仪、交往礼仪、电话礼仪等教育培训，在企事业单位推广礼仪规范、职业礼仪，在学校推动礼仪知识进教材、进讲堂，组织青少年开展文明礼仪教育，在基层牧区，充分利用党员活动室开展“讲礼堂”等活动，倡导广大干部群众说文明话、办文明事、做文明人。要加大宣传力度，充分利用县电视台、报刊、广播、微信、短信、等新旧媒体，大力宣传创建文明县城的重要性、必要性，动员广大干部群众自觉参与到创建文明县城的活动中来。要加大文明市民的教育力度，引导广大干部群众自觉做推崇社会主义核心价值观的良好公民，不断扩大文明细胞的覆盖面。要加大创建文明县城的基础投入，从“厕所革命”、交通规则、生活礼仪等最基本的工作抓起，不断提升全县干部群众的文明程度，为创建文明县城奠定基础。

（三）积极创建“信用曲麻莱”。今年，县委决定开展“信用曲麻莱”创建活动。全县各级党组织

要大力开展政务诚信工程，全面推行面向社会基层、人民群众的服务承诺制、公示制等工作制度，各职能部门建立健全规范有效的投诉、监督、举报机制，畅通沟通渠道，大力推进和加快政府诚信体系建设。要大力开展社会信用体系建设，借助新兴媒体，充分发挥县“三基”干部学院和基层牧民群众讲堂的作用，开展常态化宣传教育，将诚信文化融入单位精神、乡规民约、行业规范、企业文化，大力传播诚信文化，推进诚信建设进机关、进乡村、进社区、进学校、进企业、进寺院、进窗口单位、进商场集市等活动，在全社会培养诚信观念，树立培育诚信意识，弘扬诚信美德和信义精神，营造良好的社会信用环境，建立起全社会信用体系。要大力推动信用制度化建设，通过道德和制度的双保险，搭建尊重信用的平台，形成“政府主导、社会监督、公众参与”的信用监管长效机制。

三、创新社会治理模式，努力建设和谐曲麻莱

（一）着力推动平安曲麻莱。不断完善党委领导、政府负责、社会协同、公众参与、法制保障的社会治理体系，着眼预测预警预防，创新矛盾纠纷调处机制和社会稳定风险评估机制，研究解决影响藏区稳定的突出矛盾和问题，构建多元化矛盾纠纷解决体系、情报信息搜集研判制度。牢牢把握意识形态领域主动权，继续推进“村寺并联治理”“虫草采集管理”和重大节庆活动的申报审批安保工作等社会治理重点改革。要深入开展扫黑除恶专项行动，依法打击和惩治黄赌毒等违法犯罪活动，推动社会治理重心下移，加大重点人员帮扶管控工作和重点乡镇、维稳重点村的整治力度，防范化解重点人群、行业和领域安全风险。要深入推进“两反四防”工作，做好反渗透、反颠覆、反破坏、反间谍活动，认真组织开展突发事件应急演练，有效化解安全隐患。要全面推进法治曲麻莱建设，积极维护宪法权威，进一步加大依法治县工作和法治宣传活动，持续深入开展法律七进宣传活动，推进法治社会建设。要坚持依法执政，强化法治政府建设。要精心构建群众身边的“平安工程”，树立安全发展理念，健全公共安全体系，完善安全生产责任制，加大安全事故查处和追责力度，努力创造安全的政治环境、稳定的社会环境、公正的法治环境、优质的服务环境，不断增强人民群众的获得感、安全感和幸福感。

（二）积极开展民族团结进步创建活动。今年，我县要创建全省民族团结进步先进县，这是我县今年的一项重要工作，各相关部门务必要通力合作，相互配合，积极与省州相关主管部门协调沟通，尽快制定以“社会和谐、生态美好”为主题的“和美曲麻莱”创建方案，迅速查摆创建工作中存在的短板问题，认真学习先进地区创建成功的经验做法，确保创建省级民族团结进步县圆满成功。要突出加强寺院管理，做好寺管干部教育管理，在保持宗教内部和谐的基础上，引导寺院发挥正面积极作用。要丰富内容、活化形式，深化民族团结进步教育，进一步用党的十九大和省州党代会精神凝聚民心，引导各族群众广泛参与，筑牢创建工作的群众基础。要紧紧围绕生态保护、脱贫攻坚、乡村振兴、产业转型、维护稳定、党的建设和精神文化建设等各项工作和活动，进一步完善民族团结进步创建工作考核评价制度，把创建工作融入到改革发展稳定的各个领域、群众生产生活的各个方面。

（三）着力保障和改善民生。坚持优先发展教育战略，不断巩固学前教育，今年，州委实施“控辍保学专项行动年”和“基础教育质量提升年”，我们要按照州委的要求，全面完成控辍保学工作任务。要认真分析研究制约我县教育发展的根本性问题，突出加强教育管理，突破制约教育发展的“瓶颈”，全面提升教育质量。着力推动健康曲麻莱行动，继续巩固提升重大传染病和地方病防治成果，积极融入州委“推进国家包虫病防治示范区建设”规划。完善医疗硬件设施建设，进一步壮大医疗卫生人才队伍，促进基本公共卫生服务均等化。继续开展与省医院、省红十字医院等省级医院的远程医疗会诊工作，积极协调技术帮教活动，推动全县医疗卫生事业再上新台阶。进一步健全社会保障体系，全面落实有利于创业的各项优惠扶持政策，鼓励高校毕业生自主创业，积极实施牧民职业技能提升计划，不断激发社会劳动力自我发展的内生动力。

四、聚力生态环境保护，努力建设美丽曲麻莱

（一）继续实施好国家公园体制试点。1月17日，国家发改委正式公布《三江源国家公园总体规划》，指出到2020年正式设立三江源国家公园，今年还要进行三江源国家公园建设体制试点验收工作，我们要按照“国家公园建设年”相关要求，主动加压，自觉扛起体制试点工作责任，确保今年验收

成功，确保到2020年建成与三江源国家公园相匹配的机构、人员和体制机制。要以三江源国家公园体制改革试点为牵引，加大生态系统保护力度，改革生态环境监管体制，形成节约资源和保护环境的空间格局、产业结构、生产方式、生活方式。

（二）创建“卫生曲麻莱”。不断加强生态文明制度建设，加大生态文明宣传教育力度，营造保护生态的社会氛围。要大力建设环保志愿者队伍，教育引导广大牧民群众，以县、乡、村为单位，组建起更多环保志愿者队伍，自觉维护县域环境卫生。要加大环保基础设施建设，大力建设垃圾回收站，以“厕所革命”为抓手，建设公共厕所，引导广大干部群众做文明公民，杜绝乱扔垃圾、随地大小便的现象。要加强城乡环境综合整治，大力推进牧区环境综合治理，深入广泛开展“美丽城镇”和“美丽乡村”创建活动。

（三）加大生态环境保护力度。要始终坚持“绿色感恩、生态报国”的理念，像对待生命和眼睛一样，保护好绿水青山、雪山冰川。要按照“山水林田湖草”一体化理念，实施好重大生态保护和修复工程，加强黑土滩、荒漠化、水土流失治理，加大生态环境监管、生态补偿等生态文明体制改革。要继续巩固生态保护成果，进一步提升可可西里申遗成功效益，持续深化生态民兵等创新做法，不断探索丰富生态生产生活良性循环的有效路径。要打好污染防治攻坚战，着力抓好大气污染综合治理，持续提高空气质量，推动水污染防治、水生态保护和水资源管理，深化河长制，建立湖长制，保护好黄河正源、长江北源等重要河流上游流域水质。

五、加强党的建设，为建设富裕文明和谐美丽新曲麻莱提供坚强保证

（一）坚持和加强党的全面领导。习近平总书记在党的十九大报告中鲜明指出，“党政军民学，东西南北中，党是领导一切的”，把“坚持党对一切工作的领导”作为了新时代坚持和发展中国特色社会主义“十四条”基本方略的第一条，把“坚持和加强党的全面领导”写在了新时代党的建设总要求的最前面。这些重要思想和重大判断，深刻阐述了党的全面领导的重大意义、丰富内涵和实践要求，我们要全面领会、准确把握、坚决贯彻。坚持和加强党的全面领导，必须发挥党总揽全局、协调各方的领导核心作用，体现在经济建设、政治建设、文化建设、社会建设、生态文明建设各个领域，体现在党和国家工作的各个方面、各个环节。党的领导是具体的不是抽象的，不能光喊在嘴上、停留在文件里，而是要体现在行动上、落实到工作中，我们要把坚持和加强党的全面领导落实到经济建设上，落实到领导班子建设上，落实到履行管党治党的政治责任和主体责任上。

（二）不断加强政治建设。今年，党中央在全党开展“不忘初心、牢记使命”主题教育，我们要把党章和宪法作为重点，以党的十九大报告、《习近平谈治国理政》第一卷、第二卷等为教材，把学习成果转化为政治立场、工作思路和具体行动。要切实增强政治能力，紧紧围绕增强政治领导力、思想引领力、群众组织力、社会号召力，切实提高各级党组、党员领导干部的执政本领，把各族群众紧紧团结在以习近平同志为核心的党中央周围，不断筑牢党在民族地区的执政基础，推动治理体系和治理能力现代化。

（三）不断夯实基层组织基础。县乡两级党委（党组）要发挥抓党建的主心骨作用，抓党建主业、抓党建统领，抓支部主阵地，继续抓实“三会一课”制度，深化“两学一做”常态化制度化，壮大党员队伍，提升党组织整体能力。要加强党对群团工作的领导，扎实推进群团工作各项改革工作。要从办学规模、教学设置、成果转化、建校投入等方面加快“三基”干部学院提档升级，全力打造基层干部培训基地。要在去年四级培训模式的基础上，充分发挥县委党校和“三基”干部学院的作用，对换届后的村“两委”班子进行全面培训，努力打造一支听党话、跟党走，为老百姓办实事的基层干部队伍。要结合项目化党建，继续发展党组织+牧业合作社的抓党建、谋发展、促脱贫工作模式，努力打造出更多的“藏迪模式”“红旗模式”，实施好村集体经济“破零”工程，不断提升村集体经济，提升村“两委”班子的影响力、凝聚力和号召力。

（四）持续加强干部队伍建设。始终坚持正确的选人用人导向，大胆选用敢担当、善作为的干部，教育引导干部到改革发展的主战场、服务群众的最前沿砥砺品质、提高本领、成长进步。对有培养前途、有发展潜力的干部，选派他们到急难险重的工作岗位上接受锻炼，在攻坚克难、应对复杂局面中增强党性、增长才干。今年，州委决定全力推进乡镇机关“八有”暖心工程，加快乡镇“温暖”工程试点工作成果转化，我们要紧紧抓住这个机会，争取我县乡镇全部进入州委计划乡镇，进一步改善乡镇基层和县直机关干部的工作和生活条件，为基层干部安心、稳心、留人创造良好条件。

（五）狠抓党风廉政建设。王国生书记在省委十三届三次全会上指出，坚持自然生态和政治生态“两个生态”一起抓。我们要认真落实“两个责任”，坚持把党的纪律和规矩挺在前面，运用好监督执纪“四种形态”，抓早抓小、防微杜渐，对各种突出问题勇于一抓到底，对各类不正之风敢于较真碰赢，围绕“四风”新表现，重点整治“官僚主义”和“形式主义”不正之风。全县各级领导干部要带头认真贯彻中央八项规定精神及其实施细则和省委省政府若干措施，带头抓好作风建设，带头反对特权思想和特权现象。要下决心惩治腐败，保持高压态势，减少腐败存量，遏制腐败增量，强化不敢腐的震慑，扎牢不能腐的笼子，增强不想腐的自觉。要强化党内监督，充分发挥县委巡察组的作用，不断扎紧预防职务犯罪的篱笆。要发挥县监察委员会的作用，依法开展监察工作，实现对所有行使公权力的公职人员监察全覆盖，助推廉政建设和反腐败工作不断走向深入，形成压倒性优势。

在县委十五届四次全体会议上的讲话

董晋林

（2018年11月5日）

一、深刻领会“一优两高”战略部署的要旨

《关于坚持生态保护优先推动高质量发展创造高品质生活的若干意见》是省委省政府在全面把握省情、深刻分析省内外形式、全面贯彻党中央和国务院重大决策部署的基础上，作出的一项重大战略部署。《意见》分三个阶段安排，到2020年，“一优两高”的基础基本打牢；到2025年，“一优两高”取得显著进展；到2035年“一优两高”全面实现，是一份既管当前又利长远的纲领性、指导性文件。关于“一优两高”战略部署，《意见》首次将生态保护和高质量发展、高品质生活有机结合起来，提出七大战略、40项重点任务，涵盖生态改革发展领域的方方面面，系统性、联系性、持续性强。省委十三届四次全会要求，立足生态保护优先，要把握八个关系；着眼于推动高质量发展，要注重六个方面的高质量，着力打好“四张牌”；致力于创造高品质生活，要抓好群众的获得感、幸福感和安全感3个方面、18项重点工作。

工欲善其事，必先利其器。这个“器”就是理论学习的高度和深度、就是领会精神的精度和厚度。省委全会作出的“一优两高”战略部署是一项系统性、长期性工程，安排“三步走”，是省委省政府顶层设计的考量，目的是团结和引领全省各地各部门循序渐进推进“一优两高”战略部署，要脚踏实地，不要好高骛远；要春风化雨，不要虚晃一枪。因此，要深入学习领会省委全会和“一优两高”战略部署精神，抓住要旨，为推动贯彻落实指明方向、奠定基础。

（一）认真学习，全面领会。县级党委（党组）要通过常委会、党组会、中心组理论学习会等多种方式，学习省委全会精神和“一优两高”战略部署原文，做到反复学、深入学，带着问题学、结合实际学，做到领导干部先学一步、先行一步、学深一层、学多一点。要把深入学习全会精神与学习贯彻习近平新时代中国特色社会主义思想和党的十九大精神结合起来，与学习贯彻省第十三次党代会精神和省“两会”精神结合起来，与贯彻中央关于进一步激励广大干部新时代新担当新作为的意见结合起来，避免学习碎片化和局限性。

（二）层层传达，压实责任。要通过召开干部大会、专题研讨会、学习成果交流汇报会、开展集中调研活动等多种方式，向各乡镇各部门各单位

层层传达学习压力。县委各常委及各县级领导干部,要带头召开学习成果讲解会。各乡镇各部门各单位要组织全体干部认真学习省委全会和“一优两高”战略部署,把实施“一优两高”战略部署的指导思想、基本原则和主要目标把握准,把七大战略的具体要求领会透,切实把学习触角延伸到最基层的村社和全体干部。成立专门督导组,对全县各级党组织和各级干部学习情况进行督促检查,对摆花架子、敷衍塞责的单位进行严肃问责,确保学习取得实实在在的成效。

(三)大力宣讲,营造氛围。成立县、乡、村三级宣讲团,抽调学习能力强、工作责任心强、群众基础牢固、双语表达能力强的干部,组成省委十三届四次全会精神和“一优两高”战略部署学习宣讲团,深入乡村社及牧户家中开展集中宣讲和个别走访宣教活动,激发广大干部群众对“一优两高”战略部署的学习热情。充分利用县级党校和“三基”干部学院的教育阵地作用,加强对三级宣讲团的教育培训力度,使党校和干部学院成为“一优两高”战略部署的研究室、智慧库和集散地。要充分发挥传统媒体和新型媒体优势,综合运用电视、报纸、网络等各种媒体,加大对省委全会精神和“一优两高”战略部署的宣传力度,营造良好舆论氛围。要结合庆祝改革开放40周年活动,将“一优两高”战略部署编排成一系列文艺作品,寓教于乐、送教下乡,增强干部群众对战略部署的熟知度、认可度和参与度。

二、主动把握“一优两高”战略部署的机遇

“一优两高”战略部署,是省委省政府统筹考虑全省各地发展实际,结合全省各地资源禀赋、区位特点、发展潜力等众多方面,研究制定的一项战略任务。全省各个地区实施七大战略的发展重点和发力方向不同,只有全面准确把握地区实际,找准本地区在七大战略、40项重点任务中的定位,摸准与“一优两高”战略部署的契合点和互联部,才有可能把握政策机遇、抓住工作重点,因地制宜创新工作举措,才有可能有的放矢、对标施策。

全县各级党组织要深化对县情的再认识、再把握,深刻认识到我们最大的机遇是政策,最大的价值是生态,最强的动力是改革,最佳的路径是开放,最宝贵的财富是精神。在推进“一优两高”战略部署工作中,生态地位是我们机遇所在,发展不足是我们的短板瓶颈,人才短缺和观念落后是我们的最大难题。在全面准确把握县情的基础上,各乡镇、各单位要主动融入“一优两高”战略部署,在七大战略中把握工作重点、寻求解答之策。

(一)关于坚持生态保护优先。习近平总书记指出建设生态文明关系人民福祉、关乎民族未来。要坚持“生态立县”战略,把握最大的价值、最大的责任、最大的潜力在生态的生态地位,树立“青山绿水就是金山银山”的发展理念,按照“一优两高”战略部署,扎实开展生态环境保护和建设工作。

首先要认识生态地位。我县位于三江源核心区,是世界上生物多样性、物种多样性、基因多样性、遗传多样性和自然景观多样性最丰富的地区之一,也是我国生态系统最脆弱和最原始的地区之一。黄河发源于境内麻多乡约古宗列地区,长江北源主要源流勒玛河、楚玛尔河、色吾河、代曲河等均发源于本县,是中国南北两大水系的主要水源涵养地,素有“江河源头第一县”的美称。境内可可西里国家级自然保护区成功申报世界自然遗产,已列入《世界自然遗产名录》。根据《三江源国家公园总体规划》,我县被划入三江源国家公园长江源园区,并设立曲麻莱管理处,是世界自然遗产地和全国首个国家公园的核心区和交汇区。

其次要把握生态机遇。习近平总书记在视察青海时提出要扎扎实实推进生态环境保护,指出青海最大的价值在生态、最大的责任在生态、最大的潜力也在生态。党的十九大把坚持人与自然和谐共生作为新时代坚持和发展中国特色社会主义的基本方略,明确了加快生态文明体制改革、建设美丽中国的总体要求。在省委省政府“两核一轴一高地”区域协调发展新格局中,曲麻莱属于三江源国家重点生态功能区、青海湖国家级自然保护区、祁连山国家重点生态功能区共同构筑的国家生态文明高地。根据省委“一三一”总体要求,曲麻莱在“四区两带一线”中处于三江源地区、沿黄河发展带地位,是国家公园体制试点等重大战略的受益者。生态文明时代的到来,为曲麻莱发展开启了新空间、创造了新机遇。

第三要扛起生态保护责任。人与自然是生命共同体。要清醒认识生态地位,有力把握生态机遇,自觉担负起生态保护责任,履行好生态保护职责。一是要牢固树立生态保护优先发展理念。充分认识最大的价值在生态、最大的贡献在生态、最大的责任也在生态,牢固树立保护生态环境就是

保护生产力、改善生态环境就是发展生产力的理念,秉承“既要绿水青山,也要金山银山。宁要绿水青山,不要金山银山”的发展理念,把思想和行动统一到习近平总书记重要指示精神上来,坚持生态报国战略和“生态立县”的战略思路,坚守“生态环境只能变好,不能变坏”的底线,牢固树立不抓生态就是失职,抓不好生态就是不称职的理念,把生态保护建设作为首要任务来抓,按照国家三江源生态保护建设、全省“三区”战略部署和“扎扎实实保护生态环境”、“确保一江清水向东流”的要求,切实把生态文明建设作为治县理政的重大战略任务,科学认识经济发展与环境保护、严格执法与主动服务、把住源头与强化管理之间的内在规律,像保护眼睛一样保护生态环境,像对待生命一样对待生态环境,保护好“中华水塔”,建设好国家生态安全屏障。二是要大力营造全社会保护生态环境的良好氛围。始终将保护生态作为立县之本,着重全县各族干部群众保护生态理念的培养,组织学习宣传贯彻习近平生态文明思想,全方位开展生态环境县情和绿色价值观教育,把生态文明教育纳入国民教育、干部职工培训、农牧民技能培训体系中,利用“绿色细胞工程”和环保志愿者“绿色联盟”,加强生态文化普及教育和宣传,紧紧抓住省委省政府创办生态文化实践月、国家公园主题日等活动,开展创建节约型社会活动,倡导简约适度、绿色低碳的生活方式,引导全社会树立人与自然和谐共生的理念,促进形成节约资源和保护环境的生产生活方式,将生态优先要求切实转化为各族人民群众的思想自觉和行动自觉,构建起生态环境保护社会行动体系。三是要扎实推进生态环境保护各项工作。全面推进三江源国家公园体制试点和国有自然资源资产试点工作,按照《三江源国家公园总体规划》,积极配合省州完成国家公园体制试点建设的各项工作任务,确保到2020年正式设立三江源国家公园。扎实推进三江源生态保护和建设工程,巩固三江源地区生态治理成效和可可西里申遗成果,重点推进草原植被保护和恢复,提升水源涵养功能,全面提升自然生态系统稳定性和生态服务功能。坚决打赢污染防治攻坚战,按照省委省政府关于打赢蓝天保卫战三年作战计划、水污染防治行动计划和土壤污染防治行动计划,坚决打好蓝天保卫战、碧水保卫战和净土保卫战。加强城乡环境综合整治,持续推进村庄绿化,实施“家园美化”升级工程,扎实推进厕所革命,积极开展“环保日”行动,动员全县干部职工和广大群众,集中开展交通干线、旅游景区、城镇环境综合整治,营造良好的城乡环境。四是要推进生态文明制度体系建设。利用省委省政府建立自然保护地相关法规和管理制度的契机,建立健全生态文化体系、生态经济体系、目标责任体系、生态文明制度体系和生态安全体系,用严格的制度、严密的法治来守护绿水青山、保障绿色发展。要以三江源国家公园体制改革试点为牵引,加大生态系统保护力度,改革生态环境监管体制,形成节约资源和保护环境的空间格局、产业结构、生产方式、生活方式。要强化生态环境监管,加强基层执法队伍、环境应急处置救援队伍建设,对各类环境违法违规行为实行“零容忍”,加大依法查处打击违法行为力度,坚决杜绝盗采砂金、非法捕猎等破坏生态环境的行为。

(二)关于坚持高质量发展。省委全会指出,高质量发展是满足人民群众对美好生活向往的发展,是体现新发展理念的发展,涉及发展方式、经济结构、增长动力等主要方面的系统性重大变革。实现高质量发展,要以新青海精神为引领和支撑,推动发展方式、产业布局、发展动力的高质量。

一是人的精神要高质量。曲麻莱自然环境严酷,工作条件艰苦,没有牺牲和奉献精神是坚守不住的。进入新时代,站在新起点,建军书记提出了登高望远、自信开放、团结奉献、不懈奋斗的“新精神”。要认真学习宣传贯彻新精神,以中国特色社会主义文化为引领,深入挖掘康巴民俗文化、民族团结历史文化、山水文化、村落文化等传统文化中的优秀成分,大力开展社会主义核心价值观教育,践行与黄河、长江源头,昆仑山、美丽草原相融的“向善、担当、宽容,海拔越高、标准越高,气候越寒、纪律越严”的“曲麻莱精神”,在实践中不断深化和放大新青海精神的内涵和外延,打造曲麻莱精神高地,用精神激励各族干部群众推动高质量发展的凝聚力、向心力、号召力和内生动力。

二是发展方式要高质量。要坚持走绿色、高端、品牌、质量的兴农富农之路,强力推进畜牧业转型升级,巩固“4321”产业发展大格局,继续加强生态畜牧业专业合作社建设,做好培育家庭牧场及专业养畜大户工作,转变发展方式,创新畜牧业联合集约的规模化经营模式,有序推进合作社的规范运行、能力巩固提升、股份改造等工作，加快构建具有高原特色的现代畜牧业产业体系、生产体系、经营体系。积极运用“互联网+”开拓市场，加大对风干肉、酥油、曲拉、畜产品、乳制品等加工业的扶持力度，进一步引导现有的“藏迪”、“红旗”等具有代表性和规模性的牧业合作社打造有机绿色产品，开发具有本土特色的品牌产品，通过互联网销售平台，将全县3个已通过国家有机产品权威认证的畜产品向市场营销，构建起一条通向中高端市场的产供销链条。

三是产业布局要高质量。利用曲麻莱县农牧民技能综合培训中心，大力发展藏毯、唐卡、民族手工艺品、民族服饰及特需品。积极融入青海省创建全国清洁能源示范省建设，积极争取项目，加快曲麻莱县7.203兆瓦光伏电站电能资源外送通道建设，将其打造成具有规模优势、效率优势、市场优势的特色支柱产业。聚力打造旅游产业，主动融入黄河生态文化旅游带规划，深度挖掘自然文化旅游品牌价值，依托国家公园体制试点和世界自然遗产的名片，紧紧抓住黄河源、玉珠峰、嘎多觉吾山等珍贵资源，充分利用湿地、草原、野生动物神奇景观，精心打造格萨尔王登基大典、黄河万里行等几个品牌活动。加快推进文化旅游与其他产业融合发展，促进文化旅游经济一体化发展，强化旅游服务能力建设，不断放大文化旅游的生态效益、经济效益和社会效益。

四是发展动力要高质量。不断聚合改革的引领力，深化政府机构和职能改革，强化政府服务体制、市场调节机制和供给侧结构性改革，制定并实施市场主体培育体制计划，健全和落实支持非公经济发展的政策。不断释放创新的驱动力，加快引进一批科技人才，培养一批应用型人才，加快形成本土人才和外地人才相互补充、创新人才和产业技能人才相互衔接的人才培养体系，建立健全创新人才评价激励制度和创新人才的关爱机制，充分调动他们的积极性和创造性，推动创新事业。不断放大开放的助推力，强化对口支援工作，充分利用北京市和国家有关部委对口支援平台，推动智力援助常态化，争取由原先单一资金援助向全方位支援合作拓展；积极推进跨区域互联互通，加强与黄河流域地区和城市的沟通合作，主动将曲麻莱融入黄河流域经济发展带和青藏川滇经济版图，加强文化交流和产业合作，实现能源、贸易、文化旅游等方面的优势互补、互利互惠。

（三）关于创造高品质生活。党的十九大指出我国社会主要矛盾已经转化为人民日益增长的美好生活需要和不平衡不充分的发展之间的矛盾，人民对美好生活的需要更加迫切，要始终把人民放在心中最高位置，进一步提升民生共享水平，增强高品质生活的获得感幸福感安全感。

一是要打好脱贫攻坚战。省委省政府决定，聚焦深度贫困地区攻坚，着力在向深度贫困地区和深度贫困人口倾斜上出实招。我县是国定贫困县和四省藏区连片特困地区，我们要牢牢把握发展机遇，集全县之智，聚全县之力，各级领导冲到一线攻坚克难，战场作战。充分利用政策倾斜和资金帮扶，不断补齐贫困村水、电、路、网等基础设施短板。注重扶贫与扶志扶智相结合，强化思想脱贫，加强思想引导，坚决转变扶贫工作中“经济上投入多，思想上投入少”的现象，采取“少帮扶慰问金和物资，多传输知识、观念和技术；少开展形式化的走访和闲聊，多送达资讯、市场和项目”的“两少两多”帮扶举措，不断增强贫困群众脱贫的信心和决心。用好用活东西部扶贫协作和对口支援帮扶机制，实施好“携手奔小康”行动，在产业扶持、社会事业和社会帮扶等方面，探索建立特殊类型贫困家庭长效脱贫解困机制，实现精准帮扶、精准脱贫。实施异地搬迁项目巩固提升工程，加强基础设施和公共服务的后续扶持，制定异地搬迁后续产业发展和就业规划，因户因人制定家庭和个人脱贫方案，确保迁得出、安得下、脱得贫，实现有质量、可持续的脱贫。

二是要推动社会事业发展。推动民族教育发展，持续改善办学条件，推进学校标准化建设，全面普及学前三年教育，全面实现15年免费教育全覆盖，继续实施省外异地办班、办学模式，加大控辍保学力度，巩固提升义务教育水平。持续推进医疗卫生事业，深化医药卫生体制改革，提高人均基本公共卫生服务经费标准，进一步改善卫生医疗机构设施条件，加大重大传染病和地方病防控力度，继续开展外省和本省省级医院的技术帮教工作，不断提高医疗卫生机构服务能力。积极促进就业，坚持就业优先和积极就业政策，充分利用农牧民技能培训中心，开展订单式培训，在8月份昌平区提供3579个就业岗位的基础上，积极探索开辟省内外高端就业途径，实现更高质量和更充分的就业。加大住房保障力度，实施棚户区改造攻坚行动，全面完成现有棚户区、危旧房改造，完善相关附属设施条件，加大公租房保障力度，实施城镇住房困难群众应保尽保。稳步提高社会保障水平，全面实施全民参保计划，不断扩大覆盖范围，完善城乡居民基本医疗保险制度、大病保险制度、社会救助和优抚安置制度、最低生活保障制度，全面建成覆盖全民、城乡统筹的社会保障体系。

三是要提升群众的幸福感获得感安全感。积极开展"推动移风易俗、提升乡风文明"行动，持续推进文明村镇、五星级文明户等群众性精神文明创建活动。加快构建公共文化服务体系，推动文化事业和文化产业发展，实现文化服务设施、网络通讯覆盖所有乡镇。实施意识形态引领和社会主义核心价值观塑造工程，持续推进公民道德建设工程，引导群众崇德向善、诚实守信、移风易俗。积极实施乡村振兴战略，深入推进扫黑除恶专项斗争，大力开展文明、法治、平安、和谐、信用、卫生曲麻莱创建工作，不断提升广大干部群众的幸福感获得感和安全感。

三、不断夯实"一优两高"战略部署的保障

贯彻落实"一优两高"，推动建设新曲麻莱，就必须全面加强党的领导，全面加强政治建设、思想建设、组织建设、作风和纪律建设，进一步激励广大党员干部新时代新担当新作为，保障"一优两高"战略部署在曲麻莱落地生根。

*要加强政治建设。*坚持党要管党、全面从严治党，把党的政治建设摆在首位，牢固树立"四个意识"，坚定"四个自信"，始终在思想上政治上行动上同以习近平同志为核心的党中央保持高度一致，不折不扣推动党中央和省委重大决策部署得到有效落实。要把严守党的政治纪律和政治规矩作为"生命线"，让遵规守纪成为自觉、成为习惯，自觉维护县委权威、服从县委领导、执行县委决定，做到思想讲统一、行动听指挥、工作有成效。要严肃党内政治生活，开展组织生活达标活动，推行党员领导干部参加组织生活会报告制度，完善和落实民主集中制，营造风清气正的政治生态。

*要加强思想建设。*全县各级党组织和广大干部要把自己摆进去、把职责摆进去、把工作摆进去，推动习近平新时代中国特色社会主义思想进教材、进课堂、进头脑，把全县上下的精气神集中到践行省委"一优两高"的决策部署上来，做到同心同向。要深入推进"两学一做"学习教育常态化制度化，引导广大党员干部悟初心、守初心、践初心，牢记民心是最大的政治，为人民服务是最大的担当，站稳群众立场，增进群众感情，提高做好新时代群众工作的本领。要高度重视意识形态领域工作，将意识形态领域工作纳入领导班子组织生活会和述职述责内容，定期研究分析、检查督导、推动工作，牢牢把握意识形态工作的主动权，筑牢思想阵地。

*要加强组织建设。*树立大抓基层的鲜明导向，以提升组织力为重点，落实基层党建工作责任制，推进基层组织凝心聚力工程、基础工作强基筑底工程、基本能力达标提升工程，推动基层党组织全面进步、全面过硬。认真贯彻落实《中国共产党支部工作条例(试行)》，严格落实"三会一课"制度，结合"两学一做"学习教育常态化制度化，积极开展党组织规范化建设。选优配强党支部书记，高标准、规范化抓好基层党员干部的培训和教育。大力整顿"软弱涣散"基层党组织，坚持抓两头带中间，促进基层党建工作整体提升。坚持党管干部原则，突出政治标准，树立正确导向，规范工作程序，提高选人用人的精准度和公信力。

*要加强作风和纪律建设。*紧盯"关键少数"和重点领域，严肃查处扶贫领域腐败和作风问题，对损害群众切身利益的问题抓住不放，发现一起，查处一起。强化对各级领导干部特别是"一把手"的监督，持续释放越往后执纪越严的强烈信号。发挥纪检监察机关在形式主义、享乐主义、违规发放津补贴等方面的纪检监察职能作用，更好运用监督执纪"四种形态"，更好发挥政治巡察利剑作用，让党员干部知敬畏、存戒惧、守底线。落实党风廉政建设"两个责任"和领导干部"一岗双责"，牢记作风建设和反腐败永远在路上，坚持无禁区、全覆盖、零容忍，坚持重遏制、强高压、长震慑，保持惩治腐败定力，扎紧织密制度的笼子，着力完善不敢腐、不想腐、不能腐的长效机制。

*要激励广大干部新时代新担当新作为。*全面贯彻《关于进一步激励广大干部新时代新担当新作为的意见》，以培养忠诚干净担当的高素质干部为目标，落实好干部标准，坚持政治导向、能力导向、基层导向，认真贯彻落实《关于进一步加强和

改进年轻干部培养选拔工作意见》,加大年轻干部培养力度,选优配强各级领导班子,树立重实干、重实绩的鲜明用人导向。实施领导干部专业能力提升工程,建立从严管理体系,做到严管与厚爱、激励与约束、容错与纠错并重,不断激励广大干部新时代要有新担当,新时代要有新作为,为曲麻莱县贯彻落实"一优两高"战略部署提供强大的人才支撑。

在县委十五届三次全委会暨经济工作会议上的讲话

尼玛扎西

(2018年3月19日)

一、关于2017年经济社会发展总体情况

2017年,全县上下深入学习贯彻党的十九大精神,以习近平新时代中国特色社会主义思想为指导,深刻领会把握"四个扎扎实实"重大要求,努力践行"四个转变"新理念,分析把握曲麻莱发展的阶段性特征,以脱贫攻坚统揽全局,坚持稳中求进总基调,按照经济社会发展总体思路和预期指标,全力推进各项工作,全县经济社会发展总体平稳、稳中有进,发展的质量和效益不断提高,较好地完成了年度目标任务。完成地区生产总值6.78亿元,同比增长6.4%,全社会固定资产投资完成11.29亿元,同比增长10.36%。地方一般预算收入完成1409万元,一般预算支出95829万元(含上年专项结转支出),增长5.83%。全体居民人均支配收入14800元,同比增长10.6%,其中:城镇居民可支配收入29589元,同比增长9.1%;农牧民人均纯收入7364元,同比增长10.4%。全社会消费品零售总额12.22亿元,同比增长9.8%。

一年来,我们贯彻党的十九大精神,落实省州第十三次党代会决策部署,各项工作成效显著:

(一)脱贫攻坚再战告捷。动员全县上下"以贫困村为主战场,以贫困人口为主目标,以问题整改为主措施,以整合资金为主手段",狠抓"专项扶贫、行业扶贫、社会扶贫"三大任务。年内实施了投资9216.46万元的6项农村公路建设项目,总里程460.7公里;启动实施易地搬迁项目665户,农村危房改造348户;开展美容美发、汽修、唐卡、民族服装、民族手工艺品(金银匠)、民族厨艺、婚礼主持、手工艺编制、装载机,挖掘机操作、家电维修等培训520人次;整合基础设施建设、公共服务、民生改善、生态保护等各类涉农资金1.16亿元;落实扶贫项目资金为1.1379亿元;实现约改镇长江村,曲麻河乡昂拉村、多秀村,叶格乡龙麻村4个贫困村和约改镇岗当村、叶格乡莱阳村2个非贫困村、756户2280人脱贫。

(二)生态建设成效显著。一是落实年度生态保护补助奖励资金1.1374亿元,发放年度森林生态效益补偿869.94万元,完成总投资700万元封沙育草10万亩。对全县3391名生态管护员兑现年度管护工资7662.83万元。二是以集中、连片、分散等方式种植芫根0.8万亩,收获1531.53吨;种植燕麦1万亩,收获10453.5吨。三是大力实施三江源保护二期工程。年内投资3271.17万元实施3项三江源保护与建设二期工程。四是投资7950万元完成大厂、白的沟历史遗留砂金过采区及白的沟沟口区域的生态恢复治理工作和达哈煤矿环境恢复治理工作。

(三)推进畜牧业提质增效。科学有序深化"4321"总体发展思路。一是畜牧业经济保持稳定。全年各类牲畜存栏44.85万头(只),出栏牲畜13.71万头(只),出栏率30.57%;畜牧业生产总数与去年同期基本持平。二是畜牧业基础不断巩固。续建项目4项:完成投资3501万元涉及户数119户的2016年度曲麻莱县生态畜牧业基础设施建设项目;投资1000万元的65套2016年精准脱贫配套设施定居房项目;投资80万元建筑面积200.93平方米的国有林场改革项目;投资671.7万元建筑面积1495㎡的2016年度科技生态园区项

目。新建项目3项:投资1233万元规模为8.22万亩的三江源二期工程2017年度黑土滩综合治理项目;投资3647.98万元涉及牧户811户的三江源二期工程2017年度生态畜牧业基础设施项目;投资788.88万元的149眼机井人畜安全饮水巩固提升项目。三是牲畜保障力度不断加大。认真开展重大动物疾病防控工作,为140万各类牲畜接种动物疾病疫苗。四是向黄河社区和长江社区1726生态移民户无偿发放30051斤新鲜蔬菜,向县城特困户无偿发放2051斤爱心蔬菜,切实解决了部分牧民吃菜难的问题。

(四)着力保障和改善民生。就业:2017年实现城镇新增就业160人,农牧区劳动力转移2000人,精准扶贫贫困家庭转移就业500人,各类失业人员再就业35人,就业困难人员再就业5人。教育:年内制定"3332"教育工作体制改革方案,全面启动教育系统综合改革,处理长期泡病号、离岗待退和不代课人员;调整教师结构、临聘教师和校领导班子;落实教师跟班协议和学校中层管理人员担任教学任务制度、专职教师岗位服务合同制、全县中小学绩效工资管理制度;进一步强化教育工作委员会的职能、促进家长委员会工作。同时,进一步完善了"控辍保学"责任追究制,与各乡镇签订了"控辍保学"目标责任,明确了"控辍保学"工作是一项政府行为,并在各校先后2次进行学生数字核对工作。卫计:以深化医药卫生体制改革为重点,加快医疗卫生服务体系建设,全面提高了公共卫生服务能力和医疗服务质量,促进基本公共卫生服务均等化,加大公立医院改革力度,推进基本医疗保障制度,加强基层医疗卫生服务能力建设,完善医疗服务和人口计生保障体系。此外,医联体的实施取得巨大成效。社保:城乡居民医疗保险参保人数为29660人,新增31人,参保率98%;城乡居民已报销药费110人次91.64万元,新农合报销医药费1490人次590.38万元,各乡卫生院垫付20万元;2017年全县生育保险参保人数为1576人,完成扩面15人;全县失业保险征缴率100%;纳入最低生活保障人数为8424人,发放低保金1532.45万元,城镇困难居民、农村特困群众的基本生活得到有效保障;实施大病医疗救助793人次,发放救助金231万元;解决7起农民工讨薪事件,发放拖欠农民工工资93万余元。文化:大力支持县、乡级文化馆、图书馆、科技馆、体育活动中心建设,全面加快基层文体公共服务设施建设,加强物质和非物质文化遗产保护,加大对非遗文化的研究、传承、创新和推广力度。完成《黄河寻根溯源玉树行》、《寻迹十世班禅大师进藏路》公益纪录电影的拍摄工作,并在全国200家地方广电台、50家网站进行报道。

(五)基础设施建设稳步推进。续建项目:完成县城格萨尔路与珠姆路部分道路建设和配套设施建设项目;麻多乡寄宿制小学50千瓦太阳能光伏电站项目;曲麻莱县公安看守所建设项目;县城完小路与马场街部分道路建设和配套设施建设项目。新建项目:完成投资2300万元的曲麻莱县游客到访中心项目和投资6247.91万元的曲麻莱县110kV变电站二期配出工程;投资641.7万元的五乡一镇便民服务大厅及锅炉房、水箱间等相关配套设施建设项目和投资1300万元的曲麻莱县民族体育场建设项目正在有序实施;投资1890的弥散式供氧项目已完成工程量的70%。对口支援项目:投资1300万元曲麻莱县特困牧民住房建设项目已完成工程量的80%;投资250万元的麻多乡扎家村及郭洋村旅游富民工程建设项目已完成工程量的80%,投资400万元的藏医院设备购置项目正在有序实施。

二、关于2018年重点经济社会工作

2018年,是全面贯彻党的十九大精神的开局之年,是改革开放40周年,也是决胜全面建成小康社会、实施"十三五"规划承上启下的关键一年。我们既要完成重点项目建设,也要为实现"减贫摘帽"各项工作打好基础,肩负的发展改革任务十分繁重。根据中央、省、州经济工作会议精神和全县经济发展形势,确定今年全县经济社会发展的主要预期目标是:全年国民生产总值第一产业增加值增长3%,第三产业增加值增长5.4%;全社会固定资产投资增长12%;城乡农牧民收入增长9.5%;城镇居民收入增长8%;地方财政收入完成969万元,全社会消费品零售总额增长9%。

按照上述思路和目标,我们要更加精准施策、精准发力,全力攻脱贫、护生态、上项目、建产业、促改革、防风险、保民生。完成以下几个方面的要求。

(一)坚决打好脱贫攻坚战。一要着力抓好建档立卡数据核实工作。入村入户开展调查,摸清扶贫对象家庭人口、收入、住房、耕地、生产资料、

劳动力和就学、就医等基本情况。二要激发贫困群众内生动力。进一步督促各级结对帮扶干部切实落实好帮扶责任，增加上门走访次数，采取"知根底、同生活、共劳动"的帮扶模式拉近彼此情感距离，让贫困农户懂扶贫、愿脱贫。同时，要加大对脱贫惠民政策、脱贫攻坚成效、脱贫致富事例等宣传讲解工作，引导贫困农户尽快转变观念、克服"等人扶"、"等脱贫"等消极思想、树立"贫困可耻、致富光荣"观念、真正激发出"要脱贫"、"要致富"的强大信念。三要集中力量解决"三类人员"脱贫质量。一是因病致贫人群，特别是重病和惯性病群体是下一步攻坚的难中之难，应千方百计的帮扶。二是贫困老人，这个群体由于年龄大、病多、没有劳动力，脱贫要有底性的制度安排。三是和市场行情变化返贫人需要提高脱贫稳定性。四要抓紧抓牢"生态扶贫"这个饭碗。结合"生态曲麻莱"工作，充分利用国家公园、联点帮扶等政策，实现生态管护员政策全覆盖，全面提升脱贫质量。

（二）坚持绿色发展，提升生态文明建设成效。牢固树立"绿水青山就是金山银山"理念，切实抓好环境保护和生态建设，努力实现百姓富和生态美的有机统一。继续做好中央环保督查问题整改销号，用好"两把利剑"，强化"两个问责"。认真落实"河长制"，持续抓好各流域治理，实行最严格水资源管理制度，坚决守住"三条红线"，提高水资源使用效率。坚持集约节约用地，严守耕地保护红线，提高土地资源综合利用水平。

（三）践行"四个转变"，推动生态畜牧业稳步发展。进一步抓好草地生态畜牧业建设，全面巩固草地生态畜牧业三个实验区建设成果，继续推广4个基本产业发展方式典型经验。一是进一步优化调整畜群结构，加强优良种畜的科学串换，加快劣质种畜的淘汰步伐，切实提高能繁母畜的比重，实现优良种畜群的基本全覆盖，母畜比例力争达到60%以上。二是进一步强化牧业产业扶持资金的管理，建立健全内控机制，并按照"缺什么，补什么"的原则，配套落实牧业经营合作组织基础设施，有效改善牧业生产条件。三是进一步抓好有机特色牧业建设，加强"扎加羊"种公羊繁育基地建设和高原黑色提纯牦牛地方品牌塑造工程，逐步提升特色产业的公认度和知名度，努力开辟符合地域实际、生态文明、现代经济的特色牧业发展之路。四是进一步加强重大动物疫病防控工作力度，严明责任主体，细化任务指标，实现春秋季强制免疫和各类生物疫苗接种全覆盖，从源头杜绝重大动物疫病的发生。五是进一步做好抗灾保畜工作，扎实做好抗灾饲草料及颗粒饲料的分配、调运、储备工作，充分利用"生态保护型"饲草料基地作用，全面完成饲草料（芫根、燕麦）生产加工和发放任务，确保各类牲畜安全越冬、牧民生产生活稳定。

（四）狠抓项目建设，不断扩大有效投资。一是加强项目储备，加大项目前期工作。根据全县"十三五"规划、县城总体规划和国家支持藏区政策方向，进一步拓宽思路，强化项目储备，重点在民生保障、公共服务、基础设施、生态建设等领域规划和筹备一批新开工项目，把项目前期做深、做细、做实。二是继续做好项目申报、资金工作，加强项目监管。要结合县情，继续做好项目规划、编制、申报，积极向上争取项目和资金支持。同时，加大对项目建设的全过程监督力度，严格按照项目建议书内容进行实施，严管招投标、资金使用、工程建设进度和质量的监管，确保项目按时、保质、保量完成任务。继续加强招投标工作的监督和管理，进一步规范我县招投标活动。三是继续加大重点项目筹措资金的力度。加大向上争取资金力度，加强与省州相关部门的衔接沟通，争取已上报批准项目早日下达投资计划。

（五）坚持共享发展，切实保障和改善民生。发展的最终目标是保障和改善民生，我们要让人民群众在共建共享中有更多的获得感和幸福感。教育方面：一是以促进义务教育均衡发展为目标，认真实施标准化学校建设项目和薄弱学校改造项目，积极争取和落实各类教育项目。二是以"控辍保学"为重点，以巩固提高为核心，着力提升义务教育阶段入学率、毛入学率、升学率和巩固率，逐步提高基础教育质量。三是强化调查研究，核实各项指标数据，全面做好2018年义务教育均衡发展迎检准备工作。四是深入推进"3332"教育改革。加强教师队伍建设，确保教育教学质量再上新台阶。卫生计生方面：一是继续认真做好藏医药专业骨干人才培养工作。二是全面实施国家基本药物制度。在实行药品价格统一的基础上，进一步做好药品统一采购、统一配送工作，规范基本药物使用管理，完善管理机制，有效降低药品费用；三是进一步加强县、乡、村医疗卫生基础设施建设。协调和落实好基础设施建设和项目的管理、实施工作。四是加快卫生人才队伍建设。以培训、招聘等培育、引进人才方式为主,提高县、乡两级医疗机构整体服务能力。文化体育方面:进一步推动我县有影响力的节庆活动,推进文化旅游深度融合,充分发挥曲麻莱县的生态资源优势和地域特色文化品牌,组织开展富有地方特色的节庆活动。

(六)突出重点,全面提升社会治理能力。落实任务、落实重点,最大限度消除各种不和谐、不稳定因素。同时,要突出重点行业和重点领域安全监管,扎实做好隐患排查和专项整治,有效防范和坚决遏制重特大安全事故发生,统筹抓好交通安全、食品安全、消防安全等专项工作。

政府工作报告

——2018年4月10日在曲麻莱县第十五届人民代表大会第四次会议上

县长　尼玛扎西

一、2017年度工作回顾

2017年,是我们喜迎十九大胜利召开之年,也是曲麻莱经济社会发展夯基蓄势、克难求进的一年。一年来,在县委的坚强领导下,在县人大、县政协的监督支持下,我们认真学习贯彻党的十九大精神和习近平总书记系列讲话精神,以习近平新时代中国特色社会主义思想为指导,坚定不移地贯彻落实中央、省、州委州政府的各项决策部署,以省第十三次党代会为契机,团结依靠全县各族人民,全面贯彻落实“四个扎扎实实”的总要求,努力实践“四个转变”重要理念,实干担当,奋发进取,迎难而上。总体上完成了县十五届人大二次会议确定的目标任务,全县经济社会发展总体平稳、稳中有进。完成地区生产总值6.78亿元,同比增长6.4%,全社会固定资产投资完成11.29亿元,同比增长10.36%。地方一般预算收入完成1409万元,一般预算支出9.58亿元(含上年专项结转支出),增长5.83%。全体居民人均支配收入14800元,同比增长10.6%,其中:城镇居民可支配收入29589元,同比增长9.1%;农牧民人均纯收入7454元,同比增长10.4%。全社会消费品零售总额1.22亿元,同比增长9.8%。

一年来,我们的主要工作及成效体现在以下几个方面:

(一)脱贫攻坚稳步有序推进,精准扶贫工作成绩斐然。一年来,我县坚持推进“专项扶贫”、“行业扶贫”、“社会扶贫”三位一体的大扶贫格局,创新扶贫举措、整合资金资源、调动社会力量、集中攻坚,取得了决定性胜利,减贫成效显著。截止目前,全县识别精准扶贫建档立卡3309户9544人(其中:2017年争取返贫指标36户76人),已退出5个贫困村,占贫困村总数的62.5%;脱贫2175户6212人,分别占贫困户总数的65.7%和贫困总人口的65.1%;其中:2017年完成退出4个贫困村,涉及2个非贫困村,脱贫756户2280人的脱贫任务。贫困发生率由2015年的21.8%下降到7.6%。

全力推进专项扶贫工作,资金整合效益凸显。一是易地扶贫搬迁项目推进顺利。2016年和2017年全县争取和实施了1569套易地扶贫搬迁项目,分别在格尔木市集中安置604户、麻多乡政府所在52户、曲麻河乡政府所在地36户、叶格乡政府所在地96户、县城集中安置781户。2017年完成904套建设任务,318套主体封顶和347户的开工任务,2018年将完成所有建设任务并实现100%入住。安置点公共服务、基础设施全面达标。与此同时,针对自2004年搬迁至格尔木市的三江源移民、游牧民定居点和自行搬迁的850户,在宅基地使用权、基础设施、公共服务方面短板突出的问题,县政府通过两年多时间的努力千方百计争取到格尔木建设用地960亩,投资1680万元建设了13公里市政道路、72亩绿化工程和一座大门,为下一步办理不动产权证奠定了坚实基础,彻底解决了返乡务牧的问题。二是针对现有合作社规模化不高、带动力不强的实际，千方百计筹措资金4501万元，实施了“六保障、五配套”工程。建设了65个合作社基础设施，完成草场整合、劳力、畜牧业基础设施和固定资产入股工作，进入运营阶段。全面整合“十二五”时期整村推进牧场和精准扶贫产业扶持牧场，折合羊单位50377只，实现7196人产业发展效益全覆盖，占建档立卡总人口的76%。让贫困户得到了“七个受益”，贫困户人均年增收700余元。三是年度产业扶持项目推进迅速。全年争取产业扶持资金2362万元，覆盖2017年至2019年度，其中：2017年下达产业扶持资金966.78万元，实施完成投资46.7万元的岗当村扶贫楼改建项目、投资162.56万元在多秀村格尔木市八一路地下商业街143.5平方米商铺购置项目、投资144.64万元昂拉村西宁市水井巷广场71.9平方米商铺购置项目、投资154万元莱阳村约改镇步行街143.5平方米商铺购置项目、投资256万元龙麻村结古镇当代西路271.5平方米商铺购置项目、投资202.88万元长江村建筑建材五金加工综合市场建设项目完成总工程的50%。力争通过精心指导和科学管理，让1512名贫困牧民年增收600元以上。四是为更好的发挥农牧民城镇化技能服务平台的效益，继续争取和完成投资1500万元建设曲麻莱县农牧民城镇化技能服务平台室外附属配套工程设施建设项目。五是精准扶贫商业一条街产生效益，为没有劳动力和产业脱贫能力的2500名贫困户预计年收入可增加2000元。六是通过开设美容美发、汽修、唐卡、烹饪、民族服装制作、民族手工艺品（金银匠）、婚礼主持、藏医全科医生、装载机和挖掘机、说唱等十种培训种类，使481户520人拓宽就业渠道和创业致富能力。并逐步改善牧民在易地扶贫搬迁和城镇化过程中出现的理财意识淡薄、参与市场能力差的突出问题。现已有部分毕业人员分别在西宁市、格尔木市、玉树州、县城参与就业，年人均收入最低达到5至6万元。真正实现了“授人以鱼不如授人以渔”，“一次培训，终身受益”，“培训一人，致富一户”的工作目标。七是补助1568.16万元从全县建档立卡贫困户中选拔726名贫困人员，转化为生态管护员。

强力推进行业扶贫。一是审核确认贫困大中专院校贫困学生33名，“两后生”78名，共111人补助40万元。二是为130名贫困大学生争取国家助学贷款61.782万元。三是县级联点单位国电集团为全县五乡一镇340名因学和因病致贫的贫困户帮扶350万元。四是投资1130余万元，在全县范围内开展了八大类重大传染病和地方病筛查工作，为防止和杜绝因病致贫、因病返贫和因病辍学奠定了扎实的基础。五是实施贫困人口就医“一免七减”，实现贫困人口医疗救助全覆盖。六是投资9216.46万元，修建了退出贫困的6个村共5条精准扶贫道路，完成里程460.7公里。七是在曲麻河乡昂拉村、多秀村，约改镇长江村，叶格乡龙麻村建设小口机井149眼。有效解决了589户1739人和27824头牲畜的安全饮水问题。八是实现约改镇长江村，巴干乡麻秀村，曲麻河乡昂拉村、多秀村和麻多乡扎加村通讯基站全覆盖；实现巴干乡麻秀村宽带网络全覆盖。九是为改善贫困群众住房安全条件，全年共实施348套危房改造项目，有效解决了贫困群众住房安全问题。十是全面启动金融扶贫工作，地方财政为主办银行注入风险担保资金1180万元，全年通过“530”小额贷款政策，为全县精准扶贫建档立卡户发放贷款425万元。十一是投资28万元解决了4个贫困村卫生室建设项目，每村60平方米。

合力推进社会扶贫。一是实行“县级领导联乡、科级干部扶村、一般干部包户”的工作机制，省、州、县三级部门1091名干部结对帮扶全县3273户贫困户，实现贫困村，贫困户帮扶全覆盖。第一书记、党员干部及联点单位共帮扶221.9万元。二是对口帮扶工作推进迅速，全年争取帮扶资金639万元，其中：国电集团帮扶350万元，北京市昌平区帮扶289万元。三是北京天桥盛世集团解决教育帮扶资金25万元。四是省安监局争取450万元建设秋智乡格麻村通村公路。

（二）创新生态保护机制体制，持续推进生态文明建设。根据习总书记提出的“绿水青山就是金山银山”的重要论断，始终坚持“生态保护第一”的理念和“生态立县”的战略思路，把生态保护建设作为首要任务来抓，举全县之力实施各类生态保护建设项目。一是落实年度生态保护补助奖励资金1.1374亿元，覆盖五乡一镇8532户，其中禁牧补助资金8971.718万元，草畜平衡奖励资金2402.5万元。发放年度森林生态效益补偿1227.7万元，其受益6859户、23294人。对全县3391名生态管护员兑现年度管护工资7324.56万元。二是以治理“黑土滩”保护“金草地”的良性模式，集中、连片、分散等方式全年种植芫根0.8万亩，种植燕麦1万亩，实现人工种植返育自然草场、恢复草地生态系统有效保护了56.8万亩草场。三是投资3271.17万元实施3项三江源保护与建设二期工程。四是投入资金7950万元完成白的沟历史遗留砂金过采区生态环境恢复治理11000余亩；麻多乡大场地区历史遗留砂金过采区生态环境恢复治理6200亩；白的沟沟口643.62亩复垦、平整；达哈煤矿环境恢复治理工作。五是全力落实全省环保执法大检查提出的整改任务。六是通过遥感监测图斑确定12宗违法用地，总面积为918.8亩，已全部结案并上交全部罚款共计107.9万元。七是充分发挥生态管护员的积极作用清理各种生活垃圾200余吨，广大牧民群众自发组织清理垃圾50余吨；每个村完成历史遗留砂金过采区700立方的义务复垦，共计45500余立方；开展了为期5天的河道整治行动。组织全县各乡（镇）村干部、生态管护员共25000余人次，在各乡镇周边河道及主要河源地参加了整治行动，为实现“一江清水向东流”奠定了坚实的基础。八是经过不懈努力可可西里自然保护区正式列入《世界遗产名录》，成为我国第51处世界遗产。九是深入贯彻习主席关于军民融合深度发展和对青海工作提出的“四个扎扎实实”重大要求，充分发挥基层党组织战斗堡垒作用，率先组建“民兵+”，将生态管护员全部纳入民兵队伍编组管理，成为保护我县生态的重大举措。

（三）优化牧区特色产业结构，推动畜牧业提质增效。从生态发展的战略高度，从精准扶贫的横向走线，从特色牧业的基本定位，通过整合各类项目，筹措多方资金，继续深化巩固“4321”产业发展布局，努力推动全县生态畜牧业经济协调、健康、稳定发展。一是由2398户7196人建档立卡组建的65个草地生态畜牧业股份式产业合作社，整合50337只羊、解放劳力5000余人，解放草场23980亩。并避开牧民群众的惜售意识及戒杀思想，提高了牲畜出栏率。二是畜牧业基础不断巩固。续建项目：完成投资3501万元涉及户数119户的2016年度曲麻莱县生态畜牧业基础设施建设项目；投资1000万元的65套2016年精准脱贫配套设施定居房项目投资671.7万元建筑面积1495㎡的2016年度科技生态园区项目。新建项目3项：投资1233万元规模为8.22万亩的三江源二期工程2017年度黑土滩综合治理项目；投资3647.98万元涉及牧户811户的三江源二期工程2017年度生态畜牧业基础设施项目；三是全年境内串换优质种公牛1000头，县外调运300头，完成计划的130%；完成花色种公畜淘汰1000头，完成计划的100%。四是牲畜保障力度不断加大。认真开展动物疾病防控工作，各类牲畜接种疫苗共计70余万次。五是引导牧民向农业转型，在种植户的带领下逐步学会蔬菜种植。并向黄河社区和长江社区1726生态移民户无偿发放30051斤新鲜蔬菜，向县城特困户无偿发放2051斤爱心蔬菜，切实解决了部分牧民吃菜难的问题。

（四）着力改善和保障民生，群众幸福指数日益提高。“坚持在发展中保障和改善民生”是十九大报告中提出的要求，也是我党始终秉承的使命与担当。我们始终坚持办好民生实事，加大民生投入，解决民生问题，每年用于改善民生财政支出达75%。教育方面，在校（园）学生5330名，其中在园幼儿1128名，小学3140名，中学1062名；学前教育一年入园率达99%，适龄儿童入学率达98.3%，初中毛入学率达73.9%。年内制定“3332”教育工作体制改革方案，全面启动我县教育系统综合改革。进一步完善了“控辍保学”责任追究制，与各乡镇签订了“控辍保学”目标责任书，并在各校先后2次进行学生数字核对工作。共劝返历届辍学生362人。联合深入各校开展开学督查、专项控辍、学前教育督导、义务教育均衡发展摸底等活动5次。卫计方面，以深化医药卫生体制改革为重点，加快医疗卫生服务体系建设，全面提高了公共卫生服务能力和医疗服务质量，促进基本公共卫生服务均等化，加大公立医院改革力度，推进基本医疗保障制度，加强基层医疗卫生服务能力建设，完善医疗服务和人口计生保障体系。此外，医联体的实施取得巨大成效。就业方面，2017年实现城镇新增就业160人，农牧区劳动力转移2000人，精准扶贫贫困家庭转移就业520人，各类失业人员就业35人，就业困难人员再就业5人。社会保障方面，城乡居民参加医疗保险共计29660人，新增31人，其中居民3154人，新农合26506人，参保率98%。城乡居民已报销药费110人次，共计91.64万元。新农合报销医药费1490人次，共计590.38万元，各乡卫生院垫付20万元。2017年全县生育保险参保人数为1576人，女职工参保生育保险636人，现已完成扩面15人。全县失业保险征缴工作已完成100%，。率先在全州开展了城镇低保大排查活动，此举受到群众的一致好评，有力推动了我县低保事业向更加正规化方向发展的步伐。全县已纳入最低生活保障的有8424人，发放低保资金1534万元，实现全覆盖。城镇困难居民、农村特困群众的基本生活得到有效保障。对全县患重大疾病的困难群众实施了大病医疗救助，救助特困群众793人次，发放救助金231万元，发挥了积极作用。劳动监察部门用简易程序解决7起农民工讨薪事件，解决拖欠农民工工资共计93万余元。文旅方面，2017年旅游人数达3.21万人次，旅游人次同比增长25%，旅游收入同比增长30%；旅游发展资金投入50万元。完成土灶技艺、格萨尔王登基台遗址、溜冰节3项申报省级非物质文化遗产名录工作，并制作了光盘；完成编写藏族传统手工技艺丛书，省级部门已通过，待出版。大力支持县、乡级文化馆、图书馆、科技馆、体育活动中心建设，加快基层文体公共服务设施建设，加强物质和非物质文化遗产保护。加大对非遗文化的研究、传承、创新和推广力度。完成《黄河寻根溯源玉树行》、《寻迹十世班禅大师进藏路》公益纪录电影的拍摄。食药安全方面，立案查处各类案件49件，共8种类型，已结案49件，案值1.9万元，罚没款4.23万元，结案率100%。其中食品类17件，保健食品类2件，化妆品类19件，药品类8件，广告类1件，无照经营1件，消费维权类1件。为我县公众饮食用药安全提供了坚实有力的保障。

（五）基础设施建设稳步开展，夯实经济社会发展基础。共计实施了市政基础设施、公共服务、交通、水利、能源等领域的各类项目（包括结转项目）102项，累计投资11.29亿元。认真组织实施好“十三五”规划，切实抓好民生、市政、交通、水利等项目的筛选落实，项目投资破难推进。重点项目建设，完成投资2300万元的曲麻莱县游客导访中心；投资1890万元的弥散式供氧建设项目完成70%；投资461.7万元的五乡一镇便民服务大厅及锅炉房、水箱间等相关配套设施建设项目，曲麻莱县110kV变电站二期配出工程，总投资6247.91万元，目前已完工。对口支援项目：投资2300万元曲麻莱县特困牧民住房建设项目，目前完成80%；投资400万元的藏医院设备购置项目，完成60%；公共服务项目：实施投资280万元的曲麻莱县救灾物资储备库、投资160万元的贫困户危房改造工程、投资145万元的敬老院能力提升工程。投资78万元的居家养老服务中心；实施投资1300万元的曲麻莱县民族体育场、160万元的约改镇电视转播台、投资250万元的麻多乡郭洋村和扎加村乡村旅游富民工程。教育项目建设：积极衔接各类教育基础设施建设项目。实施了计划实施投资2114万元的曲麻莱县下居民区中心幼儿园、曲麻河乡幼儿园、秋智乡幼儿园、叶格乡幼儿园扩建项目投资；投资241万元的孤儿学校、曲麻河乡寄小改薄建设项目。医疗基础设施：实施投资约500万元的妇幼保健院业务用房、投资28万元的4个村卫生室建设项目。完成投资400万元的医疗设备购置。完成投资820万元的药浴楼。为县人民医院设置独立供暖锅炉，加大对藏医院搬迁后的设备、人才和技术支持。交通建设：农村公路建设工作有序推进。修建公路总合计投入7919.44万元，建设里程397公里。住房保障：为圆满完成可可西里申遗工作，提前着手完成投资990万元的叶格乡红旗村、曲麻河乡多秀村、秋智乡布甫村的高原美丽乡村建设任务。投入910万元完成公租房配套建设工程。能源项目建设：秋智乡110千伏输变电工程和巴干乡、叶格乡供电所项目。

（六）提高社会综治管理能力，维护社会和谐稳定大局。省政府工作报告指出要实施加快“四个更加”提速战略，抓住人民群众最急、最优、最盼的问题，解决好人民群众最直接、最现实的利益问题。响应省委省政府号召，建设稳定、和谐曲麻莱，认真落实社会治安综合治理各项措施，用“四个转变”的理念扎扎实实推进经济平稳健康发展。抓信访维稳不松懈。进一步明确责任，加强监管，对关键部位、重点领域，持续进行排查检查，强化整改落实，加强社会舆情监测和形势研判分析工作，加强社会面的管控，不断加大社会管理综合治理力度。高度重视因农民工工资发放、质量问题等原因引发的上访事件，依法、依规、按政策解决好群众的来信来访问题，确保不留隐患。抓宗教事务管理不松懈。从色达五明佛学院劝返僧尼17人，14人完成集中安置，并将劝返人员全部纳入低保及医疗救助。完善和落实宗教事务依法管理、宗教寺院社会管理、寺院内部民主管理“三位一体”寺院管理长效机制，加大对民族宗教界人士的教育培训力度。全面完成宗教教职人员信息基础采集工作。统筹解决好寺院水、电、路、通讯、广播电视覆盖和无依无靠、老弱病残僧尼生活问题。抓平安曲麻莱建设不松懈。进一步细化、分解目标责任，制定了《曲麻莱县2017年综治暨平安曲麻莱建设工作目标责任书》，与全县50余个县直单位和五乡一镇签订了目标责任书。县公安局高度重视，精心组织、周密部署，加大警力，细化安保措施，圆满完成各项安保任务。一年来共立各类刑事案件31起，破14起（含积案1起），与去年同期相比，发案率上升3.3%，破案率45.1%。共抓获犯罪嫌疑人19名，起诉9人，打击刑事犯罪工作取得了显著成效，全县无黄、毒现象。共发生交通事故17起，与去年同期相比事故起数下降3%。我们认真开展缉枪治爆专项行动，共收缴枪支13支，弹药641发，管制刀具150把。

（七）持续深化改革创新转型，政府自身建设明显加强。县政府全面贯彻落实州委州政府、县委决策部署，坚持改革总目标，把握正确方向，衔接国家和省上有关专项改革方案，注重整体谋划，大胆探索实践，通过持续深化改革创新，政府自身建设明显加强。一是切实增强“四个意识”，狠抓廉政建设，把从严治党的主体责任不折不扣落到实处。自觉遵守《关于新形势下党内政治生活的若干准则》和《中国共产党党内监督条例》。全面推进依法行政，完善政府立法工作机制，深化行政执法体制改革，做好行政复议工作。二是严格执行人大及其常委会决定，自觉接受人大的法律监督和政协的民主监督，接受司法监督和新闻舆论及社会公众的监督，让行政权力始终在法治轨道和阳光下运行。三是牢固树立以人民为中心的发展思想，坚持问政于民、问需于民、问计于民，多干让人民满意的好事实事。四是严格落实中央“八项规定”、省委省政府“二十一条”措施和州委州政府“二十条”要求，全面落实从严治党主体责任，下气力改进会风文风，着力整治庸政懒政怠政，着力强化督查和问责，建设人民满意的服务型政府。五是全面深化行政管理体制改革、户籍制度改革、财政制度改革、医疗体制改革，全面完成政府职能转变和机构改革。重点推进事业单位机构改革，继续推进三江源国家公园体制试点改革，稳步推进政务公开，扎实开展重点民生项目支出公开工作，扎实推进财政预决算和“三公经费”信息公开。六是加强国土资源管理，规范建设用地管理和河道采砂取石行为，完成农村土地确权登记和发证工作。七是继续引导、带动牧区富余劳动力参与市场参与非公经济发展。认真落实扩大消费和促进服务业发展的政策措施，加强对交通运输、批发零售、商贸餐饮等小微企业的培育、加大政策引导扶持资金力度。

同时，审计、监察、金融、统计、气象、地震、残联等工作均取得新成绩。

各位代表！2017年，面对各种困难挑战和风险考验，我们以十九大精神为指引，以省政府工作报告为纲领，创新思路谋发展，心无旁骛抓落实，全县工作有序运转，各项事业稳步推进，经济社会发展取得丰硕成果。但我们深知，政府所取得的所有成绩，都归功于全县上下各组干部群众的共同努力，奋勇拼搏。在此，我代表县人民政府向全县人民和关心、支持、参与曲麻莱发展的各界人士，致以崇高的敬意和衷心的感谢！

二、2018年工作安排

2018年是贯彻党的十九大精神的开局之年，是改革开放40周年，是决胜全面建成小康社会、实施“十三五”规划承上启下的关键一年。今年的政府工作，要深入贯彻党的十九大精神，以习近平新时代中国特色社会主义思想为指导，牢固树立新发展理念，认真落实中央和省州县委决策部署，把思想和行动统一到“四个转变”的理念上来。持续巩固已脱贫2175户6212人，5个退出贫困村脱贫退出成果，确保脱贫退出不反弹。进一步规范完善3309户9544人贫困人口档案，如实反映贫困户脱贫轨迹，确保脱贫成效经得起检验；实现贫困人口由脱贫向致富转变，贫困村向美丽乡村转变；力争高质量完成2018年2个贫困村1个非贫困村716户2109人脱贫任务。紧盯“建成绿色、生态曲麻莱”的目标，坚持以人民为中心的发展思想，持续推进经济社会发展各项工作，继续实现两个“越来越好”目标、确保与全省同步建成小康社会不懈努力。为实现上述目标，县政府召开专题会议确定：

经济社会发展预期指标为：国民生产总值第一产业增加值增长3%，第三产业增加值增长5.4%；全社会固定资产投资增长12%；城乡农牧民收入增长9.5%；城镇居民收入增长8%；地方财政收入完成969万元;全社会消费品零售总额增长9%;建档立卡贫困户已脱贫人员人均可支配收入达4000元以上。

为实现上述目标,我们将紧盯目标、突出重点,奋力抓好以下工作:

(一)深入开展生态文明建设,努力践行生态立县战略。要求全面贯彻落实习近平总书记视察青海时的重要讲话精神和王国生书记来玉树调研的重要指示,继续深入推进三江源国家公园体制试点建设工作,组织实施好三江源生态保护与建设二期工程。一是力争实现1569户易地搬迁户草场、牲畜、劳力进行整合加入65个合作社,提高合作社运行能力,借助"百名干部下乡"入户调查将所发现的问题进行严厉整改,进一步引导合作社步入正轨,逐步向第三产业发展,减轻草场压力,还草场一个修生养息的时间。二是充分利用3391名生态民兵组建65个小分队,加强环境治理。在每个村配备一台装载机的基础上,再次加大投入力度。为生态文明建设做出更大的贡献。三是扩大集中连片饲草料种植力度,提倡家家户户圈窝种草,力争实现舍饲半舍饲的产业转型。四是在五乡一镇实现垃圾焚烧分类处理,19个行政村各类垃圾统一调运至乡镇集中处理,在省级达标的基础上,垃圾处理实现无害化。在现有40名环卫工人的基础上加大力度,争取增加60人,即解决就业问题,又美化城市环境。五是在河长制的基础上,我们建立"守山人"对县域内各大山岭进行巡护,确保天蓝草绿水美,人与自然和谐相处。六是为了减少环境污染县城实现无烟供暖。七是投资650万实现龙那沟三个大口井"全封闭"从源头控制水污染。八是市政建设投资1个亿完成污水管网入户。九是为了更好地保护草场在原有鹰巢鹰架的基础上,再争取5000个招鹰架。

(二)加大实施精准扶贫力度,促进扶贫工作深化细化。为全面实现"两不愁,三保障"的脱贫要求,分别从三个方面着手。一是深入开展"回头看"工作。对全县"十二五"时期的整村推进项目和精准扶贫至今实施的产业扶持项目,在运行管理效益分红等方面进行大的改制,年内完成固定资产移交工作,规范合作社管理和运行模式,重新锁定收益人群,并延伸至边缘贫困户和其他牧户,实现效益最大化;针对在2018年之前退出的贫困村,从行业部门指标达标情况和财政专项扶贫资金下达的项目,实施程序和后续运营管理方面进行地毯式大巡查,采取查漏补缺、巩固成果等方式最大限度保证减贫成效;跟踪实施和对接好精准扶贫商业一条街和步行街,在商铺租赁、冷藏库建设和运行、检测设备运作等方面的工作,争取年内实现商铺租赁效益、冷藏库和检测设备投入运营,为没有劳动能力或创业能力的建档立卡户实现资产收益增收。二是全力以赴完成年度脱贫工作任务。完成秋智乡格麻村和麻多乡扎加村2个贫困村退出和秋智乡加巧村1个非贫困村的716户2109人脱贫任务。三是通过"十个一批"全面加强行业扶贫、专项扶贫和社会扶贫的工作力度,积极争取生态管护员岗位2583人,实现建档立卡户全覆盖。争取村集体经济发展资金880万元,继续做大做强生态畜牧业。通过省州两级的支持,改善和提升易地搬迁集中安置点环卫设施等方面的短板问题。通过农牧民城镇化技能服务平台培训财会人员90名,安排至65个合作社用于加强合作社的财务运行管理。其余分配至缺少财会人员的各乡镇及单位。确实改变我县财会人员紧缺的现状。

(三)继续加快产业结构调整,保障县域经济稳步发展。进一步抓好草地生态畜牧业建设,继续推广四个基本产业发展方式典型经验,规范引导全县畜牧业生产经营主体管理,注重产业扶持、技术支持,典型带动、效益辐射,激发牧业经营合作组织的潜在产业活力和生产动力,在原有65个合作社的基础上拓宽入股比列,进一步提高牲畜出栏率和商品率。政府将对65个合作社草山租赁费用给予补贴支持,进一步强化合作社运营能力。深化四个产业模式,逐步引导家庭牧场和养畜大户,通过学习交流向股份制合作社发展(红旗模式)。继续做好优化畜群畜种结构,通过曲麻河乡、叶格乡两个示范点。加强加大"扎加羊""F1代"、"F2代"繁育基地建设。积极跑项立项在格尔木市修建占地50亩的大型停车场,适当解决异地搬迁户的收入。争取将技能培训拓展至格尔木市、西宁市、拉萨市、玉树市加大加强产业转型。在叶格乡租用黑土滩开展药材种植繁衍实验基地。做好全县抗灾保畜工作,充分利用"生态保护型"饲草料基地作用,加大投入饲草料(芫根、燕麦)生产加工和发放任务,从而减轻草场压力。确保各类牲畜安全越冬、牧民生产生活稳定。扩建以巴干乡为重点的蔬菜种植基地,提高本地蔬菜供给保障能力。

（四）强力推进社会事业发展，扎实推进民生保障工程。教育方面，认真宣传义务教育法，推进控辍保学专项行动，加大适龄儿童年招收力度，不断提升教育教学质量，办好人民满意的教育。一是继续深化推进"3332"教育体制改革。二是核实各项指标数据，三是实现学校"四个一工程"（理发店，澡堂、校医室、深井）及普及中小学健康操，四是推进两个强化，强化供暖设施，强化督学摄像覆盖率。卫计方面，一是全面开展结核，艾滋病等各类传染性疾病调查及健康素养促进活动。二是完成县医院高压氧仓启用工作并提升远程医疗水平。社会保险，一是做好职工养老保险、城镇居民养老保险、新农保的预决算，按时足额发放养老金，及时征缴年度参保金。二是做好城镇职工医疗保险参保人员的预决算，全面完成扩面任务。做好新农合、城镇居民医疗保险参保人员的预决算、药费报销工作，按州级筹资标准征缴个人参保金，完成年内扩面任务。三是按要求做好工伤保险、失业保险、生育保险的预决算，按时征缴参保金。公共文化方面，继续实施公共文化设施建设、文化惠民等工程，健全基层公共文化服务设施网络。加大开放性大众健身场地、图书馆、文化馆等公共文化设施开放力度。进一步推进加强"曲麻莱新闻"的制作力度，以及策划和加强自办栏目的水平。住房保障方面，为县域内无能力修护危旧房的牧民群众实施危房改造850户，投资330万在巴干乡马秀村修建高原美丽乡村工程。争取投资176.4万元600户的租赁补贴。为防止自来水流失，加强自来水运营制度化管理，完成水表安装，做到低收费严管理。乡村振兴战略方面，大力发展高原特色现代牧业，打造"绿色食品牌"，构建乡村治理体系，持续深化牧区综合改革，让牧业成为有奔头的产业，让牧民成为有吸引力的职业，让牧区成为安居乐业的美丽家园。

（五）促进文化旅游深度融合，实现旅游产业带动富民。我县生态地位尤为重要，县域内将以世界自然遗产区、国家公园试点区、黄河源头、长江北源、三江源核心区等五个区域打造生态旅游县城。一是聘请考古专家，探索岩画资源，编写我县岩画历史，为子孙留下宝贵的财物。二是打造黄河源头生态旅游点。在黄河源头第一家修建进入景区的电子大门、游客导访中心、打造富有民族特色的观光马车五辆、建设一处源头管理站，主要工作统计旅游人数及游客车辆的管理；以源头为中心方圆五公里设置网围栏，形成禁牧区，保护源头生态，并将通往源头的砂石路进行平整修复；今年将全面完成麻多乡旅游集镇建设任务。打造出源头独一无二的以曼陀罗坛城图为布局的黄河源头第一乡，谱写一曲祥和、吉祥的亮点篇章。三是将于8月份再次邀请黄河沿岸九省一区的代表开展第三届"同饮黄河水，共筑中华梦"的主题活动，以此来带动黄河沿岸百姓的保护生态意识。并继续加强与黄河源末的交流，组织演义人员前往入海口垦利县举行生态祭祀活动。邀请东营市党委政府领导在我县"习近平文化墙"上以"黄河流域，共保生态"为主题提词。四是继续开展尕朵觉悟徒步转山节，跑项立项，极力争取修建23公里的转山路，沿这条转山路修建公共设施、人文景观带。五是进一步完善格萨尔王登基台基础设施建设。继续加强格萨尔王藏戏文化传播力度，加大《格萨尔赛马称王》舞台剧的演出力度。六是深度开发长江七渡口、玉珠峰等山水文化，旅游资源。七是完成游客导访中心建设任务，发挥其引导、服务等功能。

（六）持续加强基础设施建设，实现地区经济全面发展。重点在民生保障、公共服务、基础设施、生态建设等方面和领域，拓宽思路，强化项目储备工作，积极规划和筹备一批新开工项目。一是投入资金在县城内实现县城无污染供暖（石墨烯、量子能、天然气）。二是改善干部职工、敬老院、学校等取暖设施，打造一个温暖的宜居环境。三是投入资金完善敬老院水电、卧室、厨房、洗澡间的基础设施建设，实现人性化管理。四是加大资金投入力度，为在高海拔地区上班的干部职工提供一个健康的办公环境，实现五乡一镇党政办公区的供氧问题。五是将八有暖心工程与我县垃圾处理等相结合，实现无害化垃圾焚烧、取暖等问题。六是投资500余万元资金用于县城易地搬迁河道景观带打造及附属设施配套建设。七是投资400余万元，实施平安城市建设项目，在人员聚集区、重大场所安置监控设备。八是进一步细化精准扶贫规划厅的数据统计，打造大数据平台，力争在全省打造数据亮点工程。九是争取通过北京对口援建项目，对牧民群众的房屋进行改造，改善居住条件。十是在财政年度预算中预留部分资金专项用于为民办实事工作。十一是进一步加大资金投入力度，严抓学校教学、安全、卫生等问题、做到校园监控无盲区。十二是投入资金实现县城黑色油路全覆盖。

（七）聚焦自身建设担当尽责，奋力提高政府履职能力。坚定政治方向。全面贯彻落实党的十九大精神，大力开展“不忘初心、牢记使命”主题教育，自觉运用习近平新时代中国特色社会主义思想武装头脑、指导实践、推动工作。牢固树立“四个意识”，严守党的政治纪律和政治规矩，坚决贯彻执行党的路线方针政策，认真落实中央、省州系列决策部署，坚决服从县委领导，始终与县委同心同德、同向发力。坚持依法行政。稳步推进“互联网+政务服务”，严格规范行政行为，做到行政依法、公正司法、文明执法。自觉接受县人大及其常委会的法律监督、工作监督和县政协的民主监督，主动接受群众监督和舆论监督，确保权力在“阳光”下运行。坚决担当履责。大力弘扬务实精神，做到工作面前敢负责、问题面前敢较真、困难面前敢担当。健全深入基层调研、联系服务群众制度，做到干部工作在一线、政策落实在一线、问题解决在一线。加强政府绩效管理，严格落实工作预决算制，强化监督检查，确保各项决策部署落地落细落实。健全激励约束机制，努力营造团结和谐、向上向前、风清气正的干事创业环境。坚守廉洁底线。严格落实中央八项规定，坚决防止“四风”问题反弹回潮。坚决贯彻全面从严治党新要求，认真落实党风廉政建设责任制，强化审计监督，扎紧制度“笼子”，堵住腐败“暗道”。加大惩治腐败力度，严肃查处脱贫攻坚、工程建设、政府采购、教育卫生等领域违纪违法案件。加强廉政教育监督，促进干部清白做人、清正为官、清廉干事、清淡生活。

曲麻莱县2018年国民经济和社会发展计划执行情况与2019年计划草案的报告

曲麻莱县发展改革局

（2018年4月10日）

一、2018年国民经济和社会发展计划执行情况

2018年，在县委的正确领导和县人大、政协的监督支持下，全县上下坚持科学发展，积极应对复杂严峻的发展形势，苦干实干、迎难而上，较好地完成了2018年确定的国民经济和社会发展计划任务。

2018年度我县认真抓经济发展和形势的调度分析及监测预测。受全国经济下行压力的冲击本年度我县全年经济总量指标出现不同程度的下滑，但同时也有可喜的一面，民生方面经济指标在县委县政府的坚强领导下呈稳定趋势上涨，居民基本生活水平没有受到很大冲击，基础设施建设方面在满足群众及地方发展的基本需求上进一步得到完善。

（一）国民经济运行平稳

2018年，全县实现地区生产总值59512.51万元，同比下降-12.3%。其中：第一产业完成37994.74万元，同比增长2.9%；第二产业完成6925.76万元，同比下降-60.00%；第三产业完成14592.01万元，同比增长7.4%。实现社会消费品零售总额13033万元，同比增长6.6%。全体居民人均纯收入15997元，同比增长8.1%，农牧民人均纯收入8199元，同比增长10%，城镇居民人均可支配收入31542元，同比增长6.6%。

（二）产业调整取得突破，发展协调性进一步增强

一是农牧业产量保持稳定，产业结构不断优化。2018年，据牧业生产统计，截止10月，全县存栏各类牲畜44.61万头（只、匹）；繁殖各类仔畜16.05头只匹，成活11.98头只匹，成活率达74.64%；仔畜死亡数4.07头只匹，仔畜死亡率为25.35%；各类成畜死亡3.2万头只匹，死亡率为7.13%；各类牲畜出栏9.88万头只匹，出栏率为22.03%。生产奶类产品6401.2吨，肉类产品3431.6吨，蔬菜产量74.42吨。本年集中种植收获

的芫根饲料向全县65个生态畜牧业合作组织无偿发放。据产量计算，今年全县防灾抗灾芫根饲料每亩平均产量为336.32斤，其中，芫根（根部）产量215斤，茎叶产量121.32斤。收获芫根饲料总产量1012323.2斤。经测算，收割后的芫根饲料可满足0.1万个羊单位的牲畜年食量，草地生态反哺面积1.9万亩。

二加大文化建设，增强旅游潜力。根据年初安排的曲麻莱县2018年度旅游重点工作，并认真落实2018年宣传文化旅游重点工作的推进方案，积极配合参加了玉树“三节”活动，即玉树传统赛马暨第一届雪域格萨尔文化艺术节、三江源水生态文化节；此次活动参赛选手们分别获得了不同等次的奖项。为州文化、旅游部门开展的玉树文化旅游宣传营销工作起到了推进作用。

由玉树藏族自治州旅游局、中共曲麻莱县委、曲麻莱县人民政府主办的中国·青海·玉树第二届创世九尊神山之尕朵觉沃徒步转山节、第二届游牧文化旅游节、第三届黄河源头赛马节赋予更加丰富的历史背景和高度坚定的文化自信。

（三）精准扶贫工作成效显著，进一步夯实全面建成小康社会的基础

我们本着精准扶贫工作扎实持久不反弹的工作原则，稳扎稳打、精准操作、扎实推进。“两线合一”建档立卡工作。锁定贫困人口3273户、9468人。2018退出个3村，涉及2个贫困村1个非贫困村，脱贫716户2109人（产业扶持1414人）；对完全丧失劳动能力或部分丧失劳动能力的695人采取一兜到底的办法。截至目前，经省、州两级验收后全县已退出7个贫困村，占贫困村总数的87.5%；脱贫2891户8321人，分别占贫困户总数的87.3%和贫困总人口的74.8%；贫困发生率由2015年的21.8%下降到4.1%。一是2016年我县实施665户2679名建档立卡贫困户易地扶贫搬迁项目，依托全国精准扶贫大数据平台，按照“农户申请、民主评议、逐级公示、层层审核”的原则，在充分尊重群众意愿的基础上，根据着眼长远的思路和可持续发展的原则，在县城约改镇集中安置781户2119人、格尔木市昆仑民族文化村集中安置70户292人、曲麻河乡、叶格乡、麻多乡小城镇集中安置53户195人。所有易地搬迁住房都实现了砖混结构屋面马脊梁铺设青瓦、独门独院、供电线路直埋、院内旱厕、自来水入户、污水、排水管网全覆盖，社区房屋错落有致。二是2017年我县实施的665户2679人的易地扶贫搬迁项目，其中：格尔木市昆仑民族文化村集中安置534户2160人，叶格乡85户344人，曲麻河乡16户59人，麻多乡30户116人。目前已全部完工，入住率达100%；扶贫资金使用方面。1、整合涉农资金。按照“用途不变，渠道不乱，各尽其力，各记其功”的原则，将交通、畜牧、水利、教育等行业部门安排整合项目资金专项资金与扶贫资金集中捆绑使用，充分发挥效益。2018年调整后统筹整合资金为19424.72万元，其中，中央资金9521.16万元，省级资金6323.56万元，县级财政资金1660万元，1920万元为北京对口援建资金。涉及基础设施、公共服务、民生改善、生态保护，截至目前，涉农整合资金已全部到位，完成总建设任务的70%。2、专项资金下达及使用情况。紧紧围绕“四个全面”战略布局和“四个扎扎实实”重大要求，坚持扶贫开发与产业扶持、资产收益、易地搬迁相结合，着力增强全县精准脱贫“造血”功能和自我发展能力，2018年投入扶贫资金12717.56万元（其中中央及省级扶贫资金11067.56万元，州级扶贫资金0万元，县级配套资金1650万元）。

卫计方面：一是推进县域医联体建设，强化医疗、医保、医药“三医”联动。全县总诊疗人次达21989人，医疗总收入270余万元，落实医疗补助57万元。二是县人民政府与青海红十字医院、省人民医院签订对口帮扶协议，开启“互联网+医疗服务”模式，全年远程会诊共计653余次。三是重大传染病和地方病防控工作，全年累计筛查包虫病8254人，新发病例4人，手术治疗24人，药物治疗58人；全年追踪结核病人406人，收治56人，新发涂阳病4人；管理乙肝病人946人。四是加强建档立卡贫困户的健康扶贫“双签约”工作，已签约建档立卡户11224人，签约率达100%，履约服务率达100%。社会保险方面：企业职工养老保险参保1176人，享受退休待遇人员133人；城乡居民养老保险参保17576人；工伤保险参保1426人；城乡居民医疗保险参保26899人。民政方面：一是全年发放救灾物资面粉54200斤、大米55740斤、青稞121950斤、蔬菜20万斤；二是积极开展社会救助工作，全年为2628户7354名城乡低保人员发放低保资金2355.96万元；为681名特困供养户发放救助资金621.89万元；为750名孤儿及困境儿童发放救助资金168万元；为1890名残疾人发放救

助资金347.76万元；为1251名高龄老人发放救助资金170.74万元；减轻困难群众医疗负担1083人，发放救助资金351.80万元；为五乡一镇三个社区城镇特困供养及五所敬老院和散居孤儿，发放门诊补贴资金27.76万元；全年临时救助293人次，发放救助资金194.9万元。住房保障方面：为县域内1291户无力对危旧房维护的牧民群众实施危房改造。投资330万在巴干乡麻秀村修建高原美丽乡村工程，已完成总工程量70%。另外为困难群众发放了124万元的住房租赁补贴。通信方面：我县基站共计54个，其中2G基站37个，4G基站50个，卫星基站2个。县城及各乡镇信号已全部覆盖。防汛抗旱方面：今年汛期以来，受降雨影响，县内多次出现内涝。道路、防汛工程遭到损毁，部分房屋倒塌，共造成139户520人不同程度受灾，经济损失达300余万元。县政府先后组织工作人员共修复水毁防洪工程140余米，转移安置灾民13户39人，新建防迅应急措施800余米，清理防洪渠道1200余米，储备3万元的防汛物资。

（四）基础设施建设加快，进一步优化发展环境。一是大力推进城乡建设。完成投资约改镇区三条道路整治工程（1060万元）；完成投资党校路道路整治工程投资（110万元）；开工建设秋智乡道路整治建设项目（1445万元）；完成投资曲麻莱县2018年农村安全饮水巩固提升工程（422万元）；完成投资富氧工程建设项目（150万元）；完成投资曲麻莱县农村电网升级改造及延伸工程（639万元）；2016年棚户区改造配套设施建设项目（2500万元）完成建设内容的60%；完成投资曲麻莱县煤改电冬季应急供热项目（2445万元）；开工建设了玉树州曲麻莱县乡镇配套附属设施（461万元）；开工建设了巴干乡环境整治项目（1500万元）。二是交通条件明显改善。2018年农村公路累计完成建设里程420公里，合计投入资金6961.36万元；目前未完工项目5项，总里程300公里，总投资5585万元，剩余项目预计于2019年度可完成全部建设内容。

（五）保障和改善民生工作深入推进，社会事业逐年提升。一是民生福祉不断增加社会保障体系更加健全。截至目前，全县有五保供养对象681人，其中：集中供养113人，分散供养568人；全县已纳入最低生活保障的有6731人，发放低保资金2035.32万元，基本实现全覆盖；实施大病医疗救助，救助特困群众892人次，发放救助金292.7万元；发放老人补贴共计170.7万元；对1890名残疾人发放资金合计347.8万元；机关及企业职工养老保险参保人数2306人，征收基本养老保险基金3165.9万元；城乡居民养老保险参保人数17576人（含享受待遇人员）；工伤保险参保人数1426人；职工医疗保险参保率为100%。职工已报销药费5889人次；城乡居民医疗保险参保人数26899人，其中城镇居民2657人，城乡居民26872人，参保率98%。二是就业形势总体稳定。全县组织引导农村劳动力转移就业2395人，实现城镇新增就业154人，城镇登记失业率控制在3.5%以内。三是社会各项事业发展加快。教育方面共6项，总投资2181万元，麻多乡寄小改扩建项目（850万元）、县民族中学改薄项目（203万元）、一完小改薄项目（203万元）、二完小改薄项目（204万元）、巴干乡寄小改薄项目（61万元）、第三幼儿园建设项目（660万元）。并进一步完善了“控辍保学”双线目标责任追究制，截至目前，我县共有各级各类学校24所，小学生658人。九年义务教育巩固率达95%。2018年我县组织大量干部群众开展了义务教育阶段辍学生劝返工作，我县共有户籍库有、学籍库无人员1578名，目前已劝返1458名学生，劝返率为92.4%，劝返工作仍在积极推进中。卫生：全县牧民参加新型合作医疗巩固率98%以上。2018年，全县总人口30946人，本期出生326人，人口出生率为10.6‰。政策外出生13人，符合政策生育率为96%，人口自然增长率7.6%，“三项制度”及青海省农牧区利益导向政策落实率为100%，普查乙肝病人1836人，经今年复核实际1730人，接受救治726人；普查结合病人588人；普查包虫病人165人，接受救治31人、县级手术治疗2人。发放药物异福胶囊86盒/30粒和乙胺吡嗪利福异烟片92盒/60粒，发放啊苯达唑185000ML。针对两性健康宣传教育1240人。

（六）对口帮扶成效显著。进一步加强北京对口帮扶工作，积极落实了对口援建项目两项，投资1850万元的曲麻莱县约改镇特困牧民住房及移民区住房建设项目已完成60%、投资1500万元的易地扶贫搬迁配套设施项目完成30%，上述项目预计2019年内可完成全部建设内容。

总体上看，2018年我县在经济下行压力较大的背景下仍然保持了较快的发展、质量明显提升、人民生活继续改善、社会保持和谐稳定。但是，在看到成绩的同时，我们也必须清醒地认识到经济运行中存在的一些不容忽视的问题：一是高寒缺氧的恶劣自然环境，对人才的吸引力很弱，阻碍了资金、信息、技术等关键要素的汇聚。二是经济发展水平相对滞后，缺乏新增长点。经济水平总体较低，产业结构单一，二、三产业发展滞后，后续产业发展动力不足。三是生态保护与经济发展矛盾，协调发展困难。虽我县拥有丰富的水能、矿产、森林草场等自然资源，但大都分布于“三江源”保护区的核心区，生态保护制约当地经济发展。四是基础设施和公共服务落后。基础设施建设明显落后于灾后重建地区，教育、医疗卫生、文化事业、就业服务等领域公共服务水平依然很低。五是游牧民传统观念根深蒂固，制约社会发展。我县民族结构单一，封闭落后的思想和传统游牧民族的特性制约了社会经济的发展。对于这些问题，我们必须牢牢抓住国家支持藏区经济发展、北京对口支援、三江源二期工程、藏区区域发展与扶贫攻坚规划等重大机遇和相关政策，变压力为动力，采取有力措施，在今后的工作中切实加以解决。

二、2019年全县国民经济和社会发展主要目标

今年是实施“十三五”规划的重要一年，也是决胜脱贫攻坚与全面建成小康社会、推动“四个扎扎实实”重大要求落地生根、建设富裕文明和谐美丽新青海的关键一年。

结合我县实际2019年，全县经济和社会发展主要预期目：

——第一产业增加值增长3%，第三产业增加值增长4%。

——全社会固定资产投资增长10%。

——城乡农牧民收入增长9.5%；城镇居民收入增长8%。

——地方财政收入完成969万元。

——全社会消费品零售总额增长8%。

做好今年的工作，要以习近平总书记系列重要讲话精神为指导，把握稳中求进工作总基调，认真贯彻省委“一三一”和州委“一四一”发展总要求、全县“4321”发展布局和县委关于2018年经济工作的总体要求，坚持以生态保护优先理念协调推进经济社会发展，稳增长、调结构、促改革、惠民生，努力实现经济社会发展各项目标任务，向着把曲麻莱建设得更加和谐美丽的目标不断迈进。重点抓好以下工作：

（一）加强生态保护与建设，继续推动畜牧业结构调整

一是全力推进三江源国家公园体制建设，加大园区项目衔接和争取力度，实施好国家公园体制建设项目，提升园区基础设施建设和公共服务保障水平。二是积极发展生态畜牧业产业，推动牧民合作经济组织的建设。稳步推进牧业规模化经营和集约化生产，大力发展联户经营点，转变产业生产模式，探索部门项目资金整合模式，加大项目效益发挥。三是加快推进生态保护和建设。大力推进三江源生态保护综合实验区建设，继续实施好三江源生态保护和建设二期工程。

（二）加快精准扶贫开发力度，实现精准发力稳增长

继续实施《曲麻莱县藏区区域发展与扶贫攻坚规划》《玉树州曲麻莱县“十三五”脱贫攻坚规划》。从发展产业、转移就业、异地搬迁、生态补偿、发展教育、医疗保险和救助、低保兜底、资产收益、住房条件、科学管理十个一批统筹推进精准扶贫工作。

一是严格按照《中共玉树州委玉树州人民政府关于贯彻落实深度贫困地区脱贫攻坚政策的实施计划（2018—2020年）》的要求上报基础资料，并根据文件要求全面落实深度民生问题、增强内生动力、增强发展后劲、实现区域均衡发展、实现生态保护与脱贫攻坚双赢、发挥金融保险的支撑作用、保障进城农牧民稳定脱贫等各项重点工作。

二是牢牢把握省委决定对藏区六州学生实施15年免费教育的契机，大力巩固“两基”成果。

三是改善住房条件脱贫。利用北京对口援建项目和扶贫专项资金以及棚户区和住房改造项目，建设一批贫困户住房，改善住房条件。

（三）抓好项目建设，强力助推经济发展

一是千方百计争项目。进一步加大中央、省州项目资金争取力度，做好已报项目跟踪出台工作，积极宣传投资政策信息，只要国家有投资政策出台、有资金安排，我们就有相应的项目上报。二是精心策划谋项目。围绕全县“十三五”规划，紧紧抓住国家投资方向向非灾区倾斜的政策机遇，积极研究投资方向，科学编制项目，建好项目库，做好项目前期工作，申报衔接并积极争取落实一批事关长远的乡镇基础设施项目。三是加强调度

推项目。加强投资和项目调度,促进在建项目建设,实现重大项目质和量的新突破。

在抓好续建项目的同时,重点计划实施好以下计划新建项目。2018年我县已衔接或基本落实36项,总投资6亿元,其中:基础设施方面:投资4亿元的曲麻莱县约改镇市政道路整治工程(1510万元)、曲麻莱县县城移民排水工程(1100万元)、曲麻莱县巴干乡道路整治(黑色化)建设项目(5983万元)等17个项目。公共服务方面:投资8663万元的曲麻莱县人民医院住院医技楼建设项目(1230万元)、曲麻莱县巴干乡灾后重建结余资金项目(2774万元)等13个项目。生态保护方面:投资1.4亿万元的曲麻莱县叶格乡和曲麻河综合环境整治(9625万元)等5个项目。民生保障方面:2018年曲麻莱县118套建档立卡户农牧民危旧房改造建设项目(354万元)。

三、下一步工作思路

(一)加强组织领导。

切实加强对重大项目建设的组织领导,围绕项目开竣工目标,倒排工期,把责任目标分解、细化、落实到具体责任人,做到目标到位,责任到位,措施到位。

(二)加快项目对接工作,争取资金落实到位。

始终坚持贯彻"抓项目就是抓经济,搞项目投资就是发展"的理念,紧跟国家投资方向,了解政策信息,掌握项目进展情况,抓紧与上级有关部门的对接力度,争取国债和省统筹资金的早落实、早到位,加快推进工程建设进度。

(三)加大协调推进力度,争取项目开工建设。

我县在抓好续建项目的同时,还要加大各部门之间的协调推进力度,争取新项目尽快落实建设。为确保全面完成年度目标任务,我县采取重点攻坚的办法,加快项目建设。一是对新招商的项目认真梳理,积极主动为业主单位提供服务,力争新招商的项目尽快落地;二是对进度缓慢的项目,加强与项目业主的沟通力度,加大施工队伍及机械设备投入,加大马力,追赶进度;三是对重点建设项目安排好项目计划表,千方百计采取有效措施,确保完成任务。能源方面。积极争取秋智乡110千伏输变电工程。

(四)全力发展社会事业,增强发展的协调性

一是继续推进教育优先发展,提高教育发展水平。进一步加快学校项目工程建设,加强校园安全、教师队伍管理和教师培训力度,改善办学条件,提高教学质量,促进义务教育均衡发展。二是加快发展文化体育旅游事业。努力实现旅游文化深度融合,深入挖掘、保护和利用民族文化资源,重视原生态文化的保护。加大文物保护力度,严厉打击破坏文物的犯罪行为。着力开发特色旅游资源,打造旅游品牌,不断加大旅游基础设施建设力度,积极协调旅游公路建设,继续举办"黄河源公祭"活动,进一步提高我县知名度。推进文化惠民工程,大力提高县电视台自办节目的质量和水平,丰富群众性文化体育活动,加大文化体育基础设施投资力度。加大对嘎朵觉悟、黄河源头等重点旅游景区的开发宣传力度,积极申报旅游基础设施项目。三是加大医疗改革力度。巩固完善基本药物制度和基层运行新机制;加强基层医疗卫生服务体系建设,着力提升公共卫生防控水平。强化县、乡、村卫生服务体系建设,增强基本医疗服务和急救能力,增加设备和资金投入,引进优秀卫生人才充实基层卫生队伍。四是做好人口和计划生育工作。继续实施好计划生育家庭"奖励扶助"和"少生快富"工程和特别扶助政策,强化流动人口计生管理服务,稳定低生育水平,提高人口素质,提升服务质量和水平。

(五)着力保障改善民生,促进和谐社会建设

一是进一步健全社会保障体系。完善城镇基本养老和基本医疗保险制度。建立完善以最低生活保障为基础的社会救助、社会福利、优抚安置、社会互助和救灾应急保障机制,逐步提高社会保障能力和扩大社会保障范围。二是实施好投资2768万元的曲麻莱县扎西和德勒社区棚户区配套设施建设项目。根据省州安排,切实保障土地供应和建设资金,加强工程质量和安全监管。完善保障性住房配套设施,提高入住率。健全保障房运行管理体系,严格规范、审核、分配、退出等方面的程序。四是进一步加强安全生产监管。严格落实安全生产责任制,加大重点领域安全生产监管力度。加快完善社会稳定预警体系和应急处理机制,妥善应对自然灾害、事故灾难、公共卫生以及社会安全等突发事件。认真做好维护社会稳定工作,妥善处理化解各类矛盾,构建和谐发展的安定局面。五是继续推动寺院社会化管理工作,加快推进寺院基础设施建设和公共服务工作"六大工程"的实施进度。

曲麻莱县2018年财政预算执行情况和2019年财政预算(草案)的报告

曲麻莱县财政局

(2018年4月10日)

一、2018年财政预算收支执行情况

2018年,面对宏观经济形势错综复杂,各种矛盾叠加,经济下行压力持续加大,财政收入、支出的双重压力下,在县委的坚强领导下,在县人大、县政协的有效监督和州财政的大力支持下,全面落实县委及上级财政部门的工作部署和要求,认真执行县十五届人民代表大会第三次会议通过的财政收支预算;不断完善预算执行、创新机制,在积极增加财政收入,支持经济和社会事业发展,落实各项支农惠农政策,努力改善民生等方面都取得了新成效,财政预算执行情况良好,圆满完成了县人代会确定的各项任务。

(一)一般公共预算执行情况

1、一般公共预算收入执行情况。2018年全县公共财政预算收入完成114489万元,较上年增加17490万元,增长18.03%。地方一般预算收入完成1209万元,完成年初预算的124.77%。其中:税收收入完成757万元,较上年增加34万元,增长4.7%;非税收入完成453万元,较上年减少232万元,下降33.87%;上级补助收入完成109881万元,较上年增加14291万元,增长14.95%,其中:地方政府一般债券转贷收入为2183万元。收支相抵,年末财政净结余1091万元;应付国库集中支付结余31314。地方政府债务余额6270万元,其中:一般债务4770万元、专项债务1500万元。

2、一般公共预算支出执行情况。2018年全县公共财政支出完成90284万元,预算执行率为78.86,较上年减支5545万元,下降5.79%。具体支出为:一般公共服务支出完成10594万元,较上年减支2716万元,下降20.41%,完成年初预算的115.66%;公共安全支出完成3233万元,较上年减支13万元,下降0.4,完成年初预算的145.48%;教育支出完成12149万元,较上年增支1178万元,增长10.74%,完成年初预算的163.19%;科学技术管理事务支出完成10万元,较上年减支75万元,下降88.24%,完成年初预算的11.76%;文化体育与传媒支出完成1117万元,较上年减支1088万元,下降49.34%,完成年初预算的92.41%;社会保障和就业支出完成16462万元,较上年增支1266万元,增长8.33%,完成年初预算的111.53;医疗卫生支出完成6837万元,较上年增支521万元,增长8.25%,完成年初预算的153.71%;节能环保支出完成6306万元,较上年减支1209万元,下降16.09%,完成年初预算的160.16%;城乡社区事务支出1584万元,较上年减支753万元,下降31.69%,完成年初预算的137.74%;农林水事务支出完成25771万元,较上年减支1310万元,下降4.84%,完成年初预算的126.07;交通运输支出完成1659万元,较上年增支766万元,增长85.78,完成年初预算的430.91%;资源勘探电力信息等事务支出15万元,较上年减支136万元,下降90.07%,年初未安排此项预算支出;商业服务业等支出完成20万元,较上年减支280万元,下降93.33%,年初未安排此项预算支出;国土资源气象等事务支出完成107万元,较上年减支220万元,下降67.28,完成年初预算的137.55%;住房保障支出完成4326万元,较上年减支1311万元,下降23.26%,完成年初预算的228.58%;债务付息支出94万元,完成年初预算的376。

(二)政府性基金预算执行情况

全县政府性基金收入完成359万元,其中上级助收入301万元。政府性基金支出完成254万元,收支相抵,结转下年支出47万元。

(三)社保基金预算执行情况

全县社保基金收入完成767万元,其中城乡居民养老保基金收入176万元;利息收入4万元;财政补贴收入587万元。社会保险待遇支出577万元,转移支出1万元,当年结余189万元,年末滚

存结余1481万元。

（四）国有资本经营预算执行情况

我县无地方政府投资及实现收益的地方国有企业，所以无国有资本经营预算收支。

（五）2018年财政主要工作

各位代表！过去的一年，面对异常严峻的收入形势和愈加突出的支出压力，财政部门按照县委的工作部署和省州财政工作要求，始终坚持问题导向，改革创新，攻坚克难，全力保障民生支出，统筹安排全县重点支出，较好地发挥了财政职能作用，为全县社会各项事业和谐稳定发展发挥了积极作用。

1、加强收入组织，确保应收尽收。全年财税部门始终坚持以组织收入为要务，定期召开财税形势分析会，深入分析收入结构性变化情况，积极应对组织收入过程中存在的困难和突出问题，落实工作任务，实现非税收入管理的法制化、规范化、制度化，促进非税收入平稳增长。通过依法组织各项收入，充分挖掘增收潜力，进一步强化、细化征管工作，确保了地方收入应收尽收。

2、强化支出管理，提高资金效益。近年来，我县始终牢固树立过"紧日子"的思想，持之以恒加强财政支出管理，严格落实一般性支出压减目标，严格控制"三公"经费，压缩会议费、培训费等非急需、非刚性支出。对精准扶贫、教育、社会保障、卫生和基本建设等重要领域的资金，及早安排、及时拨付，提高了财政支出的均衡性和有效性。按照上级财政部门的要求，开展存量资金"清零"工作，及时成立工作领导小组，制定实施方案，加大了存量资金收缴力度，年内收缴国库存量资金36292万元，项目结余36056万元，基本结余236万元，分别占收缴资金的94.43、0.65，根据项目实施情况，原渠道下达33042万元，政府统筹安排使用资金3250万元，有效促进了"沉睡资金"尽快落实到项目并发挥效益。

3、保障民生支出，提升保障水平。贯彻落实共享发展理念，在"保工资、保运转、保民生"的基础上，尤其把补齐民生短板摆在更加突出的位置，积极争取中央和省上政策资金支持，保持财政有效投入，集中财力解决民生问题。全年投入民生领域的资金达到68588万元，占财政总支出的76%。一是助力支农扶贫。全年投入支农资金25771万元。全面落实草原生态奖补、天然林保护、农业综合开发、"美丽乡村"等项目，促进了牧区发展、牧业增效、牧民增收。加大对精准脱贫的投入，大幅度增加财政扶贫资金，全年共投入扶贫资金9669万元，较上年增长59.24%，大力推进精准扶贫、精准脱贫，支持实施产业扶贫、易地搬迁、特色优势产业发展等，贫困村基础设施和农牧业生产发展的短板得到加强和夯实。全面推进财政涉农资金统筹整合工作，全年整合资金19424.72万元，全力推动脱贫攻坚工作。二是加大生态保护。按照扎扎实实推进生态保护和建设的重大要求，全年投入生态保护资金6306万元，切实加大财政投入力度，落实草原日常管护、天然林保护、退耕还林等生态补偿机制，实施三江源生态保护和二期建设工程，大气污染防治工程，促进生态环境改善。三是推动教育均衡发展。全年投入资金12149万元，较上年增长10.74%。落实各阶段免费义务教育政策及营养改善计划，中等职业教育、三江源教育补偿机制和乡村教师生活补助等政策，实施教育脱贫攻坚，免除中小学建档立卡等家庭经济困难学生学杂费，推进第三批义务教育薄弱学校改造计划。四是提升社会保障水平。全年投入资金达到16462万元，较上年增长8.33。落实养老、就业、低保，以及残疾人、高龄老人、退役退职人员等政策，弱势群体基本生活保障水平得到持续提升；落实机关事业单位养老保险制度改革政策，确保了全县退休人员养老金及时发放。五是促进卫生事业发展。全年投入资金6837万元，较上年增长8.25%。落实城乡医保、城乡医疗救助、老年乡村医生生活补助、基本公共卫生服务人均补助等标准，支持公立医院和基层医疗卫生改革、包虫病防治、食品药品安全监管、实施医疗卫生机构能力建设，公共卫生服务体系更趋完善。

4、全力推进改革，财政管理提质增效。全面贯彻落实中央、省州深化财税体制改革的总体要求，强化责任担当，认真落实预算管理制度改革，坚持用改革的思路解决问题、破解难题，持续推进各项改革，有效提升财政管理水平。一是深化预算改革。进一步完善政府预算体系，实行全口径预算管理，明确部门预算编制主体责任，按照"零基预算"要求，清理压减部门专项资金，加大了政府统筹调剂资金力度，同步编制政府采购预算；全面完成财政国库集中支付改革任务，不断完善和优化预算编制、工资统发、公务卡报销、非税收入征缴等八项财政业务一体化管理系统平台建设，并上线运行，对预算项目进行精细化管理，加强预算编审工作，有效提高了编报质量和效率。二是强化预算执行。严格执行人代会批准的政府财政预算，硬化预算约束，落实各部门预算执行的主体责任，严格控制预算追加调整，加快专项资金、民生资金拨付进度。完善政府采购管理，加强事前评定和事中、事后监督检查，强化政府采购执行，规范资金支付、强化合同管理，规范采购行为。三是推进预算绩效。进一步健全完善预算绩效管理制度，树立“花钱必问效、无效必问责”的部门绩效理念，绩效管理工作步入常态化，开展了以省对县和州对县预算管理综合绩效考评、部门重点支出绩效评价为重点的考评工作，倒逼部门增强自我约束，提高资金使用效益，建立起了全过程绩效管理新机制。四是实施集中支付改革。健全完善国库集中支付管理制度，全面实现了国库集中支付制度，使公共财政资金管理更加公开、透明、有效。加快推进公务卡结算，改变只办卡未形成刷卡消费的现象，全县共办理公务卡317张，公务卡消费48万元。五是加强政府债务管理。成立曲麻莱县地方政府债务管理工作领导小组，制定曲麻莱地方政府性债务风险应急处置预案，严格落实政府债务限额管理，规范举借行为，防范政府债务风险。将政府债务纳入预算管理，及时向人大报告，接受监督。六是着力加强单位财务管理。全县财政进一步加强会计电算化培训，切实提高了单位会计财务水平，通过聘请中介机构持续对各预算单位进行账务清理、整顿，规范单位财务管理，各预算单位网络财务软件全面启用，形成了财政监管的长效机制。

各位代表，2018年财政工作取得的成绩，离不开县委坚强领导和科学决策，离不开县人大、政协及代表和委员们监督指导，离不开省州财政大力支持，离不开全县各部门的密切配合与扎实工作。同时，我们也清醒地看到，当前财政运行管理中还存在着一些突出的问题：一是财政增速进一步放缓，主要依靠清欠税款和非税收入拉动，培育新的增长点尚需时日，财政增收后劲不足；二是刚性支出增长迅猛，财政收支矛盾异常突出，支出效益有待提高，财政预算平衡压力越来越大；三是预算绩效管理覆盖所有财政性资金的全过程绩效管理新机制尚未健全，“重分配、轻管理，重花钱、轻绩效”现象依然存在，专项资金整合、透明预算、绩效预算、专项转移支付改革等与传统思维、部门利益产生碰撞，深入推进难度加大；四是财政资金统筹集合和即期效应发挥的仍不够明显，一些重大投资项目开工不及时、建设推进慢，部门沉淀资金规模依然较大，资金使用的安全性、有效性仍需提高；五是依法理财约束机制有待加强。我们将正视这些问题，持续深化改革、强化举措，切实加以解决。

二、2019年财政收支预算安排草案

根据省委、省政府、州委、州政府对全省经济工作的总体部署，今年全县财政工作的指导思想和总体要求是：以习近平新时代中国特色社会主义思想为指导，全面贯彻中央经济工作会议、省委十三届四次和五次全会、全省财政工作会议精神，坚持稳中求进工作总基调，坚持新发展理念，坚持推动高质量发展，坚持以供给侧结构性改革为主线，继续支持打好“三大攻坚战”，围绕实施“五四战略”，推进“一优两高”，全面落实积极的财政政策要加力提效的新要求，严格执行更大规模减税降费政策，优化财政支出结构，牢固树立过紧日子的思想，加快建立现代财政制度，全面实施预算绩效管理，积极防范化解地方财政政府债务风险，促进全县经济持续健康发展和社会大局和谐稳定，为全面建成小康社会收官战打下决定性基础，以优异成绩庆祝建国70周年和青海解放70周年。

根据上述指导思想和县委十五届五次全委会暨经济工作会议确定的全县经济发展预期指标，科学编制了2019年一般公共财政预算；政府性基金预算；社保基金预算；国有资本经营预算四本预算。主要预算指标如下：

（一）一般公共财政预算安排

2019年全县公共财政预算收入为52056万元，较上年增加3775万元，增长7.82。其中：上级补助收入为49756万元，较上年增加3514万元，增长7.6；县本级组织收入安排1209万元，较上年增加240万元，增长24.76%；上年预算结余1091万元；实际可支配财力为52056万元。一般公共财政预算收入安排2019年上级下达我县地方财政一般预算收入1209万元，按照上年度完成情况和收入比重（税收收入≥70、非税收入≤30）要求，进行了合理分解，其具体收入安排情况是：

1、税收收入安排840万元，较上年增加220万元，增长35.48%，其中：增值税安排550万元，较上

年增长150万元；企业所得税安排15万元，较上年增长10万元；个人所得税安排110万元，较上年增加10万元；资源税安排5万元，当年新安排收入；城市维护建设税安排85万元，当年新安排收入；房产税安排25万元，较上年下增长5万元；印花税安排5万元，较上下降7万元；契税安排20万元，较上年增长12万元；土地增值税安排15万元，当年新安排收入；环境保护税10万元，当年新安排收入。

2、非税收入安排360万元，较上年下降11万元。其中：行政事业性收费收入60万元，与上年持平；专项收入50万元，较上年增长10万元；国有资产有偿使用收入100万元，较上年减少85万元。

一般公共财政预算支出安排

按照收支平衡的原则，2019年全县总支出安排52056万元，较上年增加3775万元，增长7.82%。按预算科目具体做了如下安排：一般公共服务安排11109万元，较上年增加1949万元，增长21.28；公共安全安排2630万元，较上年增加408万元，增长18.35%；教育支出安排7989万元，较上年增加545万元，增长7.32%；文化体育与传媒安排823万元，较上年减少385万元，下降31.88%，主要减少了上级预告专项；社会保障和就业安排11107万元，较上年减少3654万元，下降24.75%，主要减少了上级预告专项；医疗卫生安排5078万元，较上年增加631万元，增长14.18；节能环保安排3746万元，较上年减少192万元，下降4.88；城乡社区服务支出安排1018万元，较上年减少131万元，下降11.45；农林水事务安排4653万元，较上年减少15789万元，下降77.24，主要减少了上级预告专项；交通运输安排467万元，较上年增加82万元，增长21.29；商业服务业等支出安排50万元较上年减少70万元，下降58.33；国土资源气象等事务安排83万元，较上年增加5万元，增长6.79；住房保障支出安排2308万元，较上年增加415万元，增长21.93；其他支出95万元，安排预备费700万元，政府债务付息支出200万元。

（二）政府性基金预算安排

根据财政部、省财政厅支出科目调整后，基金收入转列一般预算，我县没有基金收入，因此未安排政府性基金收支预算。

（三）社保基金预算安排

全县社保基金预算安排情况。2019年全县社保基金预算收入安排3375.54万元，社保基金预算支出3245.54万元，其中城乡居民养老保基金收入安排750万元，支出安排620万元，结余130万元；城镇职工基本医疗保险2464万元，支出安排2464万元；新型农村合作医疗保险150万元，支出安排150万元；生育保险169万元，支出安排169万元；工伤保险43万元，支出安排43万元；失业保险金130万元，支出安排130万元。

（四）国有资本经营预算安排

我县无地方政府投资及实现收益的地方国有企业，所以无国有资本经营预算安排。需要说明的是，以上四项预算安排在年度预算执行中，如出现收支预算变动等情况，我们将及时向县人大常委会报告。

（五）2019年预算编制分析及政策体现

2019年，我们要准确把握省委、省政府、州委、州政府、县委对当前经济形势作出的新判断，全面落实对财政政策、财税改革提出的新要求，积极落实财政事权和支出责任划分确定的支出责任，在预算编制过程中，对基本公共服务领域、医疗卫生领域等支出责任落实到位。进一步加大了民生方面的投入力度，全年安排个人工资性支出41288万元，占总财力的79.3%，较上年提高了1个百分点；安排公用经费4198万元，占总财力的8，较上年降低了0.5个百分点；安排重点保障支出6570万元，（主要安排支持三农资金600万元、支持教育发展资金1600万元、支持精准扶贫资金1800万元、扶贫专项工作经费218万元、支持卫生事业发展资金350万元、支持三江源生态补偿资金万元2220万元），占总财力的12.62%，较上年提高了2.37个百分点。

1、加大社会事业投入力度，切实保障和改善民生。积极落好各项民生政策，进一步提高社会管理水平，推行政府向社会力量购买公共服务，促进我县公益事业全面发展。县财政继续贯彻落实积极的财政政策，按照“保工资、保民生、保运转”的原则，把改善民生摆在更加突出位置，要进一步完善机制、堵塞漏洞、规范运作、公开透明、加强监管，切实管好用好民生资金，使党的各项惠民政策落到实处。

2、不断加大对重点工作的投入力度。一是着力推进城乡义务教育均衡发展，继续支持中小学标准化、薄弱学校改造等项目建设，积极贯彻落实好县委、县人民政府关于进一步加快民族教育发展的决定，县本级财政预算安排支持教育发展资金1600万元；二是高度重视“三农”和扶贫工作，大力发展生态畜牧业，不断巩固畜牧业基础地位，县本级安排支农资金600万元；全面贯彻落实省委、省政府对精准扶贫工作要求，县本级安排扶贫资金1800万元，确保精准扶贫工作稳步推进；三是为顺利推进综合医改工作，切实保障公立医院运转水平，县本级安排支持卫生事业发展资金350万元，四是积极落实三江源奖补政策，安排三江源生态移民补助767万元；三江源教育奖补600万元；草原生态管护员工资2564万元。

（六）2019年财政主要工作任务及措施

各位代表！2019年是新中国成立和青海解放70周年，也是全面建成小康社会的关键之年，同时也是我县“脱贫摘帽”和义务教育均衡发展达标验收之年，财政工作要认真贯彻落实中央、省、州、县委决策部署，围绕中心，服务大局，继续按照“保工资、保民生、保运转”的原则，促进我县经济健康持续发展和社会和谐稳定至关重要，我们将重点抓好以下工作：

1、狠抓财政预算收支执行。把抓收入摆在重要位置，确保收入预期完成，全面完成收入任务是预算顺利执行的基础，这就需要各方面合力推进，财税部门全力攻坚。

2、严格预算执行。要高度重视支出工作，我们将采取行之有效的办法和措施，加快支出进度，提高支出的及时性、均衡性和有效性。一是坚决执行人代会批准的预算，严格控制预算追加，全力维护预算的严肃性；二是注重提高财政资金保障水平，特别注重“三农”、教育、卫生、社会保障和精准扶贫等方面支出的及时性和有效性；三是对转移支付资金的安排更具科学性，使用更加公开透明，切实把有限的资金用在群众最需要、事业最需要、发展最需要的地方。四是加强对预算单位的资金管理，认真执行“八项规定”，及时量化分解落实“三公”经费压减任务，从严控制一般性支出，牢固树立过紧日子的思想，降低运行成本，坚决遏制花钱大手大脚和铺张浪费等行为。

3、切实加强财政监督和绩效评价工作。把依法理财、强化财政资金监督管理作为源头治理的重要举措，贯穿于财政工作的始终，常抓不懈。要严格遵循以查促管的工作原则，硬化预算执行约束力，着力加强对部门预算执行的监督管理。全面推进预算绩效管理，以惠民政策、保障性住房政策、中小学教育经费、社会保障资金、重点专项资金落实等作为主要内容的绩效评价工作，逐步拓宽单一的项目支出绩效评价向财政政策、制度落实、经济效益、社会效益等方面延伸，注重评价结果运用，确保财政资金及时安全规范有效使用。进一步加强单位规范资金管理、财务收支及固定资产管理，充分发挥财政、审计的监督和审计作用。规范银行账户的设立审批和使用管理，未按规定审批程序，不得开设银行账户。

4.坚持改革创新，不断深化财政改革。把创新体制机制作为推动财政管理水平上台阶的重要举措，不断提高财政保障能力。一是深化预算管理制度改革，加快完善的政府预算体系，深化公共财政预算编制改革，完善定员定额标准体系，强化综合预算编制管理。二是加强社会保险基金预算管理，细化基金预算编制，全面开展权责发生制政府综合财政报告试编工作。三是切实保障和改善民生，支出预算编制向改善民生等领域倾斜，严格控制行政经费等一般性支出。四是强化信息公开主体责任，推进部门预决算公开工作，除涉密单位外，财政部门及各级预算部门预决算和“三公经费”全面公开，并逐步扩大到所属单位，主动接受社会监督。五是继续强化财政存量资金管理，对财政部门和各级预算单位结余结转资金的监管力度，各预算单位当年未使用完的基本结余和项目不再实施的结余资金及利息收入全部收回财政，由政府进行统筹安排使用。六是切实防范化解政府债务风险，严格控制隐性债务举借行为。

曲麻莱县2018年国民经济社会发展统计公报

曲麻莱县统计局

（2019年4月1日）

一、综合

国民经济持续较快发展。全县地区生产总值达59512.51万元，比去年同期下降12.3%（按15年不变价计算），其中：第一产业增加值37994.74万元，同比增长2.9%；第二产增加值6925.76万元，同比下降60%；第三产业增加值14592.01万元，同比增长7.4%。

二、畜牧业

年末牲畜存栏42.31万头只匹。出栏86965头只，出栏率为82.89%。其中：出售6.3万头只匹，商品率达67.44%，牲畜总增6.42万头只匹，总增率为80.82%，年末各类牲畜中，能繁殖的母畜为21.07万头只匹，母畜比例49.8%。

三、固定资产

全社会固定资产投资完成4.37亿元，同比下降5.54%。按三次产业分：第一产业完成投资7845万元：第二产业完成6948万元：第三产业完成28926万元。

四、交通运输及邮电通讯业

交通、邮政、电信业发展稳定，其效益持续增长。据相关部门（行业）提供，客运量8820人，旅客周转量735人公里，同比增长2.08%。邮政业务总量52.3万元，同比增长7%。电信业务总量826万元，同比下降4.24%。

五、贸易、旅游业

社会消费品零售总额13033万元，同比增长6.6%。按行业分：批发业4882.4万元，同比增长6.2%；零售业7389.6万元，同比增长6.9%；住宿业354万元，同比增长5.7%；餐饮业407万元，同比增长7.1%。

2018年游客人数达39996人次，同比增长24%，旅游总收入2599.74万元，同比增长24%。

六、财政、金融

财政收支大幅度增长，全年完成财政总收入114489万元，地方一般预算收入1209万元。总支出90284万元。

2018年全县金融机构各项存款余额29536万元。储蓄存款19869万元。各项贷款余额5834万元。其中：农业贷款26万元。全年累计现金收入74881万元。现金支出76470万元。

七、教育、卫生、科技文化事业

全县各级各类学校20所，在校学生6680人，全县小学10所，在校生3931人；中学1所，初中在校生1429人；幼儿园9所，在园幼儿1320人。全县各级各类教职工总数443人。义务教育巩固率95.3%，学龄儿童入学率达90.69%，小学阶段升学率为94.62%，初中阶段升学率达到97.4%。

全县卫生机构11个，拥有病床144张（套），从业人员92人，其中：执业医师13名。

八、人口、人民生活和环境保护

2018年，年末总户数14351户，总人口（包括流动人口）为46084人，全县全体居民人均可支配收入15997元，同比增长8.1%，全县农村居民人均可支配收入8199元，同比增长10%；城镇居民人均可支配收入31542元，同比增长6.6%。城镇居民最低生活保障制度有效进行，全县享受城镇居民低保人数为1004人，实现了应保尽保；农村最低生活保障制度实施并得到落实，享受低保人数为6223人，五保户生活有了实质性保障，取得了良好的社会效益，敬老院7所，总供养人数达681人。

2018年，全县单位从业人员及劳动报酬总体呈观双增态势，年末从业人员1799人，劳动工资129361千元，增长1.2%，年平均工资为74517元。

曲麻莱县2018年国民经济统计表

表1

指标名称	计量单位	2018年完成数	2017年完成数	增减(%)
国民生产总值(不变价)	万元	59512.51	67822.67	-12.3%
第一产业	万元	37994.74	36913.94	2.9%
第二产业	万元	6925.76	17320.26	-60.0%
第三产业	万元	14592.01	13588.47	7.4%

曲麻莱县2018年社会消费品零售总额统计表

表2　　单位:万元

项　目	2018年	2017年	增减(%)
社会消费品零售总额	13033	12223.2	6.60%
一、按销售地区分			
1.县	9666.4	8951.6	8.00%
2.县以下	3366.6	3271.6	2.90%
二、按行业分组			
1.批发业	4882.4	4595.8	6.20%
2.零售业	7389.6	6912.61	6.90%
3.住宿业	354	334.8	5.70%
4.餐饮业	407	380	7.10%
其它			

曲麻莱县2018年农业总产值和农业增加值统计表

表3　　单位:万元

项　目	曲麻莱县	约改镇	巴干乡	秋智乡	叶格乡	麻多乡	曲麻河乡
一、农业总产值(现价)	623322.96	11747.4	14091.1487	4897.33		22921.89	10987.55
1、农业	3148.06	3508.1	2559.9	151.61	436.55		96
2、林业							
3、牧业	59135.02	8224.3	11513.2487	2678.52	5310.31	22921.89	
4、农牧服务业	491.15	15	18	378		92	10891.55
二、农业总产值(可比价)							
1、农业							
2、林业							
3、牧业							
4、农林牧服务业							
三、农业增加值	410490.6787	8381.12	5077.1487	4509.275	436.55	22539.7	4434.55
1、农业	6775.16	3508.1	2559.9	151.61		23	
2、林业							
3、牧业	34212.5187	4858.02		2308.465	436.55	22516.7	4434.55
4、农林牧服务业	503	15	2499.2487				

曲麻莱县2018年农牧民人均纯收入统计表

表4

项　目	计量单位	曲麻莱县	约改镇	巴干乡	秋智乡	叶格乡	麻多乡	曲麻河乡
2018年(绝对数)	元	8326	8566	8163	8118.52	8334.58	8216.55	8559.04
2017年(绝对数)	元	7454	7895	7922.01	7462.97	7573.22	7900.53	7642
同比增长	%	11.70%	8.50%	3.04%	8.78%	10.05%	4.00%	12.00%

专　　记

Zhuan Ji

2018年是曲麻莱县大事要事比较集中的一年。这一年精准脱贫、国家公园体制试点、扫黑除恶专项斗争、民族团结进步先行区创建、省委巡视整改等工作深入开展，并且取得重大成效的一年。

曲麻莱县脱贫攻坚

一、脱贫攻坚目标责任完成情况

（一）党委政府认真落实工作责任，调整充实了扶贫开发工作领导小组、脱贫攻坚领导小组等10个工作推进小组，建立和完善了组织保障体系。组织召开脱贫攻坚工作专题会议，确定了2018年度贫困退出的村和贫困户，针对贫困村和人的致贫原因制定了相应的脱贫措施。县委、县政府和县脱贫攻坚领导小组定期研究解决脱贫攻坚工作，召开全县精准扶贫推进会议8次，组织干部职工学习贯彻省、州有关扶贫会议精神4次。

（二）完善扶贫工作机制。编制完成了《乡镇领导班子和领导干部精准扶贫项目责任考评办法》《县直单位精准扶贫目标责任考评办法》及扶贫（驻村）工作队管理制度，制定完善《曲麻莱县扶贫开发工作制定汇编》《曲麻莱县脱贫攻坚工作32条意见》《曲麻莱县建档立卡贫困户家庭信息采集表》，进一步完善了工作责任。

（三）财政资金投入情况。2018年全年安排扶贫项目资金为17360.5万元。其中上级财政扶贫专项资金15760.6万元，本级财政资金投入1600万元。

（四）全力推进问题整改。省州督查组专项督查曲麻莱县脱贫攻坚工作全年反馈问题共计107条，其中：扶贫领域作风问题46条，脱贫攻坚突出问题27条，易地搬迁项目专项督查工作12条，省州督查曲麻莱县脱贫攻坚工作12条。根据省州两级工作安排，对全年涉及整改问题进行梳理删除重复问题，曲麻莱县脱贫攻坚工作全年反馈问题95条，截至2018年已整改89条，正在整改5条，长期整改1条，整改完成率达93%。县级问题反馈20条，其中：个性问题3条，共性问题17条，截至2018年已整改完成20条，整改完成率达100%。

二、工作管理情况

（一）强化组织领导。曲麻莱县坚持党政同责、双组长推进扶贫工作，抽调有担当、有能力的干部开展此项工作，为全县扶贫工作开展奠定了组织基础。此外，曲麻莱县及时成立了以县委组织部、县纪委、县扶贫开发局等部门组建的脱贫攻坚督查工作领导小组，对全县的脱贫工作开展情况进行督查。

（二）农村低保与扶贫开发政策衔接。根据省扶贫开发局年中召开的农村低保和扶贫开发政策有效衔接培训会议精神，严格执行了低保政策与扶贫开发政策的衔接工作，深入基层宣讲了低保政策和扶贫开发政策不在进行“两线合一”，在今后的工作中民政和扶贫通过行业部门各自认定贫困户和农村低保享受对象，但同时在民政认定农村低保对象时需要到扶贫部门进行报备，扶贫识别贫困户后需要到民政部门报备。对于已脱贫的贫困户将不再享受农村低保一档和二档政策，确实因取消农村低保导致返贫的民政和扶贫部门将按照行业部门程序从新认定和识别。

（三）扶贫项目资金管理规范。为了项目资金管理工作有序推进，确保项目的正常安全运行。制定了年度财政扶贫资金计划报账制度、公示制度、检查监管等一系列制度，加强培养财务管理人员的综合素质，提高工作水平和业务能力，按照省、州要求每一项目和每一笔资金都进行公示公告，做到人人皆知，家喻户晓，各项目资金按时、足额落实到位。

（四）做好对口支援帮扶，积极动员社会扶贫。一是2017年出资350万元设立生态国电专项帮扶基金，作为生态管护员的工资予以发放，在曲麻莱县麻多乡郭洋村、巴颜村，秋智乡布甫村增加162名生态管护员，切实将国电帮扶资金用到加强生态管护工作上来，实施生态国电精准帮扶项目。二是北京昌平区作为曲麻莱县定点扶贫责任单位，将干部培训、党务工作者培训、贫困户就业培训、转移就业以及脱贫攻坚“扶贫先扶智”的理念相结合，先后培训干部4期160人，培训党务工作者45人，转移就业13人，就业培训26人，形成了人才互动、资源互通、信息互享、能力互促的结对帮扶新格局。三是2018年第一书记、党员干部及联点单位共帮扶1376.977万元。四是10月17日，全国第5个“扶贫日”活动中，全县广大干部群众和社会各界爱心人士积极参与捐助活动，用实际行动营造了全社会关心支持参与精准扶贫的氛围，当天共捐助3.35万元。

三、减贫成效

2018年退出个3村，涉及2个贫困村1个非贫困村，脱贫716户2109人（产业扶持1414人）；对完全丧失劳动能力或部分丧失劳动能力的695人采取一兜到底的办法。截至2018年，经省、州两级验收后全县已退出7个贫困村，占贫困村总数的87.5%；脱贫2891户8321人，分别占贫困户总数的87.3%和贫困总人口的74.8%；贫困发生率由2015年的21.8%下降到4.1%，主要表现在以下几个方面：

（一）贫困村贫困发生率实现脱贫的贫困人口占全村人口总数的占比低于3%。秋智乡加巧村西宁市水井巷商铺购置项目和秋智乡格麻村融资分红项目、麻多乡精准扶贫产业扶持到户资金购置商铺和出租车项目。为加快乡村通道建设，实现贫困村公路畅通工程，资金总规模1300万元，完成通自然村公路项目。人畜安全饮水方面。投入资金422.36万元建设秋智乡格麻村和麻多乡扎加村人畜饮水井眼，有效解决了498户1487人和55854头牲畜的安全饮水问题。

（二）人均可支配收入全部达标。今年退出的贫困村和非贫困村的脱贫人口，按照3762元的人均可支配收入脱贫标准，以《青海省建档立卡贫困户精准管理手册》记录为主要依据，对每一户的人均可支配收入进行了详细核算，计划脱贫后全部达标。主要的收入来源为转移性收入，约占总收入的75%。其次为经营性收入，约占总收入的18%，第三为工资性收入，约占总收入的5%，财产净收入占比最低，约占总收入的2%。

（三）今年脱贫的716户2109人安全住房覆盖率达100%，义务教育因贫辍学率为零，城乡居民基本养老保险覆盖率为100%，城乡居民基本医疗保险覆盖率为100%，通过技能培训转移就业166人。

四、脱贫攻坚自查

（一）着力推进动态调整。一是根据国家2015年调整的人均年纯收入2970元的贫困线标准，全县识别精准扶贫建档立卡3273户9468人，按照最新动态调整数据，全县贫困总人口3309户11118人。二是对新增贫困户和2016年脱贫的贫困户，严格执行村民评议、两委确定、乡镇党委政府核定的程序。对新增贫困对象和脱贫的贫困对象，逐户核查，做到应进必进、该退必退，不漏一人，不错一户。三是抢抓时间，动用人员，确保按时按质量地录入系统。在有限的时间内，最大化地更新曲麻莱县的贫困户信息数据，较好地完成了全县3309户贫困户的动态调整的信息录入工作，确保了贫困户信息的正确率和数据的完整性。

（二）资金管理及使用情况。2017年全年安排专项扶贫项目资金为17360.6万元。其中：上级财政专项扶贫资金15760.6万元，本级财政资金投入1600万元，800万元为2018年产业补齐资金，20万元为项目管理费，7156万元为2017年易地搬迁项目资金，400万元贫困村发展经济，440万元非贫困村村集体发展经济，96万元贫困户大病保险，15万元为大学生创业担保资金，50.4万元脱贫励志奖励资金，3000万元为畜牧业发展资金，1313万元为危房改造资金，448万元为电子商务进农村项目，1568.16万元为生态岗位补助资金，20万元为短期经培训资金。1600万元为县级财政专项扶贫资金。截至2018年，所有资金已到位，除400万元贫困村村集体发展资和2017年易地搬迁项目部分资金外其余资金全部支付完成。

（三）涉农资金统筹整合情况

2018年，按照“用途不变，渠道不乱，各尽其力，各记其功”的原则，将交通、畜牧、水利、教育等行业部门安排整合项目资金专项资金与扶贫资金集中捆绑使用，充分发挥效益。2018年调整后统筹整合资金为19424.72万元，其中，中央资金9521.16万元，省级资金6323.56万元，县级财政资金1660万元，1920万元为北京对口援建资金。涉及基础设施、公共服务、民生改善、生态保护，截至2018年，涉农整合资金已全部到位，完成总建设任务的70%。

（四）重点项目推进情况

1.产业扶贫合理布局。一是精准扶贫商业一条街产生效益。2016年曲麻莱县整合资金4000多万元，实施了总面积10010平方米的商住一体的精准扶贫商业一条街项目，按照动态管理、不动产增加收益的方式，为全县没有劳动力和产业脱贫能力的2500名贫困户分配4平米的商住铺面。截至2018年，已有商铺已全部租赁，并开始营业，预计年人均可增收1680元。二是实施完成2018年预退出贫困的秋智乡加巧村西宁市水井巷商铺购置项目和秋智乡格麻村融资分红项目，同时2018年预退出贫困的麻多乡扎加村和2019年预退出贫困村的麻多乡郭洋村、麻多乡巴颜村合并实施的购置商铺和出租车项目资金已拨付，目前正在实施。

2.技能培训工作顺利实施。一是农牧民城镇化技能培训中心结合“雨露计划”短期技能培训，投资1500万元开设美容美发、汽修、唐卡、民族服装制作、民族手工艺品（金银匠）、民族厨艺培训、婚礼主持、手工艺编制、装载机，挖掘机培训、家电维修等共计培训404名，结业学员357名，转移就业率达40%，为后续产业的发展奠定了坚实的基础，力争实现就业创业一人，脱贫致富一户的目标。

3.易地扶贫搬迁有序开展。2016年易地搬迁项目已全部验收并实现100%入住。按照青海省扶贫开发工作领导小组办公室《关于做好易地搬迁脱贫项目基础工作的通知》（青扶组办〔2017〕18号）文的要求，从精准搬迁基础资料、管理档案等10个方面完善了项目基础资料，装订成册，归档管理。2017年曲麻莱县实施665户2679人的易地扶贫搬迁项目。截至2018年，项目已全部完工。

4.产业园项目有力实施。一是为更好地发挥农牧民城镇化技能服务平台的效益，2017年实施了投资1300万元的曲麻莱县农牧民城镇化技能服务平台室外附属配套工程，主要建设内容为技能服务平台广场地面硬化面积1400平方米，围墙600米，道路2400平方米，大门一座，并购置培训设备等。目前项目已全部完工并交付使用。二是农牧民就业创业服务中心委托第三方企业（个体）协商签订学员的培训模式，服务中心提供学员的专业学习场地、食堂、宿舍、水电暖、专业教师及相关的高端技能，委托第三方企业培训学员技能及提供所需的专业设备、原材料、学员的伙食、生活用品等。曲麻莱县农牧民就业创业服务中心的学员培训模式，采用为应用科学模式，又称为以能力为本的模式，是一种新行的专业教育模式。这种模式也是全省唯一具有高原特色的农牧民群众精准扶贫技能培训新模式。

5.扎实推进旅游扶贫。一是2015年全县投资300万元建设麻多乡郭洋村旅游宾馆建设，项目已完工。二是结合麻多乡当地实际，2016年全县计划将502万元乡村旅游扶贫资金用于建设麻多乡扎加村旅游扶贫加油站项目，但因项目选项问题不属于旅游扶贫范围，被省扶贫开发局否定未能实施。为了让项目尽快发挥效益，经深入调研和征求群众意见，曲麻莱县确定了麻多乡扎加村牧家乐建设项目。

6.金融扶贫工作扎实推进。一是锁定合作银行。年初根据贫困户意愿，各乡镇与中国农业银行曲麻莱支行、玉树州农商银行曲麻莱支行签订了“530”贷款合作合同，明确了银行任务分工，确定了全县19个村的合作行。二是曲麻莱县积极与相关合作银行衔接，并完善相关制度。截至2018年发放“530”扶贫小额贷款185万元。

7.雨露计划项目实施情况。根据全国扶贫开发工作会议精神和青海省总体要求，曲麻莱县高度重视，认真研究部署，严密组织实施，确保资金发放到户。通过张贴公告、召开村民大会和发放宣传资料等多种形式，认真做好“雨露计划”贫困大学生补助宣传动员工作，努力做到惠民政策深入人心、家喻户晓。通过个人申请、乡镇审核公示、县级公告发放程序。通过个人网上申报、网上审核的程序对全县建档立卡贫困大学生进行补助，目前，共审核确认贫困大中专院校贫困学生286名，共补助209.5万元。

8.互助资金管理运行情况。一是为有效发挥扶贫互助资金在助推精准扶贫工作中的重要作用，规范互助资金运行模式，制定完善了《曲麻莱县“互助资金”管理办法》《曲麻莱县互助资金运行管理模式》及《金穗扶贫惠农贷款框架性合作协议》。二是2017年全县将800万元互助资金发放到8个贫困村，每村100万元，实现了贫困村互助资金全覆盖，有效解决了贫困户资金周转困难的问题，有效缓解了贫困户担保无能力、贷款难度大的问题。三是各村以社为单位成立互助协会，互助协会遵循“入社自愿，退社自由”的原则，并且遵守互助协会章程，负责互助资金的管理和运行情况。互助协会将收益的80%用于股东分红，而将其20%用于管理费用的支出。2018年，各村互助资金管理规范、运行有序。

（五）驻村帮扶和结对帮扶工作情况

1.明确工作责任。州、县、乡（镇）、村层层签订了脱贫攻坚责任书。根据中央、省、州关于选派“第一书记”和驻村工作队开展精准扶贫工作的要求，曲麻莱县及时对现有8个贫困村和1个后进村进行摸底调查，选派各单位熟悉牧区工作、综合能力强、能吃苦、有奉献精神的27名党员干部担任“第一书记”和工作队员（省派4名、州派5名），同时对11个非贫困村和4个社区也按照“第一书记”和工作队的要求选派75名干部，并层层签订脱贫攻坚责任书，明确了责任，进一步推动精准扶贫工作顺利开展。

2.落实帮扶措施。全县实行“县级领导联乡、科级干部扶村、一般干部包户”的工作机制，县级领导干部、科级领导干部、一般干部每人帮扶3户贫困户的原则，省、州、县三级部门1091名干部结对帮扶全县3273户贫困户，实现贫困村帮扶全覆盖，贫困户帮扶全覆盖，扶贫帮扶到村到户到人。

五、贫困村和贫困户脱贫验收工作开展情况

（一）贫困户脱贫。根据贫困户脱贫工作程序，县脱贫攻坚领导小组组织精干力量，于11月上旬对今年脱贫的2109人开展了认真细致的入户调查，详细核算了全年人均收入，查阅了扶贫手册、《青海省建档立卡贫困户精准管理手册》、扶贫户台账等相关资料，确认根据贫困户的致贫原因，因户因人制定了脱贫措施，通过召开村民大会，与老百姓面对面详细核算收入，全面完成了脱贫任务。

（二）贫困村退出。根据贫困村退出程序，县脱贫攻坚领导小组组织相关部门和驻村第一书记，于11月下旬对今年退出的2个贫困村贫困发生率、村级集体经济或村级互助发展资金的运行情况、通村道路和安全饮用水等方面进行了详细的检查，确认加巧村、格麻村、扎加村达到退出标准。

三江源国家公园体制试点

玉树藏族自治州曲麻莱县位于青海省西南部，地处三江源核心区，是我国南北两大水系的重要水源涵养区，也是黄河源头第一个藏族聚居的牧业县。东南与玉树州称多县为邻，东北与果洛州玛多县接壤，西接青藏线与可可西里相连，北以昆仑山脉与海西州格尔木市和都兰县分界，南依通天河与玉树州玉树市、治多县隔江相望。全县土地总面积为52446平方公里，辖5乡1镇19个行政村（牧委会）65个牧业社（牧民小组），总人口为45300人，其中藏族人口占98%以上。2015年12月，中央全面深化改革领导小组第十九次会议审议通过了《三江源国家公园体制试点方案》，我县曲麻河、叶格2个乡的措池、勒池、昂拉、多秀、龙麻、红旗、莱阳7个村共21个牧业社以及不冻泉和五道梁两个小集镇被列入三江源国家公园（长江园区）试点区范围内，试点区总土地面积2.4平方公里，共有牧户2867户9434人，其中叶格乡1370户，4451人；曲麻河乡1497户，4983人。

一、体制试点各项工作进展情况

（一）机构设置及人员划转情况。根据《中共中央办公厅、国务院办公厅关于印发〈三江源国家公园体制试点方案〉的通知》（厅字〔2016〕9号）和《中共青海省办公厅关于印发〈三江源国家公园体制试点机构设置方案〉的通知》（省厅字〔2016〕9号）文件要求，曲麻莱县委、县政府高度重视，多次召开会议安排部署机构组建工作，经过县委、县政府的人力支持和前期充分准备，长江源园区国家公园曲麻莱管理处于2016年6月29日正式挂牌运行，管理处内设综合部、规划财务部、生态环境和资源管理局（由国土资源局、环境保护和水利局、林业局、三江办等部门整合），下设资源环境执法局（含原森林公安局、综合执法大队）、生态保护站（由草原监理站等部门整合），同时，还挂牌成立了曲麻河乡生态保护站和叶格乡生态保护站。长江源园区国家公园曲麻莱管理处核定编制49名（其中行政编制8名，森林公安专项编制8名，事业编制33名），现已划转行政编制19名、事业编制20名，共39名。管理处积极与县委、县政府沟通协调，有序推进划转单位相关工作和手续移交工作。截至2018年底，环保、国土、林业、森林公安局、草原站工作已移交完毕，各项工作有序开展。固定资产、财务等移交工作正在陆续推进。

（二）岗位设置情况。根据三江源国家公园体制试点机构设置要求，长江源园区国家公园曲麻莱管理处党委书记和主任分别由县委书记和县长兼任，设专职副书记兼专职副主任1名。三江源国家公园管理局党委任命科级以上干部12名，其中正县级1名、副县级2名、正科级9名。内设综合部（设部长1名，正科级）、规划财务部（部长1名，正科级）、生态环境和资源管理局（设局长1名，副县级，副局长3名，正科级），下设资源环境执法局（局长1名，副县级，综合执法大队队长1名，正科级，森林公安局局长、政委各1名，正科级）、生态保护站（站长1名，正科级）。另外，曲麻河、叶格乡保护站分别设站长各1名（由乡党委书记兼任），副站长各1名（由乡政府乡长兼任），主要负责两乡生态公益管护员的管理、监督、考核、培训等工作。

（三）自然资源资产管理体制试点工作完成情况。2017年以来，曲麻莱管理处严格按照《关于三江源国家公园健全国家公园自然资源资产管理体制试点实施方案的批复》（中央编办复字〔2017〕230号）精神，在国家公园范围内先行先试，进一步梳理相关部门权力责任清单，理顺职责关系，将园区内全民所有自然资源资产所有者职责从国土、水利、农牧、林业等部门分离出来，结合三江源国家公园机构设置"三定"方案，组织实施国有自然资源资产管理机构的组建任务。同时，还认真按照《国土资源部、青海省人民政府关于自然资源统一确权登记实施方案》及《青海省自然资源统一确权登记试点工作计划》的要求，及时与第三方作业单位青海省第二测绘院进行对接，积极组织开展园区内草原、森林、湿地、地表水等自然资源统一确权登记工作。截至2018年底，共完成园区两乡1.92万平方公里的自然资源统一确权登记工作，相关数据已上报省国土资源厅。

（四）相关资金使用管理制度建设情况。三江源国家公园体制试点工作全面启动以来，长江源园区国家公园曲麻莱管理处严格按照三江源国家公园管理局的要求，不断建立健全财务管理制度，认真构建高效的资金使用管理机制，建立了资金台账制度和资金使用制度，对资金来源、使用、成本控制做出了详细的计划，专款专用，严格按财务规范进行报账，同时，还建立了外部财务监督和内部财务约束相结合的监督机制。

（五）生态保护基础设施建设项目完成情况。2017年，三江源国家公园管理局下达给曲麻莱管理处生态保护基础设施建设项目包括三江源国家公园门禁系统（叶格乡基本门禁、不冻泉基本门禁和109国道标志性门禁）、三江源国家公园保护监测设施（叶格乡1类保护站、曲麻河乡1类保护站和昆仑湖2类保护站）、三江源国家公园科普教育服务设施、国家公园森林派出所业务用房项目已全部开工建设。2018年的基础设施建设项目包括总投资149.6万元的富氧工程已开工建设，完成总工程量的30%；总投资362万元的叶格乡红旗村生态示范村建设项目正在组织招标；总投资1.32亿元的曲麻河乡至昆仑湖巡护道路和总投资1970万元的唐古拉乡至拉智村巡护道路建设工程正在组织设计招标；总投资3290万元的园区生态环境整治项目已完成招投标；总投资60万元的退牧还草项目正在组织招标；总投资1467万元的三江源二期项目黑土滩治理工程已全部完成建设任务；总投资958万元的草原有害生物防控工程已完成灭虫任务。2018年，管理处把生态保护基础设施建设项目作为主要工作来抓，层层分解落实责任，强化质量，确保进度，为全面完成今年的建设任务奠定了基础。

（六）生态保护和自然资源管理工作开展情况。地质灾害防治工作。研究制定了曲麻莱县2018年地质灾害防治工作方案，积极组织对接和确定巴干乡巴干寺地址灾害申报工作。环保水利工作。组织制定县域考核领导小组，实施方案报县政府印发，安排和布置各乡镇县域考核工作内容，对接县财政落实2018年120万元的环保县域考核专项资金，保证专项资金专款专用，为县域考核工作的有序推进提供有力的保障。全面推行河长制工作。做好河（湖）长的调整、公告、并更新河（湖）长公示牌相关信息。完成河长制系统填报工作，在2017年河源地的调查和立牌工作的基础上进一步普查和确定河源地的立碑工作，完成建立各项制度、工作经费的申报、各种公示牌的制作等工作。截至2018年,县级河长巡河达132次,相关乡(镇)级河长已巡河180次,村级河长已巡河176次。对于全县河流流域有少量的白色垃圾、存在少数生活污水直排现象,以及其他河段、湖泊存在少量白色垃圾和漂浮物的问题,督促相关负责人及时有效处理,取得显著实效,并通过省州级河长制工作领导小组的验收。生态保护红线划定工作,积极协调政府相关部门、各乡镇召开工作推进会,对划定的曲麻莱县生态保护红线面积35882.2平方公里的征求意见方案稿进行讨论,并详细地研究和规划。矿产资源规划工作,按照国土资源部《关于开展第三轮矿产资源规划编制工作的通知》要求,组织编制了《曲麻莱县矿产资源总体规划(2016—2020年)》,已通过县政府审批,现按照相关程序在省国土资源厅矿权交易中心完成挂牌出让。污染源普查工作,根据省州相关部门工作安排,对全县行政企事业单位登记造册和实际运转的锅炉污染源进行普查。截至2018年,共普查和登记造册污染源19处。防汛抗旱工作,按照上级关于防汛抗旱指挥部相关工作安排部署,管理处及时召开专题会议安排部署,组织成立了曲麻莱县防汛抗旱指挥部领导小组,进一步明确了防汛抗旱指挥部领导小组工作职责。并先后组织工作人员进行防汛抗旱专题调研,对全县境内易发生地质灾害的巴干乡全境、巴干寺、叶格乡全境进行了专题调研和现场安排部署工作,全面掌握了解境内地质灾害的特性,重点从制定应急预案、灾害防御方案、防汛抢险队伍组织和物资储备到位等方面进行全方面的安排部署。

(七)资源环境执法工作开展情况。2018年,资源环境执法局对曲麻莱县区域内非法破坏资源环境积极开展各项巡护专项大检查,通过执法巡查力度的加大,有效震慑了破坏资源环境违法行为的发生。土地卫片执法,为持续做好卫片执法工作,2018年以来,曲麻莱管理处积极采取措施,开展土地卫片执法检查专项整治活动。全县查处7宗违法用地,总面积75.88亩,共处罚金3.61万元,目前,已全部结案。扎实开展执法专项行动。根据三江源国家公园管理局关于"绿盾行动"的安排,结合实际,制定巡查方案,对全县区域内的生态资源保护情况、野生动物保护情况、植被状况、人为活动情况进行了巡护检查,对索加—曲麻河保护分区67处、通天河沿岸保护分区26处以及约古宗列保护分区的4处人类活动点开展了核查工作,通过精心组织,巡查活动开展顺利,并及时将巡查情况汇报至有关部门。截至2018年,共开展各类巡护10余次,行政立案4件。另外,资源环境执法局与县公安局联合成功破获昆仑湖非法扑鱼案件1起,进一步侦办当中。全面排查违法用地。根据省州相关部门的安排,管理处对全县的违法用地进行了排查,通过巡查、走访调查、现场执法,在全县区域内的72处土地违法用地进行排查,总面积945亩。其中,部门违法建设用地41处、占地面积376亩;企业违法用地10处、占地面积254.68亩;私人非法买卖土地18处、占地面积103.53亩;村级集体违法用地4处、占地面积56.52亩。全面开展县域资源环境现状摸底排查工作。3月份以来,管理处积极组织相关部门及人员对全县域内沙场、砖厂、加气站、加油站、汽车摩托车修理铺、换油中心、使用燃煤锅炉单位、宾馆、医院及建筑单位等摸清底数,对出现污染环境资源的单位进行了前期教育及问题清单罗列,并要求负责人进行限期整改落实,并逐一登记建档备案。扎实开展可可西里遗产地的保护工作,管理处进一步加大遗产地巡查巡护力度,开展"遗产地专项"执法活动,及时发现和打击伤害野生动物、破坏生态环境的违法行为。

二、中央环保督查问题整改情况。

(一)达哈煤矿地质生态恢复治理情况。按照《中央环保督查问题整改任务清单》和《玉树州国土资源局关于进一步推动落实中央环保督查反馈意见中问题整改的紧急通知》(玉国土资〔2018〕46号)文件要求,管理处于2018年4月14日给青海珠峰宏源商贸有限公司下发《曲麻莱县国土资源局关于进一步推动落实中央环保督查反馈意见中问题整改的紧急通知》(曲国土资〔2018〕48号),责令该公司尽快进点开展工作。按照达哈煤矿矿区外围实地勘查测量及图纸设计和文本治理面积共1229亩,共需平整恢复资金950万元,州政府承诺支持资金500万(未到位),省国土资源厅支持资金100万元(已到位),目前,缺口资金850万元和恢复种草、网围栏资金60万元以及相关恢复治理方案已上报省州相关部门。

(二)大场金矿砂金过采区治理情况。近年来,曲麻莱县通过省州两级的积极支持,投资2000

万元，完成大场6200余亩覆坑平整项目。另外，按照《曲麻莱县“十三五”生态恢复治理工作方案》，委托冶金工业部华东勘查基础总公司西宁分公司对我县麻多乡20处历史遗留废弃矿山点进行了矿山生态恢复治理方案的编制工作，并已通过专家审查。方案涉及恢复砂金过采区草场面积51133.8亩，使草场植被覆盖率达到70%以上；修复河道12条，河道总长75.082公里，项目投资概总值为39604.82万元，由于县级财政困难，也无其他项目资金来源，恢复治理工程需求已呈报省州相关部门。

（三）县域九个矿区治理情况。在全州范围内废弃的矿山治理不力的有13处，其中涉及曲麻莱县的有11处，2处需聘请专业人员评估，进行自然恢复，其余9处已聘请作业单位完成了生态治理恢复方案的编制工作，为按时完成中央环保督查整改工作，恢复治理资金约4636万元，已逐级上报省国土资源厅。

（四）矿渣治理情况。为认真做好三江源自然保护区内生态环境保护和建设工作，曲麻莱县在接到州政府关于立即封存麻多乡扎加村尾矿矿堆、停止拉运的通知后，立即要求麻多乡扎加村委会停止拉运，并组织县公安局、安监局、生态环境和自然资源管理局及麻多乡党委政府，将大场金矿尾矿用网围栏全部围挡，严格按照要求封存尾矿矿堆，防止大场金矿尾矿拉运。根据上级督查要求，州国土资源局已聘请有资质单位设计处置方案，待上级业务批准后，依照方案在6月底前完成整改。

（五）县域内牲畜超载整改情况。根据青海省农牧厅关于《抓紧整改草原牲畜超载有关问题的通知》要求，为了加快推进草地生态与牧业经济的平衡发展，曲麻莱县把禁牧减畜工作纳入年度目标考核内容，确保减畜任务有计划、减畜工作有组织、减畜目标有落实。年内，计划下达减畜计划9.3万个羊单位。同时，认真实行《曲麻莱县2017年度草原生态保护补助奖励机制绩效考核管理办法》，严明主体责任，强化监督管理，形成以引导落实减畜、以机制推动减畜、以奖惩加促减畜的“三促一减”网格。另外，还加大良种繁育推广力度，年内先后对外推广14820个羊单位，其中向囊谦县调出生产母羊2000只；向称多县调出优质种牛300头，生产母牛2000头，生产母羊3620只。

三、“绿盾”自然保护区专项执法行动问题整改情况

（一）“绿盾2017”问题整改情况

1、青藏铁路沿线“色吾热”等矿石料场资源破坏问题。对此问题，县委、县政府以及长江源园区国家公园曲麻莱管理处高度重视，及时成立了成立了环保督查问题调查领导小组，开展了相关调查。经过大量的调查，证实曲麻河乡多秀村“色吾热”草场上的采石场为青藏铁路五道梁标段铁路建设时所用的石料场，确定料场时，省级有关部门也未邀请县级国土、水务环保和乡镇见证，相关环评报告、采矿证等资料也未在县级有关部门备案，且采石场面积较大。青藏铁路建设期间建设单位为中铁一局、七局、十局、十一局、十四局等，2000年至今青藏铁路沿线县辖区域除青藏铁路外，未申请落实过大型发改项目，也未对青藏国道109线进行的新建和维护。青藏铁路建设期间，当地牧户除了得到一定数额的永久性征地补偿外，未就“色吾热”四处采石场获得临时性的征地补偿。2007年青藏铁路正式通车运行后，国家、省级有关部门对青藏铁路沿线各砂石料场进行环保验收，当时也未邀请当地有关部门和乡村代表见证。2017年6月，长江源园区国家公园曲麻莱管理处就此问题相关情况已上报三江源国家公园管理局协调青藏铁路公司解决。

2、黄河源头约古宗列旅游接待中心及生活垃圾处理违规建设问题。经县委、县政府专题研究，依法对黄河源头违规建设项目进行拆除恢复整治，县财政局、县住建局等单位赴实地进行了《建设项目实施评估，于2017年7月26日下发了约古宗列自然保护分区内的黄河源头旅游接待中心及垃圾处理设施项目进行责令停工限期整改告知函》。2017年8月18日，对现已建成的项目进行造价评估后进行了拆除和复坑工作。2018年7月8日，“绿盾2018”联合检查组对约古宗列保护分区黄河源头旅游接待中心拆除恢复整改情况进行检查，对恢复整改工作予以充分肯定，所有建筑设施均已拆除并覆土平整，但仍然存在问题。一是整改工作不细致，现场仍有部分堆砌物没有清理；二是通往黄河源头的道路沿线存在多处废弃沙坑，没有进行生态治理。长江源曲麻莱管理处积极联合麻多乡党委、政府对黄河源头旅游接待中心拆

除的堆砌物进行清理，同时对通往黄河源头道路沿线废弃沙坑进行生态恢复治理，确保绿盾行动各项问题整改到位。

（二）"绿盾2018"自然保护区专项监督检查新发现的问题整改情况。

2018年，根据青海省政府办公厅《关于开展青海省"绿盾2018"自然保护区监督检查专项行动联合检查的通知》（青环发〔2018〕207号）要求，县委、县政府及长江源园区国家公园曲麻莱管理处高度重视，积极安排部署，研究制定了《曲麻莱县"绿盾2018"自然保护区监督检查专项行动方案》，同时，长江源园区国家公园曲麻莱管理处资源环境执法局按照生态环境部下发的索加—曲麻河保护分区2处遥感监测疑似点进行排查，未发现新的问题。另外，根据遥感监测疑似点397号关于麻多乡扎加村多仓寺违规修建经堂问题，曲麻莱管理处资源环境执法局立即赴实地进行了调查，并会同县民宗局对寺院主要负责人进行了问责处理，下发了停工整改通知书，责令该寺院立即停工整改。目前，相关问题正在整改当中。

四、其他相关工作情况

（一）全面落实生态管护员"一户一岗"设置工作完成情况。根据局党委关于全面落实园区内生态管护公益岗位"一户一岗"设置工作的要求，2017年底，生态保护站通过相关选聘程序，正式确定"一户一岗"生态管护员1502名，进行了张榜公布，并上报三江源国家公园管理局审批。截至目前，园区两乡共落实生态管护员2867名，年人均工资21600元，解决精准扶贫建档立卡户971户2964人（其中，曲麻河乡459户1424人，叶格乡512户1540人）。另外，还为园区两乡管护站配发了95辆摩托车等相关巡护工具。同时，根据《三江源国家公园生态管护员绩效考核管理细则（试行）》的要求，管理处积极探索建立牧民群众、社会公众参与特许经营机制，组织投入使用生态管护公益岗位管理信息系统，全面加强生态管护员日常管理、考核等工作。

（二）扎实做好联点帮扶工作。根据三江源国家公园管理局《关于做好联点帮扶工作的通知》（三江园管〔2017〕35号）要求和县委、县政府的相关工作安排，积极组织乡、村、社干部意见征求会，广泛征求局党委下拨的80万元扶持资金使用计划，相关帮扶方案已通过三江源国家公园管理局批准，即将组织实施。

（三）加大园区干部职工培训工作。曲麻莱管理处积极组织各部门、园区两乡保护站干部参加各类理论和业务知识培训，不断提升干部自身工作能力和业务水平，强化三江源国家公园体制试点国家政策解读、生态保护法律法规、生态环境保护以及国有自然资源资产管理基础理论。2018年，曲麻莱管理处干部职工共参加党务干部培训、业务培训达30余人次。同时，还组织森林公安局及综合执法大队执法人员参加培训，进一步提升执法人员业务素质，规范执法行为，推进辖区生态资源环境综合执法效率夯实了基础，培训取得了预期的效果。

曲麻莱县扫黑除恶专项斗争

2018年以来，曲麻莱县切实把扫黑除恶专项斗争工作作为综合治理、维护稳定的重要举措，综合运用各种手段预防和解决黑恶势力违法犯罪突出问题，认真安排部署，坚持真抓实扫，有力推动了扫黑除恶专项斗争的持续深入开展。

一、工作开展情况

（一）加强领导，周密部署，健全扫黑除恶专项斗争工作机制。县委、县政府高度重视，周密部署，先后召开各类专题部署会议10余次，成立以县委副书记为组长的扫黑除恶专项斗争工作领导小组。县委、县政府研究制定并印发《曲麻莱县扫黑除恶专项斗争实施方案》《曲麻莱县开展扫黑除恶专项斗争加强基层组织建设工作方案》《关于在扫黑除恶专项斗争中强化监督执纪问责的实施方案》等一系列文件，进一步统一思想，提高认识，并将扫黑除恶专项斗争纳入综治维稳工作考核体系，对整体工作提出明确要求，扫黑除恶专项斗争工作机制进一步健全。

（二）强化措施，创新机制，形成扫黑除恶专项斗争高压态势。根据方案要求，通过新媒体宣传平台、开展示警演练等多种形式，重点在做好宣传、摸排线索和动员群众上下功夫。一是利用国家安全日、综治宣传月、民族团结进步宣传月等契机加强扫黑除恶宣传工作，将扫黑除恶相关精神和内容传达到基层。二是为进一步提高广大政法干部和群众对扫黑除恶工作的思想认识和参与力度，5月份组织政法系统全体干警深入虫草产区开展曲麻莱县扫黑除恶专项斗争示警演练及法治宣传活动，行程近200公里。期间，出动政法干警96人，车辆40辆，发放法治、民族宗教及扫黑除恶相关宣传资料5000余份，制作藏汉双语宣传标语横幅12条，现场讲解、回答群众提问120余人次，公示涉黑恶线索举报电话5部。三是为了进一步摸排线索，发动群众参与扫黑除恶专项斗争，制作《曲麻莱县扫黑除恶专项斗争涉黑恶线索摸排调查问卷》，在发放宣传资料的同时通过问卷形式宣传和摸排涉黑恶线索，公示举报电话，动员广大人民群众积极参与扫黑除恶专项斗争。四是以纪委、组织、公安等业务骨干为成员组成工作组，深入全县各乡镇村两委班子，开展村两委班子涉黑涉恶线索摸排工作。五是召集全县个体工商户召开市场领域座谈会2次，召集老干部代表召开座谈会2次征询涉黑恶线索。截至目前，共录入线索16条，办结16条，办结率100%，成功侦破以江某为首的“曲麻莱县扎西雅达私家车协会”涉嫌敲诈勒索涉恶案件，此案正在办理中。

（三）积极引导，强化宣传，大力营造真扫严除的浓厚氛围。根据全县重点工作，结合民族团结创建、意识形态领域和经济建设，在做好民族团结创建工作的同时大力宣传扫黑除恶专项斗争的深远意义和现实目标，在县城广场和各乡镇，采取悬挂横幅、发放宣传手册、开展示警演练、张贴公告等方式强化宣传，积极引导广大牧民群众参与扫黑除恶专项斗争，大力营造浓厚扫黑氛围。在党员干部中大力开展“双重信仰”主题教育活动，持续推动宗教寺院领域村寺并联治理工作，自觉地把专项斗争置于经济社会发展大局中去谋划和推进，严厉打击扰乱市场秩序、侵犯合法权益的违法犯罪行为。开展扫黑除恶专项斗争宣传近百场次，发放宣传册、宣传单30000余份册，发放线索征集调查问卷3000份，公示涉黑恶线索举报电话5部，发布扫黑除恶专项斗争通告6份，公示涉黑恶举报电子邮箱1个。同时严防意识形态领域有害信息传播蔓延。年内，网安部门共计上报情报信息研判30期，申报涉稳情报奖励线索1条。

（四）夯实基层，强化组织，筑牢基层党组织扫黑除恶的战斗堡垒。以加强党的基层组织建设为基础，组织党员群众协助做好重点部位、重点人员日常监督管理工作，将全县68个党支部进行精准分类定级，制定每个支部晋位升级目标和计划。总结推广村（社区）“两委”换届工作前期筹备工作经验，对基层党组织的建设情况和干扰基层政权，扰乱村级组织的涉黑涉恶线索进行全面排查。以“两学一做”学习教育、主题党日活动为载体，引导广大党员发挥模范先锋作用，旗帜鲜明同邪教迷信、“黄赌毒”、黑恶势力等不法行为做斗争。指导24个村（社区）“两委”班子明确扫黑除恶专项整治工作第一责任职责，在全县范围内开展集中排查，尚未发现村霸等黑恶势力干预基层组织事务的现象。为确保扫黑除恶各项措施得到有效落实，县政法委、扫黑办以及各督导组深入各乡镇持续开展督导工作10余次，定期听取乡镇和公安等部门开展扫黑除恶斗争工作汇报，确保了扫黑除恶工作各项措施的有效落实。

（五）聚焦问题，重拳整治，促进社会治安形势进一步好转。始终把群众满意度和幸福感作为工作的根本出发点，严厉整治突出问题。一是以“扫黑除恶”专项斗争为契机，严打严防各类违法犯罪活动。截至2018年底，公安部门共立各类刑事案件47起，破24起，共抓获犯罪嫌疑人30名，其中逮捕13人，起诉17人（包括2017年退补及取保候审案件5起），抓获网上在逃嫌疑人6人；共受理治安案件50起，调解案件25起，办理求助29起。二是组织开展“黄赌毒”问题集中整治行动，对辖区娱乐场所、旅店、赌博窝点大力开展清理整治，共查处赌博案件11起，捣毁赌博窝点5处，抓获、处置违法行为人99人，收缴赌具22副，收缴赌资12508元，全县无涉黄、涉毒现象。三是大力开展缉枪治爆专项行动。截至2018年，共缴获各类枪支99支，子弹7800发，管制刀具182把，打狗棒35个，雷管1851枚，导火索378米，炸药28公斤，手榴弹4枚，弓弩2支，签订无枪承诺书4800余户，有效预防了各类涉枪、涉爆案件的发生。四是加强道路交通管理。截至2018年底，共发生道路交通事故33起，一般交通事故3起，简易交通事故30起。与上年同期相比，交通事故同比下降10%，简易交通事故下降3%，查处各类违章230起，批评教育370人次，查处盗抢车辆9辆。五是强化矛盾纠纷排查化解工作，年内共排查出矛盾纠纷120起，调处112起，矛盾调处率始终保持在93%以上。为更好的落实省委提出的“四个奔着去”的工作要求，县委、县政府高度重视广大牧民群众多年来反映强烈的草山纠纷问题，及时成立草山纠纷调处专项工作组，对各乡镇历史遗留的草山纠纷进行了全面排查，共排查出草山纠纷13起（含2起乡镇跨界纠纷），成功化解11起，赢得了广大牧民群众的一致好评，社会治安乱点得到有效整治，有效维护了全县社会大局稳定，和谐氛围进一步浓厚，群众安全感、满意度不断提升，社会治安形势进一步好转。

曲麻莱县民族团结进步先进区创建

为进一步做好民创工作，曲麻莱县于3月份制定并下发了《2018曲麻莱开展创建省级民族团结进步先进县工作实施方案》。主要以创建民族团结活动为载体，努力发挥维护民族团结发挥主力作用，把民族团结进步创建宣传教育与加强意识形态领域工作融合起来，用习近平新时代中国特色社会主义思想武装党员干部。加强政策形势教育，引导群众了解和掌握党的路线方针政策。加大“两个共同”“三个离不开”“四个意识”“五个认同”“五个维护”的宣传力度，让农牧民群众明白“团结是福、动乱是祸”的深刻含义和危害性，进一步打牢“两个共同”的思想基础。紧紧围绕“两个越来越好”为总体要求，深入落实各项民族政策、惠民政策，不断提高群众生活水平，提升群众幸福指数，努力将全县建设成省级民族团结进步先进县。

一、基本情况

为争创省级民族团结进步先进县，县委、县人民政府在全县范围内抽调8名创建专职工作人员，县委书记任创建小组组长，创建办办公室主任由县委常委、统战部部长担任，健全工作机制。

2018年以来，曲麻莱县以贯彻落实中央和全省民族工作会议精神为主线，全力落实《青海省创建民族团结进步先进区实施纲要的通知》和《青海省创建民族团结进步先进区近期重点工作任务分工方案的通知》《关于进一步深入推进民族团结进步先进区建设的实施意见》，自觉强化政治担当，不断创新创建载体，坚持把“民创”工作作为全县国民经济和社会事业发展的先导性工作来抓，努力构建“党委领导、政府组织、行业推进、社会参与”的大创建格局，强力推进民族团结进步先进区“八年创先进”第二步战略，全县“民创”工作不断持续深入，“民创”工作取得了新的成绩。

（一）以强化顶层设计为根本点，构建持续高位推进创建工作的新机制。一是加强组织领导。自创建工作开展以来，县委高度重视民创工作，成立由县委书记任组长的创建工作领导小组，研究制定《曲麻莱县民族团结进步先进区工作实施方案》《曲麻莱县民族团结进步先进区工作“八进”实施方案》《曲麻莱县民创办具体工作实施方案》，将全县58个单位纳入创建范围，以行之有效、操作性强的工作方案带动“民创”工作。二是健全工作机制。县委专门成立“民创”工作办公室，制订《民族团结进步创建办公室内部管理制度》，并从乡镇、各单位抽调7名人员充实到县民创办负责档案、资料审核及收集、整理工作。三是深入宣传教育，提高思想认识。每年结合中央和省委1号文件的宣讲，把民族团结进步教育作为活动的一项重要工作任务来抓，充分运用思想教育引导，针对群众思想实际、接受能力和知识水平，采取走村入户、面对面、心交心等宣讲方式进行宣传教育，使创建活动成为全县各族干部群众的自觉行动。四是改进工作方式方法。深入群众，与群众促膝交谈，将民族团结“三个离不开”“四个认同”“五个维护”的思想结合到各类主题教育实践活动中，查摆各级领导班子和党员干部践行民族宗教观点、落实惠民政策方面存在的突出问题。

（二）以加强党的建设为着力点，探索民族团结进步先进区建设新路子。一是开展各类主题实践活动。自开展民族团结进步先进区创建活动以来，县委加强对创建工作的组织领导，组织全县广大党员通过认真开展党的群众路线教育、“三严三实”“两学一做”“不忘初心、牢记使命”等主题实践活动，进一步把践行党的群众路线、转变工作作风、学《党章》学系列讲话变成常态，变成制度，进而让各项党纪党规成为了每一名党员干部的“枕边书”“口袋书”，成为约束自己言行的标杆，为深入推进民族团结进步先进区建设奠定了坚实的干部基础。二是开展党员基本活动。近年来，在全县68个党支部1843名党员中，以“固定党日”活动为载体，认真谋划，精心准备，扎实开展内容丰富、形式多样的党组织活动，让广大党员主动学习政治理论知识，自觉参加党组织活动，特别是在学懂、弄通、做实习近平新时代中国特色社会主义思想上下功夫，增强对新思想的政治认同、思想认同、情感认同，真正解决党员“精神缺钙”“行动乏力”等问题，进一步提高党员政治素质，增强党员助力牧区发展、乡村振兴的战斗力，不断凝聚党员带头参与创建、维护民族团结的向心力。通过开展主题实践活动和党员基本活动的开展，逐步探索出一条以党建引领全县经济发展的新路子，巩固和发展了全社会共同参与创建的良好局面。

（三）以生态文明建设为切入点，促进民族团结进步先进区建设实现新跨越。县委、县政府始终秉持习总书记“绿水青山就是金山银山”“要像爱护生命一样爱护生态环境，要像保护我们的眼睛一样保护生态环境”的理念，牢固树立“生态立县”战略，精心实施生态保护项目，切实保护三江源生态安全。一是实施生态恢复治理项目。完成白的沟历史遗留砂金过采区生态环境恢复治理11000余亩，复坑、平整643.62亩。完成麻多乡大场历史遗留砂金过采区生态环境恢复治理6200亩。二是实施三江源生态保护项目。以三江源国家公园体制试点为契机，完成总投资452.58万元的草原有害生物防控、湿地保护和科技培训三江源一期、二期等项目，投资250万元在鼠害重点区域新建招鹰架2500个。三是加大生态管护和修复力度。为加大生态管护力度，新增草原管护人员441名。建成1.8万亩的芫根和燕麦种植基地和集种植、加工、储备、销售为一体的曲麻莱县饲草料（芫根）加工基地并投入使用。落实资金700万元为全县19个行政村的生态管护队配备了装载机。通过一批生态保护项目的实施，全县生态急剧恶化的态势得到有效遏制，同时人与自然和谐共生共存的理念在全县干部群众身上得到生动体现。

（四）以生态畜牧业发展为支撑点，创建民族团结进步先进区建设新模式。全县始终将生态畜牧业作为县域经济发展的主攻方向，积极推进牧业产业结构转型升级，促进牧民增产增收，夯实民族团结进步的经济基础。一是创新牧业发展模式。全县畜牧业从传统生产经营方式逐步向效益生态畜牧业转变，基本形成“4321”的产业发展新格局（即：股份制经营管理型——红旗模式；能人代牧管理型——藏迪模式；精准扶贫资产收益型——郭洋模式；养畜大户家庭牧场带动型）还有“三个产业保障”“两个产业配套项目”“八项保障工程”。二是抓好特色畜种繁育。曲麻莱县高度重视野血牦牛品种推广及高原牦牛、扎什加羊品种选育，特色畜种繁育选优基地项目建设工作稳步推进，扎什加羊品种已通过农业部品牌认证。在发展畜牧和民族团结有机衔接层面，争取创出一条地域特色鲜明、利于示范推广、政策体系配套、扶持方式科学、管理机制灵活、富有曲麻莱特色现代化股份制草原生态畜牧业的新模式。

（五）以打赢脱贫攻坚战为突破点，推动民族团结进步先进区建设取得新成就。采取扶志和扶智相结合的方式着力构建“大扶贫”格局，创新工作思路，通过易地搬迁、产业扶贫、金融扶贫、旅游扶贫等合力推进扶贫攻坚进程，加快贫困乡村牧民群众增收脱贫步伐。2017年实现5个贫困村整村退出，1581户4721人摘帽脱贫。2018年完成2个贫困村，1个非贫困村整村退出和1310户3600人实现脱贫的任务。2019年，完成1个贫困村，涉及1个非贫困村整村退出和418户1223人实现脱贫的任务。一是加强就业培训。精心筛选理发、烹饪、汽车摩托车修理、缝纫、民族手工艺、合作社财务管理等实用技术培训班，聘请专业技能人士进行“面对面、手把手、一对一”的技能传授，累计完成城乡劳动力技能培训近万人。二是加强扶贫基础设施建设。按照“一村一技，一户一能，一人一策，一员一档”的工作思路，投资1300万元建成总建筑面积6800平方米的曲麻莱县精准扶贫牧民城镇化技能培训中心。

（六）以改善民生为落脚点，实现民族团结进步先进区建设取得新变化。曲麻莱县始终将民生保障作为第一目标，努力让干部群众有更多的获得感。一是在保障房建设方面，投资2.4亿元新建游牧民定居房4894套、投资3600万元的新建北京对口支援牧民住房226套、投资7928.88万元的1187套廉租住房、公共租赁住房，投资2391.96万元的670套危房改造工程、投资1837万元的645套棚户区改造工程相继建成。二是社会保障方面，城镇居民医疗保险参保人数达1920人，职工医疗保险参保人数达1991人，全县新型农村医疗保险参保人数达25600人；城镇职工养老保险参保单位54家，参保人数596人。三是民政救助方面，全县有五保供养对象740人，累计落实供养金及集中供养生活补贴819万元；农村低保对象1442人，累计落实生活补贴1073万元；困境儿童350人，累计落实生活补贴315万元；重度残疾519人，累计落实生活补贴230万元；高龄老人1307人，累计落实生活补贴572万元；民政医保对象8095人，累计落实医疗救助金及参合金2105万元；发放救济粮655吨，临时救助金325万元。四是城镇基础设施方面，多方争取国家项目支持，解决了全县干部群众“吃水难”“用电难”“出行难”“看病难”等问题，为创建民族进步先进区提供了有力的基础设施硬件支撑。

（七）以发展文化体育事业为关键点，打造民族团结进步先进区建设新品牌。一是文化体育方面，完善基层文化设施功能，投资665万元完成19个行政村的每村100平方米村级业务用房及600平方米的健身广场建设任务；投资840万元完成群众文化体育和投资560万元的县文化图书馆建设任务，投资300万元建成“11人制”足球场。二是文物保护方面，完成全县可移动文物普查工作，共普查87项可移动文物，完成全县53项非物质文化遗产图文丛书的搜集、整理、编纂、申报报送任务。三是非物质文化遗产保护方面，藏族传统手工编结技艺已列入青海省非物质文化遗产名录，在格萨尔王登基台遗址举行“格萨尔王赛马称王之乡”揭牌仪式。四是文艺创作方面，出版发行黄河源纪实《揭牌曲麻莱》《酷行曲麻莱》《嘎觉悟黄金宗》《巴颜黄金宗》等地域文化丛书。五是文化旅游方面，组建歌舞团队编排大型《格萨尔王登基大典》歌舞剧及格萨尔民间藏戏，并在部分省份进行巡演。先后举办“尕朵觉悟”万人徒步环山行走活动、尕朵觉悟生态文化旅游节、黄河源文化旅游节、“格萨尔王”登基台遗址赛马节、黄河源公祭仪式，“行走中华水塔，走进黄河源头”徒步活动，新闻媒体摄影家行走曲麻莱宣传活动等。组织九省一区的专家学者38家近1036人新闻媒体记者参加“同饮黄河水，共筑中国梦”“第二届黄河源游牧文化旅游”等大型人文交流活动。此外，建成县城游客接待中心、麻多乡黄河源头游客服务中心、尕朵觉悟观景台等旅游基础设施。

（八）以军民共建为结合点，创新民族团结进步先进区建设新机制。坚持以创建平安和谐幸福新曲麻莱为目标，积极开展创建民族团结进步先进县的“六联建”活动。县人民武装部、县武警中队、县消防大队等军警单位紧密结合“民兵+生态管护员”建设任务，结合三江源生态保护区的重要使命任务，着眼军民融合深度发展战略和习总书记“四个扎扎实实”的重大要求，举办玉树州生态保护区民兵建设试点现场观摩会，打造具有地域特色的军民融合发展新模式。通过军地双向共促共建，实现互利军民共建目标，争取打造军民融合式发展的“曲麻莱样板”。

（九）以精神文明建设为着重点，拓展民族团结进步先进区建设新渠道。县委高度重视的精神文明建设，坚持把意识形态领域工作同民族团结进步有机结合，通过开展一系列活动，深化创建民族团结进步先进区建设。一是每年对全县宣传思想和精神文明建设先进集体、民族团结进步先进集体、精神文明创建先进集体、县级文明单位、县级文明窗口、县级文明学校、基层文化建设领军人物、对外宣传工作突出的集体和个人、民间优秀传统文化节举办单位进行表彰，开展评选“曲麻莱好人”和“寻找最美家庭暨特色家庭创建活动。二是2016年，邀请杂多、治多两县举办“澜沧江、长江、黄河源头三县携手共建三江源国家公园文化宣传交流演出”活动、举行“国家公园，我是主人，生态保护，我有责任”生态保护千人签字仪式，提高了公众参与度，有效拓宽了民族团结进出先进区建设新渠道。三是深入“七五”普法，持续开展法律“七进”、“双百”法治宣讲、法治文化基层行等活动，并在县电视台开设藏语法制、科普、时事节目，法治宣传的覆盖面和影响力不断增强，同时也牢牢掌握了党对意识形态工作的领导权。四是扎实推进"八进"活动,夯实创建工作基层基础。截至2018年底,确定"八进"单位"进家庭"817户,"进机关"36家,"进学校"11所,"进社区"4个,"进寺院"17座,"进乡镇"6个,"进军营"3个,"进村"19个。同时在各窗口服务单位设立民族团结进步岗,由懂藏汉双语的人员担任服务人员,在窗口单位设立了藏汉双语标识牌。

（十）以平安创建新升级为出发点,提升民族团结进步创建工作新水平。一是以"枫桥经验"推动平安创建新升级。积极探索"曲麻莱式枫桥经验",不断加强涉及生态保护、劳资关系、草山纠纷等领域行业性、专业性调解组织建设,积极构建多元化纠纷解决体系,推进自治、法治、德治相结合的城乡基层治理体系建设,采取"小事不出村、大事不出乡、矛盾不上交、就地化解"的调处方式,通过面对面了解,深入乡镇排查化解矛盾纠纷,并在每月23号召开矛盾纠纷排查调处会,总结矛盾纠纷排查调处情况,分析研判各类存在的和潜在的矛盾纠纷,提前做好部署安排,做好应急预案。如约改镇黄河社区警务室建立的矛盾纠纷调处机制,整个社区矛盾纠纷发生率逐年降低。截至2018年9月底,全县共排查出矛盾纠纷106起,调处成功98起,矛盾发生率比上年同期降低11.9%,全县矛盾纠纷调处率始终保持在92%以上。二是开展"爱国爱教、和谐团结模范寺院"和"感恩铭爱、持戒守法先进僧尼"创建工作。研究下发《曲麻莱县村寺并联"爱国爱教模范寺院"和"感恩铭爱"评比活动方案和标准》,各寺管会和驻寺干部主动作为、全力推进,广大僧尼响应热烈、积极参与,使先进模范评选工作真正成为广大僧尼广泛参与的活动,让评选出的先进模范真正成为广大僧尼心中的模范典型。同时让群众口碑好、威望高的宗教界带头人担任政协委员一职,为他们提供参政议政的合法平台,真正把广大僧尼的心声和合理诉求及时反映给党委政府,并协助党委政府做好协调关系、凝聚人心、维护稳定等工作。三是进一步深化"平安细胞"创建,推动实现平安建设工作各层次、全领域覆盖,汇聚和增强平安和谐的正能量,积极申报典型培育项目,及时在全县范围表彰平安单位、社区、学校等,极营造平安创建人人参与的良好氛围。四是持续推进村寺并联全面治理工作,以民族团结进步先进区创建工作、"三基"建设、法制宣讲团为抓手,继续深入实施"村寺并联治理"工程。重点在抓点带面、选树典型、层层出力、打造"强村治寺"品牌上下功夫,继续在规范运作上花气力,选好一批典型、巩固一批成果、带动一批后进,深入全县17个宗教活动场所开展法治宣讲活动,发放《青海省藏传佛教教职人员读本》等资料210余本,宣传受教人数达450人,并对全县两个平安示范寺院进行了专门表彰。五是深入扎实开展扫黑除恶专项斗争,坚决打击震慑黑恶势力犯罪,将扫黑除恶专项斗争纳入综治工作(平安建设)考核体系,综合运用各种手段预防和解决黑恶势力违法犯罪突出问题。全县共破获各类刑事案件7起,查处赌博案件6起,捣毁赌博窝点3处,查缴赌具12件,收缴赌资14000余元;抓获、处置各类违法犯罪人员99人,全县社会治安形势进一步好转,群众安全感明显提升。

省委第三巡视组巡视整改工作

根据省委统一部署,省委第三巡视组于2018年4月23日至2018年8月23日对曲麻莱县进行政治巡视。9月28日,省委巡视组向曲麻莱县委反馈了巡视意见。曲麻莱县高度重视,自觉提高政治站位,以抓铁有痕、踏石留印的决心和勇气,主动认领问题,着眼建章立制,固化巡视成果,抓好巡视整改,确保巡视整改工作取得了实效。

一、以旗帜鲜明的政治态度,诚恳认领巡视反馈问题

自省委巡视曲麻莱工作开展以来,县委充分认识省委巡视的极端重要性和抓好整改落实的现实紧迫性,认真对待巡视组反馈问题,全方位、深层次查摆自身存在的问题,以高度负责的政治态度,统筹安排全县各级党组织积极配合巡视工作。9月28日,省委第三巡视组向县委反馈了巡视意

见。省委巡视组聚焦坚持党的领导、加强党的建设、全面从严治党等方面，充分考虑曲麻莱县整体情况和客观条件，反馈问题涉及5个方面12大类39个问题。对省委巡视组反馈的问题，县委牢固树立“四个意识”，以上率下，深刻反思巡视组反馈的问题，主动认领、诚恳接受。县委书记作为班长，注重教育引导班子成员切实增强做好巡视整改的政治担当，针对巡视发现的问题，深刻反思，对照问题找责任，触及思想找原因，立足工作找差距，真正将自己摆进去、将工作摆进去、将职责摆进去，主动认领问题，深刻分析原因，研究整改之策。同时，县委书记同县四大班子领导同志和法检两院党组负责同志开展谈心谈话，要求率先垂范、带头认领，主动担责。及时在全县范围内印发了省委第三巡视组反馈问题、省委巡视办副主任刘强同志在反馈大会上的讲话，县委书记代表县委做表态发言，并要求全县各级党组织认真对照、主动认领、同步整改，在全县范围内形成了主动认领问题、自觉查摆问题、合力整改问题的工作格局。

二、以自我革新的政治自觉，扛起巡视整改领导责任

县委牢固树立“四个意识”，坚决做到“两个维护”，全面贯彻党的十九大精神，严格落实省委部署，以对省委和全县各族人民高度负责的态度，认真研究反馈意见，深刻分析问题根源，精心制定整改方案，逐条逐项抓好落实。县委书记亲临整改一线督促指导，推动全面从严治党不断向基层延伸，取得阶段性成效。

（一）提高政治站位，强化责任担当。省委第三巡视组反馈巡视意见后，县委立即主持召开常委会议传达学习省委第三巡视组巡视曲麻莱县反馈意见和省委巡视办副主任刘强同志在反馈意见会议上的讲话精神，并成立了由县委书记任组长，县委副书记、县长任副组长，县委常委和相关县级领导为成员的落实省委巡视组反馈意见整改工作领导小组，从快从严从实从细抓好巡视整改工作。

（二）对标巡视要求，压实整改责任。县委书记主动担负起巡视整改第一责任人的职责，整改工作中严格做到“四个亲自”工作要求，对巡视整改的重要工作亲自部署，重大问题亲自过问，并研究制定《中共曲麻莱县委关于省委第三巡视组巡视反馈意见的整改方案》，明确了指导思想、方法步骤、整改措施、具体要求，将巡视组反馈意见细化分解5个方面12大类39个具体问题，形成问题清单、任务清单、责任清单，逐条逐项明确牵头领导、责任领导、责任单位、整改目标、完成时限和整改措施，做到措施到项、任务到岗、责任到人。县委书记主动扛起整改责任，共认领担负22个问题的整改牵头领导，占巡视组反馈问题的56.4%，为班子成员和全县各级领导干部树立了榜样，起到了引领示范作用。班子成员和相关单位主要负责人根据工作分工，主动认领问题，切实担负责任，形成了巡视反馈问题条条有责任人、人人有责任心的巡视整改工作格局。

（三）统筹安排部署，强化督促检查。县委书记多次召集各责任领导、牵头单位和落实单位主要负责人，听取阶段性工作推进情况现场解决存在问题，促进了巡视整改工作一步一个脚印稳步推进。10月9日，县委书记主持召开第22次常委会研究巡视整改46个问题整改情况。10月19日，召开巡视反馈意见整改工作动员大会对巡视整改工作进行专门安排部署。10月31日，主持召开巡视整改工作推进会，听取各部门巡视整改情况汇报。11月5日，县委召开十五届四次全会，针对巡视反馈问题整改工作，听取12个党组织书记的党建和党风廉政建设以及意识形态领域述职报告。11月12日，组织召开县委常委班子巡视整改专题民主生活会，常委会班子成员对照巡视组反馈问题，查根源、找差距、定目标、理思路，做到深抓严改、真抓细改，推动整改工作向高标准、深层次开展。

（四）建立长效机制，固化巡视成果。县委深刻认识到巡视工作的目的是发现问题、解决问题、推动工作，坚决杜绝“巡视了跟没巡视一个样”的现象发生，既高度重视当前一段时期的巡视整改落实工作，更加注重建立健全长效工作机制、转变工作作风、提高工作效率，力求通过巡视整改，在制度层面寻找原因将一些成熟的做法上升到制度层面，将一些不合时宜的制度规定修订完善，从而形成用制度管人理事的工作机制，固化巡视工作成果。巡视整改过程中，围绕省委巡视组反馈意见，对全县40家单位“一把手”和主管财务的领导进行约谈，并围绕巡视反馈问题建立、修订完善相关制度项。截止12月13日，督促修订完善各项制度15项；拟定实施方案和长远规划7项，规范性文件3项。

三、以壮士断腕的决心和勇气，抓好巡视整改问题落实

县委在巡视整改过程中，围绕省委巡视督查反馈问题，分类梳理整改。对反馈意见中涉及到的具体人、具体事，找准症结限期整改；对能够立行立改的，集中攻坚、立即解决；对需要一段时间解决的，创造条件、限期见效；对需要长期跟踪落实的，明确整改措施和阶段性工作目标，确保巡视整改工作全面落实扎实推进。截至12月13日，省委第三巡视组反馈问题涉及曲麻莱县5个方面12大类39个问题，已完成整改35个，占问题总数的90%；因气候环境和季节条件等因素制约，尚未完成整改的4个，占问题总数的10%。

四、以抓铁有痕的恒心和韧劲，继续做好巡视整改“后半篇文章”

结合这次巡视整改工作，县委将继续把巡视整改作为最大的责任，以习近平新时代中国特色社会主义思想为引领，认真学习贯彻党的十九大精神，提高政治站位和政治觉悟，坚定巡视整改政治方向，固化巡视成果，推进各项工作。

一是保持政治定力，贯彻落实党的十九大精神。以习近平新时代中国特色社会主义思想为统领，认真学习贯彻党的十九大精神，认真对标中央和省委各项重大决策部署，切实提高政治站位和政治觉悟，坚定巡视整改政治方向，高标准、严要求完成各项工作任务。坚持带着问题学习，进一步解放思想，理顺工作思路，着力解决在党的领导、党的建设、全面从严治党等方面存在的突出问题，确保理论武装头脑、指导实践，达到以学促思、以学促改的目的，使全县各级党员干部充分认识到巡视整改工作的政治性、重要性和紧迫性，始终在思想上与党中央、省州委同心同德、同行同向，确保中央和省州决策部署得到有效贯彻落实。

二是强化问题意识，持续抓好反馈问题整改。坚持整改目标不变、整改劲头不松、整改力度不减，进一步增强政治意识、责任意识，进一步增强巡视整改的责任感和使命感，切实把巡视反馈问题整改后续工作抓紧抓实抓好。对已完成的整改任务，及时组织“回头看”，巩固整改成果，防止问题反弹；对还没有完全彻底解决的问题，严格按照整改方案，加强督促检查，确保按时整改到位；对需要较长时间整改的事项，坚持一抓到底，坚决完成整改，务求取得实效。

三是加大执纪力度，推动从严治党向纵深发展。县委始终旗帜鲜明支持执纪执法机关履行职责、查办案件，对腐败问题不包庇、不护短、不遮掩，坚持“全覆盖、无禁区、零容忍”，有腐必惩有贪必肃，发现一起、查处一起。督促落实监督责任，突出主业主责，敢于亮剑出招，严惩贪污腐败，始终保持正风肃纪的高压态势，切实做到执好纪、问好责、把好关。对“四风”和腐败问题突出的部门单位，坚持“一案双查”，既严肃追究当事人直接责任，同时倒查追究领导主体责任和监督责任，促使各级党组织和纪检监察组织守好“主阵地”、种好“责任田”，切实为全县经济和各项社会事业健康发展保驾护航。

四是着眼建章立制，巩固巡视整改工作成果。对巡视整改过程中的好经验、好做法，及时通过制度进行固化。同时，提升制度执行力，通过广泛宣传、监督检查、适时问责等措施落实，真正让监督长牙、纪律带电、问责生威，全面提升巡视整改的科学化，规范化水平，严格贯彻执行监督纪“四种形态”，坚持抓早抓小，防微杜渐，严格落实读心谈话约谈制度，对党员干部身上的问题早发现、早提醒、早教育、早纠正，防止小问题变成大问题。以持续有力的督促检查，传导纪压力，确保各项规章制度落地生根、见到实效。

五深化整改成效，推进全县各项事业发展。以巡视反馈问题整改为契机，把整改工作与贯彻中央和省州委决策部署结合起来，重点从生态保护、脱贫攻坚、控辍保学、党的建设等方面的重点工作入手，积极谋划和推进当前和今后一段时期的各方面工作，进一步理清思路，完善措施，健全制度，着力推进曲麻莱改革发展，努力在深化巡视成果上见到新成效，在守纪律、讲规矩上见到新成效，在提高围绕中心、服务大局的能力水平上见到新成效，在推动深化改革发展上见到新成效，全面推进曲麻莱各项事业健康发展。

大 事 记

Da Shi Ji

1月

1日　曲麻莱县驻格尔木党工委、驻格尔木社区精准扶贫户整村推进项目效益分红大会召开。此次效益分红共4万元，每户1380元；购畜30头母牛，三年效益大小45头牛，共75头牛，现场分配给29户精准扶贫户，平均每户2.5头牛。

4日　曲麻莱县召开2018年财政涉农资金整合工作会议。会议通报了2017年全县财政涉农资金整合工作情况并安排部署2018年财政涉农资金整合工作，并就资金整合范围等相关内容进行了培训。全县各行业部门，各乡镇主要领导参加了本次会议。

5日　曲麻莱县第十五届人民代表大会第三次会议召开，会议选举产生县监察委员会主任。县委常委、县纪委书记陈如金当选为县监察委员会主任。

同日　根据县监察委员会主任提名，县人大常委会依法任命县监察委员会各位副主任和委员，并举行揭牌仪式。县委书记董晋林和县监察委员会主任陈如金共同为县监察委员会进行揭牌，标志着曲麻莱县监察体制改革试点工作迈出坚实的一步。

同日　县委书记董晋林召开曲麻莱县控辍保学劝返工作会议。会议要求，各部门要把“控辍保学”作为保证教育公平、促进社会和谐，实施教育扶贫的重要工作来抓，做到精准识别、精准落实。

7日　县委副书记、县长尼玛扎西到秋智乡调研生态畜牧业工作，并考察红旗村生态畜牧业合作社。

10日　县委常委班子组织召开2017年度专题民主生活会，重点对照六个方面的要求，结合思想和工作实际，进行党性分析，开展批评和自我批评。并要求班子成员要本着对组织、对班子、对同事高度负责的态度，拿出“向我开炮”的勇气和信心，主动接受政治体检和党性检修。

同日　州广电局局长活泼一行赴曲麻莱县督查曲麻莱县森林草原防火工作。

12—13日　县委书记董晋林到巴干乡慰问贫困户和老党员，并对今冬明春工作进行调研。

13日，县政协党组召开2017年度专题民主生活会。县政协党组副书记郭卓玛主持会议。

同日　曲麻莱县公安局破获1起牲畜盗窃案，切实维护了牧民群众的切身利益。

同日　曲麻莱县上居民区扶贫易地搬迁区内发生一起疑似一氧化碳中毒事件。

15日　县政府组织县市监局、安监局、物价、消防等部门组成的联合执法检查组，深入全县五乡一镇及不冻泉、五道梁的91家餐饮零售网点和19个加油站，重点对市场供应和安全生产工作等进行检查。

16日　曲麻莱县约改镇党委政府代表团到北京昌平区接洽帮扶工作，与北七家镇达成结对帮扶意向，双方就约改镇在产业扶持、村镇基础设施建设、人才交流、劳务培训合作等方面进行交流洽谈。

同日　曲麻莱县巴干乡麻秀村“西宁至玉树各县客运线路及客运班车开通仪式”在曲麻莱客运站举行。县委、县政府、县人大、扶贫、农行、乡镇主要领导参加了开通仪式。

2月

1日　县委办公室、县政府办公室印发曲麻莱县扫黑除恶专项斗争实施方案的通知，启动扫黑除恶专项斗争。要求立足于本地实际，坚持标本兼治、边扫边治边建，从根本上遏制黑恶势力滋生蔓延，坚决打赢扫黑除恶专项斗争攻坚战。

同日　曲麻莱籍藏族歌手昂萨·才仁永尕获得2018《星光大道》年度总冠军，并获得直通春晚的资格。

3日　县委、县政府在西宁召组织开全县老干部迎春座谈会。县委书记董晋林出席会议并致辞，县委副书记、县长尼玛扎西通报了2017年全县经济和社会发展情况。县委、县人大、县政府、县政协相关领导出席座谈会，在宁的离退休老干部共60余人参加了座谈。

4日　“寻找中国好水”暨第二届“中国好水”水源地发布会在北京举行。县委书记、三江源国家公园曲麻莱管理处党委书记董晋林获得“寻找中国好水”特别贡献奖。

6日　长江源园区国家公园曲麻莱管理处党委召开“认真学习领会习近平新时代中国特色社会主义思想，坚定维护以习近平同志为核心的党中央权威和集中统一领导，全面贯彻落实党的十九大各项决策部署”为主题的民主生活会，县委书记、管理处党委书记董晋林，县委副书记、县长、管理处主任尼玛扎西，专职副书记、副主任韩建武，党委委员尕塔、扎西旺加参加会议，管理处副科级以上干部列席会议。

11日　县委、县政府领导赴青海红十字医院对接帮扶工作，就双方在医疗扶贫工作中进行交流和座谈，并深入到病区探望曲麻莱县籍重度脊柱侧弯患者。

12日　县委副书记李健、人大副主任巴东、县人武部政委辛海一行到县武警中队、县公安消防大队、县人武部、约改镇派出所等单位进行“两节”慰问。

同日　县人社局劳动监察大队妥善解决曲麻莱县棚户区改造工程的30余名农民工讨薪事件和青海圣元公司易地搬迁项目的80余名农民工讨薪事件，切实维护了农民工的合法权益。

3月

5日　曲麻莱县各单位、各部门积极开展学雷锋志愿服务活动。

6日　县交警大队民警深入县城各学校，对全体师生开展“文明交通进校园”法制宣传教育活动。

8日　县妇女联合会为庆祝“三八”国际劳动妇女节108周年，开展“不忘初心跟党走，巾帼建功新时代”为主题的各类庆祝活动。

9日　县政府党组织第1次集中学习会议，重点学习《中国共产党章程》《中国共产党党内监督条例》，集体重温入党誓词。县政府各党组成员参加学习。

10日　县委副书记、县长尼玛扎西主持召开控辍保工作推进会议，传达州委州政府控辍保学专题会议精神，安排部署全县控辍保学工作。会议强调要认清形势，切实增强各个领域“控辍保学”工作的责任感和紧迫感，强化工作举措，扎实做好“控辍保学”工作。

同日　县委、县政府召开庆祝“三·八”表彰大会，表彰13个先进集体和22名先进个人。

11日　县残联开展学雷锋服务志愿活动，慰问残疾人家庭，为残疾人家庭带去温暖。

14日　曲麻莱县“控辍保学”暨校园安全维稳工作部署会召开。

17日　曲麻莱县召开“互联网+社会扶贫”工作推进会。县扶贫局和各乡镇主要领导参加会议。

同日　曲麻莱县召开财政涉农资金整合暨培训会议。会议贯彻落实省、州关于支持贫困县开展统筹整合使用财政涉农资金工作的安排部署，进一步统一思想，提高认识，明确任务，细化措施，继续加强财政涉农资金项目管理，提高财政涉农资金在精准扶贫工作领域的使用效益，形成涉农资金统筹使用的长效机制。全县各行业部门，各乡镇主要领导参加会议。

19日　曲麻莱县委第十五届三次全体(扩大)会议暨经济工作会议在县会议中心召开。会议深入学习贯彻党的十九大、十九届二中、三中全会、中央经济工作会议、农村工作会议、省第十三次党代会精神，县委书记董晋林代表县委常委会作工作报告，要求以习近平新时代中国特色社会主义思想为指导，全面落实省委十三届三次全会、州委十三届四次全会部署，在新的起点上奋力开创富裕文明和谐美丽新曲麻莱建设新局面。县委副书记、县长尼玛扎西总结2017年工作，把握形势要求，安排部署2018年经济工作。

20日　曲麻莱县召开2018年党的建设暨组织工作会议。县委副书记李健主持会议，县委书记董晋林出席会议并作讲话。县四大班子、法检两院副县级以上领导干部，乡镇党委书记、副书记、组织委员，县直各党工委书记、副书记，各党组书记和支部书记，共40余人参加会议。

同日　曲麻莱县召开2018年度农牧民技能培训工作安排部署大会。县委副书记、县长尼玛扎西出席会议并讲话。会议总结了2017年农牧民技能培训工作，安排部署2018年重点工作。

同日　县政协党组召开“学习十九大及省十三次党代会精神，决胜小康社会”主题研讨会，传达学习十九大精神和中央十九届一次、二次全会精神和省十三次党代会精神。党组成员参加会议，县政协党组副书记郭卓玛主持会议。

21日　曲麻莱县召开2018年全县百名干部下乡开展“三讲四促”百日活动动员大会。县委副书记李健主持会议，县委副书记、县长尼玛扎西与各工作组组长签订目标责任书并作讲话，县委常委、组织部部长李得志安排部署百名干部下乡开展“三讲四促”百日活动和精准扶贫信息采集工作。全县副科级以上领导干部参加会议。

22日　省级巡回宣讲团赴曲麻莱县开展扶贫干部培训工作。全县副县级以上领导干部、各乡(镇)、县直各机关单位主要领导、各村(社区)“两委”负责人,以及精准扶贫第一书记和驻村工作队员共130余人参加培训。

同日　县纪委印发《在扫黑除恶专项斗争中强化监督执纪问责实施方案》的通知。要求切实把扫黑除恶同反腐败斗争和基层“拍蝇”结合起来,深挖黑恶势力“保护伞”,为全县扫黑除恶专项斗争提供有力保证。

同日　国家公园长江源园区曲麻莱管理处在县城黄河源广场开展第26届“世界水日”宣传活动。

3月23日　县人力资源和社会保障局、总工会、县妇联、县团委、县扶贫局联合在曲麻莱县牦牛广场举办“春风行动”脱贫攻坚专场招聘会。

25日　国家公园长江源园区曲麻莱管理处举行生态管护摩托车发放仪式。曲麻莱县人大常委会主任欧周,县委常委、常务副县长贺生元,叶格乡、曲麻河乡党委政府负责人、生态管护员代表120余人出席发放仪式。资源环境执法局局长扎西旺加主持发放仪式。

同日　县委印发《〈中国共产党党组工作条例(试行)〉和〈中国共产党地方委员会工作条例〉学习方案的通知》,开展《〈中国共产党党组工作条例(试行)〉》和《〈中国共产党地方委员会工作条例〉》,并组织开展学习活动。

26日　曲麻莱县召开2018年行业部门扶贫工作推进会,通报2017年行业扶贫工作情况,安排部署2018年的行业部门重点工作,全县各行业部门主要负责人参加会议。

27日—28日　省林业发展规划与资金管理处处长赵海平、州委副书记师存武、州农村牧区工作领导小组副组长东坝阿宝一行赴曲麻莱县调研“三讲四促”宣讲活动的落实情况和合作社管理运行情况、精准扶贫产业资金的管理运行情况。

28日　县委书记董晋林赴秋智乡布甫村实地考察精准扶贫产业扶持项目和雍尕羊繁育基地运行情况。

29日　州委常委、纪委书记、监察委员会主任井永杰赴曲麻莱县调研党风廉政建设和反腐败工作。

同日　曲麻莱县召开深度贫困地区三年行动方案征求意见暨扶贫信息报送行业对接会议。全县各行业部门负责人参加会议。

4月

2日　县政协召开第17次常务委员会议,安排部署县政协2018年度工作。

5日　全县各单位赴革命烈士陵园,深切缅怀革命先辈,祭奠烈士英灵,激励党员干部继承革命传统,弘扬先烈精神,深切缅怀革命先烈,重温红色历史。

6日　曲麻莱县召开易地扶贫搬迁整改工作安排部署会。会议要求各地、各部门要认清当前易地扶贫搬迁整改工作的形势,切实增强紧迫感和责任感,全面推进易地扶贫搬迁整改工作。

7日　曲麻莱县2017年度易地扶贫搬迁项目开工仪式在格尔木昆仑民族文化村举行。项目计划搬迁安置665户2679人。

9日　中国人民政治协商会议第十三届曲麻莱县委员会第三次会议在县委会议中心隆重开幕。县委书记董晋林,县政协副主席郭卓玛、桂家军,秘书长白才,县政协原副主席布琴久旺在主席台前排就座。县党政领导李健、杰松尼玛、贺生元,县人大常委会主任欧周等应邀出席会议,并在主席台就座。

同日　中共曲麻莱县委中心组在县会议中心召开2018年第五次集中学习(扩大)会议,传达学习全国两会精神并安排部署贯彻落实工作。

同日　曲麻莱县农牧民就业创业服务中心开展就业创业精准扶贫系统学员信息录入工作。

10日　曲麻莱县第十五届人大第四次会议隆重开幕。会议听取县长尼玛扎西作的《政府工作报告》,审议《曲麻莱县2017年国民经济和社会发展计划执行情况与2018年计划草案的报告》和《曲麻莱县2017年财政预算执行情况和2018年财政预算(草案)的报告》。大会由主席团常务主席、大会执行主席欧周主持,大会主席团常务主席、执行主席董晋林、欧周、巴东、土旦久美、罗松江措、杰松尼玛、李健、普措卓玛、索南扎西、李得志在主席台前排就座。主席团成员及县委、县政府、县政协主要负责人在主席台就坐。县委、县政府各部门负责人、县直属单位负责人以及县政协十三届全体委员等120余人出席会议。

同日　曲麻莱县委书记董晋林围绕党的建设和党风廉政建设等方面，对全县副县级以上领导干部，各乡镇党委书记、乡镇长，县直机关各单位主要负责人进行约谈。

11日　曲麻莱县召开玉树州教育局督导曲麻莱县“控辍保学”工作推进会。

同日　县司法局以召开“两会”为契机，深入开展以“弘扬社会主义核心价值观，努力推进法治曲麻莱建设”“深化扫黑除恶专项斗争，净化社会治安环境”为主题的法治宣传活动。

12日　县人大、县政协组织县乡人大代表及政协委员共164人，前往县技能培训中心对精准扶贫工作开展专项视察活动。

13日　州政协主席尕桑赴曲麻莱县开展“贫济困送温暖送政策”活动。

15日　县委副书记、县长尼玛扎西带领县发改局、住建局负责人前往巴干乡调研基础设施、人饮工程、乡属各站所、学校、垃圾填埋场运营和管理等工作。

同日　叶格乡2017年易地搬迁项目启动。

同日　县委、县政府开展全民安全教育宣传活动暨防震减灾宣传活动。县委书记董晋林，县委副书记、县长尼玛扎西等出席。

同日　曲麻莱开展“4·15”国家安全日宣传活动。县委书记董晋林，县委副书记、县长尼玛扎西，县委副书记杰松尼玛，县委常委、宣传部部长普措卓玛，县委常委、政法委书记索南扎西，副县长、公安局长尕桑出席，县直机关单位干部职工参加宣传活动。

同日　县委常委组织部部长李得志一行深入叶格乡开展调研后备干部队伍建设工作。工作组根据县委要求，按照相关规定，逐一进行后备干部库建设工作的介绍、民主推荐后备干部、民主测评、组织考察、确定后备干部人员。

16日　县宣讲团赴约改镇、巴干乡宣讲党的“十九大”和全国“两会”精神。

18日　县人力资源和社会保障局联合青海三极牧人文化产业开发有限公司、母亲河酒店、黑帐篷酒店等企业召开2018年企业招聘周暨高校毕业生就业洽谈会。

22日　三江源国家公园曲麻莱管理处开展第49个“世界地球日”宣传周活动。

24日　曲麻莱县召开2018年扶贫工作会议。会议传达省州精准扶贫工作座谈会议精神，通报2017年脱贫攻坚工作，安排部署2018年脱贫攻坚和易地搬迁项目整改工作以及扶贫领域作风专项整治工作。会议上，4个县直部门和乡镇作了交流和表态发言，脱贫攻坚领导小组主要领导与各乡镇签订2018年贫困村和贫困人口目标责任书，县委书记、县扶贫开发领导小组组长董晋林作讲话。全县各单位和乡镇主要负责人、驻村第一书记50余人参加会议。

同日　曲麻莱县召开“互联网+社会扶贫网”和金融扶贫工作培训会议。

25日　省委第三巡视组巡视曲麻莱县工作动员会在曲麻莱县召开，省委第三巡视组组长高海宾同志作动员讲话。县委书记董晋林代表县党政领导班子做表态发言。省委第三巡视组副组长赵强、李华，巡视专员范富权、李业尕、吴永旺、李双，州委常委、纪委书记井永杰，州委巡察组组长孟凡华，以及县委、县人大、县政府、县政协领导班子成员，县法院、县检察院主要负责同志，各乡镇党委、政府，县委各部门，县直各机关单位，各人民团体，省驻县各垂管单位副科级以上领导干部，部分离退休老同志、老党员和群众代表参加了会议。

同日　县人民政府召开2018年第一次全体会议暨党风廉政建设工作会议，总结2017年政府工作和党风廉政建设工作，安排部署2018年各项重点工作。会议由县政府常务副县长贺生元主持，县长尼玛扎西出席会议并讲话。县纪委副书记、各副县长、各乡镇人民政府和县直各部门主要负责人参加会议。

27日　曲麻莱县召开易地扶贫搬迁工作整改推进会议，会议通报青海省易地扶贫搬迁工作中存在的8个方面的问题，并就全面推进易地扶贫搬迁工作进行安排部署。会议由县扶贫开发局局长扎西巴旦主持，县人民政府副县长尼玛扎西出席会议，县扶贫各行业部门、各乡镇主要领导参加会议。

同日　曲麻莱县召开扶贫互助资金管理专题

培训会议。各乡镇、金融部门、各互助协会负责人参加培训。

同日　曲麻莱县“雨露计划”培训会议在县精准扶贫指挥中心召开。各乡镇及各村社主要负责人参加了会议。

28日　县长尼玛扎西一行到县技能培训中心检查指导工作。

县委常委、政法委书记索南扎西赴格尔木、叶格乡、曲麻河乡多秀村调处草山纠纷案件。

29日　县委副书记、县长尼玛扎西带领县工作监督组，对全县19个村65个社信息采集工作组提交的曲麻莱县城镇（牧民）家庭基本信息采集表和入户视频成果进行督查。

5月

1日　在五一国际劳动节、五四青年节来临之际，曲麻河乡组织动员全乡干部和牧民群众，开展“感恩生态，保护家园”环境卫生清理活动。

3日　县人社局开展以“微笑服务·真情为民”的主题评选“民族团结之星”“精神文明之星”“优秀党员示范岗”和“服务之星”活动。

4日　曲麻莱县2018年党委政府脱贫攻坚成效考核自查问题整改部署会议召开。会议对2018年党委政府脱贫攻坚成效考核自查问题整改进行安排部署。

6日17时23分，青海玉树州称多县发生5.3级地震，震源深度9千米，震中位于北纬34.56度、东经96.53度，距离曲麻莱60公里。曲麻莱县巴干乡和麻多乡震感强烈。

7日　省社科院副院长马启雄一行调研曲麻莱县国家公园体制试点工作。

8—9日　北京对口援建专家组赴曲麻莱县巴干乡麻秀村、约改镇格前村对脱贫工作的经验、成效等方面进行调研。县委常委、副县长赵长松陪同。

9日　省政协调研组赴叶格乡调研三江源国家公园园区乡镇民生建设情况，县委副书记李健，曲麻莱县管理处专职副书记、副主任韩建武陪同调研。

同日　曲麻莱县组织县公安局、县卫生局、县市监局、县交警大队、曲麻河乡等相关单位，赶往109国道3049北河大桥处桥涵冲毁现场，救助被困车辆和人员。

同日　县委成立“两学一做”学习教育领导小组，并印发《关于在全县党员中开展“学党章党规、学系列讲话，做合格党员”学习教育实施方案》。

同日　省第三环保督查工作组赴曲麻莱县麻多乡约古宗列保护分区开展督查。

10日　曲麻莱县召开“两学一做”学习教育专题党课报告会。县委书记董晋林为70余名县级领导、机关各党委（组、支部）书记、乡镇党委书记上党课。

12—15日　州扶贫局督查组赴曲麻莱县就扶贫领域作风问题专项治理推进情况和项目问题整改情况进行专项检查。

12日　在全国第十个防灾减灾日主题宣传周期间，县政府组织县民政局、县公安消防大队、气象局、安监局联合举办以“行动起来，减轻身边的灾害风险”为主题宣传活动”。

16日　三江源国家公园建设暨三江源（可可西里）国家级自然保护区管理工作会议在西宁召开，县委书记、管理处党委书记董晋林，县委常委、副县长、专职副书记、副主任韩建武参加会议。

同日　县委县政府组织开展地震应急演练，提升紧急疏散和应对突发事件能力。

同日　州政协秘书长邵春鹏及州政协调研员洛桑才仁，在曲麻莱县开展政协工作调研。

同日　曲麻莱县组织召开自然保护区脱贫攻坚工作协调会。县委常委、常务副县长贺生元主持会议，扶贫、国土、畜牧、住建、发改、文化、交通等部门主要负责人参加会议。

20日　曲麻莱县召开教育均衡发展及扶贫领域作风问题整改工作部署会议，安排部署教育均衡及扶贫领域作风问题整改工作。全县各有关单位，乡镇主要负责人参加会议。

同日　县政府召开全县乡镇便民服务中心标准化建设培训会，对乡镇便民服务中心标准化建设的大厅设施、窗口硬件、窗口软件、进驻部门、政务公开等15项标准进行了业务培训。

22日　北京市昌平区委副书记、区长王合生等代表团成员一行，在县委书记董晋林等陪同下赴曲麻莱县对接精准扶贫和对口支援工作。王合生一行考察了曲麻莱县劳动技能培训中心，并参观民族服装制作培训基地、机动车修理培训基地、民族传统手工艺培训基地。

同日　曲麻莱县举办推动新一代《中国地震动参数区划图》培训班，全面推动新一代《中国地震动参数区划图》标准的贯彻实施。各乡镇主要领导、“三网一员”全体成员参加培训。

26日　曲麻莱县召开省州反馈县扶贫领域作风问题和脱贫攻坚突出问题再安排再部署会议。会议宣读《曲麻莱县扶贫领域作风问题和脱贫攻坚突出问题整改实施方案》，并就扶贫领域作风问题和脱贫攻坚突出问题整改进行再安排再部署。县委书记董晋林，县委副书记、县长尼玛扎西，县委副书记李健，县委常委、组织部部长李得志，副县长尼玛扎西，县政协副主席、财政局长桂家军等出席会议，县扶贫开发领导小组成员单位负责人参加会议。

同日，曲麻莱县召开建档立卡“查漏补缺”工作安排部署会议。县委书记董晋林，县委副书记、县长尼玛扎西，县委副书记李健，县委常委、组织部长李得志，县人民政府副县长尼玛扎西等领导出席了会议。

28—31日　县委书记董晋林在县委常委、副县长赵长松的陪同下赴全县36个部门督查扶贫领域作风问题整改工作以及各支部党建基础工作。督查以听取汇报、查阅资料、座谈交流等形式对各行业部门党建、精神文明建设、联点帮扶、行业扶贫等十四个方面存在的扶贫领域作风问题整改进展情况进行督查指导。

6月

1日　曲麻莱县召开防汛抗旱工作会议，县委常委、副县长贺生元，县委常委、副县长、曲麻莱管理处专职副书记、副主任韩建武出席会议并讲话，各乡镇、县政府各部门主要负责人参加会议。

同日　来自曲麻莱县的两对白唇鹿抵达北京。青海省人民政府向北京首都人民赠送白唇鹿仪式在北京动物园隆重举行。

2日至3日　长江源园区国家公园曲麻莱管理处得知麻多乡扎加村五社卡曲河大桥下游段因河流干旱断流，造成大量的产卵湟鱼受困的消息，立即组织资源环境执法局和部分管护员以及志愿者、当地群众，全力营救受困湟鱼，救助受困湟鱼13700余条；生态管护员、志愿者和当地群众救助受困湟鱼28000余条。

3日　曲麻莱县召开建档立卡“查漏补缺”工作安排部署会议。县委书记董晋林，县委副书记、县长尼玛扎西等出席会议。各乡镇、县政府各部门负责人参加会议。

5日　长江源园区国家公园曲麻莱管理处举行“保护生态环境，建设美丽曲麻莱”世界环境日生态保护宣传教育活动。

7—8日　州人民检察院党组书记、检察长王利年赴曲麻莱县检察院调研检察业务工作，并就如何与贯彻落实中共十九大精神和习近平新时代中国特色社会主义思想更好的结合进行调研。同时对基础设施建设、党风廉政建设、领导班子建设、队伍建设、检容、检务、检纪等方面进行督查。

11—14日　北京巧女公益基金会考察调研组成员到曲麻莱县对三江源国家公园园区内的叶格乡红旗示范村开展考察调研工作。

12日　省司法厅督查组赴曲麻莱县调研基层公共法律服务的开展、服务内容的优化、工作人员的配备等实体结构建设现状进行调研和督查。

13日　县长尼玛扎西主持召开扫黑除恶专项斗争工作部署会议，政府党组全体成员参加会议。

15日　县长尼玛扎西主持召开县政府专题会议，研究部署全面推动精准扶贫工作。

16日　省安全监管局党组书记、局长陆宁安一行赴曲麻莱县调研精准脱贫工作，就进一步加强秋智乡格麻村精准脱贫工作进行座谈，并现场调研制约格麻村集体经济发展的瓶颈，对格麻村“产业园”基础设施建设建行现场办公。

17日　曲麻莱县组织召开自然保护区脱贫攻坚工作协调会。县委常委、常务副县长贺生元主持会议，县扶贫、国土、畜牧、住建、发改、文化、交通等部门主要负责人参加会议。

22日　曲麻莱县出现雷电、降雨天气，造成县城地势较低处的13户群众家中积水严重。汛情发生后，县委、县政府组织开展排查汛情和群众疏散安置工作。

23日　县委书记董晋林主持召开防汛抗灾工作会议，安排部署汛情排查、化解和后续工作。会议要求对县城汛情进行全面排查，掌握清楚汛情影响，做好群众安置工作，将此次汛情影响降至最低，最大限度减少群众损失。

24日　曲麻莱县科级干部轮训班在北京市昌平区举办。此次培训班分四期举办，培训人数160余人。培训主要内容为“新农村建设”“十九大精神解读”“社会主义核心价值观”等课堂教学和现场教学。

25日　省委常委、纪委书记、监委主任滕佳材一行赴曲麻莱县农牧民就业创业服务中心调研指导工作。县委书记董晋林，县委副书记、县长尼玛扎西等人陪同调研。

30日　曲麻莱县召开庆祝中国共产党成立97周年大会，县委书记董晋林出席会议并致辞。代表县委向全县各级党组织和全体共产党员致以节日的问候。

7月

5日　省级易地搬迁督查组赴曲麻莱县督查易地搬迁整改工作，重点对易地搬迁存在的8个方面的问题进行督查。同时，督查组一行还赶赴叶格乡易地搬迁工地实地查看易地搬迁工程进度，就易地搬迁现场存在的问题提出意见和建议。

6日　曲麻莱县召开环境保护网格化管理工作安排部署会。县委常委、副县长、国家公园曲麻莱管理处专职副书记、副主任韩建武主持会议并讲话，各乡镇人民政府、县政府各部门负责人参加会议。

7日　省环境保护督查组赴曲麻莱县开展环保督查问题整改情况专项督查，县委、县政府及曲麻莱管理处资源环境执法局领导陪同。

同日　青海玉树第二届创世九尊神山之尕多觉悟徒步转山节，在巴干乡举行。州政协副主席张国强，县委书记董晋林，县委副书记、县长尼玛扎西，州旅游局局长阿夏·永红等出席。

9日　县长尼玛扎西主持召开县政府专题会议，安排部署精准扶贫督查工作。

11日　曲麻莱县召开扶贫领域易地搬迁整改工作会议。会议强调，各行业部门、各乡镇要切实增强抓好易地扶贫搬迁工作的紧迫感，抓好易地扶贫搬迁重点工作的落实。

同日　省地方病研究所所长张雪飞、玉树州疾控中心主任楼智明等防治专家工作督导组赴曲麻莱县督查地方病防治工作。

同日　国家自然资源部第五督查组一行五人赴曲麻莱县开展国家公园体制试点工作查工作。

12日　国家林业和草原局工作组赴国家公园曲麻莱管理处调研体制试点工作。

同日　中国水利博物馆党委书记、馆长张志荣一行赴曲麻莱调研国家公园体制试点工作，对约改镇岗当村生态管护员文秀、格莱江措生态管护工作开展情况进行了采访。

14日—18日　省选人用人巡视检查组对曲麻莱县2014年以来干部选拔任用工作开展情况进行专项检查。

17日　州环保、国土联合工作组赴曲麻莱县达哈煤矿开展生态环境恢复治理验收工作。

19日　曲麻莱县委副书记李健一行赴北京市昌平区委党校就选派科级干部培训工作开展座谈交流。

20日　三江源国家公园生态保护与发展规划座谈会及意见建议征求会在西宁召开。长江源国家公园曲麻莱管理处负责人韩建武及规划财务部负责人参加了座谈会。

21日　省委第三巡视组向曲麻莱县下发《督办通知》，曲麻莱县着手开展整治“在编不在岗”问题。

7月23日　曲麻莱县召开脱贫攻坚问题整改工作推进会，县委常委、常务副县长贺生元主持召开会议。会议传达了省扶贫局马丰胜局长在全省脱贫攻坚工作推进视频会议上的讲话精神，通报了曲麻莱县脱贫攻坚问题整改情况，对全县脱贫攻坚问题整改工作进行再安排、再部署。

24日　受县委书记董晋林委托，县委副书记李健主持召开十五届县委第19次常委会议，会议研究曲麻莱县干部推荐有关事宜。县委副书记杰松尼玛，县委常委王哲峰、赵长松、普措卓玛、贺生元、李得志、索南扎西参加会议。

同日　曲麻莱县召开光伏扶贫项目推进会议，研究项目实施地（约改镇长江村）土地征收、项目收益、贫困户分红等相关工作。县委常委、常务副县长贺生元主持会议，县委常委、副县长赵长松，各行业部门主要负责人参加会议。

25日　北京林业大学调研工作组赴曲麻莱县调研三江源国家公园体制试点推进情况。

30日　县妇联举行"美丽女性、幸福家园"藏汉双语丛书读书活动。6乡镇4社区主席、副主席，县中学、一完小、二完小、幼儿园负责人、县直机关妇女代表参加活动。

同日　青海大学财经学院调研组赴曲麻莱县调研园区特许经营工作。

8月

1日　县委副书记、县长尼玛扎西带领县四大班子负责人到县武装部、消防大队、武警中队、县民兵队等进行走访慰问。

2日　县纪委监委查处并通报一起扶贫领域基层村社干部违纪问题。

7日　三江源国家公园管理局在可可西里国家级自然保护区五道梁保护站举行藏羚羊迁徙护航队成立授旗仪式，标志着国内首支藏羚羊迁徙护航队成立，活动当天还启动了"2018·欢迎藏羚羊回家"护航行动。

8日　县深入推进依法行政加快建设法治政府工作领导小组组织开展法治政府建设集中宣传活动。县纪委、组织、宣传、发改、教育、公安、民政等39个部门参加宣传活动。

9日　副省长田锦尘会同省有关部门负责同志赴曲麻莱县实地调研脱贫攻坚、生态环境保护、三江源国家公园体制试点、河长制和项目投资等工作，详细了解牧民城镇化产业服务中心运行、易地脱贫搬迁安置和扶贫产业等情况，并与乡镇干部群众进行座谈交流，充分肯定当地扎实开展牧民实用技能培训的做法，要求切实做好深度贫困地区脱贫攻坚工作。

10日　曲麻莱县召开2018年脱贫攻坚推进会议，全面贯彻省委省政府重要会议精神和问题整改工作落实情况，分析查找脱贫攻坚存在问题，安排部署重点工作。

12日　全州民族团结观摩团到曲麻莱县德勒社区检查指导工作。县委副书记杰松尼玛，县委常委、政法委书记索南扎西，县人大常委会主任欧周等陪同观摩。

同日　曲麻莱县农牧民就业创业服务中心第一期建档立卡贫困户参训学员顺利结业。共有6个专业216名学员取得了结业证书

13日　由省扶贫开发局政策法规处调研员崔凯、省扶贫开发局区划研究所助理研究员白延凯、州扶贫开发局副局长诺布文扎、州扶贫开发局项目科科长索南文青等9人组成的督查组赴曲麻莱县督查脱贫攻坚工作。

15日　中国科学院西北高原生物研究所专家组赴长江源园区国家公园曲麻莱管理处园区开展科学考察活动。

同日　新疆阿拉善SEE基金会赴国家公园长江源园区曲麻莱管理处开展生态保护考察工作。

同日　省教育厅副厅长薛建华一行赴曲麻莱县督查控辍保学工作。

同日　曲麻莱县"雨露计划"教育补助发放工作部署会议在县精准扶贫指挥中心召开。

16日　副省长张黎深入曲麻莱县调研文化事业、文化产业发展情况。强调要落细落实"一优两高"战略部署，坚持把社会效益放在首位，深入创建国家级藏族文化生态保护实验区，推进文化事业、文化产业提质增效。

8月17日　曲麻莱县召开省州两级专项督查曲麻莱县脱贫攻坚问题整改工作部署会议，会议由县委副书记、县扶贫开发领导小组常务副组长李建主持，县委书记董晋林，县委副书记、县长尼玛扎西以及在家的县处级以上领导干部，各扶贫行业部门主要负责人和各驻村扶贫"第一书记"参加。

20日　省食品药品监督管理局总监杨国瑜一行赴曲麻莱县调研食品药品安全工作。

21日　曲麻莱县光伏扶贫项目工作推进会在县精准扶贫指挥中心召开。县委常委、常务副县长贺生元出席会议。县扶贫、财政、发改、住建、畜牧、国土、电力公司等相关行业部门主要负责人参加会议。

26日　自然资源部第五督查组组长窦敬丽一行赴曲麻莱县督查三江源国家公园体制试点工作并召开座谈会。县委书记、管理处党委书记董晋林，县人民政府县长、管理处主任尼玛扎西，县委常委、副县长专职副书记、副主任韩建武等领导参加座谈会。

27日　省委常委、组织部部长王宇燕一行在

州委书记吴德军和州委常委、组织部部长桑文俊等陪同下赴曲麻莱县调研督导联点扶贫和抓党建促脱贫攻坚、促乡村振兴及村集体经济“破零”工作。

28日　省委第三巡视组在曲麻莱县召开巡视情况反馈会议，省委第三巡视组组长高海宾向县委反馈了巡视意见，省委巡视办副主任刘强作讲话。

29日　县残联对基层一线29名残疾人专职委员进行表彰奖励。

30日　自然资源部第五督查组关于三江源国家公园体制试点工作督查问题反馈会议在西宁召开，县委书记、管理处党委书记董晋林，专职副书记、专职副主任韩建武参加会议。董晋林就认真做好反馈问题整改工作进行了表态发言。

9月

1日　县委书记董晋林赴县民族中学调研教育工作。

6日　县扶贫开发局组织召开2018年北京市昌平区对口援建曲麻莱县项目实施方案评审会议。县委常委、常务副县长贺生元，以及领导小组全体成员参加了会议。

7日　曲麻莱县召开脱贫攻坚推进会议暨问题整改工作再安排再部署会议。县委书记、县扶贫开发领导小组组长董晋林出席会议并讲话，县委常委、常务副县长贺生元主持并出席会议。各行业部门、各乡镇主要负责人、各驻村第一书记参加会议。

8日　省委环保专项督查工作第三督查组赴曲麻莱县开展生态环保专项督查，曲麻莱县委书记、管理处党委书记董晋林，县委常委、副县长管理处专职副书记、副主任韩建武陪同。

9日　县长尼玛扎西主持召开县政府专题会议，听取各督查组工作汇报，安排部署精准扶贫督查工作。

10日　由青海民族大学公共管理学院副院长卓玛措一行6人赴长江源园区国家公园曲麻莱管理处调研三江源国家公园机构运行情况，并在曲麻莱管理处会议室召开座谈会，规划财务部、生态环境和自然资源管理局等部门负责人参加座谈会。

同日　在第32个教师节来临之际，曲麻莱县召开全县教育工作者大会。大会要求全县各级领导干部和广大教育工作者，担当使命，恪守教师的职业道德情操，着眼发展，努力提高曲麻莱的教育质量。县委副书记、教工委书记李健出席会议并作讲话。

15日　三江源国家公园曲麻莱管理处在曲麻河乡玉珠峰地区查处一起盗采砂金案件。

17—22日　根据环保部工作要求，曲麻莱管理处积极配合省三江源国家公园管理局在园区内开展新增人类活动九个重点区域核查工作，共核查新增人类活动点94处。

18日　国家能源集团根据曲麻莱县独特的地理位置和重要的生态保护特性，决定连续3年每年增加投入，设立国家能源集团黄河源头生态保护区，开展“退牧还草，保护母亲河”行动。

21日　玉树州“七五”普法中期督查考核组组长、州司法局局长王偕明一行赴曲麻莱县就“七五”普法中期工作开展情况进行督查指导。县委副书记李健、县政府副县长、公安局局长尕桑、县政协副主席桂家军，以及普法各成员单位负责人共42人参加。

22日　由深圳市舍得爱心慈善基金会举办的“舍得慈善．童心同伴携手爱心妈妈助学启动仪式”在曲麻莱县二完小举行。深圳市舍得爱心慈善基金会承诺将资助100名学生直到完成大学学业。同时为1500名孩子们发放了书包、画板以及书籍。

27日　首届玉树州有机生态畜牧业观摩交流会在曲麻莱县召开。

29日　按照省委统一部署，省委第三巡视组向曲麻莱县委反馈巡视情况。省委巡视办副主任刘强向曲麻莱县党委主要负责人传达省委书记王建军在听取巡视情况汇报时的讲话精神，并就抓好巡视整改工作提出明确要求。

10月

11日　由省可可西里申遗办公室、省住建厅联合组织的专家赴曲麻莱县曲麻河乡生态保护站开展可可西里申遗实地演练工作，专家组一行还前往全省生态公益岗位设置试点村多秀村，对生态管护员进行了访谈。

16日　县委印发《省委第三巡视组关于对曲麻莱县开展巡视情况的反馈意见》的通知。要求全县各乡镇、各单位要认真对照自查，同步整改，切实增强做好巡视整改的政治担当，用“四个意识”衡量巡视整改工作，推动巡视反馈问题整改工作。

18日　县委成立省委第三巡视组巡视反馈意见整改工作领导小组。整改工作由县委书记董晋林总负责，县委副书记、县长尼玛扎西同志协助董晋林同志做好省委巡视反馈意见整改工作。整改工作领导小组下设办公室，具体负责日常工作，由县委副书记李健兼任办公室主任，县委常委韩建武、贺生元、李得志、索南扎西、陈如金、杨希红兼任办公室副主任。

20日　省扶贫开发局规划财务处副处长祁海滨一行赴曲麻莱县调研深度贫困地区脱贫攻坚工作情况，并组织召开全县深度贫困地区脱贫攻坚工作座谈会。

同日　曲麻莱县召开深入推进非法加油站整治工作召开会议。会议强调要高度重视非法加油站整治工作，要彻底消除存在的安全隐患，坚决防范危险化学品领域事故的发生，切实落实好安全责任。

24日　县委书记董晋林，县委副书记、县长尼玛扎西，副县长尼玛扎西一行到县扶贫开发局检查指导脱贫攻坚工作情况，并组织全体干部职工召开精准扶贫工作座谈会。

同日　县委副书记、县长尼玛扎西一行深入县技能培训中心调研指导技能培训工作。副县长尼玛扎西，县人社局、扶贫局主要负责人陪同调研。

26日　县委召开全县领导干部警示教育大会，县委书记董晋林出席会议并讲话。

28日　巴干乡代曲村扶贫牧场举行第四次分红仪式，来自代曲村三个社87户264人建档立卡贫困户分红羊264只，价值人民币15.84万元。

31日　曲麻莱县召开2017年度易地扶贫搬迁住房分配现场会议。此次分房涉及格尔木市昆仑民族文化村集中安置534户，曲麻河乡、叶格乡、麻多乡小城镇集中安置131户。其中格尔木集中安置户：巴干乡105户，麻多乡55户，叶格乡191户，秋智乡7户，曲麻河乡176户；小城镇集中安置户：曲麻河乡16户，叶格乡85户，麻多乡30户。

11月

3日　西部矿业集团有限公司党委副书记李威，党委副书记、工会主席李曙光一行深入曲麻莱县联点帮扶村——郭洋村召开扶贫产业发展项目座谈会。

5日　中国共产党曲麻莱县委第十五届委员会第四次全体会议在县委会议中心召开。县委书记董晋林代表县委常委会作讲话。会议要求认真贯彻习近平新时代中国特色社会主义思想和中共十九大精神，深入学习贯彻省委十三届四次全会、州委十三届五次全会精神，安排部署曲麻莱县“一优两高”战略，合力打赢打好脱贫攻坚战，奋力开启富裕文明和谐美丽新曲麻莱的崭新篇章。

同日　县委副书记、县长尼玛扎西一行15人赴精准扶贫商业一条街，与6家企业、村集体经济实体启动精准扶贫商业一条街签订租赁协议仪式。并就发展村集体经济进行调研。

同日　在国家能源集团青海分公司资金帮扶下，黄河源头核心地区15万亩草场实现历史上首次禁牧，迈出了生态保护区建设的重要一步。

6日—8日　国家林草局西北督查局副专员尚帅斌一行4人赴曲麻莱管理处督查2017年—2018年的天然林保护公益项目实施情况，生态环境和自然资源管理局相关负责人陪同督查。

12日　县委常委会召开省委巡视组反馈意见整改工作专题民主生活会。会议通报2017年度县委常委会班子专题民主生活会整改情况。县委书记董晋林代表常委会班子作了对照检查，常委会班子成员进行对照检查，针对巡视发现的问题，深刻反思，对照问题找责任，触及思想找原因，立足工作找差距。

13日　县政府党组书记尼玛扎西主持召开县政府党组班子巡视整改专题民主生活会，深入学习中共十九大精神和习近平新时代中国特色社会主义思想，围绕省委第三巡视组巡视反馈问题作对照检查，并开展批评与自我批评。

同日　县扶贫开发局召开国家能源集团定点帮扶曲麻莱县督促检查工作问题反馈会。会议由县委常委、副县长王哲峰主持。国电青海分公司纪检审计、财务等专业人员以及县扶贫局、各乡镇党委主要负责人参加会议。会上通报了国电集团2016年、2017年帮扶项目实施情况、资金使用情况、项目效益情况，提出相关问题整改意见。

19日　县委副书记、县长尼玛扎西一行先后赴黄河社区、帮手孤儿院、约改滩敬老院、儿童福利院、长江社区等慰问走访“农转非”困难群众家庭。县委常委、常务副县长贺生元，县委常委、宣传部部长杨希红，县政协副主席、县财政局局长桂家军等参加上述活动。

21日　县人民政府举办青海省政务服务网络平台培训班，行政服务中心中心各入驻窗口具体经办人员共15人参加培训。

22日　曲麻莱县召开州委第三巡察组巡察曲麻莱工作动员大会。县委书记董晋林代表县四大班子作表态发言。县委书记董晋林主持会议，州委第三巡察组成员，县委各常委，副县级以上领导干部，各乡镇党政主要负责人，县直各机关单位负责人等50余人参加会议。

同日　共青团曲麻莱县委积极行动，结合开展的“暖冬”行动，在曲麻莱县第一完全小学开展了孤残儿童慰问活动，为他们送去浓浓的爱意和深深的关怀，为促进社会和谐，营造全社会关心、关注、关爱残疾儿童的良好氛围。

24日　曲麻莱县在黄河源广场举行曲麻莱县脱贫光荣户表彰大会。大会上，县委副书记李健为26名脱贫光荣户颁发了荣誉证书，每人奖励了一台价值1.9万元的三轮自卸农用车，并为5个合作社发放了9万元产业扶持发展资金。

26日　秋智乡布甫村举行2018年精准扶贫产业扶持项目收益分红大会。现场分红17.22万元，受益贫困户340户。

同日　曲麻莱县项目验收领导小组成员单位对2017年665套易地扶贫搬迁项目的住房、水、电和其他附属设施进行全面验收。

27日　由县发改局、县财政局、县民政局、县生态环境和自然资源管理局、县扶贫局等相关部门组成的曲麻莱县项目验收领导小组成员单位对2017—2019年产业扶持项目进行全面验收。

12月

13日　县委书记董晋林一行赴省委第三巡视组报告曲麻莱县巡视反馈问题整改工作情况。巡视整改工作受到省委第三巡视组一致肯定和高度评价。

15日　曲麻莱县召开全县农转非享受政策确认大会。县扶贫、民政局、曲麻河乡、叶格乡以及农专非户代表50多余人参加会议。

17日　曲麻莱县召开2018年度脱贫攻坚目标责任考核工作安排部署会议。会议通报2018年全县脱贫攻坚工作开展情况及存在的问题，安排部署重点工作。

18日　曲麻莱县组织全体干部职工通过网络视频直播观看“庆祝改革开放40周年大会”盛况。

同日　曲麻莱县文化展示中心挂牌成立。

19日　县委副书记、县长尼玛扎西一行赴北京市昌平区对接对口帮扶工作。双方重点围绕产业发展、教育投入、基础设施建设等方面帮扶工作进行了深入交流。

20日至21日　中共玉树州委副书记王华杰一行到曲麻莱县调研基层党建、脱贫攻坚等工作。调研期间，王华杰一行先后深入农牧民就业创业服务中心、精准扶贫产业规划厅、扶贫一条街、大学生创业点了解各项工作推进情况。县委副书记、县长尼玛扎西等陪同调研。

21日　曲麻莱县召开2018年脱贫攻坚目标责任考核问题反馈会议。省级考核组利用四天时间对2018年度脱贫攻坚目标责任落实情况，通过查阅资料和入户访谈等方式进行全面细致的考核。

25日　三江源国家公园管理局党委书记、局长李晓南赴长江源园区国家公园曲麻莱管理处调研体制试点推进情况，并慰问了管理处困难干部职工、老党员以及园区两乡困难生态管护员。调研中，李晓南与县委书记、管理处党委书记董晋林就管理处推进体制试点过程中存在的困难等交流座谈，并就管理处扎实做好今后体制试点的各项工作任务交换意见。

25日　叶格乡红旗村托俄俄加合作社举行分红仪式。

同日　曲麻河乡召开2017年度昂拉村产业扶持资金效益分红大会，现场分红11.57万元。

县情概览

Xian Qing Gai Lan

地理位置

曲麻莱县位于青海省西南部，玉树藏族自治州北部，昆仑山南麓，通天河北岸，地处东经92°56′—97°35′，北纬33°36′—35°40′。隶属青海省玉树藏族自治州辖，县域全境属三江源国家级自然保护区范围。曲麻莱，以县境内曲麻河（楚玛尔河）与莱阳大滩而得名，意为“红色的河，宽阔的滩”，为黄河源头第一个藏族聚居纯牧业县。黄河发源于麻多乡郭洋村境内的昆仑山东段南支巴颜喀拉山脉北侧的各姿各雅山东麓；长江北源主要源流勒玛河、楚玛尔河、色吾河、代曲河均发源于曲麻莱县。曲麻莱县为中国南北两大水系主要涵养区之一，地理位置在长江源区和黄河源头，属三江源区域中具有极其特殊而重要的生态区域位置。北部西段为终年积雪的昆仑山主脉，东段以阿拉克湖、洪水川与海西蒙古族藏族自治州格尔木市、都兰县分界；东北部邻扎陵湖与果洛藏族自治州玛多县相连，西与可可西里接壤；东南与玉树州称多县为邻；南与玉树州玉树市、治多县隔通天河相望；西以青藏公路（109国道）和青藏铁路与可可西里国家级自然保护区相接。全县东西长405千米，南北宽237千米。全县土地总面积52446平方千米（含可可西里部分地区），占玉树州土地总面积的19.63%，占青海省土地总面积的7.28%；人口平均密度0.87人/平方千米。县人民政府驻约改滩，距省会西宁市866公里，距州府玉树市223公里，距海西州格尔木市486公里。

历史沿革

早在2万年前，曲麻莱地区即有人类居住。20世纪后期，考古工作者在曲麻莱县西部五道梁、风火山等地发现旧石器时代人类活动痕迹，而更早时候考古工作者在通天河流域发现有新石器时代人类活动遗迹，证明数万年前曲麻莱地区比较适宜早期人类生存。随着全新世（距今约1万年）以来高原气候急剧寒冷化，自然条件日益严酷，曲麻莱地区逐渐沦为无人区。考古工作者发现，4000年前曲麻莱境内又开始出现人类活动，从战国到秦汉，昆仑山以南的地区属西羌故地。

魏晋南北朝至隋时期，曲麻莱地区仍属西羌故地，为苏毗王国领地之部分，为白兰羌活动地区。隋、唐时称之为“女国”“东女国”。《北史·吐谷浑传》“白兰西南二千五百里隔大岭，又度四十里有女王国”。可知白兰在苏毗女国东北及吐谷浑之附近；最初似乎在青海北部，而隋唐时期，则又南迁活动于青海南部，与吐蕃关系密切。有学者考证认定，从两晋、南北朝到隋唐时期白兰羌的活动中心就在今青海省曲麻莱县巴颜喀拉山至扎陵湖一带，并命山为白兰山（今巴颜喀拉山查仁日久段雅拉达泽峰），海为白兰海（今扎陵湖、鄂陵湖）。擅长制造兵器，与当时的党项关系密切，也曾附属于吐谷浑。

唐属吐蕃领地。唐初吐蕃赞普松赞干布率军先后灭党项、白兰、吐谷浑，进而东逼中原，曲麻莱地区始成吐蕃领地。贞观十五年（641年），唐太宗李世民遣李道宗等护送文成公主到吐蕃完婚，途经曲麻莱唐蕃古道，赞普松赞干布迎亲于柏海（今鄂陵湖和扎陵湖）。

南宋属囊谦部落王族直接管辖，为囊谦部落辖地。同期，年措部落在曲麻莱南部出现，曲麻莱南部为年措部落辖地。元属吐蕃地，受路宣慰使司辖。明属朵甘思宣慰司地。清崇德元年（1636年）属和硕特蒙古政权辖，曲麻莱地区成为和硕特蒙古势力范围。和硕特蒙古即东归后居于柴达木南部今格尔木地区的部落，第一个首领名和硕特，至今曲麻莱、可可西里等地仍有许多蒙古语地名，即当年和硕特进藏时经途所命名。清雍正二年（1724年）以囊谦千户为首的玉树25族得到清朝政府封号，其中上年措部落分布在通天河北岸今曲麻莱东南部地区。清雍正三年（1725年），在西宁设立总理青海蒙古番子事务大臣（西宁办事大臣）衙门，曲麻莱地区归西宁办事大臣统辖。民国元年（1912年），曲麻莱地区归西宁办事长官管辖，旋改隶番宣慰使和甘边宁海镇守使辖，民国六年（1917年）属玉树理事辖。

民国十年（1921）以布久昂周（亦称红柯）为首的7户藏族牧民从果洛地区的阿江部落迁移至安塔秀沟，后逐渐东移到扎陵湖畔的措哇尕泽一带游牧，成为曲麻莱北部地区第一个部落——布久红柯部落。1935年又陆续从青海果洛，四川甘孜等地迁来多仓、俄仓、然仓、哈秀、贝沙、干巴、尕托、河喇嘛8个部落，共约1000户、3000余人，米福堂为总头人，形成9个部落，成为曲麻莱县前身，又称“上果洛”。民国二十九年（1940）青海省国民政府电令，在韩有禄团部的哈姜地区、下果洛达的海、鄂陵湖东及野马滩、长石头一带建立星川设治局（为星宿海和洪水川之缩称），治所达的海。辖境相当于今曲麻莱县全境及玛多县西部地区。是时，“上果洛”势力范围从布青山（阿米科日）与阿尼玛卿山之间的大积石山、今玛多县花石峡镇向西经洪水川、星宿海，鄂陵湖、扎陵湖到今曲麻莱县全境和可可西里、唐古拉山地区直至青藏交界处。北起昆仑山脉博卡雷克塔格山和布尔汗布达山，南至通天河朔源而上，到长江源的广大区域。1947年马步芳在曲麻莱地区建立“布久宗”（宗，为藏语“县”的音译，仅为建制形式），委任米福堂为“布久千户”，星川设治局并未撤销。之后，分布于今曲麻河乡及以西可可西里等地的然仓部落首领称“然仓千户”。

1949年11月2日，星川设治局（上果洛）随玉树地区和平解放。1950年6月，青海省人民政府委员会第二次委员会议调整行政区划，改“星川设治局”为“曲麻莱设治局”，由省直辖。米福堂任局长，受省政府委托，管理、维护曲麻莱社会秩序。1952年11月，改曲麻莱设治局为曲麻莱区，青海省直辖。直至1953年10月24日成立曲麻莱县人民政府，改曲麻莱区为曲麻莱县，驻地色吾沟。时有千户1名，百户8名，百长2名。1953年12月20日，青海省人民政府报请中央人民政府政务院批准，曲麻莱县由原青海省直管，划隶玉树藏族自治州辖。

行政区域

1956年，析曲麻莱县东部区域、果洛州甘德县、达日县之部分，置玛多县，自此形成曲麻莱县北部与东部界限。1956年12月，布久、多仓、俄仓、贝沙、哈秀、然仓、干巴、河喇嘛、尕托9个部落，组建为3个肖格（乡）。哈秀、贝沙、干巴、河喇嘛4个部落组建成立秋智肖格；多仓，俄仓，尕托，布久4个部落组建成立麻多肖格；然仓部落组建成立然仓肖格；全县辖3个肖格。

1958年10月，实行县社合一公社化体制，撤销3个肖格，分别组建成立曲麻河、巴颜、雅拉达泽3个大队。同月，治多县上年措肖格划归曲麻莱县管辖，改建为叶格大队（乡级政权）。1958年11月—1959年1月，全县辖叶格、巴颜、曲麻河、雅拉达泽4个大队。1959年1月，成立天河县，叶格大队划归天河县辖，分设为东风、巴干2个人民公社。1959年3月，曲麻河大队改名为先锋人民公社，巴颜大队改名为巴颜人民公社；撤销雅拉达泽大队，成立农业大队。1960年全县辖先锋公社、幸福公社、农业大队，2个公社1个大队。1961年10月撤销农业大队。1962年7月，先锋人民公社更名为曲麻河乡，析其部分置叶格乡；巴颜人民公社更名为麻多乡，析其部分置秋智乡。1962年11月，撤销天河县，东风、巴干2个人民公社又划归曲麻莱县辖。1962年末，全县辖东风、巴干、秋智、叶格、麻多、曲麻河6个乡。1969年11月，乡改称人民公社，巴干乡改名为八一人民公社、麻多乡改名为四一人民公社、叶格乡改名为永红人民公社、曲麻河乡改名为卫东人民公社。1971年3月，恢复人民公社名称。八一人民公社恢复为巴干人民公社、四一人民公社恢复为麻多人民公社、永红人民公社恢复为叶格人民公社、卫东人民公社恢复为曲麻河人民公社。1973年末，全县辖东风、巴干、秋智、叶格、麻多、曲麻河6个人民公社。1974年西藏安多县发生特大雪灾后，向曲麻莱县求援，借用曲麻河公社唐古拉山（可可西里）地区4.5万平方千米草场救灾，以度过雪灾。自此，唐古拉山（可可西里）地区草场便再未回到曲麻莱县曲麻河人民公社。后来西藏自治区把唐古拉山地区草场归还青海省，青海省政府则把唐古拉山地区草场交给交通条件比曲麻莱县好、管理比较方便的格尔木市暂时代管，直到现在。1984年5月，撤销人民公社建制，恢复为乡，原生产大队改为村，建立村牧民委员会；原生产队改为牧业社。全县辖东风乡、巴干乡、秋智乡、叶格乡、曲麻河乡、麻多乡6个乡、19个村、65个牧业社。1993—2000年，玉树全州开展勘界工作，确定了曲麻莱县与东部果洛州玛多县、东北部海西州都兰县的行政区划界限。2018

年，全县辖约改镇、巴干、东风、秋智、叶格、曲麻河、麻多1镇5乡、19个村委会、65个牧民小组。另有长江、黄河、扎西、德勒以及格尔木生态移民社区。

气候特征

曲麻莱县地处内陆高原，气候表现为光照丰富，辐射强烈，温度水平低；日差大，年较差小；3—4月升温迅速，9—10月降温急骤；四季不分明，降水高度集中在暖季；冷季极为干燥，且多风沙。这些特征构成了曲麻莱县高原大陆性气候。

县境内年日照时数为2536.3—2750.2小时，年平均日照百分率达61%，年太阳辐射总量为629.5—660.7千焦/平方厘米，为玉树州太阳辐射最丰富地区，比同纬度地区（果洛州玛沁、甘德等地）多20—50千焦/平方厘米。冷季漫长暖季短促县境内各地年均气温为-0.8至-5.6℃，最暖月（7月份）均温5.3至9.9℃，最冷月（1月份）均温-12.4至-16.9℃，平均气温年较差22.2—23.5℃，平均气温日较差13.6—15.2℃。年内月均温在0℃以上的只有5—9月，5个月，县西部五道梁只有6—9月，4个月；而月均温在0℃以下的却有7—8个月。若将月均温0℃以上的月份作为暖季，而将月均温在0℃以下的月份作为冷季，则曲麻莱县冷季要比暖季长3个月。

县内各地年降水量在264.8—472.9毫米，主要集中在5—9月份。统计表明5—9月份的降水量占全年降水量的88—92%。因此，曲麻莱县具有"暖湿冷干"的气候特点。由于冷季极为干燥，从1月份开始到5月份时常盛行大风和沙暴天气。雨热同期曲麻莱县冷季干燥，暖季湿润，降水与气温变化基本一致，即雨热同期。

植物资源

县境内植物具有青藏高原高寒植物区系的生态特征。县境内维管束（高等）植物计有55科、103属、658种。其中种子植物51科、99属、629种。在已知维管束植物中，种数最多的为菊科，其次为禾本科、十字花科、豆科、龙胆科、毛茛科、莎草科、石竹科、蓼科、伞形科。从植物各科种数的多少可以反映出县内植物区系，具有典型的北温带特征，由于青藏高原隆起而伴随的寒冷气候，抑制了热带及亚热带科属的侵入，使温带植物科属在曲麻莱县得到充分发育。全县优良牧草70余种，营养价值丰富，具有粗脂肪含量高、粗蛋白高、无氮浸出物高、粗纤维低的"三高一低"特点。常见牧草以禾本科和莎草科的高山蒿草、线叶蒿草、喜马拉雅蒿草、青藏苔草、密生苔草、垂穗披碱草、藏异燕麦、羊茅属几种、早熟禾属几种、针茅属几种为主。次为菊科的风毛菊、蓼科的珠芽蓼、圆穗蓼、细叶蓼均属柔软汁，不具异味，各类牲畜均喜食。高山蒿草，植株低矮，仅2—5厘米高，但营养价值特高，牲畜喜食易上膘；海韭菜和葱类宜于催肥抓膘，金莲花和驴蹄草开花期利用，可提高酥油品质。县境内可食用野生草本植物、菌类有蘑菇、珠芽蓼、圆穗蓼、大黄、荠菜、葶苈、播娘草、葶果香薷、遏兰菜、垂果蒜芥、西藏沙棘、茶藨子、荠菜、灰菜、田葛缕、葱韭属类等30余种，植物种子含可食油，西藏沙棘、茶藨子野果富含维生素，最有食用价值的是蘑菇，多生长于海拔4500米以下的高寒草甸，全县各乡均有分布，产量较大。

县内野生观赏植物有90余种，草本植物主要有铁线莲属、绿绒蒿属、报春花属、点地梅属、龙胆属、鸢尾属、角蒿属、葱韭属等；木本植物有锦鸡儿属、金露梅属、小蘖属和忍冬属等。形态奇特，别具风格，盛夏时期色彩斑斓，颇为美丽。主要为多年生草本植物，生长在山坡草地、峡谷灌丛、高寒草甸以及沼泽地带，花型大小各异，色彩艳丽多样，不同生长季节均有观赏价值。

野生动物资源

曲麻莱县野生动物资源丰富，是珍贵的高原物种基因库，也是青藏高原珍稀野生动物观赏的理想去处，其中岗日莱峻被誉为野生动物的天然王国。国家级自然保护区可可西里是高原精灵一藏羚羊的故乡，每年冬季栖息在曲麻莱草原的藏羚羊成群结队地迁往可可西里，集体穿越不冻泉、五道梁等地的青藏铁路绿色通道，成为青藏线一道和谐壮美的风景线。曲麻莱县自然条件得天独厚，受人类不利影响因素较少，造就了县境内特殊的野生动物类群，珍稀野生动物众多，繁衍栖息着藏羚羊、野牦牛、藏野驴、白唇鹿、雪豹、棕熊、黑颈鹤、斑头雁、金雕等珍稀野生动物，被誉为野生动物的天然王国。

2001年由中国林科院组建的三江源科考队对三江源区进行了全面的考察，统计出三江源地区（含曲麻莱县）鸟类238种，兽类85种。2003年10月，肖红等人对曲麻莱县楚玛尔河流域的兽类和有蹄类动物分布现状进行了调查，共记录到兽类21种，隶属于5目10科。汪元忠等人统计出三江源地区（含曲麻莱县）食肉动物和小型兽类4目11科27属51种。段培等人连续3年对索加一曲麻河保护分区的陆栖野生脊椎动物进行实地调查，共记录到保护分区内野生陆栖脊椎动物131种，其中部分动物记录于曲麻莱县境内。2018年末，县境内有两栖类、爬行类、鸟类、哺乳类野生动物共4纲、27目、63科、124属、179种，其中国家一级保护野生动物11种（鸟类5种、兽类6种），国家二级保护野生动物27种（两栖类1种、鸟类15种、兽类11种）。同时，随着监测手段的不断完善，新的野生动物物种不断被发现，野生动物的天然王国的成员日渐增多。

矿产资源

曲麻莱县资源丰富，主要矿产有金、银、铁、铜、钼、煤、水晶、食盐等20余种，麻多乡境内的大场岩金矿储量惊人，被誉为“亚洲第一矿”。位于北巴颜喀拉印支—燕山期金、锑（稀土、钨、铅、锡、汞）成矿带，是青海省贵重金属重点成矿带之一，也是国家、省政府确定的重要战略性矿产资源找矿远景区后备矿产资源基地。为青藏高原上著名的产金地，采金历史悠久；天然碱、岩盐蕴藏丰富，食盐矿分布于曲麻河上游一带，储量较大；已勘探矿床、矿点、矿化点50余处，探明矿藏资源有岩金、砂金、银、铜、铁、铅、锌、水晶石、煤炭、岩盐、盐湖盐等。1996年起，开始全面矿产勘查，相继发现了加给陇哇金矿床、大场及外围金矿床，显示出大—超大型矿床的找矿潜力。金矿主要分布于昆仑山脉及通天河水系河谷一带，贵金属矿产是县域内优势矿产，素有“青海金腰带”之称，金矿以砂金为主，主要分布于较为稳定的地块内部的坳陷或断陷区，亦有稀有金属、有色金属的矿藏。巴颜喀拉山地区具有形成岩金矿的优越条件，而巴颜喀拉山区的岩金矿产，主要分布在曲麻莱县境内，主要为大场金矿床、加给陇哇金矿床、扎加同那金矿床；砂金矿产主要分布在大场和白的口—巴干地区，资源量巨大。

旅游资源

旅游资源丰富多样、种类多、容量大、地域组织好，品位档次高；人文自然、宗教景观大多数保存完好，景区景点保持原始风貌；景区景点相对集中，内容丰富，便于旅游观赏；自然景观和人文景观相互融合，尤其是藏传佛教门派齐全。教文化底蕴丰厚，特色突出；玉树机场的开通和曲不公路的建成通车，为县内的旅游业带来前所未有的生机和活力。

曲麻莱县雄踞昆仑山与长江之间，是镶嵌在山河之间一颗璀璨夺目的神奇宝石。全县地形多样、山峦绵延起伏、河流纵横交错、湖泊星罗棋布，多样融合的生态环境、遍布水陆的珍禽异兽、临霜傲雪的奇花异草、一日四季的梦幻气候，冰川、雪原、林地、寒漠、草甸、湿地，加上悠久的历史遗留下来的文化积淀，形成了曲麻莱县神秘而独特的自然风貌和人文景观，组成了丰富多彩的旅游资源。全县已查明旅游自然资源51处、人文景观6处、古文化遗址1处，州级文物保护单位1处。独特的地理位置和特殊的历史渊源，形成了别具一格的自然景观，这些自然景观与历史文化、民族风情构成了县内丰富多彩、独具特色的旅游资源，其中有许多当属中国之最乃至世界之最，具有垄断性、多样性、神秘性的优势和特点。境内山峦叠嶂，北有茫茫昆仑山，南有巍巍唐古拉，西有缓坡漫岭的可可西里，东有蜿蜒峻峭的巴颜喀拉山。藏区四大神山之一的尕朵觉悟由28座环绕的山峰组成，主峰高5395米，山势高峻挺拔，终年积雪不化，和西藏冈仁波切、云南梅里雪山、果洛阿尼玛卿山并称藏区四大神山。昆仑山主峰玉珠峰、玉溪峰是道教文化最主要的发祥潮，也是中外知名的登山、探险科考之绝佳场所。在群山耸立中，长江水系的通天河、曲麻河、色吾河、代曲河、勒玛河等，黄河水系的卡日曲、约古宗列曲、扎曲等，形成了独特的"高原水塔"自然景观。位于曲麻河乡境内的唐蕃古道"长江七渡口"，曾是祖国内地进入西藏的重要驿站。驰名中外的星宿海、扎陵湖、鄂陵湖、卓乃湖、昆仑湖等湖泊参罗棋布，像璀璨的明珠撒落在江河源头。原中共中央总书记、国家主席江泽民题写的"黄河源"碑屹立在约古宗列山麓，是万里黄河之正源。

曲麻莱县2018年各乡(镇)、村(牧)委会、社区情况统计表

表5

乡(镇)政府名称及个数		乡(镇)政府所在地	村(牧)委会名称及个数		生产合作社个数	社区(居委会)名称及个数	
约改镇	1	约改滩	长江、格欠、岗当	3	9	扎西、德勒、长江、黄河	4
巴干乡	1	代布松多	麻秀、团结、代曲	3	9		
秋智乡	1	巴地陇仁	布甫、格麻、加巧	3	10		
叶格乡	1	加青松多	莱阳、龙麻、红旗	3	9		
曲麻河乡	1	曲麻扎那	昂拉、多秀、勒池、措池	4	12		
麻多乡	1	加亥贡玛	郭洋、扎加、巴颜	3	16		
合计	6			19	65		4

文明曲麻莱建设

WenMing QuMaLai JianShe

中共曲麻莱县委员会

◆**综述**　2018年，是贯彻党的十九大精神的开局之年，也是曲麻莱发展极不平凡的一年。在省委、省政府，州委、州政府的正确领导下，县委认真学习贯彻中共十九大精神和习近平新时代中国特色社会主义思想，全面落实省第十三次党代会和十三届三次、四次全会精神，州委十三届四次、五次全会部署，自觉践行新发展理念，统筹推进“五位一体”总体布局和协调推进“四个全面”战略布局，推动落实“四个扎扎实实”重大要求，围绕“四个转变”和“两个越来越好”，进一步解放思想，找准定位，探索贯彻落实“一优两高”战略部署的新路径，推动全县经济和各项事业取得了新成绩。

◆**思想政治建设**　2018年，县委始终将全面学习宣传贯彻好习近平新时代中国特色社会主义思想和中共十九大精神作为首要政治任务，抓好领导班子、领导干部的学习实践，引领各级党组织强化理论武装教育工作，推动全县学习宣传贯彻工作往深、往心、往实里走，不断兴起学习宣传贯彻工作的新高潮，理论武装教育工作由各级党组织拓展到全社会、由党员干部延伸到普通群众，从领导班子到社会一线、从党员干部到普通群众、从机关企事业单位到基层一线，广大干部群众忠实践行“四个意识”、坚定“四个自信”，做到“两个维护”的思想和行动自觉不断增强，确保中共十九大精神在曲麻莱落地生根，坚持党对一切工作的领导，听党话、跟党走成为全县人民的思想共识和自觉行动。

◆**贯彻新发展理念**　2018年，县委对标中共十九大精神和省委“一优两高”战略，召开县委十五届四次全委会，深入学习领会省委全会和“一优两高”战略部署要旨，准确把握新时代曲麻莱发展的阶段性特征，与时俱进深化县情认识，主动融入“一优两高”战略部署，进一步解放思想，找准定位，积极探索贯彻落实“一优两高”战略部署的曲麻莱新路径，紧紧围绕坚决打赢精准脱贫攻坚战，统筹发展各项社会事业，加快构建公共文化服务体系，积极实施乡村振兴战略，推动高质量发展，为人民群众创造高品质的生活，不断提升幸福感、获得感和安全感，开启新时代曲麻莱发展的新征程。

◆**生态文明建设**　2018年，县委始终牢固树立“保护生态环境就是保护生产力、改善生态环境就是发展生产力”的理念，把思想和行动统一到习近平总书记重要指示精神上来，大力实施生态报国战略。积极稳妥推进三江源国家公园体制试点工作，进一步理顺管理体制，加强生态文明基础设施建设，完善主功能区战略和制度。全面推进自然资源资产管理体制试点。大力培育全民生态文明理念，增强生态优先的思想自觉和行动自觉。全面落实中央环保督查问题整改，开展园区生态环境整治工作。做好管护员扩面工作，积极探索“民兵＋生态管护员”和生态管护“54321”新模式，让群众在园区管护中劳有所得，增加生态型劳务收入。全面推进河湖长制工作，加强河湖管理保护工作，实现全县河湖管护责任全覆盖。

◆**县域经济发展**　2018年，县委始终践行绿色发展理念，主动适应经济发展新常态，着力调整产业结构，转变发展方式，破解资源环境约束，生态环境质量和经济质量效益同步改善。加快生态畜牧业提质增效，坚持“有机、高端、品牌”方向，走好生态畜牧业合作社发展路子，积极探索生态生产生活良性循环、高质量发展的有效路径，着力构建第一产业、第三产业融合发展的大格局，大力培育家庭牧场和专业养畜大户，创新畜牧业联合集约的规模化经营模式。积极运用“互联网+”开拓市场，构建高端市场的产供销链条，全县3个畜产品已通过国家有机产品权威认证。加大基础设施建设力度，补齐经济社会发展短板，牢牢抓住深度贫困地区脱贫攻坚政策倾斜等重大利好机遇，全年共争取落实项目资金5.5亿元，教育、卫生、文化、交通、电力、环保、通信、供暖等一批市政基础设施和高原美丽乡村建设项目陆续实施，厕所革命有序推进，支撑绿色发展的硬件环境进一步优化。积极发挥对口帮扶作用，协调联系国家能源集团和北京市昌平区、顺义区以及西部矿业等对口帮扶单位争取落实帮扶资金、项目资金、干部培训、牧民就业措施，加强深度对接，发挥帮扶地区和企业特点优势，点对点、乡对乡、行对行，精准实施，取得显著成效。

◆**脱贫攻坚** 2018年，县委把打赢脱贫攻坚战作为首要的政治任务和最大的民生工程来抓，坚持用脱贫攻坚统揽经济社会发展全局，研究出台《脱贫攻坚32条措施》，通过实施产业扶持、易地搬迁、危房改造、健康扶贫、雨露计划、生态扶贫、对口帮扶等项目，有效解决贫困户住房、就学、就医、就业、道路、用电、饮水、通信、产业、技能培训等方面的问题。通过不懈努力，实现了2个贫困村，涉及1个非贫困村716户2109人脱贫攻坚任务，全县贫困发生率由2015年的24.3%下降到6.1%，脱贫攻坚工作取得决定性成效。

脱贫攻坚整改部署会议

◆**改善民生** 2018年，县委坚持以人民为中心的发展思想，持续加大民生投入力度，民生保障范围不断扩大，提高人民幸福指数，保障水平不断提高，群众获得感、幸福感、安全感不断提升。坚持教育优先战略，促进义务教育均衡发展。实施各类学校“改薄”工程，全面改善学校办学条件，紧盯“控辍保学”工作，巩固“两基”攻坚成果。扎实推进健康扶贫工作，提高群众健康水平，积极与青海红十字医院、省人民医院、省心血管专科医院签订对口帮扶协议，开展“互联网+医疗服务”远程会诊、人才队伍建设、脊柱侧弯、儿童先天性心脏病免费治疗等工作。省中医院派出13名专家驻县长期帮扶，推动我县医疗水平提升工作。加强社会保障工作，依托技能培训中心，重视就业信息宣传，对接周边人社部门互联互通，利用对口帮扶单位优势，加大就业服务力度，促进牧区剩余劳动力和贫困家庭劳动力转移就业，落实城乡居民基础养老金调增政策；完善社会救助体系，全面落实城乡低保和特困人群救助政策，兜底保障困难群众基本生活。改善牧民住房条件，按照精准脱贫住房安全保障要求，对牧民住房进行全面摸排和安全鉴定，实施危房改造项目，改善牧民住房条件。

◆**全面深化改革** 2018年，县委认真学习贯彻习近平总书记在庆祝改革开放40周年大会上的讲话精神，落实中央和省州全面深化改革工作部署，下大力气推进各领域改革。行政审批制度改革方面，积极推进简政放权和放管服工作，全面清理调整行政职权，组织开展权力清单和责任清单编制工作，推动政府职能转变。国库集中改革方面，全面推进和深化以国库集中支付、工资统发系统、单位财务网络软件、公务卡结算、资金动态监控等为核心的财政国库管理制度改革。教育综合改革方面，贯彻落实青海省深化考试招生制度改革实施方案，完善初中学业水平考试和综合素质评价制度。医药卫生体制改革方面，落实省州医改重点任务工作，强化医疗、医保、医药“三医”联动，切实提高医疗服务水平。通过“互联网+医疗”的服务模式，开通新农合电子业务直报系统。党政机构改革方面，认真落实省州党政机构改革方案，扎实有序推进各项工作，提前做好改革部门资产清查、财务审计、人员抽调、办公场所调配等前期工作，为机构改革工作的顺利推进奠定基础。

◆**平安建设** 2018年，县委从推进治理体系和治理能力现代化的高度，以创建法治平安曲麻莱为载体，加强情报信息，落实维稳措施，防止涉稳事件发生。及时化解矛盾纠纷，防患于未然。紧紧围绕州委提出的“八个并联”和“六项载体”等要求，深入推进村寺并联工作，着力推进打造示范典型和巩固提升工作。以“八进”活动为抓手，持续深化宣传教育，创新工作载体，抽调精兵强将，合力攻坚克难，推动民族团结进步先进区创建工作顺利通过省级验收。

◆**党的建设** 2018年，县委牢固树立“抓好党建就是最大政绩的理念”，切实履行管党治党责任，努力提升党建工作水平。党的基层组织建设方面，坚持把政治建设贯穿始终，抓好“两学一做”常态化制度化教育，推动学习贯彻习近平新时代中国特色社会主义思想走深、走实，做到真学真信，真懂真用。完善干部选拔任用，年内推荐2名脱贫攻坚业绩突出的乡镇主要领导进入州县两级领导班子。完成全县24个党员活动室建设，建成教育培训、便民服务、网格化管理等8个网络平台，实施"温暖工程""八有"工程，实现全县乡镇和村社远程教育全覆盖。积极探索"党员+牧业合作社""党小组+牧业合作社""支部+牧业合作社"的抓党建、谋发展、促脱贫工作模式，党建特色品牌初具规模。

◆党风廉政建设 2018年，县委落实党风廉政主体责任，积极支持纪委"三转"工作，完成县级监察体制改革，逐步推动巡查工作向基层延伸。推进扶贫领域作风问题和"三个专项治理"，受理扶贫领域相关问题线索7件，其中立案查处3件，给予党纪政务处分11人，乡科级2人，村级干部7人，通报典型案例3起。积极配合省委常规巡视和中央扶贫专项巡视，全力抓好巡视问题整改，对省委第三巡视组反馈的5个方面12大类39条具体问题，已整改35个，完成阶段性目标任务。开展形式主义和官僚主义集中整治工作，对排查出6个方面23个具体问题进行集中整治，在全县上下树立了真抓实干、大抓落实的鲜明导向。

◆思想宣传 2018年，县委突出学习抓理论武装，树牢"四个意识""两个维护""四个自信"。积极宣传践行社会主义核心价值观，以新青海精神、玉树抗震救灾精神，凝聚人、鼓舞人，努力倡导"包容、奉献、担当"的曲麻莱精神。在社会一线组织开展"最美家庭""曲麻莱好人"等评选活动，不断丰富"文明曲麻莱"的内涵。组织开展网络安全专项治理行动，坚持网络"管用防"并举，网络空间日益清朗。（县委办公室供稿）

县委常委会议

◆第十次常委会议 1月4日，县委书记董晋林主持召开第10次常委（扩大）会议，传达学习中央农村工作会议精神和《关于开好2017年度县以上党和国家机关党员领导干部民主生活会的通知》。研究审议《关于召开曲麻莱县第十五届人民代表大会第三次会议的请示》《关于呈报曲麻莱县检察院人员转隶方案的请示》《关于呈报中共曲麻莱县纪律检查委员会曲麻莱县监察委员会主要职责内设机构和人员编制方案的请示》《中共曲麻莱县委常委会班子2017年度民主生活会方案》。会议还研究了人事任免事宜。县委各常委参加会议，不是县委常委的副县级以上领导干部列席会议。

◆第十一次常委会议 3月15日，县委书记董晋林主持召开第11次常委（扩大）会议，传达学习党的十九大报告。研究审议《关于表彰2017年度目标责任考核优秀乡镇和先进单位的请示》《关于召开曲麻莱县第十五届人民代表大会第四次会议的请示》《关于召开中国人民政治协商会议曲麻莱县委员会第四次会议的请示》《中国共产党曲麻莱县第十五届委员会第三次会议的请示》。县委各常委参加会议，不是县委常委的副县级以上领导干部列席会议。

百名干部下乡动员大会

◆第十二次常委会议 3月18日，县委书记董晋林主持召开第12次常委（扩大）会议。研究审议《董晋林同志在县委十五届三次全体会议上的报告和讲话》《尼玛扎西同志在县委十五届三次全体会议上的经济工作会议上的讲话》《关于召开中共曲麻莱县第十五届纪律检查委员会第三次全体会议的请示》等议题。县委各常委参加会议，不是县委常委的副县级以上领导干部列席会议。

◆第十三次常委会议 3月23日，县委书记董晋林主持召开第13次常委（扩大)会议。会议集中学习党的十九大精神,研究审议《县人大常委会在县第十五届人民代表大会第四次会议上的工作报告的请示》《县人民政府在县第十五届人民代表大会第四次会议上的工作报告的请示》《县人民法院在县第十五届人民代表大会第四次会议上的工作报告的请示》《县人民检察院在县第十五届人民代表大会第四次会议上的工作报告的请示》《县财政局在县第十五届人民代表大会第四次会议上的曲麻莱县2017年财政预算执行情况和2018年财政预算草案报告的请示》《县发改局在县第十五届人民代表大会第四次会议上的关于2017年曲麻莱县国民经济和社会发展计划执行情况及2018年国民经济和社会发展报告(草案)的请示》《关于中国人民政治协商会议第十三届曲麻莱县委员会常务委员会工作报告(审议稿)的请示》等议题。会议还研究了人事任免事宜。县委各常委参加会议,不是县委常委的副县级以上领导干部,各乡镇党委书记、县直机关相关部门负责同志列席会议。

◆第十四次常委会议 4月12日,县委书记董晋林主持召开第14次常委(扩大)会议。会议集中学习党的十九大精神,听取教育、扶贫、畜牧、人力资源、卫生等工作汇报。研究审议《关于召开全县综治(平安建设)工作会议的请示》《关于贯彻落实省委〈加强基层党建工作的若干意见〉的实施意见》《关于全县机关事业单位长期占编不在岗人员的管理处置办法》《关于表彰2017年全县综治(平安建设)目标考核优秀乡(镇)、优秀单位的请示》《关于调整中共曲麻莱县委巡察工作领导小组组成人员的请示》《曲麻莱县委第二轮巡察工作实施方案》。县委各常委参加会议,不是县委常委的副县级以上领导干部,各乡(镇)党委书记,教育、卫生、扶贫、畜牧、人事等部门主要负责人列席会议。

◆第十五次常委会议 4月21日,县委书记董晋林主持召开第15次常委(扩大)会议。会议传达学习《关于做好十三届省委第二轮巡视工作的通知》《中国共产党巡视工作条例》《被巡视党组织配合省委巡视工作规定》《十三届省委巡视工作规划(2017—2022年)》。研究审议《曲麻莱县配合省委第三巡视组巡视工作方案》《关于召开2018年脱贫攻坚工作推进会的请示》等议题。县委各常委参加会议,不是县委常委的副县级以上领导干部列席会议。

◆第十六次常委会议 5月4日,县委书记董晋林主持召开第16次常委(扩大)会议。会议集中学习新修订的《宪法》,听取文体广电、住房和城乡建设、交通运输、民政工作汇报。研究审议《曲麻莱县党政机关公务接待管理办法》《关于贯彻落实中央和省、州关于改进工作作风相关措施的意见》《关于调整王哲峰、赵长松同志工作分工的通知》《玉树州曲麻莱县领导干部外出请销假和报备制度》《关于调整曲麻莱县维稳工作领导小组成员的请示》等议题。县委各常委参加会议,不是县委常委的副县级以上领导干部列席会议。

◆第十七次常委会议 5月31日,县委书记董晋林主持召开第17次常委(扩大)会议。会议《习近平总书记在全国生态环境保护大会上的讲话》《习近平总书记在十九届中央政治局第五次集体学习时的讲话》《王建军同志在三江源国有自然资源资产管理体制试点推进会议上的讲话》《田锦尘同志在三江源国有自然资源资产管理体制试点推进会议上的讲话》,听取扶贫领域作风问题整改、国家公园长江源园区曲麻莱管理处近期重点工作、县安全生产监督管理局2018年重点工作汇报。研究审议《"民兵+生态管护员"队伍建设实施办法》《关于义务教育均衡发展省级督导检查反馈问题"一校一策"整改方案的请示》《曲麻莱县2018年"双百"法治宣讲活动实施方案的请示》《2018年全县党风廉政建设和反腐败工作主要任务分工意见的请示》《曲麻莱县全面推进公务用车制度改革方案的请示》等议题。会议还研究了人事事宜。县委各常委参加会议,不是县委常委的副县级以上领导干部以及相关部门负责人列席会议。

◆第十八次常委会议 7月15日,县委书记董晋林主持召开第18次常委(扩大)会议。会议学习传达《赵乐际在省区市纪检监察工作座谈会上的讲话》和《中央组织工作会议》精神,听取民族团结进步创建、县委党校工作汇报。研究审议《关于成立曲麻莱县农村牧区集体产权制度改革工作领导小组的请示》《曲麻莱县边巡边查问题整改实施方案》《关于成立曲麻莱县国防动员委员会组织成员调整的请示》《关于开展庆祝改革开放40周年系列文艺活动的请示》等议题。会议还研究了人事事宜。县委各常委参加会议,不是县委常委的副县级以上领导干部以及相关部门负责人列席会议。

◆第十九次常委会议 7月24日，受县委书记董晋林委托，县委副书记李健主持召开第19次常委会议。会议研究曲麻莱县干部推荐有关事宜。

◆第二十次常委会议 8月25日，县委书记董晋林主持召开第20次常委(扩大)会议。会议学习传达《中共青海省委关于深化省市县机构改革的实施意见》《州委常委会议纪要》。研究审议《关于省委第三巡视组反馈问题的整改方案》《关于成立省委第三巡视组反馈意见整改工作领导小组的请示》《曲麻莱县各级党组织抓基层党建工作措施的请示》《关于呈报实施全县村集体经济"破零"工程的实施方案的请示》等议题。会议还研究了人事任免事宜。县委各常委参加会议，不是县委常委的副县级以上领导干部以及相关部门负责人列席会议。

◆第二十一次常委会议 9月11日，县委书记董晋林主持召开第21次常委(扩大)会议。会议学习传达《县以上党和国家机关党员领导干部民主生活会若干规定》《关于新形势下党内政治生活若干准则》《关于贯彻实施〈三江源国家公园总体规划〉的若干意见》。研究审议《党员领导干部民主生活会制度实施细则》《关于调整县法院党组成员的请示》《关于调整县检察院党组成员的请示》等议题。会议还研究了人事任免事宜。县委各常委参加会议，不是县委常委的副县级以上领导干部以及相关部门负责人列席会议。

◆第二十二次常委会议 10月9日，县委书记董晋林主持召开第22次常委(扩大)会议。会议学习传达《省委第三巡视组巡视曲麻莱县反馈意见》和《省委巡视办副主任刘强同志在反馈意见会议上的讲话》。研究审议《中共曲麻莱县委关于省委第三巡视组巡视反馈意见的整改方案》《省委第三巡视组巡视曲麻莱县情况反馈"三个清单"(问题清单、任务清单、责任清单)》等议题。县委各常委参加会议，不是县委常委的副县级以上领导干部以及相关部门负责人列席会议。

◆第二十三次常委会议 10月18日，县委书记董晋林主持召开第23次常委(扩大)会议。会议学习传达州委常委(扩大)会议精神。研究审议《2018年度目标责任考核办法》《关于调整曲麻莱县领导班子和成员干部年度目标责任考核领导小组成员的报告》。会议还研究了人事任免相关事宜。县委各常委参加会议，不是县委常委的副县级以上领导干部以及相关部门负责人列席会议。

◆第二十四次常委会议 11月4日，县委书记董晋林主持召开第24次常委(扩大)会议。会议深入学习贯彻省委州委十三届四次全会和州委十三届五次全会精神，研究讨论曲麻莱县十五届四次全会相关事宜，专题学习习近平总书记关于脱贫攻坚战有关政策要求以及相关文件精神和重要批示，党的十九大关于打赢脱贫攻坚战具体要求和中共中央国务院关于打赢脱贫三年行动脱贫攻坚战指导意见，深刻领会"一优两高"战略部署的要旨，合力打赢打好脱贫攻坚战。

◆第二十五次常委会议 11月9日，县委书记董晋林主持召开第25次常委(扩大)会议。会议学习传达《黄先耀、王建军同志在中央第一巡视组对青海省开展脱贫攻坚专项巡视工作动员会上的讲话》《滕佳材、王宇燕同志在十三届省委第三巡视工作动员部署会上的讲话》《王建军同志在全省机构改革工作部署会上的讲话》《中国共产党地方委员会工作条例》。研究审议《中共曲麻莱县委常委会班子省委巡视组反馈意见整改工作专题民主生活会对照检查材料》等议题。县委各常委参加会议，不是县委常委的副县级以上领导干部以及相关部门负责人列席会议。

◆第二十六次常委会议 12月23日，县委书记董晋林主持召开第26次常委(扩大)会议。会议学习传达《习近平总书记对青海工作重要指示批示贯彻落实情况"回头看"实施方案》《习近平总书记在中央政治局第十次集体学习时的讲话》《中共办公厅、国务院办公厅印发〈关于全面深入持久开展民族团结创建工作铸牢中华民族共同体意识的意见〉的通知、《王建军、张西明同志在全省宣传思想工作会议上的讲话》《王建军、藤佳材同志在全省集中整治形式主义、官僚主义工作动员部署会议上的讲话》。研究审议《关于曲麻莱县超值数配备干部整改消化工作方案的请示》《关于开展机关事业单位混编混岗问题专项整改工作的实施方案的请示》《扎实开展集中整治形式主义、官僚主义工作的实施方案的请示》《中共曲麻莱县委常委会班子2018年度民主生活会方案》《关于2018年省对下均衡性转移支付资金分配方案的请示》《关于2018年第一批盘活财政存量资金收缴情况及安排使用方案的请示》《曲麻莱县政府党组工作规则的请示》等议题。会议还研究了人事任免相关事宜。县委各常委参加会议，不是县委常委的副县级以上领导干部以及相关部门负责人列席会议。

县委中心组理论学习会议

◆第一次理论学习会议 2月5日，县委书记董晋林主持召开2018年县委中心组第1次理论学习（扩大）会议，组织学习党的十九届一中全会精神，习近平《在党的十九大精神研讨班上的讲话》和中央经济工作会议精神以及《关于关于实施乡村振兴战略的意见》。县委各常委，县人大、县政府、县政协、县人民法院、县人民检察院、国家公园曲麻莱管理处副县级以上领导参加会议。

◆第二次理论学习会议 2月25日，县委书记董晋林主持召开县委中心组理论学习第2次（扩大）会议，组织学习《习近平、赵乐际在十九届中纪委第二次全体会议上的讲话》《中国共产党章程》《农业部关于大力实施乡村振兴战略加快农业转型升级的意见》。县委各常委，县人大、县政府、县政协、县人民法院、县人民检察院、国家公园曲麻莱管理处副县级以上领导参加会议。

◆第三次理论学习会议 3月14日，县委书记董晋林主持召开县委中心组理论学习第3次（扩大）会议，组织学习《中国共产党第十九届中央委员会第二次全体会议公报》《中共青海省委十三届三次全体会议精神》，以及中央和省委"1号"文件精神。县委各常委，县人大、县政府、县政协、县人民法院、县人民检察院、国家公园曲麻莱管理处副县级以上领导参加会议。

◆第四次理论学习会议 3月15日，县委书记董晋林主持召开县委中心组理论学习第4次（扩大）会议，组织学习《吴德军同志在州委十三届四次全会上的讲话》《才让太同志在十三届四次全会上的讲话》以及中央和全省统战、宣传、政法工作会议精神。县委各常委，县人大、县政府、县政协、县人民法院、县人民检察院、国家公园曲麻莱管理处副县级以上领导参加会议。

◆第五次理论学习会议 4月9日，县委书记董晋林主持召开县委中心组理论学习第5次（扩大）会议，组织学习全国"两会"精神，《中华人民共和国宪法修正案》《中华人民共和国监察法》。县委各常委，县人大、县政府、县政协、县人民法院、县人民检察院、国家公园曲麻莱管理处副县级以上领导，全县各乡镇、各部门正科级领导参加会议。

◆第六次理论学习会议 5月4日，县委书记董晋林主持召开县委中心组理论学习第6次（扩大）会议，组织学习《习近平总书记在全国网络安全和信息化工作会议上的讲话》《中共玉树州委常委会议纪要》等精神。县委各常委，县人大、县政府、县政协、县人民法院、县人民检察院、国家公园曲麻莱管理处副县以上领导参加会议。

◆第七次理论学习会议 5月17日，县委书记董晋林主持召开县委中心组理论学习第7次（扩大）会议，组织观看专题片《巡视利剑》，并就发挥巡视利剑作用、加强党内监督作专题辅导。县委各常委，县人大、县政府、县政协、县人民法院、县人民检察院、国家公园曲麻莱管理处副县级以上领导参加会议。

◆第八次理论学习会议 5月31日，县委书记董晋林主持召开县委中心组理论学习第8次（扩大）会议，组织学习《习近平总书记在十九届中央政治

县委中心组学习会

局第五次集体学习时的讲话》《中华人民共和国宪法》《中国共产党宣言》。县委各常委，县人大、县政府、县政协、县人民法院、县人民检察院、国家公园曲麻莱管理处副县级以上领导参加会议。

◆**第九次理论学习会议**　7月16日，县委书记董晋林主持召开县委中心组理论学习第9次（扩大）会议，组织学习《中国共产党宣言》，并进行理论研讨。传达学习《杨晓渡在纪检监察工作座谈会上的讲话》《滕佳材同志在学习贯彻省区市纪检监察工作座谈会精神动员部署会上的讲话》《2017年全省脱贫攻坚表彰大会精神》。县委各常委，县人大、县政府、县政协、县人民法院、县人民检察院、国家公园曲麻莱管理处副县级以上领导参加会议。

◆**第十次理论学习会议**　8月10日，县委副书记、县长尼玛扎西主持召开县委中心组理论学习第10次（扩大）会议，组织学习《正确认识妥善应对中美经贸摩擦学习材料》《学习参考》（总第27期）。县委各常委，县人大、县政府、县政协、县人民法院、县人民检察院、国家公园曲麻莱管理处副县级以上领导参加会议。

◆**第十一次理论学习会议**　8月24日，县委书记董晋林主持召开县委中心组理论学习第11次（扩大）会议，组织学习《习近平总书记在十九届中央政治局第五次集体学习时的讲话》《王建军同志在省委十三届四次全会上的讲话》《王建军在全省市州领导班子政治思想建设座谈会上的讲话精神》。县委各常委，县人大、县政府、县政协、县人民法院、县人民检察院、国家公园曲麻莱管理处副县级以上领导15人参加会议。

县监察委员会领导班子

◆**第十二次理论学习会议**　11月2日，县委书记董晋林主持召开县委中心组理论学习第12次（扩大）会议，组织学习《脱贫攻坚领域"四个落实""八看""二十七个是否"》《滕佳材在新任职省管干部集中廉政谈话会上的讲话》《关于加强新时代人民政协党的建设的若干意见》以及《党章》部分内容。县委各常委，县人大、县政府、县政协、县人民法院、县人民检察院、国家公园曲麻莱管理处副县级以上领导15人参加会议。

纪检监察

◆**综述**　2018年度，全县各级纪检监察机关认真贯彻落实中央纪委、省纪委和州纪委全会精神，牢固树立"四个意识"，坚定"四个自信"，坚决做到"两个维护"，忠诚履职、担当作为，全县党风政风持续好转，反腐败斗争取得压倒性胜利，全面从严治党向纵深发展。

◆**目标考核**　2018年，县纪委监委着眼全面从严治党，协助党委抓好党风廉政建设，积极主动发挥好参谋助手作用。3月，组织召开县纪委三次全会，深入推进2018年全县党风廉政建设和反腐败工作听取2个乡镇和2个县直单位党委、纪委（纪检组）的工作汇报，现场接受评议，强化责任担当。并召开全县落实党风廉政建设"两个责任"部署会，通报全县党风廉政责任考核情况，通报县教育局党委落实党风廉政建设主体责任和教育局纪工委落实监督责任不到位的问题，以考核、警示倒逼责任落实。县纪委对《党风廉政建设党委主体责任年度目标责任书》的内容进行了重新修订和完善，县委与各乡（镇）和县直各党委（党组）就落实主体责任，层层签订针对性强的目标责任书。县纪委与各乡（镇）纪委和各派驻纪检组签订《党风廉政建设纪委监督责任年度目标责任书》，分解任务，明确责任。

◆**监督检查**　2018年，为确保纪委监委监督责任的全面落实，按照县纪委常委会班子成员联点巡查工作制度，继续实施县纪委常委带队检查党风廉政建设纪委监督责任落实情况检查机制，由3名纪委常委带队分赴6乡（镇）和县直各有关部门单位，检查党风廉政建设工作落实情况和纪委（纪检组）履职情况，县纪委书记与6乡（镇）纪委书记开展约谈提醒，压实责任，传导压力。

◆学习宣传 2018年，县纪委印发了认真学习贯彻新修订的《中国共产党纪律处分条例》《中华人民共和国监察法》的通知，召开县乡级党员领导干部学习大会，县纪委监委主要负责人在常委会和部门机关主要负责人会议上带头宣传和解读新修订条例、监察法。联合县司法局组织开展《监察法》专题讲座和网上答题活动。

◆警示教育 2018年，县纪委先后2次组织召开全县扶贫领域领导干部警示教育大会，组织观看警示教育片《权祸》和部分省管干部违纪违法典型案例，传达州纪委监委负责人《在全州脱贫攻坚现场推进会上的讲话》精神和通报中央和省州县部分典型案例，新提任干部代表进行表态发言，4个党组织负责人报告了履行党风廉政建设主体责任情况。对各乡镇党政部门、县委各部门、县直各单位主要负责人进行廉政提醒谈话，切实把纪律和规矩挺在前面。向28名县级领导干部发出廉政提醒函，要求强化“一岗双责”职责，切实增强拒腐防变能力。组织全县898名党员干部观看电影廉政教育片《不一样的焰火》。

◆廉政教育 2018年，县纪委向各乡镇、机关单位发放《中华人民共和国监察法》《中国共产党纪律处分条例》等书籍、宣传册600余册，要求全县各级机关单位认真学习，加强宣传，营造学习氛围，切实把握内涵实质，推动廉政文化教育活动进机关、进社区、进家庭、进学校、进企业、进乡村，在全县范围内逐渐形成浓厚学习氛围。县纪委监委联合县妇联与全县158名副科级以上领导干部签订了《家庭助廉承诺书》，从源头上构建起一道预防和抵制腐败的家庭防线。

◆整治大操大办婚丧喜庆问题 2018年，县纪委继续严格执行省州县关于国家工作人员操办婚丧喜庆事宜报告制度，并认真开展对“两报告、两抽查”制度落实情况的监督检查。全年，共收到相关事项报告9件，要求精简操办规模9件。

◆整治公车私用、私车公养问题 2018年，县纪委继续开展公务用车专项整治，重点解决违规购置、公车私用、私车公养等突出问题，元旦、春节、五一、端午、中秋、国庆期间在曲麻莱县开展公车使用管理情况的明察暗访工作，共开展明察暗访4次，对1起公车私用问题进行了严肃查处，给予当事人党内警告处分，全县公车私用现象明显减少。

◆整治“三公”经费管理不严问题 2018年，县纪委认真落实《党政一把手五个不直接分管工作制度》，使决策、执行、监督等权力相对分离，形成相互制约、相互监督的工作机制和权力约束机制。开展对全县40个乡镇和县直部门的存在的大额提现，公务接待不规范的问题进行了警示性约谈，要求严格执行“三重一大”和“五个不直接分管”制度，对发现的4个方面的问题按要求进行整改。

◆整治村级财务管理问题 2018年，县纪委监委联合县经管站，对全县19个村的“十二五”和“十三五”期间的扶贫项目和扶贫资金情况进行了审计，各乡镇纪委书记全程参与审计过程，进一步规范了各村“三资”的管理工作。

◆整治在编不在岗的问题 2018年，县纪委根据省委巡视组的反馈意见，县纪委监委协助县委在全县范围内开展“边巡边改”的清理占编不在岗人员专项整治工作，向22家单位下发22份监察建议书。处理清理长期占编不在岗人员和责任人共100名（其中：给予撤职处理1人，清退1人，组织处理和党纪政务处分9人，不配合返岗停发工资1人，经核定执行长期病假工资11人，责令返岗工作33人，责令退休2人，经组织研究同意借调24人，因特大疾病、调动、退休免于处理17人，因病死亡要求办理相关手续1人），追缴不在岗人员不在岗期间的工资福利达130.89万元。

◆开展“三个专项”治理 2018年，县纪委根据省州纪委和县委安排部署，县纪委监委认真开展违规私设“小金库”、工程项目违规招投标、干部人事档案造假专项治理中加强监督执纪问责工作，查处1起违规私设小金库违纪违规问题，给予当事人党内严重警告处分。

◆扫黑除恶专项斗争监督执纪问责 2018年，县纪委坚持把扫黑除恶同反腐败斗争和基层“拍蝇”结合起来，作为整治群众身边腐败问题的一个重点，强化监督、铁面执纪、严肃问责、坚决冲破“关系网”、打掉“保护伞”，不断推动全面从严治党向基层延伸，为打赢扫黑除恶专项斗争提供坚强纪律保障。年内，对1起党员涉黑涉恶问题进行查处，给予5名党员党纪处理并移交司法机关4人。

◆形式主义、官僚主义整治 2018年，县纪委根据省州县安排部署，召开全县集中整治形式主义、官僚主义动员部署会，结合曲麻莱县实际，制定印发《关于扎实开展集中整治形式主义、官僚主义工作的实施方案》，全县集中整治形式主义、官僚主义工作正式启动。

◆纪律审查 2018年，县纪委坚持纪严于法，纪在法前，把握和运用执纪监督“四种形态”，把纪律思维落实和运用到信访办理、线索处置、执纪审查、执纪审理等各个环节当中。全年共受理相关问题线索47件，业务外2件，转上级部门5件，信访了结19件，初核11件，正在调查处理3件，立案查处7件，给予党纪政务处分15人。其中乡科级3人，一般干部1人，村级干部11人，约谈相关责任人68人，诫勉谈话10人，批评通报单位和部门16个。

◆基层党风廉政建设 2018年，县纪委通过与乡镇纪委书记约谈提醒，开展专项检查考核落实奖惩等方式，强化乡镇纪委切实履行监督责任，传导压力，压实责任。年内，县纪委三次全会听取2个县直单位党组织和2个乡镇落实党风廉政建设主体责任和监督责任情况的述责述纪述廉，并进行了点评和民主测评。加强对乡镇纪委的组织领导，按照《关于落实党风廉政建设纪委监督责任的实施意见》，严格执行“查办腐败案件以上级纪委领导为主”的要求，制定《关于问题线索处置和案件查办向上级纪委汇报的试行意见》。轮流抽调6名乡镇纪委书记到县纪委参与办案，以案代训，切实提升综合素质能力。

◆扶贫领域的腐败和作风问题查处 2018年，县纪委把查处扶贫领域的不正之风和腐败问题作为主要工作任务，严肃查处基层干部贪污、截留、挪用扶贫、社保等民生资金，吃拿卡要、雁过拔毛，与民争利、办事不公，为官不为、作风粗暴等突出问题。县纪委监委受理扶贫领域相关问题线索9件，其中立案查处3件，给予党纪政务处分12人，其中乡科级干部1人，村级干部11人，约谈25人次，对3起典型案例在全县范围进行通报。

◆纪检监察体制改革 2018年，县纪委围绕监察体制改革，县纪委监委深化“三转”工作，按照坚决落实党中央关于深化国家监察体制改革的决策部署，1月5日完成县监察委员会组建挂牌，成为全省第一家组建挂牌的县级监察机关。3月30日，发出第一份政务处分决定书。按照全州监察体制改革统一安排，2名人员于年底顺利转隶，充实了县纪检监察机关执纪办案队伍。完善反腐败协调机构，及时调整充实反腐败协调工作领导小组，优化纪检监察、组织、人事、公安、检察、法院、审计、财政等成员单位职能职责，完善线索共享、案件移送、联合办案等制度机制。

中心组理论学习

◆配合省委巡视工作 2018年，县纪委监委结合省委巡视工作，上下联动，巡视巡察同步进行，组建2个巡察组，全程配合参与省委第三巡视组对曲麻莱的巡视工作。根据省委巡视反馈，县委巡察办对反馈的39条问题进行逐条分解、逐条整改，整改率100%，得到了省委巡视办和巡视组的肯定。县委、县政府先后落实巡察工作办公经费、办公场所、人员配备，制定印发《中共曲麻莱县委2017年—2021年巡察工作规划》。

◆**机关自身建设** 2018年，县纪委强化内部监督，严格落实州纪委关于强化纪检监察机关内部监督的38项措施，健全完善制定问责制度、办案制度、用车制度、学习制度等，从办案工作、队伍建设、后勤管理等内控措施，加强对重要岗位和关键环节的监督，严肃查处办案不力、跑风漏气、以案谋私等行为，强化自我监督，接受社会监督，体现“严管就是厚爱”的监督理念。开展以案促训。开展“每名纪检监察干部主办一个以上信访件”活动，采取以案代培，注重实际查办案件的能力。年内，每个纪检干部至少完成了领办一个以上信访件。先后选派各级纪检监察干部30人，分期分批参加由中纪委、省纪委和州纪委举办的各类纪检监察业务培训，不断提高纪检监察干部理论素质和执纪监督和调查处置能力。

重要会议

◆**中共曲麻莱县十五届纪律检查委员会第三次全体会议** 3月19日，县纪委第三次全体会议在县委会议中心召开，县委书记董晋林出席会议并做讲话。县委各常委，县人大、县政府、县政协副县级以上主要党员领导干部，县法院院长，县检察院检察长等出席会议，会议由县委副书记李健主持。全会深入学习贯彻十九届中央纪委二次全会、十三届省纪委二次、十三届州纪委三次全会精神，回顾总结2017年全县党风廉政建设和反腐败工作，研究部署2018年重点任务，进一步推动全县党风廉政建设和反腐败工作向纵深发展。县委常委、县纪委书记、县监委主任陈如金代表县纪委常委会做题为《坚定不移推进全面从严治党向基层延伸为全县政治生态和社会发展提供坚强纪律保障》的工作报告。会议上，约改镇党委、县扶贫开发局支部、麻多乡纪委负责人分别向全会作述责述廉报告，并接受民主测评。 （县纪委监委办公室供稿）

组织工作

◆**综述** 2018年，县委组织部深入学习贯彻省、州组织部长会议精神，以“三基”建设为平台，紧密结合“两学一做”常态化、制度化等工作，适应新常态，落实新理念，把握大局大势，突出主题主线，聚焦主责主业，坚持围绕中心、服务大局，坚持问题导向、精准施策，坚持改革创新、狠抓落实，为建设富裕曲麻莱、开放曲麻莱、美丽曲麻莱、和谐曲麻莱提供强有力的组织保证。

◆**思想政治建设** 2018年，为深化学习中共十九大精神成果，向全县党员干部印发1098本《十九精神学习读本》《习近平关于“初心”“使命”论述摘编》和《十九大精神学习笔记》，要求各支部每月做一次学习总结，每月检查一次学习笔记，每月上墙一次学习心得。在省州组织工作会议结束后，及时将省州组织工作会议精神进行传达学习。结合“三会一课”制度，在全县范围内积极开展新修订党章的学习，将党章与中共十九大精神、习近平新时代中国特色社会主义思想的学习一同纳入县乡两级党校主体班次必学内容，作为党政主要领导业务培训班的常规教材，取得了良好效果。

◆**“两学一做”教育** 2018年，在“做”字上下功夫，强化责任意识，根据省州全省“两学一做”学习教育常态化制度化工作安排，及时下发《实施方案》《任务清单》，专门成立领导小组，通过深入开展相关活动，使推进“两学一做”常态化制度化工作取得明显成效。在“促”字上下功夫，助力工作推进。每月各党支部定期召开党员会议，部署党建工作，会后支部书记与党员谈心谈话，推选出优秀党员，将先进事迹“晒”给其他党员并上报到县委组织部，要求以此为表率，做出成绩。县直机关和基层党支部开展“千场党课千人讲人人争当主讲人”活动，基层组织书记率先垂范为本单位全体干部职工讲党课，学

基层党务工作培训

习、传达省州实施方案和相关文件精神。县“学教办”充分利用微信平台进行讲党课，对优秀党课进行全程录像，整理制作优秀党课课件，并对时政热点为主要内容的党课精彩片段节选、事迹短片等借助微信平台分期分批发布，供全县各级干部学习。积极开展“‘三个为什么’大讨论”等活动，通过继续发挥“三联四做”活动余热，使学习贯彻工作不仅仅停留在抄写笔记和撰写心得上，更多的是以宣讲形式贯穿其中，力促学习教育入党员脑、入群众心。坚持在“改”字上下功夫，突出问题导向，聚焦问题不走神、揪住问题不放手，把查摆老问题、解决新毛病贯穿学习教育全过程，针对一些党组织日常工作推进不积极、“三会一课”制度执行不到位、党员干部考勤不规范、党员党性观念淡薄、不按时交纳党费不强等问题，把集中整改与加强日常教育管理结合起来，做到制度引领，责任兜底，切实做到抓细抓常抓长，对查摆出的问题进行挂牌整改，限期销号。全县共计整改277条问题，个人514条问题。

◆**干部监督管理** 2018年，下发《关于进一步学习贯彻党政领导干部选拔任用工作条例的通知》，要求全县所有干部在去年学习的基础上，学深学透条例，采取了专项调研、电话了解、随机抽选人员闭卷测试等多形式检验学习成果。严格干部请销假制度，按照干部管理权限，完善《曲麻莱县领导干部请销假制度》，严格各级干部的请销假程序，通过“三不收一报备”制度，严格审批、层层把关。认真做好干部出国境监督工作。按照干部管理权限，认真做好每一个领导干部出国（境）审批审核、备案、登记等工作，对2012年后所有领导干部出国（境）证件的集中保管情况开展一次全面检查和清理，收回科级领导干部出国护照6本。

◆**人才队伍建设** 2018年，建立健全科级后备干部库，储备后备人才。在全县范围内开展了科级后备干部推选工作，通过组织推荐与民主推荐，已推选出169名科级后备人才，充实县后备干部库，切实保障后备干部队伍的连续性，做到后继有人。加强党员干部现代远程教育，不断扩大站点建设覆盖面，为6个乡镇、村开通远程教育站点30个，开通8个县直机关远程教育站点，乡镇覆盖面达90%。

◆**党员信息化建设** 2018年，根据省委组织部指示，开展了党员信息系统查漏补缺工作，完善1093条党员信息不全的问题，解决431条信息录入不规范的问题，已顺利通过省州级验收，党员入库率达100%、信息完整度达100%，为全县党员信息化、电子化管理夯实了基础。通过在各乡镇、各级党组织集中摸排核查等形式，全县各级党组织对“流动”党员、“隐形”党员、“失联”党员、“口袋”党员及不合格党员进行排查，共查找出“流动党员”7名，通过所在支部审核、组织部复核，理清“流动”党员党组织关系，做到党员底数清、组织关系明、档案资料全。认真贯彻《发展党员工作细则》规定，全面推行“双推双选”工作法，坚持政治标准、严格发展程序、严把入党关口，有效杜绝了家族式、亲朋化发展党员倾向，优化了党员结构，充实了党员队伍。

◆**规范党内政治生活** 2018年，统筹全县党建工作，部署召开组织生活会和民主评议党员工作，要求以认真学习领会习近平新时代中国特色社会主义思想、坚定维护以习近平同志为核心的党中央权威和集中统一领导、全面贯彻落实中共十九大各项决策部署为主题，重点对照党章，对照《规定》《实施细则》精神，对照初心和使命，联系县委工作，联系带头执行中央八项规定的实际，联系狠抓中共十九大决策部署的实际，进行自我检查、党性分析，开展批评和自我批评，组织生活会开的有声有色，民主评议党员面面俱到，各支部及时将工作开展情况以信息简报、总结材料、影像资料形式上报，其中总结材料68份，信息简报31份，影像资料9份。

◆**基层党建工作** 2018年，出台《曲麻莱县党建指导员实施意见》，由精准扶贫“第一书记”担任联点村党建指导员，各乡（镇）党委党建指导员由乡镇党委书记、副书记、组织委员担任，县直各机关党组织（支部）党建指导员由支部书记担任。紧紧围绕“基层党建责任落实年”重点任务要求，抓好落实新时期基层党建重点工作。建立健全各项工作制度，按照工作要求，努力打造一批基层党建工作典型。

◆**规范党员从政行为** 2018年，以“五查”专项整治为抓手，全面实施“五查”工作，对五方面问题认真梳理总结，对重点工作和突出问题列出清单，分别建立五本台账，明确责任、措施、时限，实行对账销号、挂号督办、对问题立改立销，不改不销。

基层党建调研

◆巩固基层党建基础 2018年，突出责任抓落实，提升履职约束力，建立平时督查、月度通报、每季调度、半年小结、年底述职、综合评定的党建工作推进机制。严格落实"三会一课"、民主生活会、组织生活会、领导干部双重组织生活、民主评议党员、谈心谈话制度，每月集中学习不少于3次，每名党员领导干部每年撰写学习体会5篇以上。提升党员整体素质重视发挥老干部在基层党建工作中的示范、引领和监督作用，实施了离退休党员"关爱计划"。深入开展"一乡一特色，一单位一品牌"创建活动，努力打造具有特色的基层党建品牌，创建一批基层党组织示范点。提升"互联网+"强服务，充分发挥"互联网+党建"作用，推陈出新，继续发挥好8个平台为民办事、为民服务作用，加大宣传力度，提高群众的认知度和参与度，让网络便捷通道跑起来。提升"两委"话语权，以"精准党建"引领"精准扶贫"，全面推动"党支部+合作社""党小组+合作社"模式，凝聚群众脱贫致富现"破零"工程全覆盖，全面提升村"两委"话语权。提升党员能力素质，以建设学习型党员干部队伍为目标，以干部教育培训规划为引领，以"三基"干部学院和"3、5、10年"规划为基础，以"五个注重"为抓手，切实提升干部队伍能力素质。

◆培育党建品牌 2018年，按照基层党组织"七个好"及"双百工程"的总体要求，积极创建乡镇、村、社区、机关等领域党建工作示范点，对促进全县基层组织建设整体水平的提高发挥了典型示范、辐射带动作用，同时也得到了省、州的一致认可。打造县级党建示范点6个，初步形成"一党委一品牌、一支部一特色"的党建工作新格局。

◆规范党员发展程序 2018年，严格按照党章规定的党员标准发展党员，入党积极分子与发展对象一般要保持在3:1左右的比例。党员资料完整归档，《中国共产党入党志愿书》、入党申请书、政治审查材料、转正申请书和培养教育考察材料等。坚持党内民主生活制度，要求党委每年至少召开1次班子成员民主生活会，党支部每半年召开1次党员组织生活会。建立"党员活动日"制度，支部党员大会、党小组会、党课和组织生活会，安排在主题党日或党员集中活动日进行。严格党费收缴管理，党支部要按照中央组织部《关于中国共产党党费收缴、使用和管理的规定》（中组发〔2008〕3号）文件要求，及时核定党员交纳党费具体数额。规范党员组织关系转接，党员因工作单位发生变化，外出学习或工作在六个月以上且地点比较固定的，应按规定及时办理党员组织关系接转手续。加强流动党员管理，每季度开展1次流入、流出党员情况排查，做到底数清、情况明。开展"争做合格党员""党旗引领""服务凝聚""创先争优""示范引领"等活动。抓好党组织书记党建定期汇报制度、抓实党员日常考评、健全党员民主评议制度、稳妥慎重处置不合格党员。

◆"三会一课"制度 2018年，结合县党组织实际，定制下发《党支部工作手册》《手抄党章》《如何落实"三会一课"制度》等，要求基层党支部要结合上级党组织工作要求和党支部年度工作计划，每年年初研究制订"三会一课"计划，增强落实"三会一课"制度的计划性。"三会一课"职权职责及工作任务严格按照规定组织实施；开展"三会一课"活动，各支部都指定专人做好活动记录，记录内容包括时间、地点、主持人、出席人、缺席人、会议议题、每名党员的发言要点、讨论中的不同意见、决议的内容及表决情况。

◆村（居）"两委"换届工作"回头看" 2018年，对村（居）"两委"换届"回头看"工作中存在的问题，实施了推动“双覆盖”常态化、强化村“两委”班子培训、狠抓基层党支部建设、严格落实民主集中制、健全完善档案管理、健全村务监督委员会等措施，有效解决了村（居）“两委”换届工作中遗留问题，为建设一支健康活力的基层党组织打下了坚实的基础。

◆**党建助力脱贫攻坚**　2018年根据省委组织部《关于开展抓党建促脱贫攻坚突出问题整改工作的通知》要求，工作责任落实不到位、村党组织战斗力不强、选派驻村干部不准、“第一书记”管理不到位、干部工作作风不扎实、贫困群众内生动力不足的问题，通过六项措施进行整改。压实责任，进一步明确整改任务。结合村级组织建设、扫黑除恶专项斗争、实施村集体经济“破零”工程、乡村振兴等工作，认真研究制订抓党建促脱贫攻坚突出问题整改计划，在分析研判的基础上，建立问题清单、任务清单和责任清单，细化到人、量化到岗，推动各级党组织书记切实履行抓党建促脱贫攻坚的主体责任。

◆**第一书记**　2018年，完善措施，持续建强基层党组织战斗堡垒，把加强贫困村党组织书记队伍建设作为重中之重来抓，对建档立卡贫困村进行一次集中摸底排查，对换届后村“两委”班子工作主动性不强、作用发挥不好、群众不满意的及时进行了整顿，按照贫困村后备干部储备比例，动态调整补充了村级后备干部库。从严要求，管好用好第一书记。严格落实《曲麻莱县“第一书记”和驻村工作队管理办法》的规定，加强对第一书记和驻村工作队员的管理监督、培养锻炼、激励关爱，对优秀的“第一书记”和驻村工作队员积极宣传表彰、分批次适时提拔使用，对不胜任的第一书记和驻村工作队员敢于及时“召回”调整。加强培训，提升抓脱贫攻坚的能力。把脱贫攻坚专业培训纳入干部教育和党员教育培训的重要内容，充分发挥党校的主阵地作用，通过举办专题培训班、研讨班，对各级领导班子成员、相关职能部门负责人、乡镇党政正职、贫困村党组织书记、第一书记和驻村工作队员进行全覆盖培训，切实提高贫团地区干部和扶贫干部抓脱贫攻坚的专业能力。增强活力，激发贫困地区群众内驱力。充分发挥“第一书记”和工作队的政策宣讲员作用，走村入户开展政策宣讲，心贴心、面对面地进行思想交流，帮助他们坚定脱贫信心。落实政策，提升基层组织服务保障水平。认真落实关于提高全州村“两委”成员报酬标准和老村干部生活补助标准的有关要求，不断完善村干部报酬动态增长制度，每个村都成立村务监督委员会，并正确行使监督权，确保村务公开透明、合法合规。

◆**干部人事档案管理**　2018年，以档案专项审核“回头看”为抓手，维护干部人事档案严肃性和公信力，为深入贯彻落实省委组织部关于开展干部人事档案专项审核“回头看”和干部人事档案造假专项治理的精神和要求，严格执行干部人事档案管理相关规定及《党政领导干部选拔任用工作条例》《干部人事档案造假问题处理办法（试行）》，研究制定工作方案，重点围绕“是否存在篡改、伪造出生时间、参加工作时间、入党时间、工作履历、民族成份等信息；是否存在篡改、伪造公务员（干部）、企事业单位人员身份等材料；是否存在篡改、伪造学历、学位等材料；是否存在篡改、伪造评（聘）专业技术职称（职务）等材料；是否存在篡改、伪造加入中国共产党或民主党派等材料；是否存在篡改、伪造录（聘）用、招工、入伍、转业安置等材料；是否存在篡改、伪造任免等材料；是否存在擅自抽取、撤换、添加、销毁档案材料；是否存在冒用、顶替他人身份等材料，在入学、入伍、招工、招录等方面谋取不正当利益”等方面全面开展。年内，300余份干部档案中清查31份档案。（县委组织部供稿）

宣传工作

◆**综述**　2018年，县委宣传部在县委的正确领导和州委宣传部的指导下，紧紧围绕全县经济社会发展目标任务，加大宣传力度，为全县经济社会发展提供了强有力的思想保证和精神力量。

◆**思想引领**　2018年，紧扣学习习近平新时代中国特色社会主义思想，结合“两学一做”学习教育，全县党员、干部把中共十九大报告作为修身为政成事的“必修课”，注重抓核心，不断把学习贯彻和中共十九大精神引向深入。全年累计订阅中共十九大报告（藏汉）2000余册，使各级领导和广大干部群众真学、真懂、真用、真信，进一步增强了核心意识，做到在思想上衷心拥护、政治上坚决维护、组织上自觉服从、行动上坚定看齐。

◆县委中心组学习 2018年，注重抓龙头，不断发挥县委中心组带动作用，研究制定《2018年县委中心组学习安排方案》，明确学习重点内容，精心设置学习课题，使县委理论学习中心组发挥好全县理论学习的龙头作用。全年县委中心组集中学习12次。加强对全县各级党委（党组）理论学习的指导，制订下发《2018年全县各级党委（党组）理论学习安排意见》，对全县各级党组理论学习的内容、方式、制度等都有明确的要求，助推各项工作的深入开展。5—6月，组建宣讲团深入社区，乡村、虫草采集点宣讲改革开放40周年辉煌成就和生态文明建设等，并发放藏汉双语宣传册5000余份。

纪念改革开放40周年系列活动

◆理论宣传 2018年，强化理论宣传，整合全县各类理论政策宣讲资源，从各部门抽调思想政治素质好、语言表达能力强的骨干力量12人，强强联合，组建了"宣讲团，认真开展理论宣讲进机关、进乡镇（街道）、进学校、进企业、进乡村（社区）"五进"活动。各宣讲团各分团推出"特色菜单"，各单位根据自身需要"点菜"，实现理论宣讲与群众需求的"无缝"对接，围绕学习宣传"党的十九大精神""中央1号文件""学习宣传贯彻省州县委全会精神"等主题，组织开展各类专题宣讲活动12余场（次），发放相关学习资料2000余份，发放宣传单10000余份。

◆媒体宣传 2018年，把握对内外宣传"重点"，全力营造干事创业氛围。县电视台、宣传微信公众号及"三基"公众号等县内主流媒体，紧紧围绕县委县政府重点工作，大力开展党和国家方针、政策的宣传解读，集中宣传曲麻莱县经济社会发展目标，突出宣传曲麻莱县经济社会建设亮点成就。县电视台共采编播《曲麻莱新闻》83余条，制作播放宣传标语27余条。中国新闻网青海分社登稿件9篇，玉树新闻频道播出曲麻莱新闻及报道83余条。借力主流媒体加大宣传政策法规，通过密切与县委组织部、县扶贫局、县卫计局、司法、畜牧、各乡镇等部门的联系，强化部门之间沟通协作，做好政策法规的宣传工作，制定下发了《曲麻莱县精准扶贫政策宣讲实施方案》《曲麻莱县法制宣传实施方案》等，与青海三江日月文化艺术有限公司合作录制《亲亲母亲河》的曲麻莱宣传片，利用县电视台、微博、微信等载体，宣传党的最新路线、方针、政策。围绕"两学一做""从严治党"等重大主题，深入机关、学校、社区、牧区开展理论下基层宣讲活动，宣讲14场，使利民、惠民政策的宣传面不断扩大，知晓率不断提高。加大宣传曲麻莱县的独特自然及人文环

网络安全宣传

境，进一步宣传报道曲麻莱县的独一无二的旅游资源，宣传三江源之顶曲麻莱(海拔)。并制定新闻报道奖励办法，建立对县电视台及其他媒体的新闻等报道被上级媒体采纳的，一条新闻奖励600元的新闻报道奖励机制，有效提升了新闻媒体部门的工作积极性。

◆舆论引导 2018年，舆论引导把握节点，全力把控正确导向，进一步加强对县内主流媒体和各类学校、展览馆、宗教场所的管理，制定下发《曲麻莱县新闻报道实施细则》，规范网站信息传播秩序，加强对县内新闻网站、政务微博、微信公众号的管理。县公安局网警大队对3家网站进行了备案，并组织开展"安网2018"网络安全专项治理行动，多层面、多角度排查我县网络的突出问题，打击整治网络违法违规行为，全年共核查、回应、解决舆情4起，净化了互联网环境，维护网络正常秩序。

◆文明创建 2018年，抓实文明创建，加大精神文明建设工作，以培育和践行社会主义核心价值观为主线，大力推进公民道德建设。积极开展社会主义核心价值观宣传教育活动。在全县人口聚集区及公路沿线等醒目位置，制作投放"中国梦"、社会主义核心价值观大型公益广告15块；县内各媒体播放公益广告200余条。积极开展各类主题实践活动，常态化开展科技、文化、卫生、法律"四进村"活动。组织开展"我们的节日"活动，利用春节、清明节、端午节等传统节日，精心组织筹办群众文艺表演等系列文化活动，继承和弘扬优秀传统文化。开展社会主义核心价值观宣传教育。在县城周围设置了6块大型核心价值观户外广告牌，在县电视台新闻频道和宣传部微信公众平台播放"社会主义核心价值观"微电影，6次深入乡村、社区宣传讲解学习社会主义核心价值观。在全县各级学校开展"4·14"玉树地震朗诵阅读比赛，表达对祖国和各民族兄弟的感恩之心。联合县妇联开展寻找、"最美家庭"评选，弘扬家庭美德。开展身边好人挖掘推荐工作。开展道德模范评选活动的宣传发动，积极宣传开展"最美曲麻莱人"评选活动，全县自下而上推荐出多个身边好人提供渠道。深化创建活动，举行了"文明校园"和"文明经营户"创建活动启动仪式。制定下发《曲麻莱县"五星级文明户"创建工作实施方案》，积极开展"文明单位""文明校园"建设工作。

◆精神文明建设 2018年，加强精神文明建设，召开2018年宣传思想暨精神文明工作会议，总结2017年工作，表彰2017年先进集体和个人，与各乡镇和县直各部门签订《2018年精神文明工作目标责任书》和《意识形态工作目标责任书》。开展志愿服务活动。制定《推进志愿服务制度化的实施方案》和《社区志愿服务工作方案》，与县团委共同开展"学雷锋志愿"活动。

◆未成年人思想道德建设 2018年，以"乡村学校少年宫"建设为契机，推动未成年人思想道德建设。积极推进"乡村学校少年宫"建设，努力把"乡村学校少年宫"办成资源共享、百姓满意、家长放心、农村孩子喜欢的青少年活动阵地。在全县各中小学广泛开展童心向党、优秀童谣传唱、中华经典诵读和格萨尔王史诗诵读活动。

◆文化市场管理 2018年，强化文化市场管理，以防范境外意识形态渗透及保护未成年人健康成长作为工作重点，加大对网吧、印刷及出版物市场的监管力度，联合文化、公安、市监局等部门共出动检查人员38人次，共检查网吧等相关文化产品经营户12家，积极开展"扫黄打非"专项整治，促进文化市场健康平稳有序发展。 （县委宣传部供稿）

慰问退伍士兵

民族宗教

◆综述 2018年，县民族宗教工作在县委、县政府的正确领导下，在上级业务部门的大力支持下，全县统一战线和宗教界人士高举党的旗帜，认真贯彻习近平总书记系列讲话精神，不断推进全县统战、民族宗教、非公经济、工商联、佛协、藏胞工作迈上新的台阶，为促进曲麻莱县经济、社会跨越式发展，保障社会和谐稳定做出新的贡献。

◆干部队伍建设 2018年，安排16名寺院管理人员赴西宁及外省进行6次集中培训，深入学习寺院管理干部工作方法及统战干部工作职责。在3月，按照维稳安保指挥部要求，制定每日一分析研判、汇报当日工作制度。在单位内部严格实行请销假制度，严把考勤关。通过一系列制度把关，使干部职工的工作作风得到了进一步提高，严格做到用制度管权、管事、管人，提高了统战、宗教部门的工作效率，发挥应有的工作效能。

◆法制宣传月活动 2018年3月，在宗教界的法制宣传月教育活动期间，按照“七五”普法工作中法律进寺院的内容，耐心细致地开展寺院法制宣传工作，利用入寺开展工作的各种时机，发放宣传材料藏文版《宗教事务条例》《青海藏传佛教教职人员读本》《宗教团体教规制度汇编》等210余本，宣教人数达450人。同时，以“持戒守法，爱国爱教”为主题，成立以政法委、统战部、法院、民宗局、司法局、佛协组成的联合宣讲组，对全县的17处宗教活动场所进行法制宣讲。通过强有力的宣讲制度、丰富多样的宣讲方式，广大僧侣和信教群众对党的民族、宗教政策有了根本上的、新的理解，加深了永远跟党走的理想信念。

◆寺院管理提升年 2018年，在巩固提升“寺院管理规范管理年”活动中，推进寺院创优升级工作，结合实际，制定《寺院规范管理提升年活动实施方案》，并严格按阶段执行落实。为使全县的寺院僧尼档案管理向规范化、制度化迈进，在原有的僧尼档案的基础上对活佛、僧尼信息档案进行了整理细化，并建立堪布档案的电子档案。

◆教风年活动 2018年初，制定《曲麻莱县寺院“教风年”活动实施方案》，并在3月份的全县统战、民宗工作上作出安排部署。通过开展不同形式的培训、座谈、宣讲会，在寺院僧尼中进一步树立了“四个在一起”“四种意识”“四个维护”的意识，充分发挥了统战、民宗工作是党和政府联系宗教界人士的桥梁纽带作用。同时，在全县寺院僧尼当中开展净心、净性、净情“三净”活动，为寺院僧尼营造良好的环境。

◆民创工作机制 2018年，加强对民族团结进步先进区创建工作的组织领导，结合工作实际制定《民族团结进步先进区工作实施方案》《民族团结进步先进区工作“八进”实施方案》《民创办具体工作实施方案》以行之有效，操作性强的工作方案带动民创全局性工作，将全县59个单位平均分配给6名资料审核人员，负责对上报的档案、资料审核及收集、整理工作，并制定9项《办公室内部管理制度》，做到了按制度工作的要求。制定“2013年—2017年全县民创资料收集进度表”“5月—6月各单位民创资料倒计时限期表”，通过限时间、定任务、明目标进一步加强督促，推进资料收集工作。并与各相关单位签订《民创资料整理进度谈话记录表》，通过约谈、督促工作进度，全县资料收集与整理做到了有时间节点、有规范流程，确保资料的收集与整理从资料上交单位和资料收集单位都做到细化到位、责任到人、时时进行跟进。2018年底，全县80%民创资料收集已基本完成。在创建工作中，制作了民族团结进步活动徽标，并选出6名具有讲解经验、形象良好的观摩点讲解员进行讲解。利用网络传播平台建立“曲麻莱县民创办”微信服务公众号、全县范围内的“团结曲麻莱”微信群、民创电子邮箱，坚持每天发布一期民创信息，得到州上级部门及社会各界的好评。制作藏汉双语版民族团结宣传资料、民族团结创建宣传手册、民族团结挂历、宣传单共计3500册。组织县内8个少数民族的身着本民族的服装，用6种少数民族文字书写的“民族团结”手持牌在我县6处观摩点开展宣传。对全县各单位上报的2013、2014年(各11卷)的档案资料进行分类、编排、装订、入档。

◆民创活动载体 2018年，在各个阶层先后举办“民族团结杯”知识竞赛、庆“五一”“五四”感恩“母亲节系列活动”“绿色前行，宣扬新时代民族团结精神”“民族团结宗教和谐社会稳定”为主题的环境整治活动、“心连心，共筑民族大团结、手牵手，同筑绿色曲麻莱”活动、“民族团结一家亲慰问僧侣献爱心”活动、合唱“56个民族56朵花”歌曲，拔河、长短跑活动、“民族团结一家亲，同心共筑中国梦”主题宣传活动、“以赛马会友，助推民族团结进步，各民族联手，共建和睦曲麻莱县”“庆祝建党97周年”歌咏比赛，通过丰富的活动载体、群众喜闻乐见的形式将活动不断引向深入。同时，在创建工作中，编写民族团结之歌，在人工湖边设置大型喷绘宣传牌，制作以简报、图片、视频、讲解为一体的多媒体幻灯片。

◆民创教材编印 2018年，结合实际编制小学版和中学版的《民族常识》教科书，6月20日，在县一完小、二完小四年级以及县中学初一年级进行发放，发放教课书750本。

◆民创“八进”工作 2018年，制定《曲麻莱县民族团结进步先进区工作“八进”实施方案》，确定民创“八进”单位。“进机关”：人社局；“进学校”：一完小、县中学；“进社区”：德勒社区；“进寺院”：巴干寺、仲晴寺；“进乡镇”：约改镇；“进军营”：县中队、县消防中队；“进村社”：代曲村；“进家庭”：尕玛丁增。在“八进”工作中，正在按照时间节点完成资料的收集与整理，宣传牌各单位已基本设立2—4个，宣传牌的设立基本覆盖全县每个单位及主要人流密集场所；各窗口服务单位已设立民族团结进步岗，服务人员也是懂藏汉双语的工作人员，窗口单位设立藏汉双语标识牌。

◆寺院法制宣传 2018年，通过深入开展寺院法制宣传、寺院矛盾纠纷排查化解和依法治理工作，切实推动了维稳由依靠应急处置向更好依靠长效机制的转变，重大疑难矛盾纠纷的体制机制、边界地区宗教活动稳定的工作机制和寺院社会管理服务等工作得到进一步完善与提升，矛盾纠纷调解成功率达98%以上，依法行政、依法办事的秩序日趋井然。各寺院管理干部、乡镇主管领导广大僧侣、群众的规则意识、法制意识和综合素质不断提高，维护新型民族关系的工作机制不断完善、环境更加和谐。深入贯彻落实党的民族宗教政策，坚持依法管理、民主管理、社会管理“三管齐下”，加强各类宗教活动的规范管理，不断引导宗教和社会主义相适应，使全县宗教更加和顺，社会更趋和谐，形成了民族团结、和衷共济、共同发展的合力。

◆村寺并联治理 2018年5月，集中开展村寺并联治理调研，以基层、村、社、寺院存在的突出问题、群众关心的热点、难点问题、危害国家安全、社会稳定的问题入手开展调研。调研形成专题材料，确保了前期准备工作不走样、求实效。完成全县部分寺院民管会班子成员换届工作任务，并结合村寺并联治理工作要求，要求每座寺院民管会副主任由村级领导兼任，充分体现村寺并联工作的完善性。

◆非公经济、工商联、藏胞 2018年，进一步对县工商联人员进行调整，健立健全组织机构，并指派专人按时参加工商联执委和非公经济人士的3期培训；结合“三基”建设和民族团结进步创建活动，非公经济人士也积极参与，为全县的非公经济的健康发展奠定了基础。

◆党外人事联系 2018年，根据实际情况，将县医学、宗教、教育、技术领域的2名少数民族知识分子纳入了党外人士工作当中，并进一步完善建立党员领导干部与党外代表人士的联系制度，更新党外人士队伍信息库，对担任县级干部的罗松江措活佛进行电话访谈。并对2名党外人士进行了慰问。

◆藏胞工作 2018年，对2名国外藏胞回国探亲的情况开展细致广泛的调查研究工作，并向上级提出相应的意见，并结合曲麻莱县实际，制定《曲麻莱县藏胞管理办法》，有效解决新形势下藏胞工作难开展、开展难得问题。

（县委统战部、县民族宗教局供稿）

老干部工作

◆概况 县老干局为县委组织部下设正科级单位，成立于1992年10月，下设驻宁干休所。2018年底，全县退休干部共544人，其中西宁居住327

人，县内居住133人，州上居住29人，省外居住的有55人。局内编外供养人员38人，现有工作人员11人，其中：单位编制人数为6人，实有公务员编3人，工人编1人，临时工7人。少数民族11人，中共党员4人，大学本科1人，大专3人，中专及以下9人，平均年龄51岁，副县级1人，正科级1人，主任科员1人。

◆综述 2018年，县老干局围绕事关老干部局切实利益问题，从老干部工作的定位和特点出发，全面落实老干部的政治待遇和生活待遇，不断的加强退休干部党组织建设和思想政治建设，着力做好退休干部服务管理工作，组织引导老干部发挥积极作用，以求实创新的态度全面完成各项任务。

◆党的建设 2018年，县老干局加强党员队伍建设，发挥好支部模范带头作用。坚持党日活动制度和民主评议制度，增强党员树立自我约束意识，先后组织学习党的十九大及党的十九届一中、二中、三中全会精神、习近平新时代特色社会主义思想和“不忘初心，牢记使命”座谈会等三项活动。通过活动的开展，全局党员的思想觉悟明显提高，先锋模范作用明显增强。加强党员队伍的教育，不断提高党员的素质，健全完善党员干部请销假制度，开展“一名党员，一面旗帜”评选活动和“晒成绩、亮承诺、做表率”活动，加深党员干部对党性修养的认识，继续巩固党支部战斗堡垒的作用，大力宣扬表彰“五好”党员，激发全体党员为实现党的宗旨而努力工作的积极性。加强党务工作的管理，按照县委对建立基层党组织的要求，对党支部的任务及职责、党支部工作有关制度、发展党员、党员管理、党费交纳等方面进行详细的规定，一方面让党员进一步明确新时期党建工作的目标和任务，另一方面提高支部委员的业务水平，为老干部局党组织建设的制度化和规范化打下良好基础。推进党风廉政建设，建立党风廉政建设责任制，主要领导是党风廉政建设第一责任人。通过评选表彰机关先进集体和个人，树立党员干部在群众中的良好形象。落实党务公开事项，在换届改选、评先评优、发展党员、民主评议，以及干部任免、职工安置等方面，保证党员的知情权、参与权、表达权、监督权。

◆民族团结创建 2018年，县老干局以创建活动为载体、以维护民族团结为基础、以共同进步发展为目标，组织干部职工结合老干部业务工作投身到民族团结进步创建工作中来，认真贯彻落实党的民族政策，把加强民族团结作为推进机关精神文明建设的重要组织部分。高度重视民创工作，将县委、县政府部署和工作要求及时传达给每位干部职工，并结合老干部工作实际抓好落实，将创建民族团结进步创建工作与老干部业务工作相结合，同安排、同落实。成立民族团结进步创建工作领导小组，保证民族团结进步创建工作工作有序开展。大力开展党的民族理论、民族政策、民族法律法规和民族知识宣传教育学习，坚持多层次、多形式地开展民族团结宣传教育活动。充分利用老干局微信群等网络传播工具，宣传为民族团结进步事业做出突出贡献的各族干部群众，进一步强化民族理论、民族政策法律法规及民族基本知识的学习宣传。结合老干部局工作实际，大力宣传民族宗教政策、民族法律法规、民族知识和民族区域自治制度。深入基层社区，开展政策宣传、普法宣传工作，增强基层群众的民族团结意识，推进民族经济发展。明确开展民族团结月的活动主题，慰问困难家庭8户，送去生活必需品，真心实意为群众办好事、办实事。

◆精准扶贫 2018年，县老干局以脱贫攻坚工程为抓手，帮助约改镇德勒社区狠抓基层党组织建设，建立健全各项规章制度，寻找发展致富新路径，使社区面貌得到明显改观，经济社会呈现出良好发展势头，以实际行动助推该社区脱贫。通过走访调研、座谈、慰问等形式，广泛向村干部、老党员、贫困户及村民代表等征求意见建议，制定了帮扶规划和帮扶计划，并邀请经验丰富的离退休干部为发展出谋献策，理清产业发展思路，谋划产业发展项目。先后4次组织单位干部职工深入到德勒社区帮扶贫困户家中进行走访慰问，查看贫困户生产生活情况。职工干部自行出资金为贫困户购买食用油、米、衣服、被褥等物资，向贫困户宣传国家扶贫政策，宣讲十九大精神，对向贫困户进行感恩教育。职工干部在了解贫困户生产生活情况后，还积极为贫困户脱贫献计献策。通过走访，对精准识别户现在的情况有了新了解，同时也了解到其困难和需求，为下一步帮扶制订工作思路，为更好地实现精准扶贫打下基础，为群众摆脱贫困制订方案，最终实现脱贫。

◆**支部政治理论学习**　2018年，县老干局全面推进支部学习制度化、规范化，提高党员干部的理论水平和工作能力，加强领导班子思想政治建设。深入开展、习近平新时代中国特色社会主义思想、全面从严治党重大部署、《关于新形势下党内政治生活的若干准则》《中国共产党党内监督条例》《中国共产党廉洁自律准则》《中国共产党纪律处分条例》《中国共产党巡视工作条例》《中国共产党问责条例》等国家法律法规，学习社会主义核心价值观，提高依法行政水平，提升党组织运行规范化、制度化、科学化水平，增强学习的针对性实效性。

◆**老干部服务工作**　2018年，县老干局为了老干部始终不忘初心、牢记使命，各尽所能，继续发挥余热，提供了良好的保障。举行退休老干部茶话会，向老干部通报2018年主要工作和2019年重点工作打算，分析了当前老干部工作面临的新形势。开展巴干乡代曲村老干部慰问工作，为他们送去了慰问金与生活用品。开展玉树州老干部局宣讲团走进曲麻莱宣讲中共十九大及省州第十三次党代会精神活动。年内慰问职工3名，发放慰问金2000元。工会会员退休离岗，发放共计1000元的纪念品。

◆**机关自身建设**　2018年，县老干局加强自身队伍建设，提升机关良好形象。加强干部"四德"教育，营造机关文明和谐、团结向上的氛围。以社会主义核心价值观体系为重点，开展干部社会公德、职业道德、家庭美德和个人品德教育。实现学习常态化，制订学习计划，每个月确定一次局内领导干部学习日，学习内容主要为党的重大决策部署、重要会议精神、曲麻莱县的发展情况以及老年人心理健康，并要求所有人员在学习前先进行自学。做好宣传导向工作，发挥好微信平台及各类网站的窗口作用，及时发布老干工作各项信息，共撰写上报《老干部工作信息》20篇，对于宣传老干部工作政策和老干部发挥作用的先进事迹起到了积极作用，同时也使机关形象得到了更好的宣传。

◆**文体活动**　2018年开展系列文体活动，组织全体职工相应在五一、七一、十一、重阳等节点分别举行象棋、跳棋、军棋、扑克、跳绳和呼啦圈等项目的比赛，以及拔河比赛、小型田径运动会、关于中共十九大精神、涉老政策、及服务老干部的要领的知识竞赛活动等一系列富有特色的文体活动。

（县老干局供稿）

县直机关党工委

◆**综述**　2018年，县直机关工委全面学习贯彻中共十九大和习近平新时代中国特色社会主义思想，突出全面从严治党的主题，以"服务中心、建设队伍"为目标，扎实开展"两学一做"常态化学习教育，全面提高机关党的思想、组织、作风、制度和反腐倡廉建设，为曲麻莱经济发展、生态文明、文化先进、社会和谐提供了坚强有力的思想和组织保障。

◆**两学一做**　2018年，县直机关工委以开展"两学一做"学习常态化、制度化教育为主线，坚持领导干部带头学，县委中心组充分发挥带头作用，中心组专题精读学习习近平总书记系列重要讲话8次，各县级领导分别为分管单位讲党课12次，参与所在支部集中学习60余次，组织召开学习交流20余次，起到带头学习的表率作用。在集中讨论上，以党支部为单位，围绕"四讲四有"党员标准，每月定期组织1次集中学习。

◆**党组织建设**　2018年，县直机关工委开展"七一重温入党誓词"活动。以党支部单位，县直机关36个党支部先后召开专题组织生活会，组织党员重温入党誓词，通过活动，进一步树立了宗旨意识和学习党章、遵守党章、贯彻党章、维护党章的行动和思想自觉性，规范、理顺了机关党组织机构，重新对机关党支部进行了调整。

◆**党员培训**　2018年，县直机关工委加强对党务干部的业务培训和指导。年内举办机关党务工作者培训班2期。实行党工委委员联片负责制，加强对党支部的业务指导，帮助及时建立各项工作制度。

◆**发展党员**　2018年，按照发展党员"控制总量、优化结构、提高质量、发挥作用"的总要求，把好党员发展关，严格执行公示制、预审制、政调制，做到成熟一个发展一个，控制不合格对象进入党组织队伍。年内举办一期县直机关入党积极分子培训班，40名积极分子参加学习培训，发展新党员6名，转正预备党员12名。

◆基层党建 2018年，以规范基层党组织为抓手，全面开展县直单位党支部书记抓基层党建工作述职评议考核，各支部书记以书面形式向党工委进行述职。实行党支部的“三会一课”按季度上报制，推动县直各单位党组织活动常态化，效果明显。

◆创先争优 2018年，做好推荐评选工作，共有3个先进基层党组，6名优秀共产党员，4名优秀党务工作者，5名“三基”建设先进个人，1个“三基”先进集体，受到县委表彰。1个先进基层党组，1名优秀共产党员，2名优秀党务工作者，1名“三基”建设先进个人。

◆机关文体活动 2018年，县直机关工委丰富载体，以中国共产党建党97周年等活动为契机，举办“红歌会”、“庆‘七一’、‘两学一做’知识竞赛”等主题活动，开展“亮身份、作承诺、当先锋、树形象”活动。

◆联点帮扶 2018年，县直机关工委建立对困难党员、老党员慰问制度，年内共慰问困难党员和老党员共14名。积极开展服务基层活动，机关支部结对帮扶1135户贫困户。同时选派第一书记和“美丽曲麻莱”乡村建设（扶贫）工作队员，开展扶贫帮扶、基层组织建设活动以及精准识别工作。（县直机关党工委供稿）

县委党校

◆综述 2018年，县委党校认真贯彻落实《中国共产党党校工作条例》《中共青海省委关于贯彻落实〈中国共产党党校工作条例〉的若干意见》和全省党校工作会议精神，推进各项工作的规范化、制度化，各项工作取得了显著成效。

◆扶贫干部培训 2018年，按照年初的培训计划，采取多种形式，加强干部培训工作。4月份，协调县委组织部、县扶贫开发局组织全县精准扶贫第一书记和工作队伍共35人到省委党校进行了为期一周的培训。通过多方协调，省委党校邀请到省扶贫局领导以及省委党校高级讲师进行授课，在课程设置上，紧紧围绕中央和省州精准扶贫安排部署，结合曲麻莱县实际，从异地搬迁、产业扶贫等多个方面开展专题授课。

◆基层党员培训 2018年，县委党校通过多方调研，将约改镇作为全县基层党员培训平台的示范点，提供培训经费5万元，并制订培训方案，开展丰富多彩、行之有效的各类培训，培训人数累计达236人次，使基层党员培训平台建设取得明显成效。3月25日，在县委会议中心举办曲麻莱县人大、政协“两会”代表和村社区“两委”班子成员进行中央、省委1号文件、廉政准则、党章、社会主义核心价值观、精准扶贫、三江源国家公园、民族团结进步、现代畜牧业、村寺并联治理等法规政策培训班，培训人数117人，发放学习资料265本。8月7日，邀请州委党校教授郑万里，与县直属党工委联合举办入党积极分子培训班，参训人员32人。8月10日，举办党务干部能力提升培训班，参训人员35人。10月20日，邀请玉树州交警大队法制培训中心主任邦塔举办“两会”代表和村社领导培训班，认真讲解《中华人民共和国道路交通安全法》等法律知识，培训人数60余人，发放学习资料120余本。10月21日，邀请青海民族学院玉树大专部教授才文扎西对全县村社领导干部和初三年级学生和家长进行了教育教学讲座。参会人数110

三基学院建设调研

人，发放学习资料120余本。10月28日，在秋智乡举办草原管护人员和村“两委”班子成员为期一天的培训会，共参加培训人员150人，发放学习资料160本。

◆教学科研 2018年，县委党校按照上级文件关于党校“以教学为中心、以科研为基础”的要求，邀请省委党校教研组结合教学实际开展科研活动，共撰写科研论文3篇。县委党校投资6万余元会同县纪律检查委员会、县委组织部、县委宣传部、县扶贫开发局协调《青海日报》藏文编辑部进行藏文翻译，联合出版了藏汉双语版党员领导干部学习资料，共4000册。内容涉及精准扶贫相关政策、省州精准扶贫工作实施方案，中共十八届三中、四中、五中全会精神，习近平总书记系列讲话等方面。 （县委党校供稿）

曲麻莱县人民代表大会

◆综述 2018年，县人大常委会在中共曲麻莱县委的坚强领导下，在省州人大常委会的精心指导下，以习近平新时代中国特色社会主义思想为指导，深入学习贯彻中共十九大精神和习近平总书记关于坚持和完善人民代表大会制度的重要思想，坚持党的领导、人民当家做主和依法治国有机统一，紧紧围绕县委中心工作大局，依法履职尽责，务实担当作为，推动人大工作与时俱进、完善发展。全年共组织召开人大常委会议8次、主任会议12次；开展执法检查4次、专题调研6次、组织代表集中视察3次；依法任免国家机关工作人员20人；督办代表建议、批评意见55件；圆满完成了县十五届人大四次会议确定的各项工作任务，为促进县域经济社会全面发展贡献了人大智慧和人大力量。

宪法宣誓

◆坚持党的领导 2018年，常委会牢牢把握政治属性是人大工作的第一属性，始终坚持党的领导这一最高政治原则，强化政治统领，提高政治站位，着力推动“四个意识”“四个自信”“两个维护”等政治要求具体化、实践化，做到县委有号召、有动员、有部署，人大有响应、有行动、有作为，确保人大工作正确的政治方向。

◆思想政治建设 2018年，常委会把深入学习贯彻习近平新时代中国特色社会主义思想作为首要任务和主题主线，严格落实常委会党组管党治党责任，以高度的政治自觉，强烈的责任担当，突出思想引领，强化理论武装。全年共组织12次党组成员集中学习，全面深化对新思想的学习研讨，进一步促进习近平新时代中国特色社会主义思想入心入脑、深学活用，切实运用新思想武装头脑、指导实践、破解难题、推动工作。

◆宪法实施 2018年，常委会尊崇宪法，积极推动宪法实施，把加强宪法实施作为维护党和人民共同意志的具体实践，把学习宣传和贯彻实施新修改的宪法摆在突出位置，精心组织宪法宣誓仪式，积极参与宪法纪念日活动，注重把宪法的基本精神和基本原则贯彻到人大工作和建设各方面。

◆落实决策部署 2018年，常委会牢固树立党领导一切工作的理念，坚持重大事项、重大问题向县委报告，并定期向县委汇报人大工作情况，确保始终与县委在思想上同心、政治上同向、行动上同步。紧紧围绕县委中心工作谋划和推进人大工作，将县委重大决策部署列入《曲麻莱县人大常委会2018年工作要点》，综合运用会议审议、视察调研、执法检查、工作评议等方式，推进县委决策部署落到实处。坚持将党管干部原则与人大依法任免有机结合起来，确保组织意图按照法定程序顺利实现。通过人民代表大会制度，保证党的路线方针政策和决策部署在人大工作中得到全面贯彻和有效执行，使县委主张通过法定程序成为全县人民的共同意志。常委会领导班子成员讲政治、顾大局，在全县精准扶贫、法治曲麻莱建设、信访维稳和定点包乡（村）等县委重点工作中履职尽责，在联系指导乡镇（村、社）工作中积极作为，全力以赴推动工作开展并取得明显成效。

代表视察

◆依法履职 2018年，常委会紧跟县委决策部署，主动把人大工作放到全县中心任务中去思考、谋划和推进，围绕依法履行好重大事项决定权、选举任免权和监督权，聚焦脱贫攻坚、经济社会发展、法治曲麻莱创建、保障改善民生等方面，依法履职行权，强化跟踪监督，谱写了人大工作的新篇章。

◆脱贫攻坚 2018年，常委会聚焦脱贫攻坚工作尽锐出战。围绕县委脱贫攻坚工作目标，常委会及时组织召开了全县人大聚焦脱贫攻坚工作推进会，明确以脱贫攻坚统揽人大工作。常委会领导班子成员认真开展脱贫攻坚连点帮扶工作，积极深入指导联系乡镇（村社）开展脱贫攻坚工作，对结对帮扶村（社）的贫困户开展精准帮扶。聚焦脱贫攻坚工作充分发挥人大监督作用，听取审议了全县扶贫领域存在的14方面46个问题等整改落实情况汇报；组织代表委员视察格尔木精准脱贫易地搬迁2017年一、二期项目实施情况，就安全供水、供电、路面硬化等配套建设进行了逐一视察。通过会议审议、代表视察、专题调研等方式，督促政府及其组成部门依法履职尽责，提出建设性意见促进产业扶贫提质增效，在打赢打好脱贫攻坚战中彰显人大担当、展现人大作为。

◆推动经济社会发展 2018年，常委会以推动经济社会发展为中心，围绕事关全县经济社会改革发展稳定的重大事项，依法行使重大事项决定权，认真审议审查了全县计划执行、预算执行及调整、年度决算等有关报告，督促政府及有关部门规范财政管理，强化预算约束，实现依法理财，促进全县宏观经济平稳运行。

◆依法治县 2018年，常委会聚焦全面依法治县主动作为，立足于推进民主法治建设工作，以“监督促发展”为原则，监督支持“一府一委两院”用法治思维和法治手段纵深推进依法治县，听取审议了全县“七五”普法中期验收工作开展情况汇报、“扫黑除恶”工作开展情况汇报。积极关注和支持全县监察体制改革和司法体制改革工作。坚持把信访工作作为密切联系群众、改进监督工作和服务大局的重要抓手，积极支持、配合有关部门依法妥善处理群众信访问题，有效化解社会矛盾，不断提升群众安全感和满意度。全年共接待群众来信来访7件（次），其中来访20人（次），具体上访10人（次），对上述信访案件依据“分级负责、归口管理”的原则，按照隶属关系、管理权限分别向有关部门进行转办、交办，有力地维护了社会和谐稳定。

重要会议

◆曲麻莱县第十五届人民代表大会常务委员会第十次会议 曲麻莱县十五届人大常委会第十次会议于2018年1月5日在县人大常委会会议室召

开。会议应到委员22名，实到12名。参会人员：欧周、巴东、土旦久美、才旦扎西、措毛、华增、唐发龙、贺生元、索南扎西、江求、索南多杰、罗松江永。会议由人大常委会主任欧周主持。任命：万铁练为曲麻莱县监察委员会副主任；蒋选军为曲麻莱县监察委员会副主任；斯宏斌为曲麻莱县监察委员会委员；杨斌为曲麻莱县监察委员会委员；金美尼玛为曲麻莱县监察委员会委员；拉毛吉为曲麻莱县监察委员会委员。免去：万铁练曲麻莱县监察局局长职务；斯宏斌曲麻莱县反贪污贿赂局局长职务；扎西朋措曲麻莱县人民检察院申诉科科长职务。

◆曲麻莱县第十五届人民代表大会常务委员会第十一次会议 曲麻莱县十五届人大常委会第十一次会议于2018年3月17日在县人大常委会会议室召开。会议应到委员22名，实到13名。参会人员：欧周、巴东、土旦久美、罗松江错、才旦扎西、措毛、华增、唐发龙、贺生元、索南扎西、江求、索南多杰、罗松江永。会议由人大常委会副主任土旦久美主持。会议审议通过了《2017年曲麻莱县人大常委会工作报告》。任命：贺生元为曲麻莱县人民政府副县长；尼玛扎西为曲麻莱县人民政府副县长。免去：李健曲麻莱县人民政府副县长职务；李得志曲麻莱县人民政府副县长职务；杨殿斌曲麻莱县第十五届人大常委会委员职务；贺生元曲麻莱县第十五届人大常委会委员职务；陈如金曲麻莱县第十五届人大常委会委员职务。

◆曲麻莱县第十五届人民代表大会常务委员会第十二次会议 曲麻莱县十五届人大常委会第十二次会议于2018年4月4日在县人大常委会会议室召开。会议应到委员22名，实到11名。参会人员：欧周、巴东、土旦久美、罗松江措、华增、措毛、索南多杰、格加、江求、久梅加措、格力尖措。会议由人大常委会副主任巴东主持。任命：尼玛扎西为县教育局局长；尼玛扎西（原统计局局长）为县人民政府办公室主任；尕松尼玛为县文化旅游广播电视局局长；葛宝林为县统计局局长；才忠尕为县审计局局长。免去：尕松尼玛县人民政府办公室主任职务；葛宝林县教育局局长职务；尼玛扎西县统计局局长职务；才忠尕县审计局副局长职务。会议听取2017年度县人大常委会工作报告修改情况；听取和审议县十五届人大代表变动情况资格审查报告（代表名额93名，现实有代表92名）；会议审议通过了县十五届人大四次会议相关议程及草案。

◆曲麻莱县第十五届人民代表大会常务委员会第十四次会议 曲麻莱县十五届人大常委会第十四次会议于2018年8月21日在县人大常委会会议室召开。会议应到委员22名，实到13名。参会人员：欧周、巴东、土旦久美、罗松江措、李健、才仁耐美、措毛、桑措、华增、唐发龙、索南多杰、江求、罗松江永。会议由人大常委会副主任土旦久美主持。会议听取和审议《县人民政府关于2018年上半年国民经济和社会发展计划执行情况的汇报》《县人民政府关于上半年财政预算执行情况的汇报》；审议通过曲麻莱县2017年财政总决算的报告；听取和审议《曲麻莱县“七五”普法中期工作开展情况的汇报》；会议任命，内美文次为曲麻莱县人民检察院副检察长。

◆曲麻莱县第十五届人民代表大会常务委员会第十五次会议 曲麻莱县十五届人大常委会第十五次会议于2018年12月14日在县人大常委会会议室召开。会议应到委员22名，16名。参会人员：欧周、巴东、土旦久美、才旦扎西、措毛、华增、唐发龙、杰松尼玛、李得志、罗松江永、扎文、格力尖措、江求、久梅加措、桑措、索南多杰。会议审议通过了《关于动用2018年预算备盘方案》、《曲麻莱县生态科技园总坪围墙改造及室内工程资金的议案》《2018年曲麻莱县煤改电应急改造总则》《曲麻莱县人大常委会2018年工作报告》《曲麻莱县第十五届人民代表大会第四次会议代表意见建议办理情况》。会议任命，朋措扎西为曲麻莱县人民法院副院长。免去，杨希红曲麻莱县人民政府副县长职务；玉生曲麻莱县人民法院副院长职务。

◆曲麻莱县第十五届人民代表大会常务委员会第十次主任会议 曲麻莱县十五届人大常委会第十次主任会议于2018年3月16日在县人大综合办公室召开。参会人员：欧周、巴东、土旦久美、才旦扎西。列席：华增、唐发龙。会议由人大常委会主任欧周主持。欧周主任总结2017年工作。并指出：过去一年，县人大常委会对全县精准扶贫工作和乡镇医疗卫生等工作的监督起到了积极推动作用。代表培训工作也取得了前所未有的成绩。会议讨论确定了第十五届人大常委会第十一次会议议程及时间，拟定于2018年3月17日下午召开第十五届人大常委会第十一次会议，由土旦久美主任主持会议。会议审议通过2017年曲麻莱县人大常委会工作报告和人事任免。

◆曲麻莱县第十五届人民代表大会常务委员会第十二次主任会议 曲麻莱县十五届人大常委会第十二次主任会议于2018年4月4日在县人大综合办公室召开。参会人员：欧周、巴东、土旦久美、罗松江措。列席：华增、措毛。会议由人大常委会主任欧周主持。会议研究尕松尼玛、才忠尕、葛宝林、尼玛扎西等职务任免事宜。通报了曲麻莱县人大常委会工作报告修改部分。审议通过代表资格审查情况。审议通过十五届人大四次会议预备会议议程。

◆曲麻莱县第十五届人民代表大会常务委员会第十三次主任会议 曲麻莱县十五届人大常委会第十三次主任会议于2018年5月16日在县人大综合办公室召开。参会人员：欧周、巴东、土旦久美、才旦扎西。列席：措毛、才仁耐美、唐发龙。会议由人大常委会副主任巴东主持。会议研究并安排第十五届人大四次会议期间代表提出意见建议办理相关事宜，第十五届人大四次会议期间代表提出意见建议55件，经分组讨论，确定有效意见建议46件并送各相关单位及时办理。

◆曲麻莱县第十五届人民代表大会常务委员会第十四次主任会议 曲麻莱县十五届人大常委会第十四次主任会议于2018年8月21日在县人大综合办公室召开。参会人员：欧周、巴东、土旦久美。列席：措毛、才仁耐美、华增、唐发龙。会议由人大常委会副主任土旦久美主持。会议研究县人大常委会第十四次会议相关事宜。听取和审议县人民政府关于2018年上半年国民经济和社会发展计划执行情况的汇报；听取和审议县人民政府关于上半年财政预算执行情况的汇报；审议曲麻莱县2017年财政总决算的报告；听取和审议曲麻莱县“七五”普法中期工作开展情况的汇报；讨论人事任免相关事宜。

◆曲麻莱县第十五届人民代表大会常务委员会第十五次主任会议 曲麻莱县十五届人大常委会第十五次主任会议于2018年9月19日在县人大综合办公室召开。参会人员：欧周、巴东、才旦扎西、罗松江措。列席：措毛、才仁耐美、华增、唐发龙。会议由人大常委会主任欧周主持。会议研究近期前往格尔木视察2016年精准扶贫易地搬迁项目入住情况和2017年、2018年易地搬迁项目建设情况相关事宜。

◆曲麻莱县第十五届人民代表大会常务委员会第十六次主任会议 曲麻莱县十五届人大常委会第十六次主任会议于2018年11月6日在县人大综合办公室召开。参会人员：欧周、巴东、土旦久美、罗松江措、才旦扎西。列席：措毛、唐发龙。会议由人大常委会主任欧周主持。会议讨论研究省委巡视组反馈收缴会议补贴、补助等整改事宜，研究关于编撰人大常委会志工作中经费落实相关事宜；研究编撰人大代表履职手册经费问题。会议讨论研究十五届人大常委会十六次会议相关事宜，拟于12月初召开，会议议程为审议《曲麻莱县人大常委会2018年工作报告》《曲麻莱县第十五届人民代表大会第四次会议代表意见建议办理情

三江源国家公园条例立法调研座谈会

况》,关于人大常委会志和人大代表履职手册编制工作说明以及人事任免。会议还讨论修订人大常委会机关财务管理制度。

◆曲麻莱县第十五届人民代表大会常务委员会第十七次主任会议 曲麻莱县十五届人大常委会第十七次主任会议于2018年11月28日在县人大综合办公室召开。参会人员:欧周、巴东、土旦久美、才旦扎西。列席:措毛、华增、唐发龙。会议由人大常委会主任欧周主持。会议研究2018年牧民群众低保资金未按时发放问题,决定成立调研组,专项调研,督促低保金发放;研究了农村、牧区医疗保障卡异地就医难得问题,决定成立专题调研组,解决在格尔木等地看病难得问题;研究麻多乡集镇建设工程问题,并在县人大常委会第十六次会议上听取专项工作汇报;讨论研究县域各学校授课情况,决定成立调查组,开展调查视察工作。

◆曲麻莱县第十五届人民代表大会常务委员会第十八次主任会议 曲麻莱县十五届人大常委会第十八次主任会议于2018年12月14日在县人大综合办公室召开。参会人员:欧周、巴东、土旦久美、才旦扎西。列席:措毛、华增、唐发龙。会议由人大常委会主任欧周主持。会议讨论研究县人大常委会第十五次会议相关事宜,拟定2018年12月14日召开,会议拟定审议《关于动用2018年预算备盘方案》《曲麻莱县生态科技园总坪围墙改造及室内工程资金的议案》《2018年曲麻莱县煤改电应急改造总则》《曲麻莱县人大常委会2018年工作报告》《曲麻莱县第十五届人民代表大会第四次会议代表意见建议办理情况》;会议通过人大常委会志和代表履职手册的制度撰写情况以及人事任免。

◆曲麻莱县第十五届人民代表大会常务委员会第十九次主任会议 曲麻莱县十五届人大常委会第十九次主任会议于2018年12月21日在县人大综合办公室召开。参会人员:欧周、巴东、土旦久美。列席:措毛、华增。会议由人大常委会主任欧周主持。会议讨论决定县人大常委会第十六次会议有关事项。拟定会议议程:审议关于曲麻莱县政府提请《第一批盘活财政存量资金收缴情况及安排使用方案》的议案,审议曲麻莱县人民政府提请《关于2018年省对下均衡性转移支付资金分配方案》的议案。会议决定,为进一步提高办公室内部管理水平,规范内部控制,加强廉政风险防控建设,经会议决定,成立县人大常委会办公室内部控制工作领导小组。

组　长:巴　　东　县人大常委会副主任
成　员:才旦扎西　县人大常委会办公室主任
措　　毛　县人大监督工作委员会主任纪检员
唐 发 龙　县人大财经工作委员会副主任
隆毛才仁　县人大常委会会计

领导小组下设办公室,负责人大办内部控制机制建设的具体组织推动工作和协调工作,由才旦扎西兼任办公室主任。

◆曲麻莱县第十五届人民代表大会常务委员会第二十次主任会议 曲麻莱县十五届人大常委会第二十次主任会议于2018年12月22日在县人大综合办公室召开。参会人员:欧周、巴东、土旦久美、罗松江措、才旦扎西。列席:措毛、唐发龙。会议由人大常委会主任欧周主持。会议审议通过《县人民政府2018年省对下均衡性转移支付资金分配方案的请示》《县人民政府2018年第一批盘活存量资金收缴及安排情况的请示》,并以举手表决的方式通过以上两项请示。(县人大办公室供稿)

曲麻莱县人民政府

◆综述 2018年,县人民政府在县人大、县政协的监督支持下,县政府认真贯彻落实习近平新时代中国特色社会主义思想和党的十九大精神,深入实施"五四战略",奋力推进"一优两高",主动适应新常态,坚持守底线、走新路、奔小康不动摇,以脱贫攻坚引领经济社会发展各项工作,以改革创新推进转型发展,主动适应把握引领经济发展新常态,坚持稳中求进的工作总基调,全力推动县域经济社会持续健康发展,各项经济指标均保持在合理增长区间。全年公共财政收入完成11.45亿元,其中:地方财政收入完成1209万元。完成地区生产总值5.951亿元。其中:第一产业完成3.799亿元；第三产业完成1.459亿元，同比增长7.4%。全社会固定资产投资完成4.27亿元。实现社会消费品零售总额1.303亿元，同比增长6.6%。全体居民人均纯收入15997元，同比增长8.1%，农牧民人均纯收入8199元，同比增长10%；城镇居民人均可支配收入31542元，同比增长6.6%。

曲麻莱县人民政府全体会议

◆畜牧业发展 2018年，从长远解决移民搬迁户后续产业发展入手，因地制宜的坚持生态保护优先，以推动高质量发展、创造高品质生活为目标，紧紧围绕“4321”产业发展模式，生态畜牧业得到健康发展。2018年底，全县存栏各类牲畜42.27万头（只），能繁母畜21.06万头（只），母畜比例为49.8%。2018年繁殖各类仔畜12.63万头（只），成活9.98万头（只），成活率达79.02%。各类牲畜出栏9.38万头（只），出栏率为20.91%，生产奶类6407.2吨，肉类产品3609吨。

◆优化牧业结构 2018年，投入资金6901万元建设65个草地生态畜牧业合作社基础设施，实现五乡一镇19个行政村的全覆盖，整合草场面积1040万亩，整合各类牲畜24.7万头（只），人均增收1085元。加强对65个合作社的管理，细化管理制度，加强体制建设，建立健全财物管理制度，公开合作社的收益、分红情况，促使各合作社运转率、轮牧率达到100%。全县串换优质种公牛1000头，完成花色种公畜淘汰1000头，完成计划的100%，为种畜提纯保质提供了源头保障。

◆牧业绿色品牌打造 2018年，提倡绿色生产、安全生产、保质生产，将叶格乡有机畜产品生产基地委托玉树黄河牦牛良种繁育公司授权经营管理，实现统一生产、统一管理、统一经营、统一分红。扩大“扎加羊”地理标志的品牌效应，引导麻多乡扎加种公羊繁育基地与玉树州智源工贸有限责任公司签订羊毛代理经销意向性协议，形成合作关系。据预期测算，羊毛出产价格将由每公斤4元提高到10元左右。

◆畜牧业项目建设 2018年，落实项目资金422.46万元，提高农村牧区饮水安全项目覆盖率，在秋智乡格麻村、麻多乡扎加村共建设80眼机井。投资3000万元实施畜圈暖棚改扩建项目、鹰巢鹰架建设项目、生态畜牧业和牦牛产业建设项目、畜产品加工扶持项目、新型职业牧民培训项目。其中畜圈暖棚改扩建项目已建设25.51万平方米，完成总量的75%。加大市场监督检疫力度，全年共检疫活畜2378头（只），羊酮体42件、各类脏器189副，检疫出证率达100%，上市肉类检疫率达100%。

◆基础设施建设 2018年，积极争取项目资金，补齐经济社会发展短板。争取项目资金1890万元解决党政办公区的供氧问题。投资464余万元实施平安城市建设项目，安装监控设备161个。完成总投资1123万元的曲麻河乡措池村、多秀村、巴干乡麻秀村、约改镇寄小改薄建设项目。完成820万元的藏医院住院楼建设项目、70万元的秋智乡格麻村供销社建设项目；投资1850万元落实了约改镇特困牧民住房、移民区住房建设项目和投资1500万元的异地扶贫搬迁安置点配套设施建设等项目。

◆脱贫攻坚 2018年，坚持推进“专项扶贫”“行业扶贫”“社会扶贫”三位一体的大扶贫格局，创新扶贫举措、整合资金资源、调动社会力量、集中攻坚，取得决定性胜利，减贫成效显著。2018年，全县识别精准扶贫建档立卡3309户9544人（其中：2017年争取返贫指标36户76人），已退出5个贫困村，占贫困村总数的62.5%；脱贫2175户6212人，分别占贫困户总数的65.7%和贫困总人口的65.1%；其中：2017年完成退出4个贫困村，涉及2个非贫困村，脱贫756户2280人的脱贫任务。贫困发生率由2015年的21.8%下降到7.6%。

◆易地扶贫搬迁 2018年，实施1569套易地扶贫搬迁项目，分别在格尔木市集中安置604户、麻多乡政府所在52户、曲麻河乡政府所在地36户、叶格乡政府所在地96户、县城集中安置781户。完成904套建设任务，318套主体封顶和347户的开工任务，2018年将完成所有建设任务并实现100%入住。安置点公共服务、基础设施全面达标。与此同时，针对自2004年搬迁至格尔木市的三江源移民、游牧民定居点和自行搬迁的850户，在宅基地使用权、基础设施、公共服务方面短板突出的问题，通过两年多时间的努力千方百计争取到格尔木建设用地960亩，投资1680万元建设了13公里市政道路、72亩绿化工程和一座大门，为下一步办理不动产权证奠定了坚实基础，彻底解决了返乡务牧的问题。

◆产业扶贫 2018年，针对现有合作社规模化不高、带动力不强的实际，千方百计筹措资金4501万元，实施了“六保障、五配套”工程。建设了65个合作社基础设施，完成草场整合、劳力、畜牧业基础设施和固定资产入股工作，进入运营阶段。全面整合“十二五”时期整村推进牧场和精准扶贫产业扶持牧场，折合羊单位50377只，实现7196人产业发展效益全覆盖，占建档立卡总人口的76%。让贫困户得到了“七个受益”，贫困户人均年增收700余元。全年争取产业扶持资金2362万元，覆盖2017年至2019年度，其中：2017年下达产业扶持资金966.78万元，实施完成投资46.7万元的岗当村扶贫楼改建项目、投资162.56万元在多秀村格尔木市八一路地下商业街143.5平方米商铺购置项目、投资144.64万元昂拉村西宁市水井巷广场71.9平方米商铺购置项目、投资154万元莱阳村约改镇步行街143.5平方米商铺购置项目、投资256万元龙麻村结古镇当代西路271.5平方米商铺购置项目、投资202.88万元长江村建筑建材五金加工综合市场建设项目完成总工程的50%。力争通过精心指导和科学管理，让1512名贫困牧民年增收600元以上。

◆牧民技能培训 2018年，为更好地发挥农牧民城镇化技能服务平台的效益，继续争取和完成投资1500万元建设曲麻莱县农牧民城镇化技能服务平台室外附属配套工程设施建设项目。精准扶贫商业一条街产生效益，为没有劳动力和产业脱贫能力的2500名贫困户预计年收入可增加2000元。通过开设美容美发、汽修、唐卡、烹饪、民族服装制作、民族手工艺品（金银匠）、婚礼主持、藏医全科医生、装载机和挖掘机、说唱等十种培训种类，使481户520人拓宽就业渠道和创业致富能力。并逐步改善牧民在易地扶贫搬迁和城镇化过程中出现的理财意识淡薄、参与市场能力差的突出问题。现已有部分毕业人员分别在西宁市、格尔木市、玉树州、县城参与就业，年人均收入最低达到5万～6万元。真正实现了“授人以鱼不如授人以渔”，“一次培训，终身受益”，“培训一人，致富一户”的工作目标。补助1568.16万元从全县建档立卡贫困户中选拔726名贫困人员，转化为生态管护员。

◆行业扶贫 2018年，审核确认贫困大中专院校贫困学生33名，“两后生”78名，共111人补助40万元。为130名贫困大学生争取国家助学贷款61.782万元。县级联点单位国电集团为全县五乡一镇340名因学和因病致贫的贫困户帮扶350万元。投资1130余万元，在全县范围内开展了八大类重大传染病和地方病筛查工作，为防止和杜绝因病致贫、因病返贫和因病辍学奠定了扎实的基础。实施贫困人口就医“一免七减”，实现贫困人口医疗救助全覆盖。投资9216.46万元，修建了退出贫困的6个村共5条精准扶贫道路，完成里程460.7公里。在曲麻河乡昂拉村、多秀村，约改镇长江村，叶格乡龙麻村建设小口机井149眼。有效解决了589户1739人和27824头牲畜的安全饮水问题。

◆金融贫困 2018年，实现约改镇长江村，巴干乡麻秀村，曲麻河乡昂拉村、多秀村和麻多乡扎加村通讯基站全覆盖；实现巴干乡麻秀村宽带网络全覆盖。为改善贫困群众住房安全条件，全年共实施348套危房改造项目,有效解决了贫困群众住房安全问题。全面启动金融扶贫工作,地方财政为主办银行注入风险担保资金1180万元,全年通过"530"小额贷款政策,为全县精准扶贫建档立卡户发放贷款425万元。投资28万元解决4个贫困村卫生室建设项目,每村60平方米。

◆**社会扶贫** 2018年,实行"县级领导联乡、科级干部扶村、一般干部包户"的工作机制,省、州、县三级部门1091名干部结对帮扶全县3273户贫困户,实现贫困村,贫困户帮扶全覆盖。第一书记、党员干部及联点单位共帮扶221.9万元。全年争取帮扶资金639万元,其中:国电集团帮扶350万元,北京市昌平区帮扶289万元。北京天桥盛世集团解决教育帮扶资金25万元。省安监局争取450万元建设秋智乡格麻村通村公路。

◆**生态环境保护** 2018年,根据习总书记提出的"绿水青山就是金山银山"的重要论断,始终坚持"生态保护第一"的理念和"生态立县"的战略思路,把生态保护建设作为首要任务来抓,举全县之力实施各类生态保护建设项目。

◆**生态项目** 2018年,把生态保护建设作为保护民生首要任务,举全县之力推进各类生态保护项目建设。发放草原奖补资金共计1.137亿元,惠及8532户25620人。为优化草畜结构,通过草场流转及草场整合等模式,缓解1360万亩草畜矛盾,优化可利用总草场面积的41.1%。依托4548名生态管护员充分利用各村的19辆装载机进行每年700立方米的义务覆坑及环境整治,累计覆坑13.65万立方米,清理各类垃圾1735吨。大力发展饲草料种植以"基地+农户"的模式,种植燕麦10000亩、芫根5000亩,年产燕麦1600万公斤、芫根3000万公斤,实现由传统靠天养畜向现代化高效半舍饲养畜模式转型,进而实现草畜平衡,减轻草场压力,遏制草地退化,每年使75万亩天然草场食草量得到修养生息,使草地生态功能得到逐步恢复。精心组织实施封山育林、封沙育草、退牧还草、黑土滩治理、重点湿地保护工程中,完成围栏1419.6万米。实施黑土滩综合治理、草原鼠害和虫害防治工程中,实施治理面积达1988.03万亩。同时为维护草原生物链平衡,达到以鹰治鼠的目的,建设鹰巢鹰架15435个。

◆**中央环保督查** 2018年,全面落实中央环保督查问题整改工作,实施大场历史遗留砂金过采区和达哈煤矿历史遗留过采区的生态恢复治理项目。对全县区域内非法破坏资源环境等行为积极开展各项巡护专项大检查。对各保护分区共97处人类活动点进行核查。共查办各类资源环境违法案件共11起。通过土地卫片执法查处7宗违法用地案件,总面积75.88亩,共处罚金3.61万元。以巴干乡为试点种植2000余颗藏柳树,将逐步在全县范围内推广种植。完成格尔木965亩土地的确权问题,在解决搬迁户后顾之忧的同时,减轻了对生态环境的继续破坏,使生态系统得以恢复,有效解决了草蓄矛盾。

◆**生态奖补** 2018年,落实年度生态保护补助奖励资金1.1374亿元,覆盖五乡一镇8532户,其中禁牧补助资金8971.718万元,草畜平衡奖励资金2402.5万元。发放年度森林生态效益补偿1227.7万元,其受益6859户、23294人。落实全县3391名生态管护员管护工资7324.56万元。

◆**黑土滩治理** 2018年,以治理"黑土滩"保护"金草地"的良性模式,集中、连片、分散等方式全年种植芫根0.8万亩,种植燕麦1万亩,实现人工种植返育自然草场、恢复草地生态系统有效保护了

县人民政府党风廉政建设工作会议

56.8万亩草场。投资3271.17万元实施3项三江源保护与建设二期工程。

◆**生态恢复** 2018年,投入资金7950万元完成白的沟历史遗留砂金过采区生态环境恢复治理11000余亩;麻多乡大场地区历史遗留砂金过采区生态环境恢复治理6200亩;白的沟沟口643.62亩复垦、平整;达哈煤矿环境恢复治理工作。全力落实全省环保执法大检查提出的整改任务。通过遥感监测图斑确定12宗违法用地,总面积为918.8亩,已全部结案并上交全部罚款共计107.9万元。

◆**环境整治** 2018年,充分发挥生态管护员的积极作用清理各种生活垃圾200余吨,广大牧民群众自发组织清理垃圾50余吨;每个村完成历史遗留砂金过采区700立方米的义务复垦,共计45500余立方米;开展了为期5天的河道整治行动。组织全县各乡(镇)村干部、生态管护员共25000余人次,在各乡镇周边河道及主要河源地参加了整治行动,为实现"一江清水向东流"奠定了坚实的基础。

◆**社会事业** 2018年,着力改善和保障民生,始终坚持办好民生实事,加大民生投入,解决民生问题,每年用于改善民生财政支出达75%。

◆**民族教育** 2018年,大力推进"3332"教育体制改革工作,进一步加强全县义务教育阶段"控辍保学"工作。全县中小学在校学生达5352人,义务教育巩固率达95.3%,初中毕业升学率97.4%,义务教育资助补助政策覆盖率100%。落实教育发展资金1400万元,改善各级学校办学条件。委派两名副县长赴各校调研制定了"一校一策"整改方案,并从教师配置、经费保障等方面针对性地制定了一系列整改措施,有力地推进了控辍保学、义务教育均衡发展工作进度,提升各项指标的达标率。

◆**卫生计生** 2018年,积极推进县域医联体建设,强化"三医"联动。全县总诊疗人次达21989人,医疗总收入270余万元,落实医疗补助57万元。县人民政府与青海红十字医院、省人民医院签订对口帮扶协议,开启"互联网+医疗服务"模式,全年远程会诊共计653余次。加强重大传染病和地方病防控工作,全年累计筛查包虫病8254人,新发病例4人,手术治疗24人,药物治疗58人;全年追踪结核病人406人,收治56人,新发涂阳病4人;管理乙肝病人946人。加强建档立卡贫困户的健康扶贫"双签约"工作,已签约建档立卡户11224人,签约率达100%,履约服务率达100%。

◆**社会保障** 2018年,全面落实各项社会保障政策,企业职工养老保险参保1176人,享受退休待遇人员133人;城乡居民养老保险参保17576人;工伤保险参保1426人;城乡居民医疗保险参保26899人。

◆**民政救助** 2018年,扎实做好低收入群体生活保障工作,发放救灾物资面粉2.71万公斤,大米2.785万公斤,青稞6.1万公斤,蔬菜10万公斤。积极开展社会救助工作,发放城乡低保资金2355.96万元,特困户低保救助资金621.89万元,孤儿及困境户儿童救助资金168万元,残疾人救助资金347.76万元,高龄老人助资金170.74万元。切实减轻困难群众医疗负担1083人,发放救助资金351.80万元。为城镇特困供养及五所敬老院和散居孤儿发放门诊补贴资金27.76万元。全年临时救助293人次,发放救助资金194.9万元。

◆**住房保障** 2018年,为县域内1291户无力对危旧房维护的牧民群众实施危房改造。投资330万元实施巴干乡麻秀村高原美丽乡村工程。为困难群众发放124万元的住房租赁补贴。

◆**生态旅游** 2018年,加大黄河源头生态旅游打造力度,建设1处源头管理站,主要负责统计游客人数及游客车辆的管理,在黄河源头打造富有民族特色的观光马车5辆,全面完成麻多乡旅游集镇建设任务。完成中国·青海·玉树第二届创世九尊神山之尕朵觉沃徒步转山节、第二届游牧文化旅游节、第二届黄河源头赛马节,并在全国200家地方广电台和50家网站报道实况。完成游客到访中心建设任务。

◆**乡村振兴** 2018年,坚持把乡村振兴作为新时代"三农"工作的总抓手,全面推动乡村振兴战略落地生根。做大做强龙头企业,培育新型牧业经营主体,加快构建现代牧业产业体系、经营体系,进一步壮大合作社主导产业。全力建设美丽乡村。大力实施美丽乡村提升工程,积极推进"厕所革命",开展农村环境综合整治。用心建设和谐乡村，净化农村社会环境，努力建设产业兴旺、乡风文明、治理有效、生活富裕的现代化新牧区。

◆**基层社会治理**　2018年，进一步明确责任，加强监管，对关键部位、重点领域，持续进行排查检查，强化整改落实，高度重视因农民工工资发放、草山纠纷、拆迁纠纷等原因引发的上访事件，依法、依规、按政策解决好群众的来信来访问题，确保不留隐患。全年来信来访案件50件，已办结34件，正在调查和处理中16件。加强宗教事务管理，在原有的僧尼档案的基础上对活佛、僧尼信息档案进行整理细化，并建立了堪布电子档案。在重要节日和敏感节点期间，县、乡(镇)两级联点领导积极深入寺院开展维稳宣讲工作。广大僧侣和信教群众对党的民族、宗教政策有了根本上的、新的理解，加深了永远跟党走的理想信念。

◆**平安建设**　2018年，深入推进平安曲麻莱建设，全县共立各类刑事案件47起，破获24起，共抓获犯罪嫌疑人30名；录入扫黑除恶线索16条(省州转办1条，摸排15条)，约谈19人；破获涉恶犯罪团伙1个，抓获团伙成员3人。共缴获各类枪支99支，子弹7800发，管制刀具182把、打狗棒35个，雷管1851枚，导火索378米，炸药28公斤，手榴弹4枚，弓弩2支。共查处赌博案件11起，捣毁赌博窝点5处，抓获、处置违法行为人99人，收缴赌具22副，收缴赌资12508元，全县无涉黄、涉毒现象。

◆**法治工作**　2018年，深入推进法治社会建设，先后举办5期法制培训班，培训人数达420人；开展普法宣传活动24次；调解中心、各司法助理员及基层调委会依法调处各类民间纠纷33件，调处成功率达98%；管控社区服刑人员21名；免费代写法律文书108份，援助150余人；“七五”普法工作中，曲麻莱县普法办荣获全州优秀普法办。

◆**市场监管**　2018年，加强市场监管，全年受理消费者投诉举报5期，挽回经济损失1770元；建成食品安全监管信息中心，将12家重点餐饮单位和4所学校食堂纳入视频监控范围；查处经营销售不合格食品案件6起，罚没2.72万元；查处经营销售不合格化妆品10批次，立案19起。

◆**政府自身建设**　2018年，全面贯彻落实州委州政府、县委决策部署，把从严治党的主体责任不折不扣落到实处。自觉遵守《关于新形势下党内政治生活的若干准则》和《中国共产党党内监督条例》。全面推进依法行政，完善政府立法工作机制，深化行政执法体制改革，做好行政复议工作。严格执行人大及其常委会决定，自觉接受人大的法律监督、工作监督和政协的民主监督，接受司法监督和新闻舆论及社会公众的监督，让行政权力始终在法治轨道和阳光下运行。牢固树立以人民为中心的发展思想，坚持问政于民、问需于民、问计于民，多干让人民满意的好事实事。全面落实从严治党主体责任，下气力改进会风文风，着力整治庸政懒政怠政，着力强化督查和问责，建设人民满意的服务型政府。

重要会议

◆**党组会议**　3月9日，县政府党组召开第1次集中学习会议。集中学习了《中国共产党章》《中国共产党党内监督条例》，解读了中国共产党第十九次全国代表大会10月24日通过的关于《中国共产党章程(修正案)的决议》。党组成员集体重温了入党誓词。

◆**控辍保学专题会议**　3月10—12日，县政府召开控辍保工作推进会议。会议传达州委州政府控辍保学专题会议精神，会议要求全面贯彻落实《义务

县政府党组巡视整改民主生活会

教育法》,进一步加大“控辍保学”工作力度,保障适龄儿童受教育的权利,完善和规范学籍管理,进一步巩固教育工作的成果。

◆第一次县长办公会议 4月6日,县委副书记、县长尼玛扎西主持召开县政府第1次县长办公会议,就2018年《县政府工作报告》起草相关事宜进行研究部署。县政府各副县长,县政府相关部门负责同志参加会议。

◆第二次县长办公会议 4月8日,县委副书记、县长尼玛扎西主持召开县政府第2次县长办公会议,研究部署县政府职工宿舍配套设施建设事宜。县政府各副县长,县政府相关部门负责同志参加会议。

◆第三次县长办公会议 4月17日,县委副书记、县长尼玛扎西主持召开县政府第3次县长办公会议,研究部署2018年畜牧支农资金使用工作。县政府各副县长,县政府相关部门负责同志参加会议。

◆第四次县长办公会议 4月23日,县委副书记、县长尼玛扎西主持召开县政府第4次县长办公会议,就加强和改进县政府党组学习、后勤接待以及麻多乡幼儿园建设等相关事宜进行研究部署。县政府各副县长,县政府相关部门负责同志参加会议。

◆第五次县长办公会议 4月27日,县委副书记、县长尼玛扎西主持召开县政府第5次县长办公会议。研究部署住房建设、人畜饮水、民政、人事、宗教等工作。县政府各副县长,县政府相关部门负责同志参加会议。

◆第六次县长办公会议 5月29日,县长尼玛扎西主持召开县政府第6次县长办公会议,审议研究巴干乡灾后重建结余资金使用、文化旅游、公务用车改革等工作。县政府各副县长,县政府相关部门负责同志参加会议。

◆第七次县长办公会议 7月1日,县长尼玛扎西主持召开县政府第7次县长办公会议,研究县政府议事规则、县委政府食堂改造、精准脱贫、以及残疾人康复治疗等工作。县政府各副县长,县政府相关部门负责同志参加会议。

◆第八次县长办公会议 8月21日,县委副书记、县长尼玛扎西主持召开县政府第8次县长办公会议,就省委巡视组反馈的“关于占编不在岗问题”进行研究部署。县政府各副县长,县政府相关部门负责同志参加会议。

◆第九次县长办公会议 11月9日,县委副书记、县长尼玛扎西主持召开县政府第9次县长办公会议,研究部署抗畜保灾、野生动物畜疫防治、食药品安全、非法加油站整治、格尔木社区违法用地整治等工作。县政府各副县长,县政府相关部门负责同志参加会议。 (县人民政府办公室供稿)

中国人民政治协商会议曲麻莱县第十三届委员会

◆综述 2018年,坚持以习近平新时代中国特色社会主义思想为指导,认真学习习近平总书记关于加强和改进人民政协工作的重要思想,牢牢把握团结和民主两大主题,紧紧围绕以“四个转变”推动落实“四个扎扎实实”重大要求,始终坚持围绕中心、服务大局,加强思想政治,突出党建引领,注重提质增效,认真履行政治协商、民主监督、参政议政职能,努力参政立言、凝聚共识、汇集力量,为建设富裕文明和谐新曲麻莱做出了积极贡献。

◆党的建设 2018年,切实加强思想政治引领,保证把党中央和省、州、县委的决策部署在政协工作中贯彻下去,为全县改革发展稳定凝聚智慧和力量,切实担负政治责任,始终坚持在县委领导下开展工作,更加自觉地在建言资政和思想政治引领两个方面双向发力,把强化思想政治引领、广泛凝聚共识贯穿于政协的各项工作之中。坚定地把习近平新时代中国特色社会主义思想武装头脑、指导实践、推动工作作为强化思想政治引领的总纲,组织政协委员广泛学习和实践,努力在学懂弄通做实上下功夫,切实树立“四个意识”,增强“五个认同”,坚定“四个自信”,践行“两个维护”,积极参加州政协系统学习贯彻习近平总书记关于加强和改进人民政协工作重要思想理论研讨会和政协系统党的建设工作座谈会,及时传达学习全国政协和省州政协专题理论研讨会精神。通过学习研讨，学出了新认识新自信，学出了新思路新举措，学出了新担当新作为，进一步增强了开创新时代政协工作新局面的信心。

党的建设专题学习会

◆政治协商 2018年，坚持把以围绕中心、服务大局作为履行职能的基本原则，始终把生态保护、民生改善作为资政建言的重点。政协委员本着实事求是、议政为民的精神，积极关注曲麻莱县经济发展和社会和谐，充分发挥人民政协的优势和作用，努力协助县委、县政府调动各方面积极因素，团结一切可以团结的力量，加强各党派在政协的团结合作。在县委的领导下，坚持长期共存、互相监督、肝胆相照、荣辱与共的方针，以参政议政课题为纽带，共同协商、共同议政，统一建言、统一献策，在推进各项工作落实中发挥了积极的作用。满完成十三届三次、四次会议和党组、委员会、支委会各项工作推进会、座谈会37次，做到了准备充分、召开及时、效果明显、整改到位；协助州政协完成职业技能培训机构、三江源国家公园调研工作，并形成了专题调研报告。年内，提交提案14件，报送政协信息66期，为县委、县政府科学决策、精准施策提供参考，人民政协作为协商民主的重要渠道和专门协商机构的作用得到进一步发挥。

◆提案办理 2018年，进一步加强提案工作，政协十四届三次会议共收到委员提案36件，经县政协提案委员会审查，立案14件，交由县政府相关部门承办，所有交办提案全部办复，一些问题得以较好解决，提案作为政协一项全局性工作的作用得到充分体现。

◆精准扶贫 2018年，聚焦脱贫攻坚，自州政协倡议开展委员"精准扶贫、结对帮扶"活动，主动进位，积极作为，把助力精准扶贫、精准脱贫作为最大的政治、最重的任务和最强的责任，按照州政协安排和县委、县政府的决策部署，以"授人以鱼不如授之以渔"的扶贫工作思路，积极动员全县政协委员投身脱贫攻坚战一线，为脱贫攻坚战凝心聚力、主动作为。年内共组织86名政协委员，为131户贫困户争取资金290万元帮扶资金和米、面、油等生活用品，受益群众累计458余人。协助做好省、州政协扶贫工作，为贫困户共发放省政协"汇爱"基金20.2万元；完成州政协罗松龙日副主席为曲麻莱县130名学生提供的"一对一"爱心助学13万资金和巴干乡15万公斤粮食的发放工作，获得全州政协系统委员结对帮扶"先进单位"。机关联点帮扶工作有序开展。在脱贫攻坚中，面对全县脱贫摘帽的艰巨任务，政协机关发挥"第一书记"作用，在联点社区开展政策宣讲、党建指导、"一对一"帮扶等活动，得到群众的广泛好评。

◆政协自身建设 2018年，牢牢把握团结和民主两大主题，鼓励和支持政协委员深入基层和群众，围绕实施"五四战略"，推进"一优两高"战略布局，协助党委政府做好解疑释惑、宣传政策、理顺情绪、化解矛盾的工作。选派委员积极参与有关部门开展的各项监督检查、民主评议活动，加强对县委县政府重要决策部署和重点民生工作进展情况的监督检查，发挥了委员在民主监督中的积极作用。加强学习型政协机关建设。始终坚持把理论武装作为抓班子、带队伍的灵魂和基础，通过党组会议、主席会议、常委会议、专题讲座、影像资料、党课报告等形式，认真组织学习中共十九大精神、党章党规、习近平总书记系列讲话精神，深入领会"五四"战略和五大发展理念，注重把理论武装与政协工作有机结合，积极引导机关干部和广大政协委员思初心、议使命，旗帜鲜明的讲政治，一切

宏观经济管理

◆**综述** 2018年，县发改局在县委、县人民政府的正确领导下，全面围绕发展全县经济与社会事业建设工作主线，认真履行发改部门工作职责，发展改革商务工作取得了新成效。

◆**编制发展规划** 2018年，完成《关于曲麻莱县2017年国民经济和社会发展计划执行情况暨2018年国民经济和社会发展计划的报告》，联合县级相关部门、乡镇编制并上报《曲麻莱县保护环境绿色五年发展规划》。完成编制《曲麻莱县民族文化产业园规划》。积极协调县级相关部门，收集整理有关材料和数据，认真组织开展调研，提前筛选申报2019年实施重点项目。

◆**项目工作** 2018年，通过积极对接，共争取新建项目59个，已开工建设项目54个，完成5个项目前期设计和招投标工作。实施结转续建项目共29项(包含已实施完成但未入纳入统计库的项目。全年完成全社会固定资产投资额4.37亿元。

2018年曲麻莱县固定资产投资完成情况统计表

表6 单位:万元

指标名称	完成数	指标名称	完成数
全社会固定资产投资完成情况	112929	③其他费用	
一、城镇固定资产投资完成	43719	2、按工程用途分:	
建设与改造		①农林牧渔业用	7845
房地产开发投资		②工业、建筑业用	5000
二、农村固定资产投资完成		③商业、运输邮电业用	6948
三、按产业分		④其它	23926
第一产业	7845	3、按建设性质分	
第二产业	6948	①新建	35
第三产业	28926	②扩建	31
四、建筑业企业个数(个)		③改建	
建筑业期末从业人数(人)		④迁建	
建筑业总产值(万元)		⑤单纯建造生活设施	
一、施工项目个数	35	四、本年新增固定资产	
其中:本年新开工		五、本年资金来源合计	
二、本年投产项目个数		①国家预算内资金	
三、投资额和新增固定资产		②国内贷款	
计划总投资	43719	③利用外资	
本年新开工项目计划总投资		④自筹资金	
累计完成投资	43719	⑤其他资金来源	
本年完成投资	43719	六、本年各项应付款合计	
其中:住宅投资	700	其中:工程款	
1、按构成分:		七、本年施工房屋面积(平方米)	4953
①建筑、安装工程	38296	其中:住宅	
②设备、工器具购置		本年竣工房屋面积	

续表6

指标名称	完成数	指标名称	完成数
其中:住宅		6、住宿、餐饮业	
本年竣工房屋价值		7、金融业	
其中:住宅		8、信息传输、计算机服务和软件业	
八、按行业分		9、科学研究、技术服务和地质勘探业	
1、农林牧渔业		10、水利、环境和公共设施管理业	
2、制造业		11、教育	
3、电力、煤气及水的生产和供应		12、卫生、社会工作	
4、交通运输、仓储及邮政业		13、文化、体育和娱乐业	
5、批发和零售业		14、公共管理和社会组织	

◆北京对口支援 2018年,实施投资1850万元的约改镇特困牧民住房工程,完成总工程量的30%;实施投资1500万元的曲麻莱县易地扶贫居民点附属设施建设项目。

◆能源建设 2018年按照省、州关于逐步淘汰10蒸吨以下燃煤锅炉的要求,为了保障全县冬季供暖的要求,在多方调研的基础上研究制定《曲麻莱县"煤改电"实施方案》,投资2450万元建设曲麻莱县煤改电应急供热第一批项目,解决了28个急需供暖的单位,覆盖县政府驻地全部学校、敬老院、孤儿院及部分行政单位,受益人数约8000余人。积极衔接秋智乡变电站建设项目,推动项目进入前期阶段。

◆暖心工程 2018年,受县委组织部委托,实施投资78万元的乡镇"八有"工程,并建成投入使用。

◆公厕建设 2018年,通过规范标准、资金补助、政策引导等手段,政府补助、改造一批、新建一批卫生厕所,基本实现全县公共厕所数量充足、分布合理、功能实用、管理有效、环保卫生、如厕文明的目标,公共服务能力水平进一步提升。年内下达建设任务332座,年底完成总工程量的80%。

◆物价检查 2018年对县城超市、商店商品进行了明码标价,协同工商等部门加大市场巡查力度和市场监管力度,确保市场供应和物价稳定工作。全年受理刑事案件价格鉴证4起,涉案金额约15万元。

◆供销社改革 2018年,按照州经商委要求,结合实际认真制定供销社改革方案,并上报至省州两级供销社进行审核。通过积极争取落实秋智乡格麻村村级供销社建设项目资金70万元,完成格麻村集体经济破零的任务。

◆经济贸易 2018年,按照省州各级政府的安排,积极组织曲麻莱县企业参加"青洽会""国际虫草节暨藏医药展销交流会",大力宣传推介特色企业和藏医药传统技。完成招商引资1亿元,与青海上源牧草集团已达成意向性协议建设牦牛奶粉厂。

◆社会信用体系建设 2018年,根据省委、省人民政府社会信用体系建设实现"双百突破"(横向层面与地方各级部门实现100%对接,纵向层面与省州实现100%覆盖)目标要求,成立社会信用体系建设领导小组,开展县级信用信息平台建设,并层层推进工作落实。

◆公车改革 2018年,根据《中共中央办公厅国务院办公厅关于全面推进公务用车制度改革的指导意见〉的通知》(中办发〔2014〕40号)和《中共青海省委办公厅青海省人民政府办公厅关于印发〈青海省全面推进公务用车制度改革总体方案〉的通知》(青办发〔2015〕)45号),结合曲麻莱县实际，制定改革方案，并上报至州车改办审核。

◆**工程项目违规招投标专项治理** 2018年，联合县财政局组成督查工作小组对全县所有项目单位进行了全面的筛查，并对存在问题的单位要求限期整改，该项工作共计筛查项目112个，涉及单位13个。州违规项目招投标专项治理领导小组委派州林业局先后对曲麻莱县督导检查四次，并与2018年8月22日开展抽查工作，从全县112个项目中抽查7家单位的24个项目，对填表不达标、部分资料不齐全的问题进行整改，并由州林业局完成验收。2018年11月，按照省委第三巡视组以及州工程项目违规招投标专项治理领导小组的要求，抽查了6家单位的14个项目，并由省工作小组进行审查。按照省、州两级的工作要求与时限完成州县工程项目违规招投标专项治理工作，并上报至省州两级工作领导小组。

◆**安全生产** 2018年，加强安全生产监督管理，狠抓各项安全生产措施的落实，全县安全生产形势运转良好。全年共签订《安全生产合同》50余份；开展安全生产大检查10余次，重点在全县范围内开展"六打六治"打非治违专项行动，检查建筑工地37个，易燃易爆场所13家，加油站12家，学校4所，卫生院1个，宾馆3家，砂石料场48家，对1家加油站责令停工，对7家加油站进行停业整改，对部分存在问题的的单位进行教育整改，下发督促整改意见23条，责令改正通知书5份。

◆**干部队伍建设** 2018年按照创建学习型要求，制定《学习型党组织建设实施方案》，规定学习主要内容，明确了学习方式和学习要求，坚持集中学习和自学为主，开展集中学习20余次，干部自学时间每天不少于1个小时，领导干部撰写学习心得4篇。抓组织建设，开展"两学一做"常态化制度化教育和"一名党员一面旗帜""晒成绩、亮承诺、作表率""党员示范岗"等活动。加强经常性的党务管理工作，注重做好党员发展、党费收缴和流动党员管理等工作，发展入党积极分子1名。狠抓作风建设，坚持标本兼治、综合治理、惩防并举、注重预防的方针，加强监督和廉洁自律，切实纠正损害群众利益的不正之风，提高机关作风建设水平为主要内容，进一步拓展源头治腐工作领域，加大反腐倡廉工作力度。认真开展警示教育活动，组织学习推荐廉政学习文章和自选文章2篇，观看了廉政警示教育片2部。加强机关效能建设，规范机关管理，理顺管理体制，对领导班子工作分工、机关股室设置等重新进行了调整，进一步理顺了分工，明确了职责，干部职工工作作风明显转变，办事效率明显提高，服务质量明显改进。 （县发改局供稿）

综合经济管理

统　计

◆**综述** 2018年，县统计局以习近平新时代中国特色社会主义思想和中共十九大精神为指导，在县委、县政府的正确领导下，紧紧围绕全年工作目标，坚持开放、透明、高效、服务的工作理念，发扬求真务实、脚踏实地、埋头苦干的工作作风，立足新时代、落实新要求，主动担当、奋发作为，紧紧围绕全县经济社会发展大局，以提高统计服务能力、统计数据质量、政府统计公信力为目标，进一步强化基层基础建设，加大统计工作力度，狠抓统计队伍建设，较好地完成了各项工作。

◆**常规统计** 2018年，按照省、州统计年报会议精神，严把统计数据收集、录入、审核、汇总、上报等各环节，高标准高质量地完成了综合、农业、工业、能源、劳资、贸经、投资、基本单位名录库、城乡划分调查等12项常规统计专业月报、季报工作任务。全县主要统计数据真实可靠，切实做到了应统尽统。

◆**第四次全国经济普查** 2018年，成立第四次全国经济普查领导小组，明确工作责任，选聘高素质"两员"，做好数据处理环境准备工作，搭建安全的数据传输环境，做好"四经普"宣传工作，扎实做好普查工作。截至2018年底，曲麻莱县第四次经济普查清查工作已全面完成。经过清查，县域内已登记上报企业161家，机关事业单位132家，村、居委会23家，农民专业合作社98家，社会团体20家，其他组织机构19家；县域内个体户581家。

◆**专项普查** 2018年，高度重视，精心组织，对新抽中的叶格乡龙麻二社人口抽样调查工作进行全面的组织和方案培训，严格要求调查员对龙麻二社调查小区的全部人口进行了摸底调查，坚决杜绝出现漏人、漏户、漏新生的情况，确保数据的准确性。

曲麻莱县2018年人口统计表

表7　　计量单位：人

乡镇名称	总户数	年末总人口				
		合计	其中		性别	
			非农业人口	未落户常住人口	男	女
总　计	14351	46084	959	1146	23992	22109
约改镇	5818	20603			10708	9832
其中三村人口	1598	4832	368	205	2362	2407
巴干乡	2018	6146		608	3084	3062
秋智乡	1835	5583	561	263	2382	3281
叶格乡	1547	3595	30	49	1940	1655
麻多乡	1798	5943			3051	2892
曲麻河乡	1335	4214		21	2827	1387

◆**统计年报** 2018年，在做好常规性统计工作的同时，积极做好年报统计工作。根据国家和省统计局的要求，对统计各大专业年报数据进行搜集、整理、审核、评估和汇总上报。

◆**统计培训** 2018年，以培养干部的学习能力、实践能力和创新能力为重点，坚持日常学习制度不动摇，先后开展了统计业务知识和《中华人民共和国统计法》《统计违法违纪行为处分规定》等学习。共组织人员赴省州参加业务学习5次，组织县内统计专干培训3次。（县统计局供稿）

审　计

◆**综述** 2018年，县审计局全面贯彻执行县委、县政府和上级审计机关的决策部署，主动适应新形势、新要求，坚持依法审计、客观求实、尽职尽责，在维护县域经济安全、人民群众利益、推进廉政建设、深化改革等方面发挥了积极作用。

◆**审计核查** 2018年对曲麻莱县一级预算单位开展审计核查，对全县各预算单位财务管理制度及会计制度起到了规范作用。全年制定审计计划共15项，完成审计项目15项，完成率100%。配合省州完成稳增长审计4项，财政预算执行审计3项，经济责任任中审计2项，财务收支审计3项，扶贫专项资金跟踪审计1项，城乡困难群众基本生活保障资金审计1项，技能培训项目审计1项。审计查出违规问题金额3006.68万元；其中管理不规范资金2985.39万元，违规金额21.28万元，审计发现非金额计量问题20项，审计处理处罚37.12万元（其中：应上交财政24.92万元（审计罚没1.4万元），应归还资金原渠道6.93万元，应调账处理金额5.29万元），出具审计报告15篇、审计结果报告2篇，审计决定9篇，向被审计单位提出审计建议39条，采纳39条，发送审计信息8篇，被采用3篇。

◆**民生专项资金审计** 2018年，根据审计计划安排，派出审计组对城乡困难群众基本生活保障资金及扶贫专项资金等开展专项资金审计，以涉及人民群众切身利益的突出问题为重点，加强对关系民生的重大热点问题进行审计监督，促进惠民政策的贯彻落实。针对查出的重大问题，已根据省州审计机关要求提出审计建议，有效发挥“经济卫士”作用。

◆**国家重大政策落实情况审计**　2018年，以促进中央重大政策措施贯彻落实为目标，重点关注“三大攻坚战”相关政策落实、“三去一降一补”任务落实、“放管服”改革推进、精准扶贫精准脱贫、创新区域协调发展以及推动“双创”等国家重大战略实施、地方政府隐性债务利用外资、对外援助资金管理使用、中央“八项规定”精神和国务院“约法三章”要求贯彻落实、“三公”经费和会议费管理使用情况等，严肃整治“四风”问题，促进政令畅通，推动政策落地和发挥实效。每季度对全县国家重大政策情况落实情况开展审计，对要求相关单位开展自查，对审计中发现的问题及时整改，并上报上级审计机关。2018年，完成全年4个季度的重大政策落实情况跟踪审计。

◆**财政预算执行审计**　2018年，完成县财政局和县委宣传部2017年度县本级预算执行和其他财政收支情况审计。

◆**城乡困难群众基本生活保障资金审计**　2018年，以完善城乡困难群众基本生活保障制度，促进提高保障和改善民生水平为目标，重点关注城乡困难群众基本生活保障制度、工作机制建立运行、资金监督管理使用等情况，采用“同级审”的方式由州审计局组织实施，并组成督导组对曲麻莱县城乡困难织群众基本生活保障资金审计进行指导，由县审计局组织完成本地区项目审计。

◆**经济责任审计**　2018年，以引导领导干部树立科学发展观和正确的政绩观，推动本部门科学发展，促进领导干部守法守纪守规尽责，重点关注被审计领导干部贯彻执行经济法律法规、省委省政府关于经济工作的决策部署情况，部门重大经济决策情况，预算执行和其他财政收支情况，落实中央八项规定和省委省政府21条措施、厉行节约反对浪费和“约法三章”相关要求情况，部门“三公经费”、会议费、大额采购和“小金库”以及遵守有关廉政规定情况等，完成秋智乡人民政府、县司法局负责人任中审计。

◆**财务收支审计**　2018年，按照县委、县政府领导要求，对曲麻莱县各级党政机关和事业单位近年来接受审计情况进行详细调查，并对县教育局、县畜牧科技局、县市场监督管理局财务收支进行审计，重点审计学校财务管理执行国家财经法规情况、预算执行和其他财政财务收支情况、固定资产管理使用情况、内控制度执行情况、贯彻落实中央八项规定和省委、省政府21条措施，实行节约反对浪费等情况。

◆**其他审计项目**　2018年，按照县委县政府安排，县审计局全年完成2017年扶贫专项资金跟踪审计1项，县农牧民技能培训中心培训项目审计1项。

（县审计局供稿）

市场监督管理

◆**综述**　2018年，市场监督管理局在县委县政府的正确领导下，坚狠抓食品药品安全、商品质量安全和特种设备安全等重点监管工作，积极推进商事制度改革，推进质量品牌强县工程，推进消费维权建设，坚持依法行政，强化监管执法和服务职能，在促进美丽曲麻莱县建设、维护良好的市场秩序和单位自身建设等方面均取得较好成绩。

◆**干部队伍建设**　2018年，组织全体干部职工开展政治理论学习、理想信念和社会主义核心价值观教育达32多场次，在学习活动中，党组中心组发挥模范带头作用，重点学习中共十九届三中全会、中共十九大和习近平总书记系列重要讲话精神，用正确的理论武装市监干部职工思想，指导市场监管工作。扎实开展“两学一做”学习教育，召开全体党员参加的动员会议，制定实施方案，所属2个基层党支部全面启动学习教育，开展党章、党规和习近平总书记系列讲话专题学习和测试。开展“坚持根本宗旨，发挥党员作用”、“坚守纪律底线，培养高尚情操”专题讨论。开展丰富多彩的党建活动，落实“三会一课”制度，让党员干部在学习中更新观念，树立正确的群众观，不断提升政治思想水平。召开“提振精气神，打赢攻坚战”专题民主生活会和组织生活会，党组书记代表局班子进行对照检查，联系市场监管工作实际，认真查摆存在的不足和问题，深入剖析根源，并有针对性地提出今后努力方向和切实可行的整改措施，班子成员间开展严肃认真的批评与自我批评，进一步明确了努力方向。各支部分别召开组织生活会，开展党员评议，每位党员围绕评议内容，对照党章规定的义务，将自己政治思想、工作态度、生活作风等方面的情况向全体党员汇报，重点检查存在的问题、原因和改进办法，经评议，评定党合格党员13名，2018年度党费全年上交组织部。

◆中共十九大安保　2018年，为喜迎中共十九大顺利召开，根据县委、县政府的要求，对全县的所有学校食堂、餐饮行业、超市、粮油、食品药品、加油(气)站、宾馆、网咖、等个体工商户和企业，进行了全面的大排查，联合县政法委、县教育局把安全隐患和矛盾，及时化解在基层，为维护社会稳定做出积极的贡献。

◆食品安全监管　2018年4月23日，召开县乡村11人参加的创建动员大会，县人大、县政府和县政协领导亲临会议指导，制定《曲麻莱县创建省级食品安全示范县工作实施方案》，推动全县各级各部门工作落实。坚持问题导向，开展风险分级，制定实施方案，明确工作目标，召开全县食品风险分级监管工作推进会，各所按照食品风险分级监督管理办法，强力推进，压实食品安全主体责任和监管责任，推动食品安全监管工作规范化、信息化、网格化、痕迹化落到实处。

◆阳光厨房建设　2018年，建立食品安全监管，各类食堂和餐厅网上监控。结合餐饮单位"阳光厨房"工程，建成全县食品安全监管信息指挥中心，对4家学校食堂和重点餐饮单位12家进行视频监控，逐步把食品生产企业、大型超市、农贸市场、大药房等重点区域纳入监管，建立全县的食品安全监管指挥中心。

◆专项整治　2018年开展节假日市场、保健品市场、乳品市场、校园周边市场、农村食品市场等专项整治。结合整治宣传新修订的《中华人民共和国食品安全法》，引导经营者树立自律责任意识，对全县所有食品生产经营单位进行地毯式检查，查扣大批不合格和过期食品，立案6件，罚没款2.72万元。

◆食品餐饮抽检　2018年，制定年度抽检计划，针对风险高、群众反映强烈的食品餐饮进行抽检，全年共抽检240组，对不合格食品餐饮，全部进行立案查处。

◆食品药品经营许可证发放　2018年，组织召开食品药品、学校食堂、餐饮行业、超市、粮油店、化妆品、修理业等工作安排会议21次，发放食堂、餐饮、食品经营户公示牌1730件，发放食品经营许可证168件。

◆药品医疗器械监管　2018年，开展特殊药品专项整治，每年按季度对第二类精神药品、蛋白同化制剂、肽类激素、医疗用毒性药品和含特殊药品复方制剂企业开展巡查，零售药店4家，医疗机构2家，没有发现问题。开展集中整治药械经营企业违法违规行为，未发现问题。加大经营企业GSP跟踪、日常及飞行检查，建立完善药品批发企业诚信单位信息，加大对失信企业惩戒力度。规范行政审批，严把准入关，4家开办零售药店通过GSP现场认证，新建1家正在办理中。以GSP跟踪检查为契机，重点检查质量管理体系文件、计算机系统运用、药品储存设施设备、购销渠道、分类管理、执业药师在岗、含麻黄碱药品管理、各种质量档案记录等情况，检查覆盖率达100%。加强医疗机构药品管理，突出规范药房建设，开展2家医疗机构和4家药品经营户的药品管理工作，并且制定了药品各项制度，加强化规范"规范药房"的工作目标，加强从业人员培训，建立相应的管理制度，以制度促规范；推进"规范药房"建设工作。

◆化妆品日常监管　2018年　在全县范围对公告不合格化妆品逐批次开展5次排查，共查出不合产品10批次，立即责令当事人进行下架封存处理，立案查处19件，罚没款0.1万元。

◆强化质量品牌标准化工作　2018年，认真宣传贯彻《质量提升工作》，开展质量诚信承诺活动，组织5余家企业签订质量诚信承诺书。开展全县建筑材料商店的商品检查，并且让商户建立采购和销售台账，有力提高全县的建筑材料的质量。推进标准化工作，继续加强2家生产企业（曲麻莱县康巴汉子酒业有限公司、曲麻莱县雪莲有限公司）的标准化工作，制定和悬挂各类商品的标准，加快完成各类食品的认证工作。推进民生计量监督工作，开展社会公用计量标准的监督检查，开展电子计价秤专项执法检查3次，开展第18个“世界计量日”宣传及免费检测活动，发放宣传材料300余份，帮助群众免费设立市场公平秤。

◆强化特种设备安全监管　2018年，全县统计特种设备使用单位14家，特种设备液化气站2家，在用特种设备锅炉10台，电梯2家。加大电梯安全监管力度，要求2家电梯使用单位（宾馆），每年对电梯进行年审和专业维护，并对电梯使用单位全部签订安全使用责任书，配齐电梯安全管理员。

◆特种行业专项整治　2018年，开展“安全生产回头看”专项检查活动，生产企业在用特种设备进行安全使用检查，开展对液化气站、贮气罐、液化气瓶、叉车等设备检查。开展气瓶充装安全治理行动，对2家液化气充装单位进行全面检查，要求严格安全生产方式，加强安全防范工作的自查。严格落实安全主体责任，与14家特种设备生产使用单位签订特种设备安全使用责任状，签状率达100%，全年无特种设备安全事故。

◆商事登记制度改革　2018年，推进“先照后证”“三证合一、一照一码”“五证合一、一照一码”“一照多址”“多证整合”等一系列改革措施，放宽工商登记条件，激发市场主体活力，为全县各类市场主体健康发展营造宽松便捷的准入环境，市场主体总量有质的提升，有力推动了大众创业、万众创新。据统计，全县共有各类企业389家，注册资金4.64亿元，从业人员4308人。（其中：内资企业28户、注册资金0.4亿元、从业人员308人。私营企业237户、注册资金2.88亿元、从业人员1105人。农民专业合作社124户，注册资金1036亿元、从业人员2895人。）今年新发展各类企业100家，与去年同期相比企业户数增长了18%、资金增长2%、人员增长27%；个体工商户1172户，注册资金8511.5万元，从业人员2423人。全县个体工商户分布情况：县城933户、巴干乡80户、老东风乡4户、秋智乡8户、叶格乡13户、曲麻河乡35户、麻多乡12户、五道梁68户、不冻泉19户；行业分类情况：商业547户、餐饮业206户、修理业57户、住宿业21户、批发业5户、娱乐业10户、服务业32户、其他业87户；与去年同期相比个体商铺户数增长25%、资金增长7%、人员增长12%。

曲麻莱县2018年城乡个体工商户基本情况统计表

表8

行业分类	期末实有			其中：城镇		
	户数	从业人员	资金数额（万元）	户数	从业人员	资金数额（万元）
合计	1137	2955	35469	607	1801	21602.8
农、林、牧、渔业						
制造业	12	24	36	2	6	0.8
建筑业	6	12	30	2	5	0.5
信息传输、软件和信息技术服务业	5	10	20	3	4	0.1
批发和零售业	679	2037	33950	512	1536	21490
住宿和餐饮业	225	450	1125	10	48	110
居民服务和其他服务业	90	182	18	4	10	0.3
金融业						
卫生、社会保障和社会福利业						
文化、体育和娱乐业	16	32	24	12	27	0.2
其他行业	50	100	50	21	42	0.1
修理业	54	108	216	41	123	0.8

注：此表由县市场监督管理局提供。

◆企业信用体系建设 2018年，全县应参加年报企业339户，已报333户，未报6户，年报率为97%，注销11户，外迁2户；应报个体工商户932户，已报608户，未报324户，注销297户，年报率为70%，其中126户旧执照可以年审，但不能注销。8月5日，将未按期年报的4户企业、5户农民专业合作社列入经营异常名录，将未按期年报的4户个体工商户标记为经营异常状态，并通过公示平台向社会公示，努力构建信用监管机制。

◆提升窗口服务质量 2018年，对进入中心的行政审批事项进行再清理，印制服务指南，行政审批权全部集中到中心，一切审批均在窗口完成，在全县行政审批中心，开设了个体工商户营业执照办理、企业营业执照办理、食品经营许可证和小作坊许可证，为人民群众提供良好的办事环境。

◆消费维权 2018年，县举报中心整合"12315""12365""12331"三个投诉举报电话为一体，承担工商、质监和食药监3方面的消费者咨询投诉举报工作。截至11月12日，共受理、处理、转办消费者投诉咨询和举报5件，两期"12315"投诉举报电话接线率和处理率均达100%，为消费者挽回经济损失近1770元。积极开展消费教育引导工作，以新《中华人民共和国消费者权益保护法》颁布为契机，开展"3·15"国际消费者权益日纪念活动，努力营造健康、和谐的消费环境。

◆重点商品市场专项整治 2018年，重点开展消防产品、虚假宣传、广告违法、商标侵权、家用电器、服装鞋帽、装饰装修材料、建筑钢筋、汽车销售及维修等商品和服务质量治理。共抽检农产品120批次，不合格2批次。对不合格的下达责令整改通知书，有力打击经销不合格农产品的违法行为，进一步规范了市场经营秩序。

◆商标广告监管 2018年，认真贯彻《青海省人民政府关于做好地理标志产品保护工作的意见》，制定培育计划目录；对全县所有的商标进行清查和重新登记，并开展多方位帮扶指导工作，积极引导各类企业注册商标，全年注册商标7件，完成州市场监督管理局的目标任务。

◆虚假违法广告专项整治 2018年，大力宣传以医疗、药品、食品等广告为重点的内容，发放宣传材料约1200份。向擅自发布广告的经营者进行教育，并签订承诺书10份，净化了全县的广告市场。

◆猪肉市场专项整治 2018年，积极配合相关部门加强定点屠宰监管，建立建全猪肉市场管理"四项制度"，对县城1户屠宰场进行了多次检查，有力的保障我县的猪肉市场的肉类安全。

◆网络市场监管 2018年，结合年检从源头入手，重点对经营农副土特产、旅游、制药等可能利用网络经营的企业、经济组织或个体户进行监管。

◆诚信经营户评选 2018年，评选出10户个体经营户和5户企业参加州级诚信经营单位评选，并全部选送报州市场监督管理局。

◆行政权力运行监管 2018年，共编制监管细则1131项，其中：行政许可类15项、行政处罚1025项（其中：工商管理部分697项、食品药品管理部分136项、质量监督部分192项）、行政强制40项、行政检查26项、行政确认6项、行政裁决3项、行政公示9项、其他权力7项等的基准。

◆违法案件查处 2018年，立案查处各类案件6件，共2种类型，已结案6件，结案率100%。其中食品类4件，化妆品类2件，消费维权类3件。通过严格的行政执法，有力的树立市场监督管理局的外部形象。强化执法监督，规范行政执法行为，在案件查处中坚持做到"所科局三级核审，严把立案审核审批执行四关"，维护行政执法权威。

◆强化精准扶贫工作 2018年，县局机关9名干部职工与约改镇格欠村4户贫困户结对认亲，多次进村入户开展"精准核查"与结对帮扶工作，落实帮扶资金1万多元资金购置村会议室的办公室设备，落实帮扶资金5万元，发放物资约3000元，有力助推精准脱贫工作。（县市场监督管理局供稿）

农 牧 业

◆**综述** 2018年，县农牧部门从特色牧业的基本定位，细谋划、夯基础，早部署、定责任，立目标、严管理，继续深化巩固"4321"产业发展布局，努力推动全县生态畜牧业经济协调、健康、稳定发展。

◆**政治理论学习** 2018年，按照全县"两学一做"学习教育常态化、制度化实施方案的具体部署，严格落实"三会一课"、制度，进一步完善年度学习计划，采取集中学与自主学相结合、电教与教材互补等方式，认真巩固学习中共十九大会议精神、习总书记重要论述摘编以及《中国共产党章程》《中国共产党党内监督条例》《关于新形势下党内政治生活若干准则》《中国共产党巡视工作条例》等内容，全年累计集中理论学习达192学时，参加600余人次。

◆**畜牧业生产** 2018年，全县存栏各类牲畜44.85万头（只、匹）；繁殖各类仔畜16.05头（只、匹），成活11.98头（只、匹），成活率达74.64%；仔畜死亡数4.07头（只、匹），仔畜死亡率为25.35%；各类成畜死亡3.2万头（只、匹），死亡率为7.13%；各类牲畜出栏9.88万头（只、匹），出栏率为22.03%。生产奶类产品6401.2吨，肉类产品3431.6吨，蔬菜产量74.42吨。

曲麻莱县2018年牲畜基本情况统计表

表9

项 目	曲麻莱县	约改镇	巴干乡	秋智乡	叶格乡	麻多乡	曲麻河乡
年初存栏头数	448506	53633	45622	75794	5772	102681	113054
其中：能繁殖母畜	225140	27353	22812	38246	28861	51342	56526
母畜比例	50.20	51.00	50.00	50.46	50.00	50.00	50.00
繁殖仔畜	121901	24005	13265.00	12032	23327	21054	28218
繁殖率	222.87	87.70	0.58	0.31	80.83	3.45	50.00
育活仔畜	100053	19954	12661.00	8095	20827	16895	21621
成活率	253.03	83.10	0.95	0.67	89.28	2.41	76.62
繁殖成活率							
成畜死亡	64427	2737	1515.00	25071	3648	13016	18440
死亡率	61.84	5.10	0.03	0.03	6.32	0.90	49.46
牲畜出栏	86965	16542	10667.00	13832	24310	11838	9776
出栏率	82.89	30.80	0.23	0.18	42.12	0.91	8.65
其中：肉用畜	79720	16542	10667	13629	15426	10880	12576
出栏率	17.77	30.84	23.38	17.98	267.26	10.60	11.12
牲畜出售	63096	14059	5600.00	9077	19679	7512	7169
商品率	67.44	26.20	0.12	0.12	34.09	0.57	6.34
牲畜总增	64280	17217	11146	5824		1809	28284
总增率	80.82	32.10	0.24	0.08		23.38	25.02
年末存栏数	423143	53685	46081	67086	50482	98867	106906
其中：能繁殖母畜	210763	27061	23143	32373	24859	49878	53449
母畜比例	49.81	50.41	50.22	48.26	49.24	50.45	50.00

◆**生态畜牧业** 2018年，紧紧围绕全县4种经营发展模式，进一步明确生态畜牧业经营组织的责权利关系，精心设计，正面引导，积极落实经营主体的股权改造，推进科学化、组织化和规范化进程，培育壮大以麻多乡郭洋村生态畜牧业合作社为典型的草地生态畜牧业产业股份式经营模式65个，以家庭牧场及养殖大户为典型的养畜大户家庭牧场联户经营模式93个，以叶格乡红旗村生态畜牧业合作社为典型的股份式草地生态畜牧业经营模式16个，以约改镇藏迪生态畜牧业合作社为典型的能人代管经营模式15个，实现五乡一镇19个行政村的全覆盖，共整合草场面积824.5275万亩，占比19.17%；整合各类牲畜24.7万头只，占比23.4%；入社牧户3555户，占比37.3%。牧业经营各组织年经济产值93万元，人均增收350元。

巴干乡生态畜牧业调研

◆**牧区集体产权改革试点** 2018年，根据《青海省农牧区集体产权制度改革实施意见》的具体要求，结合实际，强化组织领导，明确工作措施，积极动员部署，政策宣传引导，全县改革试点前期准备工作全面完成。

◆**特色牧业结构优化** 2018年，注重特色产业的结构优化，加大种畜串换力度，目前，全县已串换优质种公牛1000头，完成计划的100%，完成花色种公畜淘汰1000头，完成计划的100%，为种畜提纯保质提供了源头保障。

◆**牧业绿色品牌培育** 2018年，加快有机畜牧业品牌建设步伐，将叶格乡有机畜产品生产基地委托玉树黄河牦牛良种繁育公司授权经营管理，并积极筹措450万元启动第二批全县有机牧业项目，修建恢复县雪莲公司生产加工基地。扩大县域“扎什加羊”地理标志的品牌效应，主动协调拓宽特色产业推广和销售渠道，引导麻多乡扎什加种公羊繁育基地，与玉树州牧智源工贸有限责任公司签订生产羊毛代理经销意向性协议，形成合作关系。据预期测算，羊毛出产价格从之前的每公斤4元可提高到10元左右，增值比1∶2.5，切实增加产业链条延伸的经济效益。

◆**生态畜牧业建设项目** 2018年，下达生态畜牧业扶贫专项资金项目总投资3000万元，共涉及5项建设内容。其中扶贫资产受益型生态畜牧业扶持资金畜圈暖棚建设项目1606.34万元，鹰巢鹰架建设项目投资777.4万元，扶持生态畜牧业和牦牛产业建设项目482.26万元，畜产品加工扶持项目72万元，新型职业牧民培训项目62万元。2018年，完成5项建设项目的前期准备工作，正在有序组织落实；下达第二批切块农牧业发展资金295.5万元，省委省政府确定的重点工作支撑项目农牧业发展资金117.2万元、省级农牧业发展资金29万元，2018年组织开展前期工作。

◆**动物疫病预防** 2018年，认真组织召开全县重大动物疫病防控工作动员会，安排部署全年重大动物疫病防控工作，落实畜疫防治双轨目标管理责任制，与各乡镇签订《2018年度动物防疫双轨目标责任书》，使责任与任务更加清晰具体。先后组织开展重大动物疫病应急演练及村级防疫员培训，共参加演练人数80余人次、防疫培训260人次，并发放照相机及疫病防疫登记手册。坚持“预防为主、防重于治”原则，积极完成春秋季各类牲畜疫苗的调运和接种任务。各类牲畜强制疫苗接种，春季免疫接种三价疫苗56万毫升、双价口蹄疫疫苗24万毫升、羊棘球蚴疫苗30万毫升等，秋季免疫接种口蹄疫O型灭活苗24万毫升、二价疫苗55.5万毫升，注射密度均达100%。完成各类生物疫苗注射190.5万毫升，其中，牛出败60.5万毫升，炭疽85万毫升，肉毒梭菌苗为18万毫升，羊四联27万毫升，免疫密度均达到90%以上。完成春秋季新生羔羊棘球蚴免疫接种1.5万只，免疫密度均达到98%。完成牲畜内外寄生虫驱虫任务18600头(只)，驱虫率85%以上。完成动物各类疫情监测采样3110份。贯彻落实《青海省防止包虫病行动计划(2015—2020年)》，以村为单位，投药吡喹酮28800余片，犬驱虫3225条，驱虫后的粪便进行无害化处理。加大市场监督检疫，全年共检疫活畜2378头只，其中，牛1394头，羊980只，鹿4头。检疫牛酮体6件、羊酮体42件、各类脏器189副，检疫出证率达100%，上市肉类检疫率达100%。

◆饲料种植产业 2018年，全县芫根饲料种植产业投入资金174万元，种植芫根饲料3010亩。其中县城周边集中种植1010亩，约改镇、巴干乡、秋智乡、叶格乡分散种植2000亩，每乡涉及500户。种植期间，累计投入劳力130余人，各种机械设备19台(套)。11底前，集中种植收获的芫根饲料向全县65个生态畜牧业合作组织无偿发放。据产量计算，全县防灾抗灾芫根饲料每亩平均产量为168.16公斤，其中，芫根(根部)产量107.5公斤，茎叶产量60.66公斤。收获芫根饲料总产量50.61万公斤。经测算，收割后的芫根饲料可满足0.1万个羊单位的牲畜年食量，草地生态反哺面积1.9万亩。

◆抗灾保畜工作 2018年，以严格落实责任主体为抓手，积极鼓励牧民群众储备生活燃料、口粮，加大老、弱、病、残和越冬困难牲畜的出栏，有效增强应对异常天气灾害的能力，降低灾害经济损失。加强牲畜越冬饲草料储备，全县调运牲畜越冬度春饲料600吨。严格执行领导带班制和24小时值班制，加强雪情动态监测工作，自入冬以来，境内未出现重特大雪灾，全县牧业生产秩序良好。

◆虫草采集管理 2018年，调整充实全县虫草采集管理领导小组，及时召开动员部署会议，做到工作早部署、责任严落实。按照统一工作部署，在两大虫草产区的交通枢纽处设立7处生态保护宣传点(其中4处常驻宣传点、3处临时宣传点)。充分利用《青海日报》、中国移动通信等媒介作用，广泛发布《虫草禁采通告》。采取“一人一证(通行证)”的管理方式，严格审核准入人员，严密排查流动人员，执行“一支笔”审批制度，杜绝不办、乱办通行证的现象发生。采集期间，共办理通行手续50余人，劝返外来人员210余人。

◆蔬菜种植 2018年，充分利用“麻曲”蔬菜种植专业合作社的31栋日光节能蔬菜大棚，协调种植绿色蔬菜(油白菜、上海青、芹菜、菠菜、萝卜、大白菜)，年内共向黄河社区和长江社区1726生态移民户无偿发放20060公斤新鲜蔬菜，向县城特困户无偿发放2605公斤爱心蔬菜，蔬菜产量较往年同比增长29.18%。

◆农业机械管理 2018年，开展多种形式的宣传教育活动，大力宣传农机安全方面的法律法规和基本常识，共发放宣传材料200余份，起到了良好的宣传效果。规范管理行为，共审验驾驶员200人次，检验拖拉机184台，检验率达到75%以上，免

抗灾救灾应急饲料调运

费发放拖拉机牌证11副，共检审农用车210台，检审率60%以上，纠正农机违章车辆32台/次，消除了事故隐患。

◆法律法规宣传 2018年，充分利用全县召开的“两会”“科技宣传周”“公民道德宣传日”等时机，结合行业特点，广泛宣传《中华人民共和国畜牧法》《中华人民共和国草原法》等法律法规以及生态发展地位的重要性和发展成果的利民性，先后累计开展宣传活动20余次，发放宣传册100余份、宣传单1500余份、宣传挂历200余份，展出展板9幅，悬挂横幅12条，现场咨询解答400余人。

◆干部队伍建设 2018年，深入开展党员组织关系集中排查工作，严格实行“五核查”，建立健全“一员一档”，确保党员底数清、关系明、信息全。截至2018年，支部共有20名党员，积极分子2名。同时，认真贯彻执行县委印发的《党员直接联系群众活动方案》《党员谈心谈话活动方案》《一名党员一面旗活动方案》的重要精神，定责任、明目标，谈心事、找症结，立楷模、树新风，营造了“个个能合格、人人争先进”的浓厚氛围。

◆对口帮扶 2018年，认真组织开展慰问帮扶和牧业科技进村等活动，集中宣讲全县草地生态畜牧业建设、行业精准脱贫攻坚的重要意义、牧业科技的发展成就和重大政策，切实提高了牧民群众发展的自觉性和主动性。并组织开展慰问活动，对结对帮扶布甫村贫困户发放家庭日常生活物资（大米、清油、面粉等）价值1.8万元，有效解决贫困牧户的燃眉之急。

◆强化矛盾排查 2018年，结合全县百名干部下乡开展“矛盾纠纷排查化解月”等专项活动，加强对草原矛盾纠纷不定期排查工作，全年未发生一起草原矛盾纠纷问题。

◆巡视整改工作 2018年，根据县委印发的《关于落实省委第三巡视组巡视反馈意见的整改方案》（曲发〔2018〕16号）的具体要求，支部认真研究，对照认领，查找问题，明确措施，梳理出44项日整改问题，年内按照节点要求，正在整改落实。

（县畜牧科技局供稿）

水　　利

◆农村牧区饮水安全 2018年，精准脱贫村建设80眼机井，其中，秋智乡格麻村40眼，麻多乡扎加村40眼。工程计划总投资422.46万元，并于10月底全面组织开工。

◆水源保护 2018年，为做好曲麻莱县龙纳沟水源的保护力度，保证人畜饮水安全，争取项目资金650万元实施龙纳沟水源地保护建设项目，年内完成90%的工程量。（县畜牧科技局供稿）

扶贫开发

◆综述 2018年，县扶贫部门聚焦716户2109人稳定脱贫目标，精准扶贫、精准施策，深入开展了“重精准、补短板、促攻坚”、脱贫攻坚工作大整改等专项行动，各项政策措施落到实处，脱贫攻坚各项工作顺利推进，成效明显。

◆贫困概况 2018，根据国家2015年调整的人均年纯收入2970元的贫困线标准，全县共识别约改镇长江村、巴干乡麻秀村、叶格乡龙麻村、秋智乡格麻村、麻多乡扎加村和郭阳村、曲麻河乡昂拉村和多秀村共8个贫困村，识别贫困对象3273户9544人，今年7月份查漏补缺应纳未纳1574人，全县共识别贫困对象3309户11118人。截至2018年，经省州两级验收后全县已退出5个贫困村，占贫困村总数的62.5%；脱贫2175户6212人，分别占贫困户总数的65.7%和贫困总人口的55.8%；贫困发生率由2015年的21.8%下降到7.2%。2017年退出约改镇长江村，曲麻河乡昂拉村、多秀村，叶格乡龙麻村4个贫困村和约改镇岗当村、叶格乡莱阳村2个非贫困村，脱贫756户2280人，2018年通过产业扶持、资产收益、技能培训及转移就业等措施预退出麻多乡扎加村和秋智乡格麻村2个贫困村、秋智乡加巧村1个非贫困村，脱贫716户2109人。

曲麻莱县2018年扶贫开发工作统计表

表10

乡(镇)名称	农牧民总人口		上年实有贫困人口		当年稳定脱贫人口		返贫人口		净稳定脱贫人口		年末实有贫困人口	
	户	人	户	人	户	人	户	人	户	人	户	人
合　计			3208	9264	696	2402	54	146	2836	9640	3365	11328
约改镇			411	1017			2	7	450	1505	567	1796
巴干乡			499	1486					499	1845	499	1845
秋智乡			682	1891	464	1632	24	63	683	2261	683	2261
叶格乡			510	1547			5	12	510	1708	510	1708
麻多乡			644	1919	232	770	17	50	232	770	644	2167
曲麻河乡			462	1404			6	14	462	1551	462	1551

注:此表数据由县扶贫开发局提供。

◆脱贫任务　2018年,积极筹备召开了全县精准扶贫推进会议8次,学习传达中央、省州有关扶贫会议精神,安排部署2018年全县脱贫攻坚工作,对全年工作任务进行了细化分解。印发《曲麻莱县"十三五"易地搬迁规划及曲麻莱县深度贫困地区脱贫攻坚三年行动方案》,明确了全年脱贫攻坚目标任务,实施665套易地搬迁项目,争取在保11月底完成入住工作,确保稳定实现3个村退出和716户2109人脱贫。

◆责任考核　2018年,根据省州打赢脱贫攻坚战文件精神要求,结合曲麻莱县实际,县委县人民政府扶贫开发领导小组与各乡镇签订了脱贫攻坚责任书,将扶贫开发工作纳入全县目标管理责任考核,将驻村扶贫工作纳入效能考核,并与派出单位绩效挂钩。完善脱贫工作考核激励机制,对脱贫攻坚先进集体、先进个人进行表彰,对未能完成年度脱贫任务的实施"一票否决"。此外,还健全扶贫资金分配、监管和绩效评价机制,完善扶贫资金管理制度,加强资金管理,提高资金使用绩效。

◆贫困退出标准　2018年,严格按照贫困户人均可支配收入达到或超过3762元(2018年标准)以上;有安全住房;义务教育阶段学生无因贫辍学;参加城乡居民基本医疗保险;参加城乡基本养老保险;有意愿的劳动力(含两后生)参加职业教育或技能培训的6项指标落实今年716户2109人的脱贫任务。严格按照贫困发生率低于3%;有村集体经济或贫困村村级互助发展资金;有通行政村的沥青(水泥)或砂石路;有安全饮用水;有生产生活用电;有标准化村卫生室和村级综合办公服务中心的6项指标落实3个村的退出任务。

扶贫督导

◆问题整改　2018年,为切实抓好曲麻莱县在脱贫攻坚工作中存在问题的整改工作,县委、县人民政府高度重视,先后7次召开不同层面的会议,安排部署整改工作任务,层层压实责任,确保整改工作落细、落实。深入了解全县扶贫攻坚工作中存在的具体问题，并将督查发现的问题和省州通报的突出问题一并进行了梳理，形成问题清单分别下发到各乡镇、各行业部门，限期整改到位。为确保按期完成整改任务落实，针对存在的问题，在认真归纳梳理综合后，详细制定整改方案，一一明确责任单位、责任人和完成时限。全年，省级、州级层面先后下达问题整改通知3份，涉及第一书记履职、财务管理、资金使用、易地搬迁、互助资金、产业扶持、健康扶贫等方面共107条。通过认真梳理和全力整改，共完成整改106条，长期整改1条。

扶贫工作部署会

◆产业扶贫工程 2018年，精准扶贫商业一条街全部租赁并产生效益，部分已开始营业，预计年人均可增收1452元。根据各乡镇产业发展基础不一和建档立卡贫困户要求，将上级下达的人均6400元产业扶持资金，分解到退出的4个贫困村和2个非贫困村所属乡镇。年内，岗当村扶贫楼改建项目、多秀村商铺购置项目、昂拉村商铺购置项目、莱阳村商铺购置项目、龙麻村商铺购置项目已全部完成，长江村汽车摩托车综合服务中心建设项目完工，力争通过精心指导和科学管理，早日发挥项目效益。整合产业扶持资金1394.32万元，实施完成2018年预退出贫困的秋智乡加巧村西宁市水井巷商铺购置项目和秋智乡格麻村融资分红项目，同时2018年预退出贫困的麻多乡扎加村和2019年预退出贫困村的麻多乡郭洋村、麻多乡巴颜村合并实施的曲麻莱县麻多乡精准扶贫产业扶持到户资金购置商铺和出租车项目启动实施。

◆易地扶贫搬迁工程 2016年实施904户2604名建档立卡贫困户易地扶贫搬迁项目，依托全国精准扶贫大数据平台，按照“农户申请、民主评议、逐级公示、层层审核”的原则，在充分尊重群众意愿的基础上，根据着眼长远的思路和可持续发展的原则，在县城约改镇集中安置781户2119人、格尔木市昆仑民族文化村集中安置70户292人、曲麻河乡、叶格乡、麻多乡小城镇集中安置53户195人。所有易地搬迁住房都实现了砖混结构屋面马脊梁铺设青瓦、独门独院、供电线路直埋、院内旱厕、自来水入户、污水、排水管网全覆盖，社区房屋错落有致。2017年实施的665户2679人的易地扶贫搬迁项目，11月底竣工并交付使用。

◆雨露计划 2018年，农牧民城镇化技能培训中心结合“雨露计划”短期技能培训，投资1500万元开设美容美发、汽修、唐卡、民族服装制作、民族手工艺品（金银匠）、民族厨艺培训、婚礼主持、手工艺编制、装载机，挖掘机培训、家电维修等共计培训404名，结业学员357名，转移就业率达40%，为后续产业的发展奠定了坚实的基础，力争实现就业创业一人，脱贫致富一户的目标。通过个人网上申报、网上审核的程序对全县建档立卡贫困大学生进行补助，共审核确认贫困大中专院校贫困学生286名，共补助209.5万元。

◆互助资金 2018年，为有效发挥扶贫互助资金在助推精准扶贫工作中的重要作用，规范互助资金运行模式，曲麻莱县制定完善《曲麻莱县“互助资金”管理办法》《曲麻莱县互助资金运行管理模式》及《金穗扶贫惠农贷款框架性合作协议》。2017年800万元互助资金发放到8个贫困村，每村100万元，实现贫困村互助资金全覆盖，有效解决了贫困户资金周转困难的问题，有效缓解了贫困户担保无能力、贷款难度大的问题。各村以社为单位成立互助协会，互助协会遵循“入社自愿，退社自由”的原则，并且遵守互助协会章程，负责互助资金的管理和运行情况。互助协会将

脱贫光荣户表彰

收益的80%用于股东分红，将20%用于管理费用的支出。全县各村互助资金管理规范、运行有序。

◆**生态扶贫** 2018年，申请补助资金1568.16万元从全县建档立卡贫困户中身体健康、遵纪守法、责任心强、能胜任野外巡护的726名贫困人员，转化为生态管护员，做到了生态有人管护，贫困户有稳定收入来源，真正实现了保护生态与贫困群众就业增收"双赢"的效果。积极协调国家能源集团针对曲麻莱县生态脆弱的实际，设立生态国电专项帮扶资金，拨付350万元，在麻多乡郭洋村、巴颜村，秋智乡布甫村162户建档立卡贫困户中每户增加1名生态管护员。

◆**行业扶贫** 2018年，投资448万元建设16个行政村建设标准化卫生室，完善行政村医疗基础设施，为建档立卡贫困户和残疾人提供医疗保障。投资96万元用于贫困户大病医疗保险。自筹700余万元资金开展"大爱同心、健康河源"残疾人康复诊疗活动，为112名残疾人手术康复治疗，有效防止了因病返贫致贫；为加快乡村通道建设，实现贫困村公路畅通工程，资金总规模1300万元，实施通自然村公路项目；投入资金422.36万元建设秋智乡格麻村和麻多乡扎加村人畜饮水井眼，有效解决了498户1487人和55854头牲畜的安全饮水问题；实现麻多乡扎加村和秋智乡格麻村2个贫困村、秋智乡加巧村宽带网络全覆盖；为改善贫困群众住房条件，投资1313元改造375套危房项目。

◆**金融扶贫** 2018年，根据贫困户意愿，各乡镇与中国农业银行曲麻莱支行、玉树州农商银行曲麻莱支行签订"530"贷款合作合同，明确银行任务分工，确定全县19个村的合作行。积极与相关合作银行衔接，并完善相关制度，发放"530"扶贫小额贷款185万元。

◆**社会扶贫** 2018年，实行"县级领导联乡、科级干部扶村、一般干部包户"的工作机制，县级领导每人至少帮扶3户贫困户，科级干部每人至少帮扶2户贫困户，一般党员干部每人至少帮扶1户贫困户，现省、州、县三级部门699名干部结对帮扶全县1153户贫困户，实现贫困村包扶全覆盖，贫困户帮扶全覆盖，扶贫帮扶到村到户到人。2018年第一书记、党员干部及联点单位共落实帮扶资金1376.98万元。

◆**爱心捐助** 10月17日，全国第5个"扶贫日"活动中，全县广大干部群众和社会各界爱心人士积极参与捐助活动，用实际行动营造了全社会关心支持参与精准扶贫，共捐助3.45万元。

◆**涉农资金整合** 2018年，按照"用途不变，渠道不乱，各尽其力，各记其功"的原则，将交通、畜牧、水利、教育等行业部门安排整合项目资金专项资金与扶贫资金集中捆绑使用，充分发挥效益。2018年调整后统筹整合资金为19424.72万元，其中中央资金9521.16万元，省级资金6323.56万元，县级财政资金1660万元，1920万元为北京对口援建资金。涉及基础设施、公共服务、民生改善、生态保护，年内涉农整合资金已全部到位，完成总建设任务的70%。

◆**专项资金管理** 2018年，推行项目公开公示制度，对省州批准计划组织实施项目扶贫资金的分配、使用，一律实行公告、公示和报账制，加强对扶贫资金的检查、监督和审计，定期、不定期组织扶贫、财政、发改、审计等有关部门开展扶贫资金检查，做到项目资金专款专用。

（县扶贫开发局供稿）

住房和城乡建设

◆**综述** 2018年，县住房和城乡局紧紧围绕县委县政府中心工作，坚持稳中求进工作总基调，坚持以改善城乡群众住房条件为主线，履职尽责，勇于担当，全力推动县住房和城乡建设事业迈上新台阶。

◆**危房改造** 2018年，1291套农村危旧房改造建设项目总投资4186.5万元。其中深度贫困地区建档立卡户274户，建设资金为1644万元，四类重点对象95户、一般户576户、寺院危房改造346户，建设资金为2542.5万元。在项目实施过程中，采取牧户自建为主，统建为辅，改造和新建相结合的建设模式。在项目申报初期，先后8次与县扶贫开发局等主要部门积极对接，形成“村级上报乡（镇）汇总、“扶贫、残联、民政”等部门审核”的申报流程。在项目实施前期，成立专项工作领导小组，先后深入各村、社宣讲农牧房建设政策达20余次、技术指导达46次。因该项目识别对象进行了多次锁定，年内项目完成60%的工程量。

◆**高原美丽乡村建设** 2018年，为补齐全面建成小康社会的短板，促进城乡统筹发展，积极与上级主管部门对接，争取项目资金330万元实施巴干乡麻秀村高原美丽乡村建设项目，年内完成总工程量的70%。

◆**租赁补贴发放** 2018年，上级下达租赁补贴资金为124万元，补助对象为600户。为进一步做好租赁补贴发放工作，研究制定《2018曲麻莱县住房租赁补贴实施方案》，明确申请条件，规范了申批程序。针对2018年9月州审计组提出的公租房实物与租赁补贴重复享受问题进行认真排查，对不符合补助条件的坚决予以取消补助资格。重新进行了筛选认定，并形成乡镇、社区、民政、住建层层把关的审批制度。2018年提出申请的有258户，已审批通过185户，发放租赁补贴37.93万元，未审核通过的60户，待发租赁补贴12.3万元。

◆**厕所革命建设** 2018年，投资224万元实施332座公厕及入户厕所，年内全面完成。并被评为2018年度全州综合考核优秀单位。

◆**公租房整治** 2018年，加强公租房规范管理，对公共租赁住房方面存在的抗缴房屋租金、强占等突出问题，出台《公共租赁住房管理实施方案》，成立已保障性住房运营管理中心工作人员为核心的公租房租金追缴小组，逐户上门追收房租，建立工作台账，全年收缴公租房房屋租金30.27万元，已上缴县财政。其中已缴纳房租户数182户，未缴纳房屋租金558户，其中各机关干部243户，临聘人员84户、各类群众231户。对未缴纳房屋租金、长期无人占用的居民进行统计和公示。

◆**房屋安全鉴定** 2018年，为实现脱贫攻坚“两不愁、三保障”总体目标任务，按照县扶贫开发领导小组要求，成立房屋安全鉴定领导小组，从8月29日开始深入19个行政村开展房屋安全鉴定工作。10月23日开展房屋安全鉴定材料梳理工作，年底完成房屋安全鉴定6442户。其中建档立卡3542户，非建档立卡2744户，“农转非”156户。

◆**基层党建** 2018年，按照中共十九大精神、“两学一做”“三联四做”学习教育活动，先后深入召开支委会8次，组织生活会2次，支部书记上党课2次，支部年中工作总结2次，谈心谈话18次，党员民主评议1次，培养吸收入党积极分子2名。

◆**宣传工作** 2018年，新建从黄河路县武装部门口至县兽医站段制作悬挂了党建、廉政建设、精神文明、民族团结、创卫、生态保护为内容宣传栏420座，大型民族团结宣传栏1座。

◆**党风廉政建设** 2018年，严格落实“一岗双责”，按照一级抓一级、层层抓落实的原则，深入推进党风廉政建设。领导班子之间、科室主管领导与工作人员层层签订《廉洁从业承诺书》，严格落实职工考勤制度，做到按制度管人，按制度奖惩，使得切实激励了职工对工作的积极性。建立“三重一大”制度，做到局内各重大事件有研究、有计划、有记录。支部书记与在职干部廉政谈话达8人次，召开党风廉政建设联席会议6次。提高全体干部职工对平安建设的参与率、知晓率、满意度为目标。

◆**省委巡视整改**　2018年，根据县委下发的《关于省委第三巡视组巡视反馈问题的整改方案》(曲发〔2018〕13号)文，提出的党的建设方面存在的9项共性问题、2项个性问题局党支部组织全局干部职工进行认真整改，对巡视提出的11项共性问题、3项个性问题完成整改。

（县住房和城乡建设局供稿）

交　通

◆**项目前期工作**　2018年，县交通部门全域规划，加快推进项目前期。代曲二社公路，建设里程20.315公里，投资203.15万元项，年内完成项目编制正在批复中，环评等项目前期批复要件已委托相关单位编制，开展设计招标工作；长江二社公路，建设里程35.936公里，总投资359.36万元，年内完成项目编制正在批复中，环评等项目前期批复要件已委托相关单位编制，开展设计招标工作；岗当一社公路，建设里程21.655公里，投资216.55万元，年内完成项目编制工作，环评等项目前期批复要件已委托相关单位编制，开展设计招标工作。

民族团结进步宣传

◆**农村公路建设**　2018年，全力推进工程建设，围绕“续建项目早复工、新建项目早开工”的目标，强化责任，挂图作战、倒排工期、全力攻坚，合理安排工序，调动各方力量，加快工程进度。总投资1644.12万元、建设里程82.21公路的岗当村公路建成竣工；总投资1308.08万元、建设里程65.40公里的加巧村公路建成竣工；总投资854.64万元、建设里程42.73公里的团结村公路建成竣工；总投资1377.72万元、建设里程68.89公里的扎加村公路完工并通过验收。总投资600万元的达卓—五道梁公路(多秀村)，10月初完成招投标并开工建设。

◆**桥梁建设**　2018年，实施叶格乡龙麻村普然仓青河中桥、叶格乡龙麻村热乎河中桥、叶格乡龙麻村热乎切河中桥、叶格乡龙麻村卡巴纽而多河中桥项目，并于年底完工。

◆**公路养护**　2018年，围绕提升公路养护质量，加强公路巡查，发现病害及时修复，完善细化养护技术标准体系，改良养护工艺，加强施工现场控制，全面提升公路养护质量。年内完成总投资669.3万元巴干乡巴干寺、夏日寺公路、曲麻河乡勒池村勒白公路、曲麻河乡措池村公路、色麻公路、麻康公路、叶格乡龙麻村、麻多乡郭洋村雅拉达泽合作社公路、麻多乡红景台公路养护工作。

◆**道路运输监管**　2018年，强化执法监督，着力维护治超工作。3月，持续采取高压态势，坚持24小时上路制度，严厉打击超限和漏洒、遗洒物料运输车辆。执法人员结合辖区内车辆运行情况，在规划的治超站点固定检查的同时，进一步加强重点路段的巡查，并根据不同路域和时段特点，安排好具体的路检时间、地点，集中力量查处超限运输车辆和没有采取必要措施防止货物脱落、扬撒等现象的运输车辆，通知召回所有施工单位对今年施工建设重点路段采取洒水、覆盖遮挡施工物料及时清理施工废料等措施控制施工扬尘。对在建公路工程封闭施工现场，对出入口进行硬化处理，配备洒水车辆和人员，对施工现场道路及施工外围道路采取每天不定时洒水和清扫，防止产生扬尘和污染。对运输公路建设物料的车辆，全部按要求覆盖篷布、苫布等密闭措施，严格控制工程扬尘污染。

县城道路建设

◆路政执法宣传　2018年，积极开展“路政宣传月”活动，抽调5人和1辆交通监察执法车，和青海省公路路政执法大队组成联合执法队伍，进一步加大打击超限和漏洒、遗洒物料车辆力度，有效地遏制了道路运输车辆扬尘污染源的产生，共查处违法车辆强制执行30余辆，卸载货物1000余吨，纠正劝返扬尘抛洒车辆37余辆。5月25日，开展以“规范执法，护路为民”为主题的“路政宣传月”集中宣传日活动。此次宣传日活动，通过设置宣传咨询台、发放宣传手册等方式向广大市民和过往群众宣传路政管理和超限治理的法律法规，重点宣传《中华人民共和国公路法》《公路安全保护条例》《超限运输车辆行驶公路管理规定》等法律法规，现场解答群众咨询11个，发放宣传材料500余份，制作宣传标语8幅，营造了良好的公路法治环境和舆论氛围。

◆道路环境整治　2018年4月初，深入到运输企业、砂石料厂、货运集散地等货运场所，向货场经营者和运输业户宣传超限超载的危害性和《公路法》《中华人民共和国大气污染防治法》《青海省大气污染防治条例》等法律法规，要求货物运输车辆在出厂前必须采取密闭措施，防止货物扬撒或脱落。充分利用交通日、安全生产月等形式宣传，呼吁辖区居民及施工人员不乱堆乱放杂物、规范堆放煤炭等扬尘污染物，引导实现垃圾减量化、袋装化，逐步建立垃圾分类的良好生活习惯。

◆道路安全责任制　2018年，按照“党政同责、一岗双责、失职追责、齐抓共管”的要求，建立健全交通运输安全生产责任体系，层层签订《安全生产目标责任书》，认真落实企业主体责任。按照“全覆盖、零容忍、重实效”的工作部署，严查违章指挥、违规操作、违反劳动纪律的“三违行为”，严格执行安全例会和安全生产检查工作制度，督促施工单位和企业经常性开展隐患排查治理。

曲麻莱县2018年客运情况统计表

表11

指标名称	计量单位	2018年实际数	2017年实际数	增长(%)
客运量	人	8820	8790	0.34
旅客周转量	人公里	735	720	2.08
全县公路里程	公里	3040.735	2843.887	6.92
其中：乡村公路里程	公里	2642.506	2445.658	8.05

注：此表由县交通运输局提供。

◆公路"三乱"治理　2018年,对管辖范围内的省道、县道公路进行了明察暗访,纠正不规范行为。并组织工作组在龙甲山、不动泉等重点路段,采取明察暗访,走访群众等多种形式,全面巩固了整治公路"三乱"效果。

◆交通安全专项行动　2018年初,与全县交通系统签订了安全生产管理责任书,切实把安全责任和措施落到实处,迅速传达贯彻省、州、县有关安全生产工作的文件和会议精神,张贴藏汉双语宣传标语200张,悬挂横幅20条。定期和不定期召开安全生产例会,宣传和学习安全生产知识。全年,无任何安全生产责任事故。积极抓好了"五一"、"中秋""国庆"等节假日道路运输安全生产工作。

◆脱贫攻坚　2018年,争取项目资金1968.48万元助力脱贫攻坚。完成投资145万元的色麻公路养护任务。组织党员分赴联点措池村,根据交通工作实际,建立措池村村级养护站,提供就业岗位16个。针对易地搬迁缺口资金较大实际,积极与省交通厅协调,解决360万元的资金缺口问题。（县交通运输局供稿）

邮电通信

邮政管理

◆综述　2018年,县邮政分公司主要以州分公司职代会18年度工作计划为主导,同时结合集团"四梁八柱"以及"快乐家园"建设工作,县委县政府精准扶贫工作要求,扎实推进基础管理各项工作。

◆经营网点建设　2018年,对网点内部设施、暖气设备、柜员台席等进行了改造及装修,加装厅堂自助机一台,网点服务能力和竞争力得到加强。网点人员素质、服务水平明显提高。通过理念灌输、集中培训、业务指导,话述演练,晨系会以及分类分级等措施,队伍专业营销能力不断提长,员工开口率、主动挖掘客户、服务客户的能力不断增强。

曲麻莱县2018年邮政业情况统计表

表12

指标名称	计量单位	2018年	2017年	增减(%)
一、邮政业务总量	万元	52.3	48.9798	7%
(1)函件	万件	1.97	1.6803	17%
(2)机要文件	万件	0.05	0.04	25%
(3)包件	万件	4.17	3.1291	33.3%
(4)邮票	万枚	0.6	0.51	17.6%
(5)报纸	万份	42.9	42.6022	0.7%
(6)期刊、杂志	万份	1.1	1.0182	8%
二、邮政储蓄	万元	5130	4517	13.5%

注:此表由中国邮政集团公司青海省曲麻莱县分公司提供。

曲麻莱县邮电局(所)和邮路长度统计表

表13

指标名称	计量单位	2018年	2017年	备注
一、邮电局(所)总数	处	6	6	
其中:设在城镇	处	1	1	
二、办理邮政储蓄业务	处	1	1	
三、邮路长度	公里	475	475	
其中:乡村邮路长度	公里	475	475	

注:此表由中国邮政集团公司青海省曲麻莱县分公司提供。

◆**企业文化建设** 2018年，全面完成企业文化墙体建设，党建室建设工作。紧紧围绕省分公司“76”条和“快乐家园”建设工作，完成温室大棚及内部建设，配备了桌椅、自动喷淋装置等硬件设施，并给局内员工解决了衣柜，对员工宿舍进行了粉刷，暖气加装等系列工作。通过以上各项工作，员工的满意度提高了，真正把自己当成企业的主人，员工的工作热情及服务热情况都有了明显的提升。

◆**建设村通邮工作** 2018年建设村通邮以“邮件投递至各村委会既视为妥投”为模式，与全县16个行政村村委会签订协议，并安装完成村邮站站牌安装工作。

◆**金融业务及包快业务** 2018年，加强企业管理，以提升职工队伍整体素质为主题，把改善服务作为企业经营的重要举措，通过严格的制度管控，使全局职工充分认识到了对外服务工作的重要性，能自觉履行各项服务职责，形成奋发向上的良好氛围。为提高员工队伍整体素质，积极组织员工学习银行业相关知识，参加银行业相关技能坚定考试。在邮政网络学院上参加远程教育培训，逐步提高全局员工学历等级，为强化人力资源管理，有效提高劳动生产率奠定坚实基础

◆**邮政服务质量提升** 2018年，狠抓邮政服务质量工作，特别是针对前期客服工单处理和投递质量指标等薄弱环节，要求检查人员认真做好履职工作，对检查发现的问题特别是屡查屡犯问题，组织开展局内会议进行通报批评，对待工单处理不及时和回复不规范的情况，对相关工单处理人员进行业务培训，同时在节假日做好AB交接制度，确保工单及时处理率达标。要求分拣投递人员做好邮件投递和信息反馈工作，每日由支局长在投递归班结束后督促工作人员做好邮件归班整理和信息反馈工作，确保投递指标达标。同时针对外勤监控点扫描不达标及平常函件未及时加盖落地日戳等问题，要求工作人员按规定时间点订好闹钟，确保及时扫描。对日戳未及时加盖的平常函件及时通报批评，确保日戳加盖及时准确。

◆**金融业务** 2018年收入预算179万元，较17年同期相比，金融收入增长23.36%；公司余额4200万元，较17年底增长300万元。金融市场占有率13.5%，金融收入完成53.54万元，金融利差收入完成43.29万元，较17年增长22%，绝对值7.85万元，利差收入占比80.86%；实现保险业务收入2.48万元，收入占比4.63%。较去年同期增长158%；理财业务保有量92万元，与去年同期持平，收入占比0.21%。理财收入0.11万元，较去年同期增长0.03万元；基金业务保有量33.89万元，其中非货币基金销售33.88万元，占99.97%；短信业务收入完成3.66万元，收入占比6.84%，较去年同期增长5.78%；中间业务收入完成4万元，收入占比19.14%。

◆**专项资金代发** 2018年，代发13家单位项目资金10760万元。期中，国家公园曲麻莱管理处“一岗一户”“建档立卡”，全年发放2473户5342万元。曲麻河乡低保资金发放377户415万元；秋智乡低保资金发放525户210万元；巴干乡低保发放85户90万元；草原管护员工资，全年发放1120户2420万元；畜牧兽医工作站补助资金发放141户95万元；县住房和城乡建设局补助资金发放120户25万元；县扶贫开发局补助资金全年发放310户670万元；县人力资源和社会保障局补助资金发放700户680万元；县民政局补助资金发放1432户173万元；县委统战部补助资金发放32户84万元；麻多乡人民政府，全年发放560户556万元。

◆**邮政业务与金融业务联动外拓** 2018年，登记在册的县属个体工商户约318户。针对商户市场，县分公司制订商铺作战图同时将寄递优惠政策、空仓返程业务、上门揽件服务等工作相联动，刺激商户用户开卡并完成“聚合付”安装工作。

◆**行业协同与金融业务联运外拓** 2018年，积极与治曲烟草公司就县域烟草商铺开发工作进行多次协商，县域所属烟草商户38户在邮政网点开立账户。

◆**乡镇金融市场开发** 2018年，组织全员认真学习省分公司惠农合作项目实施方案，并对方案中的惠农综合贷款业务进行了学习。计划从农牧民“融资难、销售难、寄递难”方面开展系列工作。惠农结合金融拓展工作，尚等州分公司统一部署。

目前已完成五乡一镇十九个行政村38名干部信息采集工作。同时对县属巴干乡进行了走访,完成“聚合付”意向开卡户18户、助农取款户1户。通过上述工作,县分公司已累积完成聚合付布放93户,其中有效户70户,客户活跃度70.01%。完成保险销售共70万元。其中“鑫安C保险”趸缴7户31.5万元,“如意宝”期缴3户2.5万元,“稳得盈”保险2户33万元,“花开富贵”保险1户2万元,“惠添富”保险2户1万元。基金销售32万元。手机银行累计完成148户。后期,随着生态管护人员300户开户工作,提前完成全年280户手机银行计划目标。

◆**员工队伍建设** 2018年,扎实推进员工教育各培训工作,严格执行县分公司各项考核办法。结合“三重一大”工作要求,强化县分公司人、财、物管理严格按制度落实,使企业各项成本投资达到效益最大化。做好人员排醒、岗位轮换工作,全面加强员工行为管理,防控各类案件和风险的发生。加强财务管理,持续开展用欠费的清缴工作,确保各项欠费及时清缴,保证资金安全,降低县分公司经营风险。积极宣导邮政企业理念,继续坚持以服务促发展的总目标,把服务工作重点放在质量和实效上,以规范的业务技能提升服务质量,使全局服务环节流畅,为客户提供全面的服务平台。

◆**党建工作** 2018年,认真贯彻中共十九大精神,持续推进“两学一做”学习教育及主题教育工作常态化,用党的理论武装头脑,将学习的精神转化为实际行动,贯穿于企业发展的各项工作中,做到学以致用,学用结合。开展集中学习及支部书讲上党课工作,组织党员及积极分子开展中共十九大精神学习、习总书记系列讲话精神、新党章、廉洁自律条例、纪律处分条列、践行企业文化76条等各项学习。完成县分公司支部换届工作,并转正正式党员2名。

◆**安全生产工作** 2018年,加强风险防控和安全生产管理工作,始终把安全生产作头等大事来抓,以预防为主,基础管理为重点,督促检查为手段切实强化组织领导,县分公司层面逐级签订了安全生产、消防安全责作书,以及其它特殊时点责任书。加强合规管理,深入开展风险防控专项检查活动,筑牢安防屏障,守住不发生案件的底线。认真执行寄递渠道安全管理“三项制度”,严密防范并强化监督检查工作。做好隐患整改,坚决杜绝各类安全生产事故的发生,确保县分公司安全稳定发展。 （中国邮政曲麻莱分公司供稿）

中国电信曲麻莱分公司

◆**综述** 2018年,曲麻莱分公司积极贯彻省公司和州分公司年初工作会议精神,以十九大精神和习近平新时代中国特色社会主义思想为指引,不断加快推进“三化”转型,完成三大任务,实现三大目标,聚焦三项重点任务,落实24字方针,实现三大业务规模发展,开创了企业发展新局面。

◆**党的建设** 2018年,以省公司巡察、督导结果为导向,开展支部内部自查整改工作,通过剖析问题,追根溯源,进一步健全了基层党支部党建工作流程,明确了党支部的工作职责,为分公司各项工作的开展奠定良好的政治基础。同时为进一步壮大基层党支部力量,通过组织考察等流程积极吸收2名同志为入党积极分子。落实“一岗双责”制度,通过召开支部会议,进一步明确分公司现有党员的职责、细化工作,提振精气神、锤炼好作风,不断增强党员的光荣感和使命感。认真开展党员帮扶活动,制定帮扶具体计划,每一位党员每周必须下沉支局一线进行一天的帮扶工作,广大党员干部的思想认识和干事激情得到有效提升。全年党员带头深入一线发展业务27次,开展党员知识竞赛答题2次,开展党员集中教育培训4次,召开集中学习会议24次。

◆**三会一课** 2018年,认真落实“三会一课”制度、中心组学习制度和党内生活教育活动,进一步引导广大党员干部强化政治意识,不断发扬干事创业、开拓进取的精气神,扎实抓好执行落实,为新形势下企业发展注入新的动力。全年支部书记讲党课2次,召开支部会议12次,召开党员大会4次。

◆**业务经营** 2018年,全年收入完成682.34万元,完成预算进度80.72%。移动市场份额到达28.42%,移动出账用户数到达9742户,宽带到达2243户。

曲麻莱县2018年电信业务情况统计表

表14

指标名称	计量单位	2018年	2017年	增减(%)
一、电信业务总量	万元	826	862.6	-4.24
其中:电信手机业务总量	万元	614	711.4	-13.69
二、长途电信业务总量	万元			
三、本地电信业务总量	万元	532	436	22.02
四、移动业务总量	万元			
五、联通业务总量	万元			
六、城市电话用户	户	2236	1836	21.79
七、农村电话用户	户	2070	1771	16.88
八、公用电话用户	户			
九、市话放号	户	1104	1012	9.09

注:此表由中国电信股份有限公司曲麻莱分公司提供

◆业务发展 2018年,以省州两级公司重点活动为主线,分阶段、分目标、分层次全面开展实施,强化方案营销落地推广,分析市场需求,以消费需求带动移动和宽带发展双驱动,紧紧把握窗口期和机遇期,应战市场新变化,不断提升竞争力。加大对各政企单位的业务合作,积极跟进各项大单业务,确保企业品牌价值不断提升。以政企转型为突破口,加大云和物联网业务渗透。为积极适应政企业务转型要求,加大对政企新兴业务的培训和学习力度,让政企客户经理及时掌握了解新业务资费和优势,积极对相关单位进行推介,并与部分单位达成初步协议。通过持续深入开展划小承包工作,以问题为导向,不断加强与各支局间深层次的沟通交流,在工作支撑方面加强管控,梳理环节,优化流程,全力保证划小支局正常运营,各项业务发展初具规模。

◆网络维护 2018年,以网络质量和客户感知为总目标,以端到端维护方式,分解责任到人,明确维护时限要求和工作目标,加大考核力度,有效支撑了各项业务发展。积极开展网络优化,网络质量不断提升。加强对重点部位的管控,机房每周巡检一次,中继站每月巡检一次,同时配合省网优中心开展网优专项整治活动,对投诉较高、感知差的区域进行现场测试,有效改善了县城以上部分弱覆盖问题。

◆代维服务 2018年,加强外包队伍建设管理,提升宽带服务能力。严格落实省公司“当当满”装维标准,定期召开装维人员工作沟通会,增强代维单位的服务意识,提高维护人员的责任心。加大装维技能和服务规范的知识培训,不断提升代维人员的服务水平,有效支撑了业务发展。全年曲麻莱分公司共5次荣登省公司“磐石奖”。

◆安全生产 2018年,以落实安全主体责任为基础,以安全检查为手段,组织开展了各类安全隐患检查整治工作,积极配合州分公司进行了安全生产大检查,对发现的问题和隐患及时进行了整改。同时结合“安全生产月”积极组织开展了员工安全知识教育和安全消防、交通等培训工作,进一步提升了员工安全防范意识和水平。

(中国电信曲麻莱分公司供稿)

中国移动曲麻莱县分公司

◆综述 2018年,中国移动曲麻莱分公司在各级领导和社会各界的大力支持下,始终秉承“正德厚生,臻于至善”的核心价值观,致力于业务发展,强化生产经营管理,公司各项业务再上新台阶。

◆业务发展 2018年,以高度的责任感和使命感,积极发展加快拓展新客户、新业务取得了较好的成绩。全年4G整体客户数为5043,整体渗透率为

38.12%，日移动活动客户数为10812，移动活动客户份额为60.47%，年累计新增用户6964，册报收入年累计达1196.79万元，全年家庭宽带净增客户数达418户，移动数据专线8条。

◆**网络建设** 2018年，坚持“网络质量是通信企业的生命线”的理念，全面支撑客户需求和市场发展，确保客户的网络满意度持续改善。通过网络建设维护人员的不懈努力，全面完成全年GSM、TD-SCDMA及传输网等各项建设任务，全县现有基站数量51个，2G现网37个（卫星基站3个），3、4G现网49个（微站4个），工程状态3个，县城内家客预覆盖达到95%，完成宽带安装418户。县城内宽带预覆盖达到85%，全年宽带用户新增418户，宽带建设区域覆盖37个点，正在施工建设4个点。全年端口数新增236个，县城共完成安装分纤箱342个，已开通236个端口，未开通220个端口。

◆**团队建设** 2018年，加强财务预算管理，按月进行财务分析，细化经营工作，完善各项激励措施，有效提高了经营收入。完善《财务管理制度》《车辆管理制度》《绩效管理制度》等生产经营管理制度。以创新管理作为提高企业经营效益的重要保障，在省公司进行的岗位、绩效、薪酬三项制度改革下，按照现代企业的管理要求，实行民主管理，加大员工交流轮岗力度，形成人员动态管理机制。

◆**企业文化建设** 2018年，通过宣传、培训及制度建设，强化项目管理，注重企业文化建设及党风廉政建设，鼓舞员工士气，营造良好的企业氛围。在员工中开展爱国守法，明礼诚信，团结友善，勤俭自强，敬业奉献的公民道德教育和以企业精神、经营宗旨、服务理念为主要内容的企业文化教育，并配备了跑步机、乒乓球等健身器材设施，以丰富职工业余生活，陶冶职工情操。

（中国移动曲麻莱分公司供稿）

中国联通曲麻莱县分公司

◆**移动业务** 2018年，曲麻莱县分公司主营业务收入261.82万元，较去年的241.18万元，同比增长20.64万元，同比增长率为8.56%；完成全年预算278万元的94.18%。截至2018年12月，总发展移动用户数3761户，增长418户，增长率为12.5%。移动业务出账用户为3562户，去年3276户，净增用户286户。

◆**网点建设** 2018年，在全县范围内新开通3G基站7处，其中约改镇3处，麻多乡1处，巴干乡3处，使网络弱覆盖问题得到有效解决。为方便乡村偏远地区用户办理业务，在麻多乡、巴干乡等乡镇设立联通业务代办点，解决了用户办理业务的困难，并在麻多乡和麻秀村办理两个手机用户集团。

◆**联点帮扶** 2018年7月，中国联通玉树州分公司副总经理王向涛、综合部经理永吉才仁一行前往麻秀村慰问贫困户5户，并发放米、面、食用油等生活用品，给贫困家庭带去温暖。

（中国联通曲麻莱分公司供稿）

财政　税务

财　　政

◆**综述** 2018年，县财政部门认真贯彻落实省、州财政工作会议精神，按照“稳中求进”工作总基调，以“四个扎扎实实”重大要求为统领，不断完善预算执行、创新工作机制，主动适应经济发展新常态，在努力增加财政收入的同时，积极落实各项支农惠农政策，努力改善民生，各项改革稳步推进。

◆**公共财政收支** 2018年，公共财政收入完成48390万元，其中：地方财政收入完成970万元，完成年初预算的100.1%，上级补助收入完成47420万元。

◆**公共财政支出** 2018年，下达各类预算指标2071笔，下达金额149314万元；办理直接支付业务4868笔，支付金额81051万元；办理授权支付业务1516笔，支付金额755万元；各预算单位支出进度较慢，实际完成支出81910万元，完成支出目标任务的55%。

曲麻莱县2018年财政收支情况统计表

表15

预算科目	金额	预算科目	金额	预算科目	金额
一、财政总收入	114489	2、非税收入	452	一、一般公共服务	10594
二、地方财政收入	1209	专项收入	60	二、公共安全	3233
1、税收收入	757	行政事业性收费收入	183	三、教育	14149
增值税	302	罚没收入	34	四、科学技术	10
营业税		国有资产经营收入		五、文化体育与传媒	1117
企业所得税	12	国有资源(资产)有偿使用收入	144	六、社会保障和就业	16462
个人所得税	320	政府性基金收入	31	七、医疗卫生	6837
资源税	4	其他收入		八、环境保护	6306
城市维护建设税	61			九、城乡社区事务	1584
房产税	20			十、农村水事务	25771
印花税	16			十一、交通运输	1659
城镇土地使用税	1			十二、商业服务业等事务	20
土地增值税	1			十三、国土资源气象等事务	107
车船税	1			十四、住房保障支出	4326
耕地占用税				十五、粮油物资储备支出	
契税	17			十六、资源勘探信息等支出	15
环境保护税	2			十七、债务付息支出	94
		本年收入合计	115698	本年支出合计	90284

注：此表由县财政局提供。

◆存量资金结余结转 2018年，为了有效促进了“沉睡资金”尽快落实到项目并发挥效益，加大存量资金结余结转力度，按照存量资金相关要求，原渠道下达各项目资金33065万元，政府统筹盘活3003万元，形成有效支出16937万元。

◆地方政府债务 2018年11月5日，全县政府债务余额5823万元，其中政府置换债券余额887万元，政府一般性债券余额4936万元。

◆隐性债务 2018年，严格按照《中华人民共和国预算法》加强管理，严格控制政府债务管理，经过对县直各单位监督检查，没有形成隐性债务。按照政府债务管理办法，全县形成的政府债务，属于省政府发行债券，通过省州财政逐级下达分配给曲麻莱县，并已纳入政府债务管理，主要用于生态恢复治理，城市基础设施建设，通过项目的实施，极大改善曲麻莱县生态环境和市政基础设施，城镇功能得到进一步提升。

涉农资金整合会议

◆预算执行 2018年，完成年初预算的目标任务，但收入结构不合理，非税收入占比较高，税收收入完成596万元，占地方公共财政收入的61.44%，非税收入完成374万元，占地方公共财政收入的38.56%，地方财政收入结构不合理因素越来越凸显。从支出执行情况看，虽然有效保障了保工资、保运转、保民生等刚性支出需求，但教育、社会保障、医疗卫生、节能环保、农林水事务及住房保障支出均有所下降。从财政预算执行情况看，虽然地方收入完成全年收入任务，后期增收十分乏力，其他保障性支出和政策性配套支出持续增多，难以实现收支平衡。

预算编制培训

◆预算编制 2018年，规范预算编制，硬化预算约束，明确部门预算编制的指导思想和基本原则，核定人员经费、公用经费、专项业务费的编制依据、标准和方法。加大专项支出的整合力度，控制和降低行政成本，提高预算编制的规范性、准确性、完整性、及时性。在预算执行过程中，严格按照预算执行，无预算、超预算的一律不安排支出，同时确立部门、单位的预算主体地位，增强了部门、单位的权力和责任，部门预算的约束力得到保证。

◆支出安排 2018年，县财政部门强化厉行节约，从严安排支出。坚持量入为出，收支平衡的要求，科学合理安排预算支出。坚决贯彻落实中央“八项规定”，严格控制一般性支出和“三公”经费支出，项目支出从严从紧安排，除上级政策有明文规定外，专项经费和业务经费只减不增。

◆支出管理 2016年，在财政收支规模不断扩大的同时，县财政进一步优化财政支出结构，优先安排好教育、“三农”、医疗卫生、社会保障等民生性支出需要。坚决压缩一般性支出，从严控制“三公”经费，集中财力办大事。落实和完善各项惠农政策，整合各类支农资金用于牧业增效、牧民增收建设，大力支持牧业合作社发展。各项支农惠农政策，努力改善民生等方面都取得了新成效，财政预算执行情况良好。完善管理制度体系，通过内控流程再造和信息化手段运用，实现管理控制的程序化和常态化，堵塞制度漏洞，防范廉政风险。

主题党日活动

◆财政监督 2018年，结合全县实际，围绕国家宏观重点和财税体制改革，以促进转变经济发展方式、保障和改善民生为目标，加大对涉及人民群众切身利益和财政资金投入的领域和行业，维护财经纪律。制定财政监督检查实施方案，成立了财政监督检查领导小组，切实提高监督检查质量。完善财政资金管理制度，健全覆盖所有政府性资金和财政运行全过程的监督机制，切实维护资金安全。 （县财政局供稿）

税　　务

◆概况　县税务局于1994年分税制改革后设立，为县级基层征收局，担负着全县五乡一镇近5.24万平方公里范围的税收征管任务。2018年，干部职工28人（男性16名，女性12名）。其中，藏族干部18人，汉族干部9人，土族1人。党员干部15人，大专以上学历的有21人，平均年龄36岁。县辖管户422户，其中：共有企业99户，个体工商户323户。

◆综述　2018年，县税务局牢记“为国聚财、为民收税”的神圣使命，不断深化国地税合作，持续推进征管体制改革，努力提升干部综合素质，各项工作都取得了优异的工作成绩，为全县经济增长和社会和谐稳定做出了应有的贡献。

◆组织收入　2018年，认真贯彻落实省州局税收会议精神，加大征收力度，严格税务登记信息管理，从源头上加强税收控管，建立健全与工商、银行等部门的交流机制，全面掌握纳税人各类登记事项，确保应收尽收，毫不动摇的坚持依法组织收入的原则，防止和纠正“过头税”等虚增收入的行为，确保税收收入增长质量，认真查找税收征管的薄弱环节，加强后续管理。加强与县委县政府的沟通，及时向县委县政府主要领导汇报工作中遇到的难点和问题，全面抓好各项税收收入工作。通过扎实工作，落实各项措施。截至12月25日，共组织收入3327.46万元，征前减免372.38万元。

◆国税地税征管体制改革工作　2018年，积极贯彻习近平总书记关于深化党和国家机构改革的重要思想、落实中央关于国税地税征管体制改革的决策部署、有组织、有步骤、有纪律扎实抓好改革各项工作，新税务机构挂牌、县局“三定”规定落地等重要阶段性任务顺利实施，改革正稳步进入社保费和非税收入征管职责划转的新阶段。

办税大厅

◆“放管服”改革　2018年，县税务局坚决贯彻“简政放权、放管结合、优化服务”部署。深入推进税务行政审批制度改革，大幅度削减行政审批事项。全面落实取消非行政许可审批事项，对外公布权力清单、责任清单以及公共服务事项清单，做到“清单之外无权力”。大力构建依法治税。对内采取有效措施积极开展法治税务示范基地建设工作，将法治税务示范基地创建与依法行政示范单位相统一，提高创建水平。

◆便民办税春风行动　2018年开展“春风行动”全力为纳税人办税提速减负，有效提高了纳税服务工作水平，纳税遵从度和获得感得到逐步提升。

◆“两会代表话春风”活动　2018年，深入开展“两会代表话春风”活动。通过邀请、走访人大代表、政协委员，特别是企业界代表委员召开座谈会，向代表委员介绍“便民办税春风行动”取得的成效。请代表委员畅谈对“便民办税春风行动”的感受。征询代表委员对“便民办税春风行动”的意见建议，与代表委员坦诚交流，直面问题，回应关切，进一步增进理解和信任。

◆纳税人开放日活动　2018年，邀请不同行业、不同规模纳税人代表走进办税服务厅税，与税务干部互换角色，挑选办税服务厅业务骨干、业务熟练的操作人员，全程陪同纳税人体验办税服务厅工作，重点体验“最多跑一次”办税服务。向全县纳税人发布《致纳税人的一封信》，主动宣传县税务局优化纳税服务工作情况，争取纳税人的支持与理解。打消纳税人后顾之忧，以“表真心，听真话，见真效”为主题，真心实意开展问需、问计纳税人需求调查活动。

◆**民族团结进步创建** 2018年，加强组织领导，将创建工作纳入党组重要议事日程，形成党组统一领导、各股室各司其职、层层抓落实的创建格局。在广泛征求意见建议的基础上，精心谋划，制定了切合实际、行之有效的创建工作实施方案，增强了创建工作的针对性。全面营造氛围，向纳税人发出倡议书及宣传资料280余份，联系社区及扶贫村共同推进创建工作。积极引导广大干部职工从自身做起、从家庭做起，将好家风好家训中激发的社会正能量融入到日常工作、学习和生活中，形成了良好的民族团结进步创建氛围。以“五星级文明户”创建工作为契机，深入到社区、纳税户、精准扶贫村，充分利用广告栏、宣传橱窗、善行义举榜等宣传阵地，引导群众掌握政策、看清形势，做好民族团结进步的表率，不断激发广大群众爱党爱国、致富的热情，形成了团结互助、勤劳致富、和谐和睦的良好风尚。积极营造和谐税收环境，为少数民族纳税人提供个性化政策宣传和少数民族语言税收咨询服务。在做好日常宣传辅导工作的基础上，积极开展针对少数民族纳税人的税收政策宣讲会、纳税服务回访，以实际行动为少数民族纳税人提供了便利，维护了他们的合法权益。

◆**绩效管理** 2018年，按照总局和省州绩效管理会议精神，认真落实“日难题、周总结、月汇报、季通报、年评比”的绩效工作制度.形成以县局一把手为组长，党委委员任副组长，各股室负责人为成员的绩效考核工作领导小组，建立“一把手”亲自抓，主管领导具体抓，其他领导配和抓，各股室人员负责具体工作落实的领导机制。根据《玉树州税务系统2018年度绩效管理考评责任书》，层层分解目标任务，明确职责，量化指标，严格按照机关绩效管理办法、实施细则、考评规则和加减分项目等及个人绩效管理办法、实施细则，规范运行。

◆**税收宣传活动** 2018年，在税法宣传月之初，围绕“优化税收营商环境，助力经济高质量发展”主题，在全县纳税人比较集中的县城中心街道，启动第27个税收宣传月活动。税法宣传月期间，扎实开展以进机关、进企业和纳税户、进学校、进社区、进军营、进牧区、进寺院为主题的税法“七进”活动，并开展“两会代表话春风、问计问需谋发展”座谈会及日常税法宣传活动，取得积极的舆论和宣传效果。

◆**机关党建** 2018年，扎实开展“两学一做”“岗位大练兵”“道德讲堂”“晒成绩、亮承诺、做表率”等活动，认真践行社会主义核心价值观，落实“三会一课”制度、党支部的组织生活制度、落实党员学习日制度、坚持与党员干部谈心制度及民主评议制度，切实提高党建工作水平。学习郑德荣等7名“全国优秀共产党员”先进事迹，参加全县庆祝建党97周年歌咏比赛，举行“不忘初心税务志、牢记使命勇担当”主题演讲比赛，组织观看纪录片《厉害了，我的国》、专题片《榜样3》、廉政教育电影《不一样的焰火》等，组织学习《中华人民共和国监察法》、新修订《中国共产党纪律处分条例》《中国共产党支部工作条例（试行）》，配合州局做好巡视巡

税法宣传

察规范建设各项工作，持续强化巡视巡察问题整改。

◆数字人事工作 2018年，立足税务工作实际，将“数字人事”作为工作的重中之重，制定实施方案，成立领导小组，核对干部基础数据，做好工作纪实、自拟任务、工作自评、领导评鉴等工作，编发工作动态、简报等，通过展板、专栏宣传数字人事工作，组织干部参加总局、省局组织的“两测”考试（领导胜任力测试及业务能力升级测试），“两测”考试与干部晋升挂钩，激发干部学习业务、增强能力的活力，不断提升税务干部业务能力水平。

◆扶贫攻坚 2018年，组织干部先后6次深入曲麻河乡多秀村、格尔木移民村和县城开展精准扶贫及“三讲四促”活动，完成了建档立卡户数据采集149户，数据采集率达100%。并为39户精准扶贫户、15户结对帮扶户送去米、面、清油、粉条、大衣、大头皮鞋等物品，价值总计21600元，并为两位特困户送去慰问金20500元。积极参加曲麻莱县委、县政府主办的全国第五个“扶贫日”爱心捐款活动，共筹集捐款2100元。

（县税务局供稿）

金　　融

农业银行曲麻莱县支行

◆综述 2018年，县农行在玉树分行党委的坚强领导和县委、县人民政府的关心支持下，在玉树银监分局的有效监管下，认真学贯彻落实农行工作会议和县委经济工作会议精神，狠抓“三农”业务工作，实施精准扶贫战略，夯实基础管理工作，在全体党员中持续开展“两学一做”学习教育活动，业务经营工作有序开展，各项工作取得了较好的成绩。

◆业务经营 2018年12月末，各项存款余额达4.14亿元。其中：对公存款2.03亿元，比年初降3.14亿元，个人存款2.11亿元，比年初增0.12亿元，各项贷款0.56亿元，比年初增0.42亿元。

曲麻莱县2018年银行现金收支情况统计表

表16　　　　单位：万元

指　标	年末余额		指　标	年末余额	
	2018年	2017年		2018年	2017年
银行各项现金收入	74881	344466	银行各项现金支出	76470	364510
1、商品销售收入	9842	76842	1、工资及对个人其他支出	21479	96473
2、服务业收入	8411	13849	2、农副产品采购支出	842	4639
3、税收收入	1208	8926	3、工矿及其他产品采购支出		44
4、城乡个体经营收入	18411	57327	4、行政企事业单位管理与经营费支出	1647	13241
5、储蓄收入	19869	63425	5、城乡个体经营支出	20944	125368
6、居民归还贷款收入	849	4028	6、储蓄存款支出	7849	92369
7、汇兑收入	12347	83643	7、其他金融性工资支出		42
8、其他收入	3944	36425	8、居民提取贷款支出	4785	5898
9、有价证券收入			9、汇兑支出	18924	26436
投放(+)回笼(—)	1589	20044	10、有价证券及其他投资性支出		

◆**负债业务**　2018年，县国库集中支付改革实施后，县农行90%以上机构类存款大幅下降。积极加大与项目预算单位协商沟通，抢抓施工单位落户落资金，加大与国家公园的沟通合作，采取服务承诺、战略合作服务协议，搭建银政合作金融服务平台，对公存款有新的起色。全行上下齐心协力，拧成一股绳，充分发挥每位员工的人力资源网络，动用各项关系，利用“抢、挖、揽”并举，加大储源，在对公存款方面，积极主动地向地方政府汇报农行的各项工作，及时和政府有关部门沟通联系，捕捉项目资金信息，跟进服务，保证各项项目资金足额归行。

◆**业务宣传**　2018年，紧紧抓住“大行德广，伴您成长，金钥匙春天行动”和“12315”大型系列宣传活动，采取散发宣传资料，悬挂横幅，摆放展板等多种有效措施，加大宣传力度，大力拉动个人存款，对稳定存款工作奠定了基础。

◆**金融服务**　2018年，做好公共金融服务工作，加大对预算单位的营销攻关力度，主动征求客户意见，加强协调联系，不断提升柜台服务质量，以优质文明服务赢得客户信任。稳步推进“金穗惠农通”工程建设，经常深入助农服务点，加强巡查和业务指导，使助农服务点充分发挥效应。

曲麻莱县2018年银行贷款情况表统计表

表17　　　　单位：万元

指　标	年末余额		指　标	年末余额	
	2018年	2017年		2018年	2017年
银行各项存款余额	29536	94626	银行各项贷款合计	5834	3154
一、企业存款	13	137	一、短期贷款	5634	3004
二、财政存款		5244	1、工业贷款		
三、机关和团体存款	9652	70183	2、商业贷款		
四、储蓄存款	19869	18974	3、农业贷款	26	3004
五、农业存款	1	1	4、私营、个人贷款	5608	
六、信托类存款			5、其他短期贷款		
七、其他存款	1	1	二、中长期贷款		150
信贷			1、基本建设贷款	200	
			2、其他中长期贷款		150
			三、不良贷款		21

金融助力精准脱贫

◆**“三农”信贷业务**　2018年，资产业务逐步规范，比往年有了大幅度增长。年末，贷款余额达5568万元。从存贷结构上分析，资产业务还有很大的发展潜力。

◆**精准脱贫**　2018年，大力推进精准扶贫工作，制定农《2018—2020年金融精准扶贫脱贫攻坚服务方案》，采取银行+牲畜保险+农牧业担保公司+牧户的模式，对五乡一镇313户建档立卡贫困户发放“530”“三有一无”贷款1247.31万元，普惠金融惠农e贷（其他个人精准扶贫贷款)563户,金额3621万元,发放个人生产经营贷款2户500万元,发放个人网捷贷200万元。在虫草采挖季节,降低贷款担保门槛,解决曲麻河、叶格、秋智等三乡部分群众采集费。

◆**贷款管理** 2018年,采取强有力的措施,降低不良占比,落实责任加强贷后管理工作,行长作为贷后管理第一责任人,客户部负责具体工作,切实把贷后管理工作做实做细,不良贷款为零。

◆**中间业务** 2018年,把中间业务收入作为调整收入结构,实现收入多元化的基础手段,充分利用现有的人员和网路优势,高度重视拓展中间业务工作。

◆**合规经营** 2018年,高度重视依法合规经营,切实加大案件专项治理和风险防范工作力度,以业务经营为主,稳健运行为目标,实现了无责任事故和刑事案件的目标。

◆**基础管理** 2018年,高度重视依法合规经营,切实加大案件专项治理和风险防范工作力度,以业务经营为主,稳健运行为目标,实现了无责任事故和刑事案件的目标。紧紧围绕实现经营为目标,加大对内外部检查发现问题的整改力度。根据营运监管现场和现场查出的问题,逐步查找原因,制定措施,加强整改,并对责任人进行相应的经济处罚。年初和相邻单位签订《治理联防协议书》和每位员工签订《合规经营操作责任书》严格落实检查制度。

◆**会计基础工作** 2018年,根据创建"三化三铁"工作的要求和实施方案,整改柜面业务各项环节中存在的问题,逐步规范业务操作流程,激发运营主管工作的积极性,切实提高风险防控能力和基础管理水平,对屡查屡犯问题进行重点治理,处罚追究责任到位。加强经济资本核算,合理调配资金,减少库存限额占用,防范非信贷资产占用风险,操作风险和信用风险,把经济资本压缩到最低限度。

◆**风险防控** 2018年,高度审视经营管理中出现的各类风险,及时有限地开展风险分析、监控、评估和预警,在全面监控各业务条线管理环节的风险状况,主动发现和排查业务操作,基础管理方面存在的风险点,及时提出风险提示,制定相应的防范措施,有效防范和化解经营中可能出现的各类风险。

◆**档案管理** 2018年,根据档案管理要求,已对2016年至2017年的文书档案按短期,长期,永久的保质期要求,分类归档,做好验收前的准备工作。

◆**企业文化建设** 2018年,广大员工利用业余时间,整治院内环境,花厅、花池,植树40多株,美化了生活环境。配置篮球架、台球、哑铃等设施,营造了良好的业余娱乐和员工锻炼氛围。

(中国农业银行曲麻莱县支行供稿)

农商银行曲麻莱支行

◆**综述** 2018年,农商银行曲麻莱支行在玉树农商银行党委的领导下,在玉树银监分局的有效监管和曲麻莱县委、县政府的关怀支持下,认真贯彻落实农商行年初工作会议和县委经济工作会议精神,不断创新金融产品,完善金融服务,提高管理水平,履行社会责任,大力开展精准扶贫工作,在全县社会经济发展中发挥着主力军作用,各项业务迅猛发展,特别是在服务"三农",支持"三农",帮助牧民增收和促进地方经济发展方面,精做文章,工作呈现出新的亮点。

◆**业务经营** 2018年12月31日,各项存款余额为20488万元,存款在全县金融机构中占28%,其中对公存款10771万元,个人储蓄存款9717万元,各项贷款余额4739万元,其中发放涉农贷款3501万元,涉农贷款占贷款总额的97%,累计发放信用贷款2350万元,小微企业贷款余额500万元,牧业合作社贷款100万元,累计收回各类贷款1330万元,贷款总额在全县金融机构中占95%。

◆**涉农贷款** 2018年,积极主动了解当地农牧民实际情况,通过深入农牧民家中实地调查和主动营销,解决农牧民经商、建房、治病、助学、采挖虫草草皮费等方面的资金,全年发放涉农贷款3501

万元，解决广大农牧户实际资金短缺问题，支持地方经济的快速发展。

◆金融宣传 2018年，在农牧民中间开展各种金融知识宣传宣讲、反假币知识、信用体系建设相关内容宣传等活动，教育和增强了广大群众对金融知识的了解。在信用体系建设方面，充分利用进村入户等形式，广泛宣传开展农村信用体系建设的意义、重要性及目标要求，努力构建"讲信用、守信用、用信用"的社会环境。

◆精准扶贫 2018年，大力开展精准扶贫工作，在县乡村密切配合下，完成1470户贫困户的建档立卡工作，通过调查摸底发放精准扶贫贫困户贷款252笔1246万元，帮助贫困户发展生产、改善生活，脱贫致富。

◆联点帮扶 2018年，在县委县政府的安排下，农商银行曲麻莱支行到叶格乡龙麻村帮扶联点及宣讲金融精准扶贫文件精神，发放慰问金和物资价值12000元。

◆基层金融服务 2018年，为提高服务效率，按照中央1号文件及省委省政府的要求，在金融服务空白乡镇填补安装助农POS机，为广大农牧户提供更方便快捷的支付手段。做好草原生态奖补工作，发放叶格乡、约改镇、巴干乡草原生态奖补资金3992万元，实现当天入账当天发放，受到项目区群众的好评。

金融扶贫

◆金融平台建设 2018年，建立了以省联社综合业务网络系统为平台的多种服务体系，"农信银系统""大小额支付系统"、信用社储蓄免费通存通兑系统、紫丁香银行卡系列、人民银行支付清算系统等，农村信用社现已成为全功能、全方位的金融服务单位。（农商银行曲麻莱县支行供稿）

住房公积金管理

◆公积金贷款登记 2018年，全县干部职工住房公积金登记37人，贷款1386万元。

◆公积金贷款发放 截至2018年12月31日，共发放住房贷款43笔，金额2061万元。

◆公积金贷款审核 2018年，贷款发放初期，首先对个贷市场进行了调查摸底，分类排查登记。对符合贷款条件的干部职工的贷款资料，由经办人员对资料的合规合法性进行初审，在向公积金中心复审提交。对多年来诚信不好，不良率较高的借款人不予发放公积金贷款。

◆公积金归集 2018年，全县汇缴单位数65个，应缴人数1200人，汇缴人数1133人，月应缴金额，366.51万元，年汇缴金额714.76万元。年末住房公积金汇缴余额0元。在县农行客户部的配合和县直企事业单位财会人员的支持下，每月发薪时个人缴存部分足额划扣，财政缴存部分按季入账，对逾期未还的贷户采取"凡逾则扣"双轨措施，从工资中直接扣划，向担保人发出口头逾期催收通知，以最大限度地降低不良记录。

◆公积金提取 2018年，办理公积金提取共计574笔，支取本金2790.86万元，利息24811.85元，支取合计2793.34万元。

（县住房公积金管理中心供稿）

生态曲麻莱建设

ShengTai QuMaLai JianShe

长江源园区国家公园曲麻莱管理处

◆概况 2015年12月，中央全面深化改革领导小组第十九次会议审议通过《三江源国家公园体制试点方案》，曲麻莱县曲麻河、叶格2个乡的措池、勒池、昂拉、多秀、龙麻、红旗、莱阳7个村共21个牧业社以及不冻泉和五道梁两个小集镇被列入三江源国家公园（长江园区）试点区范围内，试点区总土地面积2.4平方公里，共有牧户2867户9434人，其中叶格乡1370户，4451人；曲麻河乡1497户，4983人。

2016年6月7日，三江源国家公园管理局（筹）在青海西宁正式挂牌。6月29日，长江源园区国家公园曲麻莱管理处也正式挂牌成立。2018年，共设生态环境和自然资源管理局、自然环境执法局、综合部、规划财务部、生态保护站等部门。现有县处级领导干部3名，正科级领导干部9名，一般工作人员27名，共39名。

◆自然资源资产管理体制试点 2018年，管理处进一步梳理相关部门权力责任清单，理顺职责关系，将园区内全民所有自然资源资产所有者职责从国土、水利、农牧、林业等部门分离出来，结合三江源国家公园机构设置“三定”方案，组织实施国有自然资源资产管理机构的组建任务。同时，还认真按照《国土资源部、青海省人民政府关于自然资源统一确权登记实施方案》及《青海省自然资源统一确权登记试点工作计划》的要求，及时与第三方作业单位青海省第二测绘院进行对接，积极组织开展园区内草原、森林、湿地、地表水等自然资源统一确权登记工作，年内完成园区两乡1.92万平方公里的自然资源统一确权登记工作，相关数据已上报省国土资源厅。

曲麻莱县2018年自然资源分布情况统计表

表18

指标名称	计量单位	数量	指标名称	矿种	指标名称	数量
一、人口			五、探明的矿产资源	17	六、全县土地面积(平方公里)	46635.53
年末人口	人	46084	黑色金属	1	约改镇	2185.29
人口密度	人/平方公里		有色金属	5	巴干乡	1908.2
二、土地面积	平方公里	46635.53	贵金属	3	秋智乡	5595.29
其中:			稀有金属		叶格乡	7482.99
耕地面积	亩		燃料矿产	1	麻多乡	14852.94
农作物播种面积	亩		化工原料	4	曲麻河乡	14610.82
其中:粮食作物	亩		建材及其他金属	3	七、全县草场面积(万亩)	5690.69
三、森林资源					约改镇	279.82
森林面积	亩	225012.6			巴干乡	232.77
覆盖面积	%	0.32			秋智乡	722.98
森林蓄积量	万立方米				叶格乡	908.01
四、水力资源					麻多乡	1930.31
水力资源蕴藏量	万千瓦				曲麻河乡	1616.8
其中:可开发量	万千瓦					

◆资金使用管理制度建设 2018年，管理处严格按照三江源国家公园管理局的要求，不断建立健全财务管理制度，认真构建高效的资金使用管理机制，建立了资金台账制度和资金使用制度，对资金来源、使用、成本控制做出详细的计划，专款专用，严格按财务规范进行报账，同时，还建立外部财务监督和内部财务约束相结合的监督机制。

◆生态保护基础设施建设项目 2018年，管理处把生态保护基础设施建设项目作为主要工作来抓，层层分解落实责任，强化质量，确保进度，为全面完成今年的建设任务奠定了基础。实施投资149.6万元的富氧工程，年内完成总工程量的30%；实施投资362万元的叶格乡红旗村生态示范村建设项目；实施投资1.32亿元的曲麻河乡至昆仑湖巡护道路和总投资1970万元的唐古拉乡至拉智村巡护道路建设工程；实施投资3290万元的园区生态环境整治项目；实施投资60万元的退牧还草项目正在组织招标；总投资1467万元的三江源二期项目黑土滩治理工程已全部完成建设任务；总投资958万元的草原有害生物防控工程已完成灭虫任务。

生态保护基础设施建设

◆**地质灾害防治**　2018年，高度重视灾害防治工作，积极组织对接和确定巴干乡巴干寺地址灾害申报工作。

◆**环保水利**　2018年，组织制定县域考核领导小组，实施方案报县政府印发，安排和布置各乡镇县域考核工作内容，对接县财政落实2018年120万元的环保县域考核专项资金，保证专项资金专款专用为县域考核工作的有序推进提供有力的保障。

◆**全面推行河长制工作**　2018年，积极做好河(湖)长的调整、公告、并更新河(湖)长公示牌相关信息。完成河长制系统填报工作，在2017年河源地的调查和立牌工作的基础上进一步普查和确定河源地的立碑工作，建立各项制度、工作经费的申报、各种公示牌的制作。全年，县级河长巡河达132次，相关乡(镇)级河长已巡河180次，村级河长已巡河176次。对于全县河流流域有少量的白色垃圾、存在少数生活污水直排现象，以及其他河段、湖泊存在少量白色垃圾和漂浮物的问题，督促相关负责人及时有效处理，取得显著实效，通过省州级河长制工作领导小组的验收。

◆**生态保护红线划定**　2018年，积极协调政府相关部门、各乡镇召开工作推进会，对划定的曲麻莱县生态保护红线面积35882平方公里的征求意见方案稿进行讨论，并详细地研究和规划。

◆**矿产资源规划**　2018年，按照国土资源部《关于开展第三轮矿产资源规划编制工作的通知》要求，组织编制《曲麻莱县矿产资源总体规划(2016—2020年)》，已通过县政府审批，现按照相关程序在省国土资源厅矿权交易中心完成挂牌出让。

◆**污染源普查**　2018年，根据省州相关部门工作安排，对全县行政企事业单位登记造册和实际运转的锅炉污染源进行普查。年内共普查和登记造册污染源19处。

◆**防汛抗旱**　2018年，按照上级关于防汛抗旱指挥部相关工作安排部署，管理处及时召开专题会议安排部署，组织成立曲麻莱县防汛抗旱指挥部领导小组，进一步明确防汛抗旱指挥部领导小组工作职责。并先后组织工作人员进行防汛抗旱专题调研，对全县境内易发生地质灾害的巴干乡全境、巴干寺、叶格乡全境进行专题调研和现场安排部署工作，全面掌握了解境内地质灾害的特性，重点从制定应急预案、灾害防御方案、防汛抢险队伍组织和物资储备到位等方面进行全方面的安排部署。

◆**资源环境执法**　2018年，对曲麻莱县区域内非法破坏资源环境积极开展各项巡护专项大检查，通过执法巡查力度的加大，有效震慑破坏资源环境违法行为的发生。

◆土地卫片执法 2018年，积极采取措施，开展土地卫片执法检查专项整治活动。全县查处7宗违法用地，总面积75.88亩，共处罚金3.61万元，年内全部结案。

◆执法专项行动 2018年，根据三江源国家公园管理局关于“绿盾行动”的安排，结合实际，制定巡查方案，对我县区域内的生态资源保护情况、野生动物保护情况、植被状况、人为活动情况进行了巡护检查，对索加—曲麻河保护分区67处、通天河沿岸保护分区26处以及约古宗列保护分区的4处人类活动点开展了核查工作，通过精心组织，巡查活动开展顺利，并及时将巡查情况汇报至有关部门。全年共开展各类巡护10余次，行政立案4件。另外，资源环境执法局与县公安局联合成功破获昆仑湖非法捕鱼案件1起。

◆违法用地排查 2018年，根据省州相关部门的安排，管理处对全县的违法用地进行了排查，通过巡查、走访调查、现场执法，区域内的72处土地违法用地进行排查，总面积945亩。其中部门违法建设用地41处，占地面积376亩；企业违法用地10处，占地面积254.68亩；私人非法买卖土地18处，占地面积103.53亩；村级集体违法用地4处，占地面积56.52亩。

◆县域资源环境排查 2018年，管理处积极组织相关部门及人员对县域内沙场、砖厂、加气站、加油站、汽车摩托车修理铺、换油中心、使用燃煤锅炉单位、宾馆、医院及建筑单位等摸清底数，对出现污染环境资源的单位进行了前期教育及问题清单罗列，并要求负责人进行限期整改落实，并逐一登记建档备案。

◆可可西里遗产地保护 2018年，进一步加大遗产地巡查巡护力度，开展“遗产地专项”执法活动，及时发现和打击伤害野生动物、破坏生态环境的违法行为。

◆达哈煤矿地质生态恢复治理 2018年4月14日，按照《中央环保督查问题整改任务清单》和《玉树州国土资源局关于进一步推动落实中央环保督查反馈意见中问题整改的紧急通知》（玉国土资〔2018〕46号）要求，向青海珠峰宏源商贸有限公司下发《曲麻莱县国土资源局关于进一步推动落实中央环保督查反馈意见中问题整改的紧急通知》（曲国土资〔2018〕48号），责令该公司尽快进点开展工作。按照达哈煤矿矿区外围实地勘查测量及图纸设计和文本治理面积共1229亩，共需平整恢复资金950万元，州政府承诺支持资金500万元，省国土资源厅支持资金100万元（已到位）。年内缺口资金850万元和恢复种草、网围栏资金60万元以及相关恢复治理方案已上报省州相关部门。

◆大场金矿砂金过采区治理 2018年，通过省州两级的积极支持，投资2000万元，完成大场6200余亩覆坑平整项目。按照《曲麻莱县“十三五”生态恢复治理工作方案》，委托冶金工业部华东勘查基础总公司西宁分公司对麻多乡20处历史遗留废弃矿山点进行矿山生态恢复治理方案的编制工作并已通过专家审查。方案涉及恢复砂金过采区草场面积51133.8亩，使草场植被覆盖率达到70%以上；修复河道12条，河道总长75.082千米，项目投资概总值为39604.82万元，由于县级财政困难，没有其他项目资金来源，恢复治理工程需求已呈报省州相关部门。

曲麻莱管理处党委班子召开“不忘初心、牢记使命”专题民主生活会

◆矿区治理 2018年，在全州范围内废弃的矿山治理不力的有13处，其中涉及曲麻莱县的有11处，2处需聘请专业人员评估，进行自然恢复，其余9

自然资源部西北督查组一行赴曲麻莱管理处调研督查工作

中央办公厅调研室局长龙旭一行调研三江源国家公园体制试点工作

处已聘请作业单位完成了生态治理恢复方案的编制工作，为按时完成中央环保督查整改工作，恢复治理资金约4636万元，年内已上报省国土资源厅。

◆**矿渣治理**　2018年，为认真做好三江源自然保护区内生态环境保护和建设工作，根据州政府关于立即封存麻多乡扎加村尾矿矿堆、停止拉运的通知，管理处立即要求麻多乡扎加村委会停止拉运，并组织县公安局、安监局、生态环境和自然资源管理局及麻多乡党委政府，将大场金矿尾矿用网围栏全部围住，严格按照要求封存尾矿矿堆，防止大场金矿尾矿拉运。根据上级督查要求，州国土资源局已聘请有资质单位设计处置方案，待上级业务批准后，依照方案在6月底前完成整改。

◆**县域内牲畜超载整改**　2018年，根据青海省农牧厅关于抓紧整改草原牲畜超载有关问题的通知要求，为了加快推进草地生态与牧业经济的平衡发展，曲麻莱县把禁牧减畜工作纳入年度目标考核内容，确保减畜任务有计划、减畜工作有组织、减畜目标有落实。年内，计划下达减畜计划9.3万个羊单位。同时，认真落实草原生态保护补助奖励机制绩效考核管理办法，严明主体责任，强化监督管理，形成以引导落实减畜、以机制推动减畜、以奖惩加促减畜的“三促一减”网格。加大良种繁育推广力度，年内先后对外推广14820个羊单位，其中向囊谦县调出生产母羊2000只，称多县调出优质种牛300头，生产母牛2000头，生产母羊3620只。

◆**“绿盾”专项执法**　2018年，针对黄河源头约古宗列旅游接待中心及生活垃圾处理违规建设问题。经县委、县政府专题研究，依法对黄河源头违规建设项目进行拆除恢复整治，县财政局、县住建局等单位赴实地进行了建设项目实施评估，于2017年7月26日下发约古宗列自然保护分区内的黄河源头旅游接待中心及垃圾处理设施项目进行责令停工限期整改告知函，2017年8月18日对现已建成的项目进行造价评估后进行了拆除和复坑工作。2018年7月8日，“绿盾2018”联合检查组对约古宗列保护分区黄河源头旅游接待中心拆除恢复整改情况进行检查，对恢复整改工作予以充分肯定，所有建筑设施均已拆除并覆土平整，但仍然存在问题，一是整改工作不细致，现场仍有部分堆砌物没有清理；二是通往黄河源头的道路沿线存在多处废弃沙坑，没有进行生态治理。管理处积极联合麻多乡党委、政府对黄河源头旅游接待中心拆除的堆砌物进行清理，并对通往黄河源头道路沿线废弃沙坑进行生态恢复治理。

◆**自然保护区专项问题整改**　2018年，根据青海省政府办公厅《关于开展青海省“绿盾2018”自然保护区监督检查专项行动联合检查的通知》（青环发〔2018〕207号）要求，研究制定《曲麻莱县“绿盾2018”自然保护区监督检查专项行动方案》资源环境执法局按照生态环境部下发的索加—曲麻河保护分区2处遥感监测疑似点进行排查，未发现新的问题。另外，根据遥感监测疑似点397号关于麻多乡扎加村多仓寺违规修建经堂问题，管理处资源环境执法局立即赴实地进行了调查，并会同县民宗局对寺院主要负责人进行问责处理，下发停工整改通知书，责令该寺院立即停工整改。

◆**生态管护员“一户一岗”**　2018年，根据三江源国家公园管理局关于全面落实园区内生态管护公益岗位“一户一岗”设置工作的要求，生态保护站通过相关选聘程序，正式确定“一户一岗”生态管护员1502名，进行张榜公布，并上报三江源国家公园管理局审批。年末，园区两乡共落实生态管护员2867名，年人均工资21600元，解决精准扶贫建档立卡户971户2964人（其中，曲麻河乡459户1424人，叶格乡512户1540人），为园区两乡管护站配发了95辆摩托车等相关巡护工具。根据《三江源国家公园生态管护员绩效考核管理细则（试行）》的要求，积极探索建立牧民群众、社会公众参与特许经营机制，组织投入使用生态管护公益岗位管理信息系统，全面加强生态管护员日常管理、考核等工作。

◆联点帮扶 2018年，根据三江源国家公园管理局《关于做好联点帮扶工作的通知》，积极组织乡、村、社干部意见征求会，广泛征求局党委下拨的80万元扶持资金使用计划，相关帮扶方案已通过三江源国家公园管理局批准后组织实施。

◆干部队伍建设 2018年，积极组织各部门、园区两乡保护站干部参加各类理论和业务知识培训，不断提升干部自身工作能力和业务水平，强化三江源国家公园体制试点国家政策解读、生态保护法律法规、生态环境保护以及国有自然资源资产管理基础理论。截至2018年，曲麻莱管理处干部职工共参加党务干部培训、业务培训达30余人次。组织森林公安局及综合执法大队执法人员参加培训，进一步提升执法人员业务素质，规范执法行为，推进辖区生态资源环境综合执法效率夯实基础，培训取得了预期效果。

（国家公园曲麻莱管理处供稿）

第二届尕朵觉悟转山节

生态文化旅游广电

◆机关党建 2018年，县文化旅游部门以党建为统领，以提升公共文化服务水平为目标，通过多渠道、多方式、整合资源开展群众性文化娱乐活动，通过特色节庆和常规节日活动丰富文化内容，以社会主义核心价值观为抓手点开展党建文化、廉政文化、游牧文化、民族团结创建等形式多样的一系列宣传教育活动，满足广大人民群众的精神文化需求。

◆精准扶贫 2018年，围绕精准脱贫为目标，强化扶贫第一书记工作制度，坚决执行联点帮扶和党员联点的相关工作要求，做到接对认亲“一帮一，一帮多”的工作规则，并以产业转型的模式，积极引导县乡镇层面的相关企业和文化引领人，教育引导创办牧家乐和文化产业发展，助力精准脱贫。通过乡镇文化站组建文化引领人，开展群众喜闻乐见的文化娱乐活动，并积极打造乡镇文化特色节庆活动。如举行巴干寺的溜冰节等特色节庆活动。

◆非遗保护 2018年，深入挖掘保护非物质文化遗产和培育传承人的工作，加大非物质文化遗产的申报力度，努力使更多的传承人得到收益，调动工作积极性，使更多的非遗文物得到有效保护。

◆行业扶贫 2018年，完成扶贫行业指标任务，使深度贫困村具体达到“八有”标准：即“有文化活动室、有文体活动广场、有牧（牧）家书屋、有文化信息资源共享数字平台、有文化宣传栏、有文化设备器材、有文化管理员、有文体活动团队”，形成集宣传文化、党员教育、普法教育、体育健身等功能于一体，设备齐全、服务规范、保障有力、群众满意度较高的基层综合性文化服务中心。

◆调研交流 2018年，召开首届文化旅游广播电视调研交流座谈会，邀请文学界代表、非遗传承人代表、摄影爱好者代表、格萨尔文化传承人代表、文化旅游产业企业界代表、体育界代表、藏医药界代表、歌舞界等社会各界人士及五乡一镇党委、政府主要负责人和19各行政村文化引领人，共同探讨，探索符合曲麻莱特色的文化自信道路。

格萨尔王登基台

◆加强文工团规范管理 2018年，为强化文化队伍建设，对县歌舞团演职人员进行技能考评，并邀请了人事、财政等相关部门参加，同时邀请演职人员家长亲自检验演艺水平，采取演职人员现场表演，亲自点评的模式，对提高演职人员水平起到推进作用，并签订了岗位目标合同，为推动文艺团队的发展，演职人员个人修养的提升起到促进作用。

◆“两馆一站”建设 2018年，各乡镇文化站免费对外开放，为五乡一镇及村社解决28.2万元的工作经费。为19个行政村更新图书57000册，发放少儿版、成人版、报刊下载器电子图书设备，为19个行政村发放价值76万元音响设备。建立11个寺院书屋，累计发放图书12000册。在新城区群众文化体育馆举行文化展示中心启幕仪式，设置了文物、非遗、书法、纪念改革开放40周年系列图片展、健身房、室内羽毛球馆、室内乒乓球馆、室内排球馆、台球室等展厅对外免费开放。为丰富县城中心区干部群众的文化娱乐生活，在县影剧院、黄河源广场处设置图书室、体彩站、健身房等。

◆文化阵地建设 2018年，开展群艺活动，组织民间文艺团队和县歌舞团，通过文化三下乡和围绕“三讲四促”宣教工作开展巡回演出，协同县政策宣讲团巡回五乡一镇为期七天的10场次的演出活动，十九大和两会期间下乡开展慰问演出，赴五乡一镇为期五天的25场次的文化惠民演出活动。

◆履行政府公共服务职责 2018年，县委、县政府将全民健身工作纳入《曲麻莱县国民经济和社会发展“十三五”规划》，制定实施《曲麻莱县全民健身实施计划（2016—2020年）》，成立全民健身工作领导小组，由分管副县长任组长，加强全民健身工作的领导，按照《全民健身条例》规定保障经费投入，全力推进全民健身工作深入开展。

◆体育场地设施建设 2018年，全县有1个县级群众文化体育场馆，1个室内篮球场，19个行政村100平方米的业务用房，600平方米广场，投资300万元的约改镇11人制足球场，巴干乡11人制足球场，巴干乡灯光篮球场等的全民健身场地，全县体育健身场地面积达到10350平方米。

◆文物普查 2018年，积极承担普查职责，履行国有文物安全监管责任，加强文物申报工作力度，普查境内岩画、古遗址、古建筑等名录申报，均已完成测绘项目。发现岩画有15处，分别为曲麻河乡6处，秋智乡1处，约改镇6处，巴干乡2处。古遗址、古建筑分别为巴干寺古遗址8处，古建筑4处；夏日寺古遗址9处，古建筑3处；江荣寺古遗址2处，古建筑1处；麻多乡古遗址1处。

◆非物质文化遗产整理 2018年，开展游牧传统饮食、狩猎技艺、布久服饰等非物质文化遗产项目整理搜集工作。10月中旬，举办50人次的非物质文化遗产吾嘎等（手工编织）技艺培训班。深度挖掘各类非遗文化，为传承弘扬民族优秀文化，积极推进文化建设工作，大力聚集社会各方力量，举办首届非遗类文化演出比赛，取得较好的社会效益。

◆文化市场稽查 2018年，为净化文化市场，确保市场管理不失控，无死角、无盲区，促进文化旅游行业健康发展，提升文化旅游市场从业者的安全意识，成立文化市场稽查工作领导小组，并下设办公室，组建文化执法大队。年内开展25次的专项集中整治活动，完成文化市场执法数据、文化市场统计、总结等上报任务，建立健全文化市场统计档案。

◆文化市场管理 2018年，采取专项整治和各部门联合稽查等方式，日常及敏感期间，为文化市场的安全稳定，积极开展文化市场各领域执法活动，统一安排部署、动员五乡一镇综合文化站，联合乡镇派出所，清查乡镇文化市场。并召开文化市场及黑锅整治专项行动部署会议及农牧民法制宣传教育，采取全面行动、全民参与，有效打击非法经营行为。全县文化市场执法机构共出动执法人员98人次，对约改镇境内所有市场音像店铺、商铺进行了突击检查，共检查商铺店面40余家，网吧4家，1宾馆5家。开展文化市场管理稽查活动19次，并责令整改无证违规盈利性演出活动1期。并积极完成文化市场执法数据、文化市场统计、信息等上报工作。

◆“扫黄打非” 2018年，制订扫黄打非工作计划及专项行动方案，做到年初有安排、年中有督查、年底有总结。年底开展专项整治行动共5次，协同工商、公安、宣传、发改等部门联合执法检查6次，共缴获并销毁1000张盗版光碟，下达整改意见建议5条。

◆生态文化旅游节 2018年，为大力宣传县域景点文化，会同州旅游局和巴干乡党委政府、巴干寺开展中国青海玉树尕朵觉悟徒步转山节，青海玉树曲麻莱第三届格萨尔王赛马节和游牧生态文化旅游节等节庆活动。全年旅游总投资为500万元，并举办游牧文化节庆、迎国庆等中共十九大系列文艺活动。

◆旅游产品推介 2018年，积极开展组织县歌舞团赴州参加2018年虫草展销会，并积极推介和宣传旅游产品，进一步对外展示、营销旅游纪念文化产品，大力研发推广一些具有黄河源头特色文化内涵的旅游纪念品、工艺品等，并在星球地图出版社出版的第一版旅游交通图册《大美青海》版面中刊登《生态曲麻莱·醉美黄河源》宣传一栏。

◆旅游执法 2018年，成立旅游市场秩序专项整治督查领导小组、旅游安全领导小组，建立台账，制定旅游市场检查工作规范、制定旅游市场检查制度、旅游安全管理制度、旅游项目矛盾纠纷排查进行记录、旅游投诉处理实施办法、制定旅游“春潮”行动方案、转发旅游产业大会系列配套活动的通知等方案。对乡村接待点、对景区景点、旅行社、旅游购物店、社会宾馆等进行检查登记。并由州县旅游局同步开展对母亲河宾馆进行初级评定三星级宾馆，编制完成初评整改意见反馈表的填写。年内分别为旅游市场秩序安全隐患市场排查、旅游购物场所、乡村接待点、涉旅宾馆、旅行社、旅游景区等，开展市场执法余10次。

◆新闻制作播出 2018年，县广播电视台向州台传输新闻91条，州台采集播出79条。

黄河文化调研座谈会

◆调频广播运行 2018年，在原有调频广播基础上增设数字音频广播，数字音频广播于11月1日开始实施初验工程，并于11月2日完成初步验收第一个发射机，在青海藏语CDR青海交通、青海经济、青海综合（数模同播）；第二个发射机FM青海综合CDR青海藏语、本地数字音频（数模同播）。94.0频率转播青海综合，102.8频率转播青海藏语。

◆广电项目 2018年4月，中央广播电视节目无线数字化覆盖工程已在验收完成，机顶盒完成安装投入使用。

◆工作亮点 2018年，为使每一位电视台职工传承和发扬老一辈新闻人敢于奉献、敢为人先的精神，县广播电视台妥善保管老一辈宣传工作人留下的各类设备，并于11月底建成广电纪念设备专项革命历史展览室。

◆文化旅游专项活动 2018年，开启中国母亲公路黄河寻根溯源之旅，在黄河源头约古宗列曲举办78人膜拜黄河源头仪式，并由州旅游局、县委、县人民政府主办的中国·青海·玉树·曲麻莱县黄河源头举行第三届格萨尔王赛马文化旅游节、在约改镇举办第三届游牧生态文化旅游节，并体验游牧生产生活，进而彰显了特有的赛牛节游牧人的赛牛风格，赋予更加丰富的历史背景和高度坚定的文化自信。以"两学一做"教育常态化，开展丰富多彩的主题教育活动，主要内容有：2月举行曲麻莱县2018年土狗年藏历新年文艺晚会；5月举行曲麻莱县迎"五一""五四"和母亲节系列活动；6月举行曲麻莱县首届文化领域调研交流会；7月开展"两学一做强素质、唱响时代颂党情"为主题纪念建党97周年歌咏比赛；10月举行曲麻莱县"欢度中秋喜迎国庆"竞技趣味系列活动；11月举行中国·玉树·曲麻莱第二届黄河源游牧文化旅游节，并体验游牧文化区。

◆体育旅游融合 2018年1月份，通过元旦、迎春文艺演出，举办锅庄、伊舞等文体活动；2月份，巴干寺举办每年一度"溜冰节"活动；8月7日，在约改镇11人制足球场内举办"江源杯"足球赛；8月19日，举行第二十一届"江源杯"篮球赛；9月1日，举办"河源杯"篮球赛；发布尕朵觉悟转山路线，为探索"体育+文化+旅游"融为一体的发展路径，特色旅游发展已成为全县新的经济增长点。

（县文体广电旅游局供稿）

曲麻莱县2018年旅游统计表

表19

指标名称	单位	2018年	2017年	±%
接待国内外游客人数	人次	39996	32143	24%
旅游综合收入	万元	2599.74	2085.85	24%

注：此表由县文体广电旅游局提供。

气　象

◆综述 2018年，县气象局全面提高业务质量与服务质量，进一步加强地方气象事业建设，不断提高防灾减灾水平，全年各项工作取得新的进展，为全县经济发展和社会进步做出了积极贡献。

◆党建工作 2018年，认真贯彻落实基层党组织建设责任制目标要求，认真落实"三会一课"制度，党支部议事规则、党务公开、党员联系和服务群众等制度。认真开展"不忘初心、牢记使命"主体教育，继续推进"两学一做"学习教育常态化、制度化，组织开展践行社会主义核心价值观教育活动。年内发展党员3名，预备党员2名，入党积极分子2名。

◆气象观测 2018年，采取有效措施，确保各项业务稳定运行。地面测报错情率为0.08‰，土壤水分自动站、牧气与生态基数错情率0.0‰，各类资料传输时效均达到指标。

◆公共气象服务 2018年，进一步加强公共气象服务的决策指导作用。本年度，共发布各类气象信息服务材料50余份，通过决策预警平台、手机短信、微信、纸质产品制作等手段发布雨情、灾情信息及转折性天气预警预报信息80份，接收人数3.8万人次，年初制作《2017年曲麻莱县气候公报》。积极开展天气联防联报，与州气象台及上下游气象台站积极开展联防联报，适时发布曲麻莱县暴雪、道路结冰、森林草原火险、暴雨等多种灾害性天气预警信号。

◆气象防灾减灾 2018年，积极推进将气象防灾减灾工作纳入政府管理，将气象灾害防御责任目标纳入县政府改善民生年度目标考核中，考核涉及气象经费投入、防雷安全监管、信息员队伍建设等方面内容。开展气象科普宣传工作。"3·23"世界气象日、"5·12"防灾减灾日期间，悬挂主题宣传标语条幅3条，发放《气象防灾减灾科普手册》等宣传资料500余册，展出气象灾害防御知识展板5块。依托2017年"三农"建设项目，增加了多秀村6要素区域站，建设曲麻河乡、约改镇气象信息服务站，对全县的86名气象协理员、气象信息员进行了培训等，均取得良好效果。

◆民族团结进步创建 2018年，深入开展民族团结创建活动，更好地发挥政府部门职能优势，以建设牧业合作社为突破口，把民族团结进步创建工作有机地融入气象事业中去，贯穿于全局各项工作之中，建立牧业增效、牧民增收长效机制。

◆防雷安全检查 2018年5月初和9月中旬，两次开展安全大检查活动，排除安全隐患，保障全局安全。对全县21家加油站、加气站进行防雷安安全检查、监督，并联合州法规科、县消防支队、县安监局等单位开展了联合执法。并在安全生产月、防灾减灾日积极开展安全知识宣传活动。

◆精神文明建设 2018年，在三八妇女节、五一劳动节、国庆节等重要节日，组织全体职工积极开展文体娱乐活动。开设道德讲堂，认真学习贯彻社会主义核心价值观，从各方面提升职工工作积极性和精神面貌。按照县委组织部的要求，开展"认亲结对"活动，助力全县精准扶贫工作。

◆财务管理 2018年，严格执行"三人决策"、大额资金申报制度，"一把手"不分管财务制度，财务支出审核制度。严格落实财务风险防控制度，规范财务流程。本年度对往年的财务进行彻底整改，及时解决发现的问题，年内未发生任何财务违规事件。

◆规范管理年活动 2018年，本年度结合州局的各项规章制度，认真落实州局《继续开展"规范管理年活动"的实施方案》，针对县气象局存在的问题进行了再排查再整改，从思想上解决职工的麻痹思想。同时加大监管力度，查处违反"管理年活动"事件1起。

◆人才培养 2018年，派干部到西宁参加干部培训，培训8人次，派干部赴北京顺义区党校党务能力培训1人次，业务上岗培训1人次，有效提高了职工的工作水平和能力。 （县气象局供稿）

平安曲麻莱建设

PingAn QuMaLai JianShe

政　法

◆**综述**　2018年，县政法综治维稳和扫黑除恶工作坚持以习近平新时代中国特色社会主义思想为指导，深入学习贯彻中共十九大、省州县委会议精神，不断增强“四个意识”，进一步坚定“四个自信”，始终坚持“三个一以贯之”，牢固树立党对政法综治维稳工作的绝对领导理念，以稳中求进的工作总基调，以防节点、防突发、防未见为着力点，以提升政法引领能力为牵引，以深入推进“两反四防”为重点，以创新社会治理为主线，以扫黑除恶为抓手，进一步统一思想，理清思路，强化措施，落实责任，以改革创新的新精神持续推动政法综治维稳工作新局面。

◆**政法队伍建设**　2018年，为进一步抓好政法系统作风建设，积极引导全县政法干警深入开展习近平新时代中国特色社会主义思想大学习，在学懂、弄通、做实上下功夫，在全县政法系统认真开展了习近平新时代中国特色社会主义思想学习研讨活动，推进政法工作理念思路、体制机制、方法手段创新，提高分析解决实际问题的能力。严格落实中央《关于认真学习贯彻〈政法机关党组织向党委请示报告重大事项规定〉的通知》要求，确保党管政法原则落到实处，年内共向党委请示重大事项20余次，确保政法工作向党委报告制度的有效落实。积极推动政法工作智能化建设，配齐配全政法专网硬件设施，及时安排人员参加专网功能操作及运用培训学习，积极配合省州做好政法委与政法各部门间的设施联通、网络畅通、平台贯通、数据融通工作。召集全县政法系统副科以上领导干部召开党的政治建设座谈会，将政治建设工作贯穿到各项工作中，确保了政法系统党的政治建设工作措施的有效落实。

◆**党风廉政建设**　2018年，根据党风廉政目标责任书，逐项进行分解与政法系统各部门签订目标责任书，年内政法委多次赴公安、法院、检察院、司法局检查督导考勤制度、岗位责任制度、党风廉政建设等各项制度的落实情况，政法系统领导干部思想观念进一步转变，工作作风得到明显改善，人民群众幸福感、满意度不断提高，赢得了广大干部群众的一致好评。经调查分析，2018年90%以上群众对社会治安状况表示满意，较去年同比提升20%。

◆**法学工作**　2018年，高度重视法学会工作，根据省州部署，认真开展法学会各项工作。根据州法学会关于成立法学会党组的有关要求，县法学会党组设党组书记1名，党组成员2名。结合实际，及时制定下发《曲麻莱县法学工作要点》《曲麻莱县法学会2018年度工作考核细则》，同时将法学会建设工作纳入到综治（平安建设）年度考核指标，强化考核工作。认真开展“双百”法治宣讲和青年普法志愿者法治文化基层行活动，坚持法治宣讲进党委理论学习中心组、进党政机关、进政法部门、进校园的要求，1场报告会纳入党委理论学习中心组计划，在党政机关、政法部门和学校为领导干部开展专题讲座及培训10余期，受训人数达到420人次。在办好活动的同时，积极扩大宣讲活动的受众面和影响范围，充分利用微信公众平台、信息简报等媒介做好法治宣传报道工作。积极充实法学队伍，严把入会关，严格会员入会门槛，明确要求推选符合要求的人才入会，努力把在社会上有较大影响的专家学者吸收到法学会中来，全年吸收10人加入县法学会。2018年，全县法学会会员共有34人，法学会人员结构进一步优化，队伍得到不断壮大，法学会队伍的壮大为全县提供了充足的法治人员保证。

◆**依法治县**　2018年，把学习宣传和贯彻实施宪法工作作为各项工作开展的前置条件，深入学习贯彻《中华人民共和国宪法》，在全县范围内开展了在生活中尊崇宪法，在工作中遵守宪法，在执法中普及宪法的各类主题活动，运用宪法解决工作中遇到的各种难点、问题，积极维护宪法权威。

◆**法治政府建设**　2018年，认真贯彻落实《中国共产党地方委员会工作条例》《中国共产党党组工作条例（试行）》规定，不断加强和改进党的地方委员会工作，促进党委和党组工作的科学性、规范化水平，不断提升党委、党组依法办事的能力，在开展各项工作时积极研究是否与宪法和其他相关法律法规相违背，不断提升依法执政水平，进一步完善党委领导法治建设工作机制和程序，充分发挥党委在推进法治曲麻莱建设中的总揽全局、协调各方的领导核心作用，切实提升依法治县工作水平。深入贯彻落实省、州法治政府建设实施方案，成立了以县政府主要领导为组长的法治政府建设领导机构，制定了《曲麻莱县法治政府建设工作计划》，进一步推进政府职能转变，精简审批事项，完善方便高效的行政审批程序，推进行政审批事项“接、放、管”工作。进一步深化行政审批制度改革，规范行政审批行为，加强监督管理。进一步完善依法行政决策机制，严格执行《曲麻莱县重大行政决策程序规定》和决策事项公众参与、专家论证、合法性审查、集体讨论制度，进一步健全依法决策机制《印发了曲麻莱县政府办公室关于曲麻莱县行政规范性文件制定管理办法的通知》，围绕县委、县政府重大决策部署和深化改革重点任务，推进深化改革、社会治理创新、保障民生和环境保护等领域重点做好执法和审查工作，严格规范性文件制定程序，加强规范性文件合法性审查、异议审查制度，做好规章和规范性文件清理工作。年内，全县共计清理2016—2018年规范性文件29份，其中废止4份、保留7份、拟保留7份。提高法治思维和依法执政能力，举办法治专题培训班和法治专题讲座10余次，行政机关工作人员受训400余人，领导干部用法意识得到明显提升。

◆法制宣传 2018年，加大宣传力度，普及法律知识，结合“三讲四促”“扫黑除恶”“综治宣传月”“民族团结进步宣传月”等活动，利用人员集中的有利契机，在各阶段，组织工作人员深入基层扎实开展“法律七进”工作，开展以“弘扬宪法精神，提高宪政能力”为主题的“法律进机关”法治宣传活动2次；以“增进民族团结、构建和谐社会、促进经济发展”为主题的“法律进乡村”活动5次；以“深化扫黑除恶行动，弘扬正气，维护稳定”为主题的“法律进寺院”法治宣传活动3次；以“加大青少年法治教育，维护青少年合法权益”为主题的“法律进学校”法治宣传活动3次；以“加大法治宣传教育力度，提高社区居民学法意识”为主题的“法律进社区”活动2次；以“推进安全发展，增进人民福祉”为主题的“法律进工地”活动1次；以“安全生产月”为契机，深入县城各市场开展的“法律进市场”活动1次，解答法律咨询人数达1000余人，向基层牧民群众和寺院僧侣发放国家惠民政策和《中华人民共和国宪法(修正版)》《公务员法学读本》《草原生态环境保护法律知识读本》《七五普法读本》《中华人民共和国国家安全法》等各类藏汉法治资料近50000余本册。2018年，全县开展普法宣传活动达百余次，平均每月开展一次普法宣传教育活动。

◆法律援助 2018年，积极向牧民群众提供优质法律服务，保障公民权益。2018年，县法律援助中心共接受当事人申请20余件，受援人数40余人，免费代写法律文书20余份，办理公证50余件，满足了全县各民族群众的法需求。积极建立普法责任制联席会议制度，认真落实部门普法责任清单，同时我县将德治与法治工作有效结合，结合“曲麻莱好人”等活动树立先进典型和模范榜样，实现了法治和德治教育的同步推进。扎实推进法治文化阵地建设，精心打造曲麻莱法治文化广场升级版，投资31万余元，在县城黄河源广场制作大小型法治宣传栏21块。

◆司法体制改革 2018年，全面推进司法体制改革工作，进一步提高司法质量、效率和司法公信力，积极建立完善法官、检察官员额管理制度，深化刑事诉讼制度改革，不断改进执法方式，加强执法规范化建设。投入资金136万元，建成标准化、规范化的执法办案中心、涉案财物管理中心，同时大力推进派出所功能区建设和执法场所正规化建设，安装了同步录音录像系统，建立健全了有关管理制度。严格落实领导干部干预司法活动、插手具体案件处理记录、通报和责任追究制度。

◆综合治理 2018年，高度重视综治工作，县综治办认真落实各项工作措施，及时安排部署，抓好具体落实。为扎实、科学、高效的做好全县综治(平安建设)工作，多次召开会议强调和安排部署，举全县之力，狠抓综治平安建设，于3月和5月分别召开部门(政法)工作会议和综治工作会议，就2018年全县政法综治(平安建设)工作进行具体安排和详细部署，进一步细化、分解目标责任，制定《2018年综治暨平安建设工作目标责任书》，与全县50余个县直单位和五乡一镇签订了目标责任书，印发了《2018年政法工作要点》《2018年综治工作要点》，层层落实综治平安建设工作责任。

◆矛盾调处 2018年，继承优秀的矛盾调处方式，在原来的基础上积极创新，积极培育推广曲麻莱式“枫桥经验”，不断加强涉及生态保护、劳资关系、草山纠纷等领域行业性、专业性调解组织建设。积极构建多元化纠纷解决体系，推进自治、法治、德治相结合的城乡基层治理体系建设，坚持“小事不出村、大事不出乡、矛盾不上交、就地化解”的调处方式。通过面对面了解，深入乡镇排查，每月固定协调等方式认真开展矛盾纠纷调处工作。约改镇黄河社区警务室建立的矛盾纠纷调处机制，整个社区矛盾纠纷发生率逐年降低。同时为了进一步做好矛盾顽疾草山纠纷的调处工作，县委、县政府专门成立草山纠纷调处工作领导小组，并在全县范围内确定了5起典型纠纷，于10月15日召开会议进行专题部署，自10月17日开始工作组连续深入乡镇专门开展调查和调处工作。通过矛盾纠纷攻坚行动，截至10月底，全县共计排查出矛盾纠纷109起，调处成功101起，全县矛盾纠纷调处率始终保持在92%以上。

◆社会治安综合整治 2018年，以“扫黑除恶”专项斗争为契机，严打严防各类违法犯罪活动。年内，公安部门共立各类刑事案件42起，破36起，共抓获犯罪嫌疑人22名，其中：逮捕11人，起诉11人；抓获网上在逃嫌疑人2人；共受理治安案件43起，调解案件25起，办理求助29起；召开分析研判会议10次，开展法制宣传19场次，发放宣传册15000余份，录入扫黑除恶线索15条，约谈19人，公示涉黑恶线索举报电话4部。组织开展“黄赌毒”问题集中整治行动，对辖区娱乐场所、旅店、赌博窝点大力开展清理整治，共查处赌博案件11起，捣毁赌博窝点5处，抓获、处置违法行为人99人，收缴赌具22副，收缴赌资12508元，全县无涉黄、涉毒现象。大力开展缉枪治爆专项行动，共缴获各类枪支40支，子弹2686发，管制刀具132把、打狗棒30个，雷管95枚，导火索78米，炸药28公斤，弓弩1支，召开专项行动部署会议4次，开展专项宣传36次，发放宣传册14200余份，宣传单5400张，签订无枪承诺书4800余户，防止了各类重大安全事故和治安事件的发生。

◆学校周边治安秩序整治 2018年，通过深入推进学校警务工作，召开多部门联席会议，开展多部门联合整治等措施，建立和完善了全县校园周边秩序安全长效机制，加大校园安全的保卫力度，联合开展校园周边大检查大整治9次。

◆流动人口和出租房屋管理 2018年，共排查登记流动（暂住）人员3100人次，暂住人口324人，寄住19人，核签452人，办理居住证40份，签订房屋租赁合同18份，登记出租房屋18个，承租人信息32条。

◆第二代身份证办理 2018年，办理二代指纹身份证1608张，临时身份证406张。

◆车辆管理 2018年。完成机动车驾驶证C1证考试600余人次，47人通过C1证考试；发放农村面包车逾期未检告知书300余份。

县委常委、政法委书记索南扎西，副县长、公安局长尕桑深入看守所督导检查

◆出入境管理 2018年，受理业务10项（港澳通行证4个、泰国旅游5个、沙特旅游1个），办理入藏通行证203人，审查登记外国人9人，编写外管信息4期。

◆监管场所安全管理 2018年，看守所、行政拘留所始终坚持“依法、严格、科学、文明、人性化”的原则，确保监管场所的安全。“两所”共收押各类违法人员40名,其中:刑拘9名,异地代押18人,未发生在押人员、行拘人员和留置人员自杀、自残等责任事故。

◆社会面巡逻管控 2018年,推行"警情导巡、多警联巡、领导带班巡"模式,联合开展徒步、自行车、警车巡逻,切实加强对重点场所、重点区域、易发案地区、路段和易发案时段的巡逻防控,提高见警率、管事率、抓现率,治安、刑事发案量同比下降。

◆雪亮工程 2018年,大力推进雪亮工程建设,建成覆盖城区主要路口、重点区域的监控探头161个(其中球机47部;枪机109部;治安交通卡口3套;180度全景拼接监控2个),并投入使用。

◆道路交通管理 2018年,加强道路交通管理,全年共发生道路交通事故28起,一般交通事故3起,简易交通事故25起,与上年同期相比,交通事故同比下降10%,简易交通事故下降3%。检查登记机动车辆1900余辆次,驾驶员1450余人次,查处各类违章115起,批评教育370人次,收缴无牌无证车辆8辆。

◆虫草采集管理 2018年,虫草采挖期间,加强道路交通安全管理,强化交易市场巡查监管力度,规范市场经营秩序,加强社会治安管理,切实防止发生刑事治安案件和群体性事件。组织召开虫草采集工作专题会议,安排部署虫草采集管理工作,下发了《关于进一步做好虫草采集期间维护社会稳定工作的通知》,并与各乡镇签订2018年虫草采集工作目标责任书。结合扫黑除恶专项斗争和精准扶贫干部下乡的契机,组织政法各部门深入约改镇和巴干乡两个虫草主产区组织开展2018年平安曲麻莱建设宣传活动,发放宣传资料,为虫草采集管理工作打下良好的法制基础。期间,县委、政府主要领导多次深入虫草产区督导检查维稳工作,及时排除各类不稳定隐患。加大对县城主要道路出入口,虫草采挖点设置治安维稳卡点,对来往车辆和外来人员进行逐一登记检查,切实做好源头管控,将不稳定因素及时遏制。

◆值班备勤 2018年,自春季维稳工作开展以来,全县各单位、部门牢固树立"维稳工作无小事"的思想,紧绷维稳这根弦,在"两节""两会""3·14"等各重要节点和会议期间坚持维稳值班和领导带班制,主要领导无特殊情况必须无条件在岗,看好自己的门,管好自己的人。同时制定完善各重要节点和重大会议期间维稳应急预案,建立责任追究机制,对工作认识不到位、措施落实不力、职责履行不到位,导致事态恶化、扩大和出现瞒报、漏报、误报的严肃追究相关责任人和单位"一把手"的责任。

◆寺院管理 2018年,加大村寺并联治理升级工作,围绕州委《关于开展村寺并联治理的意见》提出的"八个并联"和"六项载体",着力推进示范典型打造和巩固提升工作,印发了《曲麻莱县强村带寺双十方案》,为做好村寺并联治理工作提供了方向,全县各寺院严格落实寺院包干责任制,加强对非法出境回流人员、寺院清退僧尼、还俗僧尼、云游僧尼等人员的管理。

◆扫黑除恶 2018年,自中央省州开展扫黑除恶专项斗争工作以来,曲麻莱县高度重视,认真贯彻,及时安排,为了确保中央和省州扫黑除恶专项斗争具体要求得到有效贯彻和全县扫黑除恶专项斗争取得实效,县委、县政府高度重视,召开专题会议,专门安排部署全县扫黑除恶工作。会上对全县涉黑涉恶问题进行了专门研究和具体部署,为扫黑除恶专项斗争奠定了良好的思想基础。同时为了确保整个扫黑除恶专项斗争工作能够统一安排、统一指挥,成立了以县委副书记为组长的扫黑除恶专项斗争工作领导小组,并对组织机构进行了细化,成立了专项行动组、宣传教育引导组、监督执纪问责组、基层组织建设组、综合整治组和巡视督导组等多个专门小组,每个小组都由县级领导担任组长。为了确保专项斗争的持续深入推进,县委、县政府研究制定并印发《扫黑除恶专项斗争实施方案》和《开展扫黑除恶专项斗争加强基层组织建设工作方案》,县纪委印发了《关于在扫黑除恶专项斗争中强化监督执纪问责的实施方案》等一系列文件,并将扫黑除恶专项斗争工作纳入综治维稳考核目标,对整体工作提出明确目标和要求,政法委积极协调组织、纪监、宣传和政法各部门召开会议10余次专门进行研究部署,全县各乡镇和部门积极创新工作方式，专项斗争持续推进。

◆**线索收集** 2018年，根据专项斗争方案要求，充分运用微信宣传平台、开展示警演练等多种形式，重点在做好宣传、摸排线索和动员群众上下功夫，利用国家安全日、综治宣传月、民族团结进步宣传月等契机加强扫黑除恶宣传工作，为将扫黑除恶相关精神和内容传达到基层，全县利用虫草采集期产区人员集中的这一特点安排政法各部门深入开展扫黑除恶专项斗争宣传活动。为进一步提高广大政法干部和群众对扫黑除恶工作的思想认识和参与力度。5月，曲麻莱县深入虫草产区开展曲麻莱县"扫黑除恶"专项斗争示警演练活动及法治宣传动员大会，县委、县人大、县政府、县政协、国家公园曲麻莱管理处在县级领导、政法各部门、各相关单位负责人和虫草产区近百人参加了示警演练动员大会，并组成示警演练和法治宣讲队伍深入约改镇和巴干乡开展示警演练和宣传活动。期间出动政法干警96人，车辆40辆，发放法治、民族宗教及扫黑除恶相关资料近5000余份，制作藏汉双语宣传标语横幅12条，现场讲解、回答群众提问120余人次，公示涉黑恶线索举报电话5部。积极摸排线索，发动群众参与扫黑除恶专项斗争，县政法委积极创新宣传方式，制作《县扫黑除恶专项斗争涉黑恶线索摸排调查问卷》，在发放宣传资料的同时通过问卷形式宣传和摸排涉黑线索，动员广大人民群众积极参与扫黑除恶专项斗争，鼓励牧民群众主动检举揭发身边黑恶势力和治安乱点线索，既宣传了扫黑除恶相关内容，又摸排了线索。

◆**督导工作** 2018年，为确保扫黑除恶各项措施得到有效落实，县政法委、扫黑办以及各督导组深入各乡镇开展督导工作，督导工作覆盖全县五乡一镇，开展检查督导共计10次。同时为了进一步强化对扫黑除恶工作的有效落实，定期听取乡镇和公安部门开展扫黑除恶斗争工作汇报，确保了扫黑除恶工作各项措施的有效落实。

◆**扫黑除恶宣传** 2018年，开展扫黑除恶专项斗争宣传近百次，发放宣传册20000余份，宣传单10000余张，发放线索调查问卷3000余份，公示涉黑恶线索举报电话5部，电子邮箱2个，全县社会治安形势进一步好转，群众安全感、满意度明显提升。

（县委政法委供稿）

公　　安

◆**综述** 2018年，全县公安机关在中共十九大精神和习近平总书记新时代中国特色社会主义思想指引下，在县委、县政府和州公安局的坚强领导下，牢牢把握对党忠诚、服务人民、执法公正、纪律严明"十六字"总要求，认真贯彻落实省州县党委政府、省州公安机关系列重要部署，切实增强"四个意识"，坚持"四个自信"、推进"四个转变"，准确把握曲麻莱县经济社会发展和公安工作所处的历史方位，不忘初心、牢记使命，忠诚履职、砥砺奋进，聚焦风险防控、坚持改革创新，强化问题导向、着力补齐短板，突出工作重点、狠抓措施落实，为全县营造了更加安全稳固的政治环境、安定有序的社会环境、公平正义的法治环境和优质高效的服务环境。

◆**社情预警工作** 2018年，强化情报工作，及时了解掌握社情动态，积极获取深层次预警性情报，提高发现、控制能力。同时，继续落实情报研判工作机制，及时做出客观、准确、全面的评估，为党委、政府决策提供有力依据。年内上报情报信息研判10期。

◆**矛盾纠纷排查** 2018年，抓好矛盾纠纷排查化解工作，全面加强资源开采、探矿、盗采砂金、草山纠纷等突出问题，并及时妥善地做好化解工作，最大限度地将各类矛盾纠纷治理在了源头，化解在了初始阶段，防止其碰头叠加、交叉感染、蔓延升级，共排查化解矛盾纠纷14件，调处13件，调处率92.8%。

◆**应急处突能力提升** 2018年，为进一步完善应急处置预案，提高应急处置水平，县公安部门共组织开展了应急演练、群体事件应急演练各1次，举办民警、辅警、村警警务实战培训班4期，极大地提升了应急处置能力。

◆**安保工作**　2018年，认真履职，圆满完成“春节”“元宵”“两会”、3月敏感期、虫草采挖期、各类法会、赛马会、文化旅游节、中秋、国庆等期间的安保工作任务和10余次参观考察等警卫任务。全年未发生影响社会稳定的事件和有影响的重大案件。

“两节”安全检查

◆**严打整治工作**　2018年，以“扫黑除恶”专项斗争为契机，严打严防各类违法犯罪活动。全县共立各类刑事案件42起，破36起，共抓获犯罪嫌疑人22名，其中：逮捕11人，起诉11人；抓获网上在逃嫌疑人2人；共受理治安案件43起，调解案件25起，办理求助29起；召开扫黑除恶专项斗争专题会议12次，召开分析研判会议10次，开展法制宣传19场次，发放宣传册15000余份，发放调查问卷3000份，录入扫黑除恶线索15条，约谈19人，公示涉黑恶线索举报电话4部。

◆**缉枪治爆**　2018年，围绕“重点部位、重点对象、重点场所、重点物品”，组织警力深入辖区各乡镇开展宣传及排查工作，并全力收缴流散在社会上的危爆物品。期间，共缴获各类枪支40支，子弹2686发，管制刀具132把、打狗棒30个，雷管95枚，导火索78米，炸药28公斤，弓弩1支，召开专项行动部署会议4次，开展专项宣传36次，发放宣传册14200余份，宣传单5400张，签订无枪承诺书4800余户，防止了各类重大安全事故和治安事件的发生。

◆**整治“黄赌毒”**　2018年，组织开展了“黄赌毒”问题集中整治行动，对辖区娱乐场所、旅店、赌博窝点大力开展清理整治，共查处赌博案件11起，捣毁赌博窝点5处，抓获、处置违法行为人99人，收缴赌具22副，收缴赌资12508元，全县无涉黄、涉毒现象。

◆**学校周边治安整治**　2018年，通过深入推进学校警务工作、召开多部门联席会议、开展多部门联合整治等措施，建立和完善全县校园周边秩序安全长效机制，加大校园安全的保卫力度。年内联合开展大检查大整治9次。

◆**流动人口和出租房屋管理**　2018年，共排查登记流动（暂住）人员3100人次，暂住人口324人，寄住19人，核签452人，办理居住证40份，签订房屋租赁合同18份，登记出租房屋18个，承租人信息32条。

曲麻莱县2018年户籍人口统计表

表20　　　　计量单位：人

乡镇名称	总户数	年末总人口								
		合计	其中		性别		年龄			
			城镇人口	乡村人口	男	女	0～17岁	18～34岁	35～59岁	60岁及以上
总　计	11444	34066	5415	28651	17072	16994	12536	9816	8845	2967
约改镇	3768	9729	5415	4314	21893	4836	3090	2997	2737	948
巴干乡	1697	5641		5641	2803	2838	2194	1664	1355	441
秋智乡	1511	4714		4714	2337	2377	1838	1273	1233	398
叶格乡	1315	3850		3850	1946	1904	1470	1022	1034	330
麻多乡	1645	5505		5505	2773	2732	2208	1530	1354	424
曲麻河乡	1508	4627		4627	2320	2307	1736	1330	1132	426

开展联勤巡逻

◆**窗口服务** 2018年，户政窗口共办理二代指纹身份证1608张，临时身份证406张；车辆管理所完成机动车驾驶证C1证考试600余人次，47人通过C1证考试；发放农村面包车逾期未检告知书300余份；出入境管理大队受理业务10笔(港澳通行证4个、泰国旅游5个、沙特旅游1个)；入藏通行证203人；审查登记外国人9人；编写外管信息4期。

◆**监管场所安全管理** 2018年，看守所、行政拘留所始终坚持“依法、严格、科学、文明、人性化”的原则，确保了监管场所的安全。年内“两所”共收押各类违法人员40名，其中：刑拘9名；异地代押18人，未发生在押人员、行拘人员和留置人员自杀、自残等责任事故。

◆**社会面巡逻管控** 2018年，推行“警情导巡、多警联巡、局领导带班巡”模式，联合开展徒步、自行车、警车巡逻，切实加强对重点场所、重点区域、易发案地区、路段和易发案时段的巡逻防控，提高了见警率、管事率、抓现率，实现了治安、刑事发案数下降。

◆**治安视频监控系统建设** 2018年，全县已建覆盖城区主要路口、重点区域的监控探头161个(其中球机47部；枪机109部；治安交通卡口3套；180度全景拼接监控2个)，并已投入使用。

◆**执法办案场所建设** 2018年，积极争取资金支持，投入资金136万余元建成了标准化、规范化的执法办案中心、涉案财物管理中心，共建有候问室1间、询问室2间、讯问室1间、辨认室1间、信息采集室1间、人身检查和非涉案物品保管室1间、尿检室1间、监控室1间，值班室1间，同时大力推进了派出所功能区建设和执法场所正规化建设，安装了同步录音录像系统，建立健全了有关管理制度。

◆**道路交通管理** 2018年，全县发生道路交通事故28起，一般交通事故3起，简易交通事故25起，与去年同期相比，交通事故下降10%，简易交通事故下降3%。检查登记机动车辆1900余辆次、驾驶员1450余人次，查处各类违章115起，批评教育370人次，收缴无牌无证车辆8辆。

(县公安局供稿)

检　察

◆**综述** 2018年，县人民检察院在县委和省州检察院的正确领导、在县人大及其常委会的有力监督、县政府的大力支持、县政协的民主监督下，认真执行贯彻中共十九大和省委第十三届四次全会精神，紧紧围绕服务全县经济社会发展大局，充分发挥检察职能，忠实履行宪法和法律赋予的职责，各项检察工作取得新进展。

◆**打击刑事犯罪** 2018年，牢牢把握中央和省州级县委对维护国家安全和社会稳定新部署，积极投入扫黑除恶专项斗争，主动加强与公安、法院的沟通配合，强化提前介入快捕快诉机制，及时向县委和上级业务部门请示汇报，形成打击合力，对县境内发生的各类刑事犯罪始终保持高压态势，全面履行批捕、起诉职责。全年共受理公安机关提请批准逮捕案件23件29人，依法批准逮捕15件20人，不批准逮捕8件9人，其中依法批准逮捕涉恶案件1件4人。受理审查起诉案件23件26人，经审查依法起诉17件19人，不起诉3件4人，3件3人正在审查当中。提出量刑建议5件5人，法院均予采纳。同时始终将维护地区社会稳定，增强人民群众安全感作为首要职责，依法严厉打击各类刑事犯罪活动，把握打击重点，突出打击效果，达到良好的社会效果。结合全县实际，全力完成了全年各重要节点和虫草采挖期间维护稳定工作，为曲麻莱县经济发展和社会事业进步创造良好的社会环境。

◆刑事检察监督 2018年，完善刑事立案、侦查、审判、执行监督机制，落实人权法治保障要求，强化侦查活动监督，完善介入侦查、引导取证工作机制，依法履行诉讼监督职能，努力让人民群众在每一个司法案件中感受到公平正义。年内向县公安机关依法发出书面纠正违法通知书2份，已全部予以纠正回复。

◆全面贯彻宽严相济刑事政策 2018年，积极推进刑事和解、轻微刑事案件快速办理机制和非羁押诉讼制度。在依法从严打击严重刑事犯罪的同时，从有利于化解社会矛盾和维护社会和谐角度出发，对犯罪情节轻微、社会危害不大的人员依法从宽处理。全年对社会危害不大的轻微犯罪依法不批准逮捕8件9人，依法不起诉3件4人，有效减少了社会对立，取得了较好的社会效果。

◆刑事执行检察 2018年，加强超期羁押纠防工作，持续巩固久押不决案件清理纠正成果，落实和规范羁押必要性审查、强制医疗执行监督、财产刑执行监督等刑事执行监督职责的履行。年内共办理羁押必要性案件4人次。加强对监管场所的巡视，常态化开展监所检查，确保监管秩序稳定，维护在押人员合法权益，对发现的问题，及时向县公安局看守所提出4份检察建议，并及时整改回复，有效的消除了安全隐患。深入开展社区矫正监督工作，加强对社区矫正人员进行监督和管理，定期对社区矫正人员进行法制宣传教育。

◆民事检察 2018年，共办理州院转办民事行政监督案1件1人。深入开展公益诉讼工作，加强对社会公共利益的司法保护，围绕生态环境和资源保护、食品药品安全、国有财产保护、国有土地使用权出让等领域，年内对发现的县国土部门不依法履行监管职责，不及时追缴土地出让金，造成国有资产流失的等问题，在州院民行处的指导下，办理行政公益诉讼案件4件，发出诉前检察建议4份，并都已得到回复，有效地督促了行政履职，促进行政机关依法行政。

◆司法救助 2018年，认真贯彻落实全省检察机关控告申诉检察工作会议精神，严格依法办理各类控告申诉案件，提高对重大矛盾纠纷、突出信访问题的稳控力度，努力做好息诉罢访工作，未发生涉检赴省进京访案件。积极开展国家司法救助工作，运用检察办案国家司法救助职能，主动服务群众，依法对确有困难的刑事被害人提供救助，缓解刑事被害人家庭的生活困难状况。全年办理国家司法救助案件1件1人，发放救助金5万元。

◆生态检察 2018年，紧紧围绕省委“一优两高”战略部署，强化检察机关在保障生态安全中的责任担当，认真落实服务生态文明先行示范区建设的各项措施，不断增强服务的针对性和实效性。开展破坏环境资源犯罪专项立案监督及服务保障三江源国家公园建设专项检察活动，加大对破坏环境资源犯罪打击力度，加强生态检察工作，为建设好保护好三江源国家生态屏障提供有力的司法保障。

◆司法规范化建设 2018年，认真开展规范司法行为专项整治活动，在广泛征求意见的同时，以开展案件质量集中评查为重点，深入查摆剖析检察环节司法不规范问题，聚焦检察业务、瞄准司法办案，紧紧围绕重点部位和关键环节的突出问题持续深入开展“执法司法规范化强化年”活动，深入进行自我剖析，梳理存在的问题，集中整改解决了一批司法不规范“顽疾”，进一步提高检察队伍作风建设。

◆干部队伍建设 2018年，坚持以领导班子建设为向导，抓班子带队伍，有计划地加强对后备干部的理论培训和实践锻炼，突出加强选拔工作，抓好中层干部队伍组织建设，健全中层干部选拔机制，选派1名干警参加省检察院组织为期1年的藏汉双语法律培训。从优秀的中层干部中选拔领导干部，通过多次向县委、人大、组织部门汇报推荐。年内，提任1名副检察长和1名办公室主任，最大化地解决干警的职级待遇，极大地激发了干警工作热情，切实增强了检察干警的职业荣誉感。

（县人民检察院供稿）

法　院

综　述

◆概况　2018年，曲麻莱县人民法院应有编制21人，实有在编干警19人。内设机构：立案庭、综合审判庭、审判监督庭、执行局、曲麻河乡人民法庭、法警队、办公室、政策研究室、政工科等9个内设机构。

◆综述　2018年，在县委的坚强领导下、在县人大、县政协的依法监督和县政府大力支持以及上级法院的关心指导下，深入学习中共十九大会议精神和习近平总书记对新时代背景下依法治国的要求，以增强“四个意识”，坚定“四个自信”，坚持“三个一以贯之”为宗旨，坚持党对政法工作的绝对领导，坚持以人民为中心的发展思想，坚持稳中求进工作总基调，紧紧围绕打好三大攻坚战，以加强人权司法保障为切入点，以防控好各类风险为着力点，打造法院队伍智能化建设，深入推进平安曲麻莱、法治曲麻莱建设。2018年，共受理各类案件205件，结案186件，结案率为90.7%。其中1名法官被评定为“全省双语法官”，5名法官荣获最高人民法院授予的“天平奖”荣誉奖章。在全省法院2018年司法公开情况通报中，县法院的庭审直播公开率和两证录入率获得通报表扬。

◆刑事审判　2018年，在刑事审判中坚持宽严相济的原则，依法惩处了一批犯罪分子。全年共受理刑事案件19件，结案19件，结案率为100%。主要受理的案件类型为：盗窃罪5件、故意伤害罪7件、交通肇事罪3件、非法持有枪支弹药罪2件、妨碍公务罪1件、受贿罪1件。2018年，已判处犯罪分子21人，有力地震慑了犯罪分子。

◆民事审判　2018年，注重调判结合，促进社会和谐。全年共受理各类民商事案件103件，其中旧存2件，审结92件，未结11件，结案率为89.4%。近年来，民商事案件呈现出主体多元化、内容复杂化、冲突尖锐化、纠纷群体化、审理难度大等特点。为此，县法院坚持在查明事实、明辨是非的基础上，充分运用调解手段平息纠纷，将调解工作贯穿于民事诉讼全过程，努力做到简易案件快速调、复杂案件细心调、疑难案件耐心调。高度关注民生领域人民群众的新诉求，妥善处理婚姻家庭、借贷纠纷等涉民生案件，加大司法保护和救济力度，着眼于化解矛盾，促进和谐。

◆案件执行　2018年，共受理执行案件83件，其中旧存10件，执结75件，未结8件，执结率为90.4%，执行到位金额128.4万元。为积极完成“基本解决执行难”攻坚之年的工作目标，县人民法院攻坚克难，上下一心，不断加强执行工作，创新工作方法，在案件多、任务重、人员少、难度大的情况下，依法执结了大批案件，确保了“用两到三年时间基本解决执行难”工作目标的实现，顺利通过第三方评估，最大限度地维护了当事人的合法权益。对涉及困难群众切身利益和社会和社会安定的案件，优先执行；对有履行能力而拒不履行法定义务的被执行人，及时采取查封、冻结、扣押、司法拘留等强制执行措施予以执行；对某些容易引发社会矛盾的案件，执行人员在耐心细致地做好被执行人思想工作的基础上，依法执行。

◆扫黑除恶　2018年，高度重视扫黑除恶专项斗争工作，及时制定工作方案，成立领导小组，积极组织全体法官深入学习“两高两部”《关于办理黑恶势力犯罪案件若干问题的指导意见》和相关法律法规，确保依法、准确、有力惩处黑恶势力犯罪。将专项斗争与刑事诉讼制度改革结合，明确围绕扫黑除恶十类重点打击对象，确定打击重点，对检察院起诉的涉黑案件实行优先办理，结合刑事速裁和刑事认罪认罚从宽制度，依法从严、从快审理涉黑案件。通过扫黑除恶专项斗争的正面宣传，及时报送相关信息和简报，引导社会舆论，积极营造扫黑除恶的浓厚社会氛围。通过发放宣传手册、悬挂横幅等方式深入广泛宣传，在县委政法委的带领下，开展全县扫黑除恶巡演活动，巡演范围包括约改镇至巴干乡沿途的所有牧民群众，向全县群众发放相关宣传资料共1000余份，在长江村虫草产区悬挂横幅3条，设置依维柯流动宣传广播站1个，对扫黑除恶专项斗争工作的意义、打击重点进行宣传。并设置举报箱，张贴双语举报公告，公开举报电话。

◆双语立案诉讼服务　2018年，在双语诉讼便民服务工作中，加强双语诉讼服务中心建设。在立案窗口选派熟悉业务的民族干警积极主动的利用民族语言就有关举证指引、诉讼须知、风险告知等制度向群众开展诉讼指导，为当事人提供"一站式"的双语服务，扫除了群众诉讼语言障碍，进一步提升了人民法院立案信访窗口司法为民服务水平。保障当事人在庭审中使用本民族语言进行诉讼的权利，首次将"使用本民族语言进行诉讼"的权利在庭审诉讼权利义务告知中一并告知说明，切实保障当事人使用本民族语言参加诉讼的权利。规范双语庭审行为。县法院积极制作了双语庭审提纲模板，并鼓励法官用当地通用的藏语按照双语模板主持庭审，这样不仅规范了双语庭审程序，还提高了双语庭审质量。强化双语培训，终把培养藏汉双语法官作为一项重要工作来抓，积极选派干警、法官参加双语培训，组织双语庭审研讨会，就法律名词、语言表述进行讨论学习，提高双语庭审驾驭能力。制作双语裁判文书并向当事人进行双语送达，用双语办结案件192件，制作完成藏汉双语裁判文书93份，网上公开裁判文书112件，公开藏文裁判文书93件，公开率为100%；共录入电子卷宗205卷，归档案卷卷宗71卷；运用数字法庭办理案件34件，利用网络庭审直播34件。积极用藏文发布公告以及其他行政文件和工作简报，并在裁判文书公开网及县法院门户网站、微信公众平台上发布双语文书，百分之百的实现双语诉讼及双语办公的全覆盖。

◆巡回法庭 2018年，为切实解决与群众"最后一公里"问题，组织双语法官、书记员、执行员等专业人员深入全县各乡镇开展巡回法庭审判工作和送法下乡活动，巡回法庭采取庭审与法制宣传相结合的方式，在案发地及时准确处理矛盾纠纷，使当事人和参加旁听的牧民群众通过庭审和旁听受到很好的法制教育，达到审理一案、教育一片的效果。年内通过巡回法庭在曲麻河乡、麻多乡以及格尔木市昆仑民族文化村办理的案件50件。在巡回办案的过程中，积极开展法律宣传活动20余次，法制宣传咨询达400多人次，发放双语法治宣传手册1000多册，办案行程8000多公里，受益群众达100余人次。

◆来信来访 2018年，县法院努力做好涉法上访工作，在立案诉讼服务大厅设立了藏汉双语"导诉台"，负责处理群众来信和接待来访人员，还在信访接待室专门为来访群众增加了饮水、休息等设施。

◆司法救济 2018年，认真执行司法救济的规定，全年共为经济困难的当事人办理缓、减、免诉讼费案件22件，金额1.11万余元。

◆廉政教育 2018年，全面落实党风廉政建设责任制，层层签订了廉政建设和廉政警示教育，组织观看了廉政警示片《不一样的火焰》。制定《廉政风险防控制度》《干警廉政档案制度》等相关制度，在全院建立教育、制度、监督并重的惩治和预防腐败体系，构建"不愿为、不敢为、不能为、不必为"的廉政建设机制，确保党风廉政建设的顺利进行。

◆依法行政 2018年，曲麻莱法院不断强化服务意识，因地制宜地开展针对性服务，自觉接受来自社会各界监督，取得了良好的社会效果。积极主动地将法院工作的重大问题、重大案件等重要事项向人大及其常委会报告，自觉主动接受人大、政协的监督，认真落实人大代表提出的意见建议，制定分工方案，加强督查督办，依法接受检察机关诉讼监督。通过认真办理检察建议，积极配合检察机关履行诉讼监督职责，高度重视检察机关对生效裁判提起的抗诉，共同维护司法公正。

◆两学一做 2018年，深入开展"两学一做"学习教育常态化活动，丰富学习内容，除了学习党章、党规、习近平总书记系列重要讲话之外，加强对上级法院领导的讲话和相关具体的审判要求的学习，将"两学一做"学习教育常态化建设与法院执法办案工作相融合、与干警队伍建设相统一、与当前司法改革和精准扶贫相结合。

◆队伍建设 2018年，牢牢抓住司法公正、文明司法两个重点，积极培育先进法院文化。坚持把"两学一做"学习教育、党建工作融入到学习型法院的创建中，引导广大干警树立全员学习、终身学习的理念，明确学习任务，制定学习计划，丰富学习载体。院领导带头讲党课，提高干警思想政治素质和业务能力素质。鼓励干警参加更高层次的学历教育和司法考试，年内有1名干警通过了国家司法考试C证。实行纪律作风通报制度，对干警日常工作状态和遵守规章制度情况随时抽查，维护机关良好秩序。随案运行廉政监督卡，主动接受案件当事人对司法活动的监督。畅通沟通渠道，建立健全院领导联系干警、日常交流谈心制度，帮助干警解决工作和生活中的实际困难。每年组织一次全院干警健康体检，使干警及时了解自身健康状况。认真落实干部休假制度，鼓励干警休年假，不再限定休假时间。

（县人民法院供稿）

司法行政

◆概况　曲麻莱县司法局始建于1982年，位于曲麻莱县约改镇黄河路45号，是主管全县司法行政工作的县政府工作部门。局机关设办公室；下辖设县普法领导小组办公室、公证处、西康律师事务所、社区矫正和安置帮教办公室、法律援助中心、人民调解中心。核定行政编制14名，事业编制4名。现有公务员12名，事业单人员2名，工人1名，工勤人员1名，临聘人员7名。

◆法治宣传　2018年，共组织开展“法律七进”法治宣传活动24次。联合相关部门共开展5期培训班，培训人数达到420人次；刊登和转发相关法治信息80余次。

◆矛盾化解　2018年，以草山纠纷、土地承包、婚姻纠纷等当前突出影响稳定问题为重点，化解民间民间纠纷33件，共排查调处各类纠纷33起（经济纠纷8件、婚姻家庭纠纷10件、草山纠纷15件），纠纷受理率、调处率、调处成功率分别为98%、100%、98%。

◆社区矫正　2018年，举办社区矫正及安置帮教人员培训班4期。组织全体参训人员参加公益劳动在卫生责任区、黄河源广场、环城公路、珠姆河岸等地进行清扫白色垃圾公益劳动。同时，集中力量对全县社区矫正和安置帮教人员进行了全面的走访排查摸底，做到情况清楚，底数明确。

① ②
③

①领导调研
②普法考核验收
③法治进校园

◆**法援工作**　2018年，共接受当事人申请15件，受援人数28人，免费代写法律文书38份，共办理公证102件(含援助公证47件)。

◆**法律顾问工作**　2018年，研究制定了曲麻莱县《关于开展一村(社区)一法律顾问工作实施方案》，以采取“1+N”模式，将我县法律服务工作人员分别兼职各乡镇村(社区)法律顾问之职，建立健全了各项工作规章制度。同时，与乡镇村社负责人分别签订“一村(社区)一法律顾问”目标责任合同。

◆**法治文化广场**　2018年，对黄河源广场进行升级改造，建设成具有曲麻莱特色的法治文化广场，全面覆盖了依法治国论述、社会主义核心价值观、“七五”普法规划及综治平安建设、民族团结、党的基层建设等法治元素，打造曲麻莱县法治宣传教育和法治文化建设的亮点。　(县司法局供稿)

军　事

曲麻莱县人民武装部

◆**综述**　2018年，全面工作人武部坚持以习近平新时代中国特色社会主义思想为指导，深入贯彻习近平强军思想，按照省军区“抓党建、强备战、严落实”总体工作思路，忠诚职能使命，聚焦主责主业，以“缺氧不缺精神、海拔高标准更高”的工作劲头，在苦不言苦，苦干不苦熬，苦中求作为，苦中谋发展，扑下身子，真抓实干，各项工作迈上新台阶。

◆**政治强军**　2018年，紧紧围绕深入学习贯彻习近平新时代中国特色社会主义思想和习近平强军思想这个根本政治任务，不断夯实思想政治基础。以学习党的十九大、十九届二中、三中全会精神为引，以《习近平论强军兴军》《习近平强军思想学习纲要》和军委主席负责制为主要内容，采取“确定主题、授课辅导、集中学习、研究交流、理论考核”五步法，严格落实党委中心组带机关集体学习制度，着力在理论武装深入性、系统性上下功夫，切实打牢举旗铸魂的理论根基。根据上级统一部署，紧贴实际严密组织主题教育，广泛开展“忠诚使命、奉献高原、担当作为”讨论辨析活动，努力把“老高原精神”融入新时代干部血脉。特别是6月份以来，组织全体官兵认真学习习主席在全党深入开展“不忘初心，牢记使命”主题教育大会上的讲话和军委国防动员部主题教育部署会精神，参加省军区理论培训班，深入领会省军区关于主题教育的有关要求，不断提升认识起点，打牢搞好主题教育的思想基础。针对人武部调整改革以后新的体制编制，建立健全各级党组织，保证机构变化组织不散，人员变化先进性不褪。坚持每年围绕一个主题召开党委班子民主生活会，扎实抓好“三会一课”等制度落实，进一步正规和严肃党内政治生活，党委班子的凝聚力、战斗力不断增强。

◆**练兵备战**　2018年，深入贯彻中央军委军事工作会议和习主席训令，始终把备战打仗摆在中心位置，常抓不懈。在民兵队伍战斗力建设上，以高质量抓好民兵组织整顿和高标准抓好民兵军事训练为基点，精心筹划，实抓实备，成为我部抓军事工作的根本遵循。严格落实首长机关训练制度，结合任务，区分层次，突出重点。结合修订完善行动预案，修改编写训练教案，制定训练计划，以学代训、以工代训、以训强训。紧紧围绕“创建和谐曲麻莱，促进经济和国防建设协调发展”主题，积极探索民兵工作，在新老专武干部间开展“同开一次会、同谈一次心、同上一堂课、同

民兵整训

出一次操”的“四同”活动，通过言传身教、帮带引导、传授经验，不断提高专武干部能力水平。按照“任务牵引、规模适当、编组合理、结构优化”和“急时应急、战时应战、平战结合”的原则，进行民兵组织结构调整。对交通沿线和重点地区的民兵进行了“布局调整”，使民兵编配更加科学合理。扎实开展新大纲学习贯彻活动，全面推进按纲施训，按要求完成40个训练日、13个训练课目。依托新时代“民兵+”探索实践活动，每年组织基干民兵进行为期1个月的集中训练；在抓好专武干部和民兵教员集中培训的基础上，完成民兵分队入队训练、共同基础训练和任务行动训练，所训课目基本达到合格。定期开展军警民联合演练，累计出去民兵700余人次，配合公安、武警遂行“3·14”“6·4”“7·5”等敏感节点和虫草采挖季执勤巡逻。特别是年末曲麻莱发生60年不遇的特大雪灾后，人武部第一时间迅即反应，累计出用民兵450余人次，参与道路抢通、饲草发放、牲畜转场、灾民安置等救灾行动，受到地方党委政府和广大人民群众的充分肯定。

◆**国防动员** 2018年，着眼提升边远高原民族特殊地区国防动员体系建设质效，切实规范国防动员组织机构和工作正规运行机制。严格落实党管武装各项制度规定，会同地方党委每年安排县乡两级党政领导干部参加国防动员业务培训，灵活采取以会代训、定期汇报、编印送达学习资料等多种形式，不断增强基层党政领导和专武干部的国防意识，明确工作责任，熟悉有关要求，有效提升国防动员工作起点。严格落实党委议军会、国动委例会和第一书记现场办公等制度，主动对接上级军事动员需求，扎实开展国防动员潜力统计调查，完善兵要地志资料，建成全县退伍军人数据库，应急应战动员准备的底数更加清楚。扎实开展国防教育和征兵宣传，每年组织人员走村入户、上山入帐深入宣讲国防知识，大力提升民族群众国防观念。深入推行征兵“五率”量化考评，突出大学生征集、兵员质量和廉洁征兵重点，对符合条件预征对象实行一对一上门宣传发动，有效激发适龄青年参军热情，圆满完成兵役征集任务，连续11年无责任退兵。

◆**党风廉政** 2018年，认真贯彻习主席关于全面从严治党重要指示和中央军委党的建设会议精神，组织干部职工深入学习习主席在十九届中纪委二次、三次全体会议上的讲话，严密组织开展党纪教育，严肃落实党委领导上党课制度，干部职工政治意识和规矩意识进一步增强；全面彻底肃清郭徐房张流毒影响，人人撰写对照检查，人人做出书面承诺，认真清理涉郭涉徐资料信息，干部职工思想进一步纯净。坚决贯彻落实军委政法委和军纪委〔2017〕311号文件精神，划红线、亮底线，压实“两个责任”，层层传导压力，遵规守纪意识进一步强化。从严执行中央军委严禁违规宴请喝酒“十一条禁令”，人人在组织生活会上作出承诺，有效杜绝了违规喝酒问题。深入开展纠治和平积弊和整治形式主义、官僚主义，针对查找的12个方面具体问题制定了详细整改措施，分工负责强力推动问题解决，干部职工上下呈现风清气正的可喜局面。

“民兵+”表彰大会

◆**安全管理** 2018年，认真贯彻落实军委国防动员部《正规化建设标准》《安全工作检查考评暂行细则》等6个规范性文件和省军区“两个全面从严”会议精神，着力规范战备、训练、工作、生活秩序。定期不定期开展条令条例学习活动，修订完善《营区管理规定》《车辆管理规定》，强化干部、职工令行禁止、依法办事的行为自觉。

◆**干部管理** 2018年，坚持从军容风纪严起，从点滴养成抓起，落实外出请假、早晚点名、查铺查哨等规章制度，使干部职工始终处于组织管理之中、群众监督之下。坚持用周交班会、月办公会和党委会统筹工作，严格层级管理、按级负责，确保事事有人干、件件有着落、跟踪抓落实，人武部工作生活秩序有条不紊。着眼大事之年对安全稳定工作提出的特殊要求，紧盯政治性问题和事故案件防范，以人员思想引导、网络行为监管、重要场所严控为重点，以常态安全教育、落实安全制度、定期安全检查为抓手，采取“过筛子”的办法，建立台账、挂单销号、逐条整改。

◆联建共创 2018年，按照省军区关于开展“六联建”活动和扶贫帮困工作的指示要求，人武部先后与驻地3座寺院（仲晴寺、江荣寺、巴干寺）和1个贫困村（巴干乡通吉村）、1所敬老院（曲麻莱敬老院）和10户贫困户（巴干乡通吉村贫困户）、5名复退老兵、5名困难民兵建立挂钩帮带关系，广泛开展助学兴教、政策宣传、走访慰问、扶贫济困等活动。投入20万元，在巴干乡通吉村创建“纯净水”项目援助基金，3名团以上干部与贫困学生结成“手拉手、一帮一”帮扶对子。经过近3年的不懈努力，人武部帮扶的巴干乡通吉村已于去年底实现整村脱贫，人武部2名团职主官帮扶的2个贫困户已经脱贫。

（县人民武装部供稿）

武警曲麻莱县中队

◆综述 2018年，在支队、大队党委的正确领导下和机关各业务部门的正确指导下，坚持以习近平主席“强军目标”思想为统领，以“全员强根本，全面保中心，全时促稳定，全线打基础，全程搞保障”为工作思路，贯彻落实三级党委扩大会议精神，在经常性基础性工作落实上使长劲、求实效，较好地完成了上级交给的各项任务，部队建设呈现出全面发展、稳步上升的良好势头。

◆队伍建设 2018年，认真贯彻三级党委扩大会议精神，按照上级领导要求，以习主席一系列重要指示为依据，以“创先争优”活动为抓手，不断转变思想观念，从抓组织、抓管理、抓团结入手，加强“三个队伍”建设，中队整体建设不断提升。

◆按纲建队 2018年，中队党支部重点组织学习了十九大精神，确保官兵在大是大非问题上站稳正确立场，自觉在思想上政治上行动上与党中央、中央军委和习主席保持高度一致，确保不发生任何政治性问题。以三级党委扩大会议精神为指导，认真梳理中队工作特点和薄弱环节。特别是利用支队领导考帮建工作组蹲点之机，真诚向领导请教，虚心听取意见，不断改进工作作风，针对当前中队建设的优势和薄弱环节进行了深入细致的梳理分析，理清了工作思路，明确了建队方向。

◆支部班子建设 2018年，紧紧抓住党支部班子建设这个“龙头”，将“讲团结、谋事业”作为重点，练好把握方向、教育疏导、爱兵育人、依靠组织开展工作这四个基本功，持续开展好“尊干爱兵、兵兵友爱”活动；涉及到官兵考学、入党、选拔技术兵、参加预提指挥士官培训等敏感事务，支部在研究这些敏感问题时，主动征求意见发扬民主，支委研究充分集中，各项工作在支部领导下开展顺利。

◆群众组织作用发挥 2018年，党支部充分发挥两大群众组织的桥梁纽带作用，不定时分析形势、指明路子、压压担子，有力的促进两个群众组织的工作积极性。团支部能够立足现有条件，扎实有效的开展各类文体活动丰富官兵的精神生活。利用新兵下连、条令学习月、主题教育和文体活动等重要时机，采取了板报宣传、战士小报、演讲比赛、撰写体会等方式加强了对官兵的思想引导。武警委员会充分发挥组织职能，使三个民主组能够相互协调，相互配合，工作成效较为明显，提高了中队政工、军事、后勤的建设质量。

◆政治教育 2018年，按照支队安排，并立足工作任务实际，较好的处理了工作任务与学习的矛盾，认真抓好教育的各个环节，达到了“四落实”要求，打牢了“以队为家”思想基础。在教育形式上，通过大课辅导、小课串讲、课后讨论、撰写心得等方法丰富教育形式。在营造氛围上，通过板报、宣传栏、战士小报，营造了浓厚的教育氛围。配合活动上着重抓好强军战歌歌咏比赛，“学习张楠先进事迹，争做‘四有’新一代革命军人”活动等等，不断

八一建军节慰问活动

作为抓手，不断加大消防宣传教育力度，提前谋划，制定《曲麻莱县“消防进军训暨开学第一课”活动实施方案》，组织中小学校开展“消防安全示范课”，组织疏散演练3次，教育学生400余人，并组织“红门开放”1次，参观人次100余人；利用LED显示屏、户外电子屏、微博、微信普及消防安全知识。

◆**消防业务学习** 2018年，坚持每月开展“战训大讲堂”，安排各级军事干部开展以《执勤战斗条令》《作战训练安全要则》《典型火灾战例》为内容的专题讲座12次。采取熟悉演练与修订预案相结合的方式，扎实开展辖区“六熟悉”和水源普查工作，逐步夯实战训工作基础。

◆**体能和技战术训练** 2018年，坚持“以赛促训”的原则，着力增强指战员综合素质，结合全员体能达标工作，把体能测试纳入日常绩效考核。

◆**专业队伍建设** 2018年，整合力量编成，对救援装备效能开展测试，根据全县实际和现有装备开展针对性训练。

◆**执勤备战** 2018年，为切实强化春夏火灾防控期间的消防安全保卫工作，大队紧盯执勤训练、熟悉演练、接警调度、装备维护、作战安全等关键环节，狠抓执勤备战工作不放松，圆满完成了以“两节、两会”、中秋、国庆等重大活动和节日的执勤安保任务。

◆**组织建设** 2018年，狠抓中心组学习和七项组织生活制度，召开了党委扩大会议和党风廉政建设会议，严格落实党委议教议廉制度，制定年度党委中心组学习计划，组织党委中心组学习10次。积极践行“党委一线工作法”，适时启动战时思想政治工作机制，在“两节”“两会”、国庆节重大安保等时间节点，大队党委坚持奋战在防灭火一线。

◆**政治教育** 2018年，积极拓展网络和新媒体阵地，创新学习方式，以微党课、“两句话感言”“三分钟演讲”等形式，提升学习实效，制定学习推进表，分阶段、分层次、分目标对中共十九大报告全文、中共十九届二中、三中全会公报，习近平系列重要讲话精神和党内法规等进行深入细致的学习，进一步增强全体指战员政治定力、纪律定力、道德定力、抵腐定力，引导全体指战员充分认清新时代新要求，确保队伍政治生态风清气正。

◆**资金管理** 2018年，为加强消防业务经费管理，确保应急救援装备专项经费专款专用，全面提升应急救援装备建设水平，大队详细编制年度综合支出预算，结合经济发展、财力状况、灾害事故特点，充分论证，科学制定应急救援装备采购三年规划，并上报政府相关部门审核，保证落实经费的同时，严格管理经费支出，加强资金安全管控，利用集中核算时间，开展银行账户、库存现金、票据管理的专项检查，并对大队固定资产、消防装备全部清查登记造册。加强装备建设，大队根据《玉树州消防装备建设“十三五”规划》，以“强化攻坚作战装备实力，完善新建队站装备配备类型，优化装备整体配备结构”为目标，加大装备建设经费投量，全面提升灭火救援保障水平。

（县公安消防大队供稿）

幸福曲麻莱建设

XingFu QuMaLai JianShe

教　育

◆综述　2018年，为积极贯彻落实全国教育大会精神，努力推进县域内义务教育均衡发展，扎实做好控辍保学工作，切实加强教育工作的组织领导，不断完善教育各项工作机制，大力加强教育管理水平，加强教师队伍建设，努力提高教育教学质量，取得显著成效。

◆党的组织建设　2018年，进一步加强教育系统党员队伍的思想政治教育，落实各学校党支部坚持三会一课制度，建立“两学一做”学习教育的长效管理机制，坚持每周一次集中学习制度，在学校坚持每两周一次集中学习制度，促使党员干部树立勤于学习、终身学习理念，用先进的理念、科学的发展观和现代管理知识武装党员领导干部，增强服务学生、服务家长的能力和意识。通过党员个人自学、领导上党课、撰写心得体会、讨论交流等形式，进一步增强了学习效果。制定并印发《曲麻莱县教育局2018年党建工作计划》，对党的思想建设、组织建设、作风建设、加强领导、从严治党会议等方面进行全面部署。抓好基层党组织班子建设，实行党员领导干部“一岗双责”制度，增强了基层党组织的战斗力；进一步强调了做好党员的发展和教育工作，严格发展工作程序，严把发展党员“入口关”，积极探索在年轻教师队伍中发展党员工作，制定了支部党建工作制度，进一步规范了党组关系。

◆党风廉政建设　2018年，根据县纪委安排的廉政风险防控管理工作，局党委结合教育系统实际，积极开展廉政风险防控管理工作，进一步调整教育局廉政风险防控管理工作领导小组，明确了教育局廉政风险防控管理工作重点和职责，为教育局防腐体系工作筑牢思想基础。

◆党务公开　2018年，把让民知、问民需、解民忧、谋民利作为加强党的建设，推进党务公开的出发点和落脚点，实行党务、政务、校务公开，民主管理，在局机关和各学校设置了公示栏，局党委和各支部设置“有话跟党说”征求意见箱，做到让群众明白，接受群众监督。

◆“控辍保学”　2018年，县委、县政府高度重视控辍保学工作，通过开展控辍保学系列专项行动，层层签订目标责任书，完善“控辍保学”双线目标责任追究制，县政府与各乡镇、教育行政部门与学校、学校校长与班主任、班主任与任课教师、任课教师与家长层层签订了“控辍保学”责任状，进一步提高义务教育巩固率。县教育局、县政府教育督导室先后6次召集由各校校长和学籍管理员参加的“控辍保学”推进会，县政府教育督导室先后5次赴各校核对学生数字，把“控辍保学”列入学校校长学年考核评估指标体系，并实行“一票否决”制，为加强稳固“两基”指标，努力防止辍学现象。全县共有各级各类学校22所（初级中学1所，完全小学2所，孤儿学校1所，乡村寄小9所，幼儿园9所），全县中小学在校学生达5352人，其中中学1421人，小学3931人，幼儿园在园幼儿数为1045人，义务教育巩固率为94.8%，初中毕业升学率为97.4%，十五年免费教育覆盖率为100%，贫困家庭大学生、中高职学生资助比例为100%。

教育改薄

◆义务教育均衡发展　2018年，坚持把推进县域内义务教育均衡发展作为教育优先发展的重中之重，通过2017年10月及2018年4月州级督导和5月8日至10日省级督导验收组对我县创建义务教育均衡发展情况反馈中提出的问题，指派两名副县长赴各校调研制定了"一校一策"整改方案，并从教师配置、经费保障等方面针对性地制定了一系列整改措施，有力地促进了义务教育均衡发展工作推进进度，成效显著，提升了各项指标的达标率。全县13所中小学完成2017—2018学年的数据转册工作，各级学校校容校貌打造建设、教学设备购买工作积极推进。

曲麻莱县2018年各类学校基本情况统计表

表21

项目 学历 分乡(镇)	学校数				学生数				教职工数				毕业生数				招生数			
	合计	幼儿园	小学	中学	合计	幼儿园	小学	中学	合计	幼儿园	小学	中学	合计	幼儿园	小学	中学	合计	幼儿园	小学	中学
合计	20	9	10	1	6680	1320	3931	1429	443	63	272	108	1652	521	574	557	2134	844	991	299
曲麻莱县																				
约改镇	6	2	3	1	4837	743	2665	1429	300	21	171	108	1229	264	408	557	1449	481	669	299
巴干乡	4	2	2	0	842	265	577	0	57	12	45	0	185	102	83	0	223	122	101	0
秋智乡	2	1	1	0	163	32	131	0	20	7	13	0	106	89	17	0	46	11	35	0
叶格乡	2	1	1	0	225	69	156	0	16	8	8	0	44	21	23	0	88	51	37	0
麻多乡	2	1	1	0	328	128	200	0	13	2	11	0	21	0	21	0	221	128	93	0
曲麻河乡	4	2	2	0	285	83	202	0	37	13	24	0	67	45	22	0	107	51	56	0

注：此表由县教育局提供。

◆作风整顿 2018年，进一步完善纪律作风建设机制，完善县教育系统《重大事项报告制度》《县教育系统机关事业单位请销假制度》，制定县教育局党委《2018年党风廉政建设工作计划》《县教育局领导班子和领导干部履行党风廉政建设"一岗双责"实施办法》，坚持定期听取党风廉政建设工作情况汇报，分析形势，研究工作推进措施。对上级工作部署和要求，及时学习研究，细化落实方案，保证主体责任落实在行动上。根据县委、县政府《关于曲麻莱县清理在编不在岗人员的工作意见》通知要求，为进一步严肃教育系统干部人事纪律，转变干部作风，结合教育工作实际，局党委对教育系统23名在编不在岗人员进行了说明和处理，并追缴了5名同志长期不在岗期间的工资共计38.55万元，进一步整顿教师队伍，净化教育环境。

◆项目组织管理 2018年，为全面贯彻落实省、州关于加强工程项目违规招标专项治理工作指示精神的总体要求，成立县教育系统项目违规招投标专项治理领导小组，着力解决教育领域基础设施建设项目等违法违规招投标问题，重点排查教育工程项目招投标活动中存在的不招标、规避招标、虚假招标、暗箱操作、评标不公、履约不严、层层转包等问题，规范工程项目招投标行为和领导干部从政行为，建立健全长效机制，铲除工程项目违规招标问题产生的土壤和条件，推进教育项目在阳光下运行，严格清理在编不在岗人员。

◆教育续建项目 2018实施教育续建项目5项，分别为：县孤儿学校改薄建设项目总投资167万元，建设内容为综合教学楼和三合土运动场，建筑面积610平方米，完成竣工验收工作；秋智乡寄小建设项目总投资326万元，建设内容为教学用房、生活用房和三合土运动场，建筑面积968平方米，已完成竣工验收工作；县下居民区幼儿园建设项目总投资1075万元，建设内容为教学和生活用房，建筑面积3700平方米，已完成工程总量的90%；秋智乡幼儿园建设项目总投资290万元，建设内容为教学和生活用房，建筑面积920平方米，已完成竣工验收工作。曲麻河乡幼儿园建设项目总投资456万元，建设内容为教学和生活用房，建筑面积1505平方米，已完成竣工验收工作。

◆教育新建项目 2018年，实施教育新建项目4项。分别为曲麻河乡措池村寄小改薄建设项目总投资257万元，建设内容为教育附属设施和三合土运动场，建筑面积2139平方米，已完成竣工验收工作；曲麻河乡多秀村寄小改薄建设项目总投资279万元，建设内容为多功能教室和附属设施，建筑面积280平方米，已完成竣工验收工作；巴干乡麻秀村寄小改薄建设项目总投资330万元，建设内容为附属设施和男生宿舍，建筑面积120平方米，已完成竣工验收工作；约改镇寄小改薄建设项目总投资257万元，建设内容为教育附属设施和三合土运动场，建筑面积2139平方米，已完成竣工验收工作。

◆整改维修项目 2018年实施教育整改维修项目2项，分别为约改镇第一幼儿园建设项目总投资663.6万元，建设内容为综合楼，建筑面积2880平方米，已完成整改工作；美丽城镇建设(民族中学)建设项目总投资1570万元，建设内容为风雨操场、400米塑胶运动场、附属设施和总图工程，建筑面积2000平方米，已完成整改工作。

（县教育局供稿）

县民族中学

◆概况 2018年，在县委、县政府和县教育局的正确领导下，紧紧围绕学校工作目标，坚持“德育为首，以人为本，提升质量”的办学思想，以教学常规管理为切入点，依法治校，认真抓好学校各项管理工作，着力构建和谐校园，创建民族团结进步工作，严抓控辍保学，积极开展义务教育均衡发展国家迎检工作，较好地完成本学年的工作任务。

◆学校党建 2018年，学校有党员28名，其中预备党员8名。12月5日，召开党支部大会讨论通过8名预备党员转正为正式党员。党支部设有支部书记、组织委员、宣传委员、纪检委员。2018年，重新设定了党支部领导班子分工职责，明确工作目标，落实工作责任。支部党员都能做到按时足额交纳党费，培养预备党员和入党积极分子，发展壮大学校党员队伍。

◆“两学一做” 2018年，按照“保证数量、提升质量、创新方式、丰富内容”的要求，校党支部进一步规范党的组织生活，认真落实“三会一课”制度，抓好“两学一做”常态化学习教育。全县教育系统学习中共十九大动员部署会召开后，党支部通过集中学习、自主学习、观看中共十九大直播等方式，认真学习中共十九大精神。

县民族中学

◆党风廉政建设 2018年，成立党风廉政建设领导小组，制订党风廉政建设工作计划，学校党支部通过专题报告、专题培训、观看廉政教育片等多种形式深化廉政学习。通过走访学生、征求教师意见、党员民主测评，引导监督全体党员教师自觉遵守党的党的政治纪律和政治规矩，树立正确的人生观，做“四有”合格党员。

◆**民族团结进步创建** 2018年，成立民族团结进步创建活动领导小组，制定民族团结进步模范单位创建活动的实施方案和工作计划，并进一步建立和完善了工作责任制，形成了责任明确化、主管领导亲自抓、分管领导具体抓的良好格局。年底省州民创工作考核组赴县民族中学，就民族团结教育进步创建工作进行考核验收，并考核顺利通过。

多媒体教学

◆**教学管理工作** 2018年，开学初召开全体教师会议安排部署教育教学工作。组织教师认真学习和落实教学常规，加强教师教学过程的管理，通过听课、评课、观摩课，提升教师的课堂教学效率，每周开展业务检查、整改，有效地提高了教学质量。加大教研活动检查的力度，督促教师参加形式多样的教研活动，每学期学校设立各项考试奖项，为成绩优异的学生进行奖励。教研室对各年级组进行成绩评比活动，并对各年级组成绩优异的学生和班级进行奖励。

◆**教师队伍建设** 2018年，从德、勤、能、绩方面实行量化考核，评选出优秀个人和先进集体进行表彰。认真选派省州上级部门安排的各项教师培训工作，并做好培训教师返岗交流反馈工作。

◆**教研活动** 2018年，举办藏文诗歌比赛、青少年征文大赛等各种竞赛活动。组织教师参加州级岗位大练兵活动，2名教师获得州级教学能手、2名获得县级教学能手。同时与湟中县支教老师相互慕课和学习、新教师听评课及辅导等，有效提升教师自身的能力水平。为让教研室工作落到实处，督促各教研组制订，工作计划，有内容、有措施。教研室工作和活动开始走向制度化、规范化，有特色、有效率、有时间保证，具体体现在定时间、定地点开展教研活动，包括备课、听评课、集体学习与教学经验交流等教研活动，教研活动内容丰富，安排科学合理，强化了针对性、实效性。

◆**德育工作** 2018年，认真贯彻上级教育主管部门的工作精神，协调各科室，认真落实学校计划和学校德育工作计划，结合本校实际制订切实可行的德育工作计划，同时指导各班根据德育工作计划制订完成班级工作计划。2018年，结合学校具体情况开展国旗下的讲话，对学生进行思想、道德、理想、前途教育及良好行为的培养。清明节，组织团员代表到学校县革命烈士墓进行了祭扫活动，让他们继承先烈遗志，学习先烈顽强拼搏、艰苦奋斗的精神。规范班级教室布置，按照义务教育均衡发展指标的要求，对学校教学楼进行了重新装修。为营造良好的班级文化，新学年每个教室里都设立了图书角，统一布置桌布，各班充实班级书柜，班级飘满书香。各班精心布置黑板报、荣誉栏、学习园地等，通过丰富的课外知识拓展了学生的视野，激励的话语营造生动活泼、健康文明、催人奋进的良好育人氛围。持续扎实开展学雷锋活动。政教处以传承和弘扬雷锋精神为主题，在校园内进行"学雷锋"为活动载体的演讲比赛，深入开展学雷锋活动，推动学雷锋活动在学生中常态化开展。

◆**班主任队伍建设** 2018年，通过检查《班主任工作手册》《学生管理量化手册》等形式了解班主任的班级管理工作情况，并有针对性地评价分析全校各班班主任工作情况，指出不足之外，提出改进要求和措施，加强常规管理的指导。

◆**校园安全管理** 2018年，组织消防演练，防震逃生演练以及相应安全教育。组织安全教育讲座，安全活动，消防应急演练等活动，从而保障校园安全秩序。制定《安全管理制度》，层层签订定安全工作责任书，做到管理到位，制度落实，人员保证。校长与教职员工签订《校园安全责任书》，班主任与家长签订了《学生安全责任书》，宿舍管理员与住宿生签订了《住宿学生安全责任书》。开展经常性的学习、宣传教育活动。加强安保值班制度，严抓安全工作。严格执行来访登记制度，保证及时发现校园的安全问题，并及时解决发现问题。

◆**法制教育** 2018年，结合学校实际，坚持以教育为本，以预防为主的工作理念，从严从细从实地把学校的法制教育落到实处，通过升旗仪式国旗下讲话、专题讲座、主题班会、黑板报、宣传栏等多种形式及时对学生进行法制宣传教育活动，使学生了解国家的法律法规，提高学生的法律意识，学生违纪现象日益减少。近几年来，学生违法犯罪率为零。邀请县司法局、县公安局约改镇派出所法制校长到学校进行禁毒和法制讲座，以独特的形式使学生接受法制安全教育。

◆**后勤管理** 2018年，认真做好开学前期准备工作，需要采购米、面、清油、粉条、牛肉、蔬菜等都有检验报告索证索票都齐全。新生报道前，为解决新生住宿，后勤工作人员提前做好新生入住工作。做好校舍的维修工作，发现问题及时处理。提高食堂服务质量，保证安全饮食。学校食堂就餐环境、食品储藏、加工，餐具消毒、保洁等均按国家有关食品卫生设计规范、严格操作。加强对食堂职工的教育，养成良好的卫生意识和个人卫生习惯。

◆**财务管理** 2018年，重视日常财务收支管理，本单位建立健全了各项财务制度。财务日常工作严格按财务制度办理，通过认真落实执行，收效非常明显，极大地提高资金的使用效益。学校对外所有开支均按照本单位财务制度规定，算账、报账和预决算的编制及财务分析等工作做到手续完备，数字有根据，账表正确反映，情况真实可靠。按月做好经费分类账，了解与掌握专项经费情况。

◆**团委工作** 2018年，校团委共有团员184名，五四青年节新发展团员85名。重视发展壮大团员队伍，严把新团员入口关，年内发展发展新团员150名。

◆**控辍保学** 2018年，认真做好学生家访工作，采用家访、电访等不同的形式，和家长一道做好学生的思想工作。年内前后共劝返历届辍学生89人，并与2018年在征得县委政府以及县教育的同意下对劝返的学生发放毕业证。学校劝返的辍学生按照州教育局《安置方案》要求，进行单独编班，开设藏语文、汉语文、安全教育、健康教育等课程，并安排任课教师，要求任课教师从基础知识的积累入手，确保辍学生学有所获，继续接受九年义务教育。

◆**关爱特殊学生群体** 2018年，建立完善特别关爱学生群体档案。年内特殊群体学生有人431人，其中特困生120人，学困生92人，单亲及孤儿学生219人。年内格桑花等慈善协会共救助特困生120人，并对特困生建立贫困学生建档立卡。

◆**义务教育均衡发展** 2018年，为贯彻落实《义务教育法》和《国家中长期教育改革和发展规划纲要》，巩固提高义务教育水平，深入推进义务教育均衡发展，根据《青海省县域义务教育均衡发展督导评估实施办法的通知》，按照义务教育均衡发展评估指标，逐项进行梳理，对学校硬件设施进行了优化、完善，文字材料现已归整入档，做好国家级迎检评估工作。

（县民族中学供稿）

法制教育进校园

曲麻莱县初级中学学龄人口入学及在校学生情况统计表

表22

		编号	校内外学龄人口数		在校学龄人口数		招生数						
			合计	其中:女	合计	其中:女	合计	合计	其中:女	一年级	二年级	三年级	四年级
甲		乙	1	2	3	4	5	6	7	8	9	10	11
总计		1	1453	747	1420	733	299	1429	733	337	535	557	
女		2	747	0	733		154	733	0	173	264	296	
少数民族		3	1447	695			298	1428	733	336	535	557	
总计中	寄宿生	4					287	1158	542	317	432	409	
	重读生	5						38	19	38			
	其中:女	6						19		19			
10岁及以下		7											
11岁		8											
12岁		9											
13岁		10	405	154	387	147	208	387	147	246	0	141	

注:此表由县教育局提供。

县第一民族完全小学

◆综述 2018年,全面贯彻党的教育方针,坚持以办人民满意教育为最高标准,坚持依法治校,在学生养成教育和教育教学等方面取得了一定的成绩。

◆概况 2018年,学校占地面积约71023平方米,其中建筑面积15064平方米,校舍面积5173平方米。现有997名学生,19个教学班级,76名教职员工(其中专教44名,特岗教师1名,代课教师4名,后勤工作人员27名)。

◆党建工作 2018年,组织开展每周党员学习活动,每月召开支部委员会议和党员志愿服务日活动,重温了入党誓词,学习《中国共产党章程》《习近平系列讲话》《中国共产党廉洁自律准则》《中国共产党纪律处分条例》和《十九大精神》等学习资料,学习以集中学习和自学的形式,认真组织集中学习8次,每个党员联系自己的思想和工作实际,认真剖析了自己在工作、生活、学习等方面的情况,撰写心得体会4篇,全体党员对前段的工作和思想表现进行了评议评价。

◆德育工作 2018年,注重加强德育队伍建设,特别是班主任队伍建设,采取自主与集中相结合,实地培训与个体带动相结合的形式,对教师进行了师德、师能的专项培训,组织教师学习《中华人民共和国义务教育法》《中华人民共和国未成年人保护法》《中华人民共和国教育法》《中华人民共和国教师法》《教师职业道德规范》等,加强师德教育,组织学习先进事迹等,通过学习提高了教师的管理水平。抓好学生行为规范教育,以《小学生日常行为规范》《小学生守则》为重点,开展以"路队、纪律、两操、卫生、礼仪"为内容的五项常规评比活动,工作中加强对学生指导,利用班会、升旗、广播、板报、队会等形成进行强化教育,这样既扎实有效地促进了学生良好行为习惯的养成。

◆特色班级创建 2018年,以多角度、多方位、多途径、因地制宜,确定本班特色,引导学生在班级特色创建活动中,人人都参与,个个求发展。各班在充分分析班级情况的基础上,构建班级管理理念,确立班级奋斗目标,制定出创建特色班级的活动方案,并根据创建主题给班级命名,各班设计特色班标志牌并张贴在教室门上,创建班级文化氛围。通过特色班级的建设,构建新型班级管理理念，明确班级奋斗目标，更大程度地发掘学生各方面的潜能以年级为单位，在学生中开展了书法竞赛1次，作业评比1次、在教师层面，开展教师比师德、比奉献的双讲双比活动，评选出3名优秀教师给予奖励，并让全校教师学习。

◆**法制教育** 2018年，积极贯彻落实“七五”普法教育的各项政策和要求，在学生中广泛开展以《中华人民共和国未成年人保护法》《中华人民共和国预防未成年人犯罪法》《学生伤害事故处理办法》等法制安全教育活动，聘请法制辅导员1名，开展2次法制安全教育课，通过主题班会，法制宣传、知识答卷等活动，增强学生的法制安全意识。

◆**教学工作** 2018年，强化质量意识，把好质量关，学校每月对学生进行一次阶段抽测，更全面地掌握学生学习情况，全体教师对班级情况进行深入的分析，找出不足，提出切实可行的改进措施。依托校本培训、校本教研，为教师专业化成长引路。通过走出去的方式赴玉树、西宁、盐城、扬州大学等地培训30人次，校内培训120人次、网络培训150人次。

◆**教师队伍建设** 2018年，开展课堂教学“听、说、做、评、选”活动，主要采取观摩教学、经验交流、信息反馈、展示成果、评议总结等形式活动，鼓励并推荐教师参加教学竞赛活动，为他们提供展示教改成果的舞台，创设竞争向上的氛围，促使教师在实践中得到锻炼，脱颖而出。

◆**控辍保学** 2018年，加大每日班级人数上报制度和乡镇联系制度，不留任何辍学空间。全年共劝返辍学生88人，从未入学适龄儿童45人，并严格按上级下发的文件要求认真开展编班、安置、录入学籍等工作。5月虫草假期间，针对178名入寺适龄儿童进行为期20天的集中办班。

◆**校园安全** 2018年，切实做好安全工作，完善学校安全管理制度，加强了门禁和教师值班的管理，加强学校师生的人身安全和财物安全的管理工作，落实了安全工作责任制，分层签订安全责任状，健全了学校安全预警机制和应急机制。加大校园的门卫及周边的综合治理力度。严格门禁制度，做好来访登记，做到事事有记录，事事有汇报，杜绝不明身份的人员进入校园.并且规定了进校制度，净校制度，师生作息制度等。定期组织防火、防震、防暴等逃生演练各一次，强化安全知识，弘扬安全文化，并提高广大学生的安全意识、安全防范能力和自我保护能力。积极与公安、消防等部门通力合作，邀请交警大队、消防大队、法制副校长等领导到学校作专题消防、法纪、安全知识教育课。加强对教职工的安全培训和教育，特别是学校的安全制度、预案、设施、设备的使用反复培训，入脑入心。协调联动，抓好安全教育，安全教育需要社会、学校、家庭的密切配合。通过《致学生家长一封信》、家长座谈会、家长调查问卷、意见征询，小手拉大手，安全教育进家庭，进社会。

（县第一民族完全小学供稿）

县第二民族完全小学

◆**概况** 县第二民族完全小学前身是曲麻莱县民族完全小学，2007年迁建于约改镇上居民区，东临长江路。2018年，学校总占地面积约31600平方米，约47.4亩，总建筑面积14190.65平方米，生均占地面积5.9平方米，学校图书39723册，生均30.5册，学生课桌配齐率达到100%。全校共有学生1301名，设有30个教学班，学校现有教职工99名，职工23名，专职教师65名，特岗教师1名，代课教师10名。

◆**办学思路** 2018年，学校坚持“教好一个学生幸福一个家庭，办好一所学校造福一方社会”的办学理念，逐步形成了“诚信、和谐、奉献、创新”的校风、“饮水思源、爱国荣校”的校训，“爱岗、敬业、求实、创新”的教风，“勤读、善问、多思、精炼、自主、合作”的学风，教育教学质量和办学效益等方面取得阶段性的成就。

◆**德育工作** 2018年，以立德树人为根本，建立健全了学校德育工作机制，加强德育工作制度建设和队伍建设。加强德育工作阵地建设，充分发挥学校广播室、展板、微信群作用。弘扬和践行社会主义核心价值观，把社会主义核心价值观教育融入课堂，实施学科渗透。开展了丰富多彩的德育主题教育活动，提高师生的活动参与积极性，增强德育工作的针对性和实效性，培养从我做起、从现在做起、从小事做起、从身边事做起的好习惯。推进了学校文化建设，营造“生命、阳光、健康、快乐”的师生喜爱的校园文化，从而让学生获得道德认知，产生道德情感，形成道德意志。引导师生自觉追求高雅文化，达到塑造健康、阳光、自我的目标。构建以思想道德教育、心理健康教育、法制教育、文明礼仪教育、读书教育为支撑的少先队员素质拓展平台。以升旗仪式、广播站、少先队的活动为载体，开展丰富多彩的少队活动，提高少先队员的思想道德素质。坚持利用评比墙对各班集体在“劳动、卫生、学习、纪律、两操、活动”等方面进行综合评价等，把爱国主义教育、法制教育、安全教育、思想品德教育纳入德育课程，加强学生日常行为规范教育，保持良好的行为习惯。

◆教研工作 2018年，狠抓教学常规要求的落实，从保证教学时间到教学质量考核考评，从教师教案备写到学生作业批改这些日常工作入手，进行扎扎实实的检查和考评。每月定期全面检查教师的业务情况并记录在册。坚持集体备课制度，每月组织教研活动不少于3次。加强随堂听课，组织行政成员、教研组长深入课堂听课，校级领导听课不少于20节，教师听课不少于15节。积极开展灵活多样的教研活动，为教师搭建展示平台，促进教师教学技能的提升。积极选派教师参加各级各类教研培训学习活动，开拓视野，促进教师的成长，全年共派教师外出学习培训30人次。

◆校园安全 2018年，学校成立安全工作领导小组，把安全工作作为学校重要工作，做到分工明确，职责明确，责任到人，落实到岗。学校与教师签订安全责任状，建立健全责任追究制度，学校与学生家长签订交通安全责任书，强化家长的监护职责。利用国旗下讲话、班会、广播站、宣传栏、黑板报、法制教育课、致家长一封信等形式，对学生进行防火、防地震、防溺水、防交通安全、防食物中毒、防雷电、防踩踏、反邪教等安全宣传教育。完善各类安全应急预案，积极开展消防、地震、防恐防暴、防踩踏等各类安全应急演练活动。建立健全安全预警机制，做好节假日的安全教育及《致家长一封信》。坚持每月进行一次校园安全隐患大排查；七是严格执行门禁制度，落实校园监控和安全巡逻制度，保障师生安全。本年度开展法制知识讲座3次，管制刀具大排查20余次。开展消防演练2次，邀请消防大队开展消防知识讲座2次，开展地震演练2次，开展高年级生理健康知识讲座1次。

◆校园文化建设 2018年，深入开展阳光体育运动，开展特色大课间活动、课外活动课，每年定期举行运动会、广播操比赛等活动。开设足球、篮球、美术、手工、乐器等专业课，让所有的学生均能参与并激发他们的潜能。引领学生全面发展，培育健康、强身的艺体文化。7月10—15日，举办第十一届运动会和文艺汇演，节目有舞蹈、合唱、时装秀、朗诵、武术、小品等。比赛项目有50米跑、200米跑、400米跑、一分钟跳绳、4×50米接力、立定跳远、跳高、等项目，参赛运动员1301人。

◆后勤管理 2018年，共有住校生143名，食宿生960余人。面对日趋变化的学校，寄宿生的日常管理的难度也逐日增加。平日一日三餐，注意营养搭配，每周吃两次水果。为孩子们的健康成长，要求炊事员必须勤洗手，保持工作服干净，蔬菜一洗三清，饭菜无夹生，保洁员每两周为学生换洗一次被单；宿管员定期晾晒被褥，为学生的健康成长起到保证作用。 （县第二完全小学供稿）

曲麻莱县2018年小学学龄人口入学及在校学生情况统计表

表23

	编号	校内外学龄人口数		在校学龄人口数		招生数	在校学生数								
		合计	其中：女	合计	其中：女	合计	其中受过学前教育	合计	其中：女	一年级	二年级	三年级	四年级	五年级	六年级
甲	乙	1	2	3	4	5	6	7	8	9	10	11	12	13	14
总计	1	3554	1814	3542	1808	991	338	3931	1982	999	819	563	452	524	574

续表23

	编号	校内外学龄人口数		在校学龄人口数		招生数		在校学生数							
		合计	其中:女	合计	其中:女	合计	其中受过学前教育	合计	其中:女	一年级	二年级	三年级	四年级	五年级	六年级
女	2	1814		1808		487	178	1982	1	493	407	293	248	279	262
少数民族	3	3530	1694	3542		991	338	3931	1982	999	819	563	452	524	574
总计中 寄宿生	4							3242	1783	682	684	491	407	452	526
总计中 重读生	5							12	9	8	4				
总计中 其中:女	6							9		6	3				
5岁及以下	7														
6岁	8					389		389	174	389					
7岁	9	450	215	447	213	377		447	213	385	62				
8岁	10	591	296	586	296	225		586	296	225	336	25			

注:此表由县教育局提供。

卫生和计划生育

◆综述 2018年,在县委县政府的正确领导下,在省州业务部门的大力支持下,全县卫生计生工作以习近平新时代中国特色社会主义思想为指引,深入贯彻中共十九大精神,以“健康玉树”建设为主线,坚持稳中求进工作总基调,扎实落实省州卫生计生各项工作部署,突出重点工作,狠抓薄弱环节,持续深化综合医改,扎实推进健康扶贫工程,进一步夯实重大疾病防控工作,整体工作推进取得实效。

巡回医疗

◆健康扶贫 2018年,认真贯彻《青海省藏区健康扶贫攻坚行动方案(2018—2020年)》和《青海省健康扶贫2018年工作要点》文件精神,积极落实健康扶贫工程各项政策措施,紧紧围绕“看得起病、看得好病、方便看病、少生病”总目标,研究制定《2018年曲麻莱县健康扶贫工作实施方案》《曲麻莱县2018—2020三年健康扶贫规划》,积极协调扶贫、畜牧、发改、教育等相关部门工作,形成多部门联动的健康扶贫的良好工作格局,促进全县健康扶贫工作有序开展。

◆病患调查 2018年,加强贫困人口患病情况调查,努力实现精准到户、精准到人、精准到病,及时更新建档立卡贫困人口因病致贫因病返贫数据库,全国健康扶贫动态管理系统内收录共计建档立卡贫困户3785户10973人,系统管理因病致贫、因病返贫人员147人51户,贫困户家庭医生签约覆盖率达100%。县域内就诊率95%,患者门诊医疗费用报销率为100%,民政部门新增慢性病救助资金80%由省级下拨,20%由县医疗救助配套。核实大病贫困人口137人。

◆慢性病救助 2018年,结合2016年全县范围各类疾病系统筛查数据,各级医疗机构现系统管理各类慢性病的有

3464人，由各乡镇卫生院统一管理，每月2～3次入户随访并定期不定期的发放药品，开展健康宣教，帮扶结对等工作。对门诊慢性病资助病种按照规定的25种（高血压病、糖尿病、肝硬化、风湿性心脏病病、肺心病、慢性病毒性肝炎、肺结核、淋巴结核、甲状腺功能亢进、甲状腺功能低下、类风湿性关节炎、溶血性贫血、白血病、冠心病（仅包括心肌梗塞和心绞痛）、慢性阻塞性肺疾病（COPD）等）执行，其中患有两种或两种以上门诊慢性病的，按照“就高不就低”的原则，确定年支付限额，在此基础上每人每年支付限额增加200元。

◆慢性病患药费结算 2018年，全面落实慢性病患住院待遇。门诊慢性病患者住院期间不能同时享受门诊医疗待遇，核算基本医疗保险最高支付限额时，门诊医疗费用与住院医疗费用合并计算。参加职工基本医疗保险的各类人员（包括包括企业、机关事业单位的参保人；灵活就业的个体参保人）及新型农村基本医疗保险的均可享受慢性病补助。为切实减轻困难群众垫付住院费用的负担和报销费用奔波之苦，重点推进基本医疗保险、大病保险、大病补充医疗保险“一站式”结算服务。县乡两级医疗机构实现医疗费用“一站式”即时结算，全县困难群众到定点医院住院看病，只需要办理入院和出院手续，实现“少跑腿，多报销”。

◆深化综合医改 2018年，扎实落实省州综合医改重点工作任务安排，强化医疗、医保、医药“三医”联动，在药品流通、医费控制、人事薪酬制度、改善群众就医感受等方面发力，切实提高医疗服务水平。县人民医院总诊疗人次达到14989人，其中门急诊14392人次、住院597人次，累计开展手术17例，医疗总收入241.23万元，其中药品零差率销售金额94.05万元，实际开放床位50张，病床使用率83%，平均住院天数8天；县藏医院门急诊就诊人数为3250人，人均费用150元，住院就诊人数为65人，实际开放床位30张，住院患者平均住院天数为7天，人均住院费用2300元，业务收入53万元。

◆药品供应保障 2018年，公立医院药品采购实行网上统一采购、统一配送，配送企业配送率达98%以上，全县公立医院药品、医用耗材省级集中采购平台采购实行“两票制”。

◆互联网+医疗 2018年，县人民政府与青海红十字医院、省人民医院签订对口帮扶协议，青海红十字医院定期派专家组前往县人民医院指导“互联网+医疗服务”、远程会诊系统、人才队伍建设等工作，促进医院综合服务水平全面提升，努力提高县人民医院的综合处置服务能力，互联网+医疗”的服务模式推进有序，全县除麻多乡卫生院以外的其他卫生院开通了新农合电子业务直报系统（金保系统）。县妇计中心接通了青海省妇幼卫生信息专网，完成电子医疗信息系统的安装。

◆医疗联合体组建 2018年，以县人民医院和藏医院为核心，辖五乡一镇卫生院及所属19个村卫生室组建曲麻莱县医联体，并建立曲麻莱县医联体专家会诊平台交流微信群，并取得初步的成效。推动曲麻莱县医疗卫生工作重心下移和优质医疗资源下沉，提高了各医疗卫生机构综合服务能力、服务效率、技术水平及管理水平，力争使75%以上的患者在县域内就诊。

◆深化支付方式改革 2018年，推行“先住院、后结算”模式。根据省、州医保部门工作要求，为方便城乡居民在县人民医院、县藏医院就医，实行先住院后付费垫付直报，按人头付费等方式。

◆分级诊疗制度 2018年，曲麻莱县双向转诊工作顺利运行，按照双向转诊工作制度及双向转诊流程图，明确双向转诊规范，并由专人负责双向转诊工作，为患者双向转诊开通了绿色通道，保障全县分级诊疗制度全面开展。

◆医养结合工作 2018年，高度重视医养结合工作，在人民医院、藏医院设立老年病科和老年病床；在人民医院、藏医院选派医生和护士对曲麻莱县3个敬老院专设老年人医疗服务点，定期为老年人进行医疗技术服务和中藏医技术服务、健康咨询根据季节变化提供医疗、康复、护理等技术指导和健康教育活动。

◆基层医疗卫生队伍建设 2018年，加大基层医疗卫生服务机构建设力度，通过积极争取项目，定期组织培训，系统内对口帮扶等措施，逐步健全县、乡、村三级卫生服务网络，有效缓解基层群众

曲麻莱县2018年卫生机构、床位和人员数统计表

表24

项目名称	计量单位	数量
一、编制床位	张	144
二、职工总数	人	92
卫生技术人员	人	61
其中：1、执业医师	人	13
2、执业助理医师	人	6
3、注册护士	人	26
4、药剂人员	人	3
5、检验人员	人	7
6、其他卫生技术人员	人	0
7、其他技术人员	人	18

“看病难，看病贵”等问题。为提高县乡两级医疗单位人员业务素质，全年各医疗卫生单位派出业务技术骨干前往省级医疗机构进修学习，通过北京昌平区对口支援曲麻莱县，年底赴北京分期分批进行学习、交流培训。

◆基本公共卫生服务 2018年，坚持将基本公共卫生服务均等化作为工作重点，进一步完善居民健康档案建立、预防接种、儿童保健、孕产妇保健、老年人保健、传染病防治、健康教育等16项基本公共卫生项目，同时抓好了重大公共卫生服务项目，统一制订了档案管理制度、相关工作流程图、实行制度上墙。全年突发公共卫生事件0例。

◆预防接种 2018年，共建立预防接种证2655人次，一类疫苗各单苗接种率均达95%以上，加强免疫单苗接种率达95%以上。

二级甲等医院评审

◆妇幼卫生 2018年，免费发放儿童营养包5984盒；“两癌”筛查：宫颈检查700人、乳腺检查400人，发放健康教育宣传资料2万余份，免费为331名育龄妇女在孕前三个月和孕早期三个月补服叶酸发放。

◆居民健康档案 2018年，通过门诊服务、入户服务（调查）、疾病筛查、健康体检等多种方式，为城乡居民建立符合规范要求的电子健康档案，居民健康档案内容包括个人基本信息、健康体检、重点人群健康管理记录和其他医疗服务记录；在患者就诊、复诊时，由接诊医生负责更新档案内容，交健康档案保管机构保管。城乡居民纸质健康档案建档率≥70%，规范化电子健康档案建档率≥60%，健康档案使用率≥60%。2018年，建立居民健康档案纸质版2.34万人，同步电子健康档案信息录入工作中，建档率85%。慢性呼吸性疾病管理107人，35岁以上人群门诊首诊测血压率95%。

◆**健康教育** 2018年，全县共开展健康知识讲座12次，健康宣传栏更新25次，印发《健康教育和公共卫生知识手册》宣传资料20000余份，居民对等相关健康知识知晓程度得到全面提升。突发公共卫生事件0例。协助开展食品安全、饮用水卫生安全、学校卫生、非法行医和公共场所巡查12次。强化宣传教育。乡镇卫生院和社区卫生服务中心向辖区居民发放健康教育材料，每年不少于6种；播放健康教育音像材料不少于3种；设置宣传栏不少于2个，每1个月最少更换1次健康教育宣传栏内容；每年至少开展5次公众健康咨询活动；每月至少举办1次健康知识讲座，并开展有针对性的个体化健康知识和健康技能的教育。村卫生室和社区卫生服务站向辖区居民发放健康教育材料每年不少于6种；播放健康教育音像材料不少于3种；设置宣传栏1个，每2个月最少更换1次健康教育宣传栏内容；每两个月至少举办1次健康知识讲座，居民健康素养相关知识知晓率≥75%。

◆**免疫规划** 2018年，采取宣传单、手机短信、户外墙报等适宜方式，通知儿童监护人，告知接种疫苗的种类、时间、地点和相关要求，为适龄儿童建卡建证，通知并接种乙肝疫苗、卡介苗、脊灰疫苗、白破疫苗、麻疹疫苗、甲肝疫苗、流脑疫苗、乙脑疫苗、麻腮风疫苗等国家免疫规划疫苗，并按照要求做好疑似预防接种异常反应处理工作；对重点人群进行针对性接种。儿童建卡建证率≥95%，各种单苗接种率≥95%，预防接种疑似异常反应报告与处理率达100%。

◆**0~6岁儿童健康管理** 2018年，为新生儿提供苯丙酮尿症、先天性甲状腺功能减低症筛查和听力筛查，完成新生儿两次访视和42~56天健康检查，建立《0~6岁儿童保健手册》；在3、6、9、12、18、24、30、36月龄分别进行1次随访，在6、18、30月龄进行1次血常规检测，在6、12、24、36月龄进行1次听力筛查；为4~6岁儿童每年提供一次健康管理服务；建立和完善健康档案。新生儿访视率≥85%；3岁以下儿童系统管理率≥75%；7岁以下儿童保健覆盖率≥90%。

◆**孕产妇健康管理** 2018年，掌握孕产妇信息，动员或上门建卡并纳入专案管理。孕12周前为孕产妇建立《孕产妇保健手册》，进行第1次产前检查；在孕16~24周、25~27周、28~36周、37~40周分别进行1次产前随访服务；完成2次产后访视和产后42~56天检查；建立和完善健康档案。产前健康检查率≥95%；产后42天健康检查率≥80%，产后访视率≥80%；孕产妇系统管理率≥70%。全县活产数254人。全县孕产妇256人，早孕建卡率96%，在孕期接受规范的产前检查服务182人，产后接受过访视的产妇156人。

◆**老年人健康管理** 2018年，对辖区65岁及以上老年人进行登记管理，每年为老年人提供1次健康管理服务，包括生活方式和健康状况评估、体格检查、辅助检查(包括血常规、尿常规、肝功能、肾功能、空腹血糖、血脂和心电图检测)和健康指导，建立和完善健康档案。老年人健康管理率≥70%，规范管理率≥60%。开展老年人健康管理服务607人次，65岁以上老年人健康检查607人次。

◆**高血压患者健康管理** 2018年，开展高血压患者筛查，对辖区内35岁及以上常住居民，实行首诊测量血压，高危人群每半年至少测量1次血压；对纳入管理的高血压患者，每年进行1次较全面的健康检查，提供至少4次面对面的随访，并根据病情进行分类干预、转诊指导等，建立和完善健康档案。高血压患者健康管理率≥60%，规范管理率≥50%，管理人群血压控制率≥40%。全县高血压患者建档474份。

◆**糖尿病患者健康管理** 2018年，开展糖尿病的筛查，对确诊的Ⅱ型糖尿病患者，每年进行1次较全面的健康检查，提供4次免费空腹血糖检测，至少进行4次面对面随访，并根据病情进行分类干预、转诊指导等，建立和完善健康档案。

糖尿病患者健康管理率≥60%，规范管理率≥50%，管理人群血糖控制率≥35%。糖尿病患者建档134份。

◆重性精神疾病患者健康管理 2018年，对辖区重性精神疾病患者进行登记，对发现的重性精神疾病患者全部纳入管理范围，为患者进行一次全面评估，建立一般居民健康档案，填写重性精神疾病患者有关档案资料。每年提供至少4次随访及病情评估、分类干预；在患者病情许可的情况下，征得监护人与患者本人同意后，每年进行1次健康检查（包括血常规、血糖、心电图等项目），发现的重性精神疾病患者健康管理率≥100%，规范管理率≥80%。积极开展重性精神病患者的登记管理、随访和康复指导工作，全县共登记管理重性精神病人28人。

◆计划生育服务 2018年，以推进计划生育服务转型升级为切入点，加大计划生育各项惠民政策宣传力度，做好全员人口信息的收集、更新、补录等相关工作，确保数据准确，着力提高统计报表质量。开展"三八"妇女节和"5·15"国际家庭日"幸福母亲、幸福家庭"主题宣传和义诊活动，累计发放计划生育各类宣传册700余份，免费义诊120余人次，发放避孕药具80余份。加快推进流动人口基本公共卫生计生服务均等化，全面完成全国流动人口卫生计生动态监测工作。

曲麻莱县2018年人口和计划生育统计表

表25

项目/地区	总户数			已婚育龄妇女家庭子女分布情况															
	合计	其中		无孩			一孩					二孩						
		城镇	牧区	合计	其中		合计	其中				合计	其中					
					城镇	牧区		城镇		牧区			城镇			牧区		
								1男	1女	1男	1女		2女	2男	1男1女	2女	2男	1男1女
合 计	9365	1692	7673	767	99	668	2189	180	118	917	974	2165	95	75	133	346	426	1090
约改镇	2887	1582	1305	157	95	62	527	165	118	917	974	550	93	70	132	42	60	153
巴干乡	1254	26	1228	254	4	250	267	5	2	148	112	321	1	3		80	64	16
秋智乡	1345	41	1335	50		50	364	3	0	184	177	264	1	2	1	36	55	169
叶格乡	1159	10	1118	94		94	244	2	3	121	118	181				36	43	102
麻多乡	1497		1497	96		96	387	0	0	178	209	565				131	147	287
曲麻河乡	1223	33	1190	116		116	400	5	2	191	202	284				21	57	206

◆妇幼保健 2018年，认真开展农牧区孕产妇住院分娩补助、"两癌"筛查、儿童营养改善等妇幼重大公共卫生项目，提高妇幼健康服务质量，着力提升妇幼健康水平。孕产妇正常产住院分娩补助101人（1200元/人），免费"二癌"筛查700人次，免费发放婴幼儿营养辅食包1800盒。做好国家免费婚前和孕前优生健康检查，努力降低出生缺陷发生风险，着力提高出生人口素质。截至年底，婚前健康检查60对，孕前健康检查80对。加大妇幼传染病防治力度，注射苄星青霉素42支。

◆卫生监督 2018年，加大"双随机、一公开"监督抽查力度，认真落实《"健康青海蓝盾护航"系列行动2018年工作方案》。对全县13所各级各类学校的卫生安全、传染病防控、风险隐患等等进行了监督检查，对重点学校及存在隐患的学校下达了监督意见书并签订了《学校公共卫生安全责任书》,有效遏制学校突发公共卫生事件发生,保障师生身体健康。为进一步规范和改善县公共场所、生活环境、生活饮用水和涉水产品的卫生状况,确保消费者的身体健康,对全县公共场所、饮用水供应单位《公共场所管理条例》《生活饮用水卫生监督管理办法》等相关规定落实情况进行监督检查,对存在问题的经营单位现场下达了《卫生监督意见书》责令其进行整改,出动执法人员,对27家公共场所卫生监督专项检查3次,饮用水专项卫生监督检查1次,下达监督意见书15份。履行计划生育监督职责,严格依法查处违法行为,在全县范围开展打击“两非”专项行动1次,切实维护广大农牧民群众健康权益。严厉打击“非法行医”行为,进一步整顿和规范医疗服务行业秩序,对辖区内各类医疗机构开展专项监督检查3次。

◆卫生计生项目建设　2018年,北京援建县藏医院药剂楼建设项目,总投资820万元,县妇计中心业务用房总投资533万,均已完成项目前期可研、地勘、勘测划界等工作,已进场开工。结合健康扶贫工作推进的需求按照专项扶贫资金健康扶贫村级卫生室建设存在的困难,积极协调扶贫财政等相关部门,力争解决全县19个村卫生室60平方米标准化建设项目全覆盖。

(县卫生与人口计划生育局供稿)

疾病防控

◆综述　2018年,认真贯彻《曲麻莱县重大传染病和地方病“十三五”防控规划(2016—2020年》文件精神,不断加大县域传染病、地方病的防控工作力度,并取得积极成效。

◆地方病防治宣传　2018年,加大宣传教育工作,定制了藏汉双语各类健康教育、重大传染病及地方病防控、健康促进等各类宣传资料,利用群众聚会活动、微信、电视媒体、宣传日、巡回医疗、家庭医生签约等形式发放到乡、村、社区、学校、寺院。内容涉及春季传染病预防知识、健康素养、公共卫生、重大传染病预防措施等诸多方面。全年累计接受宣传人数达到2.82万余人次,一定程度上切实有效的提高了广大牧民群众对各类疾病的防控意识,增强对疾病防控知识的认知和预防的积极性。

◆包虫病防控　2018年,切实做好重点人群筛查工作,筛查数为8254人,主动搜索新发登记管理建档及治疗病例有148例、手术24人、药物治疗58人。按照《曲麻莱县包虫病规范诊疗管理办法》要求,对新发现的包虫病人,免费提供阿苯达唑片剂或乳剂进行药物治疗,对正在接受药物治疗的包虫病人,每1个月做一次肝肾功能检查,每6个月进行一次B超检查,评价疗效。切实做好传染源家犬的登记管理、驱虫及犬粪的检测工作。联合畜牧、公安、武警扑犬130只,对全县6个乡镇19个行政村的养犬情况进行摸底调查并进行详细登记。全年采集犬粪90余份,犬驱虫2830余只,政府扶持的流浪狗收容中心,收容流浪狗86只,家犬投药驱虫率达检查户70%,犬粪集中处理率达55%。包虫检测点昂拉村、措池村、多秀村,采集犬粪360份,监测任务完成率达到100%以上。

◆规划免疫　2018年,举办规划免疫培训班1期,培训人员90人次,印发各种宣传规划免疫材料900份。接种常规免疫疫苗1350人/次,接种率达到95.1%。春季查验接种证工作从3月10日开始至4月10日结束,对全县两所小学及两所幼儿园开展了接种证查验工作,查验覆盖率达90%,此次查验,完成补证20人,补种率95%。脊灰补充免疫本年度顺利完成了2轮脊髓灰质炎补充免疫活动,对20名2月龄至4岁儿童接种了脊髓灰质炎疫苗,其中常驻人口数15人,流动人口数5人。其中单苗接种率:卡介苗接种率98%;脊灰98%;百白破85%;A群流脑89%;乙肝疫苗99%;甲肝疫苗84%;麻风93%;麻腮风94%;A+C群流脑疫苗82%。

◆结核病防控　2018年,全面实施现代结核病控制策略,加强结核病归口管理,强化结核病的发现、诊断、治疗、管理,结核病防治虽取得一定成效。全年追踪病人406人、县医院收治病人121人、涂阳病人4人、疑似1人,活动性肺结核对未到位的可疑或确诊的肺结核病人利用结核病三级防痨网络进行层层追访，不断提高结防工作质量，努力规范各级结核病防控工作督导管理的运行程序和内容，充分利用防治网络，切实落实策略，确保病人不仅能得到免费的治疗，而且能够享受免费的管理和服务。

◆**乙肝防治**　2018年，全县新增乙肝病人568人。乙肝接种数13833人。其中，麻多乡87人、约改镇25人、叶格乡0人、秋智乡31人、疾控中心127人、曲麻河乡242人、巴干乡56人。

◆**鼠疫防控**　2018年第一、二轮共监测点灭獭面积3000平方公里，灭獭密度0.01，投药6452个洞，使用氯化钴1585公斤，堵洞6452个。监测点监测点灭獭面积2600平方公顷，灭獭前密度0.3降至0.01，使用氯化苦1140公斤，堵洞1250个。

◆**艾滋病防控**　2018年，高度重视艾滋病防治工作，加强领导，落实责任，持续抓好宣传培训工作，加强重点人群监测和行为干预措施，确保艾滋病防治工作顺利开展。全年术前检测55人，其他就诊检测1587人，孕产妇检测225人，监管场所43人，VCT门诊661人，娱乐场所检测32人。现存活艾滋病感染者随访管理2人。

◆**碘缺乏病防控**　2018年，结合《关于2018年地方病中期考核评估的通知》的要求，积极开展各项工作任务，抽取五乡一镇的200名8～10岁儿童尿碘水平和甲状腺肿大率及100名孕妇尿碘合格率，最终把监测结果将以书面形式上报给上级单位。全年盐碘监测300人，不合格35人，合格率88.33%，碘盐覆盖率100%，儿童尿碘监测200人，中位数217.1ug/L，尿碘监测100人，中位数106.5ug/L。　（县疾控中心供稿）

妇幼保健

◆**概况**　2018年，中心编制总数10人，在编人员10人，公益岗位1人，财政供养临时工1人，临聘3人，其中高级职称1人，初级2人。

◆**综述**　2018年，妇幼保健部门坚持“以保健为中心，以保障生殖健康为目的，面向群众”的妇幼卫生工作方针，切实履行公共卫生职责，开展与妇女儿童健康密切相关的基本医疗服务，较好的完成各项工作任务。

◆**妇幼保健项目**　2018年，实施儿童营养改善项目，为改善儿童营养，发放5984盒保健品；“两癌”免费筛查，宫颈检查700人，乳腺检查400人，其中确诊3例。为提高人口素质积极开展新生儿疾病筛查项目，共筛查为230例，未发现苯丙酮尿症和听力低下患儿。

◆**艾滋病、梅毒和乙肝母婴传播预防**　2018年，总检查人数209例，梅毒确诊8例，干预8例。为及时做到乙肝母婴阻断，新生儿首针乙肝疫苗24小时及时接种310人，及时接种率为97%。

◆**增补叶酸预防神经管缺陷项目**　2018年，全县6所乡镇卫生院共发放叶酸3327瓶。全县活产数为310人，其中围产儿出生缺陷数0人，神经管缺陷数0人，产妇数为312人（其中玉树州人民医院产后出血死亡2人），产妇孕前和孕早期叶酸新增服用人数136人。

◆**儿童医疗保健培训**　2018年，举办各种培训班6期，培训40余人次。利用县乡村例会进行强化培训及出生医学证明的操作培训，县乡村例会共培训县乡妇幼人员19人次，积极派员参加省州市项目培训6人次，项目管理能力和妇幼卫生人员的专业技术水平均得到了提高。

◆**免费孕前优生检查**　2018年，孕前优生项目检查10项，共完成200对。

◆**新版出生医学证明办理**　2018年，办理新版出生医学证明1109人。

◆**妇幼保健和计划生育**　2018年，全县已婚育龄妇女7245人，0～6岁儿童数2704人，婚前检查

131人，开展新生儿访视60人，产前检查人数182人，产后接受访视产妇有172人。

◆**门诊接诊** 2018年，门诊接诊人数1346人，培训妇幼卫生、计划生育服务人员2期，总人数24人，义诊及宣传活动13期，受益人群2027人，计划生育技术服务2123人，其中放环术86人次，取环术26人次，查孕124人次，查环42人次，查病535人次，产前检查128人次。

（县妇幼保健中心供稿）

县人民医院

◆**概况** 县人民医院始建于1953年，是全县唯一一所综合性的二级乙等医院，承担着全县常住人口及邻近辖区内流动人口近4.5万余人的医疗保障及急救诊治任务。同时也是全县新农合医保、职工医保、居民医保定点医疗机构，是结核病防治定点医院、食源性疾病哨点医院。医院设有急诊科、内外科、妇儿科等18个业务科室及职能科室。现有职工72名，正式在编职工47名，临聘人员25名，其中保洁员8名。专业技术人员中副高级职称2名，中级职称1名，初级职称19名。

◆**医疗设备** 2018年，拥有美国GE彩超、迈瑞彩超各一台，爱克发CR数字成像系统、宝利通远程会诊系统、HIS医院管理系统、多功能多参数心电监护仪、500毫安的高频X线拍片机、GE双排CT、欧美达麻醉机、全自动生化分析仪、迈瑞三分类和五分类血球仪、血凝仪、新生儿暖箱、电动手术床、电刀、综合牙科治疗仪等30余台大中型诊疗设备。

◆**医疗服务** 2018年，总诊疗人次14989人，其中门急诊14392人次、住院597人次，累计开展手术17例，医疗总收入241.23万元，其中药品零差率销售金额94.05万元，实际开放床位50张，病床使用率83%，平均住院天数8天。

◆**医改工作** 2018年，全州公立医院综合改革推进会议召开后，县人民医院高度重视公立医院改革，采取积极有效措施，根据上级医改部门各项文件精神，认真落实，形成了主要领导负总责、分管领导具体抓，各相关科室分工协作的工作机制，上下联动，层层推进，确保医改工作稳步推进。全年，基药物180余种，占整个药品的98%，基本满足患者就医的需要。加强对抗菌药物的管理，建立抗菌药物分级管理制度和异常用量警示制度。建立短缺药品监测预警及分级应对机制，更好的满足临床救治患者、合理用药的需求。

◆**医疗联合体组建** 2018年，为进一步深化医药卫生体制改革，健全完善基层首诊、双向转诊、急

县人民医院妇儿科住院楼

县人民医院门诊大楼

慢分治、上下联动的分级诊疗机制，更好地发挥医疗服务体系整体效益，促进紧密型医疗联合体健康、可持续发展，方便群众就医，根据省政府办公厅《关于印发青海省构建医疗联合体指导意见的通知》《关于印发青海省建立区域型医疗联合体实施方案的通知》《玉树州深化医疗卫生体制改革领导小组办公室关于曲麻莱县开展医联体试点工作的通知》，作为全州首个医联体建设试点县，在县委、县政府的正确领导下和州、县医改办的指导下，以县人民医院为核心，辖五乡一镇卫生院及所属19个村卫生室组建曲麻莱县紧密型医联体，并取得了初步的成效，推动全县医疗卫生工作重心下移和优质医疗资源下沉，提高各医疗卫生机构综合服务能力、服务效率、技术水平及管理水平，力争使80%以上的患者在县域内就诊。

◆**运行补偿机制** 2018年，医院基本建设及大型设备购置、重点学科发展、人才培养、政策性亏损补贴等已列入财政预算。目前，医院药品零差率补助及运行经费已得到落实，各项投入正在扎实开展。

◆**内控机制建立** 2018年，依照国家有关法律、法规和财务规章制度，结合实际情况科学制定各项财务规章制度，从业务特点、经营机制、管理要求、资金运动、人员配置等，充分体现本院的特点，加强经费管理制度和财务人员的岗位职责，建立健全内部会计制度，如会计人员岗位责任制度、账务处理程序制度。提高财务人员的业务水平，增强财务办理能力。加强对财务人员的培训，严格执行考试和考核制度，不断提高其业务素质，不仅要普及法律知识，强化医务人员的法律责任，加强会计核算，提高会计基础工作水平，对现有的财务管理人员，进行知识更新，提高业务素质，专业水平及基本技能。

◆**医疗费用控制** 2018年，落实监测医改各项项数据指标的工作方案，继续指准国家医改目标，继续加强学科建设，持续提高服务能力，规范医疗行为，杜绝一切不合理收费。年内，门诊病人次均费用为78.6元，住院病人次均费用为1341.9元，均小于控费指标要求。

◆**绩效考核** 2018年，在原有绩效考核方案的基础上，进一步量化细化指标，完善绩效考核方案。切实加强绩效考核工作，通过健全以服务质量、数量和患者满意度为核心的内部分配机制，多劳多得、优绩优酬，体现医务人员技术服务价值。同时收入分配进一步向临床一线、关键岗位、业务骨干、做出突出贡献等人员倾斜，适当拉开差距，有效地激发了广大职工工作的积极性和主动性。

◆**分级诊疗制度** 2018年，双向转诊工作顺利运行，按照双向转诊工作制度及双向转诊流程图，明确双向转诊规范，并由专人负责双向转诊工作，为患者双向转诊开通绿色通道，保障院分级诊疗制度全面开展。积极开展宣传及培训工作，组织全院人员进行培训，并制作相关宣传资料，利用宣传栏及橱窗向就诊人群进行分级诊疗相关知识的宣传。积极配合卫生主管部门开展分级诊疗工作，严格执行基层首诊制度和双向转诊制度，首诊医师加强临床评估工作，有能力救治的，尽量劝服在县人民医院治疗，无条件或无救治能力的，积极协调进行转诊工作。年内，上转病人952人次，转诊率为9.1%.较上年同期下降2.1%。

◆药品统一网采制度 2018年，药品采购实行网上统一采购、统一配送，配送企业配送率达98%以上，严格执行备案、应急等药品采购管理制度，认真开展工作。药品配送基本确保及时到位，临床用药得到有效保障，药品采购“两票制”工作也得到了扎实稳步的推进。

◆支付方式改革 2018年，推行“先住院、后结算”模式。根据省、州医保部门工作要求，为方便曲麻莱县城乡居民在县人民医院就医，实行先住院后付费垫付直报，按人头付费等方式。年内先住院后结算受益人数累计168人，垫付报销药费金额为24万余元。

◆群众满意度提升 2018年，为树立正确的舆论导向，营造良好的社会环境，采取多种形式，加大县级公立医院综合改革的宣传力度，利用宣传栏、电子显示屏，通过张贴标语、悬挂横幅等形式，广泛宣传改革的重大意义和主要政策措施，使广大人民群众熟知。通过召开医院医务人员学习会、讨论会等形式，加强政策解读，使广大医务人员拥护支持、积极参与改革。 （县人民医院供稿）

县藏医院

◆概况 2018年，在县委、政府和县卫计局的正确领导下，认真贯彻落实国家和省、州、县卫生工作和中藏医药工作会议精神，全院上下团结一致，创新服务，共谋发展，医改工作有效落实，常规工作有序开展，重点工作稳步推进，医院管理进一步规范，医疗质量与医疗安全水平明显提升，顺完县级公立医院改革各项目标任务。

◆医院综合改革 2018年，认真贯彻落实藏医医院综合医改工作的政策和意见，签订年初的医改目标责任书，成立医改工作领导小组及办公室，明确了目标任务，细化任务分工。

◆医院院内制剂 2018年，初步建成曲麻莱县民族医药医联体制剂中心，改造了车间布局，优化生产环境，增购制剂设备，为生产保质保量的本地藏药产品打下了坚实的基础，计划与五乡一镇卫生院签订医联体内允许中藏药制剂调剂使用协议，扩大本地藏药的流通领域。

◆藏医药医疗联合体 2018年，组建以县藏医院为主体的《曲麻莱县民族医药医疗联合体》，成立县卫计局局长为理事长的《曲麻莱县民族医药医疗联合体理事会》，出台以五乡一镇卫生院为成员医疗机构的《曲麻莱县民族医药医联体章程》，制定以“资源共享、双向转诊、预约诊疗、技术扶持、人才柔性活动、藏医康复治疗”为功能的《曲麻莱县民族医药医疗联合体工作方案》，签订以“双向转诊、对口帮扶、资源共享”为主要内容的《曲麻莱县民族医药医疗联合体协议书》。

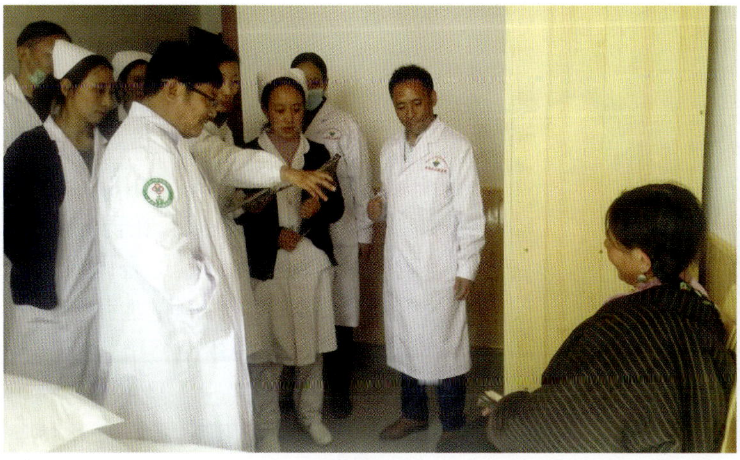

藏医诊疗

◆医保支付制度改革 2018年，取消药品加成，调整服务收费价格，严格执行分级诊疗和医保转诊转院制度，逐步探索开展藏医临床路径管理。根据省政府办公厅文件精神和我县实际，制定《县藏医院院降低药占比、控制次均费用、提高非药物疗法治疗标准实施办法》，有效降低药占比，控制了次均费用不合理增长，进一步规范合理检查、合理用药、合理治疗、合理收费。实施"先诊疗后付费"和"一站式报销"服务，扎实推进医改政策落实，保障患者权益，维护医院公益性。

◆医疗设备配备 2018年，医院各科室的设备逐级完善，通过北京对口援建项目投资400万元的制剂、医疗、办公等设备已经均安装调试完成投入使用。

◆医院信息化建设 2018年5月，全院各科室开始实施信息系统提升工作，升级工作函盖了HIS、PACS、LIS等多方面模块。同时启动正式应用《青海省公立医院医疗服务项目指导价格》的通知，进一步规范了医疗收费标准。根据实际使用情况，信息系统建设配置了硬件设备，基本满足了各科室的信息化建设工作的需求。

◆藏医药人才队伍建设 2018年，根据上级有关各部门要求，推行"读经典、跟名师、做临床、强素养"的培养模式，医院举办两期重量级的全县藏医人员培训班，累计参加的培训人数达250余人。

藏药识别

◆"二甲"评审工作 2018年，继续做好"二甲"评审工作，举全院之力争取顺利通过医院等级评审，促进医院整体实力和综合服务能力显著提升，达到管理科学、藏医特色突出、诊疗技术水平高、整体功能齐全、服务一流的二级甲等藏医医院，并于10月份向上级卫生行政部门呈报了自评报告及申请评审报告。

◆医疗质量管理 2018年，狠抓医疗质量与安全管理，制定《医疗质量与安全管理和持续改进实施方案》，调整医疗质量与安全管理、病案管理、护理质量管理、临床路径管理等质量管理委员会，从加强医疗质量控制，提高诊疗技术水平，完善制度建设，规范服务行为，优化服务流程和加强医德医风教育建设等方面强化监管，提高医院服务能力，维护患者利益，有效防范医疗纠纷和差错事故发生。为加强医疗质量管理，对医疗、护理、院感、药械、总务、等工作进行了专项安排布置，重新调整了医疗质量、护理质量、医疗技术、药事与药物治疗、病案、临床路径、院感控制等管理委员会，完善了管理组织，对医疗质量与安全管理起到了积极的促进作用。

◆业务指标 2018年12月底，院药占比为38.79%（不含慢病药品费用占比为32.58%），呈逐月下降趋势；2018年1—12月，医疗收入46998.58元；2018年1—12月，门诊次均费用为121.84元，院患者次均费用为1500元；五保户门诊费用全免费，免费人数共计326人，救助资金5.8万元；2018年1—12月，共接诊门诊患者6236人次，出院患者25人次，平均住院天数9天，病床周转次数为10次，病床使用率为94.3%，治愈好转率好99.3%，收住院率为5.36%。

◆藏医重点专科建设 2018年，医院加强藏医特色专科建设，在现有外治、药浴、肝胆、心脑血管、综合内科等五个临床建设基础上，着重加强新申报的藏医药浴、外治建设，从设施配套、建设规划、人才引进培养和优势病种诊疗方笑制定先化等方面，严格按照特色专科建设标准建设，得到上级卫生部门的一致认可，药浴和外治科均被列为州级重点专科，并下达批复文件和专科牌匾。专科不断完善和优化优势病种诊疗方案，不断开展新技术、新项目，外治科开展的火针穿刺新技术已成熟应用于临床，且疗效显著。各专科在学术带头人扎西松保名医的带领下，充分发挥其专业特色优势，藏医药治疗率持续提高，服务领域进一步拓宽，被广大患者认可接受。

藏药药物识别大会

◆**用药安全管理** 2018年，医院落实药品“三统一”政策，实施药品购销“两票制”，药品、医用耗材挂网采购，申购药品总量为55万元，输送率为100%；医保药品使用率为50%。基本药物采购48万元，非基本药物1万余元，基本药物占比为99.9%。2018年1—12月，藏西药共取消药品加成25万元。（县藏医院供稿）

档　案

◆**综述** 2018年，县档案工作在县委、县政府的正确领导和州档案局的指导下，认真履行档案行政管理和档案保管利用职能，加强立档单位业务监督指导和馆藏档案科学管理，注重民生档案建设与管理，依法治档、积极谋划、主动协调、努力工作，有效推进了档案事业健康快速发展。

◆**业务培训** 2018年，加强档案干部职工的继续教育和岗位培训。9月25—28日，指派两人参加全州档案局（馆）长赴海北州考察学习活动，从而开阔了档案干部的视野，增长档案干部的知识，为下一步更好的做好档案工作打下了良好的基础。年内组织6名干部分赴称多县、玉树州及玉树市档案馆参观学习，根据县委组织部年度后备干部培训计划选派2名干部赴北京昌平区学习，选派5人先后两次赴州委党校参加由州委组织部、州档案局、州党校联合组织的全州档案干部培训，并配合全州党史工作，指派2人参加全州党史培训会，使档案干部队伍素质明显提高。

◆**立卷归档工作** 2018年，开展文书档案立卷归档工作指导，主动联系各相关部门，采取上门指导、跟踪服务、接受电话咨询等方式，指派专人专门指导。督促县委办、县政府、县人大、县统计和县民政局等立档单位做好档案归档工作。积极协调县民政局组织专人加大婚姻登记档案的收集、整理，提升民生档案价值，增强民生档案的利用效果，加大对民生档案的接收力度，全面加强民生档案工作。加大民间档案的征集进馆力度，建立齐全完整、丰富多样的馆藏档案资源体系。年内完成婚姻登记档案2131卷。

◆**档案宣传** 2018年，积极开展主题鲜明、内容丰富、形式多样的“国际档案日”宣传活动，共悬挂宣传横幅8个、发放宣传手册300册、展览图片120张、以及运用微信等手段进行宣传，内容丰富，形式多样。8月8日，利用法制政府宣传日再次利用档案宣传展板进行展览，提高了社会各界层人士的广泛参与性。

◆**档案执法** 2018年，采用“双随机一公开”的方式对发改局、民政局、统战部、畜牧局、扶贫局、统计局、人社局、组织部8个单位开展了档案执法检查，依法做好档案接收，坚持特种载体档案接收函制度，注重重大建设项目、重大活动所产生的图片、影像资料及实物等特种载体档案，以及婚姻等民生档案接收进馆工作。大力征集到期档案、专业档案、民生档案地方特色、重点项目、重大活动档案资料，做好珍贵历史档案接收进馆及抢救修复工作。全年共接收县人大66卷，县委84卷，县政府79卷，会议记录15卷，县民政局27卷。抢救县公安局档案文件1877卷，县工会财务档案6卷，老干局97卷。

◆档案信息化建设 2018年，围绕提升档案馆现代化水平着力推进档案信息化工作，按照“存量数字化、增量电子化”的要求，对移交进县档案馆的档案实行纸质和电子双套制移交的规定与要求，县政协、民政等部门的室藏档案已实现即时归档即时数字化。

◆档案服务 2018年，积极为县有关部门的县志编纂、党史、信访、维稳、纪检案件办理等提供大量的档案查阅服务，共接待查档利用者50余人次，利用档案3200余卷近7000余件，复印资料400余件3500余张。

◆档案管理 2018年，以国家综合档案馆业务考核为标准，规范馆藏档案管理。年内累计投入资金4万余元购置了11000个无酸化专用档案盒，完成馆藏的县委等9个单位的3928卷永久档案，444卷长期档案，6卷财会档案，合计完成4372卷馆藏档案的工作。年内装订报刊归档35册，照片归档20张，整理印模档案6枚，证书、奖牌等5件。按规范重新整理全宗卷，将原有的几个全宗单位重新细化分解成54个全宗单位。截至2018年底，县档案馆馆藏档案总合计10563卷、120648件档案。其中长期财会档案1068卷、5397件，长期文书档案6060卷、52922件，永久文书档案3080卷、665974件，永久实物档案355件。

◆档案安全管理 2018年，积极有序推进档案安全保护工作，强化档案安全体系建设，积极构建人防、物防、技防、联防、制度防“五位一体”的档案安全防范体系，确保档案实体和信息安全。组织开展消防安全知识讲座，邀请县消防队教官进行消防知识培训，提升消防安全意识，增强消防安全紧急避险技能，初步达到“四会四懂”要求。

（县档案局供稿）

人力资源和社会保障

◆事业单位招聘 2018年，根据《关于上报玉树州2018年下半年事业单位公开招聘工作人员需求计划的通知》（玉人社〔2018〕218号）文件精神，在各单位主管部门申报的基础上，与县编制机构管理办公室、卫生和计划生育局协调配合，按照公开、平等、竞争、择优的原则，制定工作人员需求计划。年内公开招聘14人，其中卫生系统招聘11人，其他事业单位招聘3人。

◆劳动力输出 2018年，开展促进对接帮扶，助力转移就业工作，开展北京市昌平区人社局对接曲麻莱县人社局实施就业援助扶持工作，并签订帮扶劳务协作协议。通过北京5家企业提供的3579个岗位，8月10日开展专场招聘会，现场报名人数8人，发放宣传资料180余份；开展创业培训会，由北京昌平区凡想职业技能培训学校创业咨询师莫庆华（国家三级创业咨询师）授课。10月中旬，曲麻莱县贫困家庭劳动力13名青年进京务工，成功就职于北京市各家企业。

◆就业服务 2018年，加强农村贫困劳动力基础信息的核实和更新工作，

对口帮扶

及时完成全县贫困劳动力就业信息实名制动态更新工作，并与县扶贫办协同核实和补充就业失业信息动态更新及脱贫状态。全县已核实未就业2789人，已核实已就业757人。利用招聘活动促进就业。开展“春风行动”暨“公平就业，助力脱贫，共创和谐”专场招聘会、“民营企业招聘周”等多场公共就业服务专项活动，为农村贫困劳动力搭建用工对接平台。共举行2期招聘会活动，共提供37岗位，工种38个，到达现场咨询人数达630余人次，共发放宣传资料780余份。加强农牧区劳动力转移就业工作，全年实现城镇新增就业133人，农牧区劳动力转移2000人，精准扶贫贫困家庭转移就业395人，高校毕业生实名登记率达98%以上，城镇登记失业率控制在3.5%以内。

◆社会保障 2018年，继续扩大社会保险覆盖面。企业职工养老保险，企业职工养老保险参保人数1176人。截至10月份，退休133人，共计发放养老金367.97万元，养老保险收入164.88万元。退休人员社保卡已基本发放完备，已完成资格认证120人；工伤保险：全县参加工伤保险人数1426人，征缴工伤保险费42.13万元；机关事业养老保险：机关事业基本养老保险全县实际参保人数为1130人，享受待遇人员为545人，现已完成参保人数为1130人，共征收养老金365.92万元，职业年金666.29万元。年内共发放统筹内养老金5469.99万元，统筹外补充住房公积金1379.74万元，参保率为98%。城乡居民养老保险：城乡居民基本养老保险实际参保人数为17576人（含享受待遇人员）。完成四乡一镇及敬老院的养老保险征缴工作，征收养老金91.02万元。新增参保人员523人。60岁以上享受待遇人数为2604人，共发放养老金475.27万元。按政策发放丧葬费20人5.3万元，转移人员关系6人。

曲麻莱县2018年社会保障情况统计表

表26

指标	合计			约改镇			巴干乡			秋智乡			叶格乡			麻多乡			曲麻河乡		
	2018年	2017年	同比增长（%）	2018年	2017年	同比增长（%）	2018年	2017年	同比增长（%）	2018年	2017年	同比增长（%）	2018年	2017年	同比增长（%）	2018年	2017年	同比增长（%）	2018年	2017年	同比增长（%）
城镇职工养老保险参保人数	1176	1022	15.07%	1139	984	15.75%	10	8	25.00%	8	8	0.00%	10	9	11.11%	4	6	-33.33%	5	6	-16.67%
城镇职工医疗保险参保人数	2146	1863	15.19%																		
失业保险参保人数	111	105	5.71%	23	22	4.55%	20	15	33.33%	18	19	-5.26%	22	20	10.00%	15	16	-6.25%	13	13	0.00%
城镇居民养老保险参保人数	21523	19536	10.17%	3184	2863	11.21%	4142	3568	16.09%	3223	2946	9.40%	2321	2189	6.03%	4592	4267	7.62%	2829	2607	8.52%
城镇居民医疗保险参保人数	2643	3164	-16.47																		
新型农村社会养老保险参保人数																					
新型农村合作医疗参保人数	26899	25392	5.93%	2309	3882	-40.52%	3906	5180	-24.59%	2722	4386	37.94%	2394	3046	-21.41%	2869	5253	-45.38%	25828	3645	-30.64

◆医疗保险 2018年，继续推进医疗保险工作。职工医疗保险参保率100%，报销药费5889人次，147.97万元。参加城乡居民参加医疗保险26899人，其中城镇居民2657人，城乡居民26872人，报销药费737人次，296.77万元。生育保险：全县生育保险参保人数为1576人，女职工参保生育保险636人，销药费27人次，19.75万元。

◆事业单位管理 2018年，根据《关于印发〈曲麻莱县边巡边查问题整改方案〉的通知》《关于长期占编不在岗人员的处理决定》（曲发〔2018〕11号）文件精神，成立了清理占编不在岗工作领导小组，及时开展审查工作，对各单位实地调查返岗、处理决定等落实情况，同时跟主要负责人以谈话的方式记录落实情况。

◆公务员队伍 2018年，全县公务员420人，工勤人员47人，全年公务员培训人员120人次。

◆事业单位人员管理 2018年，全县事业单位人员实有人数542人，按要求签订事业单位岗位管理聘用合同23份，签订率达100%。

◆专业技术队伍 2018年，全县实有事业单位专业技术人员464人，管理岗60人，取得高级职称人数为4人，中级职称人数为31人，工勤人员41人；事业单位专业技术人员培训133人。

曲麻莱县2018年单位从业人员和劳动报酬统计表

表27　　单位：人、千元

项目/指标	单位数	年末人数				平均人数			工资总额						从业人员平均工资
		单位从行业人员	女性	在岗职工	其他从业人员	单位从业人员	在岗职工	其他从业人员	从业人员工资总额	在岗职工工资总额	基本工资	绩效工资	工资性津贴和补贴	其他从业人员工资总额	
总计	95	1799	696	1750		1736	1736		129361	129361	44613	35631	47752		74517
一、按执行会计标准类别分组															
1.企业	7	90	31	97		97	97		5274	5274	2291	1184	1763		54371
2.事业	15	371	157	315		318	318		25613	25613	8060	8160	9393		80544
3.机关	70	1338	508	1338		1321	1321		98474	98474	34262	26287	36596		74545
二、按国民经济行业分组															
(一)农、林、牧、渔、业	1	15	9	15		15	15		1410	1410	400	470	540		9400
(二)采矿业															
(三)制造业															
(四)电力、水生产供应业	2	35	8	35		35	35		2571	2571	1107	1050	36		71914
(五)建筑业															
(六)交通运输、仓储和邮政业	2	21	5	18		18	18		708	708	291	210	207		39333
(七)信息传输、软件和信息技术服务业	2	31	14	31		31	31		1878	1878	806	662	410		60581
(八)批发和零售业	2	18	8	18		18	18		731	731	259	248	224		40611
(九)住宿和餐饮业															
(十)金融业	2	27	8	27		27	27		1557	1557	527	373	657		57667
(十三)科学研究、技术服务业	2	22	7	22		22	22		1086	1086	300	320	466		49364
(十四)水利等公共设施管理业															
(十六)教育	3	182	81	172		172	172		14008	14008	4456	4547	5005		81442
(十七)卫生、社会保障和社会福利业	2	50	32	44		48	48		4371	4371	1400	1370	1601		91063
(十八)文化、体育和娱乐业															
(十九)公共管理和社会组织	77	1398	524	1368		1350	1350		101095	101095	35067	27107	37592		74885

◆临聘人员 2018年初，全县财政供养临聘人员637人。卫生系统新增临聘人员17人，教育系统临聘人员19人，藏医骨干8人，年末共计681名临聘人员。

◆干部人事档案管理 2018年，全州干部档案专项审核工作开展以来，共整理归档1064份干部档案。其中完成行政单位干部档案专项审核工作43个单位，共662份干部档案。完成事业单位整理归档工作8个单位，干部档案402份。

民创观摩学习

◆**公务员职务与职级并行**　2018年，积极落实县级以下机关公务员职务与职级并行制度，全县享受职级并行执行人数68人，其中享副县级待遇的有49人，任主任科员6人，任副主任科员13人，6人已办理退休手续。

◆**工龄认定情况**　2018年，研究审查批准本县行政、事业单位干部确认工龄21人。

◆**工资福利情况**　2018年，根据人社部规〔2018〕1号、青人社厅发〔2018〕36号、玉人社〔2018〕89号文件要求执行调整艰苦边远地区津贴标准：从2017年1月1日起，调整艰苦边远地区津贴一至六类区标准。分别调整为：一类区月人均210元，二类区月人均350人，三类区月人均580元，四类区月人均1050元，五类区月人均1950元，六类区月人均3200元。

◆**劳动监察**　2018年，积极建立健全劳动关系协商协调机制，为维护广大农民工的合法权益，提高业务执法水平，深入全县各施工企业宣传法律法规，引导广大施工企业参加工伤保险，督促施工企业与劳动者及时签订劳动合同，企业劳动合同签订率达93%。扎实做好劳动保障监察日常巡查和案件受理处理工作，全县项目施工企业公司21家（标段公司）缴纳保证金685.40万元，成功调解拖欠农民工工资事件21起50人，涉及金额83.39万元。深入开展人社领域风险隐患排查，加强风险评估，做实做细监测预警，强化信访维稳，坚决维护社会大局稳定。

◆**党的建设**　2018年，开展“两学一做”常态化制度化教育活动，把党建工作与人力资源和社会保障各项业务工作结合起来，做到年初有计划、季度有安排，每周五下午为固定的理论学习时间。同时干部职工还利用业余时间广泛进行自学。开展“翻转课堂”，让每一名普通党员上台讲党课，改变过去由支部书记一人主讲、支部党员带着耳朵听的“灌输式”三会一课传统模式，最大程度地调动支部成员的学习积极性和主动性。

省级检查考核

年终考评

◆**党风廉政建设** 2018年，认真落实党组主体责任和纪检监督责任，健全完善惩防体系和廉政风险防控机制，强化权力监督约束机制，履行领导干部“一岗双责”，营造良好的政治生态。巩固“铸廉行动”成果，扎实开展“铸勤行动”，切实解决干部不作为、慢作为等问题，晒出各项工作目标任务，明确了牵头领导、责任单位和责任人，加强对执行民主集中制、民主决策制度的监督检查，认真落实“三重一大”制度。严格执行党风廉政建设责任追究制度，强化责任落实，保证党风廉政建设责任制真正落到实处。（县人力资源和社会保障局供稿）

机构编制管理

◆**概况** 县机构编制监督管理办公室成立于2007年4月23日，根据青海省机构编制委员会办公室文件《关于设立县一级机构编制监督管理办公室的通知》（青编办行发〔2007〕143号）文件精神，设立曲麻莱县机构编制监督管理办公室，为玉树州机构编制管理办公室派出的正科级行政机构，挂事业单位登记管理局牌子（副科级事业单位）。

◆**事业单位改革** 2018年，深入贯彻落实州委、州政府关于分类推进事业单位改革精神，按照政事分开、事企分开和管办分离的要求，以促进公益事业健康发展为目的，坚持问题导向，优化事业单位布局结构，合理配置机构编制资源，加强和规范机构编制管理。根据文件精神，曲麻莱县事业单位由改革前的78个精简为75个（不含群团事业单位）精简事业机构3个。按照文件批复重新设置机构名称、隶属关系和类别，批复后重新设置的事业单位在原有事业编制总量内根据责任任务重新核定事业单位编制，同时统筹考虑今后经济社会和公共事业发展的需求，预留部分事业编制，以落实空编任务为重要抓手，积极“盘活”有限编制资源，提高编制使用效能，并根据文件要求及时完成各事业单位的“九定”方案，完成各单位人员资料和各事业单位法人档案的整理工作。

◆**行政审批制度改革** 2018年，根据青海省人民政府办公厅文件要求，按照名称、类型、法律依据、基本编码等要素完全统一的标准化要求，进一步梳理政务服务事项，建成全省统一的政务服务事项库和政务服务事项管理系统，加快推进政务服务事项规范化建设进程。

◆**推进综合行政执法** 2018年，深化市场监管领域综合执法改革，提升监管的公平性、规范性和有效性，结合当前简政放权面临的新形势，促进简政放权、放管结合、优化服务改革向纵深发展。全县第三次行政审批制度改革大力削减行政权力事项，现已取消行政审批事项5部门7项，调整工商登记前置、后置审批事项9项，调整工商登记前置审批事项5部门7项，增加工商登记前置审批事项1部门1项，取消工商登记后置审批事项1部门1项。做好国务院、省、州政府取消下放行政权力事项的承接、落实工作，上级取消的权力事项一律取消，并随时调整行政审批目录清单、行政权力清单、政府部门责任清单和行政审批中介服务项目清单，督促部门单位严格按照“四个清单”行使权力和履行责任，规范行政权力事项，做到“清单之外无权力”“法定职责必须为”，切实提高行政效能根据《关于同步推进州县两级政务服务事项实施清单编制工作的实施方案》及时下发《关于同步推进州县两级政务服务事项实施清单编制工作的实施方案的通知》为全面贯彻落实中共十九大精神，按照国务院和省、州政府关于简政放权、放管结合、优化服务协调推进的总体部署我办组织各部门结合目录清单将数据录入政务服务事项管理系统，并且对涉及到的24个部门已全部完成，并对政务服务事项进行动态调整和专项管理。

◆**公务员事业单位人员招录** 2018年招录卫生系统事业单位工作人员23名，中小学教师19名，卫生系统事业单位工作人员12名，其他事业单位4名，招录公务员6名。

◆**事业单位分类改革** 2018年，以事业单位分类改革工作为契机，认真研究事业单位职能职责，加强事关中心工作、全局工作和重大民生保障方面的人员力量，先后对多个事业单位进行调整规范和加强。建立了事业单位编制空编收回和动态调整机制，提出事业单位整合改革方案，通过内部挖潜的方式有效盘活了编制资源，支持放管服工作。

◆**事业单位法人公示信息抽查** 2018年，为规范事业单位法人公示信息抽查工作，根据《事业单位登记管理暂行条例》和《青海省事业单位法人公示信息抽查办法（试行）》的通知对全县事业单位进行了随机抽查。随机对曲麻莱县佛教协会等5家事业单位进行抽查，并根据2017年底对各学校的实际情况，会同县教育局对13所学校的编制进行了动态调整，并对各学校编制使用及人员在编在岗情况进行检查。

◆**事业单位年审** 2018年初，本着提高事业单位年审效率，缩短办理时限的原则，对个别在网上提交材料有困难的单位，通过电话咨询、现场演示等方式帮助其网上操作。3月29日，完成2017年度事业单位法人年审和公示工作，完成事业单位年审35家。

◆**社会信用代码登记信息核查** 2018年，为加强统一社会信用代码登记信息核查，以核查促进登记工作规范化，融服务于监督管理中，不断建立健全工作新机制，有效地促进统一社会信用代码公示信息核查工作的顺利开展，保障登记信息的及时性和准确性，根据实际情况以及相关政策将原有的组织机构代码及相关材料收回并重新办理统一社会信用代码。全县36家行政单位已全部办理完成，办理统一社会信用代码的事业单位35家（卫生类8家，教育类3家，乡镇类5家，其他事业单位19家）。（县编办供稿）

曲麻莱县2018年法人单位、产业活动单位统计表

表28

行业类别	法人单位			多产业法人单位的产业活动单位数
	小计	单产业法人单位	多产业法人单位	
按国民经济行业分组	159	152	7	43
农林牧渔业	23	23		
采掘业				
制造业	5	5		
电力、煤气及水的生产和供应业	1	1		
建筑业	1	1		
交通运输、仓储及邮电通信业	5	5		
信息传输、计算机服务和软件业	6	6		
批发零售业	12	12		
住宿餐饮业	2	2		
金融保险业	3	3		
租赁和商务服务业	4	4		
科学研究、技术服务和地质勘查业				
水利、环境和公共设施管理业				
居民服务和其他服务业	6	6		
卫生、社会保障和社会福利业	2	2	1	11
教育、文化艺术及广播电影电视业	10	10		
文化、体育和娱乐业				
公共管理和社会组织	79	72	6	32

民　政

◆综述　2018年，县民政局坚持“以人为本，为民解困、为民服务”的宗旨，完善各项救助体系，做好民生保障服务工作，提高民政部门履职水平，提升为党为基层群众服务的能力。

◆城乡社会救助体系建设　2018年，坚持把完善社会救助、保障改善民生，作为维护稳定发展、构建和谐社会的基础工程，构筑起以城乡低保、救灾救济、五保供养三大救助为主体，临时救助、医疗救助为辅助，城乡一体化、全覆盖、高效能的新型社会救助体系，有效保障了城乡弱势群体、灾后群众的基本生活权益。城乡低保保持了动态管理下的应保尽保，坚持低保管理动态化、资金发放社会化、低保审批程序化、档案管理规范化、监督检查公开化“五化”管理，保持了动态管理下的应保尽保和分类施保。不断提高低保标准和救助水平。

◆城乡低保　2018年，城市低保标准从家庭月人均收入标准508元；一档农村低保标准从2017年家庭月人均收入248元提高到2018年家庭月人均收入300元，对1267户3790人城市低保对象发放保障金1364.4万元；二档农村低保标准从2017年家庭月人均收入200元提标到2018年农村低保人均月收入300元，对66户277人农村低保对象发放保障金83.1万元；三档农村低保标准从2017年家庭人均月收入80元提高到2018年农村低保家庭月收入150元，对677户2283人农村低保对象发放保障金410.94万元，基本实现全覆盖，城镇困难居民、农村特困群众的基本生活得到有效保障。

◆三公开机制　2018年，创新建立“三公示长监督”机制，实行村居申报、乡镇审核、民政部门审批三榜短期公示和低保对象长期公示监督，并纳入全县村务公开检查范围，每季度检查通报，杜绝违规操作、优亲厚友现象发生，有效解决了错保、漏保和“人情保”“关系保”等问题，实现城乡低保实现规范化和信息化，依托城乡居民最低生活保障综合管理信息系统”，抓好规范化建设的基础上，积极推进城乡低保信息化建设，建成覆盖全县的低保信息专网，实现城乡低保网上审批、网上公示、网上查询。

曲麻莱县2018年社会救济情况统计表

表29

项　目	计量单位	合计	约改镇	巴干乡	秋智乡	叶格乡	麻多乡	曲麻河乡
一、城镇								
1、城镇居民最低保障人数	人	1004	725	46	97	57	63	16
2、城镇居民最低保障家庭数	户	618	415	33	75	42	40	13
3、城镇低保资金全年预计支出	万元	467.9400	339.6288	20.9004	44.8836	26.2116	29.0376	7.2780
二、农村								
1、农村最低生活保障人数	人	6223	598	760	1737	520	2069	539
2、农村最低生活保障户数	户	1963	216	241	522	164	627	199
3、农村低保资金全年预计支出	万元	191.21	21.9234	26.9973	49.3757	18.4477	55.1335	19.3321
4、农村五保供养人数	人	681	246	87	82	93	82	91
其中：集中供养人数	人	113	113					
分散供养人数	人	568	133	87	82	93	82	91
5、农村五保供养户数	户	639	217	84	79	92	81	86
其中：集中供养户数	户	101	101					
分散供养户数	户	538	116	84	79	92	81	86
6、农村五保供养资金全年支出	万元	605.6027	207.6566	76.8079	72.2376	84.1248	74.0664	78.6348

续表29

项　　目	计量单位	合计	约改镇	巴干乡	秋智乡	叶格乡	麻多乡	曲麻河乡
其中:集中供养资金	万元	113.6554	113.6554					
分散供养资金	万元	519.3792	121.6152	79.5528	74.9808	85.0392	74.9808	83.2104
三、医疗救助情况								
1、城市医疗救助人数	人	844	174	108	163	98	216	85
2、农村医疗救助人数	人	141	94	10	17	10	8	2

◆灾害应急救助管理体制　2018年5月6日，曲麻莱县发生5.3级地震。地震发生后，第一时间组织成立由各部门及各乡镇领导组成的灾情调查组，调查组深入乡村对受损的房屋围墙现场调查取证，发放救灾物资面粉27100公斤，大米27870公斤，青稞60975公斤。开展应急救灾和防灾安置各项工作，及时更新各乡镇上报的灾情数据，使救灾工作有序开展，确保了受灾群众的基本生活保障。

◆五保供养工作　2018年，在加强乡镇敬老院硬件建设、搞好绿化美化、规范管理服务的同时，扎实推进"温暖工程"建设，全县5处乡镇敬老院全部安装了锅炉取暖和走廊设施，确保乡镇敬老院五保老人温暖、舒适过冬。提高五保供养标准，集中供养标准从2017年250元/月提标到2018年756元/月，2018年集中供养113人总资金发放102.52万元，分散供养标准从2017年306.4元/月提标到2018年687元/月，2018年分散供养568人总资金发放468.26万元，确保五保对象基本生活得到保障。

◆"三无"人员基本生活保障　2018年，做好城乡低保、五保供养保障服务工作。重点保障孤儿及困境儿童的基本生活，扎实推进"三无"人员工作。全县孤儿及困境儿童总人数750人，全年发放资金:168万元。其中;孤儿标准从2017年600元/月提标到2018年700元/月，对50名孤儿资金发放42万元，困境儿童标准为150元/月，对700名困境儿童资金发放126万元。切实保障了"三无"人员的基本生活。

◆城乡医疗救助　2018年，加强救助网络平台建设，建成县民政医疗救助综合信息管理系统，通过系统分别与城镇职工基本医疗保险、城镇居民医疗保险、新农合三套信息系统联网，实现互联互通、数据共享。积极改进救助方式，持续加大和规范临时救助，设立医疗救助服务窗口，实行网上审核备案、即时结算报销，改变过去凭医疗单据到民政部门集中报销救助的办法，变每半年一次报销救助为即时结算，变事后救助为即时救助，极大方便了服务对象，提升了医疗救助服务水平，增多了救助人次。全年减轻困难群众医疗负担892人，救助资金292.67万元，为全县五乡一镇三个社区城镇特困供养及五所敬老院和散居孤儿门诊补贴资金27.76万元。

◆民政基础设施建设　2018年，抓住国家加大民政基础建设投入的机遇，牢固树立"投入靠争取"理念，千方百计争资金引项目，加快民政基础设施建设步伐。加强老年福利设施建设，5处乡镇敬老院全部实现了集中供暖，加强社会福利设施建设，对婚姻登记处、殡管所、公墓等民政服务设施进行建设和改造，做好殡葬管理所绿化美化，规范服务，严格管理。

◆优抚安置工作　2018年，坚持考试考核成绩、安置计划、安置政策"三公开"，对符合安置条件的退役士兵全部妥善安置，同时抚恤优待补助标准调整后根据(青民发〔2016〕111号)有关要求，对重点优抚对象的抚恤金和补助都发放到位，优抚对象17人，发放抚恤金36.24万元，补助资金7.87万元。无建国前老党员，扎实做好涉军上访人员稳控工作，维护了全县和谐稳定。建立健全优抚政务公开监督机制，县乡村三级分别设立优抚政务公开栏，公开优抚对象范围、优抚政策、办事程序、补助标准等，接受社会监督，确保优抚对象的知情权和监督权。

◆**老龄工作** 2018年，全县70周岁以上高龄老人1251人，全年发放资金170.74万元。其中70～79岁高龄老人标准从2017年90元提标到2018年的110元/月，882名70～79岁高龄老人资金年发放116.42万元，80～89岁高龄老人标准从2017年100元/月提标到12元/月，322名80～89岁高龄老人年资金发放46.37万元，90～99岁高龄老人标准从2017年120元/月提标到140元/月，46名90～99岁高龄老人年资金发放7.73万元，100岁以上高龄老人标准从2017年160元/月提标2018年180元/月，1名100岁以上高龄老人年发放2160元。建立健全老龄工作机构，积极开展老龄工作，切实维护老人合法权益。

◆**基层民主政治建设** 2018年，积极推进村务公开民主管理，积极配合县纪委、监察局对全县村务公开民主管理工作进行专项检查，切实增强了各级抓村务公开工作的责任感和紧迫感。积极参加村级民主管理监督工作巡视活动，加强村级民主管理监督工作检查督导，确保了公开的及时性和真实性。按照"统一标准、因地制宜"原则，对村务公开栏全面进行了规范改造，提升了村务公开硬件建设水平，顺利通过了省民政厅组织的全省村务公开民主管理示范单位检查验收。

（县民政局供稿）

和谐曲麻莱建设

HeXie QuMaLai JianShe

县总工会

◆**概况** 2018年,县总工会行政编制2名。其中主席1名(兼任),副主席2名,3个社会化工作者;辖区有6个乡镇工会组织,5个社区工会组织。

◆**工会改革** 2018年,县总工会根据省、州和县委要求,及时成立工会改革工作领导小组,并结合曲麻莱县实际,制定印发了《县总工会改革工作方案》,明确工作措施、内容,工会改革各项工作稳步推进。按照中央、省委和州委工会改革工作有关要求,牢牢把握工会改革正确方向,强化责任担当,坚持把推进党建工作和工会改革工作有机结合起来,通盘考虑,统筹推进,做到政策支持到位,组织领导到位,工作责任到位,真正实现党建和工作组织建设的相互促进、同步发展。

◆**党建工作** 2018年,县总工会始终把"党建带工建、工建促党建"作为加强工会工作的长效机制,积极将工会组织建设工作纳入重要议事日程,切实加强组织领导,完善工作机制,确保全县工会各项工作稳步推进。积极争取把工会组建工作纳入党建工作考核目标,定期不定期地与县委、县政府及有关工作部门建立汇报和联系制度,争取党委重视、政府支持,推进基层工会的组织建设。定期召开工会工作会议,通报全县工会工作开展情况,认真分析当前存在的问题,积极谋求解决办法。

◆**思想政治建设** 2018年,全县工会组织认真学习贯彻习近平总书记关于工会改革的重要指示精神,坚定改革信心,强化责任担当,牢固树立"四个意识",在思想上政治上行动上同以习近平为核心的党中央保持高度一致,把保持和增强政治性、先进性、群众性贯穿改革全过程,切实提高政治站位把政治建设摆在首位,坚定落实"两个坚决维护"以更大力度、更实举措推进工会改革。

◆**工会组织建设** 2018年,坚持把工会组织干部的培养纳入工会干部队伍建设的整体规划,通过参加集中培训、学习等方式,不断提高思想政治素质和工作能力,激发工会组织活力;健全完善乡镇、村(社区)工会组织建设,不断推进村乡镇、村社工会组织规范管理,全面提升综合素质。县总工会优化工会领导机构。根据工作需要配备县扶贫局副局长江措为兼职主席,县环卫所所长索南松保为挂职副主席。县总工会保留2个行政编制,配备公益性岗位和工会社会化工作者5名以上。

◆**群团工作** 2018年,协助推动青年团组织发展。工会开展金秋助学、大车司机入会、工会改革等工作;团委开展基层组织建设、青少年思想教育、青年创新创业等工作;妇联开展妇女儿童权益维护、妇女干部培训、深化和谐家庭创建等工作;残联开展"视觉第一、高原光明行"曲麻莱县白内障复明公益活动、"残联人康复服务下基层"活动、残疾人体育运动等工作;科协开展的科普曲麻莱、科普进寺院、中国流动科技巡展等各项工作有声有色,都取得了较大的工作成效。

◆**会员培养** 2018年,坚持把工会组织干部的培养纳入工会干部队伍建设的整体规划,通过参加集中培训、学习等方式,不断提高思想政治素质和工作能力,激发工会组织活力。健全完善乡镇、村(社区)工会组织建设,不断推进村乡镇、村社工会组织规范管理,全面提升综合素质。为全县59家单位及企事业工会会员代表发放1607余份会员证,进一步完善了工会会员会籍登记和档案管理工作,健全工会组织机构。县总工会组织全县45名会计进行技能培训,充分发挥典型带动作用。培训优秀会计学员12名,发放补助资金。3600元

◆**金秋助学** 2018年10月,为7名考入高等院校的和在读的困难职工子女发放"金秋助学金"2.5万元。其中本科2人,每名5000元;大专5人,每名3000元。

◆**劳模评选工** 2018年5月,在全县干部职工中,评选出全县先进劳模10人,发放奖金1.12万元,并在全县范围内进行学习。年内积极参加省州组织的培训班,参加培训7人次。

◆**工会经费管理** 2018年,全面完善经费管理机制,进一步加大创业就业的财政扶持力度,为工会组织工作提供了坚强的财力保障。全年会费为302.16万元,按工会法的要求比例足额到位。4月23日,上缴上级工会经费43.25万元,县级工会经费为107.83万元。在机关工会55个单位下拨会费151.08万元,切实推动全县工会工作的正常化、规范化。

◆**工会活动** 2018年,为进一步丰富全县干部职工的业余文化生活,加强各单位之间的相互联系,县总工会积极组织参加由州总工会举办的第四届"安康杯"足球赛和首届"安康杯"篮球赛;4月29日,由县总工会、团县委、县妇联、民创办、文化旅游广播电视局在县影剧院联合举办"五一""五四"感恩"母亲节"系列活动;8月13日,举办"民创杯"中老年秋季男女篮球运动会。

◆**服务型工会建设** 2018年,按照县委、县政府和上级工会的工作部署,切实转变观念,强化服务意识,扎实开展以帮扶困难群众的"惠民行动",努力为全县牧民群众及干部职工办实事、办好事、解难事。"两节"期间,慰问困难职工60人,发放慰问金1.98万元;为286名困难职工发放大煤286吨,价值28.6万元;慰问劳模家庭16人,发放健康体检卡金额1.95万元,受到了社会各界的一致好评。

◆**精准脱贫结对帮扶** 2018年,积极开展精准扶贫进村入户调查核对情况,掌握结对帮扶贫困户第一手资料,了解贫困户在生产生活上的实际困难和问题,详细做好记录并编制"扶贫结亲卡"。为实施精准帮扶奠定了基础。根据贫困户实际情况,认真落实"一户一策"精准帮扶各项工作。安排4名干部到勒池村5户贫困户开展结对帮扶,发放帮扶资金5000元;帮扶联点勒池村二社33户113人,其中精准扶贫慰问16户共计1.28万元。

(县总工会供稿)

共青团县委

◆**概况** 2018年,全县共有6个乡镇团委,24个基层团支部,6个机关团支部,2个合作社团支部,以乡镇换届为契机,配齐团干部45人,其中大专以上学历23人,团员940人,12所小学共有少先队员2609名,少先队大队辅导员11人,中队辅导员12人。

◆**助力生态立县** 2018年,充分发挥各级志愿者队伍的作用,不断深化"保护母亲河行动"助力"生态立县",着重培养全县青年团员保护生态的理念,为家乡的青山绿水承担起青年应有的责任和义务。组织青年环保宣传队在各学校开展了"生态文明知识进校园"主题教育活动;组织青年志愿者开展以"保护三江源生态乡村振兴青春建功行动"为主题的清理垃圾志愿者服务活动,以实际行动保护母亲河,增强团员青年的生态环保意识,共开展清理垃圾活动10场次,清理垃圾30余吨。

◆**助力精准扶贫** 2018年,做好精准扶贫各项工作,进一步探索青年志愿者参与"精准扶贫"工作模式,充分发挥广大团员、青年在全面建成小康社会扶贫攻坚战中的生力军和突击队的作用。结合团县委每年开展的"暖冬"行动和"5·4"青年

暖冬行动

节、扶贫日、“母亲节”“六一”儿童节等节日，在全县范围内开展贫困党、团员、精准扶贫户、贫困青少年、残疾青少年的慰问活动，共发放粮食、棉被、藏袍、衣物、文具等生活用品及物资价值4万余元。

◆志愿者服务 2018年，高度重视精神文明创建，将青年团员、青少年学生开展志愿服务活动作为践行社会主义核心价值观的重要载体来抓，不定期地开展爱老敬老、结对帮扶等社会公益活动，积极倡导全社会树立尊老、敬老、爱老、助老的风气，培育尊老爱幼、老少共融的良好社会风尚。以实际行动传承中华民族孝老爱亲的优良传统，学习和弘扬雷锋精神，倡导和传播志愿精神，培育和践行社会主义核心价值观，通过广泛开展学雷锋志愿服务活动，推动学雷锋活动常态化。年内共开展各类志愿服务活动10场次，参加的志愿者达200余人，在全社会形成践行雷锋精神、争当志愿者的生动局面，营造“我为人人、人人为我”的良好氛围。

◆助力“村寺并联” 2018年，为助推县村寺并联工作，发挥团组织凝聚青年、服务大局、当好桥梁的作用，走进青年僧侣、服务、融入青年僧侣中，切实保持和增强共青团的政治性、先进性、群众性，在全县全面开展村寺并联工作格局中彰显价值、发挥作用，提高青年僧侣依法从教的法律意识，增强寺庙的依法管理能力。全年，共开展“法制宣传进寺庙”活动4场次，参与的青年僧侣400余人。

◆维护青少年合法权益 2018年，坚持做好预防青少年违法犯罪和未成年人保护的基础性工作。在县预防青少年违法犯罪工作领导小组工作的基础上，召开2018年预防青少年违法犯罪及未成年人保护工作会议，明确“预青”和“未保”各成员单位主要职责。

◆法制教育 2018年，深入开展法制教育，不断深化法制建设。开展“法制教育进校园”活动，集中开展“法制教育进校园”“关爱青春、与法同行”活动，同时利用“五四”青年节、全国法制宣传日等具有特殊意义的纪念日及时宣传“两法一条例”。开展“网与青春同行安全与你我相连”为主题的网络安全进校园宣传教育活动，引导青少年正确安全使用网络，做文明上网小公民活动，引导青少年安全上网、文明上网、不沉迷于网络，让网络成为自己成长路上的好朋友。开展“禁毒知识进校园”活动，使广大师生更深层次了解毒品危害，增强了抵制毒品诱惑的能力和自我保护意识，取得较好的宣传效果，为构建“无毒曲麻莱”创造了良好的社会环境，同时大力营造人人关注、支持和参与禁毒工作的浓厚氛围。

（县团委供稿）

未成年人保护

县妇女联合会

◆综述 2018年，紧紧围绕党政中心工作，以“党建带妇”为引领，发挥好党联系妇女群众的桥梁纽带作用，认真做好妇女儿童各项工作。

◆思想和政治引领 2018年，全县妇联组织以习近平新时代中国特色社会主义思想为指导，树牢“四个意识”，坚定“四个自信”，坚决做到“两个维护”，围绕进一步增强政治性、先进性、群众性，聚焦引领、服务、联系职能，强化思想政治引领，团结带领广大妇女坚定不移听党话跟党走。

◆巾帼系列活动 2018年，以各类节庆为契机开展各类活动，凝聚巾帼智慧和力量。3月10日，召开纪念“三八”国际劳动妇女节108周年暨表彰大会，共表彰三八红旗手11人，三八红旗集体6个，巾帼建功先进个人13名，巾帼建功先进集体7个。年内，在全县范围内推选5名省级和谐文明家庭。各乡镇妇联、各社区妇联、县直各妇女小组也陆续举办了丰富多彩的庆“三八”及表彰活动，充分发挥典型带动作用；联合相关单位开展了迎“五一”、庆“五四”、欢度“母亲节”文艺演出暨“歌颂伟大母亲，弘扬感恩精神”为主题的集体诗朗诵比赛，在丰富全县干部职工的业余文化生活的同时助推了全县精神文明建设。

◆妇女儿童工作 2018年，紧紧围绕党政工作中心及妇联实际，主动融入党委政府民生工作大局。积极开展“两学一做”“四个奔着去”“巾帼脱贫行动”和“乡村振兴”实践活动，始终把联系和服务妇女儿童作为工作重点，大力实施贫困母亲和困境儿童的救助，年内在省、州妇联的大力支持和自身的努力下，团结引领乡镇妇联申报、实施“音乐之声　我要上学”、组织实施“亿人善衣—恒源祥慈善集团走进曲麻莱公益活动”“儿童快乐家园”等关爱贫困母亲和困境儿童关爱项目，累计发放各类救助资金11万余元，各类救助物资价值50余万元。实施巾帼脱贫行动，与多部门联合实施“春风行动，女性创业就业招聘会”，强化农牧区妇女专业合作组织建设，创建巾帼示范基地、培育巾帼典型，有效发挥“妇”字号基地在带动吸纳妇女发展中的示范引领作用，帮助贫困妇女灵活就业、自主创业发展。

◆执委会工作 2018年，县乡妇联按时召开执委会，认真总结2017年工作安排部署2018年工作。县、乡（镇）妇联和村级妇联组织层层签订2018年度县妇联重点工作和党风廉政建设重点工作目标责任书。

◆妇联网络建设 2018年，从“为党分忧、服务妇女”高度出发，注重运用现代信息技术，发挥妇联网站和官方微博、公众微信等新媒体工具，拓展与畅通反映妇情民意的渠道，实现妇联组织由“有形”向“无形”的拓展，提升妇联组织和妇女工作的影响力、凝聚力。“曲麻莱巾帼之声”微信公众号平台每月发布3条消息。

◆家庭文明建设 2018年，以家庭文明建设为抓手，助推地区的和谐文明建设。深入推进家庭家教家风建设，统筹和强化妇联家庭工作，深入推进社会主义核心价值观落地生根。依据自身优势和特点，积极发挥基层妇女组织的作用和力量，开展了“寻找最美家庭”“和谐文明家庭”“最美牧户”“平安家庭示范户”“助廉家庭”等特色家庭文明家庭创建评选活动。大力弘扬家庭美德，传播文明、廉洁家风，以家庭文明的创建推动地区的文明和谐平安。关注妇女儿童民生工作，助推精神文明建设。

◆对口帮扶 2018年，县妇联与昌平区妇联签订对口支援曲麻莱妇联系统框架协议书，筛选出符合条件建档立卡贫困户家庭的18名妇女赴北京昌平区妇联参加为期12天的实用技术培训，并在昌平区妇联还对她们进行免费健康体检，培训项目资金17.52万元。

◆维权服务 2018年，坚持以妇女为中心，加大源头参与力度，依法维护妇女儿童合法权益。深入推进“建设法治曲麻莱·巾帼在行动”活动和法制宣传教育实践活动，推进男女平等制度建设和妇女权益保护。以“三八维权周”“公民道宣传日”

① ② ③

①“美丽女性　幸福家庭”藏汉双语图书发放仪式
② 妇联系列活动
③ 恒爱行动走进三江源活动

“12·4”法宣日等为契机，联合司法部门力宣传《中华人民共和国反家庭暴力法》《中华人民共和国婚姻法》《中华人民共和国未成年人保护法》等法制宣传活动，引导妇女群众依法理性表达诉求，提供及时有效的维权服务。

◆助力环境保护　2018年，团结引领各级妇女开展“保护三江源建设美丽家园、巾帼在行动”活动，组织各级妇女组织动员广大妇女女群众积极参与生态环境保护和环境工作。全县6乡镇和5个社区妇联积极响应活动要求，组织开展了清理母亲河生态环境保护和环境整治和植树等系列活动。

◆妇女培训　2018年，为切实提高各级妇女自身能力和素质，组织1名县妇联女干部和4名乡镇妇联干部赴北京参训。组织3名村级妇联主席参加省级村“两委”班子能力培训。年内，还先后多次选派妇联干部和致富女能手赴北京、省、州加各类能力提升培训，切实提高自身素质，不断提高服务妇女儿童的能力和水平。

（县妇联供稿）

县科学技术协会

◆综述　2016年，全县科技工作继续坚持“围绕中心，服务大局，抢抓机遇，突出特色，创新发展，务求实效”的工作思路，认真履行“三服务一加强”的工作职责，充分挖掘科技潜在资源，着力提高全民科学素质，与时俱进，奋发进取，科技工作取得新的进步。

◆科研调研　2018年，为进一步促进全县生态畜牧业科技建设工作步伐，县科协深入基层认真调研县发展生态畜牧业科技建设的现状与存在的困难，形成集约发展、实现新的腾飞，撰写《如何进一步加快我县生态畜牧业建设步伐的几点思考》生态畜牧业发展调研报告。

◆**科普宣传** 2018年，根据不同人群，不同时期，开展有针对性的授课内容。针对各种牲畜疫病和禽流感传播以及家庭健康常识，进行积极开展宣传活动。县科协专门邀请县疾控中心和县人民医院的医务人员，为牧民群众讲解预防为主、提高防病能力的知识，增强牧民的疾病防范意识。同时，在县科协的教育引导和帮助下，广大群众纷纷自愿成立了护院小分队，严密防范畜棚疫病，避免春季疫病的传播。在"两会"期间，开展科普宣传工作，发放各类宣传册1200本，专家授课6次，讲解科普知识等活动宣传面达1.2万人次。

◆**牧民技能培训** 2018年，在农牧民科技培训基地，共开展了3期科技培训。培训内容为民族服装加工、烹饪、理发、挖掘机驾驶、装载机驾驶、汽车驾驶、村级财务管理，培训学员220名，覆盖全县五乡一镇19个村。其中在县委、政府的鼓励和支持下，直接就业的有95人，自主创业的15人，并在3期培训中择优选取6名学员前赴互助县职业技术学院进行进一步学习深造。

◆**科技建设** 2018年，投入100万元的科技建设项目费用，进行农牧民阳光技能培训，围绕农牧民专业合作社职业技能、良种繁育技术、高效养殖技术、饲草生产技术、动物疫病防控及蔬菜种植技术等科技科技技能进行培训，受益人数达876人。年内研制和推广新型干湿牛粪收集器及便携式充电羊毛剪。

◆**科技人才培训** 2018年，结合新型职业农牧民培育工程共累计培训牧民科技人才550人，其中社会化服务组织和农机培训50人。围绕农牧民专业合作社职业技能培训100人，围绕生态畜牧业、合作社运行管理等开展专题培训人100人；农牧业专项技术250人，其中畜牧养殖及疫病防治培训100人，饲草生产技术培训150人。

◆**科技项目** 2018年，向上级部门争取科技项目2个。分别为高原牦牛良种繁育技术推广项目和扎什加羊良种选育技术示范建设项目，共投入资金795.8万元。通过科技项目的实施，可逐步实现对本地藏羊的改良和本品种选育，实现畜群、畜种、品种结构的优化，大幅度地提高毛、肉等畜产品的产量及藏羊抗寒、抗旱、抗病适应能力，减少藏羊因病死亡，节省畜疫防治支出。同时，可以不断提高畜禽个体生产性能，推进畜牧业增长方式和经营方式的变革，使养殖业尽快从追求数量转变为质量、效益和生态并重的方向，走高产、优质、高效、生态、安全的可持续发展道路，为实现农业增效、农民增收做出新的贡献。

◆**科技扶贫** 2018年，依据省、州"三区"人才支持计划项目的部署，完成全县10名各业务口子科技骨干选派至6个贫困村进行科技扶贫。编制完成《曲麻莱县省级农业科技园区建设项目实施方案》，年内正在与上级主管部门进行协调审批工作。项目预算总投资5253.66万元，其中国家投资2515.45万元，占总投资48%，自筹资金2374.58万元，占总投资45%，信贷资金363.63万元。

◆**科研实践** 2018年，协调落实科技投资500万元的生态园建设项目。年内在良种繁育、高效养殖、种畜串换等方面，积极引进先进的现代化科学技术，并取得了显著成效。

（县科协供稿）

科普活动

县残疾人联合会

◆**综述** 2018年，县残联以组织实施全省“残疾人十大民生工程”为载体，切实加强残疾人组织建设、康复、就业培训、扶贫帮困和社会保障工作，残疾人生活状况进一步改善，残疾人幸福指数不断提升。

◆**残疾人培训** 2018年，为提高残疾人的业务素质，举办残疾人业务知识培训班1期，重点对残疾人工作者素质要求、残疾类别和等级的识别、残疾人康复需求知识、残疾人工作内容、相关政策和法规等内容加强学习。组织召开2次乡镇和社区残联会议，确定相关工作和职责，发挥残疾人工作联络站横向到边，纵向到底的作用，将落实残疾人生活保障，有效开展社区康复服务、促进社区残疾人就业、广泛开展助残活动和维护社区残疾人合法权益作为社区残协和残疾人专职委员的工作重点，进一步提升为残疾人服务的能力和水平。

◆**残疾人康复** 4月20日，州残联组织人员赴曲麻莱县筛查残疾患者。重点对白内障、脊柱侧弯、脑瘫等残疾患者进行筛查，共筛查出患者400余人，其中白内障患者230人，符合治疗条件的36人；0～6岁脑瘫智障儿童8人，符合治疗条件4人；脊柱侧弯7人，符合治疗条件7人；肢体残疾18人，符合治疗条件的10人；精准适配助听器77人。

◆**残疾人救助** 2018年9月，实施贫困残疾人救助行动，与西宁恒安骨科医院共同对全县300余名伤残患者进行筛查，确认符合治疗救助条件的143人，住院治疗57人。其中建档立卡户51人，非建档立卡户6人，年内治愈出院14人。

◆**社区康复工作** 2018年，深入开展社区康复工作，全力开展残疾人康复示范县创建工作。在助残日期间，免费为残疾人发放轮椅35辆、辅助器具240余件套。利用中残联彩票公益金项目免费为10名下肢残疾人装配假肢。同时做好二代残疾人证的办理工作。

◆**残疾人就业创业** 2018年，认真抓好“残疾人万人就业”和基地缝纫的培训工作，免费培训残疾人20余名。扶持建立阳光缝纫基地、助残就业扶贫基地，安置和带动20余名残疾人实现就业或创业。

◆**残疾人服务设施** 2018年，成立康复服务中心，服务场所面积达300平方米，康复服务设备和康复训练器材、辅助器不断完善。根据残疾人的需求，提供康复训练指导、心理疏导、知识读物、残疾人亲友培训等。

◆**残疾人信访** 2018年，接待来访5人次，协调解决各类问题2件。（县残联供稿）

乡镇简况

XiangZhen JianKuang

曲麻莱县2018年辖乡、镇、村名表

表30

乡镇名	乡镇政府驻地	村　　名
约改镇	约改滩	岗当村、格青村、长江村
巴干乡	代布松多	团结村、麻秀村、代曲村
秋智乡	巴地陇仁	布甫村、加巧村、格麻村
叶格乡	加青松多	红旗村、龙玛村、莱央村
曲麻河乡	加土松涌	多秀村、措池村、勒池村、昂拉村
麻多乡	加亥贡玛	郭洋村、巴颜村、扎加村

约　改　镇

◆概况　约改镇位于曲麻莱县东南部，距曲麻莱县城约5公里；东西宽约60公里，南北长约70公里。土地总面积6717262亩，海拔4250～5310米；全村地势呈北高南低，主要以山地为主体，年平均温度-3.5℃，无霜期很短，年≥0℃年积温845.1℃，≥5℃积温507.5℃。年均降水量395毫米左右，年日照时数约2540小时，属高寒大陆气候，牧草每年5月上旬开始返青，生长期100天左右。全镇总人口5493户，17593人。全镇现有党员126名，占全镇总人数的10.7%。全镇辖设1个机关党支部，3个村党支部，4个社区党支部，3个村民委员会，9个牧民小组；两个寺院各7名活佛，2各民管会班子。

◆经济社会发展　2018年，约改镇经济保持了平稳增长的势头。据统计，全镇各类牲畜存栏量达到33195头（只、匹），适龄母畜15725头（只、匹），适龄母畜比例达到54%，繁殖育活各类仔畜14851头（只、匹），育活率达到94%，成畜减损481头（只、匹），成畜减损率为1.1%，总增率为4.1%，出栏率为40.6%，商品率为33.5%，人均纯收入达6783.44元，牧业增加值达到6262万元。

◆生态保护　2018年，在加强生态环境保护相关政策的宣传的基础上，鼓励广大牧民群众积极参与生态保护与环境治理工作，提升了牧民群众参与环境保护与治理的自觉性。镇、村共组织群众在县城周边清理垃圾45次，镇机关、各社区将每周五确定为环境清洁日，组织干部职工、群众统一清扫垃圾，积极创建良好的人居环境。虫草主产区村社组织群众对周边环境进行集中治理。

◆精准扶贫　2018年，高度重视扶贫领域工作，年初各村包点领导带领工作人员深入岗当、长江、格前村召开群众大会，宣传党的支农惠农政策，走村入户进行摸底调查。约改镇易地搬迁83户全部入住，开展易地搬迁户旧房拆除7户，并将所有扶贫管理手册全部录入系统。精准扶贫危房改造107户。互助资金贷款43户，共计19.35万元。加强技能培训，为进一步拓宽辖区牧民（居民）群众的增收渠道，掌握一技之长，培训30人。

◆党建助力脱贫攻坚　2018年，发挥党支部引领作用，充分利用远程教育不定期组织贫困户观看发家致富片、产业发展片，树立起贫困户发家致富的信息和决心，协调动员村里的致富能人、包村干部，集中人力、物力、财力，千方百计实现贫困户脱贫摘帽，3个村先后通过资产收益、低保兜底、产业扶持、易地搬迁、生态奖补、林改、护林及湿地管护补助、生态管护岗位等方式实现全部脱贫摘帽。

◆党建引领合作社建设　2018年，以约改镇格前村藏迪生态畜牧业专业合作社为龙头，长江第一湾生态畜牧业专业合作社、雪鸡养殖场等一批发展较好的合作社充分发挥党组织引领产业发展，助推精准扶贫工作的作用，通过镇党委、村党支部、合作社党小组的共同努力，不仅充分发挥引领带动作用，还扶助137个贫困户加入合作社投入生产，给贫困户提供资金和技术，支持带动贫困户走上致富路。同时合作社实行党小组及党员结对帮扶贫困户、低保户，落实帮扶资金40万余元。

◆扶贫牧场 2018年，依托扶贫牧场，大力发展畜牧业养殖，将贫困人口纳入扶贫牧场的生产当中，通过产业扶持资金为长江村建设长江村建筑建材及五金加工综合市场，投入产业扶持资金199.68万元及北京昌平区援助资金110万元，建设面积1070平方米，涉及扶贫人口437人，预计实现年经济收益达32万，人均可分红700余元。从事销售产业3处。实施劳务输出962人，技能培训50人，解决救助粮、饲草料12吨，发放慰问金7万元。

◆畜牧业发展 2018年，按照上级畜牧部门下达的指标，真抓实干，狠抓牧业基础设施建设，完成圈窝种草15万亩，芫根种植5亩。积极落实生态保护与治理工作。与全镇草原管护人员及时签订劳动合同，规范管理，同时及时拨付草原生态奖补资金、林改资金及专职草原管护员报酬及待遇；大力推进种畜串换、花色牦牛淘汰等工作；动物疫病防控按照“头头注射、只只免疫”的要求，严格按照操作规程，高速度、高质量、高密度地完成了春季疫苗免疫接种。完成普通病防治6837头（只、匹），对棚圈全面消毒86次，全镇共注射各类生物疫苗80593头（只），有效预防了各类牲畜疫病的蔓延发生。

◆生态畜牧业合作社建设 2018年，充分发挥基层党建带动引领作用，大力发展格前村藏迪生态畜牧业专业合作社、长江第一湾生态畜牧业合作社等合作社的基础上，在三村进一步引领促进生态畜牧业合作社建设，通过鼓励回乡大学生、致富带头人、基层党员创建建立合作社和扩展原有的藏雪鸡养殖厂等方式促进合作社的发展，争取建立一批产业基础牢、经营规模大、品牌效益高、服务能力强、带动牧户多、规范管理好、信用记录良好的示范合作社，从而推进地区经济走集约化、规模化、产业化、企业化之路。

◆基层党建 2018年，加强党风廉政建设，推进“两学一做”学习教育常态化制度化。加强组织领导，成立由党委书记为组长的领导小组。并对镇村两级分别制定学习、实施方案，确保全方位贯彻省、州、县委会议精神，做好工作动员。镇党委、政府召开“两学一做”学习教育培训会，开展讲党课活动，并落实到各支部。抓好日常学习。全镇共召开集中学习培12场次，分散学习15次，座谈讨论5场次，撰写学习心得5篇，读书笔记15篇。

◆民创工作 2018年，根据县委、县政府的统一部署，把维护社会稳定作为一项重要工作来精心部署并狠抓落实。为切实加强对维稳工作的领导，约改镇以民族团结进步先进区创建活动和寺院社会化管理为抓手，严格按照县委结合全县实际和藏区稳定工作的形势提出的“一、二、三、四、五”的维稳工作思路，全镇维稳工作进展顺利。加强对江荣寺、仲晴寺的管理和安全保卫措施，对镇内外僧侣流动情况进行排查。共召开寺管会成员及僧侣大会共4次，参加人员累计达80余人次，全力维护安定团结的社会局面，确保维稳工作不出差错。规范寺院社会化管理工作，全面掌握舆情动态，确保社会稳定，镇党委、政府按照属地化管理原则，将驻寺开展工作、舆情信息调查搜集工作延伸到三村九社和四个社区。

◆虫草采挖管理 2018年，为确保虫草产区能够平稳顺利地度过采挖期，保证产区的社会稳定，为牧民群众创造一个安定有序的生产生活环境，提前着手各项前期准备工作，宣传好、贯彻好县委、县政府制定出台的新的《虫草采集管理办法》以及其他文件规定，使之家喻户晓，人人自觉遵守，严格照章办事。认真分析虫草采集期间可能影响稳定的各类隐患，组织镇派出所协同县公安、法院和检察院等部门，深入辖区各采挖点开展社会维稳、法制宣传及生态保护等政策法规宣传活动，发放各类宣传手册达1万余本，开展政策集中宣讲活动7次、累计宣传人数达3万余人。采取有效措施加以预防和消除，做到防患于未然。合理安排劳务输出工作。以免征资源补偿费的方式安排镇内村社之间的劳务输出927人，免除虫草采集费约139余万元。严格按照《管理办法》的规定，积极配合西部两乡做好劳务输出及接纳工作，安排县城城镇居民、西部两乡劳务输出人员893人，对五保户、低保户、困难户免收虫草采集草原补偿费4万余元。严格落实县外人员禁采的规定，对县外人员进行了全面清理，共清理违规进入的县外人员7人，从而确保了产区的社会治安稳定。

◆社会治安综合治理 2018年，通过大力实施普法宣传、宪法学习及依法治国理念学习等宣传教育活动，增强了全镇干部群众的法律意识，干部群众的学法、用法、守法的自觉性和依法办事的能力得到明显提高，全镇充分利用各种群众性大会多次宣传讲解法律法规，接受宣传人数1500余人次，宣传面达70%以上，进一步增强了牧民群众的法律观念，使他们懂得用法律武器来维护自身的合法权益。为彻底排查影响社会稳定的矛盾和问题。镇包点领导干部深入基层，分赴长江、岗当、格前三村及四个社区开展矛盾纠纷排查化解活动。通过召集群众代表，基层组织负责人会议、谈心谈话和走访群众等方式共排查出各类矛盾纠纷10起，并成功调解。排查各类矛盾纠纷16起，成功调处14起，其中转交镇调解成功1起，转送司法机关1起。综治维稳工作得到加强，民兵积极参与到辖区整体联防工程，落实一村两警，各村加强治安联防队配合辖区派出所共同搞好联防，认真履行职责，社会治安综合治理工作得到全面加强。

◆卫生和社会保障 2018年，全镇计划免疫接种率达100%，完成农村儿童计划免疫任务，接种率达100%。新型农村合作医疗开展良好，机关干部职工医疗保险得到落实。农村低保工作进展顺利，疾病防控和防治工作自始至终严格把守，农村医疗卫生事业蓬勃发展。救灾救济工作有序开展，发放冬春救助补助资金150万元，发放救济粮食饲草料8500公斤，发放孤儿生活费6万元，农村居民低保资金和城镇低保金均按时发放到位。

◆安全生产工作 2018年，紧抓安全生产工作，认真贯彻落实国家、省州县关于安全生产工作法律法规和文件精神，与境内、加油站、加气站等重点区域签订了2018年安全生产目标责任书，指导各企业开展安全质量标准化建设。

（约改镇供稿）

巴　干　乡

◆概况 巴干乡位于曲麻莱县东南部约100公里处。地理位置为北纬33°35′～34°22′，东经95°59′～96°37′之间。东与称多县尕多乡相接，西部与约改镇为邻，南以通天河为界与治多县相望，西与本县的秋智乡相连。巴干乡属高原大陆性气候，多风少雨，干燥寒冷，年积温低，因受山地垂直分布控制，日较差大，太阳辐射强，日照时间长，暖季气候凉爽，雨水充足，北部，西北部终年霜雪不断，冷季气候寒冷，易成雪灾，全年冷季长达9个月之久，暖季不足4个月。全年降水量472毫米左右，主要降水集中在6—8月。年均气温在-2.6℃，无绝对无霜期。乡人民政府驻地在代布松多，海拔4020米。巴干乡是藏族为主的纯牧业区，由于受地理位置、环境、气候等不利因素影响，制约了社会经济发展，牧业基础也比较脆弱。全乡总面积为291.76万亩，占全县总面积的5.04%，可利用草场面积211.88万亩，占全乡总面积的76%。全乡现有4个党支部，党员214名。全乡下辖代曲、团结、麻秀3个牧委会，9个牧业社。另有寺院两座，分别为巴干寺和夏日寺。全乡常住人口2148户6196人。

◆综述 2018年，全乡上下坚持以习近平新时代中国特色社会主义思想为指导，在县委县政府的坚强领导下，坚持以人民为中心的发展思想，牢牢把握稳中求进的工作总基调，坚定践行新发展思路，认真贯彻落实中共十九大和省、州十三届四次、五次全会及县委历次全会精神、“五四”战略、“一优两高”战略，贯彻县委全委会精神，主动适应经济新常态，以经济建设为中心，以“牧业增效、牧民增收”为目标，以核心指标、项目建设、民生实事为重点，坚持把发展作为第一要务，团结带领全乡广大干部群众，一心一意谋发展，聚精会神搞建设，齐心协力促和谐，经济和社会发展取得显著成绩，圆满完成了2018年确定的各项主要目标任务。全乡牲畜存栏总数达46081头（只匹），其中能繁殖母畜23143头（只匹），占牲畜总数的50%，当年仔畜成活12661头只，成活率为95%；全乡牧民人均纯收入达5000元，年均增长3%，牧区多种经济收入达365.9万元，同比增长42.9%。

◆脱贫攻坚 2018年，紧扣“两不愁、三保障”目标，全面落实“十个一批”脱贫措施，实现全乡三村500户、1508建档立卡贫困人口脱贫，完成年度目标任务。完成三村危房排查120户；“雨露计划”享受46人，共计29.5万元，按照上级“一村一技、一户一能、一人一策、一员一档”的思路，全面开展牧区劳动力引导性培训和职业技能培训，投入资金3.69万元完成了123人的各类技能培训任务，增强带领贫困牧民脱贫致富的示范引领能力，以创业带动就业。同时依托政策积极申请生态公益性岗位实现脱贫，收益79人，人均年收入2.16万元，共计170.64万元。

◆生态文明建设 2018年，按照“绿水青山就是金山银山”的重要思想，始终将生态环境整治和人居环境打造作为实施乡村振兴战略的主抓手，在全乡范围内大力开展生态环保环境整治活动，充分利用各种声音宣传环保意识，利用红十字会捐助的垃圾无公害焚烧炉和代曲村垃圾分类装备，进一步加大了垃圾分类处理的二次回收利用价值。结合乡、村及民间环保组织开展环境整治活动。年内各类大型整治活动达到每月1～2次，每次清理各类垃圾等达10余吨，参与党员群众百余人。全面落实三江源国家公园园区生态管护公益性岗位“一户一岗”政策，落实生态管护员岗位75人、扶贫管护员79人每月1800元的工资报酬确定及发放。

◆产业发展转型 2018年，围绕农业供给侧结构性改革，着力促进第一产业向“有机”和“绿色”为主的生态畜牧业转变，加大对牧业产业合作社、畜产品深加工及新型村集体经济等工作的支持力度，重点开展节约化、绿色化、高效化的集体畜牧业合作社的推广的组件，推动绿色有机畜产品“进城”、“上网”，探索出了牧业增产、牧民增收有效途径。本着因地制宜、彰显特色、分步实施的原则，先后着力打造了以代曲村牧业合作社为典型的“绿色”“生态”发展模式；形成了以麻秀村“加油站”、“客运公司”及“商务宾馆”服务业为主的运营模式，并在全乡起到了带头示范作用。完成代曲、团结两村各40万元的村集体经济破零计划，实施代曲村加油站项目。年内全乡各畜牧业合作社累计分红20余万元，收益面覆盖全体建档立卡户。

◆村集体经济发展 2018年，坚持村“两委”主导、政府指导的发展模式。通过几年来的不断努力，三村“两委”通过自身努力，逐步走出了适应各自发展的经济之路，实现了“零”的突破。代曲村“两委”集体经济中，其集体牧场实现了年分红20万元（牛、羊分红折算），受益贫困户达百余户，代曲村蔬菜基地实现分红5万～8万元。代曲村收购的中原加油站以开始运营，预计年产生利益20万～25万元左右。麻秀村作为省定贫困村，从以往的以往所有到现在的多种产业共存发展，离不开党组织坚强的领导和党员、能人的积极推动。现在，“麻秀村加油站”稳定实现经济效益年25万元，“麻秀村客运公司”于去年底运营，拥有从玉树州到格尔木的客运路线一条，预计年底效益10万元左右。麻秀村宾馆正式营业，由麻秀村自筹100余元，县政府帮扶20万元以及由北京昌平区回龙观镇对口帮扶20万元新建，预计年底效益20万元左右。

◆社会事业 2018年，按照“一优两高”战略部署，注重发展好品质生活，着力提升牧民群众的幸福感和获得感，进一步加大在改善民生、卫生医疗、社会救助、济困帮扶、道路交通、教育住房等方面工作力度，年内减畜1.13万个羊单，发放草补资金2182.23万元；农牧区产权集体经济制度改革全面启动，前期工作已初步完成，为城乡低保对象235户755人发放低保金271.8万元；进行家庭医生双签约520人，为全乡建档立卡户实施减免门诊药费150人次2万余元，全面实行药品网采零差价销售，免费落实11人的住院分娩费用，乡卫生院全年门诊人数超过2000人次；乡卫生院在全县率先启动了门诊直报系统，先后报销门诊药费1800余人次20余万元；启动新家庭计划，实现养老15人、家庭38户；农保、医保参保工作顺利实施，全乡5533人参与，参保率达100%；控辍保学工作稳步推进，完成户籍库有学籍库无1578人劝返核减工作的91%以上，完成扶贫库有学籍库无823人中核减率90.52%；完成代曲村42公里乡村公路维护，麻秀村95公里乡村道路建设任务；实施完成乡五暖工程。

◆**文化旅游深度融合**　2018年，围绕强化旅游示范区创建，服务业一条龙构建，着力促进第三产业向特色文化、旅游、食宿等为主的现代服务业转变，2018年积极谋划推广“尕多觉吾”“巴干寺”“夏日寺”等旅游景点路线，打造富有民族特色的“格萨尔王传承艺术”“藏棋”及“牧家乐”等民俗项目。全年游客接待量达3万人次，旅游总收入10万元。

◆**基层社会治理**　2018年，始终把维护社会稳定作为重要工作来精心部署并狠抓落实。注重5—7月的虫草采挖期间的社会稳定工作，采取群防群治、联防联治的方式，发动全乡群众干部参与，以确保虫草采挖期间社会大局的安定。结合开展“扫黑除恶”工作，进一步夯实社会稳定基础，制定了全乡扫黑除恶工作领导小组及实施方案，划派专人负责，划分重点区域、重点人群等包片包区。

（巴干乡供稿）

秋　智　乡

◆**概况**　秋智乡位于曲麻莱西北部88公里处，乡政府所在地巴德陇仁。东与约改镇、麻多乡相连，西北与麻多乡相连，南与治多县隔江相望。东与约改镇、麻多乡相连，西北与麻多乡相连，南与治多县隔江相望。地势西高东低，平均海拔在4580米以上。全乡辖布甫、格麻、加巧3个行政村，10个牧民小组，全乡总人口为1692户5178人。全乡总面积837.76万亩，其中草场面积544.35为万亩，可利用草场为397.54万亩，黑土滩为152.19万亩。年末全乡牲畜存栏数为67086头只。全乡干部职工总数为78人。党支部4个，党员146名。

◆**生态环境保护**　2018年，结合工作实际制定出台《秋智乡环境综合治理工作方案》，安排专门人员负责开展全乡环境整治及生态保护工作，成立专项生态环境保护工作队全年对全乡生态环境开展定期或不定期排查，切实为秋智乡生态环境保护打下坚实的基础。牢固树立“环境是我家，保护靠大家”“绿水青山就是金山银山”的理念，定期开展干部群众义务环保、清街扫巷、美院净室等活动，开展了全乡道路沿线、河道等环境综合整治工作，全面改善全乡“脏、乱、差”现象，切实改善环境面貌。切实发挥329名生态管护员职能作用，开展动植物保护、草原保护、禁止砂金盗采及其他破坏性质的乱采滥挖、禁牧减畜、监督草原灭鼠和其他生态治理等工作。全面落实推进河长制的工作要求，严格落实职责、层层推进任务，定期开展河道巡查，指派巡护人员，确保保护三江源核心区域，为水源地保护工作奠定了坚实可靠的基础。

◆**畜牧业发展**　2018年，按县政府提出的牲畜品牌化战略思想，通过规模养殖与牧业示范户之间的优良种畜串换等使全村的品种改良工作取得了较好的成绩，同时在前两年开展牦牛黑色纯化工程及淘汰花色种畜的工作的基础上，进一步加大了花色种公畜淘汰工作力度。

◆**扶贫牧场建设**　2018年，高度重视扶贫牧场的建设工作，先后召开多次群众大会和村级领导工作会议，在草场整合、基础设施建设等方面充分听取村社领导及群众意见，本着牧户自愿参与的原则在先后各社成立的10个扶贫牧场进行了巩固提升。

◆**虫草采集**　2018年，以虫草采集为依托，支持牧民脱贫致富。党委、政府高度重社，牧民脱贫致富工作，加大劳务输出力度，共组织1376名牧民前往巴干乡团结村采挖虫草。积极与县扶贫办、县农业银行协调，为全乡30余户牧民办理“530贷款”，利用互助资金为全乡651人解决虫草采集费用，解决群众的燃眉之急，增加牧民收入。

◆**精准扶贫**　2018年，精准扶贫工作稳步推进，全面完成369户易地搬迁户的入住工作。根据易地搬迁工作的相关要求，每户一名剩余劳动力参加技能培训的要求，年内共有24名技能培训人员参加培训，占全县培训人员的39.8%，培训取得积极的成效。加巧村产业扶持项目资金215万元，通过乡党委政府、驻村第一书记及村委会的多次会议研究项目实施方案并通过广大牧民群众的一致同意，在西宁市水井巷广场购置两处商铺；格麻村融资分红300余万元，通过多地考查（扶贫微项目、自驾游项目），确定格麻村产业扶持资金用于融资分红。

◆**农业普查**　2018年，根据县政府、县统计局安排，由乡政府组织安排，由乡村社三级干部成立工作小组，深入三村开展农业普查基本信息采集工作，各村组干部逐户落实，对每位牧户基本信息进行认真的收集和审核工作，按照县政府规定严格填制和录入基本信息采集表，做到无一疏漏，信息完善，为全乡的工作打下来结实的基础。

◆**教育工作**　2018年，按照县委、县政府召开的控辍保学专题会议的相关要求，成立秋智乡控辍保学专项工作领导小组，深入各村社、寺院排查辍学学生，按照县政府及县教育局下发至全乡的控辍保学317人劝返名单中，劝返302人。其余15人经排查均系残疾、双重户籍或非本乡户籍人员。

◆**民政工作**　2018年，按要求对全乡贫困户、五保户、低保户、残疾人、三老干部档案继续进行规范录入和上报，全面完成的低保动态工作，对符合享受低保户进行筛查，动态后目前全乡共有低保户249户、721人。

◆**卫生与计划生育**　2018年，积极协同乡卫生院完成全乡健康档案录入、疾病筛查等工作，及时上报了独生子女户、放弃三孩户、奖励扶助户，使群众切实享受到国家的惠民政策。

◆**社会保障**　2018年，积极宣传新农保、养老金政策，力争群众自愿参保的意识有所提高，全面完成2018年农村医疗保险及养老保险的收缴任务，全乡参保率达到90%。

◆**交通道路建设**　2018年，协助推进S312玛色公路建设，组织专门工作人员做好征地补偿工作，补偿款以“一卡通”的方式已发放到征地牧户手中。在取料场选址开发时，严格按照上级关于环境保护的相关要求和指示，以最大限度地减少生态环境破坏为前提进行了选址和开发。2处取料场已按照上级有关推进河长制工作的要求，搬出秋智乡境内。

（秋智乡供稿）

叶　格　乡

◆**概况**　1958年建叶格公社，1984年改设叶格乡。地处曲麻莱西部腹地，分别与海西格尔木市、治多县和曲麻河、麻多、秋智等乡为邻而居。乡政府驻地加青松多，海拔4258米。全乡土地总面积1127万亩，草场面积728万亩，占土地总面积的76.76%，其中可利用草场面积523万亩，占草场总面积的45.8%。全乡辖莱阳、龙麻、红旗三个牧委会。境内为长江水系，支流有色吾河、牙扎曲、岗欠曲、果玛陇曲等，大的湖泊有昆仑湖、错卡巴尔多等。矿产资源有砂金、水晶、盐湖，境内国家级保护动物有野牦牛、藏羚羊、藏野驴、雪豹、马鹿、盘羊、岩羊、黑颈鹤、雪鸡等，名贵药材有雪莲等。叶格乡于2001年被列为三江源自然保护区“楚玛尔河野生动物”保护核心区。全乡下辖中心寄宿小学1所，乡中心卫生院、兽医站各1所，社会经济发展服务中心和农牧业技术服务站等五个事业单位和乡派出所1个行政单位。全乡现有干部职工36人，党员干部29人，占76%。

◆**畜牧经济**　2018年，将发展畜牧经济作为促进全乡经济持续增长的主要抓手，着力发展特色畜牧产业，同时开展技术培训，为经济发展奠定基础。据统计，全乡各类牲畜存栏量达到57722头只(匹)，适龄母畜28861头只(匹)，适龄母畜比例达到50%，繁殖育活各类仔畜21512头只(匹)，育活率达到74%，成畜减损率为0.7%，动物疫病防控按照要求，严格按照操作规程，高速度、高质量、高密度地完成了全年疫苗免疫接种，有效预防了各类牲畜疫病的蔓延发生。生态畜牧业合作社的发展，从而推进全乡牧区经济走集约化、规模化、产业化之路。

◆基层党建 2018年，坚持党建联点领导、党建指导员全程参与指导。要求各党支部严格标准、规范程序，做好资料的审核把关和收集归档工作，确保了民主生活会和组织生活会的扎实有效开展，更好地发挥基层党组织战斗堡垒作用和党员先锋模范作用。严格党员管理和教育。进一步加强党的基层组织建设，进一步完善“三会一课”、民主评议、党员干部廉洁自律、缴纳党费等制度，做到对党员的教育、管理和服务的有机结合，使党内生活制度化、规范化。认真做好党员组织关系接转和党费收缴工作。加强党的执政能力建设和党的先进性建设，紧紧围绕中心工作任务，以建设服务型乡镇队伍为核心任务，以规范机关基层组织建设、提高党员干部职工队伍素质能力为重点，扎实开展党的群众路线教育实践活动，全面加强机关党的思想、组织、作风、制度和反腐倡廉建设，不断推动机关党的建设上水平，为促进全乡各项工作又好又快发展提供强有力的政治保证。

◆扶贫和控辍保学工作 2018年，组织工作组深入三村开展扶贫、“控辍保学”、生态环境保护等各项惠民政策以及法律法规知识的督导宣讲工作，并在督导宣讲过程中对各村在扶贫产业发展、项目实施、河长制、湖长制工作等方面存在的问题进行了归纳、梳理，形成工作台账，明确责任，逐项解决。同时了解各村牧民群众在日常生产生活中存在的困难和实际需求，切实解决牧民群众的实际困难，让牧民群众享受惠民政策带来的实惠。针对督查组督查反馈意见整改任务清单中列出整改事项，及时跟进，对活动开展情况加强跟踪问效，防止走过场、流于形式。对在整改工作中不担当、不作为及工作不落实、成效不明显的干部职工，强化严肃问责。乡党委、政府周密部署，统筹安排，认真谋划，主动对接，包点领导、驻村第一书记、村“两委”班子带头履职尽责，带头担当作为，带头承担责任，详细记录和了解各村牧民群众在日常生产生活中存在的困难和实际需求，进一步加强帮扶活动，查出解决问题。

◆高原美丽乡村建设 2018年，围绕高原美丽乡村建设和城乡一体化发展，按照“整乡推进、全村覆盖”的建设思路，打造特色鲜明、村容整洁、宜居宜游的田园美、村庄美、生活美的高原美丽乡村，继续完成高原新叶格乡工程。通过进行环境卫生集中整治20余次，乡机关干部、学校师生、各村社干部、群众对全乡境内河床、水源、牧场、主干道和通村通社道路等进行彻底清理，美化了乡村环境。

◆创建民族团结 2018年，深入开展民族团结进步先进区创建活动，不断巩固和发展平等、团结、互助、和谐的社会主义民族关系，叶格乡认真贯彻落实创建工作要求，全面开展创建民族团结进步先进区工作。乡领导高度重视，成立以乡党委书记为组长，乡长为副组长的工作领导小组，结合实际，研究制定《叶格乡人民政府创建民族团结进步先进区实施意见》，做到了创建工作早计划、早安排、早部署，为各项工作扎实有效开展做好规划安排。

◆生态环境保护 2018年，严格按照生态立县要求，狠抓环境整治，加大生态环境保护工作。将环境保护列入年度目标考核内容，坚持24小时不间断全面巡查和重点区域监督，执行乡干部包村、村干部包组、组干部护林员、党员、妇女小组长保地块的层层责任制，执行日报告制，落实责任，由于措施得力，责任明确，保证生态环境安全，全年没有发生一起环保事故。

◆干部作风建设 2018年，严格执行中央、省州县关于改进工作作风、密切联系群众的有关规定，扎实推进作风建设。开展集中整治“庸懒散贪”问题专项活动，继续加强机关效能建设，全面推行政务公开、服务承诺、过错追究、首问负责和限时办结制度，加大督查督办力度，确保了重点项目建设、为民办实事等工作落实到位。认真执行县人大及其常委会的决议，主动接受人大监督。加大财政预算执行、政府投资、民生项目和重大专项资金的审计力度，财政资金使用的质量和效率得到提高。

（叶格乡供稿）

曲 麻 河 乡

◆概况 曲麻河乡以曲麻河(长江北源最大支流楚玛尔河的别称)而得名,“曲麻河”藏语意为“红水河”。地处曲麻莱县西北部、东以曲麻河为界与叶格乡莱阳村毗邻,南及西南以通天河为界与治多县扎河、索加两乡隔江相望,西接可可西里以青藏公里109过道为界,北连格尔木以昆仑山山脊相接。曲麻河乡建政于1963年10月,面积为1.7万平方公里,乡政府驻地加土松涌,海拔4316米,下辖昂拉、多秀、勒池、措池4个村12个牧业社不冻泉和五道梁两个商贸小城镇,全乡共1335户4214人。曲麻河乡整体地形东西长,西南窄,地势东低西高,平均海拔4500米以上,属典型的高原大陆性气候,具有高寒缺氧、少雨多风(沙)的气候特征,其中空气中缺氧量高达40%,平均气温-2.9℃左右,四季无差别,冷季空气严寒干燥,降雪频繁,多风沙,易成灾。2018年,全乡干部职工共30人,共有5个党支部,共有党员212名。

◆经济发展 2018年,坚持发挥资源优势,努力打造地方特色产业品牌,坚持生态化的发展方向,推广现代化的生产方式,创新组织化的经营模式和发展“一村一品”特色产业的总体需求,推行畜牧集约化和特色养殖业相结合的畜牧生态发展路子,开创了“牧场+灵活经营点+合作社+公司”的特色经营模式,使全乡畜牧业产业结构调整步入了正规化、规范化的轨道。全乡12个牧业社,4个经济合作社,6个专业合作社。全乡共有158户入社,总人数631人,有劳力的301人,整合草场1155430.5万亩,其中可利用草场面积775933万亩,年内固定资产累计投入1000多万元,人均收入从建社初期800元,逐年增长至4210元。

◆党的基层组织建设 2018年,坚持“围绕经济抓党建,抓好党建促发展”的工作思路,全面加强党的思想建设。严格党的学习生活会制度,做到加强教育,健全制度,注重效果,督促检查。通过严格党的组织生活,全体党员提高了参加党的组织生活的自觉性,能够自觉接受党组织的教育、管理和监督。加强党员管理,理清党员数量及构成情况,为进一步加强对党员的教育和管理,发挥基层党组织的战斗堡垒和引领作用,建立乡各支部党员定期学习制度,以及借助远程教育系统在各村支部党员活动室进行教育,加强牧民党章等学习宣传工作。扩大党员队伍,始终坚持分层次培养,扩大入党积极分子队伍,年内发展党员4人,吸收预备党员6人,发展入党积极分子5人,进一步拓展基层党组织覆盖面。切实丰富组织生活,通过开展“三培双带”“三议一表决”“学习型机关党组织”“一对一”帮扶等形式多样的党组织生活,增强了基层党组织的凝聚力和向心力。

◆村(社)事务监督 2018年,加强政务公开、村(社)务公开、财务公开,在全乡4个村、12个社建立村(社)监督委员会,成立相应的监督领导小组,收到了较好效果。

◆推进“三基”建设工 2018年,严格按照“三基”建设活动安排,以村支部建设“七个好”党支部的目标,扎实开展“三基”建设活动,争创基层党组织建设先进乡。以会代训的形式组织村支书、村社干部及党员进行培训班,每次会议参加人数达80余人次,使基层的村干部及80%以上的牧民党员受到了一次轮训。

◆干部作风建设 2018年,通过行政效能建设活动的开展,全面整顿工作作风和纪律、进一步强化干部监督管理,不断加强作风建设。使乡村干部责任意识和自律意识不断增强。

◆教育事业 2018年,加强农村义务教育工作,积极开展阳光公益助学活动,取得了明显实效,给予各村贫困户及在外就读的高中以上学生和孤儿发放阳光公益基金。加大教育投入,全面巩固“两基”成果,稳步推进素质教育,师资队伍建设不断加强,教育教学质量逐年提高。

◆医疗卫生 2018年,基本完成村级卫生室建设工作,群众看病难的问题有所缓解。积极推行农村新型合作医疗制度,参合率达98%以上。重大疫病的宣传、防治力度不断加大,突发卫生事件的应急能力明显增强。妇幼保健工作得到加强,妇女儿童健康状况大有改观。人民群众的健康水平在总体上得到提高。

◆**民政救助** 2018年，认真落实民政优抚救济各项政策，以结对子帮扶、提供信息、技术服务、多方筹资方式，解决好群众五难问题。凡是符合低保条件的全部纳入低保范围，2018年全乡低保户199户，共计585人，救助资金达142.61万元；全乡五保户95户，救助资金34.93万元。

◆**精准扶贫** 2018年，按照县委、县政府关于精准扶贫工作的总体安排部署，坚持把精准扶贫工作作为今后一段时间内工作的重中之重，加大产业扶贫力度，大力扶持农牧民畜牧业专业合作社。协助创办曲麻河酥油协会、玛尼石刻厂等经济组织。精准识别三江源国家公园草原管护员人选，确保低保户、贫困户家庭适龄人员入选，474户贫困家庭人口享受管护员补助。积极与县民政局、县残联协调，争取民政低保人员276名。实施精准脱贫易地搬迁项目，完成易地搬迁340户。

◆**生态旅游** 2018年，举办大漠越野摩托车赛和首届旅游文化节，旨在探索人与自然和谐相处模式，实现了生态和民生双赢。举办玉树州第二届优良牦牛公牛评比会，推广优良畜种，打造良种品牌。举办"野血烈焰"游游文化节，通过活动展示了游牧风貌，让更多人了解了游牧文化的内涵，并以游牧文化为支点打造了对外交流的平台。

◆**精神文明建设** 2018年，全面贯彻落实《公民道德建设实施纲要》，扎实推进未成年人思想道德教育。开展"星级文明户"创建活动，评选10户"文明户"和5户"示范户"，在全乡营造崇尚先进、学习先进、争当先进的浓厚氛围。宣传"曲麻莱好人""诚信玉树"活动，并在全乡掀起了深入开展社会主义核心价值观宣传。开展"扫黄打非"进乡镇、进村社宣传活动。通过宣传使牧民群众自觉地抵制侵权盗版、色情等各类非法出版物觉悟。

◆**平安创建** 2018年，与乡村干部一道，多方协调处理了非法采金、草山纠纷等引起的问题15起，解决来信来访事件5件，赢得了绝大多数村社群众的理解和信任。另外，在抓好其他工作的同时，更加注重利用各种形式加大对环境保护的宣传，使保护环境成为广大群众的自觉行动，注重对环境的保护，努力为广大群众营造良好的生产生活环境。积极开展平安创建活动，平安村创建率达100%。全面落实社会治安综合治理各项措施，强化社会治安及安全生产防范。依法严厉打击各类刑事犯罪活动，坚持"打防结合、预防为主"的方针，进一步加强社会治安综合治理工作，为全乡各项工作顺利开展创造良好的社会环境。

◆**生活困难党员帮扶** 2018年，组织党员募捐活动，共募捐资金1.2万元发放到15户贫困户手中，通过设立专项经费和内部募捐保证帮扶资金，对辖区内困难党员和群众通过政治上关怀、思想上关心、物质上帮扶，切实加强对生活困难党员群众的关心爱护，以党内和谐促进社会和谐，增强广大党员对党组织的归属感，增强党组织的凝聚力、战斗力和吸引力，为社会各项事业发展提供坚强组织保证。

◆**安全生产** 2018年，始终坚持"安全第一，预防为主"的方针，把安全工作列入重要议事日程，常抓不懈，警钟长鸣，切实做到"强宣传，明责任，勤检查，督整改，保安全"，为全乡经济建设创造了安全的发展环境。加强领导，强化宣传，进一步加强了对各项安全工作的领导，以标语、发放宣传资料等形式加大宣传力度，广大群众的安全生产意识明显提高。层层签订安全生产责任书，明确了相关单位和人员的安全职责。加大安全检查力度，认真组织力量定期不定期对辖区内的大小餐馆、副食店等进行食品安全监督与指导。对涉及安全生产的各个行业开展拉网式的全面排查，及时发现并消除安全隐患，尽最大努力确保不发生重特大安全事故，保障了人民群众的生命财产安全。（曲麻河乡供稿）

麻 多 乡

◆**概况** 麻多乡位于曲麻莱西北部218公里处，乡政府所在地加亥贡玛，位于北纬30°02′，东经96°

07′。是中华民族母亲河黄河的发源地，故有“黄河源头第一乡”的美称。东靠果洛州玛多县，西北与海西州都兰县相连，南与称多县、本县秋智、叶格乡毗邻。全乡辖区内有扎加、郭洋、巴颜3个行政村，16个生产队，乡政府驻地是三村的中心，三村距乡政府的距离基本相同，在45～50公里之间。全乡总人口为1798户5943人，男3051人，女2892人。全乡总面积1.3万平方公里，占全县土地总面积的29%，其中草场面积为1915.87万亩，可利用草场为942万亩，黑土滩为973.87万亩。境内矿产资源和野生动物非常丰富，其中已探明的大场岩金矿储量达300余吨，是中国乃至亚洲的第一大金矿。1984年麻多乡被省人民政府列为省级大型野生动物自然保护区。境内旅游资源较为丰富，有黄河源头、星宿海、格萨尔王登基台遗址、巴颜盐湖等旅游胜地。麻多乡气候条件非常恶劣，平均海拔在4500米以上，境内日照时间长，辐射强，气压低，常遭雪、风、寒灾，年平均气温-3.9℃左右，气候特点是高寒、缺氧、多风沙。由于气候变化无常，牧草生长缓慢、生长期短、仅70～80天。草原沙化严重，生态环境脆弱，一旦遭到破坏很难恢复。至2018年底全乡农牧业总产值为22921万元。年末牲畜总存栏98867头（只），2018年全乡人均纯收入为8216元。

◆机构设置 2018年，麻多乡行政编制共20名，其中副科级以上领导10人，工作人员32人。包括乡党委、乡人大、乡人民政府、乡纪委、乡人民武装部等5个职能部门。麻多乡政府下设政府办，乡属事业单位有社会发展服务中心、农牧业技术服务站、计划生育工作站、乡卫生院、乡寄校等单位。

◆党风廉政建设 2018年，深入推进“两学一做”常态化学习，并以县委部署的“三讲四促”工作要求，继续围绕“四风”问题，坚持问题导向，狠抓监督落实责任，持之以恒的打击“四风”性质的苗头性问题，营造了风清气正的良好工作氛围。与各村社签订了党风廉政年度目标考核责任书，与机党员干部进行关于“两个责任”的廉政提醒谈话，要求党员干部签订廉政承诺书，严格制定干部请销假及考勤制度，并通过召开扶贫领域作风建设专题讨论会，进一步敲响了防腐防贪的思想警钟。对中央1号文件精神、中共十九大报告以及省委十三届四次全会、州委十三届五次全会以及县委十五届四次全会等重点内容。

◆扶贫工作 2018年，根据扶贫部门下达的产业扶持资金，确定总投资828万元的州县两地购买商业铺面的扶贫项目。争取旅游扶持资金352万元实施扎加村黄河源头的旅游发展项目。争取国电帮扶资金321.84万元，安置郭洋和巴颜两村149户的草山管护员，用于发放该岗位的薪资。北京援建资金25万元中的20万元用于补充产业扶持项目购买商住房资金的缺口，5万元用于购买麻多乡寄小的越冬燃料。

◆畜牧业工作 2018年，积极响应国家兴农兴牧政策，鼓励各村兴办牧业合作社，提高牧民群众增产增收，引导牧民群众通过科学养畜达到草畜平衡，并根据草原生态奖补机制，全年共发放奖补资金3117.87万元，收益1345户5762人。按照抗灾保畜工作需求，提前向各村发放饲料1213袋，储备救灾粮食75吨。

◆动物疫病防疫 2018年，把畜疫防治工作列为重中之重，抽调工作组，扎实开展畜疫防治工作，并在3月份起集中开展牲畜春季口注射工作，其中注射蹄疫疫12蹄O型亚洲I型二价苗7万毫升、注射12蹄O型亚洲A型三价苗12万毫升。注射率100%，牲畜产生抗体率75%，于2018年5月完成各类生物疫苗的发放工作，其中发放牛出败苗59万毫升，发放炭疽苗12万毫升、发放肉毒疫苗30万毫升、发放羊四联苗7万毫升，羊四联疫苗7万毫升、发放羊大肠疫苗14万毫升、发放羊链球菌疫苗7万毫升、发放小反刍疫苗5万毫升。

◆精神文明建设 2018年，组织开展群众性文体活动，争创先进个人、文明集体。以宣传、教育为目的，以推进精神文明建设为主，组织开展丰富多彩的群众性文体活动。评选出先进集体3个，优秀党员10名，优秀村社领导10名，双文明户10户，先进工作者4名。8月，组织群众开展内容丰富的赛马节活动。10月，组织群众开展“国庆”庆活动，丰富了群众生活，增强了民族团结，有效促进了全乡精神文明创建活动深入持久地开展。

◆**卫生工作** 2018年，持续筛查"结核""乙肝"传染病并建立相关病例档案及台账，加大我乡食品药品安全监管力度。扎实开展新型农村合作医疗工作，进一步强化疾病预防控制、计划免疫、妇幼保健工作，深入开展食品药品安全专项整治活动，保障人民群众的身体健康。

◆**劳动和社会保障** 2018年，以精准扶贫工作为重点，引导各村青壮年劳动力积极参与技能培训，并通过开设家政服务公司实现牧民的增收效益。组织群众统一进行劳务输出虫草采挖工作。按照民政各项资金审批程序，全年共下拨临时救助资金15万元，自然灾害应急资金45万元，动态管理全乡低保一档208户，二档53户，三档376户，发放低保户资金共392.76万元，动态管理全乡分散五保对象81人，发放资金66.7764万元，申报困境儿童32名，散居孤儿3名，调拨地震受灾户帐篷共40顶。

◆**水利环保** 2018年，进一步强化河长制工作机制，明确各级河长、河长成员的主体责任，通过有效开展巡河行动。

◆**维稳工作** 2018年，根据县综治办要求，我乡每月召开维稳分析研判会，认真排查社会矛盾纠纷，加强管理重点管控人员，形成会议纪要和维稳工作台账。并在重要敏感节点及时部署维稳值班人员。同时，围绕打黑除恶工作主题，成立以乡派出所为中心的专项工作组，制定具体的实施方案，形成党委领导，政府牵头，基层干警主抓落实的工作局面。

◆**城乡住房建设** 2018年，完成危房改造项目申报工作，县城易地搬迁户142户，格尔木市易地搬迁户5户，年底盘全部入住。

◆**地震救灾** 2018年，受称多县"5·6"地震的影响，辖区三村共507户1864人受灾，其中房屋受损统计记共1258间。地震发生后，按照省州县工作指示，成立救灾应急指挥部，及时启动防震减灾预案，并根据各牧户受灾程度，向住房和生活困难的牧户调拨了救灾帐篷50顶，大米500公斤，面粉3000公斤，青稞1500公斤，使群众安置保障工作得到及时解决。

◆**残疾人工作** 2018年，共有265名残疾人享受民政救助资金，争取残疾人功能康复物品7个轮椅，12个助听器。并将13名残疾患者在西宁市恒安骨科医疗接受治疗。组织30名残疾人由县医院统一进行免费体检，申请落实13名残疾人的特殊困难临时补助金，对18名残疾人困难家庭送去了米面食油等慰问品，并积极做好残疾人日常动态维护及电子档案的完善工作。

◆**国土资源管理** 2018年，以贯彻落实《中华人民共和国土地管理法》《中华人民共和国矿产资源法》作为普法重点，深入各村社广泛宣传，严厉打击违法违规用地行为，年内解决2起草山纠纷案件。

◆**教育事业** 2018年，通过与广大牧户签订义务教育阶段的控辍保学责任书，向县直各校和县技能培训中心，劝返辍学生和未入过学的适龄少年儿童共计330名。在县统战部的积极配合下，5月底前在辖内3个寺院内，针对辍学入寺以及未上过学的适龄儿童少年，进行督导教育，并劝返30名僧侣。在秋季开学后，针对部分适龄儿童仍未接受义务教育的实际，组织家长、邀请司法部门和教育部门的同志开展为期3天的义务教育宣传法，有效开导了思想僵硬的部分家长，成功劝返部分适龄儿童就学。乡党委先后2次召开党委会议，专题对控辍保学责任落实不力的牧户研究制定罚款措施，并充分征求了各村两委班子成员的意见。

◆**文化旅游** 2018年，围绕发展绿色生态文明建设，成功举办第二届黄河源自然观察节活动，以"爱护生态""敬畏自然"为主题，努力打造黄河源生态文化品牌，积极探索绿色发展的新模式。

◆**妇联工作** 2018年，积极引导各村妇女主任探望慰问定7户困难家庭，并送去茶叶、面粉等物资。"三八"妇女节庆协同三村妇联组织妇女进行表彰、拔河、朗诵、唱歌跳舞等。组织全村妇女开展学习教育会，为广大妇女同胞与畅谈生活、工作、学习、理想提供了良好的交流平台。

（麻多乡供稿）

曲麻莱集体·人物

QuMaLai JiTi·Renwu

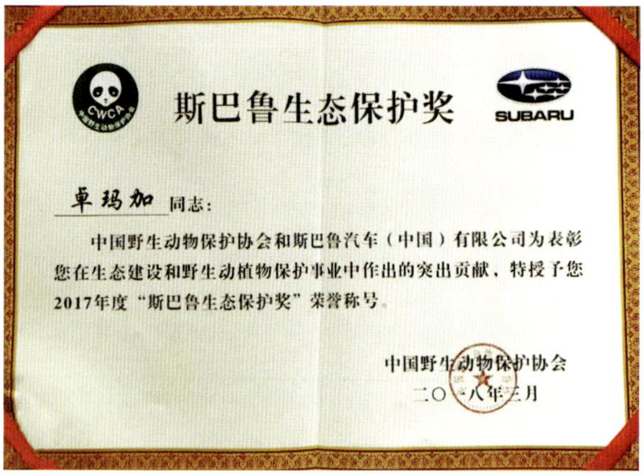

◆国家级（集体、个人）

1.曲麻莱县气象站于2018年4月被中国气象局认定为“中国百年气象站”。

2.曲麻莱县巴干乡寄小李明同志在2018年度被中国青少年发展基金会授予“坚守乡村基层教育战线奉献奖”荣誉称号。

3.曲麻莱县叶格乡寄小俞清翠同志在2018年度被教育部教师工作司、中国教师发展基金会列入“乡村优秀青年教师培养奖励计划”。

◆省级（集体、个人）

1.曲麻莱县国税局在2018年度被青海省精神文明建设指导委员会授予“文明单位”荣誉称号。

2.曲麻莱县巴干乡寄小在2018年度被青海省委宣传部、青海省环境保护厅、青海省教育厅授予“青海省绿色学校”荣誉称号。

3.曲麻莱县政协委员会扎多同志在2018年度被青海省委、青海省人民政府授予“脱贫攻坚先进个人”荣誉称号。

4.曲麻莱县司法局赵明川同志在2018年度被青海省司法厅授予“全省司法行政工作先进个人”荣誉称号。

5.曲麻莱县麻多乡才尼同志在2018年度被中共青海省委、青海省人民政府授予“脱贫攻坚先进个人”荣誉称号。

6.曲麻莱县民族中学赵杨春同志在2018年度省教育厅举办的“四爱三有”教育案例比赛中获得二等奖。

7.曲麻莱县叶格乡寄小俞清翠同志在2018年度被青海省教育厅授予“青海省优秀乡村教师”荣誉称号。

◆州级（集体、个人）

1.曲麻莱县司法局在2018年度被玉树州“七五”普法领导小组授予全州法治宣传教育工作“先进单位”荣誉称号。

2.曲麻莱县国税局在2018年度被玉树州税务局授予“全州税务系统绩效考评第一名”荣誉称号。

3.曲麻莱县国税局被中共玉树州委宣传部、玉树州文明办授予玉树州精神文明建设工作“先进集体”荣誉称号。

4.共青团曲麻莱县委被共青团玉树州委授予2018年度“全州五四红旗团委”荣誉称号。

5.共青团曲麻莱县委在2018年度被共青团玉树州委、州精神文明办授予2018年度“玉树州志愿者优秀组织奖”。

6.共青团曲麻莱县委在2018年度被州委统战部、共青团玉树州委、州民宗委授予“玉树州青少年民族团结进步先进集体”荣誉称号。

7.曲麻莱县委宣传部在2018年度被中共玉树州委、玉树州人民政府授予“文明单位”荣誉称号。

8.曲麻莱县人力资源和社会保障局在2018年度被中共玉树州委、玉树州人民政府授予“文明单位”荣誉称号。

9.曲麻莱县委宣传部在2018年度被玉树州委宣传部授予“新闻宣传优秀单位”荣誉称号。

10.曲麻莱县德勒社区居委会在2018年度被中共玉树州委、玉树州人民政府授予“玉树州创建民族团结进步示范社区”荣誉称号。

11.曲麻莱县黄河社区居委会在2018年度被玉树州“七五”普法领导小组授予全州法治宣传教育工作“先进单位”荣誉称号。

12.曲麻莱县政协委员会郭卓玛同志在2018年度被中共玉树州委、玉树州人民政府授予“民族团结先进个人”荣誉称号。

13.曲麻莱县扶贫开发局扎西巴旦同志在2018年度被州委、州政府授予“全州脱贫攻坚先进个人”荣誉称号。

14、曲麻莱县政协委员会马小萍同志在2018年度被共青团玉树州委授予青少年“民族团结先进个人”荣誉称号。

15.曲麻莱县民族中学包哈斯娜同志在2018年度全州教师节演讲比赛中获得第二名。

16.曲麻莱县民族中学扎西江永同志在2018年度被州教育局授予“优秀教师”荣誉称号。

17.曲麻莱县民族中学扎西江永同志在2018年度被州委、州政府授予“民族团结先进工作者”荣誉称号。

18.曲麻莱民族中学文华同志在2018年度被中共玉树州委、玉树州人民政府授予“十佳教师”荣誉称号。

19.曲麻莱县巴干乡寄小旦尕同志在2018年度被政协玉树州委员会办公室、玉树州教育局授予“最美乡村教师”荣誉称号。

20.曲麻莱县巴干乡寄小李明同志在2018年度被政协玉树州委员会办公室、玉树州教育局授予“最美乡村教师”荣誉称号。

21.曲麻莱县巴干乡寄小桑杰卓么同志在2018年度被玉树州教工委、玉树州教育局授予“优秀乡村教师”荣誉称号。

22.麻多乡才求同志在2018年度被玉树州妇女联合会授予“三八红旗手”荣誉称号。

附　　录

Fu Lu

附录一：

关于表彰2017年度目标责任考核优秀乡镇先进单位和重点工作突出贡献单位的决定

2017年，我县在州委、州政府的正确领导下，认真学习宣传习总书记一系列重要讲话精神，努力践行“两学一做”，积极落实中央和省、州各级党委、政府的一系列重大决策部署，团结带领全县各族干部群众，顽强拼搏、共克时艰，保护生态、维护稳定、改革发展，确保如期完成全面建成小康社会的任务做了大量工作，较好的完成了年初确定的各项目标任务，继续保持了全县经济稳步发展和各项社会事业持续进步。围绕全县经济社会发展的中心工作，各乡镇、县直机关各单位、各人民团体、省驻县各垂管单位，主动作为，涌现出一批成绩显著、敢挑重担的先进单位。

为了激励先进、鞭策后进、树立典型、弘扬正气，进一步激发了广大干部群众干事创业的热情，促进全县各项工作再上新台阶，县委决定对约改镇等优秀先进单位予以表彰。

附件：表彰单位名单。

表彰单位名单

一、优秀乡镇（2个）

约改镇、秋智乡

二、县委优秀部门（3个）

县委办、县人大办、县法院

三、政府系统优秀单位（2个）

县住建局、县交通局

四、优秀群众团体（1个）

县妇联

五、垂管优秀单位（2个）

县国税局、县地税局

六、突出贡献奖（6个）

县纪委、县委组织部、县扶贫局、县公安局、县环卫所、县技能培训中心

附录二：

关于贯彻落实中央八项规定精神和省、州相关措施的意见

为认真贯彻落实中央八项规定精神和《中共中央政治局贯彻落实中央八项规定的实施细则》（中办发〔2017〕63号）、省委省政府《印发〈关于贯彻落实中央八项规定精神的若干措施〉的通知》（青发〔2017〕21号）、州委州政府《关于贯彻落实中央八项规定精神和省委省政府若干措施的具体措施》，结合曲麻莱实际，提出如下贯彻意见。

一、改进调查研究

1.完善调研制度。健全调查研究常态化机制。县级领导每年到基层调研时间不少于70天，深入脱贫攻坚一线不少于6次，每年至少牵头主持1项重点调研课题，完成1～2篇调研报告或理论文章。

2.改进调研方法。开展调查研究，要紧紧围绕调研主题，实事求是地安排调研内容，运用座谈会、个别访谈、实地考察、蹲点调研等多种方法，可就调研课题听取相关汇报，一般不召开工作汇报会。到基层调研采取随即调研方式，不打招呼、不定路线、不事先安排。

3.减少陪同人员。中央和国家机关、省委省政府、州委州政府到曲麻莱调研检查工作，严格执行中央和省州有关规定。县委、县政府主要领导到基层调研，随行陪同的县直部门负责同志不超过2人，乡镇由1位负责同志陪同，乡镇主要负

责同志可不陪同。县级其他领导到基层调研，随行人员不超过1人，各乡镇由分管负责同志陪同。

4.注重实际效果。到基层调研，既要到工作开展好的地方去总结经验，更要到困难较多、情况复杂、矛盾尖锐的地方去调研解决问题，防止调研工作走形式、走过场。各调研点现场要真实，不能为迎接考察装修布置，更不能弄虚作假，被调研地区和单位汇报工作时要讲真话、报实情。

二、强化群众工作

5.强化服务群众工作。认真落实领导干部“三包四联”“一职九联”“第一书记”“一箱三卡”、驻村工作队等制度。县级领导干部每月到基层指导督促工作不少于1次，每年进乡入村开展宣讲不少于2次，并做好民情工作日记。认真践行县级领导为民办实事承诺制度，每年至少为联系地区和联系群众承诺并办理2件实事。县委县政府领导每年安排2次接访活动，调处群众的合理诉求，排查化解矛盾纠纷。

三、精简会议活动和文件简报

6.减少会议活动。本着务实高效的原则，严格清理、切实减少各类会议活动，能不开的坚决不开，可以合并的坚决合并。要严格会议活动审批程序，以县委、县政府名义召开的全县性会议和举行的重大活动，由县委办公室、县政府办公室统筹安排。县委各部门、县直机关各单位召开的全县性会议和举行的重要活动，须经县委办公室、县政府办公室审核后报批。

7.控制会议活动规模和时间。严格控制各类会议活动规模，减少参加人员，缩短会议时间。由县委、县政府召开，各乡镇、县直机关各单位主要负责人或分管负责人等参加的工作会议，会期控制在半天以内，与会人数一般控制在80人以内。各乡镇、县直机关各单位主办的工作会议，会期控制在半天以内，与会人数控制在40人以内。

8.提高会议活动效率和质量。切实改进会风，精简会议议程，坚持开短会、讲短话，力戒空话、套话，提高会议实效。一般性部署工作的会议，不安排讨论；需要安排讨论的会议，要精心设置议题，充分安排讨论时间，提高讨论深度。

9.严格控制会议活动经费。举办会议活动，要严格执行有关规定，厉行节约，反对铺张浪费。会议活动现场布置要简朴，工作会议一律不摆花草、不制作背景板。严禁以任何名义发放纪念品。

10.减少各类文件简报。上级文件、电报要求明确具体的，不再发贯彻意见或实施意见。涉及同一事项的工作部署、配套政策、责任分工等的文件，尽量合并下发。没有实质内容、可发可不发的文件简报，一律不发。由部门发文或部门联合发文能够解决的，不再由县委、县政府（含县委办公室、县政府办公室）转发或印发。

11.提高文件简报的质量和时效。文件严格控制篇幅，县委县政府部署重要工作的文件，一般不超过5000字，部署专项工作和具体任务的文件不超过3000字。乡镇、部门单位报送县委县政府的请示文件不超过1500字，报告文件不超过3000字。简报要重点反映重要动态、经验、问题和工作建议等内容，每期篇幅不超过1500字。

12.规范文件报送程序。县人大、县政府、县政协、县法院、县检察院上报县委的请示、报告等文件，一般使用党组文件，提交县委常委会研究审议的文件，一律使用党组文件。乡镇党委可直接向县委报送请示、报告等文件，县委各部门需经主管常委同志审核后向县委保送文件，县直各单位报送县委的文件，需经政府研究同意后，由政府报送县委，一般不允许县直各单位直接向县委报送文件。请示、报告中涉及机构编制、经费支持、建设项目等重大事项的，必须先报县级主管部门审核成熟后，再报县委审议。乡镇、部门单位印发的下行文，不抄送县委、县政府。县直部门单位不得向乡镇党委政府发布指令、指示性文件或在文件中提出指令、指示性要求。

四、规范出访活动

13.规范出县考察调研活动。出访必须有明确的公务目的和实质性内容，严禁无明确公务的考察、一般性考察和重复考察。以县委县政府名义且由主要领导组团出县考察调研的，由县委办公室、县政府办公室统筹安排。县委县政府其他负责同志组团出县考察调研，需经主要领导同意，时间一般不超过1周，陪同人员不超过3人。严格控制出国（境）公务活动，县委县政府出国（境），必须由县委县政府统筹安排。严格执行出国（境）经费审批制度，按规定乘坐交通工具和住宿。出访期间，团组和个人一律不得接受有关驻外机构、中资企业、华人华侨赠送的礼品，外方赠送的礼品严格按照有关规定处理。

五、规范接待工作

14.规范接待工作。接待工作坚持勤俭节约的原则，严禁铺张浪费，不搞层层陪同。中央和省州领导同志来曲麻莱考察调研的接待工作，严格按照中央和省州有关规定执行，不张贴悬挂横幅标语，不安排群众迎送，不铺设迎宾地毯，不摆放花草，不组织专场文艺表演，不安排超规格套房，不赠送各类纪念品或土特产，不安排宴请，不上高档菜肴。兄弟县客人到曲麻莱县参加会议活动，由对口部门接待，必要时可邀请县相关领导。全县各级党政机关和领导干部到县内基层调研，能返回的一律返回，不能返回的，在被调研地区安排简易工作餐和住宿地点。进村入户走访群众要俯下身子、放下架子，严禁安排群众提前布置，不摆放花草绿植、烟酒饮料和肉食品。

六、改进新闻报道

15.规范新闻报道。县委宣传部负责制定中央、省州在曲麻莱举办的重大会议活动和县级重要会议活动的宣传报道方案，经县委批准后实施。县级领导出席各种会议活动，组织考察调研，要根据工作需要、新闻价值、社会效果决定是否报道。出席一般性会议和活动不作报道。新闻报道以突出民生和社会新闻为主，突出基层干部群众的生动实践和新鲜经验，增强传播效果。曲麻莱报、县电视台等重大新闻报道文字稿，需经县委宣传部审核，严禁各类媒体未经审批审核擅自报道。县直部门召开的会议，原则上不做新闻报道。

七、严肃工作纪律

16.带头执行廉洁自律规定。要大力弘扬艰苦奋斗、勤俭节约作风，坚决制止铺张浪费和奢侈享乐行为。县委、县政府领导要严格执行有关财务规定，强化预算管理，严格控制一般性支出。严格履行婚丧喜庆事宜报备制度，严禁大操大办。带头推进廉政教育进家庭，严禁利用职权和影响力为家属、亲友谋求特殊照顾，严禁家属、亲友插手领导干部职权范围内的工作和人事安排。严格遵守商务活动的各项规定，不得参加有可能影响决策的各种商务宴请等活动。

17.坚守工作岗位。各级领导干部要减少外出，坚守岗位，坚决杜绝打着跑项目、汇报工作等名义长期逗留在西宁、结古等地的现象。乡镇工作人员工作时间严禁脱离岗位、返县休息，对违反规定“走读”的，发现一次进行诫勉谈话，发现两次以上的予以通报批评直至组织处理。

18.严格请销假制度。严格执行《曲麻莱县领导干部外出请销假和报备制度》。坚决杜绝干部长期“泡病号”、无故脱岗等现象。

八、加强督促检查

19.强化督促检查。各级党政机关和领导干部要带头改进工作作风，带头深入基层调查研究，带头密切联系群众，带头解决实际问题。各乡镇、各部门要严格执行本规定，并严格按照本规定和《中共中央政治局贯彻落实中央八项规定的实施细则》，结合实际情况，制定涵盖各级领导干部的更加具体、便于操作的贯彻落实办法，每年年底要对执行情况进行一次专项检查，并将检查结果会同年终总结报送县委。县委办公室、县政府办公室要定期督促检查，每年年底通报执行情况，并向县委汇报执行情况，对违反规定的要建议有关部门进行处理。纪检监察机关要把监督执行本规定作为改进党风政风的一项经常性工作来抓。审计部门每年要对各地区各部门会议活动等经费的使用情况进行审查。

20.加强监督问责。及时发现违反规定的行为，通过设立举报电话，加大群众监督力度，及时纠正处理和发现的问题。要建立考核机制，把本规定的落实情况纳入党风廉政建设责任制考核、领导干部作风状况评价的重要内容，检查考核结果作为对领导班子总体评价和领导干部业绩评定、奖励惩处、选拔任用、目标责任制考核的重要依据。要加大问责力度，对违反上述规定的行为，坚决予以纠正；性质严重、造成恶劣影响的，依纪依规做出严肃处理，并视情追究有关人员的责任。

本意见自印发之日起施行。2013年4月8日印发的《中共曲麻莱县委曲麻莱县人民政府关于贯彻落实中央和省、州关于改进工作作风相关措施的意见》（曲发〔2013〕3号）同时废止。

附录三：

曲麻莱县扫黑除恶专项斗争实施方案

为深入贯彻落实党的十九大部署和习近平总书记重要指示及中共中央国务院和省委、省政府《关于开展扫黑除恶专项斗争的通知》精神，切实扫除黑恶势力，净化政治生态，得党心民心，夯实执政根基全面做好我县扫黑除恶专项斗争，现结合我县实际，制定如下实施方案。

一、总体要求

（一）重大意义。在全国开展扫黑除恶专项斗争，是以习近平同志为核心的党中央在全面建成小康社会决胜阶段、中国特色社会主义进入新时代的关键时期做出了一项重大部署，是中央坚定意志的充分体现，是人民向往美好生活的现实需要，是巩固党的执政根基的必然要求。各乡镇各部门要进一步提高政治站位，增强“四个意识”，充分认识开展扫黑除恶专项斗争的重大意义，切实把思想和行动统一到中央和省委以及州委县委的决策部署上来，立足于本地实际，坚持标本兼治、边扫边治边建，从根本上遏制黑恶势力滋生蔓延。坚决打赢扫黑除恶专项斗争这场攻坚仗。

（二）指导思想。坚持以习近平新时代中国特色社会主义思想为指导，全面贯彻党的十九大、省委第十三届三次全会和州第十三次党代会精神，积极践行“四个扎扎实实”重大要求和“四个转变”治青理政新思路，树立鲜明的基层导向、服务导向、问题导向和法制导向，进一步升华村寺并联治理的“八大并联”和“六个载体”，真正做到扫黑除恶专项工作“十结合”。切实把专项治理与系统治理、综合治理，依法治理、源头治理结合起来，把打击黑恶势力犯罪和反腐败、基层“拍绳”结合起来，把扫黑除恶和加强基层组织建设结合起来，把扫黑除恶专项斗争与决胜全面建成小康社会结合起来；把扫黑除恶专项斗争与村寺并联治理结合起来，把扫黑除恶专项斗争与虫革采集管理工作结合起来，把扫黑除恶专项工作与煽动信教群众制造教派纷争结合起来，把扫黑除恶专项工作与解决草山纠纷结合起来，把扫黑除恶专项工作与生态环境整治结合起来，把扫黑除恶专项工作与民族团结创建和感恩教育结合起来。利用“文明曲麻莱”、“石榴籽行动”两大载体积极创建十无“无黑、无恶、无毒、无赌、无黄、无邪教、无群体性事件、无涉稳事件、无暴恐事件、无公共安全事件”。在州委、州政府统一领导下，既有力打击震慑黑恶势力犯罪，形成压倒性态势，又有效铲除黑恶势力及其滋生土壤，用永不懈怠的战斗姿态整顿基层乱象，打通全面从严治党通往最基层的“最后一公里”。既要文化育人，又要依法办事，既要以德服人，又要依规束人，法治、德治、自治紧密结合，为决胜全面建成小康社会、建设更加富裕文明美丽和谐新曲麻莱创造安全稳定的社会环境。

（三）基本原则。

1.坚持党的领导。在以习近平同志为核心的党中央的坚强领导下，在省委、省政府和州委、州政府的统一安排部署下，努力形成“党委领导、政府负责、社会协同、公众参与、法制保障”的扫黑除恶专项工作格局。

2.坚持紧紧依靠群众。坚持以人民为中心，以保障人民根本利益为出发点和落脚点，充分发动群众，实现扫黑除恶专项斗争过程人民参与、成效人民评价、成果人民共享。

3.坚持齐抓共管。有效整合部门资源力量，综合运用法律、经济、行政等多种手段，形成强大工作合力。

4.坚持打早打小。充分运用法治思维和法治方式，加强法治保障，明确政策界限，严格依法办案，依法从严惩处黑恶势力，努力将其消灭在萌芽状态，严防做大成势。

5.坚持源头治理。立足当前，着眼长远，按一线工作要求，坚持边打边治边建，既要解决涉黑涉恶突出问题，又要建立健全从源头上遏制黑恶势力滋生蔓延的长效机制。

（四）目标任务。经过3年的专项斗争，使全县黑恶势力违法犯罪特别是牧区涉黑涉恶问题得到根本遏制，涉黑涉恶治安乱点得到全面整治，重点行业、重点领域管理得到明显加强，社会文明感、法治度明显彰显，人民安全感、满意度明显上升；涉黑恶组织“保护伞”得以铲除，加强基层组织建设的环境明显优化，村（社区）等基层党组织战斗堡垒作用更充分发挥；基层社会治理能力明显提升，涉黑涉恶违法犯罪防范打击长效机制更加健全，扫黑除恶工作法治化、规范化、专业化水平进一步提高。

二、组织领导

为切实加强对扫黑除恶专项斗争的组织领导，确保全县上下整体联动、步调一致，县委决定成立扫黑除恶专项斗争领导小组统一指挥调度、组织协调扫黑除恶专项斗争期间工作。

组　长：杰松尼玛　县委副书记
副组长：普措卓玛　县委常委、宣传部部长
李得志　县委常委组织部长
索南扎西　县委常委、政法委书记
陈如金　县委常委、纪委书记、监察委主任
军美旺宝　县委常委统战部部长
尕　桑　县政府副县长、公安局局长
周洪洋　县法院院长
尼　玛　县检察院检察长
成　员：万铁练　县纪委
王春荣　县委组织部
俄金扎西　县委宣传部
尕玛战斗　县委统战部
江　措　县委政法委
玉　生　县法院
边巴才仁　县检察院
葛宝林　县教育局
种永顺　县人社局
群合爱民　县民宗局
寇连善　县公安局
青梅永藏　县民政局
赵明川　县司法局
拉　加　县环境与资源管理局
尕　玛　县住房和城乡建设局
才　仁　县交通运输局
达　哇　县畜牧科技局
松　杨　县文体广电旅游局
江　永　县卫计局
浦　江　县地税局
达杰才仁　县市场监督管理局
求军扎西　县国税局
刘　刚　县农业银行
扎西永周　县农商银行
张和跃　县武警中队

扫黑除恶专项斗争领导小组下设专项行动组、宣传引导组、监督执纪问责组、基层组织建设组、综合整治组、巡视督导组六个专门工作组和办公室，具体负责相关工作。

（一）专项行动组。设在县公安局。尕桑兼任组长，由县公安局抽调局相关干警，组成具体负责案件线索搜集、研判、案件侦办工作组，加强与县法院、县检察院的协调配合，严厉打击各种涉黑恶违法犯罪活动，严惩骨干人员和参与人员，净化社会环境。

（二）宣传引导组。设在县委宣传部。普措卓玛兼任组长，充分发挥报纸、电视、广播和互联网、微信等媒体作用，切实做好政策法规、典型案例、打击成效等的正面宣传，突出舆论引导，营造良好的社会氛围和舆论氛围。

（三）监督执纪问责组。设在县纪委。陈如金兼任组长，将扫黑除恶专项斗争与基层“拍蝇”等反腐败斗争结合起来，深挖黑恶势力“保护伞”，严肃惩治涉黑涉恶腐败，坚决整治群众身边的腐败问题确保开展扫黑除恶监督执纪问责工作善做善成

（四）基层组织建设组。设在县委组织部，李得志兼任组长。把扫黑除恶和加强基层组织建设结合起来，通过边打边治边建，把基层组织建设好，把作用发挥好，不断优化加强基层组织建设的环境，为铲除黑恶势力滋生土壤提供坚强的组织保证。

（五）综合整治组。设在县政法委。索南扎西兼任组长，负责推动各部门各司其职、齐抓共管，综合运用各种手段对滋生黑恶势力的重点行业、重点领域、重点地区开展综合整治。

（六）巡视督导组。成立六个巡视督导组，负责对各乡镇进行扫黑除恶专项斗争巡视督导，督查党委、政府落实党中央、省委和州委、县委决策部署以及工作开展情况，发现问题，督促整改。强化明察暗访，发现、搜集线索，通报各乡镇党委、政府研判、侦查，督促工作落实。

约改镇巡视督导组

组　长：军美旺宝　县委常委、统战部部长

组　员：阿　　刚　县公安局政委
　　　　尕玛战斗　县统战部副部长
　　　　群合爱民　县民宗局局长

巴干巡视督导组

组　长：索南扎西　县委常委、政法委书记
组　员：江　　措　县委政法委副书记
　　　　寇 连 善　县公安局副局长

叶格巡视督组

组　长：李 得 志　县委常委、组织部部长
组　员：王 春 荣　县委组织部副部长
　　　　种 永 顺　县人社局局长
　　　　雪　　岭　县公安局副政委

秋智乡巡视督导组

组　长：普措卓玛　县委常委、宣传部部长
组　员：俄要扎西　委宣传部常务副部长
　　　　马 文 胜　县公安局副局长

曲麻河乡巡视督导组

组　长：陈 如 金　县委常委县纪委书记
组　员：万 铁 练　县纪委副书记、监察委副主任
　　　　尼玛扎西　县公安局副局长

麻多乡巡视督导组

组　长：尕　　桑　县政府副县长、公安局局长
组　员：边巴才仁　县检察院副检察长
　　　　玉　　生　县法院副院长

领导小组下设办公室，办公室设在县委政法委，负责领导小组的日常工作。县委政法委副书记江措兼任扫黑除恶领导小组办公室主任。成员由杨斌（县纪委）、索南求培（县委组织部）、张纪伟（县公安局）、华青（县委统战部）、扎文龙（县委政法委）、扎西才措（县法院）、黄建学（县检察院），肖建云（县综治办）、完玛才旦（县司法局）等单位主要负责同志组成。

三、工作步骤

扫黑除恶专项斗争从2018年1月底开始至2020年底结束，为期3年。

（一）动员部署和集中打击阶段（2018年1月底—3月）。根据省委和州委州政府、县委县政府统一部署要求，及时召开动员部署会，进行全面安排，正式启动扫黑除恶专项斗争，建立相关部门协调联动、政法各部门打击协作、线索通报分析研判、信息报送、工作检查督导以及涉黑恶犯罪线索举报奖励等工作机制，形成工作合力。春节和藏历新年前后，根据前期已摸排掌握的重点案件线索依法集中打击，依法逮捕或拘留一批涉黑涉恶犯罪嫌疑人，依法依纪打击处理一批黑恶势力"保护伞"，使重点地区领域、行业涉黑恶问题得到初步控制，集中打击明显见效，确保打出成果、打出成效、打出信心，为广大人民群众营造安定祥和的节日氛围。

（二）持续深化和全面推进阶段（2018年4月—12月）。坚持边打边治边建，进一步健全完善工作机制，进一步健全规范工作流程，进一步做好政策宣传和法治宣传，切实强化情报信息线索摸排整理，深挖线索，不断加大打击力度，持续深化专项斗争。6月4日至6日进一步巩固我县的虫草采集管理改革工作，对虫草采集期间的突出问题，再次进行根除式整治，做好边扫边治边建工作。10月中下旬，根据省委省政府和州委州政府、县委县政府统一安排部署，对全县扫黑除恶专项斗争进行阶段性小结，学习推广全国和我县各部门创造的典型经验，总结经验，梳理问题，规范台账。年内，争取集中宣判一批涉黑涉恶违法犯罪案件，巩固阶段成果。

（三）集中攻坚和综合整治阶段（2019年1月—12月）。对全县涉黑恶问题治理不力、群众安全感不高及尚未攻克的重点地区、重点案件、重点问题进行集中攻坚；对扫黑除恶专项斗争中重视不够、工作不力、成效不高的地区和部门严格按照相关规定进行责任追究，严肃工作纪律；对已侦破的案件循线深挖、逐一见底，彻底铲除黑恶势力赖以滋生的土壤。组织开展群众安全感满意度调查，全面了解掌握群众对扫黑除恶专项斗争的评价反映，并根据工作开展，由县政法委牵头，对全县涉黑恶问题突出的地区、行业、领域组织开展综合整治，通过挂牌督办，推动各地工作责任落实，坚决打掉一批群众敢怒不敢言、反映强烈的涉黑恶违法犯罪活动，进一步净化社会环境，提升群众安全感、满意度。

（四）"回头看"和全面总结阶段（2020年1月—12月）。对全县各地专项斗争情况进行全面回头看，重点检查县委、县政府决策部署是否真正落实，机制是否健全，打击是否取得实效，群众反映的突出问题和重点地区、行业、领域存在的突出问题是否得到切实整治，对重点地区、领域、行业进行再排查再梳理，查摆存在的突出问题，切实抓好整改，巩固专项斗争成果。并根据县委、县政府

安排，适时召开总结大会，部署常态化工作，推动在全县形成遏制黑恶势力滋生蔓延、巩固基层政权的长效机制，确保涉黑恶问题得到根本遏制，涉黑恶“保护伞”得到彻底铲除，涉黑恶治安地区和乱区得到全面整治，群众安全感和满意度得到显著提升，为建设富裕、文明、美丽、和谐新曲麻莱营造更加安全、和谐的社会环境，取得扫黑除恶专项斗争压倒性胜利。

四、坚决依法从严惩处黑恶势力犯罪

（一）排查线索。各乡镇各有关部门要把排查线索、摸清底数作为开展扫黑除恶专项斗争的重要基础，对所辖地区、行业领域的涉黑恶总体情况、表现形式及成因等进行全面排查分析，做到底数清、情况明。加强对近年来信访案件、治安案件、职务犯罪案件、轻微刑事案件、涉众型经济案件的排查梳理、串并分析，深挖隐藏在幕后的涉黑涉恶线索。对县委、县政府反馈、兄弟县提供、群众举报的线索，要高度重视、紧抓不放，防止造成工作被动。公安机关要充分运用大情报、大数据等信息化手段和人力情报手段，从重点人员、重点场所和警情案件系统中排查涉黑涉恶线索。各地司法行政机关要在监狱部署开展涉黑涉恶线索大摸排，发动服刑人员检举揭发，做好检举人保护工作。发挥新闻媒体监督作用，深入开展明察暗访，切实深挖重点地区、重点行业、重点领域黑恶势力违法犯罪线索。建立涉黑恶线索摸排核查责任制，努力做到每条线索都有结果。

（二）精准打击。各乡镇、各部门要认真研究新情况、新问题，聚焦涉黑恶问题突出的重点行业、重点领域，因地制宜、因时制宜，确保什么问题严重就重点打击什么，什么隐患突出就重点解决什么，以“零容忍”的态度，聚焦涉黑涉恶问题突出的地区、行业、领域，把打击锋芒对准人民群众反映最为强烈、最深恶痛绝的各类黑恶势力犯罪，出重拳、下重手，精准发力、精确打击、打准打狠，切实形成对黑恶势力犯罪的压倒性态势，最大限度赢得人民群众对党和政府的信任和满意。要以扫黑除恶专项斗争为牵引，着力解决淫秽、赌博、吸毒、传销、拐卖等违法犯罪问题。

1.要明确重点打击对象。重点打击威胁政治安全特别是制度安全、政权安全以及向政治领域渗透的黑恶势力；重点打击谋取贿赂、暴力、欺骗、威胁等手段把持基层政权、操纵破坏基层换届选举、垄断牧区经济资源、侵吞集体财产的黑恶势力；重点打击利用家族、宗族、宗教势力横行、称霸一方、欺压残害百姓的“村霸”“乡霸”等黑恶势力；重点打击在征地、租地、拆迁、工程项目建设等过程中煽动农牧民闹事、组织策划群体性械斗或上访的黑恶势力；重点打击在建筑工程、交通运输，矿产资源、物流等领域、行业，强揽工程、恶意竞标非法占地、滥开滥采、垄断经营的黑恶势力；重点打击盘踞在商贸集市、批发市场、旅游景区等场所欺行霸市强买强卖、坐地起价、收取保护费的市霸、行霸等黑恶势力重点打击操纵、经营“黄赌毒”、地下赌场等违法犯罪活动的黑恶势力；重点打击非法高利放贷、暴力讨债、“软暴力讨债”的黑恶势力；插手民间纠纷，充当“地下执法队”的黑恶势力；重点打击境外黑社会入境发展渗透以及跨国跨境的黑恶势力重点打击借刑事治安案件、安全生产事故等事由，利用宗族宗教（寺院）势力插手基层社会管理、执法司法，组织、煽动裹挟群众非法“出兵”，索赔“赔命价”“赔血价”，收取“退兵费”的黑恶势力；依法打击借“民族宗教”“母语保护”“环境生态”保护为由，煽动信教群众制造教派纷争，组织非法法会敛财，干预国家正规教育和正常建设的黑恶势力。

2.要明确重点整治部位。要重点整治黑恶势力控制垄断，经营不规范、治安秩序混乱、群众反映强烈的交通运输线路；黑恶势力通过暴力胁迫等手段强揽工程、恶意竞标的征地拆迁建筑工程；黑恶势力控制商品价格、强买强卖，治安问题突出的集贸市场；黑恶势力盘踞其中，通过暴力胁迫等手段强迫交易、非法敛财的矿产行业；黑恶势力通过粪断经营非法敛财的物流行业；黑恶势力渗透其中，通过控制垄断和强迫交易非法敛财的旅游景点；涉嫌非法放贷、非法讨债、“地下出警”的“小贷公司”、典当行；黑恶势力经常出没，黄赌毒情况突出，聚众斗殴、寻衅滋事案件频发的公共娱乐服务场所利用宗教、宗族势力操纵、胁迫群众插手干预地方行政管理，干扰基层政权运行，基层组织软弱涣散的地区。

（三）依法严惩。要认真执行《打黑除恶工作机制规定》（中办局字（2017）38号）、“两高两部”《关于办理黑恶势力犯罪案件若干问题的指导意见》（法发（2018）1号）和《青海省打黑除恶工作机制规定实施办法》等文件，坚持依法严惩、打早打小、防患未然，有黑扫黑、无黑除恶、无恶治乱，始终保持对各类黑恶势力违法犯罪的严打高压态势。各级党委政法委要完善黑恶势力犯罪案件会商机制，对涉黑案件定性出现分歧的，要依法及时提出意见，严格执行办理黑社会性质组织犯罪案件通报制度，县扫黑除恶专项斗争领导小组办公室将对重大、复杂的黑社会性质组织犯罪案件进行重点督办。政法机关要认真贯彻落实"两高两部"指导意见，主动适应以审判为中心的刑事诉讼制度改革，统一执法办案思想，加强协调配合，形成合力，切实把好案件事实关、证据关、程序关和法律适用关，把依法严惩贯穿于侦查、起诉、审判、执行各阶段，既要防止刑讯逼供和冤假错案，确保把每一起案件都办成铁案；又要防止纠缠细枝末节、贻误战机，确保办案质量和办案效率的统一，确保政治效果、法律效果和社会效果的统一。公安机关对带有黑恶势力犯罪苗头的各类违法犯罪，要注意串并研判，坚持露头就打，防止做大成势；对于涉黑恶组织犯罪案件，要及时依法立案侦查，一案一专班，深挖线索，深挖背后。对涉黑大要案件，要依法采取挂牌督办、上提一级、异地用警、异地羁押、异地起诉、异地审判、异地执行刑罚等措施，以排除阻力。对重点涉黑在逃人员要全部上网追逃，集中发布通缉令，逐一组成专班、落实追逃责任，力争尽快到案。对特别重大、复杂的黑社会性质组织犯罪案件，要及时上报县扫黑除恶专项斗争领导小组办公室。检察机关要依法审查逮捕和审查起诉，加强对执法办案全过程的法律监督，及时介入重大案件的前期侦办，指导帮助完善证据，确保办案实效。审判机关要加强审判力量，严格执行审限要求，提高诉讼效率，及时有效审结案件，对已超审限案件要集中梳理、尽快办结。司法行政机关要指导监督律师依法辩护、代理，维护律师执业权利，依法查处违法违规行为。要严格贯彻宽严相济的形势政策，对黑社会性质组织犯罪的组织者、领导者、骨干成员及其"保护伞"，要依法从严惩处，从严掌握减刑、假释和暂予监外执行等。对犯罪情节较轻的其他参加人员要依法从轻、减轻处罚。金融、税务等部门要积极配合政法机关调查取证，及时监管查询、冻结黑恶势力资金账户，共同打击黑恶势力洗钱、偷漏税款等犯罪。要依法及时采取查封、扣押、冻结等措施，综合运用追缴、没收、判处财产刑以及行政罚款等多种手段，铲除黑恶势力经济基础。对一些不宜查封、扣押、冻结的经营性财产，及时由政府指定有关部门或委托有关机构代管。

五、深挖黑恶势力"保护伞"

（一）纪检监察机关要立足监督执纪问责的职责定位，将基层"拍蝇"、深挖黑恶势力"保护伞"贯穿扫黑除恶专项斗争始终，将治理党员干部涉黑涉恶问题作为整治群众身边腐败问题的一个重点，纳入执纪监督和巡视巡查工作内容。纪检监察机关和政法各机关要建立问题线索快速移送反馈机制，建立成员单位之间线索移送反馈机制，对每起涉黑恶违法犯罪案件及时深挖背后的腐败问题，防止就案办案、就事论事。有关部门在扫黑除恶专项斗争中发现党员干部及其他行使国家公权力公职人员涉嫌违纪问题线索，要及时移送纪检监察机关。要利用互联网、手机客户端、微信等形式为群众提供更方便快捷的举报途径，对群众反映强烈、问题突出的地区，要通过明察暗访走村入户、现场接访等方式收集线索、了解情况。要建立涉黑恶问题线索管理台账，严格按照规定处置问题线索，确保件件有着落。

（二）要认真贯彻落实《中国共产党章程》《中国共产党党内监督条例》《农村基层干部廉洁履行职责若干规定（试行）》等规定，坚持惩前毖后、治病救人，把纪律挺在前面，充分运用监督执纪"四种形态"，加强日常监督执纪。对日常工作中发现的党员干部和其他行使公权力的公职人员存在涉黑恶苗头性问题的要开展批评与自我批评，早警示、早纠正、早处理，防止小错酿成大错。

（三）各级纪委监察机关要将党员干部涉黑涉恶问题作为执纪审查的重点，对扫黑除恶专项斗争中发现的"保护伞"问题线索优先处置，发现一起，查处一起，不管涉及谁，都要一查到底、绝不姑息。要加大督办力度，把打击"保护伞"与侦办涉黑涉恶案件结合起来，做到同步侦办，尤其要抓住涉黑恶和腐败长期、深度交织的案件以及扶贫攻坚领域涉黑恶腐败案件重点督办。对性质恶劣、情节严重的案件，纪委监察机关可直接查处。坚持失责必问、问责必严，对涉黑恶问题突出、"保护伞"深挖打击不力、落实"两个责任"不到位的党组织和党员领导干部要严肃问责。

六、加强基层组织建设

（一）持续整顿软弱涣散基层党组织。县乡两级党委要在之前开展的村寺并联治理工作的基础上，进一步摸清软弱涣散党组织情况，逐一研究，找准症结，有针对性地制定整顿方案，着力在解决农村（牧区）基层党组织政治功能不强、软弱涣散等问题上动真格、见实效。对村党组织书记政治素质差、领导能力弱、面对歪风邪气不讲正气、软弱无力的，坚决调整撤换及时选优配强，本村一时没有合适人选的，要从上级机关选派对党组织生活不正常、长期不开展活动的，要严格落实“三会一课”等制度，着力引导党员发挥先锋模范作用，旗帜鲜明同邪教迷信、“黄赌毒”等不法行为作坚决斗争，成为群众的主心骨；对村级管理混乱、矛盾纠纷突出的，要帮助村党组织把问题理清楚，把矛盾纠纷化解掉，把制度建起来、落实好。要精准把握政策，讲究方式方法，严格区分黑恶势力问题和工作作风问题，防止简单化、“一刀切”，对确属“村霸”、涉黑涉恶的村干部，要依法依纪严肃处理。乡镇党委书记要带头联系情况复杂、工作难度大的村，乡镇党政领导班子成员要分片包村，第一书记和驻村工作队要把整顿软弱涣散村党组织作为重要任务抓实抓好。要坚持边整顿边巩固，对问题已经解决的跟踪问效，防止反弹，建设坚强战斗堡垒。

（二）充分发挥基层党组织政治功能。发挥基层党组织的领导核心作用，健全村民自治机制，发挥村民（居民）委员会在村（居）民自我管理、自我教育、自我服务中的重要作用，切实维护村（居）集体和村（居）民利益。加强对乡村治理的领导，健全自治、法治、德治相结合的乡村治理体系。加强对群众的宣传教育，深入宣讲习近平新时代中国特色社会主义思想，广泛宣传社会主义核心价值观，普及法律知识，深入挖掘民俗文化中蕴含的平安思想、道德规范，在传承保护的基础上，创造性转化、创新性发展，培育“平安文化”，倡导见义勇为精神，引导群众树立正气，同一切不良风气和违法犯罪行为作斗争。健全完善“乡规民约”“村规民约”“居民公约”等社会规范，推进移风易俗、弘扬时代新风，丰富群众精神文化生活，抵制落后腐朽文化侵蚀，推动精神文明建设，在全社会形成崇法尚德、扶正祛邪的良好风气，真正使黑恶势力无法遁形。

（三）进一步理清村寺关系。各乡镇和组织、统战、政法、民政等部门要进一步明确乡镇党委、村党支部和寺院民管会的职责，特别是乡镇党委和村党支部的领导责任，确保乡镇党委和村党支部的领导核心地位，切实解决个别村寺存在的寺院和僧人优越感过强，摆不正位置，干预村务政务，甚至寺院说了算的问题，始终抓住扫黑除恶专项工作的核心。

（四）切实推进基层综治中心和网格化服务管理。要加快“雪亮工程”等信息化建设，进一步加强县城、乡（镇）、村（社区）三级综治中心实体化规范化实战化建设，深化网格化服务管理工作，发挥好基层综治中心和网格化服务管理以及“玉树先锋”信息直通车的重要作用，统筹协调，把资源、服务、管理、保障下沉到网格，切实做到“定格、定人、定责”，做到“耳聪目明”、反应灵敏，推动情报搜集进网格、监督管控进网格、发动宣传进网格，协助有关部门及时准确收集社情民意，发现上报涉黑涉恶问题线索等工作，促进扫黑除恶专项斗开展。

七、健全长效机制

（一）健全立体化社会治安防控机制。加快“雪亮工程”等信息化建设，进一步找准科技手段服务平安玉树建设的切入点，注重人工智能、大数据、物联网等新技术在扫黑除恶专项斗争中的运用，实战中广泛采用人脸识别、资金流动、轨迹捕捉、行为分析等现代化技术和手段，从海量数据中发现涉黑恶违法犯罪活动的“蛛丝马迹”，更加及时发现涉黑恶问题隐患，有效震慑和预防违法犯罪。完善公安机关与武警联勤武装巡逻等治安防控机制，切实发挥乡镇、村（社区）厂区（矿区）、治安联防队、义务巡逻队以及村（社区）村警、保安、志愿者等群防群治队伍作用，确保看住人、管住物、守住点、控住面，努力实现对社会面违法犯罪活动和各类突发事件发现得了、防范得住、处置得好。

（二）健全重点行业监管防范机制。对建筑、运输、采沙、娱乐等重点行业领域，各相关部门要充分履行监管职能，依法行政、依法履职，强化重点行业、重点领域监管、防止行政不作为和乱作为，要将日常执法检查中发现的涉黑涉恶线索，固定相关证据资料。及时向公安机关通报。政法机关对在办案中发现的行业管理漏洞，要及时通报相关部门，提出加强监管和行政执法的建议，相关部门要及时调整完善监管制度错施完善“黑名单”制度，落实市场准入、规范管理、重点监控等机制，堵塞管理漏洞,并按有关规定通报反馈。政法机关和相关部门要加强信息共享、工作联动,推动刑事司法和行政执法有效衔接,对涉黑涉恶人员尚不构成犯罪但造成治安管理处罚法有关规定的,由公安机关依法给予治安管理处罚,建立违法活动记录;对涉黑涉恶人员开办的企业,依法严格审查、加强市场监管,最大限度挤压黑恶势力滋生空间。

(三)健全重点人群动态管控机制。要进一步完善重点人员特别是刑满释放人员动态管控机制,加大跟进核查力度,严防其走上黑恶犯罪道路。公安机关要在平时工作中掌握,进一步完善工作台账,将历年打击处理过的涉黑涉恶犯罪人员逐纳入视线,建立涉黑恶重点人员台账,实行列表动态管理,强化管控。坚持"打早打小、防范未然",防止涉黑违法犯罪活动坐大成势。对社区矫正对象中有黑恶势力犯罪前科的人员进行动态化、常态化管控。做好加强对外来务工、无业人员和失学、辍学青少年服务管理,特别是加强对我县被遣返开除僧侣的管理,为他们在就学就业、务工等方面提供服务,严防其拉帮结派,严防被黑恶势力教唆利用,严防形成新的黑恶团伙。建立防范黑恶势力侵害校园工作机制和相关案件及时报告制度,强化对"校园贷"校园欺凌等案事件的防控和打击,切实加强在校学生人身、财产安全保护。

(四)健全重点地区排查整治机制。结合重点乡镇综合整治,统筹基层资源力量,发挥基层综治中心和网格化服务管理重要作用,深入推进综治维稳乡镇、村和社会治安重点地区治安乱点排查整治工作,健全"地毯式"、"滚动式"排查机制,摸清底数,找准病根,把涉黑恶违法犯罪突出的重点区域场所摸排清楚、整治彻底。要坚持专项治理与系统治理、综合治理、依法治理、源头治理相结合,严格落实挂牌督办工作机制,坚持整治先行、优化服务管理环境,切实把重点区域、场所纳入平安创建规划,完善基础设施、改善生活环境、健全基层组织、延伸公共服务,严防形成治安乱点,彻底清除各类安全隐患、风险和涉黑问题滋生土壤。对黑恶势力易滋生和边打边发、屡打不绝的地区、行业、领域,加强跟踪督导,限期进行整改。

(五)健全社会治安形势分析研判机制。健全社会治安形势分析研判制度,围绕社会稳定、社会治安及公共安全领域面临的形势、存在的突出问题,对本地本部门社会治安总体形势进行分析研判,深入分析把握社会治安规律,及时掌握社会治安动态,形成高质量报告,提高预测预警预防各类风险的能力和水平,为专项斗争提供决策依据。

(六)健全情报信息搜集研判机制。认真贯彻落实《青海省涉稳情报信息奖励办法》《青海省公安机关涉黑恶线索奖励办法》,充分发挥情报信息奖励机制和专门机关、秘密力量、人民群众"三条线"的作用,广泛动员社会各界力量和广大人民群众积极参与扫黑除恶专项斗争,结合公安机关明察暗访,切实加大情报信息线索搜集力度和研判水平,大力加强涉黑情报信息搜集,及时获取预警性、内幕性、行动性情报信息,打好扫黑除恶专项斗争人民战争。对掌握的行动性,破坏性情报线索,坚持边核查边处置,牢牢把握工作主动权。

八、工作要求

(一)加强党的领导。各单位各部门要切实增强"四个意识"、提升政治站位,切实把思想和行动统一到中央、省委和州委部署上来,将扫黑除恶专项斗争作为一项重大政治任务,摆到工作全局突出位置,列入重要议事日程,认真研究解决经费技术装备、政法机关扫黑除恶专业队伍建设等重要问题,充实乡镇纪委、综治中心、公安派出所、司法所等基层力量,加强网格化服务管理工作,推进雪亮工程建设,打好扫黑除恶专项斗争的主动仗、整体仗。要认真贯彻《青海省健全落实社会治安综合治理领导责任制实施办法》,将扫黑除恶专项斗争纳入综治(平安建设)考核体系,将考核结果作为对领导班子和领导干部综合考核评价的重要内容。各乡镇党政主要负责同志既是平安建设第一责任人,也是扫黑除恶专项斗争第一责任人,要亲自研究部署,一级抓一级,层层抓落实。要勇于担当、敢于碰硬,旗帜鲜明支持扫黑除恶工作,为政法机关依法办案和有关部门依法履职、深挖彻查"保护伞"排除阻力、提供有力保障,对涉黑恶问题尤其是群众反映强烈的大案要案,要有坚决的态度,无论涉及谁,都要一查到底,特别是要查清背后的"保护伞",坚决依法查办,毫不含糊。各级政法机关主要负责同志是扫黑除恶专项斗争直接责任人,要确保各项工作落到实处。政法机关要加强对扫黑除恶专项斗争的督导检查,协调督办重点案件。有关部门要依法依纪慎重处理对扫黑除恶工作干警的举报,防止黑势力利用举报干扰办案、打击报复。

（二）强化督导落实。各乡镇党委政府和有关部门要成立相应的领导和办事机构，建立健全相关工作制度，扎实开展开展扫黑除恶专项斗争。各乡镇党委政府要适时开展专项督查，全面、科学评价专项斗争实际成效，推动工作落实。对扫黑除恶专项斗争成绩突出的地区、单位和个人，按照县委、县政府有关规定每年度进行通报表扬，予以表彰奖励。对涉黑涉恶问题突出的地区、行业、领域，通过通报、约谈、挂牌督办等方式，督促限期整改。对因重视不够、发现不及时、打击不主动、整治不彻底，导致黑恶势力做大成势，严肃责任追究，直至一票否决。对问题严重、造成恶劣影响的，由纪检监察机关、组织人事部门依法依纪对其第一责任人及其他相关责任人严肃追责，绝不姑息。严格落实行业监管责任，对日常监管不到位，导致黑恶势力滋生蔓延的，严格实行责任倒查，严肃问责。在扫黑除恶专项斗争期间，县委六个督导组到各乡镇各部门督导，对相关地区应该发现的问题而没有发现的、发现问题不处理不报告的，接照失职。渎职等规定追相关人员责任。

（三）加强队伍建设。政法机关要敢于刀刃向内，对政法系统内部与黑恶势力沆瀣一气、充当“保护伞”的，无论涉及到谁、职务多高，都要深挖彻查。要进一步充实配备专门力量，建立一支高素质打击和惩治涉黑恶犯罪活动专业人才队伍，依法打击和惩治涉黑涉恶违法犯罪活动，保护人民人身权财产权、人格权，确保政治效果、法律效果和社会效果的统一。司法行政机关要规范异地执行刑罚，建立律师代理工作情况报告制度。要健全扫黑除恶工作人员及其近亲属保护机制，切实履行好打击犯罪，保护人民的职责使命，维护宪法法律权威。

（四）充分发动群众。县扫黑除恶专项斗争领导小组要广泛组织发动群众，设立专门信箱、电话、微信公众号在政府、公安机关开设专门邮箱，接受广大群众的举报、检举涉黑涉恶犯罪和“村霸”等突出问题，打一场扫黑除恶人民战争。各有关部门要通过多种形式畅通举报渠道，进一步发挥情报信息奖励机制作用，提高奖励标准，加大有奖举报力度，广泛收集涉黑恶犯罪线索。对群众实名举报的，要及时核查反馈，做到件件有回音。对举报人、检举人以及证人、鉴定人、被害人本人及其近亲属，要依法依政策落实相应保护措施，消除群众后顾之忧。

（五）加强宣传引导。各部门要发挥好主阵地、新媒体作用，加强正面宣传，大力宣传党中央国务院、省委、省政府和州委、州政府扫黑除恶的决心、举措和成效，对社会各方面广泛关注的重要案件和典型案例，有计划宣传报道，彰显法治权威，切实增强人民群众同黑恶势力作斗争的信心，形成全社会围剿黑恶势力的浓厚氛围。要发挥新闻媒体舆论监督作用，对媒体公开报道的涉黑犯罪线索要加强核实处理要加强舆论引导，做好法律政策宣讲、解疑释惑等工作，及时发现、封堵、删除有害信息，严防负面舆情扩散，避免和消除社会误解。

附录四：

曲麻莱县2018年全县百名干部下乡全面开展“三讲四促”百日活动实施方案

为全力推进乡村振兴战略，推动牧业生产和牧区发展，维护社会稳定，加快脱贫攻坚进程，根据州委州政府要求，我县2018年全县百名干部下乡全面开展“三讲四促”百日活动实施方案如下：

为全面准确深入宣传党的十九大及十九届二中、三中全会、中央经济工作会议、中央农村工作会议、省第十三次党代会精神、中央和省委1号文件精神和省委十三届三次全会、州委十三届四次全会、县第十五届三次全会精神，全力推进乡村振兴战略，推动牧业生产和牧区发展，维护社会稳定，加快脱贫攻坚进程，根据州委、州政府关于《2018年全州千名干部下乡开展“三讲四促”百日活动实施方案》（玉办发（2018）3号）的通知，在全县范围内组织开展以“三讲四促”为主题的百名干部下乡活动。

一、活动内容

（一）讲党的十九大和省、州第十三次党代会精神。干部进村入户，向广大牧民群众宣讲党的十九大及十九届二中、三中全会精神，学习领会中国特色社会主义进入新时代的新论断、我国社会主要矛盾发生变化的新特点、分两步走全面建设社会主义现代化国家的新目标、党的建设的新要求，推动习近平新时代中国特色社会主义思想深入人心；宣讲省第十三次党代会及第三次全会精神，讲清楚以“四个转变”落实“四个扎扎实实”重大要求的核心要义和十三届州委第四次全会、县第十五届三次全会精神，让牧民群众明白理解省州县关于解决好“三农”问题的重点工作部署和任务，把省、州、县决策部署和年度任务第一时间传达到每一名基层群众身边，使群众了解政策、享受政策，凝聚各族干部群众实现“两个越来越好”的精神合力。

（二）讲中央和省委1号文件精神。宣讲中央和省委1号文件确定的一系列强农惠农富农政策，加深牧区干部群众对乡村振兴战略的理解，牢固树立新发展理念，把党的政策转化为扩大牧民建设美丽家园的实际行动，为乡村振兴、牧业和牧区现代化建设增添动力和活力。

（三）讲法制讲政策讲科技。结合宣传党的十九届二中全会精神，向群众讲清楚中共中央关于修改宪法的重大意义和现实必要性，重点宣传好全国“两会”中关于宪法修改的会议精神。加大现行法律法规的宣传，教育和引导牧民知法懂法守法用法，依法正确反映愿望，依法维护自身权益。依法打击宗教、宗族势力干预村务和行政事务的违法行为，加强政策形势教育，帮助牧民群众认清当前国内外形势，全面正确地了解掌握党的各项路线方针政策，从生产生活条件的不断改善中深切体会党的亲切和社会主义制度的优越性，增强感恩意识，安心生产生活。大力普及健康文明的生活方式和科技文化知识，引导群众破除陈规陋习，转变观念，树立科学健康的生活习惯，提升乡风文明水平。

（四）促精准扶贫。紧紧围绕省委省政府“四年集中攻坚，一年巩固提升”的部署要求，帮助村社开展党的扶贫政策、脱贫工程等的宣传和落实，坚定贫困村社及贫困户脱贫致富的信心和决心。组织百名干部职工下基层开展摸底调查工作，由县级干部包乡镇，科级干部包村社的工作机制，以社为单位全面统计154项精准扶贫“十个一批”和相关政策落实情况，准确掌握全县牧民群众在生产生活、基础设施、公共服务、医疗卫生等方面的基础数据，为县委政府决策部署提供依据。下乡干部要熟悉县委县政府精准脱贫政策，扎实推进各项扶贫任务措施落实，立足贫困村实际，在综合施策、实施脱贫攻坚工程等方面提出有益的意见建议，在帮钱帮物的基础上重点扶志扶智，教育引导贫困群众转变观念，克服等靠要思想，不断增强脱贫致富的积极性主动性，提高贫困群众自我发展的意识和能力。

（五）促生产发展。发挥部门优势，开展形式多样的支牧活动，帮助牧民开展牧业生产，加强宣传，转变思想，优化畜牧业内部结构，提高牲畜出栏率，加强专业培训，合理科学发展大户、联户经营和生态畜牧业合作社，逐步形成特色鲜明、规模适度、优势突出、效益良好的畜种结构，着力解决防灾减灾以及森林草原防火等方面存在的实际困难，加大生态保护力度，组织开展乡村垃圾清理、净化美化环境活动，大力推动三江源国家公园建设，多渠道积极开辟牧民就业门路，寻找就业岗位，促进牧民持续增收。

（六）促乡村振兴。紧密结合村级换届后“两委”班子新、干部面貌新的特点，帮助村“两委”班子、党员加强理想信念教育，教育村干部听党话跟党走，增强“四个意识”，爱群众、爱家乡，促进党的各项路线方针政策在广大牧区全面落实到位，努力打造适应新时期乡村振兴战略的村“两委”班子和政治坚定的一大批村干部，帮助村干部学好学懂乡村振兴战略的重大意义和政策措施，制定村社振兴计划，发挥第一书记作用，突出抓好主导产业培育、基础设施建设、村集体经济发展，生态保护和乡村人居环境建设，引导牧民群众向上向善，废除旧习俗，树立新风尚。大力推进普法宣传，提高牧民法治素养，增强尊法学法守法用法意识、推行支部+贫困户+合作社的模式，培育新型经营主体。

（七）促社会和谐。始终把维护全县的社会政治稳定作为头等大事，进一步加强意识形态领域的工作，强化思想教育引导，充分运用好思想教育引导这个法宝，切实解决好武装头脑的问题，夯实反分裂反渗透的群众基础，团结带领广大群众，深入持久地开展反分裂反渗透斗争，确保全县长治久安。深入开展调查研究，依靠群众及时掌握和反映不良信息，掌握影响社会稳定的问题，教育牧民群众管好自己的手机信息圈，明辨是非，不信谣、不传谣，不制发、不传播不良信息，积极排查化解矛盾纠纷，落实好“村寺并联”治理措施，充分调动发挥乡村各类组织的作用，动员和组织牧民群众，维护好乡村平安稳定。持续开展打黑除恶专项行动，形成威慑，打压歪风邪气，提升正能量，为全县经济社会健康稳步发展营造良好的环境。

二、时间安排

全县百名干部下乡活动于3月20日启动，6月中旬基本结束，分为四步展开。

（一）准备启动阶段（3月20日至3月25日）。主要是明确任务、抽调干部。各乡镇、各部门要做好抽调人员的到岗衔接工作，合理安排，干部力量覆盖到村、深入到户。宣传、畜牧科技、扶贫等部门做好发放《政策宣讲问答）手册工作。

（二）集中宣讲阶段和数据统计（3月26日至4月20日）。按照宣讲的要求和内容，集中一个月时间，进村入户开展宣讲和数据统计。排查化解矛盾纠纷，维护社会稳定。

（三）跟踪服务阶段（4月下旬至6月中旬）。村社发展规划和脱贫措施，做好畜牧产业、扶贫项目、乡村振兴等服务工作。

（四）巩固落实阶段（6月下旬）。跟踪落实进村入户活动中承诺的事项，帮助牧民群众解决好生产生活方面存在的困难和问题，形成干部下乡开展工作调研报告和总结，形成专题报告报县委办公室。

三、组织领导

（一）成立领导小组。百名干部下乡活动在县委统一领导下开展工作，成立由县委书记董晋林，县委副书记、县长尼玛扎西同志任组长，县委副书记李健，县委常委、副县长贺生元同志任副组长，其他县级领导任成员的工作领导小组，统一协调有关事宜，领导小组办公室设在县委办公室。各乡镇成立相应协调组织，由党委主要负责人负总责。

（二）成立督查组。成立由县委副书记李健任组长，县纪委副书记、监察委副主任蒋选军，县直属机关党工委书记华加任副组长的专项督查组，对全县开展干部下乡活动情况进行明察暗访和面上督查。主要职责是对干部及时到位情况、进村入户开展政策形势宣讲情况、遵守群众工作纪律情况、解决问题和服务群众情况等进行督查，向县委县政府汇报。

（三）成立宣传报道组。干部下乡活动的宣传工作由县委宣传部负责。充分发挥报纸、广播、电视、微信公众平台等媒体作用。大力推介和报道各乡镇各部门贯彻落实中央和省委1号文件情况，宣传乡村振兴的先进典型和牧区积极发展生产、就业创业以及干部下乡开展工作的典型，营造良好的社会舆论氛围，凝聚牧区、牧民深入落实乡村振兴战略的精气神。

四、工作要求

（一）精心组织。百名干部下乡活动是全面贯彻党的十九大和中央、省委1号文件精神、推进强农惠民政策落实、推动“三农”工作的重要举措，是转作风、树形象、破难题、促发展的重要载体，各乡镇、各部门要把百名干部下乡活动纳入议事日程，制定具体工作方案，精心组织实施，要大力支持下乡人员开展宣讲工作，尽力帮助解决村社困难和问题。一是精心组织宣讲组。要抽调政治坚定、具有一定基层和群众工作经验、懂藏汉双语的干部组成宣讲组和小分队深入村社，全覆盖开展巡回宣讲。宣讲组成员要吃透中央1号文件精神，精心准备，把握正确导向，讲究宣讲艺术，用精彩生动的报告传递党的声音。二是统筹安排下乡干部。全县成立24个工作组，每个村（社区）由一名县级领导干部任组长，每个社由一名正科级领导干部任社长，一名副科级领导干部、一名一般干部和一名村社干部为成员。三是领导干部率先垂范。各级领导干部要带头转变作风，身体力行，以上率下，层层劳动，形成“头雁效应”，以好作风确保取得好成效，县级领导要深入联点村，开展宣讲调研；县委各部委和县直各单位以扶贫联点帮扶村为对象，主要负责人要到帮扶村开展调研、宣讲活动。四是形式多样开展宣讲。下乡干部要创新宣讲方式，充分利用黑板报、村务公开栏，公布宣讲内容，采取散发宣传资料、张贴标语、悬挂横幅等方式进行宣传，通过召开支部会、村委会、座谈会、党员会、群众会等集中宣传。深入牧民家里与群众拉家常，进行交流宣传。要把百名干部进村入户与科技、文化、卫生下乡和法律维权等活动结合起来，互相合作，丰富形式和内容，贴近群众，赢得群众喜欢和称赞。

（二）严格纪律。下乡干部要严明政治纪律、生活纪律和工作纪律，做到能进村、蹲得住、讲的透，要大力发扬亲民、务实的作风，与群众同吃同住同劳动，不搞特殊化，不给基层添麻烦增负担，在群众中树立良好的干部形象。

（三）强化监督。要制定干部下乡考核办法，对驻村工作组从组织领导、办好实事、解决问题、检查落实、工作总结五个方面进行评比，活动结束时，进行群众满意度测评。活动期间，每个驻村工作组报送动态信息不少于2期，各乡镇报送综合信息不少于3期，每个驻村工作组都要提交一份调研报告。

（四）注重实效。下乡活动要与乡村振兴战略紧密结合，与当前牧业生产紧密结合，与维护牧区稳定紧密结合，与精准脱贫攻坚紧密结合，与干部转变作风紧密结合，着力破解影响牧业牧区发展的热点难点问题，集中力量为基层群众解难事、办实事、做好事，下乡干部要做到“三联两办”，即：联系1户困难群众、联系1名村干部、联系1个合作社，办1件实事好事、办1件急事难事。

附录五：

曲麻莱县2018年党风廉政建设和反腐败工作主要任务分工意见

（县纪委　2018年5月）

为深入贯彻落实党的十九大及十九届二中、三中全会、中纪委十九届二次全会，省委十三届三次、省纪委十三届二次全会，州委十三届三、四次全会、州纪委十三届三次全会和县委十五届三次全会、县纪委十五届三次全会精神，推动全面从严治党向纵深发展，确保党风廉政建设各项任务落到实处，现对2018年全县党风廉政建设和反腐败工作主要任务提出如下分工意见。

一、严肃党的政治纪律和政治规矩，加强党内监督，净化政治生态

1.深入学习贯彻党的十九大及二中、三中全会和省州县委全会精神，进一步深化“四个意识”，把加强政治建设作为基本建设，把提高政治能力作为首要能力。要把对党绝对忠诚，坚决维护以习近平同志为核心的党中央权威作为最大的政治，自觉在思想上政治上行动上同党中央保持高度一致。按照“四个服从”“五个必须”的要求，着力发现、坚决查处“七个有之”等违反政治纪律和政治规矩的行为，坚决纠正有令不行、有禁不止等行为，坚决清除对组织不忠诚不老实的“两面人”、“两面派”，以政治纪律和政治规矩的落实带动其他各项纪律严起来。

牵头单位：县委、县纪委监察委、县委组织部

责任单位：各乡镇党委，县委各部委、县直各机关单位党支部（党组、党工委）、各人民团体

2.各级党委和领导干部要担负起政治责任和领导责任，使贯彻《关于新形势下党内政治生活的若干准则》和《中国共产党党内监督条例》成为每一个党组织、每一名党员的自觉行动。领导干部特别是一把手要亲自抓、亲自管，确保贯彻落实不走偏、不走样。各级党组织要加强检查和考核，及时发现和解决问题，严格落实执纪监督问责，完善抓落实的长效机制。

牵头单位：县委、县纪委监察委

责任单位：各乡镇党委、县委各部委、县直各机关单位党支部（党组、党工委）、各人民团体

3.围绕对党忠诚、敢于担当、廉洁勤政、苦干实干等鲜明主题，进一步加强政治文化建设，努力营造政治生态上的青山绿水。

牵头单位：县委、县纪委监察委

责任单位：各乡镇党委，县委各部委、县直各机关单位党支部（党组、党工委）、各人民团体

4.对本地区本部门政治生态要分析研判、精准识别。要有具体指标，要细、要实，从贯彻“四个扎扎实实”重大要求，落实“四个转变”新思路、选人用人风气、领导干部责任担当以及领导班子坚持民主集中制、服务群众、工作作风等方面制定实打实的指标，反映出真实情况。要把贯彻落实中央决策部署是否走样，是否打折扣作为衡量政治生态的重要标准，加强对重大政策、重大项目、重点工作落实情况的检查、监督、审计。

牵头单位：县纪委监察委，县委办公室、县委组织部、县审计局

责任单位：各乡镇党委，县委各部委、县直各机关单位党支部（党组、党工委）、各人民团体

5.加强对中央、省、州、县重大决策部署落实情况的监督检查，坚决纠正和严肃查处不作为、乱作为、慢作为等问题，持续加大执纪问责力度。坚持“三个区分开来”，完善容错纠错机制，为担当者担当，为负责者负责，为干事者撑腰，激发干部迎难而上、勇于担当的政治热情和干事激情。坚守公平正义，强化担当精神，及时为受到诬告的党员干部澄清是非、证明清白，保护党员干部干事创业的积极性。

牵头单位：县纪委监察委、县委组织部

责任单位：各乡镇党委，县委各部委、县直各机关单位党支部（党组、党工委）、各人民团体

6.认真履行党内监督专责机关职责，督促各级党组织解决党内政治生活不经常、不认真、不严肃、不规范等问题，对党内监督形同虚设、履行党内监督主体责任和监督责任不到位的坚决查处，推动党内监督全覆盖。

牵头单位：县纪委监察委

责任单位：各乡镇党委，县委各部委、县直各机关单位党支部（党组、党工委）、各人民团体

7.坚决纠正一些党员在反分裂反渗透斗争中态度暧昧、立场摇摆以及“双重”信仰等问题，坚决查处党员干部在藏区维稳工作中失职渎职行为；对自由主义、宗派主义、分散主义，对在党内培植私人势力、阳奉阴违、拉帮结派的，必须严肃查处，坚决维护党的团结统一。

牵头单位：县纪委监察委，县委组织部、县统战部、县政法委

责任单位：各乡镇党委，县委各部委、县直各机关单位党支部（党组、党工委）、各人民团体

8.认真排查梳理县管干部问题线索，及时更新重点岗位干部廉洁档案，严格把好“廉政意见”回复关，防止干部“带病提拔”“带病上岗”。

牵头单位：县纪委监察委，县委组织部

责任单位：各乡镇党委，县委各部委、县直各机关单位党支部（党组、党工委）、各人民团体

9.坚持和完善主要领导干部向纪委全会述责述廉制度，对述责述廉对象报告的个人有关事项进行一定比例的抽查核实。把党政主要领导、领导班子成员以及各级领导干部全部纳入述责述廉范围，实现述责述廉全覆盖。

牵头单位：县纪委监察委，县委组织部

责任单位：各乡镇党委，县委各部委、县直各机关单位党支部（党组、党工委）、各人民团体

10.落实好我县党风廉政建设责任追究和“一案双查”制度，对执行党的路线方针政策不力、落实县委决策部署和任务措施不到位，管党治党主体责任缺失、监督责任不到位，“四风”和腐败问题多发频发，选人用人失察、任用干部连续出现问题，巡查整改不落实的，都要严肃追究责任。健全责任追究情况定期报告、典型问题公开通报制度，使问责形成制度、成为常态。

牵头单位：县委、县纪委监察委、县委组织部

责任单位：各乡镇党委，县委各部委、县直各机关单位党支部（党组、党工委）、各人民团体

二、持续正风肃纪，巩固中央八项规定精神成果

11.贯彻落实习近平总书记关于进一步纠正“四风”加强作风建设重要批示精神。充分认识“四风”的顽固性、隐蔽性和严重危害性，在“常”“长”二字上下功夫。锲而不舍落实中央八项规定精神。既紧盯无视中央八项规定精神和省、州、县委政府关于贯彻落实中央八项规定精神的若干措施、具体措施、相关措施要求潜入地下公款吃喝、公车私用等老问题，又注意发现和纠正以形式主义、官僚主义方式对待中央、省委、县委决策部署，把同党中央保持一致仅仅作为口号等突出问题，使纠正“四风”往深里抓、实里做。重点查处一些领导干部爱惜羽毛、回避问题、庸懒无为，一些干部不作为、乱作为、冷硬横推等问题，对表态多调门高、行动少落实差，贯彻中央精神搞形象工程、政绩工程，弄虚作假、数字造假等突出问题，坚决查处、严肃问责。将行政事业单位占编不在岗、吃空饷等问题作为我县纪律作风整治的重点内容。

牵头单位：县委、县政府、县纪委监察委、县委组织部、县人力资源和社会保障局

责任单位：各乡镇党委，县委各部委、县直各机关单位党支部（党组、党工委）、各人民团体

12.典型问题点名道姓通报曝光要经常化，强化震慑，坚决防止不正之风反弹回潮。对执纪审查对象存在“四风”问题的，应当先于其他问题查处和通报。

牵头单位：县纪委监察委

责任单位：各乡镇党委、纪委，县委各部委、县直各机关单位党支部（党组、党工委）、各人民团体

13.对党的十八大以来违反中央八项规定精

神和省、州、县委政府关于贯彻落实中央八项规定精神的若干措施、具体措施、相关措施的问题进行分析，总结经验、梳理问题，对实施情况作为客观评价。加强制度建设，构建长效机制，把制度建设的过程作为深化认识、增强执行力的过程。

牵头单位：县委、县政府、县纪委监察委

责任单位：各乡镇党委，县委各部委、县直各机关单位党支部（党组、党工委）、各人民团体

14.做好党的十八大以来全面从严治党成效和经验宣传，举办廉政文化活动，并创建廉政文化新媒体宣传平台，积极打造具有曲麻莱特色和亮点的廉政文化宣传品牌，增强党员干部文化自觉和文化自信，以优良党风带动社会民风。

牵头单位：县纪委监察委，县委宣传部

责任单位：各乡镇党委，县委各部委、县直各机关单位党支部（党组、党工委）、各人民团体

三、加大问责力度，推动各级党组织落实从严治党政治责任

15.把检查主体责任落实情况作为巡察和监督执纪的重点，着力解决党的领导核心作用弱化、管党治党不严不实、党章党规党纪执行不力等突出问题，推动全面从严治党从宽松软走向严紧硬。

牵头单位：县纪委监察委，县委巡察办

责任单位：各乡镇党委，县委各部委、县直各机关单位党支部（党组、党工委）、各人民团体

16.改进党风廉政建设责任制检查考核机制。总结考核工作成绩和经验，针对短板改进完善。领导干部带队考核检查要善于发现问题，按照加强规范党内政治生活的新要求检查指导工作。把学习贯彻《党章》《准则》《条例》《监察法》的情况作为考核的重要内容，重点检查领导班子及成员思想政治建设的能力、自我约束的能力、解决问题的能力，聚焦“关键少数”，强化责任落实。采取多种方式了解社会层面和群众对党风廉政建设的评价和感受。

牵头单位：县纪委监察委、县司法局

责任单位：各乡镇党委，县委各部委、县直各机关单位党支部（党组、党工委）、各人民团体

17.认真执行《中国共产党问责条例》和省委的实施办法，对党的领导弱化、党的建设缺失、从严治党责任落实不到位，对维护党的纪律和政治规矩失责、贯彻中央八项规定精神不力、腐败问题严重的，不作为乱作为的，要敢于碰硬，敢于问责，定期报告问责情况、曝光典型问题。加强对“四个扎扎实实”重大要求落实情况的监督检查，对落实不力的严肃问责。

牵头单位：县委、县纪委监察委

责任单位：各乡镇党委，县委各部委、县直各机关单位党支部（党组、党工委）、各人民团体

四、保持高压态势，巩固反腐败压倒性态势

18.持续保持高压态势，坚持惩治力度不减、零容忍态度不变，坚决减少腐败存量，重点遏制增量。对腐败问题发现一起查处一起，重点查办发生在领导机关和领导干部中违反党的政治纪律和政治规矩的案件；插手工程项目违规招投标、私设小金库、土地出让、以权谋私、失职渎职、不担当不作为的案件。

牵头单位：县纪委监察委

责任单位：各乡镇党委，县委各部委、县直各机关单位党支部（党组、党工委）、各人民团体

19.严格按谈话函询、初步核实、暂存待查、予以了结四类方式分类处置问题线索，扩大谈话函询覆盖面，加大对问题线索的清理处置，坚决把存量减下来。坚持早教育、早提醒，早发现、早查处，使红脸出汗、咬耳扯袖成为常态，党纪处分、组织调整成为管党治党的重要手段，严重违纪、严重触犯刑律的党员必须开除党籍，坚决把增量遏制住。

牵头单位：县纪委监察委，县委组织部

责任单位：各乡镇党委，县委各部委、县直各机关单位党支部（党组、党工委）、各人民团体

20.准确把握“树木”与“森林”关系，体现政策策略和方式方法的针对性、灵活性，把执纪审查重点放在不收敛不收手，问题线索反映集中、群众反映强烈，现在重要岗位且可能还要提拔使用的领导干部上，坚决把腐败蔓延势头遏制住。完善容错纠错机制，为担当者担当，为负责者负责，为干事者撑腰，激发干部迎难而上、勇于担当的政治热情和干事激情。坚守公平正义，强化担当精神，及时为受到诬告的党员干部澄清是非、证明清白，保护党员干部干事创业的积极性。

牵头单位：县纪委监察委、县委组织部

责任单位：各乡镇党委，县委各部委、县直各机关单位党支部（党组、党工委）、各人民团体

21.深刻剖析党的十八大以来查处的典型案件，深入开展警示教育，用身边事教育身边人，发挥反面教材的作用。将警示教育课纳入基层干部培训教育主要课程。

牵头单位：县纪委监察委，县委组织部、县委宣传部、县委党校

责任单位：各乡镇党委，县委各部委、县直各机关单位党支部（党组、党工委）、各人民团体

22.加大对群众身边腐败问题的查处力度，加强生态环境、控辍保学、民生保障等领域的监督执纪问责。强化扫黑除恶专项斗争中的监督执纪问责，加大对“村霸”和宗族黑恶势力的整治。将违规私设小金库、工程项目违规招投标、干部人事档案造假专项治理中的监督执纪问责作为重点。强化监督执纪问责保证全县深化党和国家机构改革顺利推进。

牵头单位：县纪委监察委，县委组织部、县委政法委、县财政局、县人力资源和社会保障局

责任单位：各乡镇党委、县委各部委、县直各机关单位党支部（党组、党工委）、各人民团体

23.牢固树立“把脱贫攻坚工作做实就是讲政治”的思想认识，开展扶贫领域腐败问题和作风建设专项整治，严肃整治吃拿卡要、虚报冒领、优亲厚友、贪污侵占、私分滥发等问题。加大通报曝光，对问题长期得不到解决的要严肃问责。

牵头单位：县纪委监察委，县扶贫开发局

责任单位：各乡镇党委、政府

24.认真落实省委《关于建立市县党委巡查制度的意见》，强化统筹督导、强化政治巡察、强化巡察成果运用，紧盯重点人、重点领域和重点问题。构建巡察工作网络格局，扩大市县巡察覆盖面，加强对县级重点问题的督查督办。

牵头单位：县委巡察办

责任单位：各被巡察单位

25.认真贯彻中央关于国际追逃追赃的决策部署，加强组织协调，做好基础工作，动态管理在逃人员信息，加大防逃追逃追赃工作力度，决不让腐败分子逍遥法外。

牵头单位：县纪委监察委

责任单位：各乡镇党委，县委组织部、县委政法委、县法院、县检察院、县公安局、县审计局

五、巩固扩大改革成果，为全面从严治党提供体制机制保障

26.把贯彻“五位一体”总体布局和“四个全面”战略布局作为基本政治要求，把维护党中央集中统一领导作为根本政治任务，贯彻落实新发展理念，坚定不移深化政治巡察，提高政治站位，深化政治要求，体现政治忠诚，查找政治偏差，做到问题切实、工作扎实、流程落实、目标务实，推动工作向纵深发展。

牵头单位：县委巡察办

协办单位：各乡镇党委，县委各部委、县直各机关单位党支部（党组、党工委）、各人民团体

27.紧紧围绕加强党的领导、维护领导核心、执行上级决策等情况开展巡察工作，对违反政治纪律和政治规矩的人和事，决不姑息。

牵头单位：县委巡察办

协办单位：各乡镇党委，县委各部委、县直各机关单位党支部（党组、党工委）、各人民团体

28.深入研究精准识别，全面了解掌握各地区各部门坚持党的领导、加强党的建设、落实全面从严治党要求、结合实际贯彻落实中央和省、县委决策部署的情况。通过巡察分析研判班子政治上是否坚强，为县委用好干部提供服务。

牵头单位：县委组织部、县委巡察办

协办单位：各乡镇党委、县委各部委、县直各机关单位党支部（党组、党工委）、各人民团体、县管各企事业单位党支部（党委、党工委）

29.认真开展巡察“回头看”，着眼于净化政治生态、促进标本兼治，加强对巡察反馈问题整改情况的监督检查和移交问题线索办理情况的督促督办。创新方式方法开展“机动式”巡察，发挥“流动哨”威慑力。

牵头单位：县委巡察办

30.持续加强巡察数据管理系统建设、制度建设和巡察机构自身建设。随着任务的加重充实巡察力量。

牵头单位：县委巡察办

31.围绕全面从严治党，持续深化纪检监察机关“三转”。探索内部机构改革，创新组织制度，调整内设机构，探索将执纪监督和执纪审查部门职责分开，使执纪监督、执纪审查、执纪审理各环节相互协调、相互制约。

牵头单位：县纪委监察委

责任单位：各乡镇党委，县委各部委、县直各机关单位、各人民团体

32.推广县纪委监察委领导班子成员牵头包案制度，积极探索建立“村案乡办”“乡案县审”“乡镇街道交叉审查”和州县纪委监察委提级办案等工作机制。

牵头单位：县纪委监察委

责任单位：各乡镇党委，县委各部委、县直各机关单位、各人民团体机关

33.县纪委监察委派驻纪检组要加强对被监督单位领导班子及其成员的日常监督，发现问题

及时报告，全面掌握被监督单位党风廉政建设整体情况，加大监督执纪问责力度。

牵头单位：县纪委监察委

责任单位：各派驻纪检组

34. 巩固县纪委监察委派驻机构改革成果。加强对派驻机构履行职责情况的检查考核，对能发现的问题没有发现或发现问题不报告不处置的，严肃问责。

牵头单位：县纪委监察委

责任单位：各派驻纪检组

35. 建立健全行政执法和刑事司法双联合监察监督机制，明确职责、规范程序，有针对性组织开展对重点部位、热点难点问题的跟踪监督和检查。

牵头单位：县纪委监察委

责任单位：县委组织部、县法院、县检察院、县公安局、县审计局、县财政局、县人社局

六、以更高的标准和更严的纪律，建设一支让党放心、人民信赖的纪检干部队伍

36. 深化对习近平总书记系列重要讲话精神的学习，在学思践悟中理解把握讲话的精髓要义。把学习贯彻落实党的十大届六中全会精神同继续开展"两学一做"学习教育结合起来，联系思想和工作实际，坚持和深化中不断增强"四个意识"，提高政治站位，增强政治党悟。

牵头单位：县纪委监察委

责任单位：各乡镇党委，县委各部委、县直各机关单位、各人民团体

37. 大力宣传表彰纪检监察系统先进典型，加大干部培训力度。认真开展调查研究，强化调研成果运用。运筹干部培养、选拔、交流和使用，进一步畅通队伍的进出口渠道，使纪检监察岗位成为培养干部的重要平台。

牵头单位：县纪委监察委，县委组织部

责任单位：各乡镇党委，县委各部委、县直各机关单位党组（党委）、各人民团体

38. 重视纪检监察机关党的建设，充分发挥党支部的战斗堡垒作用和党员的先锋模范作用。各级纪委书记、纪检组组长既要自身正、敢担当、言传身教，又要加强日常管理和监督，领好班子、带好队伍。

牵头单位：县纪委监察委，县直机关工委

责任单位：各乡镇党委，县委各部委、县直各机关单位、各人民团体

39. 认真贯彻执行《中国共产党纪律检查机关监督执纪工作规则（试行）》《中华人民共和国监察法》《青海省纪检监察机关监督执纪监察工作实施办法（试行）》，明确请示报告、线索处置、审查审理、涉案款物管理工作规程，加强管理监督，严控自由裁量权，进一步规范执纪审查各环节工作。各级纪委要密切联系实际，找准风险点和薄弱环节，健全监督体系和机制，重点管好室主任，规范审查组组长权限，让权力受到严格监督。

牵头单位：县纪委监察委

责任单位：各乡镇党委，县委各部委、县直各机关单位、各人民团体

40. 加强"一案双查"，对不担当、不负责的要严肃问责并调整岗位，对不忠诚、不干净的要严肃查处，对执纪违纪、失职失责造成严重后果的，既要追究当事人的责任，也要对纪委书记（纪检组组长）问责。要强化自我监督，自觉接受党内监督和社会监督。

牵头单位：县纪委监察委

责任单位：各乡镇党委，县委各部委、县直各机关单位、各人民团体

七、持续国家监察体制改革

41. 深入学习贯彻《中华人民共和国监察法》。通过集中培训、聘请专家、以考促学等方式督促全县所有行使公权力公职人员的学习全覆盖。

牵头单位：县纪委监察委、县司法局

责任单位：各乡镇党委，县委各部委、县直各机关单位、各人民团体

42. 推动执纪审查与依法调查顺畅对接，加强监察机关与执法、司法机关的工作衔接，形成既相互配合又相互制约的体制机制，开创反腐败工作新局面。认真做好人员、设备、资金的转隶工作。

牵头单位：县纪委监察委、县政法委

责任单位：县检察院、县法院、县公安局

八、工作要求

各级党委（党组）要认真贯彻县委十五届三次全会及县纪委监察委十五届三次全会精神，按照《中共玉树州委关于落实党风廉政建设党委主体责任的实施意见》要求，进一步理清党委抓党风廉政建设的基本职责，明确主要任务，全面落实约谈提醒、廉政（任职）谈话、履责报告、检查考核、责任追究等制度，层层传导压力，将全面从严治党的责任压力传导到基层。各级纪检监察机关要忠诚履行党章赋予的职责，聚焦监督执纪问责，深化标本

兼治，创新体制机制，强化党内监督，树立敢于担当、敢于监督、敢于负责的责任意识，按照州委《关于落实党风廉政建设纪委监督责任的实施意见》，推进党风廉政建设和反腐败各项工作任务落实。

附录六：

曲麻莱县清理在编不在岗人员工作的意见

为进一步严肃干部人事纪律，规范和加强全县机关、事业单位工作人员管理，转变干部作风，根据《中共玉树州委组织部、玉树州人力资源和社会保障局关于开展关于开展全州机关事业单“吃空饷”自查自纠工作的紧急通知》（玉人社〔2015〕18号）文件、《中共曲麻莱县委办公室关于进一步加强全县干部在岗情况报备管理工作的通知》（曲办发〔2016〕55号）文件、《中共曲麻莱县委组织部、曲麻莱县机构编制管理办公室、曲麻莱县人力资源和社会保障局关于开展在编不在岗人员情况调查摸底的通知》（曲办发〔2017〕10号）文件相关要求，结合我县实际，针对全县机关事业单位长期“占编制、吃空饷、不上班”的占编不在岗人员，实行清理规范工作，现提出如下工作意见：

一、指导思想

坚持“从严治党、从严管党、从严治吏”为指导，进一步加强全县各单位人员编制和工资管理，严肃编制人事财经纪律，确保人员编制与财政实际供养人员相一致，从源头上预防和治理“吃空饷”和在编不在岗问题。整治财政供养人员“吃空饷”问题，是党中央在开展党的群众路线教育实践活动中明确的深化“四风”突出问题专项整治任务之一。全国各地在落实中央部署、开展专项整治中行动快、力度大、措施硬、处理严、效果好，中央在党的群众路线教育实践活动中进行了深入总结，并对下一步如何抓好整体推进和建立长效机制进行了安排部署。机关事业单位在编在职不在岗人员“吃空饷”问题在我县部分行业、少数单位长期存在，严重违反了组织人事纪律和财经纪律，有损于党和政府的形象，人民群众反映强烈，已到了非抓不可的地步。全县各级各部门要从讲政治、讲纪律的高度，充分认识“吃空饷”问题的严重性和危害性，自觉地把思想和行动统一到县委、县政府的部署上来，以高度的政治责任感和饱满的工作热情抓好专项整治活动，进一步扩大党的群众路线教育活动成果，以实际行动取信于民。

二、工作原则

坚持一把手负总责原则。凡存在清理对象的机关事业单位和乡镇，成立相应的清理工作领导小组，由单位一把手任组长，对清理工作负总责。

坚持公开、公正原则。走群众路线，保证干部职工的参与权、知情权和监督权，自觉接受群众和社会监督。

坚持平等协商原则。充分尊重当事人的平等对话权，保障干部职工的知情权、参与权。建立党组织领导，干部职工参与的协商机制，切实维护干部职工合法权益。

坚持分类处置、稳妥推进的原则。严格掌握政策标准，认真核实不同类型清理对象情况，深入做好清理对象工作，坚持以人为本，积极稳妥推进清理工作，切实维护社会安定团结。

三、组织机构

成立曲麻莱县清理在编不在岗人员工作领导小组，领导清理工作。

组　长：李　健　县委副书记
副组长：贺生元　县委常委、政府副县长
　　　　李得志　县委常委、组织部长
　　　　陈如金　县委常委、纪委书记、监察委主任
成　员：桂家军　县政协副主席、财政局局长
　　　　万铁练　县纪委副书记、监察委副主任
　　　　王春荣　县委组织部副部长
　　　　种运顺　县委组织部副部长、人力资源和社会保障局局长
　　　　青梅多杰　县机构编制委员会办公室主任

领导小组下设办公室，办公室设在县委组织部，王春荣同志兼任办公室主任，种运顺同志兼任办公室副主任，负责落实领导小组的各项工作部署，指导、检查、监督清理工作的具体实施。

四、清理范围

全县所有机关事业单位。

五、清理对象

1.达到法定（政策规定的）退休年龄，未办理退休，长期不在岗仍占编的人员；

2.相关部门已批退休但未及时办理退休的仍占用编制人员；

3.工作调动后未办理手续的仍占原单位编制的人员；以办理调动为借口上期在编不在岗人员；

4.以抽调、借调等理由长期不在原岗位且未在抽调、借调单位上班人员；

5.科级领导干部免职或转非后（调整至县委督查室，并上班在岗人员除外）长期占编不在岗人员；

6.旷工、病休、事假或未履行请假手续长期不在岗，无正当理由逾期不返岗人员；

7.擅自连续离岗15日以上或1年内累计离岗30日以上的人员；

8.死亡或由公安部门公布失踪人员仍占用编制的人员；

9.其他理由长期不在岗人员。因病长期病休的人员、因历史遗留问题在编不在岗人员。

六、处置办法

一是对所有在编不在岗人员离岗期间违规领取的财政工资，清理期间返岗，工资已停发的，所停工资不予恢复发放；工资在发的，停发工资予以扣缴；不上缴虚报冒领、多领的工资，又不坚持正常上班的，作旷工处理，旷工连续超过十五天，或者一年内累计超过三十天的，所在单位严格依照《公务员法》予以辞退或者解除聘用合同；离岗期间办理了退休手续的，一般不再做处理。

二是对符合提前退休条件的，经批准，可办理提前退休手续。

三是对本人自愿申请办理辞职手续的，所在单位应在其提交书面辞职申请后15个工作日内到组织、人社、编制、财政部门办理注销其人事、编制、工资关系。

四是对未提出提前退休申请、或虽提出提前退休申请但不符合提前退休条件以及未自愿书面申请辞职的人员，未在规定期限内返岗的，由所在单位上报县清查工作领导小组，按照擅自离岗离职人员处理。

五是对长期离岗外出人员，一律先停发工资，由所在单位及其主管部门负责通知限期返岗。其不在岗期间违规领取的工资由所在单位及其主管部门负责全额清缴。凡未在规定期限内返岗的，一律按照擅自离职离岗人员处理。

六是对未经组织人事部门批准抽调借调或长期未办理调动手续人员，抽借调到县域内的人员，有手续不全的，抽借调单位须在15个工作日内完善先关抽借调手续，并将审批结果告知被抽调借用单位；如有违规抽借调的，抽借调单位必须在5个工作日内书面通知并责令其回原单位上班。

凡抽借用至县域外达2年以上仍未办理相关手续及未经组织人事部门同意借抽调到县域外人员，被抽借人员所在单位须在15个工作日内书面通知并责令其回原单位上班。未按通知要求如期回原单位上班的被抽借调人员，一律按照擅自离职离岗人员处理。

七是对因病请假长期不在岗人员，确因病需治疗不能上岗的工作人员，必须持县级以上医院出具的诊断书、病例证明等资料，办理请销假手续。对请病假一年内累计在2个月以上人员，用人单位必须按照病假工作给其发放工资，并将情况上报县清查工作领导小组备案。

对采取非正常手段骗取假病例、假证明在病假期间从事有收入活动的，一经发现，所在单位须在15个工作日内书面面通知并责令其回单位上班，逾期未归的，所在单位要以文件形式将情况呈报县清查工作领导小组，经查实后，严肃处理，并停发、追回其病假期间的工资和津贴。

七、工作安排

清理工作按动员自查、告知清理和善后总结验收三个阶段分步推进。领导小组办公室从2018年5月份起将下单位指导、检查、监督清理工作的开展。

（一）宣传动员和自查认定阶段（5月上旬至5月底）

1.开展部署。各单位按照工作意见，组建本单位清理领导班子及工作机构，召开清理工作专项会议，对清理工作进行充分动员和周密部署。

2.自查自纠。各单位要摸清底数，建立工作台账，对2017年上报的在编不在岗人员情况进行核实、确认，确保被清理人员的类别清楚、原因属实;对本单位存在的在编不在岗现象,按照文件精神和有关政策开展自纠。

(二)政策告知和集中清理阶段(6月上旬至7月底)

1.政策宣传。对自查自纠环节尚未清理的在编不在岗人员,要积极开展政策宣传、政策解释工作,确保人人了解政策。

2.送达《告知书》。对动员自查阶段未能清理的在编不在岗人员,以书面方式送达《告知书》。对于无法取得联系的在编不在岗人员,可以通过其家属、亲属、邻居、朋友等途径进行转达,并做好相关传达情况的记载。

3.初步清理。认真分析本单位尚未清理的在编不在岗教职工情况,逐一制定清理工作方案,分类开展清理。在《告知书》送达30日后,对返回单位的干部职工进行工作安排;对不愿返回,但同意辞职和调离的,办理具体人事手续;对不能返回、也不辞职和调离的,了解原因,掌握情况。各单位将限期不返岗和不办理相关手续的人员情况报清理工作领导小组办公室。

4.集中清理。对无法告知、限期不返岗、不办理辞职或调离手续的人员,经清理领导小组研究后,通知单位按政策规定程序办理辞退、解聘手续,其人事档案移交户口所属地区人才交流服务中心。

(三)善后总结和验收阶段(8月上旬至10月底)

8月初至10月底,各单位对清理工作进行总结,形成书面材料,上报清理工作领导小组办公室。办公室将重点协调解决出现的特殊问题,同时开展对清理工作全面检查验收。

(四)建立制度和长效管理

各单位在开展清理工作的同时,要建立健全各项人事管理制度。根据工作需要,及时调整岗位,强化人员管理。对于各类离岗人员,区别情况迅速作出相应的处理意见,同时报请上级相关部门审批备案。实行长效措施管理,杜绝在编不在岗和不辞而别的现象发生。纪委、监察委、组织、人事部门在日常管理中进一步加强对此类情况监督和管理。

八、工作要求

(一)统一思想,提高认识。全县各单位必须站在规范管理,加强干部队伍建设、促进全县各项事业健康和谐发展的高度,统一思想,提高认识,认真落实清理工作各项部署。

(二)加强领导,依法依规。清理工作责任重大、政策性强,各单位要切实加强领导,落实工作责任,严格执行相关法律、法规和政策,严格执行工作程序。要建立一把手负总责,有分管、有专人具体抓的工作责任制;要建立党组织领导,干部职工共同参与的民主协调小组,切实抓好本单位清理工作;要在一定范围内对清理情况及处理结果进行公示,自觉接受群众和社会监督。

(三)以人为本,稳步实施。清理在编不在岗人员工作涉及到干部职工切身利益,事关全县稳定大局。要以人为本,周密部署、缜密实施,稳妥推进,不搞"一刀切",并做好相关人员的政策宣传、思想稳定工作。

(四)严肃纪律,规范程序。严格落实政策精神,严肃清理工作纪律,严把清理工作程序。在清理过程中坚持秉公办事、不徇私情,严格按照清理领导小组的工作部署,规范工作程序,实事求是核实相关材料,公正合理地开展处理工作。对因清查不到位、工作措施不力出现问题并造成一定影响的,或在清理过程中弄虚作假、欺骗、隐瞒的,要严肃追究有关领导和直接责任人责任。

(五)财政供养所有临聘人员参照本意见执行。

附录七:

中共曲麻莱县委2018年党建工作要点

2018年是贯彻党的十九大精神的开局之年,是改革开放40周年,是决胜全面建成小康社会、实施"十三五"规划承上启下的关键一年。抓好今年党建工作,要在整体把握的基础上,以习近平新时代中国特色社会主义思想为指导，全面贯彻党的十九大和省第十三次党代会精神，按照新时代党的建设总要求，坚持和加强党的全面领导，坚持党要管党、全面从严治党，坚持以党的政治建设为统领，以推进“两学一做”学习教育常态化制度化和开展“不忘初心、牢记使命”主题教育为契机，以学习贯彻党章、开展热爱党热爱领袖教育、推荐推广党建典型、壮大村级集体经济、建强基层党组织为主要抓手，全面推进党的政治建设、思想建设、组织建设、作风建设、纪律建设，把制度建设贯穿其中，深入推进反腐败斗争，持续提高党的建设质量，为以“四个转变”推动落实“四个扎扎实”重大要求，实现“两个越来越好”提供坚强保证。

一、把党的政治建设摆在首位，全面加强党的领导。

以党的政治建设为统领，坚持和加强党的全面领导，进一步增强“四个意识”。严肃党内政治生活，切实增强党内政治生活的政治性时代性、原则性、战斗性。弘扬忠诚老实、公道正派、实事求是、清正廉洁等价值观，加强党内政治文化建设。突出抓好党员干部党性教育，提升政治能力。深化政治巡察，强化政治监督。

二、深入学习贯彻习近平新时代中国特色社会主义思想，扎实推进党的思想建设。

把学习宣传贯彻党的十九大精神作为首要政治任务，深化党的十九大精神学习宣传贯彻。大力推进习近平新时代中国特色社会主义思想的学习，用科学理论武装头脑。把学习党章和宪法摆在突出位置，进一步增强各级党组织和全体党员的党章意识和法治理念，推进“两学一做”学习教育常态化制度化，提高依宪治国、依宪执政能力。以县处级以上领导干部为重点，精心组织开展“不忘初心、牢记使命”主题教育。抓好意识形态和精神文明创建工作，打造曲麻莱精神高地。

三、突出政治标准和政治功能，扎实推进党的组织建设。

坚持党的领导，以提升组织力为重点，突出政治功能和服务功能，扎实开展党建典型“双推”工作，示范引领基层党建提质增效，统筹提高全县基层党建工作水平。继续落实省委出台的《加强基层党建工作的若干意见》和州委出台的《关于贯彻落实省委〈加强基层党建工作的若干意见〉的实施意见》。加强换届后各级领导班子建设，突出抓好村(社区)“两委”班子成员轮训。加强党员队伍教育管理，夯实凝心聚力根基。继续加强“三基”建设，突出政治标准选配干部，培养干部专业能力、专业精神。坚持激励和约束并重，充分调动干部干事创业积极性、主动性、创造性。加强人才队伍建设，打造曲麻莱人才高地。

四、不断厚植党执政的群众基础，扎实推进党的作风建设

持续从严整治“四风”，以钉钉子精神打好作风建设持久战。创新工作体制机制和方式方法，做好新形势下群众工作。把监督检查中央八项规定实施细则精神和省委、省政府若干措施及县委、县政府实施意见的执行情况作为重点任务和经常性工作。

五、强化党建引领，坚决打赢脱贫攻坚战。

继续发挥基层党组织在扶贫主战场上的战斗堡垒作用，把基层党组织的组织领导、政策引导、服务群众等方面的优势与精准扶贫有机结合。进一步加强对驻村第一书记和工作队的管理，充分发挥主力军作用。严格落实“123”工作机制，确保联系不断层、帮扶全覆盖、治理无死角。以脱贫攻坚政策为机遇，发展壮大村集体经济，实现村集体经济“破零”工程。

六、推进项目化党建，提升基层党建工作水平。

围绕全县基层党建的热点、难点和重点工作，落实乡(镇)为主体的抓党建工作思路，坚持“夯实基础、破解难题、促进发展”三方面主题，调动各级党组织推进基层党建项目化管理工作的积极性和主动性，有力推进党建项目化工作的积极性和主动性，推出一批具有亮点的党建品牌，解决基层群众关心关注关爱的事情。

七、坚持把纪律挺在前面，扎实推进党的纪律建设。

强化政治纪律和组织纪律，带动党的各项纪律严起来。运用好监督执纪“四种形态”，推动“两个责任”落实落细。开展经常性纪律教育，增强不想腐的自觉。

八、把权力关进制度的笼子，扎实推进党的制度建设。

深化国家监察体制改革试点，不断健全监督体系。完善和落实民主集中制各项制度，加大党务公开力度。推进党内法规建设，强化制度执行力。

九、深化标本兼治，扎实推进反腐败斗争。

持续保持高压态势，巩固发展反腐败斗争压倒性态势。坚持“老虎”“苍蝇”一起打，坚决惩治群众身边腐败问题。

十、落实管党治党责任，不断提高党的建设质量。

健全党建工作责任制，形成党委统一领导，部门各负其责，党的各级组织抓落实的工作格局。打造高素质党务工作者队伍。强化党建理论和实践研究。

附录八：

中共曲麻莱县委2018年重点工作安排意见

为推动《省委党的建设工作领导小组2018年工作要点》和《中共玉树州委党的建设工作领导小组2018年工作要点》贯彻落实，推动我县基层党建工作再上新台阶，根据各单位各部门工作职责，制定本安排意见。

一、把党的政治建设摆在首位，全面加强党的领导

（一）牢固树立“四个意识”，把讲政治的要求贯穿于全面从严治党全过程。

以党的政治建设为统领，认真贯彻《中共中央政治局关于加强党的政治建设的意见》《中共中央政治局关于加强和维护党中央集中统一领导的若干规定》精神，坚决维护习近平总书记的核心地位，坚决维护党中央权威和集中统一领导。以“关键少数”为重点，教育引导党员干部加强党性锻炼，坚定执行党的政治路线，严格遵守党的政治纪律和政治规矩，在政治立场、政治方向、政治原则、政治道路上同以习近平同志为核心的党中央保持高度一致。加强对党的十九大精神学习贯彻情况、党章学习执行情况的监督检查，推动党员干部进一步增强“四个意识”，保证党的基本理论、基本路线、基本方略得到贯彻落实。按照省、州安排部署，做好我县深化机构和行政体制改革相关工作。（县委办公室、县纪委、县委组织部、县直机关工委、县委教育工委、县委“两新”工委、县编办等、各乡镇）

（二）严肃党内政治生活，切实增强党内政治生活的政治性、时代性、原则性、战斗性。

把各级党组织和党员干部执行政治纪律和政治规矩的情况作为执纪监督、审查调查、巡察监督的重中之重，坚决维护以习近平同志为核心的党中央权威和集中统一领导。认真落实新形势下党内政治生活若干准则，县纪委主要领导和班子成员要加强同所辖党组织和纪检机关主要负责人的谈心谈话，纪委书记下基层调研检查工作，要同下级党政“一把手”和纪委书记做到“三个人必谈”，沟通情况、交流思想，针对问题指导工作、从严要求。加强对贯彻民主集中制、落实“三会一课”和请示报告制度等情况的监督检查，对“七个有之”问题高度警觉，坚决清除对党不忠诚不老实、阳奉阴违的“两面人”“两面派”。加强维稳纪律执行情况的监督检查，对贯彻落实中央、省州委维稳决策部署不力、工作不实、履职不到位，或参与不稳定事件的党员干部，要坚决查处，严肃问责，绝不姑息。要聚焦政治立场、政治原则、政治担当和政治纪律，严把选人用人政治关、廉洁关、形象关，坚决防止“带病提拔”“带病上岗”现象的发生。坚持以“三个区分开来”为原则，旗帜鲜明地为敢于担当、踏实做事、不谋私利的干部撑腰鼓劲，全面净化党内政治生态。（县纪委、县委组织部、县委办公室、县直机关工委、县委教育工委、县委“两新”工委等，各乡镇）

（三）加强党内政治文化建设，净化党内政治生态。

把弘扬忠诚老实、公道正派、实事求是、清正廉洁等价值观，作为干部教育培训、党委（党组）理论学习中心组学习的重要内容，坚决防止和反对个人主义、分散主义、自由主义、本位主义、好人主义，坚决防止和反对宗派主义、圈子文化、码头文化。把倡导和弘扬共产党人价值观、提高政治觉悟作为干部教育培训、党委（党组）理论学习中心组学习的重要内容。严格思想教育，严格管理监督，严格纪律执行，坚决反对搞两面派、做两面人，切实把“口言善、身行恶”的两面人甄别出来、清除

出去。(县委组织部、县委宣传部、县纪委、县直机关工委等,各乡镇)

(四)突出抓好党员、干部党性教育,提升政治能力。

把学习贯彻习近平新时代中国特色社会主义思想和党的十九大精神作为干部教育培训中心内容,作为党校主课,全面纳入教学计划和教学布局,推动党的十九大精神进教材、进课堂、进头脑。采取党委(党组)理论学习中心组学习、集中轮训、专题培训,在线学习等方式,组织干部读原著、学原文、悟原理,全面学、系统学、深入学,并同学习马克思主义基本原理和中国特色社会主义理论体系结合起来,切实做到学思用贯通、知信行统一。认真落实党中央关于党的理论教育和党性教育在各级党校教学安排中不低于总课时的70%"和"党性教育课不低于总课时的20%"的要求,将党的理论教育和党性教育作为党校教育培训的主业主课,全面推行"1+X"(1为党性教育,X为专题课程)培训模式。教育引导党员、干部牢记党的宗旨,挺起共产党人的精神脊梁,解决好世界观、人生观、价值观这个"总开关"问题,自觉做共产主义远大理想和中国特色社会主义共同理想的坚定信仰者和忠实实践者。教育引导党员干部加强政治能力训练,坚定政治理想,把握政治方向,站稳政治立场。针对部分党员干部"双重信仰"问题比较突出的现状,加强对各级领导班子政治建设的经常性指导和监督,加大党员干部理想信念教育力度,组织开展热爱党、热爱领袖教育,教育引导党员干部牢固树立"四个意识"。对新时代"三基"干部学院、"一县一基地、一县一特色"党性教育基地和"玉树抗震救灾精神"党性教育精品课程的精神内涵、路径载体、成果转化等方面进行全方位提档升级。组织党员干部特别是领导干部深学细照、对标看齐,持之以恒补"钙"铸"魂"。进一步研究开发县情教育、重点产业、国学素养等品牌课程,做好第二批全省干部教育培训课程推荐工作。(县委组织部、县委宣传部、县纪委、县直机关工委、县委党校等,各乡镇)

(五)深化政治巡视巡察,强化政治监督。

牢牢把握巡察工作方针,深化政治巡察,重点检查党章执行情况和党的十九大精神、省十三次党代会精神贯彻落实情况,检查践行"四个意识"、加强党的领导、推进党的建设、全面从严治党、严肃党内政治生活、执行党的路线方针政策落实意识形态责任情况。扎实推进对乡镇的常规巡察,切实抓好巡察整改,进一步深化巡察成果运用。召开全县巡视巡察工作会议。推进基层巡察工作,探索建立巡察上下联动的监督网,加大整治群众身边腐败问题力度。(县纪委、县委组织部、县委宣传部等,各乡镇)

二、深入学习贯彻习近平新时代中国特色社会主义思想,扎实推进党的思想建设

(一)深化党的十九大精神学习宣传贯彻,注重在"结合"和"转化"上下功夫。

坚持把学习宣传贯彻党的十九大精神作为首要政治任务,党委(党组)理论学习中心组带头,引领广大党员干部带着信仰学、带着感情学、带着责任学、带着好的学风学,做到学懂弄通做实,推动学习成果转化为政治成果、发展成果、精神成果,推动新发展理念深入人心。精心组织好各类宣传活动,推进党的十九大精神进农村、进牧区、进寺院、进机关、进校园、进社区、进军营、进网络、进企业。抓好副科级以上领导干部集中轮训,做好面向全体党员的多形式、分层次、全覆盖培训。把党的十九大精神作为县委党校的必修课,作为各类学校思想政治教育和课堂教学的重要内容,推动党的十九大精神进教材、进课堂、进头脑。(县委宣传部、县委组织部、县直机关工委、县委党校、县纪委、县委办公室、县委教育工委、各乡镇)

(二)推进习近平新时代中国特色社会主义思想的学习教育,用科学理论武装头脑。

把习近平新时代中国特色社会主义思想作为重中之重,抓好各党委(党组)理论学习中心组学习,作为干部教育培训的中心内容,作为"三基"干部学院和各级党校的主课。组织好《习近平谈治国理政》第一、二卷和《习近平新时代中国特色社会主义思想学习纲要》《习近平新时代中国特色社会主义思想30讲》《新时代面对面》的学习使用。开展热爱党、热爱领袖教育,引导各族干部群众坚定不移听党话跟党走。使用好"青海网络干部学院"平台。(县委宣传部、县委办公室、县委组织部、县直机关工委、县委党校、县委教育工委等,各乡镇)

(三)精心组织开展主题教育,引导党员干部牢记初心、践行使命。

以县处级以上领导干部为重点,深入开展以学习贯彻习近平新时代中国特色社会主义思想为主要内容的"不忘初心、牢记使命"主题教育。

紧扣党的十九大战略安排,围绕以“四个转变”推动落实“四个扎扎实实”重大要求,设置专题,强化思想教育,加强党性检验和专项整治,引导党员、干部深入理解和把握习近平新时代中国特色社会主义思想的科学体系、精神实质、实践要求,更加自觉地为实现新时代党的历史使命不懈奋斗。充分利用好县委党校这干部理想信念教育的重要阵地,加强理想信念教育。(县委组织部、县委宣传部、县纪委、县委办公室、县直机关工委、县委教育工委、县委“两新”工委、县委党校等,各乡镇)

(四)把学习党章和宪法摆在突出位置,增强党章意识和法治理念。

深入推进“两学一做”学习教育常态化制度化,在各级党组织和全体党员中开展学习党章活动,把党章作为坚定理想信念、提高党性修养的根本标准,更加自觉地学习党章、遵守党章、贯彻党章、维护党章。推动基层党组织严格执行“三会一课”、党员领导干部参加双重组织生活会、谈心谈话、组织生活会、民主评议党员等党的组织生活基本制度,真正把党章作为一把尺子,内化于心、外化于行。组织广大党员特别是党员领导干部带头学习宪法、遵守宪法、维护宪法、运用宪法,不断提高运用法治思维和法治方式深化改革、推动发展、化解矛盾、维护稳定的能力,把新曲麻莱建设各项事业不断推向前进。各级党组织要尊崇宪法,严格实施宪法,维护宪法法律权威,在宪法和法律的范围内活动,不断提高依宪治国、依宪执政能力和水平。(县委组织部、县司法局、县纪委、县委宣传部、县机关工委等,各乡镇)

(五)抓好意识形态工作和精神文明创建,打造曲麻莱精神高地。

进一步落实意识形态工作责任制,将责任制落实情况列入年度目标责任考核体系,加强县委督查办和县纪委派驻纪检组长的日常监督检查。深入开展意识形态领域情况分析研判和辨析引导,定期通报意识形态领域情况,旗帜鲜明开展意识形态领域斗争,反对和抵制各种错误观点。围绕宣传党的十九大这条主线,始终坚持正能量总要求,创新传播手段和方法,加强网上正面宣传引导,讲好身边好人故事,持续增强吸引力和感染力,不断巩固全县干部群众团结奋斗的共同思想基础,让党的声音成为网络空间最强音;突出重要时间节点,大力宣传曲麻莱经济社会发展取得的巨大成就,用事实和数据生动反映曲麻莱各族群众安居乐业、致富奔康、团结进步良好局面,主流舆论声势更加强劲;建立网络综合治理体系,营造清朗的网络空间。加强传播手段建设和创新,统筹内宣外宣、网上网下,宣传好党的政策、传播好党的声音,切实提高新闻舆论传播力引导力影响力公信力。做大做强网上正面宣传,改进创新网上正面引导。把培育和践行社会主义核心价值观贯穿到曲麻莱精神文明建设的全过程中,继续打造好“曲麻莱精神”和“好人曲麻莱”两张品牌,健全和完善“曲麻莱好人”评选机制,推出村社好人、乡镇好人等联动机制;深入学习宣传和贯彻习近平总书记对精神文明建设工作的要求,继续抓好文明进牧区、进机关、进校园、进家庭、进军营、进寺院、进企业、进社区、进网络等“九进活动”,深入持久地开展好各级各类文明创建活动,通过开展“书香曲麻莱”“文明联谊”等活动不断开创曲麻莱精神文明建设新局面。(县委宣传部、县委组织部、县文明办、各乡镇)

(六)持续提升基层组织建设水平。

全面落实《关于贯彻落实省委〈加强基层党建工作的若干意见〉的实施意见》,推动69条措施落地落实。加强县乡村三级班子思想政治建设,统筹做好培养选拔年轻干部、女干部、少数民族干部和党外干部工作,增强班子整体功能,优化领导班子配备和干部队伍结构。开展乡镇党政正职履职情况调研,确保贫困乡党政正职稳定。围绕强“三基”重落实、出成果、出经验的目标,加力推进基层组织“凝心聚力工程”、基础工作“强基筑底工程”、基本能力“达标提升工程”。推进乡镇“温暖工程”建设,实现各乡镇“五有”目标任务。(县委组织部、县纪委、县委统战部等,各乡镇)

(七)突出政治标准选配干部。

认真贯彻习近平新时代选人用人思想,强化党组织领导和把关作用,深入考察干部的政治忠诚、政治定力、政治担当、政治能力、政治自律等方面的表现,大力选拔牢固树立“四个意识”和坚定“四个自信”、在反分裂反渗透中旗帜鲜明、在维稳处突中表现突出、始终与以习近平同志为核心的党中央保持高度一致的干部。注重选拔基层一线和扶贫一线干部。健全完善优秀年轻干部培养选拔机制。建立科级后备干部队伍。制定符合地方实际的选调生管理办法，推进选调生工作制度化、规范化。深入落实事业单位领导人员管理“1+5”制度体系，认真做好事业单位领导人员的选拔任用和管理监督。（县委组织部、县人社局等，各乡镇）

（八）培养干部专业能力、专业精神。

按照省委新规划和州情实际，研究制定本地区干部教育培训五年规划或贯彻落实意见。充分发挥县委党校主阵地主渠道作用，深入总结党校办学体制改革试点经验，推动党校统一课程设置、师资调配管理招考、公用经费核拨标准等制度机制改革整体提升党校办学水平。充分挖掘基层干部、老支书、乡干部、退休干部等本地专才资源，县内各级领导干部、各方面业务骨干资源，全面推行领导干部上讲台制度，建立干部教育培训专兼职师资库。加大县委党校与与北京市各区（县、市）委党校的交流与合作，争取基础设施建设、教学、课程、师资、管理等各方面资源资金的帮助支持。注重专业知识、专业能力、专业作风、专业精神的统一，努力打造又博又专、推陈出新的领导班子。按照“全州千名领导干部专业能力提升工程”，全面推行党校联办机制、培训成效检测机制、培训与使用结合机制，增强培训的时效性和实效性，帮助各级领导干部提升专业思维、专业能力。推行公务员和事业单位工作人员分类考录（公开招聘）、培训。修订完善《寺庙管理干部管理办法》，努力建设一支政治过硬、能力过硬的寺庙管理干部队伍。（县委组织部、县委党校、县委统战部、县人社局等，各乡镇）

（九）激励干部干事创业。

完善干部管理监督制度体系，运用好提醒、函询和诫勉日常管理监督干部的方式，加大领导干部经济责任中审计力度，开展领导干部自然资源资产离任审计。改进和加强选人用人巡视检查工作，认真落实干部选拔任用工作监督检查和责任追究办法。做好规范领导干部配偶、子女及其配偶经商办企业行为工作。强化党政领导干部兼职管理，建立容错就错机制，制定激励广大干部担当作为的政策措施，落实《关心关爱基层干部身心健康的若干措施》。推进落实公务员职务于职级并行制度。规范各类检查考核、评比达标表彰，为基层干部减负减压。认真做好离退休干部工作。（县委组织部、县纪委、县审计局、县财政局、县卫计委、县人社局等，各乡镇）

（十）加强人才队伍建设。

加大“本土”人才培养力度，依托援青平台大力聚才引智，注重盘活援青资源，持续优化援青干部人才岗位契合度，在生态、旅游、医疗、教育等方面加大人才智力引进力度。全面加强人才环境建设，强化“一把手”抓“第一资源”责任，逐级建立党政领导班子和领导干部人才工作目标责任制，重点解决人才政策落不实、落不了地等问题。（县委组织部、县人社局、县委宣传部、县委统战部、县委教育工委、县畜牧局、各乡镇）

（十一）以双推工作引领基层党建提质增效。

深入挖掘和推荐一批适应时代特点、具有鲜明特色的党建典型，在一定范围推广示范，促进基层党建工作全面进步、全面过硬。实施村集体经济“破零”工程，设立村级集体经济发展基金，力争到2020年基本消除集体经济“零收入”村。大力开展管理服务升级行动、机关作风整治行动，提升全县各级党政机关管理服务、效能作风建设水平。加强“两新”组织党建工作制度建设，理顺“两新”工委工作机制，推动“两新”组织党建工作转型升级、提质拓面。进一步完善国有企业体制机制、机构设置、制度体系，充实党务工作力量。全面实行村党组织书记县级备案管理。（县委组织部、县纪委、县委宣传部、县直机关工委、县委教育工委、县委“两新”工委等，各乡镇）

（十二）加强党员队伍教育管理。

开展党员队伍分类管理试点。实施藏区农牧民入党培养工程，壮大党员队伍，稳固基层政权。实施青年人才入党培养计划，加大从农牧民、“两新”组织及高知识群体中发展党员力度，拓宽领域，优化结构。组织党员“先锋指数”考评，发挥党员的先锋模范作用。推进党员管理信息化工程，实现党员管理的智能化、精准化、动态化。开展违规发展党员问题专项整治，重点对基层发展党员中存在的家族化、裙带化等问题进行整治。稳妥有序处置不合格党员，探索建立“能进能出”机制，推进处置工作形成常态。（县委组织部、县直机关工委、县委教育工委、县委“两新”工委等，各乡镇）

四、不断厚植党执政的群众基础，扎实推进党的作风建设

（一）继续从严整治“四风”。把监督检查中央八项规定实施细则精神和省委、省政府若干措施的执行情况作为重点任务和经常性工作，对“四

风”隐形变异及新表现，发扬钉钉子精神，绵绵用力，久久为功。紧盯“关键少数”，党员领导干部要率先垂范，以身作则，身体力行，以上率下。聚焦形式主义、官僚主义的突出问题进行重点整治，采取全媒体问政、全社会监督方式，坚决查纠一些领导干部回避问题、庸懒无为、当好好先生、当甩手掌柜，一些基层干部对群众反映强烈的问题不重视、不作为、不担当、乱作为，一些地方、单位表态多、调门高，而行动少、落实差等突出问题，并选择一批典型进行通报曝光。要围绕打赢脱贫攻坚战，对精准扶贫政策落实情况进行监督检查，开展扶贫领域不正之风和腐败问题专项整治行动，坚决查处侵害群众利益的腐败问题。坚决防止享乐主义和奢靡之风反弹回潮。密切关注各种隐形变异的公款送礼和公款吃喝玩乐、违规收受红包礼金、公车私用、大操大办婚丧喜庆等问题，聚焦特殊行业、特殊领域和县乡基层等重点领域、国家法定节假日等重要节点，加强明察暗访，畅通信访举报渠道，严肃追责问责，持续释放执纪必严强烈信号。(县纪委、县委办公室、县政府办公室、县委组织部、县直机关工委等，各乡镇)

(二)创新群众工作体制机制和方式方法。建立和完善民意调查等制度，完善和落实领导干部调查研究、定期接待群众来访、同干部群众谈心、群众满意度测评等制度。督查和指导工会、共青团、妇联等群团组织增强政治性、先进性、群众性，及时掌握改革进展情况和存在的问题，推动群团改革各项任务的落实落地。(县委办公室、县委组织部、县总工会、团县委、县妇联等，各乡镇)

五、强化党建引领，坚决打赢脱贫攻坚战。

(一)推进服务型党组织建设，强化班子建设，提高服务能力。

加强对新一届村(社区)“两委”班子成员培训，着力提升村(社区)“两委”班子成员的业务能力和政治素养，让新一届村(社区)“两委”班子切实发挥“领头雁”作用，提高服务群众的能力，认真做好卸任村干部的思想工作。(县委组织部、县委党校等，各乡镇)

(二)继续加强扶贫驻村第一书记和工作队管理。

严格落实《玉树州第一书记和扶贫(驻村)工作队干部管理办法》《曲麻莱县第一书记和扶贫(驻村)工作队员管理办法》，做好管理监督、考核机制、召回通报、相关保障等方面的工作，进一步完善第一书记和驻村工作队干部的监督、请销假、考核等制度，确保选派人员在精准扶贫工作中发挥最大作用。同时，做好2018年新选派的“第一书记和驻村工作队员的培训工作。(县委组织部，各乡镇)

(三)严格落实“123”工作机制，建立完善扶贫整体联动工作机制。

继续推进“双帮”结对认亲工作。广泛动员社会力量参与扶贫开发，构建定点扶贫、军队和武警部队扶贫以及工商联和企业、宗教界、社会组织、个人参与的社会扶贫工作体系，确保联系不间断、帮扶全覆盖、治理无死角。(县委组织部，各乡镇)

六、推进项目化党建，提升基层党建工作水平

(一)巩固党建项目成果。继续抓好“三基”干部学院建设，在巩固成效和总结经验上持续下功夫，在教学定位、教学方向和教学目标上不断与时俱进，在基层干部教育培训的新样板、新路子上继续探索前进，确保学院“升级提位”上取得新突破、新成效。落实以县为主体抓党建的工作思路，推进县委书记和组织部长领题的两个党建项目，抓好各乡镇年度党建特色工作，实现党建品牌多点开花、亮点纷呈。(县委组织部，各乡镇)

(二)推进村集体经济“破零”工程。严格按照全省“破零”工程的部署安排，坚持县委统一领导、组织部门统筹协调、相关部门合力推动、乡镇党委和村党组织具体实施、群众积极参与，鼓励各相关单位结合实际，全方位、多渠道推进村集体经济“破零”工程。(县委组织部、各乡镇)

七、坚持把纪律挺在前面，扎实推进党的纪律建设

(一)强化政治纪律和组织纪律，带动党的各项纪律严起来。

严明党的政治纪律和政治规矩，从严从重处分党的十九大后新发生的违反政治纪律和政治规矩行为，及时通报典型案例。提高政治敏锐性、政治鉴别力，坚决反对分裂渗透，在重大原则问题、敏感事件上，始终做到思想坚定、旗帜鲜明、态度坚决。定期梳理领导干部遵守政治纪律、廉洁纪律情况，建立和完善重点岗位一把手和后备干部廉政档案资料库。严明组织纪律，坚决听从指挥，坚决执行民主集中制，坚决服从组织决定，严格请示报告制度。严格执行领导干部个人有关事项报告制度，加强查核结果运用。

开展“普纪”教育。督促各级党组织把党章党规党纪教育纳入党员干部政治教育培训内容和理论学习计划，作为党校必修课列入干部教育培训的重要内容。要开展经常性纪律教育，发挥先进典型的引领作用和反面教材的警示作用。抓住纪委监委合署办公契机，进一步加强廉政警示教育基地建设。增强纪律的震慑力。督促各级党组织依规用好纪律处分权，凡是处分决定，都要在本地本单位党组织会议上进行宣布，对发生严重违纪违法案件的单位，对普遍性倾向性苗头性的问题，要下达纪检监察意见书，限期整改。（县纪委、县委组织部、县委统战部等，各乡镇）

（二）运用监督执纪“四种形态”，推动“两个责任”落实落细。

坚持把纪律挺在前面，综合运用提醒谈话、批评教育、诫勉谈话等措施，抓早抓小、动辄则咎，防微杜渐。要在运用第一种形态上再深化，让咬耳扯袖、红脸出汗成为常态。更加注重提高谈话函询质量，扎扎实实做好思想政治工作，使谈话函询的过程成为教育引导被谈话函询对象对党忠诚老实、相信组织、依靠组织，如实向组织说明有关情况的过程。对反映不实的，及时予以澄清。对存在问题的，帮助悔过纠错。对欺瞒组织、边谈边犯、边询边犯的，从严从重处理。真正使党员干部既感受到组织的关心、又感受到纪律的严明和监督的无处不在。继续开展受处分党员干部回访教育管理工作，体现组织关怀。（县纪委、县委组织部、县直机关工委等，各乡镇）

（三）开展经常性纪律教育，增强不想腐的自觉。

督促各级党组织把党章党规党纪教育纳入党员干部政治教育培训内容和理论学习计划，作为党校必修课列入干部教育培训的重要内容。开展经常性纪律教育，发挥先进典型的引领作用和反面教材的警示作用。抓住纪委监委合署办公契机，进一步加强廉政警示教育基地建设。加大党规党纪宣传力度，发挥先进典型的引领示范和反面典型警示教育作用，增强纪律教育针对性。坚定理想信念宗旨教育，弘扬优秀传统文化，坚决反对特权思想和特权现象。教育引导党员干部公私分明先公后私、克己奉公，严格家教家风，严格管理亲属和身边工作人员，保持清正廉洁的政治本色。强化纪律执行，让党员、干部知敬畏、存戒惧、守底线，习惯在受监督和约束的环境中工作生活。（县纪委、县委办公室、县委组织部、县直机关工委、县委教育工委等，各乡镇）

八、把权力关进制度的笼子，扎实推进党的制度建设

（一）深化国家监察体制改革试点，不断健全监督体系。

探索实践监委工作运行新模式，推动纪法有机衔接，加快生成新的凝聚力、战斗力和执法力。提升政治业务能力。坚持思想政治工作和业务培训一起抓，通过座谈交流、专题教育、全员轮训、岗位练兵、挂职锻炼等不同形式，做到学用结合、学思践悟，不断提升政策理论水平和依纪依法履职尽责能力，使纪检监察干部既成为严格执纪的行家里手，又成为依法办案的专业人才，实现思想、理念、人员、感情、工作的全面融合。促进执纪执法同向发力，积极探索执纪监督与执纪审查衔接、执纪与执法衔接、执法与司法衔接的有效运行机制。结合实际，全面试用12种调查措施。借鉴北京市执纪执法“一程序两报告”的做法，建立健全审查调查措施使用审批和监管制度，完善各项工作规范，严格把好程序关、事实关、证据关、法律适用关。（县纪委、县编办、县纪委、县检察院、县审计局、县统计局等，各乡镇）

（二）完善和落实民主集中制各项制度，加大党务公开力度。

落实集体领导制度，实行集体领导和个人分工负责相结合，防止和克服独断专行或各自为政。落实党委（党组）议事规则和决策程序，健全常委会向全会定期报告工作并接受监督制度。落实上级党组织在作出同下级组织有关重要决策前征求下级组织意见制度。进一步健全完善党内征求意见制度。落实《中国共产党党务公开条例（试行）》，编制党务公开目录，制定我县实施细则，扎实推进党务公开工作。（县委组织部、县委办公室、县直机关工委等，各乡镇）

（三）推进党内法规制度建设，强化制度执行力。

统筹推进中央党内法规制度的学习贯彻。强化监督检查，将党内法规制度执行情况作为各党委（党组）督促检查、巡视巡察的重要内容，对党内法规制度落实情况开展专项督查。加大责任追究和惩处力度，严肃查处违反和破坏党内法规制度的行为，维护制度的严肃性权威性。（县委办公室、

县纪委等，各乡镇）

九、深化标本兼治，扎实推进反腐败斗争

（一）持续保持高压态势，巩固发展反腐败斗争压倒性态势。

坚持无禁区、全覆盖、零容忍，重遏制、强高压、长震慑，坚持受贿行贿一起查。重点查处十八大后不收敛、不收手，问题线索反映集中、群众反映强烈，现在重要岗位且可能还要提拔使用的领导干部。做好信访、线索处置、纪律审查等工作。（县纪委、县委组织部、县委政法委、县法院、县检察院、县公安局、县审计局等，各乡镇）

（二）坚持“老虎苍蝇一起打”，坚决惩治群众身边腐败问题。

开展扶贫领域腐败和作风问题专项治理，重点查处和纠正贯彻党中央和省委脱贫攻坚决策部署不坚决不到位、弄虚作假问题，严肃查处贪污挪用、截留私分、虚报冒领、强占掠夺等行为。坚决查处发生在民生资金、“三资”管理、征地拆迁、教育医疗、生态文明建设等领域的严重违纪违法行为，基层干部吃拿卡要、盘剥克扣、优亲厚友等问题。把惩治“蝇贪”同扫黑除恶、整治村霸结合起来，坚决查处涉黑腐败，坚决惩治放纵、包庇黑恶势力甚至充当“保护伞”的党员干部。（县纪委、县委组织部、县委政法委、县法院、县检察院、县公安局、县审计局等，各乡镇）

十、落实管党治党责任，不断提高党的建设质量

（一）健全党建工作责任制。推动各党委（党组）落实全面从严治党主体责任，完善党的建设领导体制，形成党委统一领导，部门各负其责，党的各级组织抓落实的工作格局。落实领导干部“一岗双责”，党建工作与业务工作一起部署、检查、考核、总结。持续深入推动《加强基层党建工作的若干意见》落实，有效运用督查问责、三级联述联评联考等运行机制，使责任清单由静态规定转化为动态落实，形成责任落实的完整链条。（县委组织部、县纪委、县委宣传部、县直机关工委、县委教育工委等，各乡镇）

（二）打造高素质党务工作者队伍。坚持“德才兼备，以德为先”选配党务干部，加强对党务干部的思想教育，着力提高政治责任感和政治敏锐性。增强业务技能培训，不断提高党务干部的业务技能。探索建立符合新时代党务干部队伍特点的考核评价机制，促进党务干部的考核和评价体系更加科学规范。继续探索县属企业、“两新”等领域党备工作者队伍建设新模式，充分调动各级各类党务干部的工作积极性和创造性。（县委组织部、县纪委、县直机关工委、县委教育工委、县委“两新”工委等，各乡镇）

（三）强化党建理论和实践研究。深化对党的十八大以来管党治党、全面从严治党规律的总结和研究。紧紧围绕党的十九大战略安排和省第十三次党代会决策部署，加强对新时代党的建设重大理论问题和实践问题的研究，强化对坚定不移全面从严治党理论创新、实践创新的研究。注重党史宣传普及、资政服务，深化具有曲麻莱特色的党建研究，增强理论研究的战略性、前瞻性、可操作性，为推动全面从严治党向纵深发展提供理论支撑。（县委组织部、县纪委、县委办公室、县委宣传部、县委党校等，各乡镇）

本安排意见责任单位中，前两家单位为牵头单位，要对所列任务牵头抓总，其余单位为配合单位，要强化协作配合，形成抓落实的合力。各部门要把狠抓任务落实和提高党建工作质量统一起来，围绕质量抓落实，抓好落实保质量，着力解决党建工作中存在的形式主义、官僚主义等问题，推动形成重质量、讲效率、求实效的党建工作导向。

附录九：

曲麻莱县党政机关公务接待管理办法

第一条　为规范全县党政机关公务接待工作，厉行勤俭节约，反对铺张浪费，加强党风廉政建设，根据中央八项规定、《党政机关厉行节约反对铺张浪费条例》《党政机关国内公务接待管理规定》和《青海省〈党政机关厉行节约反对浪费条例〉实施办法》、省委、省政府办公厅《关于贯彻落实中

央八项规定精神的若干措施》、《玉树州党政机关公务接待管理办法》等规定，结合曲麻莱实际，制定本办法。

第二条　本办法适用于县级各党的机关、人大机关、行政机关、政协机关、审判机关、检察机关、以及工会、共青团、妇联、等人民团体和参照公务员管理的事业单位的县内公务接待行为。

第三条　县接待部门负责管理和指导全县党政机关公务接待工作，加强对本县公务接待的管理和规范工作。

第四条　公务接待原则：务实节俭，简化礼仪，服务规范、杜绝浪费，高效安全，尊重民族风俗习惯。

第五条　实行公务接待审批控制制度。公务接待应当统筹安排，严格控制公务接待范围。对无公函的公务活动和来访人员一律不予接待，对接待对象提出的与公务活动无关的要求一律不予安排。

第六条　对接待对象须按规定职级实行分级接待。

来县检查指导工作、出席会议、考察调研、执行任务、学习交流等的中央国家机关、省直机关副部级以上领导干部（含担任过上述职务退居二线的领导同志）及团组；中央和省、州直各机关单位厅级领导干部及团组；省内外兄弟市、县党政领导干部及团组；出席由县委、县政府承办或协办的、在我县召开的省、州级和县级重大会议及大型活动的人员，由县接待部门接待。接到以上范围公务活动公函的相关部门单位，要及时向县委、县政府相关领导汇报情况，由县委办公室或县政府办公室安排接待工作。来县团组在县期间的行程安排等具体事宜由对口部门单位负责协调确定。

来县检查指导工作、出席会议、考察调研、执行任务、学习交流等的中央国家机关、省直机关副县级及以下领导干部及团组由对口部门接待，其中接待副县级领导干部及团组时，可邀请县相关领导参加。

第七条　县委、县人大、县政府、县政协领导和县直部门领导到乡（镇）、村考察调研，乡（镇）、村负责同志可在考察调研点或者办公点等候，不得到专门迎送点和辖区边界组织迎送活动，不敬酒唱歌跳舞，不摆放花草，不得张贴悬挂标语横幅，不得组织干部群众迎送，不铺设迎宾地毯，不组织专场文艺表演，不安排超规格住房，不增配高档生活用品，不安排合影，不赠送各类纪念品和土特产；在考察调研点或者办公点迎接时可敬献哈达；乡（镇）党委、政府主要负责人不得参加迎送，不得跨地区迎送，可安排工作人员进行道路引导。严格控制陪同人数，不得层层多人陪同。

第八条　杜绝公务活动用餐浪费。公务活动用餐要按照快捷、健康、节约的要求，积极推行简餐和标准化饮食，突出地方风味，主要提供藏餐、家常菜和不同地域通用的食品，科学合理安排饭菜数量。原则上实行自助餐，不具备自助餐条件的从实从简，不安排宴请，不上香烟和酒水，不上高档菜肴和利用野生动物制作的菜肴。用餐要尊重客人的习俗和禁忌。

中央国家部委领导、省委、省人大、省政府、省政协负责同志、省直部门主要负责同志、州委、州人大、州政府、州政协主要负责同志、兄弟市县代表团到县内考察调研，可安排1次工作餐，并严格控制陪餐人数，接待对象在10人以内的陪餐人数不得超过3人，超过10人的陪餐人数不得超过接待对象人数的三分之一。对口单位可安排1名领导随同县级领导陪餐。接待单位不得自行扩大陪同人员范围和自行邀请县级领导参加陪餐。

来县进行投资和商务活动的重要客人，国内外著名专家、学者、知名人士来县进行公务活动，原则上由对口单位负责接待，特殊情况经有关领导批准后可由县接待部门参照接待标准给予安排。必要时可申请县委、县政府领导会见并安排一次工作餐。

第九条　严格执行公务接待标准，实行接待费支出总额控制制度。工作餐标准厅级以上为每人每天200元以内（早餐40元，午餐80元，晚餐80元）；处级及以下为每人每天150元以内（早餐30元，午餐60元，晚餐60元），陪同领导餐标同上。

县财政部门应当会同有关部门制定本级党政机关公务活动用餐开支标准并根据当地经济发展水平、市场物价等情况定期进行调整，明确公务接待工作餐费报销规范。

接待对象和随行人员离开时，可按规定缴纳食宿费。不得用公款报销或者支付应由个人负担的费用，不得将休假、探亲、旅游等活动纳入公务接待范围，不得在接待费中列支应当由接待对象承担的费用。

第十条　严禁党政机关向企事业单位转嫁公务活动用餐费用,不得以举办会议、培训等名义列支、转移、隐匿接待费开支。工作餐不得安排在私人会所、高消费餐饮场所。

第十一条　接待单位应当严格按照标准安排接待对象的住宿用房,住宿用房以标准间为主,接待省(部)级干部可以安排普通套间,厅级领导住单人间,处级及处级以下人员两人住一个标准间。住房费用应控制在规定的住宿费开支标准上限以内。来县工作组一般在县接待部门定点接待宾馆和饭店安排食宿,接待宾馆或饭店通过招标确定。

第十二条　涉外公务活动由县政府按外事管理的有关规定制定接待方案并负责接待。

第十三条　公务接待公安警卫工作要严格遵守党和国家关于领导出访和参加大型活动中安全保卫工作的规定,协同县接待办公室做好等级任务的安全保卫工作。坚持安全第一和内紧外松原则,文明执勤,礼貌待人,确保安全顺畅。严格执行保密制度和保密纪律,严格控制警车带路范围,尽量减少非等级任务。确属特殊原因需要警车带路的,必须事先向县委或县政府提出申请。

第十四条　公务接待活动中的医疗保健工作参照党和国家有关规定严格执行。

第十五条　县公务接待经费由县接待部门严格按标准统一安排执行,报县财政部门核定批准,纳入预算管理,单独列支;各对口部门接待的工作组,接待费用从部门经费中列支;重大活动特邀贵(嘉)宾,接待费用由专项活动经费中支付。

第十六条　县各党政机关不得以任何名义新建、改建、扩建内部接待场所,不得对机关内部接待场所进行超标准装饰、超标准配置家具和电器。

建立接待资源共享机制,推进机关所属接待、培训场所的集中统一管理和利用。健全服务经营机制,推进机关所属接待、培训场所企业化管理,降低服务经营成本。

积极推进公务接待服务社会化改革,有效利用社会资源为公

务接待提供住宿、餐饮、用车等服务。推行接待用车定点服务制度。

第十七条　县接待部门要充分发挥“窗口”作用,充分展示曲麻莱对外良好形象。加强人员管理,积极开展岗位培训和知识培训,全面熟练掌握县情,并通过各种形式向接待对象宣传曲麻莱资源优势、人文风情、生态文明、产业政策、投资环境和未来发展前景等。主动征求客人的意见建议,收集整理各方面信息,为县委、县政府宏观决策、争取项目、加大支持力度、招商引资等工作提供参考。参与接待的工作人员要严格要求自己,不断提高接待工作能力和综合素质,端正服务态度,做到热情周到、耐心细致、举止得体;要注重仪表仪容,规范着装(正装),使用通讯工具不能干扰正常的接待秩序;要严守保密规定和保密纪律,不该打听的不打听,不该说的不说,不外泄任何客人信息。

第十八条　财政部门应当对接待经费开支和使用情况进行监督检查。审计部门应当对接待经费进行审计,并加强对接待场所的审计监督。纪检监察机关应当加强对接待工作违规违纪行为的查处,对违反本规定,在群众中造成不良影响的单位及有关人员,按照党纪政纪有关规定严肃处理。

第十九条　乡镇党委政府应当加强公务接待管理,严格执行有关管理规定和开支标准。

第二十条　本办法自自印发之日起施行。

附录十：

曲麻莱县委第二轮巡察工作实施方案

为贯彻落实中央、省委、州委、县委关于巡视巡察工作的要求，根据《中共青海省委关于建立市县党委巡察制度的意见》，现结合我县实际，制定如下方案：

一、指导思想

以邓小平理论、"三个代表"重要思想和科学发展观为指导，以"四个全面"战略布局为总引领，深入贯彻党的十九大和十九届三中全会以及习近平新时代中国特色社会主义思想精神，坚持纪在法前，严肃纪律和规矩，聚焦党风廉政建设和反腐败斗争，及时发现和解决被巡察党组织和党员干部中存在的违纪违规问题，发挥利剑作用，增强震慑、遏制和治本效果，形成上下联动的巡视巡察工作新格局。

二、巡察时间和对象

巡察时间：4月20日—7月20日，可根据进度进行调整，确保巡察质量。

巡察对象：叶格乡党委，曲麻河乡党委，县交通局党支部，县公安局党组。

三、巡察重点工作任务

按照中央、省委、州委及县委部署要求，结合我县实际，巡察工作主要围绕一个中心，重点巡察五方面内容，着力发现六类突出问题。

围绕一个中心，即：紧紧围绕"两个责任"及党风廉政建设和反腐败工作这个中心。

重点巡察五方面内容，即：(一)遵守党的政治纪律方面，(1)原则问题和十四世达赖集团斗争中是否旗帜鲜明、立场坚定、行动果断；(2)有无有令不行、有禁不止、对上级的决策和要求阳奉阴违，搞变通，或者消极应付；(3)有无传播谣言、丑化党和国家形象等情况。(二)干部作风建设和落实八项规定方面，(1)工作上是否搞表面文章、弄虚作假；(2)有无违规接待、铺张浪费、公款吃喝、公款旅游行为；(3)有无超标准配备公务用车和办公用房、公车私用、吃空饷现象；(4)是否有婚丧喜庆事宜大操大办，借机敛财现象；(5)有无作风不实，服务意识不强，脱离群众，吃拿卡要，门难进、脸难看、事难办，推诿扯皮、办事效率低等正风肃纪方面情况。(三)选拔任用干部方面，(1)推荐干部过程中拉票情况；(2)行风评比拉票情况；(3)干部考核坚持民主集中制原则情况；(4)干部日常管理规范情况；(5)村两委班子换届选举拉票贿选情况等。(四)贯彻党风廉政建设责任制和执行廉洁自律规定方面，(1)党风廉政建设主体责任是否落实到位，"三重一大"、"一把手"末位表态制度和一把手"五个不分管"权力运行监控、政务公开和政府信息公开等反腐倡廉制度落实是否到位；(2)在项目开发招投标过程中，重点单位、重点人员是否严格按照规章制度阳光规范操作；(3)专项资金发放是否及时到位；(4)重点项目实施过程中的监督管理是否到位；(5)财务管理制度是否完善落实到位、有无问题反弹。(五)落实县委县政府重大决策，重大项目部署方面，(1)县委县政府关于脱贫责任落实情况以及重大项目部署推进情况；(2)民生改善、惠民政策等落实情况。

着力发现六类问题，即：(1)着力发现对涉及党的理论、路线方针政策和上级党委决策等重大政治问题公开发表反对意见、搞"上有政策、下有政策"等违反政治纪律和政治规矩的问题；(2)着力发现违反群众纪律、工作纪律、生活纪律，违反中央八项规定精神和省委省政府21条措施，州委20条要求，县委县政府23条意见以及形式主义、官僚主义、享乐主义和奢靡之风等问题；(3)着力发现在党组织核心作用发挥不力、党建工作缺失、管党治党不严、党性教育特别是理想信念教育薄弱，以及落实党风廉政建设"两个责任"不到位的问题；(4)着力发现在违反廉洁纪律，以权谋私、贪污贿赂、腐化堕落等问题；(5)着力发现是否存在违反组织纪律，违反党的民主集中制，独断专行、违规用人、拉票贿选、买官卖官、以及组织软弱涣散、班子严重不团结等问题。(6)着力发现中央、省委、州委、县委巡察反馈意见整改以及移交问题线

索办理中存在的问题以及县委要求了解的其他问题

四、方法步骤

（一）准备阶段（5天）

1.健全组织。建立健全组务会和党支部，明确分工。

2.组织学习。召开组内会议，认真学习中央、省委和县委有关巡察工作文件和领导讲话精神，统一思想，提高认识。

3.准备材料。研究制定巡察工作具体计划，撰写动员会上的领导讲话。同时，被巡察单位做好相关的材料准备（材料准备清单见附件）。

4.了解情况。对被巡察单位基本情况、党组织领导班子及成员的相关情况进行了解并整理形成文字资料。具体分工情况：整组进驻，各负其责，相互协调，完成工作。

5.收集资料。与被巡察单位进行沟通衔接，向被巡察党组织通报巡察任务，研究确定开展巡察工作的有关事宜，掌握被巡察单位基本情况、领导班子及其成员的构成情况。

（二）实施阶段（25天左右）

1.见面沟通。与被巡察单位相关领导会面，商定开展巡察工作的具体事宜。

2.发出公告。就巡察工作的任务、范围对象、方式方法、相关要求、巡察组人员组成等告知被巡察单位广大干部职工。公布巡察组办公地点、联系电话，设置巡察意见箱。

3.召开动员会。召开巡察工作动员会，介绍巡察工作有关情况，提出相关要求。参加人员为被巡察单位全体干部职工和部分离退休老同志老党员代表。

4.民主测评。巡察期间，根据工作需要可进行民主测评、问卷调查。

5.听取汇报。动员会后，听取被巡察党组织关于落实“两个责任”及党风廉政建设和反腐败工作情况汇报和纪检监察及组织人事部门的专题汇报。

6.召开座谈会。巡察期间，根据实际工作需要可召集有关人员召开座谈会。

7.列席会议。巡察期间，根据工作需要列席被巡察单位有关会议。

8.个别谈话。与被巡察单位党组织领导班子成员和其他干部群众进行个别谈话，谈话对象名单由巡察组确定。

9.实地调查。根据工作需要，以适当方式进行实地调查。

10.查阅资料。调阅、复制巡察工作所需的会议记录、有关文件等资料，调阅执行党风廉政建设责任制、年度考核、财务账目、干部档案等资料，调阅党组织相关会议记录及有关部门主要会议记录等资料。

对领导干部报告个人有关事项的情况可由被巡察单位核实后报巡察组。

11.信访接待。设立意见箱，公布联系电话、电子邮箱，受理反映被巡察党组织领导班子成员和下一级党组织领导班子主要负责人问题的来信、来电、来访等。

12.调查了解。对反映被巡察党组织领导班子及其成员的重要问题和线索，进行深入了解。

13.专项检查。根据情况可开展专项检查。

14.提请协助。巡察期间，根据有关问题可提请有关单位予以协助。

15.问卷调查。巡察期间，根据实际情况可在被巡察单位或其直属单位进行问卷调查。

16.其他方式。巡察期间，巡察组酌情可使用县委批准的其他方式开展巡察。

（三）梳理、总结阶段（7天）

1.报告巡察情况。巡察工作结束后，巡察组向县委巡察工作领导小组提交巡察报告，如实报告了解的重要情况和问题，并提出处理建议。

2.情况反馈。经县委巡察工作领导小组同意后，巡察组向被巡察党组织领导班子及其主要负责人分别反馈相关巡察情况，指出问题，有针对性地提出整改意见。

3.公布反馈信息。撰写反馈新闻稿，经县委巡察组领导审定后公布。

4.整理移交材料。对巡察中发现的问题线索以及材料，填写《有关问题线索移交审批表》后，向县纪委、县委组织部、县直其他部门分别移交办理。

5.审核整改情况报告。在收到整改情况报告后的5个工作日内提出审核意见并报县委巡察工作领导小组批准。

6.整理归档材料。将本次巡察材料立卷归档。

（四）汇报反馈及整改阶段20天（2018年月中

旬至2018年　月中旬)。

五、任务分工

按照县委巡察工作领导小组的要求,对叶格乡、曲麻河乡,县交通局、县住建局党支部开展巡察工作。

第一巡察组

组　长:万铁练　负总责,主持巡察组的全面工作,负责做好向领导小组请示、汇报巡察工作中的重大问题,反映、汇报巡察结果,同时,负责本组工作人员的监督和管理。

副组长:(待定)　协助组长分别做好曲麻河乡党委、县公安局党组的巡察工作,与组长一起研究处理好巡察工作中的突发事件及其它事项,负责文字材料的审核把关。

成　员:(待定)

组长要制定好各成员的任务分工,明确职责(如:财务调查和相关材料起草等工作;检查党风廉政建设责任制落实情况和信访接待及网络举报邮箱信息收集,联络、后勤保障等工作;负责检查党组织建设及选人用人调查、干部管理及巡察报告的起草等。)

第二巡察组

组　长:种运顺　负总责,主持巡察组的全面工作,负责做好向领导小组请示、汇报巡察工作中的重大问题,反映、汇报巡察结果,同时,负责本组工作人员的监督和管理。

副组长:(待定)　协助组长分别做好叶格乡党委、县交通局党支部巡察工作,与组长一起研究处理好巡察工作中的突发事件及其它事项,负责文字材料的审核把关。

成　员:(待定)

组长要制定好各成员的任务分工,明确职责(如:财务调查和相关材料起草等工作;检查党风廉政建设责任制落实情况和信访接待及网络举报邮箱信息收集,联络、后勤保障等工作;负责检查党组织建设及选人用人调查、干部管理及巡察报告的起草等。)

各成员分工不分家,工作统一进行,联动互补,待巡察主体工作完毕之后,所有资料归纳整理后由组长移交巡察工作领导小组办公室。

六、巡察工作要求

(一)加强领导、高度重视。县委巡察工作领导小组要加强对巡察工作的组织领导,抓好工作调度,提出有针对性的指导意见和建议。及时研究和解决巡察工作中的困难和问题。各地区、各部门要高度重视,按照巡察的要求全力配合,做好保障,自觉接受监督,及时整改问题,认真向县委各巡察组做出书面报告。

(二)分工负责,认真履职。巡察领导小组办公室要做好上传下达、联系沟通、反馈,确保工作畅通。巡察组要切实履行监督巡察职责,坚持原则,遵守纪律,严守秘密。巡察组长要切实负起巡察监督第一责任人的责任,严格要求,带好队伍。巡察组成员要听从指挥,统一行动,服从管理,坚守岗位,真查实查,对巡察中发现的问题如实记录,准确上报,严禁隐瞒不报、弄虚作假。

(三)建立健全组务会和党支部。巡察组根据情况不定时召开组务会,主要对巡察组重要工作部署、拟深入了解的问题线索、拟向县委巡视工作领导小组报告的重大事项等研究讨论。如存在意见分歧,经讨论仍不能达成一致意见时,由组长作决定,但对重大问题仍存在分歧,应当将不同意见以适当方式向县委巡察工作领导小组或巡察办反映。

(四)运用成果、增强效能。要积极推动巡察成果的有效转化,对巡察中发现的问题,要认真梳理、区别对待。建立同级纪委、组织部善加运用巡察成果的制度机制。同级纪委、组织部要优先办理巡察移交的问题线索,每季度向领导小组反馈一次移交问题线索的办理情况,确保件件有着落。对违纪违规行为明显、证据确实充分的,要快查快结,并予以通报,增强巡察工作的震慑作用。

(五)严肃纪律,树立威信。巡察组不干预被巡察单位日常工作,不插手处理具体业务工作,对巡察中发现的问题要按程序办理,不盲目表态。巡察过程中要严格落实中央八项规定、省委省政府21条措施和州委20条要求,县委县政府23条意见。严禁跑风漏气、与违纪违法者沆瀣一气等问题发生。对违反规定造成严重影响的人或事,坚决从严查处,决不姑息,切实维护巡察干部的良好形象和巡察工作的权威。

附录十一：

曲麻莱县各级党组织抓基层党建工作措施

为认真贯彻习近平新时代中国特色社会主义思想和党的十九大精神，中央"依法治藏、富民兴藏、长期建藏、凝聚人心、夯实基础"治藏理政方略，以及全国、全省组织工作会议精神，进一步维护党的集中统一领导，以上率下树立大抓基层、大抓基础的鲜明导向，切实把基层党组织建设成为宣传党的主张、贯彻党的决定、领导基层治理、团结动员群众、推动改革发展的坚强战斗堡垒，深入实施"五四战略"，推动"一优两高"落地生根，以"严慎细实优"的工作作风奋力开创新曲麻莱建设的新局面，现提出如下基层党建工作措施。

一、抓严抓好责任落实，着力夯实党建根基

1.强化主业压实责任。全县各级党组织要高举习近平新时代中国特色社会主义思想伟大旗帜，把政治建设摆在首要位置，做到"两个坚决维护"，增强忠诚核心、拥戴核心、维护核心、紧跟核心的思想自觉和行动自觉，以实际行动维护党中央权威。把习近平总书记提出的"党的地方组织的根本任务是确保党中央决策部署贯彻落实，有令即行、有禁即止"的指示精神贯彻好、落实好、执行好。各级党委对本地区本部门基层党建工作负总责，书记是抓基层党建工作的第一责任人，分管领导是直接责任人，领导班子其他成员根据分工抓好职责范围内的基层党建工作。各级党委要建立健全党建工作领导小组，形成由党委统一领导，有关职能部门各司其职、密切配合的工作格局。县委常委会和各级党建工作领导小组要定期召开会议，听取基层党建工作情况汇报，研究决定基层党建工作重要问题，督促完成基层党建工作各项任务。县委书记要带动县委常委会班子成员和乡镇党委书记落实"第一责任人"职责。提高党的执政能力和领导水平，发挥本地区统揽全局、协调各方的领导核心作用，全面负责本地区党的建设。县委常委会每年至少3次专题研究基层党建工作，至少安排2次基层党建工作督查，发现解决基层党建工作中带有全局性的问题；党建工作领导小组实行例会制度，每季度至少组织召开1次工作例会，听取党建工作汇报，研究解决重要问题，督促完成各项任务。乡镇党委书记每年向县委党建工作领导小组专题汇报基层党建工作不少于4次。

2.党委带头整体联动。认真贯彻《中国共产党地方委员会工作条例》，发挥领导核心作用，落实各项党内规章制度，带头推进工作。坚持带头学习宣传。以中心组为龙头，加强对党的理论研讨交流，持续推动学习贯彻习近平新时代中国特色社会主义思想往深里走、往实里走、往心里走。党委中心组集中学习研讨每月不少于1次、个人自学经常开展。推广"曲麻莱党建"等微信公众平台，促进宣传工作全覆盖。县级层面每年集中开展宣传不少于3次。坚持带头深入基层。落实"一职九联""第一书记"联系制度，县级党员领导干部经常深入担任第一书记乡镇下辖的村(社区)调研基层党建工作，每季度到联系乡镇开展调研不少于1次，每年参加联系支部"三会一课"等组织生活不少于2次、讲党课1次，承诺并帮助村"两委和群众办实事2件以上。坚持带头推动工作。带头开展"党建+社会治理、脱贫攻坚、破零工程、乡村振兴、生态保护、维护稳定、扫黑除恶"等工作，把党的政治优势转化为推动社会发展优势。不断推进县委书记和组织部长领题的党建项目，提升老品牌，打造新亮点。

3.建立健全工作机制。发挥好考核工作"指挥棒"作用，制定出台《曲麻莱在考察任用干部中突出党建考核的暂行办法》，把抓党建工作的实效作为选拔任用干部和考核基层党组织书记的首要指标，树立抓基层党建工作的鲜明导向，使基层党建抓在手上、记在心里、落实在行动中。一是实行基层党建述职评议制度。不断健全完善基层党建述职评议制度，要求述职报告内容2/3以上的篇幅突出工作不足、原因分析及下一步思路和工作举措，述职报告经县委组织部、联乡镇常委、县委书记3个层面的审核。述职评议时，由组织部长对述职对象一年来的履职情况逐一进行点评，并邀请基层干部、

党代表、村“两委”班子成员参与民主测评。述职评议后，县委组织部根据党(工)委书记根据自己查摆、县委书记点评和党员群众评议指出的突出问题，分别列出问题清单，要求各党(工)委书记制定切实可行的整改方案，并报县委组织部审核，对整改措施不具体、整改责任不明确、整改时限不清楚的，一律不予通过。同时，通过党建网、公开栏，将整改方案及完成情况，向党员群众和上级党组织公示公开，接受监督。二是开展“考核点评、专项督查”。将党建工作精细落实纳入年度督查点评内容，结合年度基层党建工作责任清单、任务清单细化督查细责，量化分值列入督查清单，每季度由县委督查室定期督查点评。每季度督查考核按比例确定分值计入党建平时考核。三是开展“明查暗访、巡查督导”。根据阶段重点工作推进落实的需要，由县委组织部组成督查组，采取不打招呼、不定地点的方式，随机到党(工)委下属党组织活动室和党员、干部、群众家中，现场察看、提问询问，对党(工)委安排部署、督促检查、教育培训以及基层组织落实党建日常工作情况进行了解。结合季度督查考核、暗访抽查检查和发现的问题，每年上半年、下半年对各领域基层党建工作开展情况进行“精准式、全覆盖”巡查督导，并按“优秀、合格、基本合格、不合格”四个档次评定并形成巡查报告，向被巡查单位党组织当面反馈。四是完善考核成果与评先、绩效、用人挂钩制度。将各级党组织书记履行党建工作责任情况作为领导干部年度考核、选拔任用和评先评优的重要依据。对成绩突出的予以表彰，对排名靠后的进行约谈，提出批评，限期整改。同时将抓基层党建工作情况纪入实绩档案，把考核结果与干部使用挂钩，激发基层党组织书记工作动力，确保“书记抓、抓书记”的基层党建工作责任制得到全面落实。

二、强化阵地建设，激发堡垒作用

4.*把支部建设作为落脚点*。一是制定《曲麻莱县基层党组织规范化建设标准》，并结合党支部“堡垒指数”和党员“先锋指数”考评、党员积分制星级管理制度等，确保基层党建重点任务全面落实，基层党组织全面过硬；二是以开展扫黑除恶专项斗争为契机，依托专项调研和基层党建定期督查机制，综合教育培训、诫勉谈话、督导督查等多种方式严抓软弱涣散基层党组织整顿工作，提升基层党组织整体水平；三是完善以“强村带寺”为重点的村寺并联治理机制，实现重点地区并联治理全覆盖，不断树强支部威信、巩固支部地位；开展支部“堡垒指数”考评，实施“七个好”乡村党组织全面达标升级行动，力争到2020年“七个好”乡镇党委和村(社区)党支部稳定保持在90%以上。四是提高村级综合办公服务场所使用率，保证机关党支部活动场所，按照省定标准足额落实支部运转经费，并逐年提高；五是村集体经济“破零”工程，加强村级民主管理和监督，保障村民合法权益和村集体利益，提高基层党组织的“领导权”和“话语权”。推进，

5.*严肃和活跃支部生活*。一是全面贯彻落实新时代党的组织路线，坚持组织路线服务政治路线。落实党内政治生活制度，严格执行新形势下党内政治生活若干准则，督促全县基层党组织认真对照《基层党组织规范化建设实施方案》的要求，按照流程认真召开组织生活会，落实好“三会一课”、“支部主题党日”、“书记讲党课”等党内生活制度。二是按照“控制总量、优化结构、提升质量、发挥作用”总要求规范党员发展流程，制定下发《曲麻莱县发展党员工作全程纪实表》，严格按照发展党员5个阶段25项步骤的要求进行详实记录，严把党员“入口关”。三是严格落实《中国共产党党务公开条例(试行)》，明确党务公开范畴，每季度公开次数不少于1次。

6.*增强支部战斗力*。一是把从严教育和管理党员落到支部，把政治标准放在首位，严格党员日常教育和管理。依托“三基”干部学院及四级培训模式，加大对基层党员的培训力度，坚持每年对基层党组织书记轮训一遍，基层党员参加教育培训不少于24学时。二是教育管理，党要管党。针对思想“落伍”和先锋模范作用不强的党员，实行帮教责任制，做到无情评议处置、有情帮教转化。同时，大力开展评比表彰“党员先进个人”、“党员先锋岗”、“党员示范者”等活动，激励引导党员在各项事业中争当先锋。三是做好后备干部培养，筑牢基层人才基础。按照主职干部1:2、其他成员1:1的比例从优秀党员、返乡大学生、致富能人等群体中发展后备干部，使后备干部队伍趋多元化、年轻化、知识化。

三、坚持分类指导，狠抓整体推进

7.*强化农村基层党组织领导核心地位和作用*。一是选优配强基层党组织力量。加大培训，不断提高基层党组织领导班子把握全局、服务群众、依法办事的能力，使党员干部真正成为人民群众的贴心

人、致富奔康的带头人。二是建立健全以村党组织书记为召集人的“两委”联席会议制度，明确村党组织在村级组织中的领导核心地位。三是结合村集体经济“破零”工程，强化村党组织对村集体经济的主导权，为村党组织敢管事、能管事创造有利条件。四是拓展“党员中心户”辐射面，发挥好服务联系组织群众的桥梁作用，到2020年底，“党员中心户”服务面覆盖到60%以上的牧户。五是落实党内关心关怀制度，购买村干部人身意外保险，建立卸任村干部颁发光荣证、一次性补助等慰问机制，健全完善“三老”人员、老党员遗属日常关怀机制，加快党组织人性化、温情化建设力度。

8.创新推进社区组团化治理模式。一是加强移民社区、搬迁户党员属地化管理，统一进行建档立卡、登记造册，让他们主动参与社区建设，消除社区建设“死角”和“盲点”。二是合理调整社区党组织设置形式，设立居民小区、流动党员、离退休干部等不同群体的党支部，建立便于开展组织生活的组织体系；三是扎实开展好“在职党员向社区报到”活动，机关党员至少联系1名贫困党员、每年认领“微心愿”2件以上，每季度组织在职党员到社区开展1次活动；在社区街道设立居民“意见箱”，每季度进行一次梳理反馈，积极主动为居民排忧解难，构建和谐干群关系；四是积极创新社区网格化管理模式，建立社区服务管理站，延伸服务触角，公共服务体系形成横向并联、纵向贯通、覆盖全面、功能互补的网格化管理服务网络，大力推进社区“一站式”便民服务工作。

9.着力解决机关党建“两张皮”的问题。一是深化“两学一做”，解决主体责任意识不强的问题。督促各级党组织书记切实履行“第一责任人”职责，强化主体责任，以“两学一做”学习教育常态化制度化工作为主线，抓基层、打基础，规范落实“三会一课”、党性定期分析、民主评议党员等制度，开展“主题党日”、领导干部上党课等活动，探索和创新党内组织生活；二是创新丰富载体，解决吸引力和实效性不足的问题。以“互联网+党建”为突破口，开展“1+1+N”党建联盟互助活动，发挥工委委员和先进支部的带动作用，解决机关党建“两张皮”“灯下黑”的问题；落实“双帮”机制，定期开展“送温暖、献爱心”活动，党支部深入结对帮扶村每年不少于2次，党员干部帮助解决实际困难不少于3次；开展“百场党课百人讲、人人争当主讲人”活动，以“微党课”“10分钟小故事”“心灵鸡汤”“原著通读”等形式丰富党课内容，在寓教于乐中接受教育和熏陶；加强党务工作者队伍建设，按机关工作人员总数的1～2%配备机关专职党务工作人员；四是结合“先锋指数”，建立党员管理积分制度，推行星级服务型党组织，打造一批党建示范点，大力推广党建示范点品牌经验，以点带面推动全县党建工作上水平；五是建立党建责任“三项制度”。实行“一把手”抓“总”、党务分管领导负责抓“常”、党务工作者配合抓“细”的齐抓共管制度。建立党委抓党建工作成绩清单、问题清单、任务清单、责任清单，与各党委（工委）签订党建工作目标责任书，细化共性任务，明确个性任务，强化考评结果运用，督促工作落实。牢固树立抓好党建是最大政绩的理念，认真落实“党委管党建、书记抓党建”责任，着力构建责任明确、制度健全、考评有力的党建工作长效机制。

10.强化事业机构改革中的党建引领作用。一是加强学校、医疗机构等事业单位党的建设力度，把党建工作融入到事业单位机构改革当中，坚持党委参与各项重大问题的讨论研究和决策；二是加强事业单位中党员队伍培养力度，把业务骨干发展为党员，把党员培养成业务骨干，大胆重用事业单位中的优秀党员、党员代表，增强党员的荣誉感、自豪感，树立党员至上的风气；三是深入开展“四爱三有”专题教育活动，深化“三热爱”活动，有效融入到教育教学、校园文化建设、师生社会实践各环节，把大道理讲透、小道理讲实，发挥“大手暖小手”“小手拉大手”作用，树立“感恩、文明、和谐、奋进”的校园之风；四是开展“两个纯洁”活动，严管教师在教育教学活动中言行举止，打造符合“四有”好老师标准的教师队伍，创建纯洁校园；五是加强职业道德建设，注重医德考核，开展行风评议活动，进一步弘扬“医疗卫生为民服务”理念，树立医疗卫生系统良好的精神面貌和社会形象。

11.健全完善“两新”组织党建工作管理体制。一是明确隶属关系，加大对“两新”组织党建工作指导；二是发挥“两新”组织在管理、技术、人才、资源、市场等方面的优势，大力开展产业扶贫、就业扶贫、公益扶贫，助力脱贫攻坚工作；三是广泛开展“双强六好”党组织创建活动和党员示范岗、党员责任区、党员承诺活动，促进企业党组织履职尽责创先进、广大党员立足岗位争优秀；四是持续巩固“百日攻坚”行动成果，坚持单独建、联合建、挂靠建等方式，扩大党组织和党的工作覆盖面。

四、强化管理教育，注重解决问题

12.严格规范管党员。一是加强党员纪律建设，深化党章党纪党规的学习，严在日常、管在经常，引导党员干部把党的纪律转化为行为习惯；二是扎实开展牧民党员档案整理完善工作，规范档案管理，牧民党员档案由乡镇党委统一保管，机关党员档案统一由组织人事部门装入人事档案，安排专人负责；三是推行党员目标管理、设岗定责、评星定级等办法，及时了解、准确掌握党员日常行为表现，发挥党员模范作用；四是严格规范发展党员工作程序，落实“近亲属报告制”，每个贫困村每年至少发展1名年轻党员；五是巩固推进流动党员协同管理模式，规范党组织关系接转，党支部每年审核1次《流动党员协同管理证》，每季度开展1次流入、流出党员情况排查；六是定期开展党员“先锋指数”考评，加大对不合格党员的处置力度，保持队伍的纯洁性、先进性。

13.坚定立场树信仰。一是结合“不忘初心、牢记使命”主题教育，进一步深化政治立场和理想信念“两个坚定”主题教育，扎实开展“热爱党、热爱领袖”和“反对分裂、维护稳定、促进发展”教育活动，解决牧民党员中“双重信仰”问题，清除政治上的“两面人”，推动党员干部把政治信仰融入内心深处，形成个体自觉、集体记忆；二是严格发展党员工作，把思想上入党作为永恒追求，加大党员参与宗教迷信活动的处置力度，强化党员规矩意识，约束日常行为；三是在牧民党员中开展“我是谁、为了谁、依靠谁”学习研讨会，把“感党恩、报党恩、铭党恩”的思想认识植根党员心中，提升党性意识、爱党情怀和护党责任；四是采取参观革命遗址、重温入党誓词、回顾党的成就、共过政治生日、系统学习党史、观看廉政影片和领导干部讲党课等各种行之有效的办法，对党员普遍进行党性教育，自觉查找思想上、行动上存在的问题和不足，建设一支忠于党、热爱党、立场坚定、愿意为党的事业奋斗终生的高素质党员队伍。

14.选树模范强作风。一是树牢宗旨意识，站稳人民立场，在基层群众中、老百姓口碑中考察了解党员干部，在狠抓任务落实中锤炼党员干部，用好的作风选作风好的人；二是持续开展好“一名党员一面旗”活动，挖掘身边普通党员朴实感人的先进事迹，选树表彰一批农牧区基层党员先进典型，引领带动广大党员发挥先锋模范作用。每季度在“曲麻莱党建”平台宣传一批基层一线的优秀党员；三是制定符合实际的村规民约，建立道德准则和普世价值，树立牧区新风气；四是开展服务社区“好党员、好干部、好居民”评选活动，建立社区工作的标杆和榜样，营造争先创优的好氛围。在窗口单位设立“党员先锋岗”，激发全体党员干部牢固树立“一个党员就是一面旗帜，一个岗位就是一份责任”的意识，坚定理想信念，在和谐美丽新曲麻莱建设中作表率、当先锋。

附录十二：

曲麻莱县意识形态工作制度

为进一步加强和改进意识形态工作，全面落实党管意识形态的原则，明确各乡镇、县直机关各党组织领导班子、领导干部的意识形态工作责任，根据中共中央《党委（党组）意识形态工作责任制实施办法》、省委《实施细则》，中共玉树州委办公室关于印发《玉树州党委（党组）理论学习中心组学习制度》《玉树州机关党组织意识形态工作制度》的通知等文件精神，结合省委巡视组整改意见的要求，现就我县各乡镇、县直机关党组织意识形态工作责任制落实制定本制度。

第一条　意识形态工作是党的一项极端重要的工作，关乎旗帜、关乎道路、关乎国家政治安全。曲麻莱集偏远、玉树交通要道、民族地区、贫困度深等特殊县情、责任更特殊，做好意识形态工作事关全县经济发展、民族团结和长治久安，事关国家安全和统一。

第二条　要坚持党管意识形态工作的原则，建立党委（党组）统一领导、党政齐抓共管的意识形态工作格局。成立意识形态领导小组，书记任组长，常务副书记及宣传部长为副组长，全县各乡镇党委书记及县直机关各部门负责人为成员。

第三条　做好意识形态工作，是党委（各部门）的重要政治责任，各乡镇党委、县直机关各单位对本地区本单位意识形态负主体责任，要把好方向、管好导向、建好机制、守好阵地、带好队伍。

第四条　党委书记（部门负责人）是第一责任人，应当旗帜鲜明地站在意识形态工作第一线，站在反分裂、反渗透的第一线，带头抓意识形态工作，带头管阵地把导向带队伍，带头批评错误观点和错误倾向，重要工作亲自部署、重要问题亲自过问、重大事件亲自处置。

第五条　支部委员（分管领导）是直接责任人，协助党委书记（部门负责人）抓好统筹协调指导工作，贯彻落实党委（部门）意识形态工作决策部署，制定意识形态工作要点和推进措施，检查决策部署执行情况，解决工作中的重要问题。

第六条　领导班子成员（单位其他成员）根据分工，按照"一岗双责"要求，抓好分管领域的意识形态工作，对职责范围内的意识形态工作负领导责任。

第七条　各乡镇党委、县直机关单位要把意识形态工作作为党的建设和政权建设的重要内容，纳入重要议事日程，纳入党建工作责任制，纳入干部年度目标考核，纳入执行政治纪律和政治规矩范围，与协调推进"四个方面"、贯彻落实"一优两高"、建设和谐美丽新曲麻莱紧密结合，与经济建设、政治建设、文化建设、社会建设、生态文明建设和党的建设工作紧密结合，一同部署、一同落实、一同检查、一同考核。

第八条　要认真贯彻落实党中央、省委、州委、县委关于意识形态工作的决策部署及指示精神，定期分析研判意识形态领域情况，辨析思想领域的突出问题，对重大事件、重要情况、重要社情民意中的倾向性苗头性问题，有针对性地进行引导，作出工作安排，维护意识形态安全。

第九条　每年年初作出安排部署，每半年专题研究一次意识形态工作。及时向党委报告意识形态领域的重大情况并提出建设性意见。进一步完善学习制度，加强对本地区本单位党员领导干部意识形态工作的教育培训，定期在党内通报意识形态领域情况，统一思想认识、明确工作目标。

第十条　要切实加强对各类意识形态阵地的管理，牢牢把握意识形态领域的领导权和主导权。严格落实各类研讨会、座谈会、讲座、文体活动、宣传活动、民间活动的审核报备制度。按照有关规定，加强对宣传报道、记者邀请、人物采访的请示审核报备。

第十一条　要高度重视网络信息管控工作，对于发布或转发否定中国共产党的领导、攻击中国特色社会主义制度等错误言论，要敢抓敢管、敢于亮剑。对散步传播政治谣言的党员干部，要严肃追究党纪责任并通报，涉嫌违法的，移送相关部门依法追究刑事责任。

第十二条　认真贯彻中央和省、州、县委关于意识形态工作的决策部署，严格落实年度目标责任考核体系中"意识形态工作目标责任考核指标"，加强组织领导，强化"四种责任"落实，坚持"四个纳入"，定期分析研判意识形态领域状况，加强意识形态阵地管理，维护网络意识形态安全，开展思想舆论宣传和责任追究。班子成员要把意识形态工作作为民主生活会和述职报告的重要内容，接受监督和评议。

第十三条　党委宣传部门联合监督机构每半年对全县各乡镇、县直机关单位落实意识形态工作责任制情况进行督导检查。

第十四条　本制度自印发之日起施行，由县委办公室、县委宣传部负责解释。

附录十三：

曲麻莱县贯彻落实省委"一优两高"战略布置任务分解清单

实施"一优两高"战略（坚持生态保护优先、推动高质量发展、创造高品质生活），是省委十三届四次全会作出的重大决策部署，是全面贯彻落实习近平新时代中国特色社会主义思想、"四个扎扎实实"重大要求，推进"两个越来越好"的具体实践，是决胜全面建成小康社会、推进社会主义现代化建设的重大历史任务，也是今后一个时期指导全县各项工作的总抓手。根据省委、州委关于贯彻落实"一优两高"战略的实施意见要求，为认真贯彻落实《中共青海省委 青海省人民政府关于坚持生态保护优先推动高质量发展创建高品质生活的若干意见》，结合我县实际，制定《关于曲麻莱县贯彻落实省州委"一优两高"战略布置任务分解清单》。

曲麻莱县贯彻落实省州委"一优两高"战略布置任务分解清单

表31

序号	工作任务	具体内容		责任领导	责任单位	配合单位
1	一、坚持生态报国，全方位凸显生态地位和效益	1.健全生态文明体系	1.健全自然资源产权制度，对试点区内的水流、草原、森林等自然生态空间进行统一确权登记，调整土地权属，明确土地用途，科学确定产权结构	韩建武	国家公园曲麻莱管理处	各乡（镇）党委人民政府
2			2.科学划定生态保护红线，制定空间环境和项目环境准入标准，建立污染物排放许可制度，实施严格的源头保护，损害赔偿和责任追究	韩建武	国家公园曲麻莱管理处	县发展改革和商务局
3			3.建立和完善生态效益综合补偿、社会有序参与生态保护、生态管护业绩与收入挂钩机制，不断激发群众参与生态保护的积极性	尕　塔	县生态环境和自然资源管理局	各乡（镇）党委人民政府
4			4.探索编制自然资源资产负债表，对领导干部实行自然资源和环境责任离任审计	尕　塔	县生态环境和自然资源管理局	审计局
5			5.探索建立水权交易、草原和森林碳汇交易市场，完善节能减排目标责任考核及问责制度，推进生态保护和建设良性循环	尕　塔	县生态环境和自然资源管理局	县目标考核领导小组
6			6.探索建设生态产品价值实现机制，建立常态化、市场化、多元化的资金投入保障机制	尕　塔	县生态环境和自然资源管理局	县财政局
7			7.探索创建草原生态文明，提出草原生态文明建设的目标与措施	尕　塔	县生态环境和自然资源管理局	各乡（镇）党委人民政府

续表31

序号	工作任务	具体内容		责任领导	责任单位	配合单位
8	一、坚持生态报国，全方位凸显生态地位和效益	2.全力建设三江源国家公园	1.认真贯彻《三江源国家公园体制试点方案》《总体规划》和省委省政府《若干意见》完善园区组织机构，明晰园区和各职能部门的权责分工，积极构建各尽其责、协调运行的体制机制。科学落地各功能区红线，强化功能区基础设施详规对接，使公园建设稳步推进	韩建武	国家公园曲麻莱管理处	各乡（镇）党委人民政府
9			2.抓好生态公益岗位设置与管理，厘清权责利，坚持保护与收益相挂钩，不断提升管护巡护的行为自觉，实现群众性管护活动的规范化、经常化	韩建武	国家公园曲麻莱管理处	县人力资源和社会保障局
10			3.探索生态保护和修复模式、管理模式、资金保障模式；探索可借鉴和复制的国家公园模式	韩建武	国家公园曲麻莱管理处	各乡（镇）党委人民政府
11		3.打造生态项目“绿色工程”	1.全面落实“河长制”工作	尕　塔	县生态环境和自然资源管理局	各乡（镇）党委人民政府
12			2.实施三江源二期工程，黑土摊治理、天然林保护、退牧还草、湿地保护、沙漠化防治、水土保持等专项工程。着力提升自然保护区科学化、规范化水平，促进沙生植被恢复、生物多样性保护工程	加义尕塔	县人民政府；县生态环境和自然资源管理局	各乡（镇）党委人民政府；县畜牧科技局
13			3.探索推进可可西里世界自然遗产地管理和保护，建设生态文明博物馆。加快国土综合治理，完成历史遗留的矿产过采区生态恢复治理	尕　塔	县生态环境和自然资源管理局	各乡（镇）党委人民政府
14			4.完成环保督查反馈问题的整改工作	尼玛扎西（县长）韩建武	县人民政府；国家公园曲麻莱管理处	各乡（镇）党委人民政府
15			5.承接实施好三江源生态保护和建设三期等新的生态保护工程。	韩建武	国家公园曲麻莱管理处	各乡（镇）党委人民政府
16		4.加快城乡环境综合治理	1.认真组织开展“家园美化行动”和三江源清洁工程，推进农牧区环境综合治理，深入开展交通干线、旅游景区、乡镇环境综合整治、打造旅游生态环境为一体的河湖水系连通工程	尕　塔	县生态环境和自然资源管理局	各乡（镇）党委人民政府；县住房和城乡建设局
17			2.加强江河源头和上游区域水质、空气质量自动检测系统建设以及森林、草原、地质、气象、地震等灾害监测预警，做好自然灾害风险评估，完善防治应急体系，提高物质保障水平	尕　塔	县生态环境和自然资源管理局	县气象局；地震局
18			3.强化生态环境监管，加强基层执法队伍、环境应急处置救援队伍建设。持续推进绿化建设	扎西旺加	县资源环境执法局	各乡（镇）党委人民政府
19		5.打赢污染防治攻坚战	1贯彻落实《打赢蓝天保卫战三年作战计划》，实现空气环境监管全境域覆盖，污染减排目标和节能减排目标控制在国家规定的目标。深入实施水污染防治、土壤污染防治行动计划；加强水源水、管网水、末水槽的全过程管理，全面建成县城所在地集中式饮用水水源水质达标率达100%；加大白色污染治理力度，构建系统完善的垃圾分类收运、处置和循环利用体系，开展城市生活垃圾强制分类试点，实现县城生活污水和垃圾无害化处理全覆盖	尕　塔	县生态环境和自然资源管理局	县住房和城乡建设局

续表31

序号	工作任务	具体内容		责任领导	责任单位	配合单位
20	一、坚持生态报国,全方位凸显生态地位和效益	6.推进厕所革命	1.全面落实省上"厕所革命"三年行动方案,实现重点场所全覆盖,农牧民户用卫生厕所普及率85%以上的目标。重点解决厕所标准低、数量少、卫生差、管理缺等问题,抓好乡镇公共厕所、农牧民户用卫生厕所、旅游线路及景区厕所、宗教活动场所厕所、交通沿线及主要交通节点厕所、加油加气站厕所及公共服务机构厕所建设。鼓励各类市场主体积极参与公共厕所污水处理等设施建设和运营,实现共建共享	尕 桑	县住房和城乡建设局	各乡(镇)党委人民政府
21		7.大力培育全民生态文明理念	1.建立完善和严格落实生态文明建设党政"一把手"负责、属地化管理责任、绩效评价、离任审计、问责和责任终身追究机制	尕 塔	县生态环境和自然资源管理局	县审计局
22			2.按照州委要求认真开展"国家公园建设玉树州行动年"活动	韩建武	国家公园曲麻莱管理处	各乡(镇)党委人民政府
23			3.推进绿色学校、绿色社区、绿色家庭创建,建设一批生态文化基础设施,创建一批生态文化作品,培育一批生态文化产业,营造浓厚的生态文化氛围	尕 塔	县生态环境和自然资源管理局	县教育局;各乡(镇)党委人民政府
24			4.推进生态文明建设立法工作,健全环境保护法治体系,有效提升全社会生态文明建设的法律自觉	扎西旺加	资源环境执法局	各乡(镇)党委人民政府
25			5.加强与国内外知名院校和专家的交流合作,共同开展三江源地区多领域的科学研究,推进人与自然和谐共生	韩建武	国家公园曲麻莱管理处	县畜牧科技局
26	二、坚持绿色发展战略,推动经济持续健康发展	1.加快传统产业转型提效升级	1.加快现代化草地生态畜牧业建设,全力推进草地生态畜牧业试验区建设提档升级;加大农牧民基础设施建设力度;加快推进粮饲统筹、农牧互补、种养加一体化发展,强化"粮改饲"基地建设	加 义	县畜牧科技局	各乡(镇)党委人民政府
27			2.实施生态畜牧业合作社能力提升工程,大力培育新型经营主体,扶持发展联合社,基本消除"空壳社";积极培育扶持龙头企业;实施品牌化战略,整合现农畜产业品牌,积极打造全域性有机产品生产和加工基地;推进农畜产品生产"三品一标"提质达标,完成有机认证全覆盖,努力把牦牛、扎什加羊打造成国家级种畜品牌	加 义	县畜牧科技局	各乡(镇)党委人民政府
28		2.做大做强文化旅游产业	1.认真落实玉树州旅游"十三五"规划,科学布局文化旅游发展资源,丰富生态、山水、民俗文化内涵,构建特色文化,提升文化旅游品质,稳步推进文化旅游产业产品的兴起	加 义	县文体广电旅游局	各乡(镇)党委人民政府

续表31

序号	工作任务		具体内容	责任领导	责任单位	配合单位
29	二、坚持绿色发展战略，推动经济持续健康发展	2.做大做强文化旅游产业	2.立足中高端旅游市场，培育引进大型旅游集团，推出一批高原三江源科考探险、高原户外体验、藏传佛教朝圣、康巴民俗体验、藏家乐深度体验等特色文化文化旅游精品线路；实施品牌策略，做精有份量，有冲击力品牌节会；强化旅游服务能力建设；培养旅游专业人才队伍，鼓励支持城乡居民和农牧民开办家庭宾馆、乡村客栈、旅游宿营地和牧家乐度假村，从事旅游商品加工和销售活动；推动"旅游+"深度发展，促进旅游与生态农牧业、民族文化、脱贫攻坚、体育健康产业融合发展	加　义	县文体广电旅游局	各乡(镇)党委人民政府
30		3.大力发展生活性服务业	1.完善县城商业网点布局，健全城乡生活服务体系，形成人口规模、城乡定位相适应的生活购物、休闲娱乐、旅游服务、农贸市场、民族用品市场、虫草市场等功能区。挖掘和传承历史经济文化积淀，结合本地实际，建设一批服务业集聚区	贺生元	县人民政府	县发展改革和商务局；县住房和城乡建设局
31			1.全面落实新时代卫生与健康工作方针和省上指导意见，加快发展健康养老业，改造提升商贸服务、文化体育、社区服务等服务业	仁青巴德	县卫生和计划生育局	各乡(镇)党委人民政府
32			2.全力培育牛羊肉、农牧副产品、高原特需产品、民族民俗产品等加工业	加　义	县畜牧科技局	各乡(镇)党委人民政府
33			3.加强现代物流配送设施和信息网络建设，加大对商贸物流、传统仓储企业转型升级，向配送运营中心和专业化、规模化第三方物流发展，建设适应现代化流通和消费需求的冷链物流基地	贺生元	县人民政府	县发展改革和商务局
34			4.推进"互联网+"行动计划，引进知名电商企业，培育发展本土电商服务企业，鼓励和指导电商服务企业与农畜产品、特色产业、生活超市的合作联销，推动特色产品线上线下联动营销	贺生元	县人民政府	县发展改革和商务局；县畜牧科技局
35	三、坚持城乡辐射带动战略，加快城乡一体化进程	1.优化城乡发展布局	1.积极构建"一城、一镇、四区、多点"的城镇空间布局，合理安排空间布局和功能融合，推动城乡梯次发展，联动发展。尽快编制乡镇发展详规，完善重点乡镇规划，提高城乡规划覆盖率	尕　桑	县住房和城乡建设局	各乡(镇)党委人民政府
36			2.健全土地审批制度，推进产权登记和不动产登记制度，实行最严格的土地管理制度	韩建武	国家公园曲麻莱管理处	各乡(镇)党委人民政府
37			3.深入推进主体功能区战略，稳妥推进县域空间规划编制工作，实现主体功能区战略格局精准落地	尼玛扎西(县长) 韩建武	国家公园曲麻莱管理处	各乡(镇)党委人民政府

续表31

序号	工作任务	具体内容		责任领导	责任单位	配合单位
38	三、坚持城乡辐射带动战略,加快城乡一体化进程	2.提升城乡基本功能	1.结合实际,研究制定乡镇基础设施高质量发展总体规划。按照绿色循环低碳理念,完善城乡基础设施条件,构建比较完善的市政公用基础设施体系;建设与人口规模、城乡定位相适应的市场功能区,完善城乡商业网点布局,健全城乡生活服务体系;大力增加城乡化社区功能,不断提升吸纳和消化进城移民的能力,加快城乡服务均等化	贺生元 尕　桑	县人民政府	县住房和城乡建设局;各乡(镇)党委人民政府
39		3.提升城乡发展品质	1.实现产城融合发展,推进城乡多规合一,合理安排空间布局和功能融合,促进生态环境改善和可持续发展;建设以物流、农贸加工、民族手工业等为主的县级经济园区,发挥县属产业园区辐射带动作用,逐步实现各县城至少建成一个产业园区,重点乡镇至少建成一个产业基地的目标。完善以商贸、购物、服务等为主的城镇生活服务体系,促进金融保险、市场中介等行业的发展	贺生元	县人民政府	县畜牧科级局;县财政局;各乡(镇)党委人民政府
40			2.健全"两级政府、三级管理、四级网络"大管理体制,升级乡镇管理,打造个性化、绿色化、高质化的乡镇空间肌理和街区环境营造更富有人文情怀的公共活动空间;补齐乡镇设施短板,提高道路街巷保洁标准,完善环卫基础设施,规范户外广告、门头牌匾设置、流动摊贩及公共设施管理,维护好县容县貌	贺生元 尕　桑	县住房和城乡建设局	各乡(镇)党委人民政府
41		4.加快智慧城镇建设	1.积极跟进建立州、县、乡三级,覆盖各机关单位的统一电子政务基础网络平台,实现信息共享;推动县城及乡镇互联网普及,推进三网融合;集中解决边远农牧区信息闭塞问题,实现重点景区,集中居住点网络全覆盖;借助互联网、物联网、通讯网为载体,构建本地化生活服务平台,引导各方力量参与乡镇建设、管理和保护	贺生元	县人民政府	县发展改革和商务局;各乡(镇)党委人民政府
42		5.加快农牧业人口市民化进程	1.有序推进农牧业转移人口就地就近市民化,加大"人钱地"挂钩配套政策力度,促进人口在城乡区域间更加自由迁移和自主选择落户;加快户籍制度改革,着力化解城镇移民和户籍管理矛盾	贺生元 尕　桑	县人民政府、县公安局	各乡(镇)党委人民政府
43	四、坚持乡村振兴战略,打造生态美丽宜居新家园	1.深入推进农牧民供给侧改革	1.加快构建现代农牧业产业体系、生产体系、经营体系、不断提高农牧业创新力、竞争力和全要素生产力;持续优化种养结构,补齐标准化生产、精深加工、冷链物流等短板	加　义	县畜牧科技局	各乡(镇)党委人民政府
44			2.实施农畜产品加工业提升行动;实施休闲农牧业和乡村旅游精品工程;实施农牧业品牌提升行动;加快完善农畜产品从源头到餐桌的质量、食品安全标准和质量安全追溯体系,健全监管体制,严格市场执法监管,提升农畜产品质量	加　义	县畜牧科技局	县市场监督管理局

续表31

序号	工作任务	具体内容		责任领导	责任单位	配合单位
45	四、坚持乡村振兴战略，打造生态美丽宜居新家园	2.推进现代农牧业产业融合发展	1.加强现代农牧业产业园建设；加强品牌培育和市场营销推广，加大“有机、绿色、无公害”农畜产品开发力度，发展“三品一标”农畜产品；加快本地牦牛产业发展壮大	加　义	县畜牧科技局；	各乡(镇)党委人民政府
46	四、坚持乡村振兴战略，打造生态美丽宜居新家园	2.推进现代农牧业产业融合发展	2.实施智慧农牧业工程，积极探索推进互联网+现代农牧业，启动应用“互联网+”高原特色智慧农牧业大数据平台，支持农牧业发展互联网新业太新模式。支持州县乡三级物流服务网络和节点建设；整县推进信息进村入户工程试点，建设一批益农信息社	贺生元	县人民政府	县畜牧科技局；各乡(镇)党委人民政府
47	四、坚持乡村振兴战略，打造生态美丽宜居新家园	2.推进现代农牧业产业融合发展	3.实施农畜产品“走出去”战略，在北京、拉萨、西宁等地设立农畜产品销售窗口，积极构建农畜产品流通网络，拓宽农畜产品销售渠道，促进农牧业增效、农牧业增收	赵长松	县畜牧科技局	各乡(镇)党委人民政府
48	四、坚持乡村振兴战略，打造生态美丽宜居新家园	3.健全完善农牧业服务体系	1.加快建设辐射全州有条件地方的集种植、加工、贮备、运输为一体的草产业基地和防灾救灾物资储备库，为特色养殖和抗灾救灾提供物质基础	加　义	县畜牧科技局	各乡(镇)党委人民政府
49	四、坚持乡村振兴战略，打造生态美丽宜居新家园	3.健全完善农牧业服务体系	2.持续加大农信贷投放量，扩大农牧业保险覆盖面，安排支农专项资金，大力支持农牧业产业化经营	贺生元	县人民政府	农行曲麻莱支行；农商银行曲麻莱支行
50	四、坚持乡村振兴战略，打造生态美丽宜居新家园	3.健全完善农牧业服务体系	3.进一步完善财税、金融、用地用电、项目支持、人才培养等政策	贺生元	县人民政府	县财政局
51	四、坚持乡村振兴战略，打造生态美丽宜居新家园	3.健全完善农牧业服务体系	4.加强农牧业管理人员、专业技术人员和乡村技术人员和乡村兽医队伍建设，增加岗位设置，提高待遇水平，不断增强农牧业服务能力	加　义	县畜牧科技局	各乡(镇)党委人民政府
52	四、坚持乡村振兴战略，打造生态美丽宜居新家园	4.建设生态宜居新家园	1.实施新美丽乡村建设项目；推广绿色建材，建设生态绿色节能的农牧民住房；开展农牧区房屋风貌改造、道路及雨污管网、公共服务中心及新民居、水体山体景观打造，打造一批各具民族特色的民俗文化村、休闲旅游村、民俗体验度假村、民族风情村、特色产业村	尕　桑	县住房和城乡建设局	各乡(镇)党委人民政府
53	四、坚持乡村振兴战略，打造生态美丽宜居新家园	4.建设生态宜居新家园	2.实施农牧区人居环境整治行动，以农牧区垃圾、污水治理和村容村貌提升为主攻方向，持续开展村庄硬化亮化绿化净化美化活动，全面提升县域村垃圾分类无害化处理和污水治理水平，建立和完善农牧区生活垃圾长效运行机制和管理模式	尕　桑	县住房和城乡建设局；	各乡(镇)党委人民政府
54	四、坚持乡村振兴战略，打造生态美丽宜居新家园	4.建设生态宜居新家园	3.加快农牧区基础设施建设，统筹推进实施“四好农村路”、饮水安全、电网改造、可在生产能源开发利用、数字广播进乡村等工程，促进乡镇生活基础设施向农牧区延伸；研究制定深化农牧区公共基础设施管护政策	贺生元	县发展改革和商务局	县交通局；县住房和城乡建设局；各乡(镇)党委人民政府

续表 31

序号	工作任务	具体内容		责任领导	责任单位	配合单位
55	四、坚持乡村振兴战略，打造生态美丽宜居新家园	5.深化农牧区综合改革	1.推进城乡基础设施共建共享、互联互通，推动乡村基础设施建设提档升级	贺生元	县人民政府	各乡(镇)党委人民政府
56			2.深化农牧区土地制度改革衔接落实好第二轮土地草原承包政策，完成土地承包经营权确权登记颁证工作，完善农牧民承包地“三权分置”制度，实现承包土地信息联通共享	韩建武	长江源区国家公园管理委员会	各乡(镇)党委人民政府
57			3.深化农牧区集体产权制度改革，全面开展农牧区集体资产清产核资、集体成员身份确认，扩大改革试点，鼓励通过资产租赁、农牧业开发、生产服务、乡村牧游、光伏扶贫、联合经营等形式发展集体经济	贺生元	县人民政府	各乡(镇)党委人民政府；县扶贫开发领导小组
58		6.构建乡村治理新体系	1.深入推进综合行政执法改革向基层延伸，推动平安乡村建设，依法打击黑恶势力和境内外敌对势力渗透破坏活动，深入组织开展扫黑除恶专项斗争，持续推动“雪亮工程”建设，净化农牧区发展环境	索南扎西	县政法委	各乡(镇)党委人民政府；扫黑除恶专项斗争领导小组
59			2.深入推动法治乡村建设，增强法治乡村理念，提高法治为民意识，加强对农牧民的法律援助和司法救助，完善村级服务站和人民调解委员会，建立健全乡村调解，县仲裁、司法保障的农牧区土地承包经营纠纷调处机制，把矛盾纠纷化解在基层萌芽状态	索南扎西	县政法委	各乡(镇)党委人民政府
60			3.开展德治乡村建设；开展文明村镇、星级文明户、文明家庭等群众性精神文明创建活动；开展最美乡村教师、医生、村官、家庭和“曲麻莱好人”等推选评比，引领乡村新风尚，传播正能量	杨希红	县委宣传部	各乡(镇)党委人民政府
61			4.推进优秀传统文化传承发展工程，推进基层综合性文化服务中心建设，实现乡村两级公共文化服务全覆盖，提升服务效能	杨希红	县委宣传部	县文体广电旅游局；各乡(镇)党委人民政府
62	五、坚持投资于人战略，不断补齐民生发展基础短板	1.坚决打赢精准脱贫攻坚战	1.紧扣“两不愁、三保障”总基调，持续在“六个精准”“十个一批”上聚焦发力，逐项落实“1+5+10”行动方案，推动脱贫攻坚从数量型转向质量型转变，紧抓国家实施深度贫困地区攻坚重大政策机遇，积极跟进《玉树州深度贫困地区三年行动计划》，着力补齐贫困村水、电、路、网等基础设施短板	董晋林 尼玛扎西(县长)	县委县人民政府	县扶贫开发局；各乡(镇)党委人民政府
63			2.创建完善社会扶贫参与机制，做好社会帮扶、对口帮扶、联点帮扶和军警地联建工作	赵长松	县扶贫开发局	各乡(镇)党委人民政府
64			3.统筹做好扶贫产业和项目规划、建设、后续管理工作，持续发挥好项目效益，加强督导考核，坚持把脱贫攻坚实绩作为选拔干部的重要依据，严格落实扶贫工作队管理办法和不合格队员召回制度，确保圆满完成2018年脱贫攻坚任务	赵长松	县人民政府	县委组织部；县扶贫开发局，各乡(镇)党委人民政府

续表31

序号	工作任务		具体内容	责任领导	责任单位	配合单位
65	五、坚持投资于人战略，不断补齐民生发展基础短板	2.坚持教育优先发展	1.全面实行15年免费教育，普及学前三年教育，合理规划布局农牧区幼儿园，实现每个乡至少有一所中心幼儿园；持续加大异地办学力度，实施“州外异地办学千人计划”，实现高中阶段教育全覆盖；巩固提升义务教育水平，优化教师统筹配置机制，强化“双语”教师培养，增加教师编制，切实提高教师待遇，研究实施高原地区教师轮岗轮休制度；持续开展控辍保学专项行动，全面提升义务教育入学率；加强职业教育和培训体系建设；加快推进教育信息化建设，发展“互联网+教育”，优质教育数字资源应用与共享，力争“十三五”末，全县教育发展达到全国民族地区平均水平	尼玛扎西（副县长）	县教育局	各乡(镇)党委人民政府；县人力资源和社会保障局
66		3.推进健康曲麻莱建设	1.加快基层医疗卫生服务体系、公共卫生服务体系建设，实施藏医药服务能力提升工程，全面提升医疗卫生服务能力，服务质量和群众满意度	仁青巴德	县卫生和计划生育局	各乡(镇)党委人民政府
67		3.推进健康曲麻莱建设	2.持续开展重大传染病和地方病防控防治工作，开展以包虫病为主的“八大病种”集中防治行动，坚决遏制疾病多发、高发势头	仁青巴德	县卫生和计划生育局	各乡(镇)党委人民政府
68			3.实施藏医药传承与创新人才工程，推进中(藏)医治未病健康工程，扶持专业高层次人才培养引进力度，加强全科医生培养，实行农牧区订单定向免费培养医学专业学生，引导人才向基层流动，增加卫计人员编制，提高人员待遇，吸引和留住人才	贺生元	县人力资源和社会保障局	县民政局；各乡(镇)党委人民政府
69			4.利用北京市对口帮扶玉树医疗的平台，积极探索远程医疗会诊、“互联网+医疗服务”新模式，统筹推进医疗资源互联互通共享，健全现代医院管理制度；提升基层医疗卫生服务水平，县乡镇卫生院基本实现标准化建设；积极研究调整生育政策相关制度，稳定生育率，落实各项生育服务政策	仁青巴德	县卫生和计划生育局	各乡(镇)党委人民政府
70		4.拓宽就业创业渠道	1.进一步完善政策体系，加强财税、金融、产业、贸易等政策与就业政策的配套衔接，整合用好财政扶持资金，构建政策扶持、就业培训、创业服务“三位一体”工作机制；强化职业教育和技能培训，落实就业培训补贴政策，实现高中未就业毕业生职业技能培训全覆盖	贺生元	县人力资源社会保障局	各乡(镇)党委人民政府
71			2.实施农牧民职业技能提升计划，不断加强对艰苦偏远地区乡镇以及特困群众的就业援助力度；扎实推进创业促就业和农牧区剩余劳动力转移就业，千方百计增加城乡居民工资性、转移性收入	贺生元	县人力资源社会保障局	各乡(镇)党委人民政府

续表31

序号	工作任务	具体内容		责任领导	责任单位	配合单位
72	五、坚持投资于人战略，不断补齐民生发展基础短板	5.全面提升社会保障水平	1.建立统一的城乡居民基本医疗保险制度和大病保险制度，与全省同步实现住院医疗费用医保直接结算	贺生元	县人力资源和社会保障局	各乡（镇）党委人民政府
73			2.加大农牧区和城镇医疗居民社会养老保险参保扩面工作，实现基本保险应保尽保，探索和争取搬迁户的特殊生活救助和保障政策。稳步推进养老保险服务体系建设，完善涉老有待制度，加强养老保障服务供给，构建以居家为基础、社区为依托、机构为补充的健康养老服务体系，实现标准化养老服务设施覆盖乡镇及所有社区	仁青巴德	县民政局	各乡（镇）党委人民政府
74			3.建立稳定增长的残疾人事业经费投入和基本生活兜底保障机制，加大政府购买残疾人服务力度。健全农牧区留守儿童和妇女、老年人关爱服务体系	仁青巴德	县残联	各乡（镇）党委人民政府
75		6.补齐基础设施建设短板	1.推挤基础设施建设向贫困地区和产业聚集区倾斜，着力补齐交通、水利、能源等基础设施短板，增强经济社会发展后劲；建设多元化的住房保障体系，实施棚户区改造、公租房、农村奖励性住房、生态移民等保障性安居工程	尼玛扎西（县长）	县人民政府	县住房和城乡建设局；县扶贫开发局；县发展改革和商务局
76			2.全面完成现有棚户区、乡镇危旧房改造，完善相关的附属设施条件	尕　桑	县住房和城乡建设局	各乡（镇）党委人民政府
77			3.加快“国家电网”向乡镇村延伸，彻底解决电网延伸不到地区的电力保障问题	贺生元	县人民政府	县发展改革和商务局
78	六、坚持生活品质提升战略，增强人民群众的幸福感	1.健全便民服务网络	1.加速互联网、物联网、信息网联结，不断完善网格化智能化服务与管理，让服务更智慧、更便民	贺生元	县人民政府	县发展改革和商务局；各乡（镇）党委人民政府
79			2.加快跟进三级便民服务体系，与全省同步推动政务服务“一张网”五级联通，建立三维社区服务中心，建设“一站式”社区服务网络。鼓励支持引导便利店等新业态进社区，规范和拓展代收费、代收货等便民服务；鼓励在乡村集中居住点建立综合性服务网点，提高农牧民居民生活便利化水平	贺生元	县人民政府	各乡（镇）党委人民政府
80		2.保障食品药品安全	1.加强饮用水水源保护，切实保障供水安全，建设应急水源储备水库，基本实现城镇供水一体化	尕　桑	县住房和城乡建设局	县发展改革和商务局；县自来水管理站
81			2.坚持问题导向，抓住关键环节，强化对农牧产品生产加工、餐饮服务、食品流通和转基因食品的监管力度；积极探索推广“生产基地+中央厨房+餐饮门店”等营销模式；开展小餐饮示范店建设，完善外卖送餐服务；严格实施食品药品的监管，健全技术支撑体系和信息化监管系统；持续开展健康素养教育，逐步改变群众生活陋习和不良习惯，实现群众生活水平和生活质量“两个提升”，引导群众会过好日子，会过生活	加　义	县市场监督管理局	县卫生和计划生育局

续表31

序号	工作任务		具体内容	责任领导	责任单位	配合单位
82	六、坚持生活品质提升战略，增强人民群众的幸福感	2.保障食品药品安全	2.坚持问题导向，抓住关键环节，强化对农牧产品生产加工、餐饮服务、食品流通和转基因食品的监管力度；积极探索推广“生产基地+中央厨房+餐饮门店”等营销模式；开展小餐饮示范店建设，完善外卖送餐服务；严格实施食品药品的监管，健全技术支撑体系和信息化监管系统；持续开展健康素养教育，逐步改变群众生活陋习和不良习惯，实现群众生活水平和生活质量“两个提升”，引导群众会过好日子，会过生活	加　义	县市场监督管理局	县卫生和计划生育局
		3.创建便捷的出行方式	1.坚持优先发展公共交通，加强停车设施建设，加强道路车辆停放管理和执法，优化客运市场秩序，加强交通设施建设和维护，加强人行道过街设施、自行车车道与停车设施、照明等设施建设	尕　桑	县交通运输局	各乡(镇)党委人民政府
83			2.构建“内畅外联”的交通体系，加快改造省道和县级公路，优化路网等级结构，保障农牧民基本出行条件	尕　桑	县交通运输局	各乡(镇)党委人民政府
84		4.支持发展居家服务行业	1.鼓励支持发展家政服务业，加快建设社区环境和物业管理；培育引进“一站式家居”服务商，提供家电、家具、家装、家饰等一站式综合服务	贺生元	县人民政府	县住房和城乡建设局；各乡(镇)党委人民政府
85			2.统筹健康、养老、安保、购物、文化教育、法律咨询等家具服务资源，打造“互联网+居家服务”创新平台，逐步实现居民缴费不出户、家庭生活和购物服务上门、居家安全智能化	贺生元	县人民政府	县发展改革和商务局；各乡(镇)党委人民政府
86		5.持续打造曲麻莱精神高地	1.加强网络安全监管和舆论引导，毫不松懈地维护意识形态领域安全；持续开展社会公德、职业道德、家庭美德、个人品德教育，扎实推进“文明六进”活动，高扬“五个好”主旋律，以政府有形之手、市场无形之手、公民勤劳之手共同聚焦曲麻莱转型发展的正能量	杨希红	县委宣传部	各乡(镇)党委人民政府
87			2.加快建设“文明曲麻莱”，推动文化繁荣兴盛，构建覆盖乡镇、便捷高效、保基本、促公平的现代公共文化服务体系，推动文化事业和文化产业发展，实现文化服务设施、网络通讯覆盖所有乡镇，积极传承和发扬传统民族文化，鼓励支持发展民族体育竞技事业	杨希红	县委宣传部	县文体广电旅游局；各乡(镇)党委人民政府
88	七、坚持创新新驱动战略，持续增添发展活力	1.深化体制机制改革	1.深化财税体制改革，加快投融资体制改革，构建多层次的金融市场体系，培育引进多元化的金融机构主体，加大金融企业对地方发展的支持力度；鼓励民营资本通过政府与社会资本合作的PPP等模式进入基础设施、公用事业、社会事业等领域，加大政府购买力度；完善发展保险市场，形成改革性保险业务与商业保险业务的融合发展的局面	贺生元	县民政局	县财政局

续表31

序号	工作任务	具体内容		责任领导	责任单位	配合单位
89	七、坚持创新新驱动战略，持续增添发展活力	2.深化对外交流合作	1.强化对口支援工作，充分利用北京市和国家有关部委对口支援平台，积极补齐民生、产业、生态、智力等方面的短板，加快提升自我发展能力；建立适合我县实际的人才培养、引进、管理与使用体制机制	赵长松	县人民政府	各乡(镇)党委人民政府
90			2.加强对文化旅游、农畜产品和藏医药开发、能源等产业援助，有效推进特色产业发展	赵长松	县人民政府	各乡(镇)党委人民政府
91		3.构建科级创新平台	1.实施重大人才培养工程，结智省内外科研院所，建设一批特色资源实验室、专家工作平台，为优势资源利用和可持续发展提供科技支撑	李　健	县委组织部	各乡(镇)党委人民政府
92			2.持续推进"人才强县"战略，制定和实施有利于培养、吸引、留住人才和人才创业的政策和实施；建立人才队伍建设投入保障机制，研究制定更加吸聚人才的特殊优惠政策，着力解决干部断层、专技人员匮乏及人才留不住等突出问题	李　健	县委组织部	县人力资源和社会保障局；县财政局；各乡(镇)党委人民政府
93		4.创优发展环境	1.下大力气推动政府"放管服"改革，统筹推挤环境治理、教育管理体制、医药卫生体制、户籍制度、科技体制、文化体制等重点领域和关键环节的改革	尼玛扎西(县长)	县人民政府	各乡(镇)党委人民政府
94			2.持续加大简政放权力度，探索实行"互联网+监管"模式，不断创新投资、引资、创业环境；严格落实"710"工作制度，加大对重大决策，重点工作，重大项目跟踪督查力度	贺生元	县人民政府	各乡(镇)党委人民政府
95			3.继续清理规范涉企收费，制定执行负面清单制度，切实降低制度性交易成本；建立健全精简高效的招商引资协调服务机制，建立完善覆盖全县的信用体系平台	贺生元	县人民政府	各乡(镇)党委人民政府
96			4.增强财政金融支持，优化财政供给结构，坚持把"一优两高"目标任务作为财政预算和资金分配的重要依据，整合各类政府引导基金，撬动更多资金投向"一优两高"重点领域和薄弱环节；积极稳妥处置地方政府存量债务，坚决守住不发生系统性金融风险的底线	贺生元	县人民政府	县财政局
97		5.加快法治曲麻莱建设	1.深化行政执法体制改革，加快打造廉洁高效的法治政府，深化司法体制改革，全面落实司法责任制，加快构建全域覆盖，便捷高效的法律服务体系；突出"三面一线"强化法制宣传，全面推进"七五"普法	尼玛扎西(副县长)	县人民政府	县司法局
98			2.健全行政机关内部重大决策合法性审查机制、重大决策终身责任追究制度及责任倒查机制	贺生元	县人民政府	各乡(镇)党委人民政府
99			3.有力推进民族团结进步创建活动，全面实施"暖心聚民"工程；深入推进"六同"工程，"八进"创建，开展寺院管理"创建升级"活动，深化"四个在一起"教育活动，筑牢"两个共同"的思想基础，持续巩固平等、团结、互助的新型民族关系；积极拓展创建活动载体，加快创建活动科学化、标准化，力争成功创建民族团结进步示范乡(镇)、社区、单位	索南扎西	县民创办	各乡(镇)党委人民政府
100			4.推动"村寺并联治理"系统化，制度化、夯实基层维稳基础，健全基层治理体系，开创基层治理工作新局面	索南扎西	县政法委	各乡(镇)党委人民政府

附录十四：

中共曲麻莱县委
关于成立省委第三巡视组巡视反馈意见整改工作领导小组的通知

国家公园曲麻莱管理处，各乡（镇）党委，县委各部门，县直各机关单位，各人民团体，省驻县各垂管单位：

根据省委统一安排部署和授权，2018年4月23日至8月23日，省委第二轮巡视第三巡视组对我县开展了为期四个月的常规巡视工作。2018年9月28日，巡视组向县委反馈了巡视意见，实事求是地指出了工作中存在的主要问题和不足，并提出了相应的整改意见和建议。为扎实完成省委第三巡视组巡视反馈意见整改落实工作，县委决定成立省委第三巡视组巡视反馈意见整改工作领导小组，组成人员如下：

组　　长：董晋林　县委书记

副 组 长：尼玛扎西　县委副书记、县长

李　健　县委副书记

普措卓玛　县委副书记

成　　员：韩建武　县委常委、副县长

王哲峰　县委常委、副县长

赵长松　县委常委、副县长

贺生元　县委常委、副县长

李得志　县委常委、组织部长

索南扎西　县委常委、政法委书记

陈如金　县委常委、纪委书记、监委主任

军美旺宝　县委常委、统战部长

杨希红　县委常委、宣传部长

欧　周　县人大常委会主任

杰松尼玛　县政协主席人选

尕　桑　副县长、公安局长

尼玛扎西　副县长、约改镇党委书记、教育局长

桂家军　县政协副主席、财政局局长

周洪洋　县法院院长

尼　玛　县检察院检察长

尕　塔　县生态环境和自然资源管理局局长

扎西旺加　资源环境执法局局长

成林昂江　县委办公室主任

才旦扎西　县人大办公室主任

尼玛扎西　县政府办公室主任

焦　牙　县政协办公室主任

万铁练　县纪委副书记、监察委副主任

蒋选军　县纪委副书记、监察委副主任

王春荣　县委组织部副部长

华　加　县直属机关工委书记

俄要扎西　县委宣传部副部长

群合爱民　县委统战部副部长、民宗局长

江　措　县委政法委副书记

索南才仁　县委党校副校长

布　索　县总工会副主席

白玛文毛　团县委书记

桑　措　县妇联主席

西　保　县老干局局长

钱志云　县发展改革和商务局局长

青梅永藏　县民政局局长

赵明川　县司法局局长

种运顺　县人力资源和社会保障局局长

青梅多杰　县编办主任

尕玛才仁　县住房和城乡建设局局长

才　仁　县交通运输局局长

达　哇　县畜牧科技局局长

尕松尼玛　县文体广电旅游局局长
江永旦增　县卫生和计划生育局局长
才 忠 尕　县审计局局长
扎西巴德　县扶贫开发局局长
达杰才仁　县市场监督管理局局长
葛 宝 林　县统计局局长
扎　　多　巴干乡党委书记
金梅毛拉　秋智乡党委书记
孙 朝 魁　曲麻河乡党委书记
罗周江措　麻多乡党委书记
尼玛多杰　约改镇党委副书记、镇长
马　　兰　叶格乡党委副书记、乡长

整改工作由董晋林同志总负责，尼玛扎西同志协助董晋林同志做好省委巡视反馈意见整改工作。整改工作领导小组下设办公室，具体负责日常工作，由李健同志兼任办公室主任，韩建武、贺生元、李得志、索南扎西、陈如金、杨希红同志兼任办公室副主任。

为推动工作进展，一要建立定期联系会议制度。领导小组要定期召开会议，经常听取工作汇报，及时协调解决困难和问题，强力推动工作进展。二要强化督促检查。由各专项工作组，定期反馈整改进展情况，全面督促推进整改工作，确保整改工作如期保质保量完成。

整改工作领导小组下设整改工作领导小组办公室、政治建设整改工作专项领导小组、思想建设整改工作专项领导小组、组织建设整改工作专项领导小组、作风和纪律建设整改工作专项领导小组、落实“两个责任”整改工作专项工作小组、巡视反馈意见整改工作督查组。具体工作职责及人员组成如下。

一、整改工作领导小组办公室

主　　任：李　　健
副 主 任：普措卓玛　韩 建 武　贺 生 元
　　　　　李 得 志　索南扎西　陈 如 金
　　　　　杨 希 红
成　　员：蒋 选 军　扎西巴德　马　　钧
　　　　　昂江加措

工作职责：全面负责省委第三巡视组反馈意见的整改工作，统筹协调各专项领导小组、督查组工作；定期组织省委第三巡视组巡视反馈意见整改工作领导小组专题会议，听取巡视整改工作情况汇报；负责巡视反馈整改工作的会议记录、会议纪要，分类整理巡视整改相关材料等工作；完成省委第三巡视组巡视反馈意见整改工作领导小组交办的其他工作任务。

二、政治建设整改工作专项领导小组

组　　长：董 晋 林
副 组 长：尼玛扎西（县长）　李　健
成　　员：韩 建 武　赵 长 松　贺 生 元
　　　　　李 得 志　陈 如 金
　　　　　尼玛扎西（副县长）　桂 家 军
　　　　　尕　　塔　扎西旺加　才 忠 尕

工作职责：负责严格按照《中共曲麻莱县委关于落实省委第三巡视组巡视反馈意见的整改方案》（曲发〔2018〕16号）的整改要求、整改时限等，推动省委巡视组反馈意见中关于“政治建设不到位，落实中央和省委重大决策部署有差距”的问题的整改落实工作；定期向省委第三巡视组巡视反馈意见整改工作领导小组汇报整改工作情况；完成省委第三巡视组巡视反馈意见整改工作领导小组交办的其他工作任务。

三、思想建设整改工作专项领导小组

组　　长：董 晋 林
副 组 长：贺 生 元　李 得 志　杨 希 红
成　　员：尼玛扎西（政府办主任）
　　　　　王 春 荣　俄要扎西

工作职责：负责严格按照《中共曲麻莱县委关于落实省委第三巡视组巡视反馈意见的整改方案》（曲发〔2018〕16号）的整改要求、整改时限等，推动省委巡视组反馈意见中关于“思想建设有差距，学习贯彻习近平新时代中国特色社会主义思想和党的十九大精神不扎实”的问题的整改落实工作；定期向省委第三巡视组巡视反馈意见整改工作领导小组汇报整改工作情况；完成省委第三巡视组巡视反馈意见整改工作领导小组交办的其他工作任务。

四、组织建设整改工作专项领导小组

组　　长：李 得 志
成　　员：王 春 荣　华　　加

工作职责：负责严格按照《中共曲麻莱县委关

于落实省委第三巡视组巡视反馈意见的整改方案》(曲发〔2018〕16号)的整改要求、整改时限等,推动省委巡视组反馈意见中关于“组织建设不扎实,党建工作虚化弱化”的问题的整改落实工作;定期向省委第三巡视组巡视反馈意见整改工作领导小组汇报整改工作情况;完成省委第三巡视组巡视反馈意见整改工作领导小组交办的其他工作任务。

五、作风和纪律建设整改工作专项领导小组

组　　长:陈如金

成　　员:成林昂江

尼玛扎西(政府办主任)

万铁练

工作职责:负责严格按照《中共曲麻莱县委关于落实省委第三巡视组巡视反馈意见的整改方案》(曲发〔2018〕16号)的整改要求、整改时限等,推动省委巡视组反馈意见中关于“作风和纪律建设不严格,顶风违纪问题仍有发生”的问题的整改落实工作;定期向省委第三巡视组巡视反馈意见整改工作领导小组汇报整改工作情况;完成省委第三巡视组巡视反馈意见整改工作领导小组交办的其他工作任务。

六、落实“两个责任”整改工作专项工作小组

组　　长:董晋林

副 组 长:陈如金

成　　员:成林昂江　万铁练

工作职责:负责严格按照《中共曲麻莱县委关于落实省委第三巡视组巡视反馈意见的整改方案》(曲发〔2018〕16号)的整改要求、整改时限等,推动省委巡视组反馈意见中关于“‘两个责任’落实不力,压力传导层层递减”的问题的整改落实工作;定期向省委第三巡视组巡视反馈意见整改工作领导小组汇报整改工作情况;完成省委第三巡视组巡视反馈意见整改工作领导小组交办的其他工作任务。

七、巡视反馈意见整改工作督查组

组　　长:普措卓玛

成　　员:李得顺措　毛杨清天

张纪伟

工作职责:负责全县各单位省委第三巡视组巡视反馈意见整改情况的督查工作,对存在不认真整改、敷衍整改、虚假整改等情况的单位,及时上报省委第三巡视组巡视反馈意见整改工作领导小组研究处理;负责督查各专项小组推进巡视反馈意见整改工作,对不重视整改、推进整改工作不力的专项小组,及时上报省委第三巡视组巡视反馈意见整改工作领导小组研究追究相关责任人的责任;负责组织召开督查情况专题会议,定期向省委第三巡视组巡视反馈意见整改工作领导小组汇报督查情况;完成省委第三巡视组巡视反馈意见整改工作领导小组交办的其他工作任务。

附录十五:

共青团曲麻莱县委改革方案

为深入贯彻中央、省委、州委、县委党的群团工作会议精神和习近平总书记重要讲话精神,全面落实《共青团青海省委改革方案》《共青团玉树州委改革方案》,结合曲麻莱县共青团工作实际,全面推进改革,特制定本方案。

一、总体要求

(一)指导思想。在以习近平总书记为核心的党中央坚强领导下,全面贯彻党的十九大及习近平总书记系列重要讲话精神,特别是在青海视察时提出的“四个扎扎实实”重大要求和关于青少年、共青团工作的重要指示精神,认真落实中央、省委、州委、县委党的群团工作会议总体部署,坚持省委“四个转变”治青理政新思路新理念,结合实际,扎实推进共青团改革创新,引领广大青年紧密团结在党的周围,着力构建“凝聚青年、服务大局、当好桥梁、从严治团”四维工作格局,扎扎实实推动共青团改革各项举措在曲麻莱精准落实。

(二)总体目标。紧紧围绕增强“政治性、先进性、群众性”要求,克服“机关化、行政化、娱乐化、贵族化”现象,以体制机制改革为突破口,改革团县委的组织机构、干部队伍、管理模式和工作方式,有效解决“缺人、缺钱、缺编制、缺场所”的实际

问题，打造有影响力的青年工作品牌，带动各级团组织共同建设思想政治坚定、组织体系健全、运行机制科学、工作方式创新、联系青年密切、作风扎实过硬，更加充满活力、更加坚强有力的共青团，更好的团结带领青年发挥生力军和突击队作用，更好的肩负起党交给共青团的光荣使命，为曲麻莱县同步全面建成小康社会贡献青春力量。

（三）基本原则。

1.坚持党的领导。牢固树立政治意识、大局意识、核心意识，看齐意识坚持党对共青团的政治领导、思想领导、组织领导。贯彻中央、省、州、县委加强和改进党的群团工作决策部署，把县委要求切实贯彻到团县委改革的各方面、全过程。

2.坚持服务大局。牢牢把握为实现中华民族伟大复兴中国梦而奋斗的时代主题，按照“四个扎扎实实”的重大要求，坚持“四个转变”新思想，坚决为曲麻莱长远发展巩固和扩大党执政的青年基础,更好的发挥党领导的先进青年群众组织作用，当好党的助手和后备军。

3.坚持服务青年。改革工作必须坚持服务青年、直接联系青年原则，遵循青年工作规律，尊重青年主体地位，把握青年脉搏，鼓励青年积极广泛参与共青团改革，自觉为共青团改革出主意、提建议、想办法，让共青团改革切实依靠青年，凝聚青年智慧，体现青年意志，使广大青年在改革中收获更多参与感与获得感。

4.坚持问题导向。以解决克服“四化”问题为目标，直接紧密联系青年，切实转变工作作风，强化服务意识，提升服务能力，从根本上解决脱离青年的问题。扭住作风建设这一关键，以领导机关改革为牵引，立行立改，虚功实做，难事长做，久久为功。通过改革使共青团全部工作顺应青年群众的工作学习生活规律。

5.坚持强化基层。深入贯彻落实县委“三基”工作要求，牢固树立狠抓基层的工作导向，坚持眼睛向下、重心下移，强化基层组织，充实基层力量，加强基层工作，倾听基层声音，了解基层动态，助推基层工作，及时掌握解决存在的问题和困难，把基层团组织建设成为坚强的战斗堡垒。

二、改革措施

立足解决我县共青团组织自身存在的突出问题，着力破解制约共青团发展的思维定式、重点难点和体制机制问题。从以下四个方面进行改革：

（一）改革团县委领导机构人员构成和运行机制。

1.完善代表大会和委员会制度。增强团的代表大会、委员会、常委会的代表性。在团的领导机构中保证基层群众代表的合理比例，注重吸收农牧民、社会组织骨干、自由职业者等新兴青年群体中的优秀党员、优秀团员，严格审核代表资格，切实提高基层和一线团干部、团员比例。通过改革，共青团曲麻莱县第十次代表大会中来自基层一线优秀团员、团干部代表比例提高到83%，委员会、常委会中来自基层一线优秀团员、团干部代表比例从目前的45%、19%分别提高到55%、25%。

提高代表、委员、常委的履职能力。扩大代表大会代表的参与渠道，完善团县委议事机制。建立共青团曲麻莱县代表大会、全委会青年提案工作制度和大会发言制度。团的代表大会期间，各代表团和代表向大会提交青年提案，委员进行大会发言。发挥团县委常委会作用，建立健全团县委常委会议事规则，原则上每半年召开1次，会议情况及时向全县团组织和团员青年通报。常委会研究青年事务发展等重大事项时，邀请团员青年、青年社会组织负责人、基层团干部、相关专业人士等人员列席会议。

2、调整和优化团县委机关职能和机构。按照中央、省委关于群团改革的有关精神，要突出群团机关职能结合我县实际，在2002年“三定”方案的基础上，以调剂事业编制的方式对内设机构及部门职责进行优化，保留原有机构，其职能不变，增加行政编制1个，青少年活动中心增加配备2个事业编制。

原有的办公室负责团县委政务管理，组织协调团县委重要会议、重大活动，负责团县委党的建设、党员干部教育、党风廉政建设和反腐败、精神文明建设等工作，做好文秘、调研、督查督办、档案、财务、信息化建设及后勤保障工作。在办公室的基础上，增加一个事业单位性质科室,科室的工作职能负责宣传网络工作、青年志愿者工作、学校工作、少工委工作、青年发展工作、统战和联络工作、青少年权益保护工作、青基会工作。配备2个事业编制的工作人员。

3.改进团的领导体制和机关运行方式。完善双重领导体制，加强与各县党委的工作沟通，完善各级团组织重大事项向同级党委和上级团委同步请示报告机制。完善全县共青团工作年度考核及互观互检机制，每年对全县共青团重点工作进行年度考核和互观互检，并将考核结果以通报形式抄送各自党委。

推动机关干部到基层一线开展工作。建立完善团干部常态化下沉基层“10+2”、“4+1”工作制度，团县委领导班子成员带头下沉基层。建立基层联系点制度，每年选派1名专职团干部驻点到乡镇团委，期间打造1个基层团建设示范点、结交100名青年朋友，为基层青年至少办1件实事，形成1篇基层团建方面调研报告，到基层联系服务时间不少于1个月。根据青年的作息习惯，设立“青年之家”，午间为青年提供不间断服务。适应青年人“网上生活”习惯，结合“青年之声”网上平台，对青年的诉求和问题第一时间进行审核、办理、答复。

建立扁平化工作机制。坚决克服“行政化”问题，坚持以青年为本，组织活动青年一起设计、部署任务青年一起参与、表彰先进青年一起评议，努力把工作对象转变为工作力量。注重运用新媒体手段指导和推动工作。推进“智慧团建”，实现对团员、团干部的直接动员和重要信息的扁平化传递，每年全委会议扩大到乡镇、非公企业团支部、各级团支部、青年自组织负责人参加。坚持开放办机关，每年至少举办2次机关开放日，邀请各领域、各层面青少年代表走进团县委机关及青少年活动阵地，通过参观、座谈、交流等形式让青少年零距离感受共青团工作。建立直接面向青年的工作平台，让青年了解团的历史、参与机关工作、增强主人翁意识、找到家的感觉。注重开展直接服务基层的工作项目，推动更多资源向基层流动。

（二）改革团县委机关干部选拔、使用和管理方式。

4. 打造专职、兼职、挂职相结合的干部队伍。团县委班子结构，通过专兼挂相结合，按照“1+1+2+1”的方式优化，即配备1名书记、1名专职副书记、2名兼职副书记和1名挂职副书记，使团县委班子成员中兼职挂职比例达到60%。兼职副书记原则上按照满一届配备，可以不驻会，负责重点工作项目或重点领域，注重从体系外青年群体中产生。挂职副书记挂职时间原则上为1年，明确分管的具体工作，把团的岗位作为党政等各领域、各行业优秀年轻干部提高群众工作能力、培养群众工作作风、丰富群众工作经验的重要平台，形成年轻干部胸怀党的事业、注重能力锻炼、崇尚干事、不求“当官”的鲜明导向。

5. 加强机关干部作风建设。把密切联系青年作为克服“四化”现象、切实改进干部作风的出发点和落脚点。坚持和完善理论学习中心组、党支部学习、年轻干部学习交流会、主题读书班、青年论坛等制度，使干部筑牢理想根基，增强党性修养，强化宗旨意识，践行群众路线，把心思和精力集中到做好青年群众工作上来。集中组织开展“走进青年、转变作风、改进工作”大宣传大调研、基层联系点、结对帮扶困难团员等工作，引导机关干部到青年中去。全面加强党风廉政建设，按照“三严三实”要求教育管理机关干部，通过线上线下相结合的方式，建立团干部直接联系青年“1+100”制度。

（三）改革创新团的工作、活动和基层组织建设模式。

6. 切实担负起引导青年听党话、跟党走的政治任务。把政治性作为共青团的灵魂，把毫不动摇地坚持党的领导作为共青团的生命，把思想政治引领贯彻到团的各项工作和活动当中。深入学习贯彻习近平总书记系列重要讲话精神，以共青团大讲堂、青年论坛等形式为载体，广泛开展中国特色社会主义和中国梦宣传教育，积极培育和践行社会主义核心价值观。面向青年推动党的科学理论大众化、现象化。通过主题团日、少先队活动课，加强党史、国史、社会主义发展史、省情、州情、县情学习教育，爱国主义教育、民族团结进步宣传教育，生态文明理念教育、形势政策教育和国防教育，弘扬优秀传统文化。利用共青团“两微一平台”做好青少年的思想引导工作，广泛传播“青春好声音”。建好用活网络评论员和网络文明志愿者两支队伍，旗帜鲜明地开展舆论斗争、参与构建清朗网络空间，传递青春正能量。发挥团员在青年中的模范作用和青年的凝聚作用，在经济社会发展各项急难险重任务中当好生力军和突击队。

7. 创新组织动员团员青年服务大局的载体和方式。团结带领全州团员青年，紧紧围绕习总书记“四个扎扎实实”重大要求发展思路贡献青春力量。以“保护母亲河行动”为统领，传播绿色理念、践行绿色生活、倡导绿色生产、培育绿色队伍、建设绿色工程，引导全市广大青少年积极参与生态文明建设。围绕大众创业、万众创新，改进青年创新创业教育，拓宽渠道、整合资源、搭建平台，全力带动青年创新创业创优。不断深化青少年民族团结教育，广泛开展民族团结进步创建活动，切实加强信教青年的联系和服务，引导青年积极参与民族地区经济社会发展。围绕脱贫攻坚，从生产扶贫、教育扶贫、人才扶贫、公益扶贫、强基固本五个手段想办法，组织动员广大团员青年投身脱贫攻坚战。

8.提高服务青年的能力。更加注重直接服务广大青年，以青少年普遍性利益诉求和重点青少年群体特殊需求为重点，从“三个服务”发力，做好青少年群体服务维权工作。根据青少年重点需求做好“阳光服务”。围绕青年身心健康、创业就业、价值实现、婚恋交友等方面的需求，深入开展青年创业就业、青春伴成长家长大讲堂、中考减压“阳光行动”“爱在曲麻莱”青年交友、假期自护教育等工作，切实帮助青少年解决好思想困惑和现实问题。依法依章做好“维权服务”。围绕贯彻落实法治果洛建设的总体要求，强化青少年法治宣传教育，引导青少年自觉尊法学法守法用法。建立规范各级未成年人保护委员会和综治委预防青少年违法犯罪专项组，深化青少年维权岗创建工作，推进优秀青少年维权岗创建工作向基层深入，加快青少年维权专家库、12355青少年服务台和青年社会化工作者队伍建设步伐，构建青少年“大维权”体系。深化“共青团与人大代表、政协委员面对面”活动，搭建青少年依法表达合理诉求的平台。抓青少年服务维权，探索参与社会管理长效机制。继续强化共青团枢纽功能，围绕青少年致富、成才等重点需求，深入开展技能培训、假期自护、关爱之家、希望工程、法制宣传等活动，做好青年社会组织联系培育指导和青少年事务社工队伍建设工作，不断推动团员成为注册志愿者，打造做强一批“青年之家”综合服务平台，构建青少年“大服务”“大维权”体系。

9.打造“网上共青团”工程，推动形成“互联网+共青团”。集中力量推进共青团用网、占网、建网工作。以“智慧团建”和“青年之声”为重点，建设工作网、联系网、服务网“三网合一”的“网上共青团”，把“青年之声·曲麻莱”网络互动社交平台建设作为深化改革、落实工作格局的着力点，及时倾听、反映和回应青年诉求，推动“青年之声·曲麻莱”线上平台与线下阵地深度对接，把团的各类工作和活动逐步纳入“青年之声·曲麻莱”工作链条。创新团的管理模式和运行机制，实现团网深度融合、团青充分互动、线上线下一体运行。

10.创新基层组织。改进团员发展模式，制定团员发展规划，不断增强团员先进性，以控制总量，严格标准，提高质量为目标，从2018年继续实行新团员一人一编号，利用3年左右时间，逐步实现我县初中毕业班团学比例分别由目前的40%、降低到30%以内。切实加强“流动”“口袋”团员的联系和管理，推动全体团员成为注册志愿者。创新组织设置，以“三基”建设为抓手，狠抓团建“空白点”，进一步加强城乡区域化团建，在社区普遍建设青年工作委员会，在乡镇持续建设直属团组织，积极推进青年兴趣组织建团、网络建团，不断扩大团组织在青年中的有效覆盖。夯实基层活动阵地，建设“青年之家”综合服务平台，不断优化各族青少年健康成长的外部环境。根据基层青年的普遍需求，到基层策划开展示范性活动，提升基层团组织打造品牌活动水平，增加基层活动对普通青年的吸引力。激发青年社会组织活力，加强与青年社会组织及其骨干的直接联系、培训交流、项目合作，把青年社会组织紧密团结起来。推动在具备条件的青年社会组织中建立团组织。在青联增设青年社会组织界别。

（四）支持保障。

11.落实党建带团建制度。党委在每届任期内要召开至少一次党的群团工作会议，县委常委会每年至少听取一次共青团工作汇报，乡镇党委每年至少听取一次共青团工作汇报。把团建纳入各级党建工作规划和年度考核内容，团建不合格党建不评优。抓好推优入党工作，把团组织推优工作纳入发展党员规划，及时把优秀团员推荐为发展党员的培养对象。

12.健全政府协调工作机制。积极参与政府有关议事工作与青年培养工作相结合，健全与职能部门间的工作联动机制。加强共青团和青年工作学科建设，把培养青年群众工作列入政府各类干部培训计划。加大对团的基层工作阵地建设支持力度，推动群团组织基层工作和服务阵地共建共享。

13.加强团组织领导班子和干部队伍建设。各基层党委要加强共青团组织领导班子建设，按照“1+1+2+1”专兼挂相结合的改革思路选优配强团组织领导班子，各级团组织班子成员空缺时间不得超过3个月。选拔群众工作经验丰富、群众威信高的同志担任团组织主要负责人。对同一岗位任职时间长的班子成员按照有关规定进行交流。强化上级团组织对下级团组织领导班子协管力度，各基层党委在调整团组织领导班子正、副职人选时，应征求上级团组织的意见。切实加强团干部队伍建设，认真贯彻“好干部”标准，注重在一线锻炼培养团干部，推动团的机关和其他单位干部的双向交流。

14.加强共青团工作力量。要按照“拓宽来源渠道、保持适当稳定”的改革思路，加强县、乡两级共青团工作力量。按照《共青团青海省委改革方案》和《共青团玉树州委改革方案》中“加强州、县共青团工作力量，参考全国省会城市团委、市（州）级团委编制平均数分别为27个、15个的标准”的规定，按照“拓宽来源渠道、保持适当稳定”的改革思路，积极争取组织、编制部门的支持，加强县乡两级共青团工作力量。团县委通过“团干部+事业编制+公益性岗位+青年志愿者”的模式以不低于7人的标准充实工作力量加强共青团工作力量。乡镇团委书记由乡镇党委班子副职中年轻成员兼任，再设专职副书记1名（专职群团干部），负责乡镇共青团工作。派驻有党、团员青年志愿者的乡镇（街道），另增设1名专职副书记，由党、团员志愿者担任。村级团支部书记在换届选举时从村“两委”年轻班子成员中产生，按《中共青海省委办公厅关于进一步加强全省共青团干部队伍建设的意见》要求，落实村团支部书记报酬。

15.加强共青团工作经费保障。健全稳定规范的共青团工作经费保障制度。结合中共中央、国务院《中长期青年发展规划（2016—2025年）》精神，落实县级团委青年人均5元的专项工作经费。确保预防青少年违法犯罪和未成年人保护专项工作经费各5万元共10万元纳入到每年财政预算当中。确保落实乡镇共青团工作经费不低于3万元，并随经济社会发展的递增保障机制，设立村（社区）共青团工作专项经费，对基层共青团组织的经费补贴要落实到位。机关事业单位共青团工作经费应纳入部门经费予以保障，切实为共青团工作提供经费支持。企业要按照35岁以下青年职工人数合理安排活动经费。

三、组织实施

1.统一思想认识。各级党政要从巩固党执政的青年群众基础的高度，充分认识共青团改革的重大意义，加强对共青团改革工作的领导。各级党政部门要结合工作职能，大力支持共青团改革。各级共青团组织要树立政治意识、大局意识、核心意识、看齐意识，切实把思想和行动统一到中央、省委、州委、县委关于加强和改进党的群团工作的决策部署上来，结合本地区、本单位实际，把握机遇，积极探索，把改革抓在手上、落到实处、干出成效。

2.加强组织领导。在县委的领导下，成立共青团改革工作领导小组，履行共青团改革的主体责任，做好统筹安排，加强指导协调，进一步明确责任分工。定期组织召开领导小组会议，对共青团改革中遇到的普遍性问题和突出困难共同研究解决。强化督导落实，建立抓落实的工作机制，注重过程管理，强化目标管理，加强对改革措施落实情况的跟踪检查，发现问题及时调整解决。

3.做好宣传引导。广泛宣传共青团曲麻莱县委改革工作，分阶段、分步骤发布改革进程，主动回应社会的关切，切实把握好正面的舆论导向。做好机关干部的思想政治工作，引导干部提高认识、统一思想，大力支持、积极参与、努力推进改革，做共青团改革的促进派和实干家。

4.稳步有序推进。对改革中的重要事项和问题，及时向县委、县政府请示汇报。加强与各相关单位沟通协调，形成推动团县委改革合力。以团县委改革为牵引，加强统筹指导，带动各县共青团在党委领导下，结合工作实际谋划改革，形成以上率下，全面推进全县共青团改革的工作局面。

附录十六：

曲麻莱县农牧区集体产权制度改革工作方案

根据《中共中央国务院关于稳步推进农村集体产权制度改革的意见》(以下简称“意见”)和省委省政府《关于稳步农村集体产权制度改革试点实施方案》(青办发〔2017〕25号)要求，结合曲麻莱县实际，特制定本工作方案。

一、改革范围

全县19个行政村、65个牧委会、19个牧业合作社65个合作小组。按东、西部乡镇集体资产类型不同、资产数量不同、人员结构不同、成员数量不同的实际，先期率先在全县范围内在约改镇进行开展试点，梳理存在问题，取得经验后，全面推进改革工作。

二、工作原则

1、坚持正确方向。农牧区集体产权制度改革，要维护农牧区集体经济组织成员的合法权益，坚持农牧区集体资产归全体集体成员所有，防止集体资产流失，维护集体资产的完整，完善农牧民对集体资产股份权能，发展集体经济和促进农牧民持续增收。

2、坚持有序推进。根据我县东、西乡镇和牧区不同情况，坚持因地制宜、分类实施、稳妥推进、试点先行、由点及面。采取多种形式，因村施策，明确改革的路径和方式，在创新村集体经济组织管理体制和运行机制上鼓励突破。

3、坚持改革底线。坚持农牧民集体所有不动摇，有经营性资产的村，不能把集体经济改弱、改小、改垮，防止集体资产流失；无经营性资产的村，培育发展村集体经济。坚持农牧民权利不受损，不能把农牧民的财产权利改虚、改少、改没，防止内部少数人控制和外部资本侵占。妥善处理各种利益关系。

4、坚持农牧民主体。尊重农牧民群众意愿，确保集体经济组织成员对农牧区集体产权制度改革的知情权、参与权、表达权和监督权，将公开、公正、公平精神贯穿于这项改革的全过程。

5、坚持核心地位。发挥农牧区基层党组织在改革中的领导核心地位，谋划实施农牧区集体产权制度改革。妥善化解、调处各类矛盾纠纷，确保改革顺利推进。

三、主要目标

通过改革，逐步建立归属清晰、权能完成、流转顺畅、保护严格的农牧民集体产权制度，保护和发展集体经济组织成员的合法权益。科学界定集体经济组织成员身份，开展清产核资，明晰集体所有产权关系，发展新型集体经济。推进集体产权股份合作制改革，发展股份合作经济，积极探索赋予农牧民对集体资产股份占有、收益、有偿推出及抵押、担保、继承权的有效实现形式。管好用好集体资产，建立集体经济运行新机制，促进集体资产保值增值。落实农牧民的土地承包权、宅基地使用权、集体收益分配权和对集体经济活动的民主管理权利，形成有效维护农牧区集体经济组织成员权利的治理体系。

四、准备阶段(2018年9月17日至10月3日)

(一)成立领导小组。

根据《意见》、《青海省农牧区集体产权制度改革实施方案》要求，为切实加强我县农牧区集体产权制度改革试点工作的组织领导，成立以县委书记、县委副书记、县政府县长为双组长。县委副书记、县政府常务副县长、县纪委书记、县宣传部长、县政府副县长为副组长，各相关单位领导和五乡一镇党委书记为成员的曲麻莱县农村牧区集体产权制度改革工作领导小组，其成员如下；

1、领导小组成员

组　　长：董 晋 林　县委书记

尼玛扎西　县委副书记、县长

副 组 长：李　　健　县委副书记

贺 生 元　县政府常务副县长

陈 如 金　县纪委书记

杨 希 红　县宣传部长

尕　　桑　县政府副县长

加　　义　县政府副县长

尼玛扎西　县政府副县长
桂家军　县政协副主席
成　　员:尕　塔　生态环境和自然资源管理局局长
成林昂江　县委办公室主任
尼玛扎西　县政府办公室主任
万铁链　县纪委副书记、县监察委副主任
王春荣　县委组织部副部长
江　措　县政法委副书记
俄要扎西　县委宣传部副部长
措　毛　县人大监督工作委员会主任
钱志云　县发展改革和商务局局长
达　哇　县畜牧科技局局长
青梅永藏　县民政局局长
尕玛才仁　县住房和城乡建设局局长
才忠尕　县审计局局长
葛宝林　县统计局局长
求军扎西　县税务局党委书记、局长
达　哇　县畜牧科技局局长
李德顺　县档案局局长
尼玛多杰　约改镇政府镇长
扎　多　巴干乡党委书记
金梅毛拉　秋智乡党委书记
马　兰　叶格乡政府乡长
孙朝魁　曲麻河乡党委书记
洛周江措　麻多乡党委书记

领导小组办公室设在曲麻莱县畜牧科技局，加义同志兼任办公室主任，达哇同志兼任办公室副主任。辖社内设改革试点组、成员确认和清产核资组、宣传报道组、督导检查组、矛盾纠纷调处组。

2、成员单位:县委办、县政府办、县纪委、县委组织部、县政法委、县委宣传部、县委统战部、国家公园曲麻莱管理处、县农牧科技局、县财政局(金融办)、县人力资源和社会保障局、公安局、县司法局、县审计局、县统计局、县法制办、县国家税务局、县文体广电旅游局、县民族宗教事务局、县水利局、县妇联、县档案局、县编办、县民政局、县信访局、县人民法院、县经管站等。

3、改革工作涉及乡镇:约改镇政府、巴干乡政府、秋智乡政府、叶格乡政府、曲麻河乡政府、麻多乡政府。

(一)确定试点乡镇和村。按照《意见》、《青海农牧区集体产权制度改革实施方案》的要求，因地制宜、分类实施、稳妥推进、试点先行，由点到面的办法，根据玉办发(2018)26号关于印发《玉树州农村集体产权制度改革实施方案》的文件要求，确定曲麻莱县约改镇各村进行先进试点工作。

(二)制定方案。在深入调查研究的基础上，指导乡(镇)、村分别制定《改革试点实施方案》,《改革试点工作方案》并逐级报批实施。研究制定《曲麻莱县集体经济组织成员界定指导意见》、《曲麻莱县集体清产核资办法》、《发展农牧区集体经济融资办法》等指导性文件。各村研究制定《村集体经济组织成员确认办法》、《资产折股量化办法》、《资产评估办法》、《股权管理办法》、《村级财务管理制度》、等制度和相关议事规则，切实维护广大农牧民权益。

(三)召开工作动员部署会。10月18日召开全县改革动员部署会，然后乡村逐级召开改革工作动员部署会。

(四)举办培训班。2018年10月19日—10月25日，举办县、乡镇、业务人员不同层级的培训班，重点解读培训改革政策和业务知识。通过培训学习习近平总书记关于农牧区改革的重要讲话精神和中共中央深化农牧区改革的部署要求，深刻领会中共中央国务院改革试点工作《意见》精神，农业部、经管司、省州县出台的实施方案、文件，各级领导讲话，学习掌握集体经济组织成员界定、清产核资等工作细节，使参与全县改革试点工作的广大干部群众了解改革的目的和意义，熟练掌握改革工作的程序、方法、步骤。并邀请专家学者、省厅领导负责授课，县上对乡镇干部、业务骨干进行培训，乡镇也相应组建培训队伍，做好村干部及群众的培训、巡回指导培训、实地参观培训。同时，按照改革试点工作与土地确权工作相结合的办法，提高干部群众了解政策的知识面、提高授课进度，缩短培训时间。

(五)开展宣传工作。2018年10月18日—2020年1月15日，通过广播电视和新闻媒体，手机短信、彩信、微信等通信方式宣传农牧区集体产权制度改革试点工作相关政策，准确把握舆论导向，为推动改革试点工作营造良好的外部舆论环境。

五、村集体经济组织成员身份确认界定工作（2018年10月16日至2018年11月27日）

根据中共中央国务院改革试点工作《意见》、《青海省农村集体产权制度改革工作实施方案》要求，坚持尊重历史、照顾现实、起点公平、程序合法、群众认可和归属清晰、权能完整、流转顺畅、保护严格的原则，开展农牧区集体经济组织成员身份确认界定和资产清产核资工作。

1、确定村集体经济组织成员身份确认基准时间。农牧区集体经济组织成员身份确认以行政村为单位。集体经济组织成员登记基准日作为确定成员的截止时间。登记基准日由各村民代表会议商定，经村民大会确定。登记基准日确定后，以公告形式及时向全村公开。

2、村民人口初始摸底登记。在领导小组综合办公室统一制定指导性意见的基础上，在各工作组协助指导下，由乡镇组成工作组主要根据村民户籍档案，逐村逐户进行村民人口调查登记，同时，根据实际需要可参考村民承包的土地、草场、耕地、林地等相关权证，填写村集体经济组织成员初始登记表。

3、确定村集体经济组织成员资格。根据各村实际情况，制定确认集体经济组织成员办法，由村委会组织召开会议研究初次确认结果，并公开公示，广泛征求全体村民意见。

4、确认成员。在形成公示成员资格登记表的基础上，确认村集体经济组织成员，建立村集体经济组织成员身份确认台账、表格、其它证明材料等成果档案，乡镇政府统一报县改革试点领导小组成员确认和清产核资工作组备案。

六、村集体经济组织资产清产核资（2018年11月27日至2019年5月30日）

1、确定清产核资基准时间。

在领导小组综合办公室统一制定指导性意见，确定清产核资基准时间，在此基础上各工作组协助和监督下，由乡镇组成工作组进行清产核资。

2、村集体资产清产核资。

由乡镇统一抽调人员逐村开展集体所有的土地、森林、山岭、草原、荒地、滩涂、牲畜等资源性资产，用于经营的房屋、建筑物、机器设备、工具器具、农业基础设施、集体、生态有机畜牧业专业合作社、投资兴办的企业及其所持有的其他经济组织的资产份额、无形资产等经营性资产，用于公共服务的教育、科技、文化、卫生、体育等方面的非经营性资产的调查登记，核实资金，填好财产清单，设立台帐，登记造册。

3、清产核资备案。

在形成公示将村集体资产清产核资调查登记表的基础上，进行集体经济组织成员大会或代表大会民主确认，填好财产清单，设立台帐，登记造册，以村、乡、县的顺序逐级上报备案。

4、制定《村集体财务管理制度》。

县领导小组改革试点工作组统一制定村级集体财务管理制度和村集体资产管理制度。

七、资产折股量化（2019年5月30日至2019年12月30日）

1、制定村集体资产折股量化办法。

县级层面制定村集体资产折股量化的指导意见，各村制定集体资产折股量化办法，村集体经济组织成员大会讨论通过执行。

2、村集体资产折股量化。

由乡镇工作人员协调各村将集体经营性资产、未承包到户有潜在经营收益的资源性资产、政府投入的各类扶贫资金、产业发展资金等，折股量化到村集体经济成员，建立折股量化台账。

3、村民资产量化入股。

将生态畜牧业专业合作社及村民的牲畜、草场、土地、养殖设施等折股入社，由村集体股份合作社统一经营。

4、制定股权管理办法。

县级层面制定股权管理指导意见，村制定股权管理办法，明确股权设置、收益分配、股权转让、股权退出的条件、标准和程序，村集体经济组织成员大会讨论通过后执行。颁发股权证。

5、备案。各村将折股量化结果报乡镇政府备案。

八、建立流转平台，进行产权交易（2019年5月至2019年8月）

根据不同权能，积极探索牧民对集体资产股份的有偿退出和继承办法。依托县、乡（镇）农经机构建立集体资产产权流转交易市场，建设牧区集体经济产权流转交易信息化管理平台，规范交易行为。

九、妥善解决问题（2019年8月至2019年

10月)

发挥好乡(镇)政府在改革试点工作中的主要作用和村委会的主体作用,正确处理村党支部、村委会、牧民合作组织、广大村民四者之间的关系,确保改革试点工作平稳、有序推进。对改革过程遇到的问题,由乡(镇)、村按照有利于改革、有利于维护牧民利益、有利于保持社会和谐稳定的原则,通过民主协商、会议研究等办法妥善解决。

十、总结阶段(2019年10月至2019年12月30日)

1、建档归库、建立信息管理平台。集体资产股份改革试点工作过程中,县、乡(镇)和村及时收集改革试点过程中形成的有关文件、决议、人口调查登记表、实施方案、股东清册等重要纸质、影像资料,全面系统、准确完整地整理归档、装订成册、集中保存、专人管理,送县农牧部门备案。依托县乡集体资产监管、草场经营权流转等平台,建立农牧区综合性农村集体产权流转交易平台。平台软件由省农牧厅统一配发,硬件设施由县财政负责。将集体产权制度改革中形成的农村集体经济组织、成员、资源、资产、资金、股权、农牧业新型经营主体等数据信息成果建成数据库进行管理,方便产权流转交易制度化、规范化、信息化。将集体资产股份的登记、变更、交易以及成员名册纳入农村集体资产信息化管理平台归档管理。

2、总结验收。集体资产股份改革工作完成后,由县和各乡(镇)分别对改革工作进行总结,并逐级上报。村集体产权改革试点工作领导小组办公室对改革工作做好全面检查、验收和总结工作,改革总结材料于每年年底前20个工作日前上报县委、县政府、州经管站、省经管总站等逐级上报至省农牧厅。

十一、保障措施

1、切实加强领导。将集体产权制度改革试点工作纳入县、乡(镇)政府综合责任目标考核范围,实行台账管理,任务销号督办。明确主体责任,部门分工负责,统筹协调管理,加强"一线"指导,确保试点改革工作按期保质保量的完成。

2、加强农经力量。农牧区改革永远在路上,农经部门担负着农村牧区深化改革重任,通过调剂人员编制或政府购买服务招聘政府雇员等方式,县级经管部门在原有人员编制基础上需至少增加5—10个编制,成立农村牧区产权制度改革办公室,按照乡镇大小配置3—5名,解决人员少、任务重、压力大、难以提高质量、高效推进改革的实际问题,确保事有人管、责有人负、业有人做。

3、落实试点经费。在中央财政补助改革试点经费的基础上,积极争取省、州、县财政给予专项改革工作经费,确保改革工作顺利开展。

4、加强督查指导。按照职责分工,加强对改革工作的跟踪指导与监督检查,研究制定推动改革的配套扶持政策;县农经部门组织编写通俗易懂的政策宣传材料,做好相关培训工作,加强业务指导。

5、县级制定改革工作监督检查制度,实行一季一报制度;

6、建立县、乡、村联络员制度;

7、建立领导干部逐级分片包村督导责任制度;

8、建立月报告、半年总结制度。

9、建立健全改革工作会议记录制度。

附录十七:

曲麻莱县打赢脱贫攻坚战三年行动方案(2018—2020年)

第一章　发展基础

第一节　基本情况

曲麻莱县地处青藏高原腹地,三江源核心区,属于国家集中连片特困地区四省藏区(青海藏区)县。全县辖5乡1镇,19个行政村,土地总面积5.24万平方公里。区内自然条件严酷,各种灾害频繁,返贫现象严重,生态环境脆弱,产业结构单一,经济基础薄弱,公共服务短缺,收入差距扩大,贫困相对突出。2014年,全县建档立卡贫困村8个,建档立卡贫困人口3273户、9468人,贫困发生率31.6%，贫困发生率高，扶贫开发任务艰巨。

党的十八大以来，县委、县政府高度重视扶贫开发工作，坚决贯彻党中央、国务院的决策部署，认真贯彻落实习近平新时代中国特色社会主义思想和“四个扎扎实实”重大要求，始终坚持精准扶贫精准脱贫基本方略，进一步细化攻坚路径，强化责任担当，强力推进“八个一批”脱贫攻坚行动计划、“十个专项”行业扶贫专项工程和五项保障机制，扶贫开发工作取得了显著成效。2016年、2017年全县累计减少贫困人口4682人，实现5个贫困村退出，贫困发生率由31.6%下降到10.7%，全县脱贫攻坚取得了明显的阶段性成效。

曲麻莱县由于环境恶劣、自然灾害频繁，地处偏远，交通不便等原因，深度贫困地区仍然存在贫困面广、贫困人口相对较多、贫困程度深、扶贫难度大的问题。今后三年，全县还有1709户、4786名建档立卡贫困人口（其中：低保兜底979户、2556人）。

第二节　深度贫困地区的范围

按照“控制规模、突出重点、体现精准”的要求，根据青海省采取深度贫困县与区域集中连片深度困难乡镇相结合的方式，确定曲麻莱县深度贫困地区的范围。

一、深度贫困县

曲麻莱县属于国家集中连片特困地区四省藏区（青海藏区）县。根据青海省脱贫攻坚的确定，曲麻莱县为青海省15个深度贫困县之一。

二、深度困难乡镇

综合分析自然地理条件、贫困发生率、经济社会发展现状、基础设施和基本公共服务水平等因素，曲麻莱县确定了5个深度困难乡镇，有贫困人口的行政村19个，其中：贫困村8个（见表32）。

青海藏区玉树州曲麻莱县深度贫困地区深度困难乡镇名单

表32

乡（镇）名	其中：深度困难乡（镇）名	有贫困人口的行政村名	贫困村名
麻多乡	麻多乡	扎加村、巴颜村、郭洋村	扎加村、郭洋村
叶格乡	叶格乡	莱阳村、龙麻村、尕杂村	龙麻村
秋智乡	秋智乡	布甫村、加巧村、格麻村	格麻村
曲麻河乡	曲麻河乡	措池村、勒池村、多秀村、昂拉村	多秀村、昂拉村
巴干乡	巴干乡	麻秀村、代曲村、通吉村	麻秀村
约改镇		格前村、长江村、岗当村	长江村
合计	5	19	8

第三节　深度贫困地区现状和特殊困难

一、深度贫困地区现状

曲麻莱县深度贫困人口地处高寒缺氧地带，生态环境脆弱；自然灾害频繁，生存条件严酷，贫困面广量大程度深，基础设施薄弱，公共服务能力不足；产业发展约束条件严格，自我发展能力不强，补齐这些短板是脱贫攻坚决战决胜的关键之策。

2017年12月底，曲麻莱县有贫困人口的行政村19个，其中贫困村3个。全县建档立卡贫困人口3273户、9468人，其中：一般贫困户1753户、5036人，分别占总户数、总贫困人口的55.55%、53.18%；低保兜底1255户、3324人，分别占总户数、总贫困人口的38.34%、35.1%；低保贫困户259户、1108人，分别占总户数、总贫困人口的7.9%、11.7%。低保、低保贫困人口占总人口的39.05，比例高。

2017年12月底，曲麻莱县深度贫困地区贫困人口中，有42户因交通落后致贫，152户因缺技术致贫，246户因缺劳力致贫，20户因缺水致贫，91户因缺土地致贫，438户因缺资金致贫，29户因病致贫，15户因残致贫，4户因学致贫，62户因灾致贫，33户因自身发展动力不足致贫（详见表33）。

总体看，曲麻莱县深度贫困地区，1132户、3334人的贫困程度更深、减贫成本更高，脱贫攻坚的难度大。

曲麻莱县深度贫困地区贫困人口致贫原因统计分析表

表33

序号	乡镇名称	村	交通条件落后	缺技术	缺劳力	缺水	缺土地	缺资金	因病	因残	因学	因灾	自身发展力不足
			户数	户数	户数	户数	户数	户数	户数	户数	户数	户数	户数
1	约改镇	格前村								1			
2		长江村											
3		岗当村							1			3	
小计									1	1		3	
1	巴干乡	麻秀村	1		2								
2		代曲村	1										
3		通吉村					2						
小计			2		2		2						
1	曲麻河乡	措池村		1	1								
2		勒池村							1				
3		多秀村											
4		昂拉村											
小计				1	1				1				
1	麻多乡	扎加村	8	32	47	3	30	104	1	2	1	4	
2		巴颜村	9	41	59	4	12	81	2	3	1	3	
3		郭洋村	5	24	45	9	10	99	5			1	5
小计			22	97	151	16	52	284	8	5	2	8	5
1	秋智乡	布甫村			1								
2		加巧村	9	24	31		8	57	9	4	2	36	12
3		格麻村	9	29	59	4	29	97	10	5		15	16
小计			18	53	91	4	37	154	19	9	2	51	28
1	叶格乡	莱阳村		1	1								
2		龙麻村											
3		尕杂村											
小计				1	1								
汇总			42	152	246	20	91	438	29	15	4	62	33

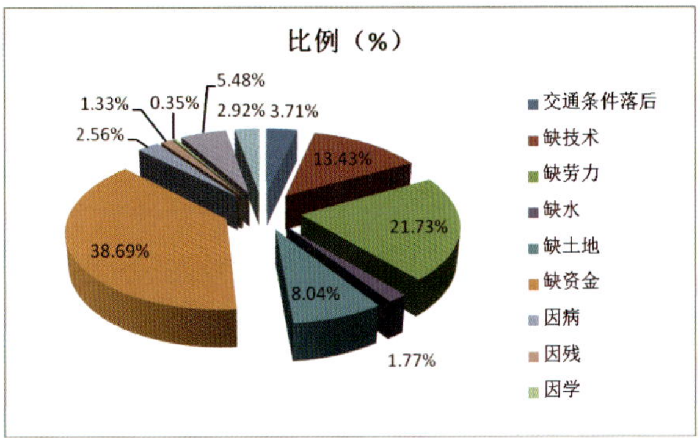

图1　2017年曲麻莱深度贫困地区致贫原因分析图

二、特殊困难和突出问题

曲麻莱县自然条件恶劣，经济社会发展普遍滞后，致贫原因复杂，生态保护、社会稳定与脱贫攻坚矛盾交织叠加，给脱贫攻坚带来一系列特殊困难和突出问题。

一是自然条件严酷，基础设施建设滞后。曲麻莱县深度贫困地区地处高寒、缺氧地区，海拔一般在4000米以上，含氧量仅为内地的40%到60%。普遍存在生态脆弱、交通不便、信息不畅、灾害频发，“三保障”问题突出等诸多困难，农牧民生产生活条件差，脱贫攻坚难度大。目前，因交通条件落后无法脱贫比例6.8%，深度贫困地区6个自然村仍有130公里农村公路需要修建；因缺水无法脱贫比例2%，麻多乡巴彦村、郭洋村2村饮水安全需要巩固提升；4个村尚未完全解决生产生活用电问题，10个村通讯需要改善。

二是贫困发生率高，特殊困难群体脱贫难。曲麻莱县深度贫困地区贫困发生率为10.7%，贫困发生率高。全县特殊困难群体中，因病因残比例4%，脱贫难度大。同时，贫困家庭重大病患者比例高，全县还有结核病患者588人、包虫病患者114人，占总贫困人口的21%。全县还有部分60岁以上的贫困孤寡老人和单亲家庭贫困人口。这些群体都是脱贫攻坚的难中之难、坚中之坚。

三是人均可支配收入低，自我发展能力不足。2017年底，曲麻莱县农牧民人均可支配收入为6742元，占全省农牧民人均可支配收入的77.8%。深度贫困地区贫困人口文化程度普遍较低，贫困人口中，高中及以上文化程度仅占1.3%，小学以下文化程度高达80%以上，贫困群众思想观念滞后，缺乏主动脱贫和自我发展的内生动力。在全县贫困人口中，缺劳力比重高达22%，发展产业脱贫难。加之受宗教、环境等因素影响，贫困群众惜售牲畜现象较为普遍，深度贫困地区因婚因丧致贫问题尤为突出。

四是产业选择难，稳定增收难度大。草地畜牧业是藏区传统支柱产业，结构单一，且生产周期长、见效慢。深度贫困地区农牧民人均可支配收入构成中，经营性收入占比不到20%；农牧民转移性收入占比达60%以上，收入构成不合理，增收渠道不宽。此外，随着深度贫困地区脱贫攻坚持续推进，虽然部分贫困人口已经实现脱贫，但不够稳定，需要进一步巩固提升。

五是生态保护任务重，统筹推进压力大。曲麻莱县深度困难乡镇全部位于三江源生态保护区内，深度贫困地区绝大部分属于禁止和限制开发区，一定程度上制约了民生项目建设，统筹推进生态保护与民生改善面临不少困难和挑战。

第二章　总体要求

第一节　指导思想

一、指导思想

以习近平新时代中国特色社会主义思想为指引，全面贯彻落实党的十九大和省第十三次党代会精神，坚持精准扶贫精准脱贫基本方略，充分发挥政治优势和制度优势，紧紧围绕实现“两不愁、三保障”目标，以重大扶贫工程和到村到户帮扶措施为抓手，以补齐脱贫攻坚短板为突破口，加大政策支持和工作力度，强化支撑保障体系，集中全力攻克深度贫困堡垒，确保深度贫困地区和贫困群众同全县和全省人民一道进入全面小康社会。

二、基本原则

曲麻莱县深度贫困地区脱贫攻坚时间紧、任务重、难度大、要求高，必须坚持稳中求进工作总基调，必须把握好以下原则。

——坚持已经形成且有效的体制机制。紧紧依靠党的十八大以来，青海省建立起的脱贫攻坚责任体系、制度体系、政策体系、工作体系、社会动员体系，落实“中央统筹、省负总责、市县抓落实”的管理体制，充分发挥政治优势和制度优势，充分发挥考核评估、督查巡查、监督问责作用，层层传导压力，确保党中央决策部署得到贯彻落实。

——坚持中央统筹、省负总责、市县抓落实的管理体制。按照“中央统筹、省负总责、市县抓落实”的管理体制，县级党委和政府要承担主体责任，书记和县长是第一责任人，做好进度安排、项目落地、资金使用、人力调配、推进实施等工作。同时，更加注重强化基层帮扶力量，夯实基层基础。

——坚持突出问题导向和稳步推进的工作方法。深度贫困地区之所以长期穷，有其特殊成因和突出短板。要逐一梳理深度贫困地区县、乡、村的致贫原因，以解决突出制约问题为重点，制定抓问题、补短板、强弱项、解难题的针对性举措和办法，总结可复制可推广的经验。同时，打好深度贫困地区脱贫攻坚战要坚持因地制宜、适度超前、稳步推进、风险防控的工作方法。

——坚持党政一把手负总责的工作机制。贫困地区党委和政府要坚持把脱贫攻坚作为“十三五”期间头等大事和第一民生工程，进一步加强领导，形成党委领导、政府主导、部门联动、社会参与的工作格局。贫困县党政主要领导脱贫攻坚期内要保持稳定，切实履行第一责任人的职责，通过“硬”指标，形成“硬”约束，及时研究和解决脱贫攻坚中的重大问题。

——坚持精准扶贫精准脱贫基本方略。要将精准思想体现在深度贫困地区脱贫攻坚各个方面。针对深度贫困地区的所有加强、创新、综合性政策举措，都要突出精准、聚焦精准，做到因地制宜，因人施策，真正围绕建档立卡贫困人口脱贫来实施。区域发展必须围绕精准扶贫发力，突出精准扶贫的中心地位，坚决防止以区域发展之名代替精准扶贫，搞缩小版的"大水漫灌"。

——坚持专项扶贫、行业扶贫、社会扶贫"三位一体"大扶贫格局。脱贫攻坚是全党全社会的共同责任，要动员和凝聚全社会力量广泛参与。要坚持专项扶贫、行业扶贫、社会扶贫等多方力量、多种举措有机结合和互为支撑的"三位一体"大扶贫格局。

第二节　行动目标

一、总体目标

通过三年集中攻坚，确保到2020年，深度贫困县实现摘帽，5个深度困难乡镇所属贫困村全部退出，深度贫困地区现行标准下的3334名建档立卡贫困人口全部实现稳定脱贫，农牧民人均可支配收入增幅高于全县平均水平，基本公共服务领域主要指标接近全县平均水平，基础设施、生产生活条件和生态环境显著改善，自我发展能力进一步增强，区域性整体贫困问题得到有效解决。

二、年度目标

按照稳中求进、既不抢跑、也不拖延，积小胜为大胜，坚决啃下深度贫困这块"硬骨头"的要求，曲麻莱县从2018年至2020年底，深度贫困地区贫困人口实现稳定脱贫、贫困村退出和贫困县脱贫摘帽分年度计划安排如下：

2018年计划3个贫困村退出、2105名贫困人口脱贫。

2019年计划1个贫困村退出、1229贫困人口脱贫。深度贫困县摘帽。

曲麻莱县深度贫困地区摘帽计划表

表34

年　度	贫困退出计划			
	县	退出贫困村名	贫困村数(个)	贫困人口(人)
2018年	曲麻莱县	麻多乡扎加村、秋智乡格麻村、巴干乡麻秀村	3	2105
2019年	曲麻莱县	麻多乡郭洋村	1	1229
合　计			4	3334

第三章　重点攻坚任务

按照习近平总书记"三个新增"重要指示精神和汪洋副总理在全国深度贫困地区脱贫攻坚电视电话会议上提出的"盯住最困难的地方，瞄准最困难的群体，扭住最急需解决的问题，集中力量解决本区域内深度贫困问题"的要求。依据中共中央办公厅、国务院办公厅《关于支持深度贫困地区脱贫攻坚的实施意见》和省委、省政府《关于加快推进深度贫困地区脱贫攻坚实施方案》精神，结合《青海省深度贫困地区脱贫攻坚三年行动计划方案(2018—2020年)》，在深入推进"八个一批"脱贫攻坚行动计划和十个行业专项扶贫方案的基础上，针对曲麻莱县深度贫困地区的突出问题和发展短板，重点在产业脱贫、住房保障、教育扶贫、转移就业、健康扶贫、特困群众、生态扶贫、社会帮扶、金融扶贫、基础设施等十个方面，扎实推进深度贫困地区脱贫攻坚。

第一节　加大产业脱贫力度

按照"户有增收项目、村有集体经济、县有扶贫产业园"的产业扶贫发展格局，立足本地资源条件，以特色种养业、农畜产品加工业、农牧业生产社会化服务、乡村旅游业和民族传统手工业为重点，因地制宜推进曲麻莱县深度贫困地区扶贫产业发展，切实发挥产业扶贫在全县脱贫攻坚中的根本作用。

针对产业扶贫中贫困村合作社带动能力薄弱的短板，实施合作社建设项目，提升合作社在脱贫攻坚中的力量，带动贫困群众增收；实施曲麻莱县扶贫产业园的提档升级项目，进一步促进在农牧业增产增效、贫困农牧民持续增收的引领与示范带动作用，进一步加快推进扶贫产业的发展壮大。加强深度贫困地区农牧业防灾减灾设施及能力提升，实施动物防疫注射栏和农牧业生产技能培训项目。

在具备条件的贫困村，实施光伏扶贫项目。通过在贫困村建设村级光伏电站或采取联村及县域集中建设等形式，实现8个贫困村光伏资产收益全覆盖，带动572户贫困户实现增收，同时发展壮大村级集体经济。

依托旅游资源优势和区位条件，在具备条件的2个村，实施乡村旅游扶贫项目建设，打造乡村旅游扶贫示范村，带动2个村的476户1474贫困人口从中受益。实施乡村环境卫生综合整治工程，提升村容村貌。

深入推进曲麻莱县电子商务精准扶贫工程，实施县级农村电子商务公共服务中心项目，构建县域电商生态圈，扩大电子商务在农业农村的应用，推动电商与农村一二三产业深度融合，促进农畜产品上行。在8个贫困村实施电子商务进农村综合示范创建培育和电子商务服务点实施改造提升工程，开展电商孵化，打造贫困村电商扶贫示范网店。

壮大村级集体经济，在深度贫困地区19个村发展壮大村集体经济，确保实现村级集体经济收入4万元以上目标。

对三江源国家公园体制试点区域内，针对禁止从事开发经营活动的要求，积极探索建设多种合作模式的飞地项目，发展多种形式的“飞地经济”，在不改变资金用途的情况下，通过折股量化资产收益增加收入，助推贫困群众脱贫攻坚。

专栏1　产业脱贫重点建设项目

合作社建设项目：在5个乡镇所属的19个村，扶持建设20个生态畜牧业合作社或农牧民专业合作社完善基础设施建设、发展生产。带动农牧民2289户、6144人。

扶贫产业园：立足扶贫产业园建设现状，按照“一园多基地”、一二三产融合发展的建设思路，实施农牧业扶贫产业园的提档升级项目。共辐射带动深度贫困乡镇5个，涉及19个村，带动农牧民2289户、6144人。

农牧业防灾减灾设施及能力提升项目：在深度贫困地区的19个牧业村建设380座动物防疫注射栏。对深度贫困地区有劳动能力，且从事农牧业生产的贫困户进行农牧业生产技能培训，对深度贫困地区有劳动能力且从事农牧业生产的贫困户进行农牧业生产技能培训，每户至少培训1人，共培训2840人。

光伏产业项目：在曲麻莱县深度贫困地区实施光伏扶贫项目，建设总规模为4兆瓦，受益村8个，扶持贫困户572户。

乡村旅游扶贫项目

旅游扶贫项目：在深度贫困地区实施2个乡村旅游扶贫项目，共扶持带动476户、1474人。

乡村环境卫生综合整治工程：新建和改扩建厕所1070座；建设县级疾控中心饮用水水质监测实验室、人员培训及检测设备，创建示范卫生乡镇。

电子商务项目：建设县级农村电子商务公共服务中心项目、8个贫困村的电子商务进农村综合示范创建培育和电子商务服务点实施改造提升工程，持续提升农村电商服务点的服务能力。

壮大村集体经济：在深度贫困地区19个村发展壮大村集体经济，其中，建档立卡贫困村8个、非贫困村11个。

飞地经济项目：在三江源国家公园体制试点区域内，针对禁止从事开发经营活动的要求，探索建立“飞地经济”模式，在异地发展农畜产品和高原土特产深加工业。在不改变资金用途的情况下，通过折股量化资产收益增加贫困户收入。

资产收益项目：实施资产收益项目。

第二节　加大安全住房保障力度

聚力推进住房保障攻坚工程。针对曲麻莱县贫困群众的住房现状，实施危旧房改造工程。采取就近就地改造的方式，妥善解决对不符合易地搬迁条件、但住房安全未得到充分保障的274户建档立卡贫困群众的住房安全问题。大力推广加固改造等低成本改造方式，鼓励通过统建农村牧区集体公租房，加固、置换或长期租赁闲置房屋等方式，兜底解决贫困户住房安全。着力解决贫困残疾人家庭无障碍设施改造和深度贫困地区贫困群众住房安全问题。

专栏2　危旧房改造重点建设项目

危旧房改造工程：深度贫困地区农牧民危旧房改造274户。

第三节　加大教育脱贫力度

加快实施教育脱贫工程，让贫困家庭子女都能接受公平有质量的教育，阻断贫困代际传递。坚持全面覆盖、精确到人的原则，以提高贫困人口受教育年限和劳动者技术能力为重点，努力构建到村、到人的教育精准脱贫体系。全面实行15年免费教育，大力发展职业教育。扩大学前教育资源覆盖面，支持贫困家庭幼儿接受学前教育；改善中小学基本办学条件，加快标准化建设。积极探索和规范学前“双语”教育。幼儿园统一规范使用“双语”教材，使学前幼儿从小接受“双语”教育，使民族学生的“双语”水平得到“双加强”，为幼儿学生智力开发和语言表达能力水平的不断提升奠定坚实的基础。健全完善贫困家庭大学生资助和助学贷款政策。强化贫困地区“控辍保学”工作，抓好贫困地区“改薄工程”。加大对贫困地区基础教育的投入力度，建立城乡统筹的义务教育经费保障机制。加大“雨露计划”专项教育扶贫力度。对建档立卡户未升入普通高中的初中毕业生都能够接受中等职业教育的全部免除学杂费和教科书费，提供助学金，使贫困学生实现就业。

专栏3　教育脱贫重点建设项目

义务教育项目：扩建小学3所,,建设教学、生活用房共计2128㎡。

教师培训项目：培训中小学教师220人次。

第四节　加大转移就业和培训力度

持续推进技能脱贫攻坚。依托中等职业教育振兴工程，以提升就业困难人员基本素质和发展生产、务工经商等基本技能为重点，继续实施贫困劳动力技能脱贫攻坚行动。人社部门会同扶贫开发、农牧、教育等部门，优先保证深度贫困地区贫困劳动力的教育培训需求，落实各项助学及生活补助政策。大力实施“雨露计划”，开展就业培训、资助农牧区贫困家庭“两后生”职业学历教育、贫困致富带头人培训以及新型职业农牧民和专项技能培训。确保深度贫困地区具备劳动力的贫困家庭至少掌握一门实用技能。

专栏4　转移就业脱贫重点建设项目

劳动力就业培训扶贫工程：全面开展贫困劳动力全员培训促进就业脱贫，针对深度贫困地区劳动力力，开展就业培训，提高贫困对象技能水平。组织青壮年劳动力参与电焊工培训、驾驶员、挖掘机、手工制品及家庭服务业等职业技能培训。共计划培训1800人。

第五节　加大健康脱贫力度

扎实推进基层医疗卫生服务体系建设，提升医疗卫生服务能力。在深入推进健康扶贫“三个一批”行动基础上，对深度贫困地区农牧民开展全面体检筛查，进一步摸清重大疾病、慢性病、地方病等现状，分类建立台账实行信息化管理。全面落实大病集中救治一批、慢病签约服务管理一批、重病兜底保障一批的健康扶贫措施，对所有患大病和慢性病的贫困人口进行分类救治。全面落实25种慢性病门诊报销政策，实现基本医保、大病保险、医疗商业补充保险和医疗救助“一站式”信息对接、即时结算。实行健康扶贫“双签约”，确保有1名家庭医生签约服务，有1名乡村干部签约帮助兑现政策，解决深度贫困地区群众政策不知情、就医报销难等问题。加快全科医生培养步伐，加大培养培训力度，提高基层医技人员服务能力。加强深度贫困地区县乡村医疗机构建设，所有贫困县达到“三个一”目标（即每个县均有1所县级综合医院和民族医院，每个乡镇建设有1所标准化乡镇卫生院、每个行政村有1个标准化村卫生室），提高医疗卫生服务可及性和可得性。强化重大传染病和地方病防控、中藏医药服务、妇幼保健和计划生育服务。

专栏5　健康脱贫重点建设项目

村卫生室建设项目：新建深度贫困地区16个村级卫生室业务用房，并配备设备。

乡卫生院（社区卫生服务中心）能力提升项目：6个乡镇，新建职工周转房及购置医疗设备。每乡镇卫生院（社区卫生服务中心）新建300㎡职工周转房、购置220万元医疗设备，并完善附属设施建设。

专科服务能力建设项目：根据专科建设需求，建设业务用房及购置相关医疗设备。

信息化建设项目：建设覆盖卫生计生全面工作、贯穿群众生命全过程的卫生计生信息管理平台，硬件购置及软件开发。

重大传染病、地方病防控促进工程

结核病救助项目：现有结核病患者588人，采取对这部分病人进行住院治疗。

包虫病救助项目：现有包虫病患者114人，重症患者在10%左右，对这部分患者治疗费用进行救助。

基层卫生人员培训项目：深度贫困地区培训基层卫生人员110人。

基层藏医药服务能力项目：建设深度贫困地区县级藏医医院重点特色专科1个，配备基层工作室1个，配套设施等。

健康知识传播工程：在深度贫困地区开展地方病防治宣讲。

妇幼健康和计划生育服务保障工程：实施儿童营养改良和妇女"两癌"检查等。

第六节　加大特殊困难群体脱贫力度

加大特殊困难群体关爱服务体系建设，开展特殊困难群体关爱行动。通过政府购买服务的方式，探索建立贫困家庭重度残疾人"集中托养+日间照料+邻里互助"等脱贫解困机制，鼓励社会力量积极参与社会服务，提高重度贫困残疾人养护照料水平。根据经济社会发展水平和残疾人生活保障需要，动态调整贫困残疾人生活补贴和重度残疾人护理补贴标准，有条件的地方可以适当提高补贴标准。统筹整合现有资源，对60岁以上无劳动能力、无生活来源、无法定赡养人的贫困老年人，全部纳入特困供养范围。同时，采取依托产业扶贫、改善住房条件、转移就业培训以及其他扶持政策等多种帮扶措施，解决好深度贫困地区大龄未婚青年婚姻及单亲贫困家庭稳定脱贫问题。"开展城乡居民养老保险扶贫，对建档立卡未标注脱贫的贫困人口、低保对象、特困人员等困难群体，每人每年按我省城乡居民基本养老保险最低缴费档次100元的50%代缴养老保险费。"进一步加强农村低保制度与扶贫开发政策有效衔接，对深度贫困地区无法依靠产业扶持和就业帮助脱贫的贫困人口，实行政策性兜底保障。同时，按照青海省现行到户产业扶持标准，计划对这部分贫困群众安排实施资产收益项目，防止"一兜了之"。

专栏6　特殊困难群众脱贫重点建设项目

养老福利项目：新建3处各200㎡的养老幸福院。

未成年人救助保护中心建设项目：配备1套基本装备。

特殊困难群体帮扶项目

贫困残疾人家庭无障碍设施改造：对360户建档立卡深度贫困残疾人家庭提供无障碍设施改造服务，改造需求有轮椅坡道、安全扶手、房门加宽、厨房改造、卫生间改造、闪光门铃、煤气泄漏报警发声装置、上网读屏软件等。帮助残疾人消除家居生活障碍，提高家居自主生活能力，改善家居生活条件。

建档立卡内贫困残疾人托养：贫困残疾人进行机构集中托养。

日间照料和邻里互助托养：日间照料和邻里互助托养。

辅助器具适配：贫困残疾人康复适配辅助器具适配。

肢体矫治手术：贫困残疾人康复适配肢体矫治手术。

第七节　加大生态脱贫力度

依托三江源生态修复工程和三江源国家公园建设，坚持生态保护优先，建设生态文明先行区，积极探索生态保护脱贫的新路子。加快推进深度贫困地区生态建设与脱贫攻坚互促双赢，提高贫困人口参与生态保护的积极性和受益水平。全面落实好贫困户生态公益管护岗位相关政策，新增岗位全部聘用贫困劳动力，对现有生态管护岗位实行动态管理，调整增加的生态公益管护岗位向建档立卡贫困户倾斜。鼓励贫困群众参与三江源生态修复工程和三江源国家公园体制试点项目建设，拓宽贫困人口的增收渠道。在深度贫困地区调整增加生态公益管护岗位1226个，优先安排贫困劳动力就业。在具备条件的深度贫困地区，积极探索建立集体股权参与绿色循环经济发展等项目分红的资产收益扶贫长效机制，实现生态保护与脱贫攻坚有机结合，让贫困人群共享生态文明建设成果。

专栏7　生态脱贫重点建设项目

林业生态公益管护岗位：新增林业生态公益管护岗位40个。

草原生态公益管护岗位：新增草原生态管护公益岗位1186个。

第八节　加大社会帮扶力度

广泛动员社会力量参与深度贫困地区脱贫攻坚，全面落实民营企业参与脱贫攻坚“双百”行动计划，探索建立与深度贫困地区乡镇、行政村之间结对帮扶新机制。建立健全东西部扶贫协作精准对接机制，确保帮扶资源主要用于深度贫困村、贫困户。进一步加强与援青省市及企业的产业对接和项目合作，鼓励和引导支援省市企业及援青企业对接合作项目，向受援深度贫困地区转移部分产业。深化定点扶贫工作，加强组织领导，发挥自身优势，创新帮扶形式，科学制定发展规划，帮助调整农牧业结构，加强劳动力技能培训，扩大转移就业，多渠道引进项目资金，加快基础设施建设，着力解决民生等社会事业。强化干部驻村联户工作。充分发挥驻村工作队作用，配合地方政府采取“一帮一、一帮多、多帮一”等形式，精准对接，认真履职。充分发挥工商联的桥梁纽带作用，鼓励引导民营企业参与扶贫开发。大力倡导企业社会责任，鼓励企业采取多种方式，推进集体经济发展和农民增收。

专栏8　社会帮扶重点建设项目

社会帮扶项目：广泛动员社会力量参与深度贫困地区脱贫攻坚，全面落实民营企业参与脱贫攻坚“双百”行动计划，探索建立与深度贫困地区乡镇、行政村之间结对帮扶新机制。建立健全东西部扶贫协作精准对接机制，确保帮扶资源主要用于深度贫困村、贫困户。

东西扶贫协作：积极争取对口援建省市的帮扶力度，加大对深度贫困地区的资金投入。主要实施特色产业化扶贫工程、健康扶贫项目、教育扶贫项目、特殊困难群体以及基础设施等扶贫工程。

企业帮扶：组织开展民营企业精准扶贫行动。以民营企业为帮扶方，以深度贫困地区建档立卡贫困村为帮扶对象，以签约结对、村企共建、产业扶贫等为主要形式，利用三年时间，动员民营企业采取产业扶贫、就业扶贫、公益扶贫等方式，帮扶贫困村、贫困户加快脱贫进程。

第九节　加大金融保险扶贫支持力度

继续抓好“530”小额信贷政策落实，实现深度贫困地区“三有一无”建档立卡贫困户金融服务全覆盖，提高户均获贷率。对已经脱贫的贫困户，在脱贫攻坚期内，保持扶贫小额信贷支持政策不变，力度不减。大力撬动市场信贷资金支持扶贫产业发展，增强贫困地区的内生动力和发展活力，加快推进扶贫对象脱贫致富和区域经济快速发展。同时，把互助资金与信贷扶贫贴息贷款结合起来，形成互利互补，增强贫困村发展后劲，巩固金融扶贫开发成果。重点支持能够带动贫困户脱贫致富的产业园区、产业化龙头企业、生态畜牧业专业合作组织、能人大户和已建档立卡的贫困户等；重点选择发展与扶贫开发关联度高，扶贫对象能够广泛参与的养殖业、手工业、乡村旅游业、民族文化产业和农畜产品加工业，易地扶贫搬迁后续产业等。同时，积极扩大深度贫困地区农牧业商业保险覆盖面，加大涉农保险财政资金补贴力度，降低贫困户保险费率。

专栏9　金融保险扶贫重点建设项目

商业保险项目：为深度贫困地区3334名贫困人口购买商业保险，每人每年150元。

金融助推精准扶贫产业发展：加大金融支持力度，发展产业扶贫。以国家专项政策支持，发挥开发性和政策性金融机构优势，大力支持易地扶贫搬迁，精准扶贫产业园以及产业化扶贫龙头企业、专业合作社、家庭农牧场等新型农牧业经营主体，扶持带动深度贫困人口增收脱贫。

第十节　加大基础设施建设力度

大力实施深度贫困地区基础设施建设，切实改善基础设施不足现状。

加大交通基础设施建设力度。紧紧围绕深度贫困乡村交通薄弱环节，以加强农村基础设施网络、提升公路服务水平为重点，全力推进建制村通畅工程、县乡道升级改造工程、路网连通工程（自然村通达），进一步改善深度贫困区域路网结构，提高农村公路通行能力、抗灾能力和安全保障水平。

实施农村饮水安全巩固提升工程。着力提高深度贫困地区贫困户基本用水保障能力，解决水质达标率、供水保障率“双低”问题。

实施能源扶贫工程，在国家电网覆盖的地区，通过延伸电网解决供电。国家电网未覆盖的地区，采取大功率太阳能解决供电。

加快推进电信扶贫工程，2020年前实现行政村光纤接入或无线网络全覆盖，提高信息通达率。

专栏10　基础设施建设脱贫重点建设项目

交通扶贫项目：建设6个自然村道路129.77公里。受益人口3572人。

水利扶贫项目

人饮安全工程：新建小口机井3550眼、供水点3处、供水管网新建和改造252.6km。受益人口1.39万人。

灌溉工程：改善灌溉面积15000亩，受益人口1861人。

能源扶贫专项工程

太阳能扶贫：2乡镇2村配设大功率太阳能,，受益人口1474人。

电力扶贫：对2个村新建高压线路143.32km，低压线路30.88km，新增主变2台。受益人口1144人。

通信扶贫专项工程：建设10个行政村移动通信网络，新建200㎡的机房、10套附属设施（铁塔、太阳能、蓄水池）。受益人口1305人。

第四章　投资估算和资金来源

第一节　投资估算

《曲麻莱县深度贫困地区脱贫攻坚三年行动方案》估算总投资102590.64万元。其中，特色产业投资23808.08万元，占总投资23.21%；安全住房保障投资1644万元，占总投资1.60%；教育脱贫投资1218万元，占总投资1.19%；就业培训投资283.50万元，占总投资0.28%；健康脱贫投资9104.60万元，占总投资8.87%；特殊困难群体项目投资1720.70万元，占总投资1.68%；生态脱贫投资4704.00万元，占总投资4.59%；社会帮扶工程投资30008.00万元，占总投资29.25%；金融扶贫工程投资1761.20万元，占总投资1.72%；基础设施投资28338.57万元，占总投资27.62%（详见表35）。

总投资估算表

表35

序号	项目名称	合计	投资比重
总计		102590.64	100.00%
1	特色产业脱贫工程	23808.08	23.21%
2	安全住房保障工程	1644.00	1.60%
3	教育脱贫专项工程	1218.00	1.19%
4	就业培训脱贫工程	283.50	0.28%
5	健康脱贫专项工程	9104.60	8.87%
6	特殊困难群体帮扶工程	1720.70	1.68%
7	生态脱贫工程	4704.00	4.59%
8	社会帮扶工程	30008.00	29.25%
9	金融扶贫工程	1761.20	1.72%
10	基础设施扶贫工程	28338.57	27.62%

第二节　资金来源

估算总投资102590.64万元。其中，申请中央财政专项资金70636.64万元，占总投资68.85%；省级行业配套资金31954.00万元，占总投资45.24%（详见表36）。

资金筹措表

表 36　　单位:万元

序号	项目名称	投资估算与资金来源						
		合计	中央财政专项资金	省级行业部门配套(整合涉农资金)	中央和省级财政专项扶贫增量资金	金融资金	对口援建资金	其他资金
总计		102590.64	70636.64	31954.00				
1	特色产业脱贫工程	23808.08	21862.08	1946.00				
2	安全住房保障工程	1644.00	1644.00					
3	教育脱贫专项工程	1218.00	1218.00					
4	就业培训脱贫工程	283.50	283.50					
5	健康脱贫专项工程	9104.60	9104.60					
6	特殊困难群体帮扶工程	1720.70	1720.70					
7	生态脱贫工程	4704.00	4704.00					
8	社会帮扶工程	30008.00		30008.00				
9	金融扶贫工程	1761.20	1761.20					
10	基础设施扶贫工程	28338.57	28338.57					

第三节　年度投资计划

估算总投资102590.64万元。其中,2018年计划投资资金43109.59万元,占总投资42.02%;2019年计划投资资金55387.38万元,占总投资53.99%;2020年计划投资资金4093.67万元,占总投资3.99%(详见表37)。

年度投资计划表

表 37　　单位:万元

序号	项目名称	年度投资计划			
		合计	2018年	2019年	2020年
总计		102590.64	43109.59	55387.38	4093.67
1	特色产业脱贫工程	23808.08	15887.08	6991.00	930.00
2	安全住房保障工程	1644.00	960.00	684.00	
3	教育脱贫专项工程	1218.00	165.00	1053.00	
4	就业培训脱贫工程	283.50	95.95	95.95	91.61
5	健康脱贫专项工程	9104.60	3582.80	5174.80	347.00
6	特殊困难群体帮扶工程	1720.70	513.60	1207.10	
7	生态脱贫工程	4704.00	859.00	1707.00	2138.00
8	社会帮扶工程	30008.00		30008.00	
9	金融扶贫工程	1761.20	587.07	587.07	587.07
10	基础设施扶贫工程	28338.57	20459.10	7879.47	
投资比重		100.00%	42.02%	53.99%	3.99%

第五章　效益分析

曲麻莱县通过深度贫困地区三年行动方案项目的实施，到2020年，曲麻莱县深度贫困地区贫困人口不愁吃、不愁穿，义务教育、基本医疗和住房安全有保障。贫困地区农牧民人均可支配收入增长幅度高于全省平均水平，基本实现人人享有社会保障，基础设施和公共服务设施水平显著提升，高原特色产业体系基本建立，生态系统步入良性循环，可持续发展能力显著增强，扶贫对象自我发展能力显著增强。深度贫困地区贫困人口实现全部脱贫，贫困村全部退出，贫困县摘帽，解决深度贫困地区整体贫困问题，全面消除贫困现象，实现区域经济社会可持续发展。

第一节　生态效益

围绕三江源自然保护区生态保护和建设、三江源国家公园建设、退牧还草工程建设、草地生态畜牧业实验区建设，天然草原植被得到恢复，涵养水源、保持水土、保护环境、减少水旱灾等多种生态效益将明显增强和提高，"中华水塔"的安全得到有效保障。

大力发展种养结合循环农牧业，实现资源能源节约利用、循环利用，实施农村人居环境整治，对改善区域生态环境，维护生态平衡具有重要的作用。

建档立卡贫困人口通过从事草原生态公益岗位，提高贫困人口参与生态保护的积极性和受益水平，拓宽建档立卡贫困人口增收致富的渠道，有效促进贫困地区增绿与增收、生态与生计的有机统一，实现生态建设与脱贫攻坚互促双赢。

通过项目实施，区域内生态环境日趋改善，为实现区域农牧民增收与生态环境保护双赢奠定良好基础，让每个贫困群众共享生态文明建设成果，形成人与自然和谐相处的良好局面。

第二节　经济效益

曲麻莱县深度贫困地区通过产业扶贫项目的实施，加快结构调整，优化产业布局，壮大高原特色生态农牧业，大力推进乡村旅游，加快发展现代服务业，积极发展光伏产业、电子商务，实现村集体经济的壮大，建设特色明显、效益较强、生态环境友好的扶贫产业体系，实现产业提质增效升级，产业融合发展，推动深度贫困地区贫困群众脱贫致富。

立足生态保护和建设，通过打造有特色、上规模、附加值高、竞争力强的扶贫主导产业，实现脱贫致富。大力发展种养结合循环农牧业，实现产业的提质增效，进一步提高畜牧业在扶贫开发增收中的主要贡献。依托资源优势，大力发展乡村旅游，提高效益和带动力，推动脱贫攻坚。积极发展新型扶贫产业，推动光伏产业、电子商务产业的壮大。通过组建扶贫攻坚造林专业合作社，精准吸纳建档立卡贫困劳动力入社，带动贫困户直接参与林业生态建设，形成以扶贫攻坚造林专业合作为载体带动贫困户脱贫攻坚，促进林业增效、农民增收。

曲麻莱县深度贫困地区通过产业扶贫项目的实施，建档立卡贫困户人均增收超过600元，将全面推动深度贫困地区区域发展和贫困群众脱贫致富。预计到2020年，贫困地区农牧民人均可支配收入增长幅度高于全县平均水平，与全省水平差距逐渐缩小，为实现全面建成小康社会夯实基础，经济效益较为显著。

第三节　社会效益

曲麻莱县通过深度贫困地区三年行动方案项目的实施，将惠及建档立卡贫困人口1132户、3334人，使贫困户得到有效扶持。到2020年，3334人贫困人口全部脱贫，剩余的3个贫困村全部退出，贫困县摘帽，实现不愁吃、不愁穿，义务教育、基本医疗和住房安全有保障的目标。到2020年，贫困地区生产生活条件明显改善，基本公共服务水平大幅度提高，农牧民自我发展能力显著增强，消除绝对贫困，为全面建成小康社会打下坚实基础。

到2020年，曲麻莱县深度贫困地区基础设施建设明显改善，交通运输网络进一步完善。解决贫困地区群众住房安全问题；自来水普及率进一步提高，全面解决深度贫困地区农牧民饮水水质达标率、供水保障率"双低"问题；路网结构进一步优化，农牧区公路服务水平全面提升，解决群众出行难问题；农牧区村电网升级改造全面完成，保障农牧民生产生活用电；行政村光纤接入或无线网络全覆盖，提高信息通达率；医疗救助和社会救助体系进一步健全完善，地区群众获得的基本公共服务更加均等；基本建成与市场经济发展相适应的特色支柱产业体系；办学水平和教育质量进一步提升，贫困家庭子女就读中等职业院校、普通高等院校助学补助标准得到提高，贫困家庭新成长劳动力实现职业教育全覆盖；确保贫困家庭劳动力至少掌握一门实用技能，拓宽其就业与增收渠道。全面提升地区发展环境，改善当地群众生产生活条件，增强贫困地区综合发展能力。

第六章 保障措施

曲麻莱县深度贫困地区脱贫攻坚任务艰巨，是如期实现脱贫目标的坚中之坚。各级党委、政府要切实将深度贫困地区脱贫攻坚工作摆到更加重要、更为突出的位置，加强对落实三年行动方案的组织领导，以改革创新为动力，采取超常规举措，着力消除体制机制障碍，建立健全行动方案实施机制，集中力量解决突出问题，为深度贫困地区脱贫攻坚提供强有力保障。

第一节 强化组织实施

一、切实加强组织领导

集中力量加快推进深度贫困地区脱贫攻坚，是确保与全省同步全面建成小康社会的底线任务和标志性指标，也是必须完成的政治任务。曲麻莱县党委和政府要坚持把脱贫攻坚作为“十三五”期间头等大事和第一民生工程，进一步加强组织领导，切实做到人员到位、工作到位、责任到位、效果到位、形成党委领导、政府主导、部门联动、社会参与的工作格局。重点加强对脱贫攻坚基层一线的组织领导，深入推进抓党建促脱贫攻坚，加强深度贫困地区农村基层党组织，解决基层班子软弱涣散问题。曲麻莱县党政主要领导脱贫攻坚期内要保持稳定，切实履行脱贫攻坚第一责任人职责，加强督促检查指导，及时研究和解决脱贫攻坚中的重大问题。

二、切实落实主体责任

曲麻莱县党委和政府要以脱贫攻坚统揽经济社会发展全局，围绕确保脱贫攻坚取得实效，理顺体制机制、厘清责任事权，瞄准精准施策的关键，下好“绣花功夫”。统筹做好进度安排、项目落地、资金使用、人力调配、推进实施等工作，正确把握攻坚期内稳定脱贫与长远致富的关系，紧扣解决“两不愁、三保障”问题，既不降低标准，也不好高骛远、急于求成，合理确定脱贫目标和时序，稳步扎实推进各项脱贫攻坚工作，确保贫困人口科学有序退出。进一步做实做细建档立卡工作，加强贫困人口精准识别和精准退出，把符合扶贫标准的贫困人口和返贫人口全部纳入，将稳定脱贫和识别不准的及时退出，实行常态化动态管理。

三、切实做好统筹衔接

曲麻莱县县域经济发展必须围绕精准扶贫、精准脱贫发力，突出精准扶贫的中心地位，各项政策举措都要聚焦贫困人口脱贫，坚决防止以区域发展代替精准扶贫，防止搞缩小版的“大水漫灌”。要正确处理好特殊困难群体与一般贫困群体的关系，防止产生新的“政策鸿沟”，处理好现有政策措施和新增政策措施之间的关系，存量政策要提高实施效果，增量政策要更加明确主攻方向，保证各项政策发挥协同效应。进一步强化对贫困村项目实施、贫困户政策落实和效益跟踪等贫困监测工作，及时掌握脱贫攻坚进展情况。

四、依法推进脱贫攻坚

认真贯彻落实《青海省农村牧区扶贫开发条例》，依法落实脱贫攻坚措施，管理扶贫项目和资金，开展监督检查。在规划编制、项目安排、资金使用、监督管理等方面，提高规范化、制度化、法治化水平。健全贫困地区公共法律服务制度，切实保障贫困人口合法权益。强化执法监督和责任追究，推动整体脱贫攻坚依法有序开展。

第二节 加大政策支持

一、财政政策

按照“新增财政扶贫资金主要用于深度贫困地区，新增扶贫项目主要布局于深度贫困地区，新增扶贫举措主要集中于深度贫困地区”的“三个新增”要求，在脱贫攻坚期内，加大对深度贫困地区财政扶贫资金的倾斜支持力度。

根据“中央和省级年度新增财政扶贫资金的70%，统筹用于深度贫困地区脱贫攻坚；省级行业主管部门安排的惠民项目向深度贫困地区倾斜，脱贫攻坚期内切块下达资金年度增幅高于全省平均增幅；”的安排，结合曲麻莱县深度贫困地区贫困实际，积极争取中央、青海省的资金。州和县本级要集中财力优先支持深度贫困地区；加强财政涉农资金统筹整合，引导对口支援和东西部扶贫协作资金的80%用于深度贫困地区基础设施、公共服务项目建设和产业就业扶贫。改进扶贫资金使用方式，支持深度贫困地区采用生产奖补、劳务补助等方式开展项目建设。进一步加强县级涉农资金统筹整合使用工作，严格按照有关规定的范围和用途，优先保障贫困人口直接受益的产业发展资金需求。推进县级脱贫攻坚项目库建设，保证资金围绕脱贫攻坚目标任务精准使用。完善项目资金公示公告制度，提高资金使用效益和透明度。建立扶贫资金常态化监管机制，完善扶贫资金使用绩效考核评价，提升扶贫资金使用管理水平。

二、金融政策

鼓励金融机构将信贷资金和服务资源更多向深度贫困地区聚焦，采取差异化信贷支持政策，在贷款准入、利率、期限等方面，对建档立卡贫困户和扶贫产业项目、基础设施建设、贫困村提升工程等重点领域提供优惠政策。发挥各扶贫主办银行作用，切实满足有致富项目和意愿、有资金需求、有劳动力、无欠贷欠息贫困户的贷款需求，实现“三有一无”建档立卡贫困户金融服务全覆盖。对已经脱贫的贫困户，在脱贫攻坚期内保持扶贫小额信贷支持政策不变，力度不减。强化县级扶贫部门与主办银行定期沟通协调机制，围绕贫困村产业发展和项目资金需求，加大对接、协调和服务力度。加快完善尽职免责制度，充分调动金融机构投放扶贫小额信贷的积极性，切实防范道德风险。县级政府应根据扶贫贷款需求，自行确定担保基金和风险补偿金匹配规模，禁止将风险补偿金与担保金混同使用。

三、保险政策

积极开展农牧业保险、大病保险、养老保险、健康保险、小额人身保险等民生领域业务。加快医疗商业保险改革，建立商业保险公司医疗补充保险，按照人均150元的标准为深度贫困地区贫困人口购买大病医疗保险，实现医疗商业保险全覆盖，提高大病支付保障能力。扩大深度贫困地区农牧业保险覆盖面，加大涉农保险财政资金补贴力度，降低建档立卡贫困户保险费率。鼓励开展农牧业保险保单质押贷款、小额贷款保证保险等银保合作业务。积极推动农房保险扩面统保，切实保障受灾居民灾后住房重建能力。

四、产业政策

深入推进农业供给侧结构性改革，加快培育农业农村发展新动能，开创农业现代化建设新局面。实施差别化产业扶持政策，把发展高原特色农牧业及农畜产品加工作为推进农牧业现代化的重要突破口，提高农牧业综合生产能力。发展壮大新产业新业态，拓展农业产业链价值链，重点支持旅游业、特色农业、民族文化产业和生态环保型产业发展，在立项、用地、信贷、税收、财政收入等方面优先给予政策倾斜。根据深度贫困地区实际情况，按照一户一策的要求，实施产业扶贫、光伏扶贫等不同类型的扶贫开发扶持项目。

五、土地政策

增加对深度贫困地区建设用地支持力度，新增建设用地指标优先保障深度贫困地区发展用地需要，深度贫困地区开展城乡建设用地增减挂钩，可不受指标规模限制。支持深度贫困地区农村集体经济组织依法使用农村集体建设用地或以土地使用权入股、联营等方式与其他单位或个人共同兴办企业，发展贫困地区新产业新业态。旅游项目中的自然景观及为景观提供便利的观光台、栈道等非永久性附属设施用地，不征收（收回）、不转用，按现用途管理。光伏方阵使用永久基本农田以外的农用地或未利用地的，在不影响种植、养殖等生产条件的前提下，可按原地类认定，按现用途管理。深度贫困地区建设用地，涉及农用地转用和土地征收的，在做好依法补偿安置前提下，可边建设边报批；涉及占用耕地的，允许边占边补；县级基础设施、移民搬迁、民生发展等建设项目，确实难以避让永久基本农田的，可以纳入重大项目建设范围，由省国土资源管理部门办理用地预审，并按照有关规定办理农用地转用和土地征收。切实落实《关于解决易地扶贫项目安置地的意见》《关于用好用活增减挂钩政策积极支持扶贫开发易地扶贫搬迁工作的通知》以及《国土资源政策支持打赢脱贫攻坚战的若干意见》。

六、对口支援政策

加大东西部扶贫协作力度，建立精准对接机制，使帮扶资金主要用于深度贫困地区贫困村、贫困户。认真贯彻落实中央各项帮扶政策，加强与对口支援省市、国家部委及中央企业的联系和沟通，搭建与对口支援地区在扶贫产业发展、技术合作、干部教育、智力引进等方面的合作平台，丰富帮扶内容和形式。坚持无偿支援与互利合作相结合，发挥对口支援各方人才、资金、技术、管理优势和对口支援的桥梁纽带作用，不断拓宽合作渠道、创新合作方式、完善合作机制。广泛动员和凝聚社会力量参与整体脱贫扶贫攻坚，继续深入推进企事业单位定点扶贫、东西扶贫协作、省州县三级定点扶贫、村企共建“四个层面”组合式社会帮扶工作。发挥各民主党派、工商联、群众团体等在整体脱贫扶贫攻坚中的作用；做好定点扶贫工作，积极筹措资金，落实帮扶计划，选派优秀中青年干部到贫困村挂职蹲点扶贫；精心组织开展企业定点帮扶贫困村活动，鼓励民营企业以多种形式参与扶贫攻坚，引导企业到深度贫困地区建立生产基地、物流基地。健全完善各级领导干部定点指导贫困县、联系贫困村、结对帮扶贫困户的机制，发挥好示范带动作用。

第三节　增强内生动力

一、充分调动贫困群众积极性

充分发挥曲麻莱县深度贫困地区贫困群众主动性和创造性，增强贫困群众“造血功能”和自我发展能力。要引导贫困群众通过自力更生努力改变贫困面貌，彻底转变“等、靠、要”思想观念，激发贫困群众主动脱贫的积极性。坚持从实际出发，正确引导群众预期，防止吊高胃口。充分尊重群众意愿，认真落实“一事一议”“村民自建”“以工代赈”“以奖代补”等政策，让贫困群众参与脱贫攻坚计划和行动方案的制定，参与扶贫项目建设、管理和监督全过程，充分尊重他们的民主权利，发挥他们的主体作用。

二、切实增强内生动力

深入开展思想教育和政策宣传引导工作，充分调动贫困群众参与脱贫攻坚的积极性、主动性、创造性，不断激发贫困地区广大干部群众盼脱贫、谋发展的强烈意愿，增强贫困地区自我发展能力和贫困群众内生动力。坚持扶贫同扶智、扶志相结合，通过建立正向激励机制，将帮扶政策与贫困群众参与挂钩，切实转变贫困群众的思想观念，增强战胜贫困的信心和勇气。要改变工作方式方法，改变简单给钱、给物、给牛羊的做法，多采取生产奖补、劳务补助等机制，教育和引导深度贫困地区群众用自己的辛勤劳动实现脱贫致富。大力宣传推广脱贫攻坚先进典型，讲述好故事，弘扬正能量，奏响主旋律。

三、大力弘扬中华民族传统美德

建立健全村级移风易俗理事会，破除各种陈规陋习，树立婚事新办、丧事简办的文明新风；设立孝道公益基金，弘扬孝亲敬老美德，强化家庭成员赡养、扶养老人的责任意识，探索建立政府关心、子女孝心、社会爱心联动互促、激发内生动力的新机制。教育和引导贫困群众用自己的双手光荣脱贫、勤劳致富、服务社会、贡献国家，在实现物质脱贫的同时努力实现精神脱贫。同时，还要注重培育贫困群众勤俭持家的美德，引导帮助他们增强家庭理财的意识和能力，不断增加家庭财富，过上更加幸福美好的生活。

四、大力培育农牧业新型经营主体

建立健全教育培训、认定管理和政策扶持“三位一体”的新型职业农牧民培训制度，实施新型职业农牧民培育工程，构建以农广校为主体的“一主多元”新型职业农牧民培育体系。培育发展家庭农牧场，提升农牧民专业合作社规范化水平，鼓励发展农牧民合作社联合社，鼓励龙头企业带动农牧户发展适度规模经营，带动农牧民合作社、家庭农牧场开拓市场。加强农牧业实用人才培训，实施农牧区实用人才培养计划。加强对专业大户、家庭农牧场经营者、农牧民合作社带头人、农牧民企业经营管理人员培训。通过开展农牧业实用技术培训、技术咨询、田间博览、参观考察等服务当地农牧民，充分发挥农牧业新型经营主体示范引导作用。

第四节　强化制度保障

一、切实加强干部人才支持

加强贫困村驻村工作队选派管理工作，要把深度贫困地区贫困村和脱贫难度大的贫困村作为重中之重，从健全体制机制入手，规范人员选派，明确工作任务，加强日常管理，严明考核激励，着力解决驻村帮扶选人不优、管理不严、作风不实、保障不力等问题，确保贫困村驻村工作队选派精准、帮扶扎实、群众满意。加大深度贫困地区干部人才支持和帮扶队伍建设力度。降低深度贫困地区基层公务员进入门槛，县乡机关招录公务员，可根据实际需要设置一定数量职位面向当地县乡事业编制人员、当地高校毕业生基层服务项目服务期满人员和退役士官士兵招考，必要时可不设开考比例。引导、动员和激励各类人才到扶贫一线干事创业，加大人才支持计划、科技人员专项计划在深度贫困地区的实施力度，鼓励本土人才返乡创业发挥精英作用。加强驻村帮扶工作，对深度贫困地区贫困村驻村扶贫工作队履职情况开展全方位摸排，对履职不力、工作成效不明显的工作队员，由派出单位及时召回并重新选派；对有贫困人口的深度贫困地区行政村，落实第一书记派驻和干部结对帮扶贫困户的全覆盖。要明确驻村帮扶工作任务，各级党委组织部门分级负责，加强备案和日常管理，以县为单位每年对驻村工作队进行考核，确保取得实效。加强对脱贫攻坚一线干部的关心关爱，发挥驻村工作队“传帮带”作用，努力打造深度贫困地区“不走的扶贫工作队”。加强对深度贫困地区各级干部培训，提高脱贫攻坚的能力和水平。

二、着力夯实基层基础

深入推进“三基”建设，增强基层党组织带领群众脱贫攻坚的能力和水平。抓好以村党组织为核心的村级组织配套建设，集中整顿软弱涣散村党组织，提高贫困村党组织的创造力、凝聚力、战斗力。选好配强村级领导班子，突出抓好村党组织带头人队伍建设。继续做好选聘高校毕业生到贫困村服务工作，发挥好大学生村官在脱贫攻坚中的作用。

三、切实强化社会帮扶

广泛动员社会力量参与深度贫困地区脱贫攻坚，全面落实民营企业参与脱贫攻坚“双百”行动计划，探索建立与深度贫困地区乡镇、行政村之间结对帮扶新机制。深化定点扶贫、对口援青和东西部扶贫协作工作机制，加强干部选派、人才支援、产业合作、劳务协作等工作对接，加快推进落实“携手奔小康行动”，动员全社会广泛开展献爱心活动。

四、强化资金项目管理

对纳入统筹整合使用范围内的财政涉农资金项目，将审批权限下放到深度贫困县，优化财政涉农资金供给机制，支持深度贫困县围绕突出问题，以摘帽销号为导向，以脱贫攻坚三年行动方案为引领，以重点扶贫项目为平台，统筹整合使用财政涉农资金。加强对脱贫攻坚政策落实、重点项目和资金管理的跟踪审计，强化财政监督检查和项目稽察等工作，充分发挥社会监督作用。建立健全扶贫资金、项目信息公开机制，保障资金项目在阳光下运行，确保资金使用安全、有效、精准。严格执行《青海省农村牧区扶贫开发条例》、《青海省扶贫开发项目审批权限下发管理办法（试行）》、《青海省扶贫项目和资金管理办法》、《青海省产业扶贫专项资金管理办法》、青海省财政厅、青海省扶贫开发局《关于加强财政扶贫专项资金使用和项目管理的指导意见》等，指导深度贫困地区县建立脱贫攻坚项目库，进一步加大扶贫开发项目管理的力度，提高扶贫资金和项目的使用效益。严格实行各类扶贫项目科学选择、论证、实施、验收、考评、后续服务全过程管理。继续实行扶贫资金和项目公告公示制度。项目审批后，从县到贫困村都必须以不同的形式，对项目建设地点、项目内容、项目资金、项目扶持贫困村和贫困户等进行公示，要规范公示的内容和形式，接受全社会广泛监督。根据省负总责、市（州）县抓落实的扶贫工作机制，按照放管结合的要求，切实发挥好县级党委政府在项目选择和资金使用中的自主权。由县级政府根据项目资金使用用途和精准施策要求，自主确定实施项目，实现项目、资金、效益“三到户”。要进一步完善扶贫资金和项目管理办法，全面推行扶贫资金公示制，认真开展绩效考评工作。

五、切实加强督查考评

继续坚持脱贫攻坚督查巡查、考核评估和报告制度，完善深度贫困地区领导班子和领导干部考核办法。加强对脱贫攻坚的民主监督，实行以暗访抽查为主要形式及其常态化、多元化的督查巡查新机制，切实减轻基层负担。按照扶贫成效考核相关规定，加强对深度贫困地区县级党委和政府脱贫攻坚成效考核，以精准考核倒逼责任落实、工作落地。强化贫困监测工作，及时掌握深度贫困地区脱贫攻坚进展情况。对在脱贫攻坚工作中表现优秀的干部，完成脱贫攻坚任务后予以提拔重用，对不作为、乱作为、慢作为以及搞形式主义、数字脱贫、虚假脱贫和脱贫结果不真实、发现问题不整改的要严肃问责。加大对脱贫攻坚资金使用管理的审计力度，对贪污、挤占、挪用、截留脱贫攻坚资金的单位和个人，依法依纪严肃处理。

曲麻莱县深度贫困地区贫困人口分布图

附录十八：

曲麻莱县关于扎实开展集中整治形式主义、官僚主义工作的实施方案

（县纪委　2018年12月）

根据中央、省纪委安排部署和州纪委印发《关于扎实开展集中整治形式主义、官僚主义的实施方案》的通知（玉纪发〔2018〕8号）精神，按照省委关于集中整治工作“党委主抓、纪委协助”的要求，现就全县各级党组织扎实开展集中整治形式主义、官僚主义工作提出如下方案。

一、指导思想

以习近平新时代中国特色社会主义思想和党的十九大精神为指导，认真贯彻落实习近平总书记关于坚决整治形式主义、官僚主义为一系列重要讲话和批示精神，提高政治站位，切实增强“四个意识”，践行“两个维护”，把整治形式主义、官僚主义作为一项重要的政治任务，作为正风肃纪、反对“四风”的首要任务、长期任务，摆在更加突出的位置。要坚持稳中求进，把阶段性目标和长期目标有机统一起来，既树立打持久战的思想，又下定打持久战的决心；坚持压实责任，以领导机关、领导干部为主要对象，抓“关键少数”带动大多数党员干部；坚持实事求是，有什么问题就整治什么问题。什么问题突出就整治什么问题；坚持突出重点，以点上具体问题的突破带动面上集中整治工作的不断深入。

二、整治重点

对标省、州纪委《实施方案》明确的整治重点，对标省委第三巡视组巡视曲麻莱反馈的问题，结合我县实际，全县各级党组织集中整治工作主要聚焦“六方面23类问题”。

（一）在贯彻落实党的路线方针政策、中央重大决策部署和习近平总书记“四个扎扎实实”重大要求方面，重点整治严重影响党中央权威和集中统一领导、影响政令畅通的形式主义、官僚主义的突出问题。比如：

1.“四个意识”不强，落实中央和省委、州委重大决策部署不到位。在维护县委统一集中领导上，意识模糊、言行不一，对县委做出的重大部署部分执行、变相执行、甚至不执行。

2.对中央精神，省、州委重大决策部署的传达上，不加消化、囫囵吞枣。

3.缺乏长远和眼前、发展和保护、地区和部门之间的关系处理，推诿扯皮、不愿担责。

4.贯彻新发展理念不深入，大局观念不强，推进“五四”战略和落实“一优两高”部署不能与本县实际有效结合。

5.正确的政绩观树立不牢，抓工作积极性和主动性被动应付，缺乏务实管用的具体措施。

（二）在联系群众、服务群众方面，重点整治群众身边特别是群众反映强烈的形式主义、官僚主义突出问题。比如：

6.宗旨意识淡泊，对群众疾苦关心不够。没有站在群众立场看问题，服务意识不强，态度不端正，管理措施粗放，群众不满意。

7.特权思想严重，为民服务仍然存在人情关系，作风简单粗暴。基层领导干部打下属、打群众现象存在，影响恶劣。

8.与民争利，在民生服务中有违纪违规现象，侵害群众利益。

9.联系群众渠道不通，“一职九联”制度执行不严。政务热线、网络、信箱形同虚设。党务、政务、村务公开不及时、不完善。

（三）在履职尽责、服务经济社会发展方面，重点整治不担当、不作为、慢作为、乱作为、假作为等严重影响改革高质量发展的突出问题。比如：

10.慵懒怠政，不作为。领导干部自己的职责任务不明、底数不清、履职不力、作风不严、执行不力、监督缺位。

11.消极懈怠，慢作为。工作纪律松懈、自由散漫、消极应付，发生重大事件迟报、缓报、瞒报，贻误工作。

12.违纪违规，慢作为。民主集中制执行不严格，重大事项请示报告不严格，党委决定执行不严肃，选人用人程序不规范、决策不科学。

13.弄虚作假，假作为。报告工作好大喜功、遮掩问题，数据统计不科学、不真实，脱贫攻坚、民生服务等进村入户工作编数据。

（四）在学风文风会风方面，重点整治学风文风会风不实、频次过多过滥等突出问题。比如：

14.对习近平新时代中国特色社会主义思想和党的十九大精神学习不深、理解不透、形式单一、浅尝辄止，不在学懂、弄通、做实上下功夫，两学一做”常态化制度化流于形式，干部心得体会、学习笔记、工作报告、发言材料抄袭下载，学用“两张皮”，脱离实际。学习的目的单单是为了年底考核。

15.以文件落实文件，制定文件、撰写材料，依葫芦画瓢、照抄照搬，规避问题，大而化之，推卸责任，重复发文。

16.以会议落实会议，会议不实，会而不议、议而不决、决而不行，追求会议规格，重复开会。

（五）在检查考核调研方面，重点整治统筹规范督查检查考核工作不到位、浮于表面等突出问题。比如：

17.检查考核工作重安排、轻落实、重痕迹、轻实效。

18. 督查工作不严，安排多，督查少；刚安排，就督查；光督查，不协调解决问题。

19. 调查研究工作不深入基层，主观臆断、凭经验，不听取群众意见、不研究政策、不着眼长远，调研成果无意义。

（六）在基层党的建设方面，重点整治政治规矩不严、宣传工作不到位、基层组织弱化、监督不力等突出问题。

20. 政治规矩不严，向上一级请示报告不及时，存在“上有政策、下有对策、有令不行、有禁不止”，贯彻执行决策打折扣、做选择、搞变通，党建与中心工作存在“两张皮”的现象。

21. 基层党建宣传工作形式单一、内容单调，仅仅悬挂横幅、张贴标语，照本宣科、不求甚解，基层党员和牧民群众接受程度不高。

22. 党支部建设不规范，部分组织委员、宣传委员、纪检委员在其位不谋其政。乡镇党委对支部建设抓的不严、不实，“三会一课”制度流于形式。

23. 党内监督意识淡薄，不愿接受党员群众监督。党风廉政建设责任制落实不力，巡察工作流于形式，巡察报告言之无物，巡察监督走过场。

全县各级纪检监察机关在主动聚焦以上“6个方面23类突出问题”的基础上，要立足职责定位，重点整治主责主业不聚焦、监督执纪宽松软、纪检监察工作质量不高等8类问题。比如：

1. 面对监察体制改革后的新形势、新情况，对应知应会的党纪和法规学习不够，工作安排不统筹，政治站位不高，工作聚焦不够，“形”转而“神”不转，深度融合不够。

2. 对“监督的再监督”的职责定位理解不够，仍有替职能部门冲到一线开展监督检查工作，陷入“监督变牵头、牵头变主抓、主抓变负责”的怪圈。纪检监察机关“三转”不到位，有反弹趋势。

3. 在监督对象上没有聚焦“关键少数”，监督重点上没有突出政治监督。问责不精准，没有形成强震慑和长震慑。

4. 工作中存在不深不细，浮于表面等问题，造成该发现的问题发现不了、该抓住的重点没有抓住。

5. 不会监督、不愿监督、不想监督的“老好人”思想依然存在，监督执纪问责宽松软。

6. 基础情况掌握不清，各部门之间各类数据经常“打架”，监督执纪问责工作程序不规范、文书使用不标准、审查材料不完整、卷宗装订不规范。

7. 主动深入基层收集线索意识差，主动发现问题少，存在等问题线索“上门”的思想。

8. 习惯于纪检监察部门单打独斗，坐等职能部门发现报告问题，不善于协调各方面力量形成监督合力，造成部门力单势薄，工作比较局限。

三、实施步骤

集中整治要建好“三张清单”（问题清单、整改清单、权力清单），集中力量、聚焦重点、稳步推进，分为四个阶段。

（一）调研排查阶段：2019年1月底前，各级党组织要集中力量通过各种形式开展调查研究，充分结合业务工作，摸清查摆自身存在的形式主义、官僚主义突出问题、具体表现，分别建立单位和个人的问题清单，深入剖析危害和根源，找到症结，拿出管用的办法精准施策。各级纪检监察机关在督促本地区、本部门、本系统党委（党组）开展深入查摆的同时，首先要对本单位和纪检监察干部在监督执纪问责、监督调查处置过程中存在的形式主义、官僚主义问题“精准画像”。

（二）纠正整改阶段：2019年2月至5月份，各级党组织要对照查摆出的问题清单，一项一项明确整改措施，建立整改清单，能立即整改的马上整改，一时无法整改到位的要明确责任人和时限，需长期坚持整改的要抓长抓常、从严从实整改，真正做到久久为功。各级纪检监察机关要坚持更严、更实、更细的标准，在率先对标整改的同时，督促各级党组织认真进行整改，做到整改措施不具体不放过、效果不明显不放过。

（三）监督问责阶段：2019年6月至7月，各级党组织要对查摆、整改情况进行再检视、再对标，按照此《方案》要求，将整改完成情况逐级向上级党组织报告，并抄送上级纪委备案。各级纪检监察机关要会同组织、督查等部门对整改落实情况统筹合并开展监督检查，对自我查摆不认真、纠正整改不到位或上级监督检查发现问题反馈后依然整改落实不见底，问题没有得到彻底解决造成不良后果的要严肃问责。要把握好时效度、设立好防火墙，坚持激励保护、教育引导、问责处理并重，推动集中整治工作落实落细。

（四）长效常态化阶段：2019年7月后，要推动集中整治工作常态化、长效化，往后每半年，各级党组织要结合工作实际，对问题清单进行一次查缺补漏，对经常出现的问题从根子上找原因、对反复发生的问题从制度上想办法，进一步健全完善权力清单，积极探索建立可操作性强、可持续的行为规范，重视解决深层次问题。在“化风成俗”上下功夫，推动标本兼治。下级党组织在工作中发现上级党组织因不注重方式方法等催生下级党组织发生形式主义、官僚主义突出问题的，应按程序及时向上级党组织提出建议。各级纪检监察机关要把监督执纪问责贯穿集中整治工作始终，精准运用监督执纪“四种形态”，对一般性、苗头性问题，以纠正处理为主，防止小问题造成大影响；对确实构成违纪、需要追究纪律责任的党员干部，要严肃责任追究，不能以整改代替问责。

四、具体措施

（一）组织召开民主生活会和组织生活会。各级党组织要把开好民主生活会和组织生活会作为严肃党内政治生活的重要措施。县级以上领导班子要按县纪委和县委组织部印发的《关于开好专题民主生活会的通知》要求,深入查摆自身存在的形式主义、官僚主义突出问题,认真对照剖析,以严肃认真地批评和自我批评,再次红脸出汗,接受洗礼。基层党组织要严格落实“三会一课”制度,每名党员都要在组织生活会对照检查,开展剖析和评议,把自身的问题找准找实。各级党组织召开民主生活会和组织生活会情况要按时向上级党组织报告,各级纪检监察机关要变“督导”为监督,把监督民主生活会作为开展政治监督的重要内容和方式,对民主生活会走过场、质量不高,开展批评不严肃、形式化,说明情况不符合要求、搞应付的要及时提醒纠正,必要时可叫停或责令重开。

(二)集中整治与重要专项治理工作有机结合。在扶贫领域腐败和作风问题专项治理工作中,重点整治违规决策、弄虚作假、瞒上欺下、做表面文章等问题。在环保整治工作中,重点整治因不担当、不作为、乱作为等形式主义、官僚主义问题造成严重后果的违纪违法行为。在扫黑除恶专项斗争中重点整治因不敢管、不愿管、不会管而造成黑恶势力坐大成势以及工作不担当、不作为、责任落实不力的问题。在私设小金库治理中,重点整治套取惠农惠牧资金违规开支、侵害群众利益等问题。在违规招投标治理中,重点整治民生项目违规采购、故意规避公开招标、将中标项目拆分转包倒卖等乱作为问题。在干部人事档案治理中,重点整治档案资料弄虚作假、身份不真实等突出问题。

(三)充分发挥巡察监督利剑和派驻监督探头作用。党委巡察机构在今后开展的巡察工作中要把形式主义、官僚主义特别是虚多实少等问题作为巡察的重要内容,在今后的巡察工作中,要对形式主义、官僚主义问题进行专门分析,在反馈中提出专门建议,并列为整改重点紧盯不放;发现被巡察党组织存在形式主义、官僚主义问题的,要按照规定向纪检监察机关和组织部门移交问题,防止问题整改流于形式。派驻纪检监察组要充分发挥“派”的权威和“驻”的优势,通过列席会议、督导民主生活会和组织生活会、开展日常监督等形式,深挖驻在单位的形式主义、官僚主义突出问题,发现违纪问题必须向派出机关报告,并且每半年要汇报一次开展监督情况。县纪委监委要强化对派驻纪检监察组履职情况的分析研判,对长期发现不了问题的要提醒约谈,严重失职的要进行问责。

(四)多种方式畅通监督举报渠道。各乡镇、各部门尤其是便民服务窗口单位,要再次通过公告栏公示、媒体刊登等多种形式向社会公开监督举报渠道,方便群众随时随地表达诉求、反映问题、实施监督。各级纪监察机关要在畅通“信、访、网、电”四位一体举报平台的同时,进一步健全完善问题线索移送机制,加强与宣传、政法、审计、发改、财政、扶贫、生态环境、民政等职能部门的沟通协调,督促其及时移交形式主义、官僚主义问题线索。

(五)强化通报曝光形成持续震慑。各级党组织要强化以案促改,对本地区、本部门、本单位发生的形式主义、官僚主义典型问题进行深入剖析,以身边人具体事例的纠正,给大家以警示和规范。各级纪检监察机关要强化通报曝光,形成有力震慑。2019年7月底前,县纪委监委要结合实情,通过通报等形式至少通报曝光2起以上典型案例;集中整治进入常态化后,各级纪检监察机关要定期通报曝光典型案例。党委巡察机构在每轮巡察工作结束后,对发现的形式主义、官僚主义方面的共性问题,要进行集中通报或在通报时要单列章节(板块)进行通报。

(六)严肃执纪问责。各级纪检监察机关对党中央和省州县委重大决策部署贯彻落实不力、群众反映强烈的形式主义、官僚主义问题和线索,要集中力量迅速查处,以行动体现决心。加大对各级领导机关、领导干部形式主义、官僚主义问题的监督执纪力度,紧盯“关键少数”不放,在查处各级领导干部违纪违法案件时,主动深挖其主观方面存在的形式主义、官僚主义问题。对重大群体性事件、公共安全事件、重大事故、网络舆情等突发事件造成严重后果的,要深挖细查背后存在的形式主义、官像主义问题。

五、工作要求

一要准确把握政策。各级党组织要严落实“三个区分开来”要求,将弄虚作假、不担当、不作为等形式主义、官僚主义问题造成的后果同真抓实干但方法不当的过失区分开来,坚持严管和厚爱结合、激励和约束并重,体现正面导向,落实好容错纠错机制,注意激发和保护各级干部工作积极性、主动性、创造性。各级纪检监察机关对有问题的要依纪依法处理,没问题的要及时澄清,对诬告陷害的要严肃追究责任。

二要加强指导研判。各级党组织在集中整治工作中发现的新问题、新情况及难以把握的问题,要集体研究、综合评判,及时向上级党组织请示汇报。各级纪检监察机关要强化问题收集和研判,及时掌握面上情况,对难以定性处理的问题,要稳妥慎重处理。

三要强化问题研究。各级党组织要加强对形式主义、官僚主义问题的理论研究,找出带有普遍性、倾向性的现象,分析问题根源和发生规律,提出有针对性的措施。

四要注意方式方法。形式主义、官僚主义问题由来已久、形式隐蔽,各级党组织在查纠过程中要注意方式方法,严格依纪依规,对于出现的违反政策法纪、随意执纪执法、方法欠妥等情况,要及时导正纠偏,避免造成负面影响。

组织机构与领导名录

中国共产党曲麻莱县第十五届委员会

书　　记:董 晋 林
副 书 记:尼玛扎西(藏族)
　　　　 李　　健(2018年2月任)
　　　　 普措卓玛(女,藏族,2018年9月任)
　　　　 杰松尼玛(藏族,2018年9月离任)
常　　委:韩 建 武
　　　　 贺 生 元(2018年2月任)
　　　　 李 得 志(2018年2月任)
　　　　 索南扎西(藏族)
　　　　 陈 如 金(藏族)
　　　　 军美旺宝(藏族)
　　　　 王 哲 峰(援青)
　　　　 赵 长 松(援青)
　　　　 杨 希 红(女,2018年9月任)

县委工作部门

县委办公室

主　　任:成林昂江(藏族)
副 主 任:吴　　云
　　　　 陈 红 经

中共曲麻莱县纪律委员会

书　　记:陈 如 金(藏族)
副 书 记:万 铁 练(藏族)
　　　　 蒋 选 军

中共曲麻莱县委组织部

部　　长:李 得 志(2018年2月任)
副 部 长:王 春 荣(回族)
　　　　 种 运 顺

中共曲麻莱县委宣传部

部　　长:杨 希 红(女,2018年9月任)
　　　　 普措卓玛(女,藏族,2018年9月离任)
副 部 长:俄要扎西(藏族)
县精神文明领导小组办公室主任:索南昂吾(藏族)

中共曲麻莱县委政法委

书　　记:索南扎西(藏族)
副 书 记:江　　措(藏族)

中共曲麻莱县委统战部

部　　长:军美旺宝(藏族)
副 部 长:群合爱民(藏族)
　　　　 尕玛战斗(藏族)

县机关直属党委

书　　记:华　　加(藏族)

县委党校

校　　长:李　　健(2018年3月任)
副 校 长:索南才仁(藏族)

县委办公室管理部门

县档案局

局　　长:李 得 顺
副 局 长:吴　　云
　　　　 措　　毛(女,藏族)

县委机要局

局　　长:王 林 祥

曲麻莱县驻格尔木党工委

书　　记:尼玛才仁(藏族)
主　　任:尕玛才仁(藏族)

曲麻莱县第十五届人民代表大会常务委员会

主　　任:欧　　周(藏族)
副 主 任:巴　　东(藏族)
　　　　 土旦久美(藏族)
　　　　 罗松江措(藏族)
办公室主任:才旦扎西(藏族)
人事代表选举委员会主任:才仁耐美(女,藏族)
监督工作委员会主任:措　　毛(女,藏族)
民族法制专门委员会主任委员:土旦久美(藏族)
副主任委员:华　　增(藏族)
财政经济专门委员会主任委员:巴　　东(藏族)
副主任委员:唐 发 龙

曲麻县第十五届人民政府

县　　长:尼玛扎西(藏族)
副 县 长:贺 生 元(2018年2月任)
　　　　 李　　健(2018年2月离任)
　　　　 王 哲 峰(援青)

赵 长 松（援青）
尕　　桑（藏族）
加　　义（藏族）
仁青巴德（藏族）
尼玛扎西（藏族，2018年2月任职）
李 得 志（藏族，2018年2月离任）
杨 希 红（女，2018年9月离任）

中国人民政治协商会议
曲麻莱县第十三届委员会

主　　席：杰松尼玛（藏族，2018年12月任职）
副 主 席：郭 卓 玛（女，藏族）
　　　　　桂 家 军
秘 书 长：白　　才（藏族）

县政协办公室
主　　任：焦　　牙（藏族）

提案委员会
主　　任：旺　　新（女，藏族）

民族宗教委员会
主　　任：勒格才仁（藏族）

文史资料委员会
主　　任：布 扎 西（藏族）

县政府组成部门

县政府办公室
主　　任：尼玛扎西（藏族，2018年4月任）
　　　　　尕松尼玛（藏族，2018年4月离任）
副 主 任：旦巴仁青（藏族）
　　　　　罗 岩 柏（藏族）

信访办
主　　任：文　　生（藏族）
副 主 任：拥　　军（藏族）
民语办主任：尕 才 仁（藏族）
行政服务中心主任：才仁多杰（藏族）

县发展改革和商务局
局　　长：钱 志 云（藏族）
副 局 长：多　　尕（藏族）
副局长、安监局局长：索南松保（藏族）

县教育局
局　　长：尼玛扎西（藏族，2018年2月任）
副 局 长：白玛昂扎（藏族）
　　　　　索南尼玛（藏族）

县审计局
局　　长：才 忠 尕（女，藏族）

县民族宗教局
局　　长：群合爱民（藏族）
副 局 长：旦　　正（藏族）

县畜牧科技局
局　　长：达　　哇（藏族）
副 局 长：罗松尼扎（藏族）
　　　　　尼　　军（藏族）

县公安局
局　　长：尕　　桑（藏族）
政　　委：阿　　刚（藏族）
副 政 委：雪　　岭（藏族）
副 局 长：寇 连 善
　　　　　马 文 胜（藏族）
　　　　　尼玛扎西（藏族）

县民政局
局　　长：青梅永藏（女，藏族）
副 局 长：图　　才（藏族）
　　　　　才　　松（藏族）

县司法局
局　　长：赵 明 川
副 局 长：多 公 才（藏族）

县财政局
局　　长：桂 家 军
副 局 长：扎西措毛（女，藏族）
　　　　　扎巴才仁（藏族）

县人力资源和社会保障局
局　　长：种 运 顺
副 局 长：苏 海 宁
　　　　　德　　吉（女，藏族）

县机构编制委员会办公室
主　　任：青梅多杰（藏）

县住房和城乡建设局
局　　长:嘎玛才仁(藏族)
副 局 长:扎西朋措(藏族)
　　　　索南才加(藏族)

县交通局
局　　长:才　　仁(藏族)
副 局 长:才仁扎西(藏族)
　　　　雪　　峰(藏族)

县文化旅游广播电视局
局　　长:尕松尼玛(藏族,2018年4月任)
　　　　毛 文 革(藏族,2018年4月离任)
副 局 长:松　　杨(女,藏族)
　　　　索南东周(藏族,2018年4月任)

县卫生和计划生育局
局　　长:江永旦增(藏族)
副 局 长:黄 长 庆(藏族)
　　　　白　　晶(女)

县统计局
局　　长:葛 宝 林(藏族)
副 局 长:旦 玉 华(女,藏族)

县扶贫开发局
局　　长:扎西巴德(藏族)
副 局 长:江　　措(藏族)
　　　　图丹龙沙(藏族)

县市场监督管理局
局　　长:达吉才仁(藏族)
副 局 长:才文多丁(藏族)
　　　　王 云 宁(藏族)

三江源国家公园长江源园区曲麻莱管理处
书　　记:董 晋 林
主　　任:尼玛扎西(藏族)
专职副书记、副主任:韩 建 武

资源环境执法局
局　　长:扎西旺加
副 局 长:尼　　尕

生态环境和自然资源管理局
局　　长:尕　　塔
副 局 长:拉　　加(藏族)
　　　　东　　珠(藏族)
　　　　巴桑扎西(藏族)
综合部部长:蒋 海 军
规划财务部部长:才仁东周
综合执法大队队长:尼　　尕(藏族)
生态保护站站长:阿　　群(藏族)

社会团体

县总工会
主　　席:杰松尼玛(藏族)
副 主 席:布　　索(藏族)
　　　　代　　吉(女,藏族)

团县委
书　　记:白玛文毛(女,藏族)

县妇联
主　　席:桑　　措(女,藏族)

县科协
主　　席:尕松公保(藏族)

县残联
理 事 长:郭　　峰(藏族)

县非公经济党工委
副 书 记:桑　　仲(女,藏族)
工商联主席:尕玛战斗

司法机关和军事部门

县人民检察院
检 察 长:尼　　玛(藏族)
副检察长:边巴才仁(藏族)
　　　　扎西普措(藏族)

职务犯罪侦查预防局(2018年1月隶转至县监察委)
局　　长:斯 宏 斌(俄罗斯族,2018年1月离任)

县人民法院
院　　长:周 洪 祥(藏族)
副 院 长:扎西朋措(藏族,2018年12月任)
　　　　索南尼玛(藏族)
　　　　才仁战斗(藏族)
　　　　玉　　生(2018年12月离任)

县人民武装部

部　　长:刘 春 延
政　　委:辛　　海

县武警中队

队　　长:张 和 跃
指 导 员:王　　鑫

县属各乡镇

中共约改镇委员会

书　　记:尼玛扎西(藏族)
副 书 记:尼玛多杰(藏族)
　　　　　才　　尼(藏族)

约改镇纪律委员会

书　　记:土旦森格(藏族)

约改镇人民代表大会

专职副主席:扎　　文(藏族)

约改镇人民政府

镇　　长:尼玛多杰(藏族)
副 镇 长:才　　尼(藏族)
　　　　　四郎尼玛(藏族)
　　　　　土 才 仁(藏族)

约改镇组织委员会

委　　员:王 晓 霞(女,藏族)

约改镇人武部

部　　长:李 尕 桑

中共巴干乡委员会

书　　记:扎　　多(藏族)
副 书 记:温 海 滨
　　　　　尼玛才仁(藏族)

巴干乡纪律委员会

书　　记:才巴求加(藏族)

巴干乡人民代表大会

专职副主席:格勒尖措(藏族)

巴干乡人民政府

乡　　长:温 海 滨
副 乡 长:青梅多杰(藏族)
　　　　　索南才旦(藏族)
　　　　　索昂巴毛(女,藏族)

巴干乡组织委员会

委　　员:贾桑杰什加(蒙古族)

巴干乡人武部

部　　长:昂文外赛(藏族)

中共秋智乡委员会

书　　记:金梅毛拉(藏族)
副 书 记:江　　措(藏族)
　　　　　索南才仁(藏族)

秋智乡纪律委员会

书　　记:郭 熠 忠

秋智乡人民代表大会

专职副主席:罗松江永(藏族)

秋智乡人民政府

乡　　长:江　　措(藏族)
副 乡 长:才　　哇(藏族)
　　　　　伊西江措(藏族)
　　　　　俄要卓玛(女,藏族)

秋智乡组织委员会

委　　员:何 雪 盈(女)

秋智乡人武部

部　　长:罗松江措(藏族)

中共叶格乡委员会

书　　记:蔡　　岩(藏族)
副 书 记:马　　兰(女)
　　　　　热　　桑(藏族)

叶格乡纪律委员会

书　　记:刘 海 军

叶格乡人民代表大会

专职副主席:江　　求(藏族)

叶格乡人民政府

乡　　长:马　　兰(女)
副 乡 长:才仁扎西(藏族)
　　　　　更尕扎西(藏族)

达哇卓玛(女,藏族)

叶格乡组织委员会
委　　员:扎西措毛(女,藏族)

叶格乡人武部
部　　长:欧周尼玛(藏族)

中共曲麻河乡委员会
书　　记:孙 朝 魁
副 书 记:多杰战斗(藏族)
　　　　开　　哇(藏族)

曲麻河乡纪律委员会
书　　记:扎西永措(女,藏族)

曲麻河乡人民代表大会
专职副主席:久美江措(藏族)

曲麻河乡人民政府
乡　　长:多杰战斗(藏族)
副 乡 长:卓玛才仁(女,藏族)
　　　　拉毛才旦(藏族)
　　　　图旦文保(藏族)

曲麻河乡组织委员会
委　　员:刘 建 英(女)

曲麻河乡人武部
部　　长:罗 延 柏(藏族)

中共麻多乡委员会
书　　记:罗周江措(藏族)
副 书 记:罗松扎西(藏族)
　　　　刘　　晖

麻多乡乡纪律委员会
书　　记:布　　雅(藏族)

麻多乡人民代表大会
专职副主席:格　　加(藏族)

麻多乡人民政府
乡　　长:罗松扎西(藏族)
副 乡 长:罗桑才仁(藏族)
　　　　才　　求(藏族)
　　　　俄金才仁(藏族)

麻多乡组织委员会
委　　员:巴丁次成(藏族)

麻多乡人武部
部　　长:刘　　龙

省州驻县各单位

县国家税务局
党委书记、局长:求军扎西(藏族)
党委副书记、副局长:才　　仁(藏族)
党委委员、副局长:达哇松保(藏族)
党委委员、纪检组长:汪 振 洪(汉族)

县气象局
局　　长:尕　　才(藏族)
副 局 长:杨 俊 鹏

县联通公司
经　　理:李 正 智

县移动公司
经　　理:龚　　鹏

县电信公司
经　　理:夏若东智(藏族)

治曲电力公司
经　　理:扎西达哇(藏族)

县邮政局
局　　长:张 富 德

县农行
行　　长:刘　　刚
副 行 长:熊 嘉 斌
　　　　罗松塔胜(藏族)

县农商银行
行　　长:扎西永周(藏族)

索　　引

Suo Yin

曲麻莱年鉴 2019
QU MA LAI Yearbook

说　明

1.本索引采用分析索引方法，按索引词首字汉语拼音音序排列，首字音序相同，按第二字音序排列，依此类推。

2.凡类目、分目、副分目标题作索引词的均用黑体字标明。

3.索引词后标的阿拉伯数字表示内容所在页码。

4.“特载”“专记”“大事记”和“附录”等类目的内容未作索引。

A

B

C

D

E

F

G

H

J

K

L

M

N

P

Q

R

S

Y

Z